KB269800

# 일본 행정법

Administrative Law of Japan

# 行政法

## 일본 행정법

다카하시 시게루(高橋 滋) 지음

김한율 옮김

좋은땅

# 한국판 서문

일본의 히토쓰바시대학(一橋大学)의 대학원 법학연구과에서 필자의 지도교수는 미나미 히로마사(南 博方) 박사였다. 미나미 박사는 동아시아 지역에서 행정법학의 연구·교육의 교류에 강한 관심을 가지셔서 동아시아 행정법학회(한국, 일본, 중국, 대만의 4개국·지역이 참가)의 초대 일본 측 이사를 지내시고, 미나미 박사가 히토쓰바시대학에 교수로서 재직하신 시기에는 한국을 비롯하여 중국·대만으로부터의 유학생이 대학원에 많이 재학하고 있었다. 그 인연도 있어 필자도 동아시아 지역의 연구자·실무가의 지기(知己)를 얻을 수 있었으며, 미나미 박사의 후임으로서 필자가 히토쓰바시대학에 부임한 이후에도 히토쓰바시대학 법학연구과에는 동아시아 지역 출신의 대학원생이 다수 재학하였고, 그중에는 모국과 일본의 법학부·법과대학원 등에서 교편을 잡거나, 모국의 정부 관료로서 활약하시고 있는 분도 계신다. 그리고 이러한 연구·교육상의 교류를 통하여 동아시아 지역에서는 상호 간 행정법의 제도와 이론, 개개의 행정법령의 구조, 행정구제 제도의 바람직한 모습에 관하여 연구자·실무가가 강한 관심을 가지고, 그 성과를 자국의 이론·법제도의 발전에 활용하려는 자세가 견지되어 온 것을 필자는 실감했다.

따라서 일본의 행정법에 관한 필자의 개설서 내용을 한국의 독자에게 언어의 장벽 없이 전달할 수 있는 본서가 간행된 것은 필자에게 있어서 큰 기쁨이다.

또한, 행정법학자로서 필자의 특색은 법해석학으로서 행정법학의 중심을 견지하면서도, 역사학·경제학·정치학 등의 인접 학문과의 대화를 통하여 '행정법학의 날개'를 넓히는 것에 노력해 온 점에 있다고 생각한다. 행정법의 콤팩트 개설서인 본서는 일본의 법학부생, 법과대학원생을 위한 교과서로서, 또한 공무원·재판관 등의 실무가용의 입문서로서 집필된 것이나, 일본의 행정법 제도와 행정법 이론 성립의 역사적 경위를 의식하여 집필한 점에서 일본의 제도·이론의 독자성과 보편성을 다른 나라의 독자가 이해하기 위한 설명이 많이 포함되었음을 자부한다. 이러한 의미에서도 한국의 독자 여러분이 본서를 읽어 일본의 행정법 제도와 이론을 이해하고, 나아가서는 일본과의 비교에서 한국의 행정법 제도와 이론의 독자성과 보편성을 사색하는 기회가 된다면 필자의 행복이다.

끝으로, 본서의 번역에 노력해 준 대한민국 정부 법제처의 김한율 과장에게 감사의 말을 전한다.

2025년 5월

히토쓰바시대학(一橋大学) 명예교수, 호세대학(法政大学) 교수

다카하시 시게루(高橋 滋)

# 목 차



# 제 1 편   행정법의 기초, 행정조직법

# 제 2 편　행정활동(작용)법

# 제 3 편  행정구제법(국가보상법)

## 제 3 부 국가배상 ·········· 306

# 주요 참고문헌

(인용 시 약어표기를 사용한 문헌은【 】안에 굵은 글씨로 약어를 표기했다)

## (1) 체계서

阿部泰隆『行政法再入門 (上)〈第2版〉』〔信山社・2016〕、同『行政法再入門(下)〈第2版〉』〔信山社・2016〕

同『行政法解釈学 I〈第2刷 / 補訂〉』〔有斐閣・2011〕、同『行政法解釈学II』〔有斐閣・2009〕【阿部・解釈学I・II】

同『国家補償法』〔有斐閣・1988〕【阿部・国家補償法】

市原克哉＝榊原秀訓＝本多滝夫『アクチュアル行政法〈第3版補訂版〉』〔法律文化社・2023〕

稲葉馨＝人見剛＝村上裕章＝前田雅子『行政法〈第5版〉』〔有斐閣・2023〕

宇賀克也『行政法概説 I 行政法総論〈第8版〉』〔有斐閣・2023〕、同『行政法概説』行政救済法〈第7版〉』〔有斐閣・2021〕、同『行政法概説III 行政組織法・公務員法・公物法〈第5版〉』〔有斐閣・2019〕【宇賀・I・II・III】

遠藤博也『国家補償法 上巻』〔青林書院新社・1981〕、同『国家補償法 中巻』〔青林書院新社・1984〕【遠藤・補償法・上・中】

大橋洋一『行政法 I 現代行政過程論〈第4版〉』〔有斐閣・2019〕、同『行政法 II 現代行政救済論〈第4版〉』〔有斐閣・2021〕

兼子仁『行政法総論』〔筑摩書房・1983〕【兼子・総論】

小早川光郎『行政法上』〔弘文堂・1999〕, 同『行政法講義下I』〔弘文堂・2002〕、『行政法講義

　下II』〔弘文堂・2005〕【小早川・上・下I・下II】

櫻井敬子＝橋本博之『行政法〈第6版〉』〔弘文堂・2019〕

芝池義一『行政法総論講義〈第4版補訂版〉』〔有斐閣・2006〕、同『行政救済法講義〈第3
　版〉』〔有斐閣・2006〕

　同『行政法読本〈第4版〉』〔有斐閣・2016〕【芝池・読本】

　同『行政救済法』〔有斐閣・2022〕【芝池・救済法】

曽和俊文『行政法総論を学ぶ』〔有斐閣・2014〕【曽和・総論】

曽和俊文＝山田洋＝亘理格『現代行政法入門〈第5版〉』〔有斐閣・2023〕

塩野宏『行政法I〈第6版〉』〔有斐閣・2015〕、同『行政法II〈第6版〉』〔有斐閣・2019〕、同
　『行政法III〈第4版〉』〔有斐閣・2012〕【塩野・I・II・III】

高木光『行政法』〔有斐閣・2015〕【高木・行政法】

高橋滋『法曹実務のための行政法入門』〔判例時報社・2021〕【高橋・行政法入門】

田中二郎『行政法総論〔法律学全集6〕』〔有斐閣・1957〕【田中・総論】

　同『新版行政法〈全訂第2版〉上巻』〔弘文堂・1974〕、同『新版行政法〈全訂第2
　版〉中巻』〔弘文堂・1976〕、同『新版行政法〈全訂第2版〉下巻』〔弘文堂・1983〕【田
　中・上・中・下】

原田尚彦『行政法要論〈全訂第7版補訂2版〉』〔学陽書房・2012〕【原田・要論】

藤田宙靖『〔新版〕行政法総論上・下』〔青林書院・2020〕【藤田・総論・上・下】

　同『行政組織法』〔有斐閣・2005〕

南博方『行政法〈第6版補訂版〉』〔有斐閣・2012〕

室井力編著『新現代行政法入門(1)基本原理・行政作用・行政救済〈補訂版〉』〔法律文化
　社・2005〕、同『新現代行政法入門(2)行政組織・主要な行政領域』〔法律文化社・2004〕


## (2) 논문집 등(부제 등은 생략)


阿部泰隆『行政訴訟改革論』〔有斐閣・1993〕、同『行政裁量と行政救済』〔三省堂・1987〕、
　同『行政救済の実効性』〔弘文堂・1985〕

板垣勝彦『保障行政の法理論』〔弘文堂・2013〕

稲葉馨『行政組織法の法理論』〔弘文堂・1994〕

宇賀克也『行政手続と行政情報化』〔有斐閣・2006〕、『行政手続・情報公開』〔弘文堂・1999〕

碓井光明『公共契約の法理論と実際』〔弘文堂・1995〕

薄井一成『分権時代の地方自治』〔有斐閣・2006〕

遠藤博也『計画行政法』〔学陽書房・1976〕、同『行政行為の無効と取消』〔東京大学出版会・1968〕

大橋真由美『行政による紛争処理の新動向』〔日本評論社・2015〕、同『行政紛争解決の現代的構造』〔弘文堂・2005〕

大橋洋一『行政法学の構造的変革』〔有斐閣・1996〕、同『行政規則の法理と実態』〔有斐閣・1989〕

小幡純子『国家賠償責任の再構成』〔弘文堂・2015〕

北島周作『行政上の主体と行政法』〔弘文堂・2018〕

北村喜宣『行政法の実効性確保』〔有斐閣・2008〕

交告尚史『処分理由と取消訴訟』〔勁草書房、2000〕

小早川光郎『行政訴訟の構造分析』〔東京大学出版会・1983〕

斎藤誠『現代地方自治の法的基層』〔有斐閣・2012〕

塩野宏『行政法概念の諸相』〔有斐閣・2011〕、同『法治主義の諸相』〔有斐閣・2001〕、同『放送法制の課題』〔有斐閣、1989〕、同『行政組織法の諸問題』〔有斐閣・1991〕、同『国と地方公共団体』〔有斐閣・1990〕、同『行政過程とその統制』〔有斐閣・1989〕、同『公法と私法』〔有斐閣・1989〕、同『オットー・マイヤー行政法学の構造』〔有斐閣・1962〕

園部逸夫＝枝根茂『オンプズマン法〈新版〉』〔弘文堂・1997〕

曾和俊文『行政法執行システムの法理論』〔有斐閣・2011〕

高橋滋『行政の実効性確保法制の整備に向けて』〔民事法研究会・2023〕**【高橋・実効性確保法制の整備】**

　同『科学技術と行政法学』〔有斐閣・2021〕**【高橋・科学技術】**

同『法曹実務のための行政法入門』〔判例詩報社・2021〕【高橋・行政法入門】

高木光『行政訴訟論』〔有斐閣・2005〕、同『事実行為と行政訴訟』〔有斐閣・1988〕

高田敏『法治国家観の展開』〔有斐閣・2013〕

田中良弘『行政上の処罰概念と法治国家』〔弘文堂・2017〕

常岡孝好『パブリック・コメントと参加権』〔弘文堂・2006〕

中川丈久『行政手続と行政指導』〔有斐閣・2000〕

仲野武志『法治国家と公法学の課題』〔弘文堂・2018〕

野口貴公美『行政立法手続の研究: 米国行政法からの示唆』〔日本評論社・2008〕

原田尚彦『行政判例の役割』〔弘文堂・1991〕、同『行政責任と国民の権利』〔弘文堂・1979〕、
　同『訴えの利益』〔弘文堂・1973〕

原田大樹『公共制度設計の基礎理論』〔弘文堂・2014〕

平岡久『行政法解釈の諸問題』〔勁草書房・2007〕、同『行政立法と行政基準』〔有斐閣・1995〕

藤田宙靖『行政法の基礎理論　上巻』〔有斐閣・2005〕、同『行政法の基礎理論　下巻』〔有斐
　閣・2005〕、同『行政法学の思考形式〈増補版〉』〔木鐸社・2002〕

藤原静雄『情報公開法制』〔弘文堂・1998〕

南博方『紛争の行政解決手法』〔有斐閣・1993〕、同『租税争訟の理論と実際〈増補版〉』〔弘
　文堂・1980〕、同『行政手続と行政処分』〔弘文堂・1980〕

宮崎良夫『行政争訟と行政法学〈増補版〉』〔弘文堂・2004〕、同『行政訴訟の法理論』〔三省
　堂・1984〕

宮森征司『自治体事業と公私協働』〔日本評論社・2023〕

村上武則『給付行政の理論』〔有信堂高文社・2002〕

室井力『行政の民主的統制と行政法』〔日本評論社・1989〕

山本隆司『判例から探究する行政法』〔有斐閣・2012〕

米丸恒治『私人による行政』〔日本評論社・1999〕

亘理格『行政行為と司法的総則』〔有斐閣・2018〕、同『公益と行政裁量』〔弘文堂・2002〕
　同『行政訴訟と共同利益論』〔信山社・2022〕

## (3) 법령해설·주석서·강좌 등

磯部力=小早川光郎=芝池義一編『行政法の新構想I 行政法の基礎理論』〔有斐閣・2011〕、
同『行政法の新構想II 行政作用・行政手続・行政情報法』〔有斐閣・2008〕、同『行政法の
新構想III 行政救済法』〔有斐閣・2008〕【磯部ほか・新構想I・II・III】

宇賀克也『新・個人情報保護法の逐条解説』〔有斐閣・2021〕、同『行政不服審査法の逐
条解説〈第2版〉』〔有斐閣・2017〕、同『新・情報公開法の逐条解説』〈第8版〉〔有斐
閣・2018〕、同『行政手続三法の解説〈第3次改訂版〉』〔学陽書房・2022〕

行政管理研究センター編『逐条解説行政手続法〈改正行審法対応版〉』〔ぎょうせい・2016〕
【行管センター・逐条行手法】

小早川光郎編『改正行政事件訴訟法研究〔ジュリスト増刊〕』〔有斐閣・2005〕

小早川光郎編『行政手続法逐条研究〔ジュリスト増刊〕』〔有斐閣・1996〕

小早川光郎=青柳馨編『論点体系 判例行政法1・2・3』〔第一法規・2017・2017・2016〕【小
早川=青柳・論点体系 (1)・(2)・(3)】

小早川光郎=高橋滋編『詳解改正行政事件訴訟法』〔第一法規・2004〕

小早川光郎=高橋滋編『条解行政不服審査法〈第2版〉』〔弘文堂・2020〕【小早川＝高橋・条
解行審】

小林久起『行政事件訴訟法』〔商事法務・2004〕【小林・行政事件訴訟法】

司法研修所編『改訂 行政事件訴訟の一般的問題に関する実務的研究』〔法曹会・2000〕

杉村敏正=兼子仁『行政手続・行政争訟法〔現代法学全集11〕』〔筑摩書房・1973〕

杉本良吉『行政事件訴訟法の解説』〔法曹会・1963〕

高木光=宇賀克也編『行政法の争点〔ジュリスト増刊〕』〔有斐閣・2014〕

高橋滋『行政手続法』〔ぎょうせい・1996〕【高橋・手続法】

高橋滋=斎藤誠=藤井昭夫編『条解行政情報関連三法: 公文書管理法・行政機関情報公開
法・行政機関個人情報保護法』〔弘文堂・2011〕

南博方〔原編著〕: 高橋滋=市村陽典=山本隆司編『条解行政事件訴訟法〈第5版〉』〔弘文
堂・2023〕【南〔原編著〕・高橋ほか・条解行訴】

# 제1편

# 행정법의 기초, 행정조직법

# 제1부  행정법의 기초이론

## 제1장  현대 행정법의 특색

### 제1절  현대 행정법의 특색-도입에 즈음하여

#### (1) 특색을 아는 것의 의미

지금까지의 교과서에서는 서술의 모두에 '행정법은 무엇인지', '행정법의 주요 고찰 대상인 행정이란 무엇인지'에 관하여 학문적인 관점에서 설명하는 것이 일반적이었다(국가작용으로부터 사법작용·입법작용을 제외하는 공제설, 더 적극적인 정의를 하는 적극설 등). 이러한 작업의 학문적인 중요성을 부정해야 하는 것은 아니나, 실제 행정의 구조 등에 관한 지식을 제공하지 않는 단계에서 이러한 설명을 해도 독자의 충분한 이해를 얻기는 어려울 것이다. 그래서 본서에서는 우선 행정법의 도입으로서 지금부터 소개해 가는 '행정법'에 관한 현대적인 특색을 제시하고, 현대의 행정법 현상을 분석·고찰하는 학문인 행정법학이 지금의 목적으로 어떠한 과제를 가지는지에 관하여 설명하기로 한다.

#### (2) 3가지의 특색

현대 행정법은 (ⅰ) 행정 스타일의 국제표준화, (ⅱ) 권리보호 시스템의 강화, 공적 책임의 명확화, (ⅲ) '공공'과 '민간'의 상대화(그중에 역할 분담의 명확화 필요성)라는 특색을 가지고 있다고 말할 수 있다. 이하 그 내용을 해설한다.

### 제2절  행정 스타일의 국제표준화

#### (1) EU의 '좋은 행정을 요구할 권리'

행정 스타일의 국제표준화를 보여 주는 예로서, 여기서 EU가 채용하는 '좋은 행정(good administration)을 요구할 권리'의 이념을 소개하고자 한다. EU의 통합을 추진한 리스본조약에서 법적 구속력을 부여받은 유럽 기본권 헌장에는 EU 가맹국에서 다양한 연혁과 내용으로 발전해 온 행정상의 여러 원칙이 표준화되어 열거되었다.

이러한 원칙들에는 다언어 공동체로서의 EU에 독자적인 내용도 포함되어 있으나, 본서와의 관계에서는 다음과 같은 것이 중요할 것이다. 즉, (ⅰ) (자기의 안건에 관하여) 중립·공평하게 상당한 기간 내에 처리를 요구할 권리, (ⅱ) 청문을 받을 권리, (ⅲ) (자기의 방어권을 행사하는 데에 필요한) 문서 열람을 요구할 권리, (ⅳ) 이유의 제시를 받을 권리 등이다. 이 준칙들에 관해서는 일본에서도 행정절차법(1993法88)이나 행정불복심사법(2016法68) 등을 통하여 실현이 도모되고 있지만, 일본에서 제도 정비가 진행된 것은 최근의 일이다.

### (2) 법문화의 고유성과 국제표준화의 조화

다만, 국제화의 진전은 각국 독자의 법문화를 완전히 부정하는 것이어서는 안 된다. 예를 들면, 법률상의 제도가 아닌 '비공식적인 행정 수단'은 각국에 존재하나, 그 모습은 다양하다. 또한, 규제 완화가 지금까지 추진되었으나, 법 집행에서 행정과 사법의 역할 분담, 민사 손해배상 제도가 담당하는 기능 등을 고려하여 일본에 적합한 규제 완화를 추구해야 할 것이다.

## 제3절  권리보호의 강화와 공적 책임의 명확화

## 제1관  권리보호의 강화

### (1) 20세기 말 이후의 여러 입법

일본국헌법에서 기본적 인권의 존중이 규정되고, 국민주권 아래 통치기구에 관한 여러 원칙이 확립되었다. 다만, 국민의 권리보호를 중시한 행정제도의 정비는 일본국헌법 아래에서도 진전되지 않았다. 그러나 20세기 말이 되면 국내 사회 상황의 변화(경제적 발전, 시민사회의 성숙 등), 국제화의 진행 속에서 행정상의 권리보호 제도의 충실함이 진전되었다. 행정절차법의 제정, 행정기관 정보공개법[행정기관이 보유하는 정보의 공개에 관한 법률(1999法42)]이나 행정기관 개인정보보호법[행정기관이 보유하는 개인정보의 보호에 관한 법률(2003法58). 현재는 개인정보보호법(2003法57)으로 일원화] 등이 제정되었고, 행정사건소송법이 개정되었으며(2004法84), 행정불복심사법도 전면 개정되었다(2014法68).

### (2) 3면적인 행정법관계-제도적 조치

최근, 신청으로 인허가를 받거나 영업활동에 관하여 행정적인 규제를 받는 등과 같은 행정활동의 직접 상대방뿐만 아니라 그 상대방의 행위 등으로 불이익을 받을 우려가 있는 자(제삼자)의 법적 이익·지위를 행정법 시스템에 편입해야 한다는 인식은 국민 사이에서도 상식적인 것이 되었다.

야경국가 사상으로 대표되는 소극 국가의 시대에서는 행정법학의 관심도 행정과 행정작용의 상대방 간에서의 두 당사자 관계로 구성되는 2면적인 행정법관계에 주로 모여 있었다. 그러나 현재, 행정법의 관심은 행정, 행정작용의 상대방, 상대방과 이해관계가 대립하는 제삼자로 구성되는 3면적인 관계로 확대되어 있다.

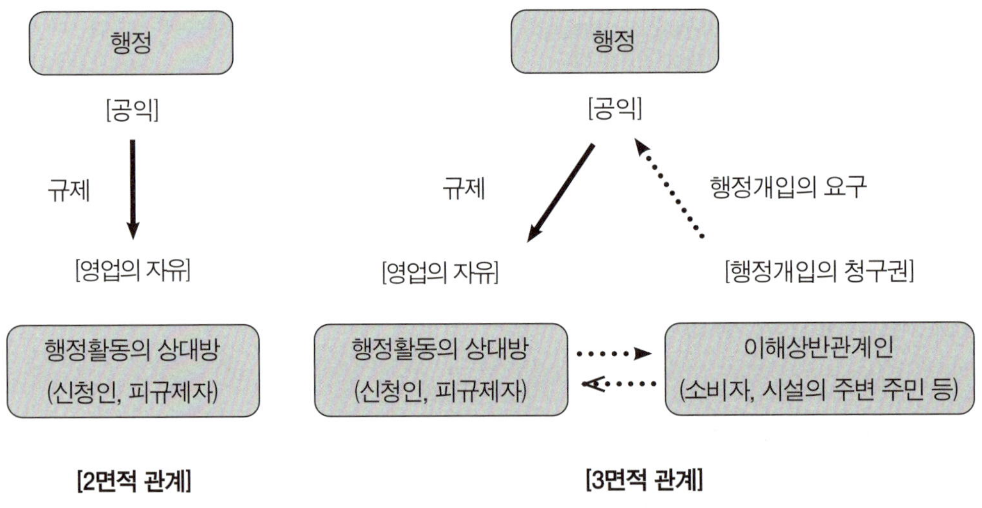


이러한 상황의 변화에 대응하여 행정절차법(10조·17조 등. 제삼자의 의견청취절차), 행정사건소송법(9조2항, 3조6항1호 등. 제삼자의 원고적격 확장, 직접형 의무이행소송의 창설) 등을 통하여 제삼자의 권리를 보호하기 위한 일반적인 제도가 정비되어 있다.

## 제2관  '행정의 설명책임' 등의 여러 원칙

더욱이, 국민주권의 통치 원리를 명확히 하고, 국민의 신탁을 받은 행정의 책임을 국민 앞에 밝히기 위한 제도도 정비되기에 이르렀다. 행정정보를 국민의 요구에 응하여 공개하는 정보공개의 제도는 그 맥락 속에 자리매김할 수 있다. 정보공개의 제도에 더하여, 각종의 정보제공 제도나 행정평가 등에 근거하는 행정활동의 감시·통제를 위한 제도도 정비되었다. 행정이 실시하는 정책에 관하여 조직적으로 계속하여 자기 평가를 할 것을 요구하고, 그 결과를 국민에게 공표할 것을 요구하는 정책평가법[행정기관이 하는 정책의 평가에 관한 법률(2001法86)]은 그 대표적인 예이다.

# 제4절  공공과 민간의 역할 분담

## 제1관  공공과 민간의 상대화

### (1) 국가·지방자치단체 이외의 행정주체

① 행정절차법 4조2항1호

국가·지방자치단체는 전형적인 행정의 담당 주체이다. 다만, 메이지 이후의 근대화 과정에서 행정권의 팽창을 피하고 업무의 효율화를 도모하는 등의 관점에서 국가·지방자치단체와 법인격을 달리하나, 업무의 공공적인 성격에 비추어 조직법적인 관점에서도 행정주체로서의 성격을 부여받는 법인이 등장했다.

예를 들면, 행정절차법 4조2항1호는 공사 등의 국가에 준하는 법인과 국가 사이에서 행정절차의 특수성(행정주체 상호 간의 절차)에 착안하여 국가와 국민의 행정절차를 상정하여 마련된 같은 법의 여러 규정의 적용 제외 조치를 두고 있다[→ 행정주체 그 밖의 법인(제2부 제1장 제2절)].

② 공사·독립행정법인

행정절차법 4조2항1호는 우선 '법률로 직접 설립된 법인'을 든다(해당 법인에 대한 처분에 관해서는 원칙적으로 행정절차법의 처분절차의 규율은 적용되지 않는다). 이러한 법인으로 서는 공사가 있고, 민영화 전의 우정공사는 이에 해당했다.

또한, 행정절차법 4조2항1호는 공사에 준하는 법인으로서 '특별한 법률에 따라 특별한 설 립행위로 설립된 법인'을 든다. 이에 해당하는 법인 형태로서는 우선, 독립행정법인이 있다. 이는 국가가 주체가 되어 직접 실시할 필요는 없는 것이지만, 민간에 맡기면 실시가 확보되 지 않을 우려가 있는 업무나 하나의 주체에 효과적 · 효율적으로 실시하게 하는 것이 적절한 업무를 담당하는 조직으로서 설치된 것이고, 개별법의 규정에 따라 설립되며, 독립행정법인 통칙법(1999法103)의 적용을 받는다. 이 독립행정법인은 법률에 정해진 대로 사무 · 사업의 평가를 받고, 그 결과가 사업계획이나 업무 운영에 반영되는 제도가 마련되는 등 법인의 자 주성 · 투명성을 중시한 독특한 운영과 감독의 제도가 마련되어 있다[→ 행정주체 그 밖의 법 인(제2부 제1장 제2절)].

③ 특수법인

특수법인이란 '특별한 법률에 따라 특별한 설립행위로 설립된 법인'이고, 설립 · 개폐에 관 하여 총무성의 감사를 받는(총무성 설치법 4조8호) 것이다. 이러한 특수법인에는 일본방송 협회, 일본연금기구, 일본중앙경마회 등이 있으나, 업무나 조직의 성격은 다양하다. 이 점에 서 국가 · 지방자치단체에 준하는 행정주체로서의 조직적 성격이 당연히 인정되는 것은 아 니라고 하는 견해가 유력하다[방송 중립성의 관점에서 조치가 되어 있는 일본방송협회는 그 대표적인 예이다. → 행정주체 그 밖의 법인(제2부 제1장 제2절)].

**(2) 정부 주변 법인**

① 인가법인

행정주체성이 부정된다는 의미에서 민간의 법인으로 구분되는 법인 중에서도 공적인 사무 를 수행하는 법인이 있다. 또한, 그 형태도 다양하다. 이 점에서 행정절차법 4조2항2호는 '특 별한 법률에 따라 설립되고, 그 설립에 관하여 행정청의 인가가 필요한 법인'을 규정하고, 그 중 일부의 법인에 한정하여 해당 법인에 대한 국가의 처분절차에 관하여 원칙적으로 행정절 차법의 처분절차에 관한 규정의 적용을 제외하고 있다.

이와 같은 법인은 행정조직법상 인가법인으로 불리고 있고, 그 예로서는 일본은행(통화발행권, 금리정책의 독립 등의 관점에서 인가법인으로 되었다), 국민연금기금, 일본 하수도사업단, 지방도로공사, 지방독립행정법인 등이 있다.

② 지정법인

시험, 검사, 검정 등과 같은 법률에 근거하는 행정상의 사무에 관하여 효율적인 운영 등의 관점에서 행정이 스스로 실시하는 것이 아니라 법률에 근거하여 행정청이 민간의 법인을 지정하여 그 전체 또는 일부를 실시하게 하는 것은 오늘날 널리 인정되고 있다. 이러한 법인을 일반적으로 지정법인이라고 부르고 있다. 행정절차법 4조3항은 이 법인 중 일부에 대하여 그 업무 운영을 감독할 목적으로 행해지는 처분에 관하여, 행정절차법의 처분절차에 관한 규정의 적용을 제외하고 있다. 이러한 지정법인의 대표적인 것으로서는 도로교통법(1960法105)상의 지정 자동차교습소, 건축기준법(1950法201)상의 지정 확인·검사기관 등이 있다[→ 행정주체 그 밖의 법인(제2부 제1장 제2절)].

## 제2관  역할 분담의 명확화

### (1) 민영화의 추진

위에서 말한 바와 같이 민영화라고는 해도 다양한 형태가 있다. 국가의 직영에서 공사로, 공사에서 특수법인으로, 특수법인에서 인가법인·지정법인으로의 이행은 행정조직법상으로는 '민영화'라고 부를 수 있는 것이다.

그리고 오늘날 업무의 효율화 등의 관점에서 국가·지방 수준에서 민영화가 강력하게 추진되었다. 지방 수준에서는 지방자치법(1947法67)상의 공공시설에 관하여 '지정관리자' 제도가 도입되었다(미술관, 체육관). 더욱이, 공공서비스에 관하여 시장화 테스트법[경쟁의 도입에 의한 공공서비스의 개혁에 관한 법률(2006法51)]에 따라 공적인 사무의 민간위탁이 추진되고 있다. 형무소 업무조차 그 일부(후방지원 업무)는 민간위탁이 되어 있는 예가 있다.

### (2) 역할 분담의 명확화

그러나 민영화의 진행으로 인하여, 공적인 서비스의 제공 시 행정은 어떠한 역할과 책임을 져야 하는지에 관하여 행정상 문제가 발생하고 있다. 예를 들면, 민영화의 전형적인 예인

지정 확인·검사기관에 관해서는 그 기관이 잘못하여 건축확인을 부여한 것으로 인하여 사인에게 손해가 생긴 경우에, 국가·지방자치단체는 책임을 지게 되는지, 어디까지 책임을 지는지라는 문제가 발생했다[내진 위장(僞裝) 사건]. 이 문제에 관하여 최고재판소의 결정[最決2005年6月24日判時1904号69頁(소의 변경허가 결정에 대한 항소 기각결정에 대한 허가항고 사건 결정)]은 국가배상법(1947法125)의 적용을 인정하고, 지정 확인·검사기관을 지정한 지방자치단체가 손해배상청구의 소의 피고가 된다고 판단했다[→ 공권력의 행사와 공무원·공권력의 행사(제3편 제3부 제2장 제2절)]. 다만, 이 경우에 국가배상법 1조가 '국가 또는 공공단체의 공권력 행사에 종사하는 공무원'의 개인 책임을 부정하고 있다고 해석되고 있으므로 지정 확인·검사기관은 국가배상법에 근거하여 면책되는지가 논의되었다.

이 점과 관련하여, 손해배상청구 사건 상고심 판결(最判2007年1月25日民集61巻1号1頁)에서 최고재판소는 아동복지법(1947法164)상의 아동양호시설(민영) 내에서 직원의 감독 불충분으로 아동에게 장애가 생긴 사안에 관해서는, 국가배상법은 공무원 개인의 배상책임을 부정하고 있는 점에서 시설의 직원과 사용자는 배상책임을 지지 않는다고 판단했다.

다만, 지정 확인·검사기관에 대한 채무불이행책임에 근거하는 손해배상청구를 인용한 손해배상청구 사건 항소심 판결[大阪高判2014年4月22日(判例集未登載)]이 있고, 같은 사건 상고심 판결[最判2015年4月16日(判例集未登載)]에서 최고재판소는 지정 확인·검사기관의 상고를 기각했다. 최고재판소의 판결은 건축확인(행정행위)의 발급 시 지정 확인·검사기관과 건축확인의 신청자 간에 계약 관계가 성립함을 전제로(입법을 담당하는 국토교통성도 같은 견해를 취한다) 손해배상책임을 인정한 것이다.

민영화 후에도 행정서비스의 양과 질을 확보할 책임은 행정에 남는 한편, 서비스를 제공하는 것은 민간사업자인 점에서 지정 확인·검사기관에 관해서는 지정 확인·검사기관은 국가배상법 1조1항의 '국가 또는 공공단체'에 해당하고, 지방자치단체와 함께 국가배상청구소송의 피고가 된다고 한 후에, 지방자치단체와 지정 확인·검사기관의 구상권에서 지정 확인·검사기관이 비용을 부담한다고 해석해야 할 것이다[국가배상법 3조2항의 준용. 高

橋・行政法入門90頁, 294以下等 → 비용부담자, 국가배상법 3조의 해석, 내부의 구상관계 (제3편 제3부 제6장 제1절 제2관)].

## 제3관  공공적인 사무의 네트워크

### (1) 공공적인 사무의 네트워크

성숙한 시민사회가 형성된 일본에서는 국가・지방자치단체만이 공공적 사무, 사회의 공공적인 관리의 역할을 수행해야 하는 것은 아니라는 점은 공통의 이해가 되어 있다. 독립행정법인, 특수법인 등에 더하여, 인가법인, 지정법인도 행정사무의 담당 주체로서 등장하고 있고, 이 주체들 외에도 제3섹터, 각종의 공익법인, NPO 등이 행정과 연계하여 공공적 사무의 수행과 관련되는 네트워크를 형성해 왔다.

### (2) 향후 과제

또한, 그중에는 적정・공정한 사무 수행의 확보나 역할 분담의 명확화, 주체 간의 투명하고 공정한 관계와 합의 형성의 규칙의 수립 등 행정법학상의 관점에서 필요한 고찰을 해야 하는 현상과 과제가 생기고 있다. 그러나 현재 이러한 과제에 대응하는 법제도가 통일적으로 정비된 상황은 아니다. 다만, 개별법에서 참고로 해야 하는 제도가 마련되어 있는 예는 있고, 본서에서도 향후 과제를 지적하는 관점에서 이 제도들을 소개하기로 한다[→ 행정주체, 정부 주변 법인과 민간 법인의 네트워크(제2부 제3장 제2절), 행정사무상의 계약(제2편 제4부 제3장 제6절), 행정사무상의 규범(제2편 제5부 제2장 제4절)].

# 제2장  행정법의 의의와 체계

## 제1절  행정법의 의의

### 제1관  수권과 통제의 법체계

#### (1) 헌법의 최고법규성(헌법 98조 이하)

일본국헌법 98조에서는 '헌법은 국가의 최고법규이고, 그 규정에 반하는 법률, 명령, 칙령 및 국무에 관한 그 밖의 행위의 전부 또는 일부는 그 효력을 가지지 않는다'라고 규정하고 있다. 국회·행정이 정하는 법률, 정·성령, 규칙은 헌법의 여러 원칙, 여러 규정에 준거할 필요가 있고, 헌법에 따라 해석될 필요가 있다.

따라서 행정활동에 대한 법률, 정·성령에 의한 수권은 기본적 인권을 보장하는 헌법 규정의 범위에서 행해지고, 기본적 인권의 보장을 촉진하는 형태로 행해져야 한다. 또한, 수권 시에는 통치구조에 관한 여러 원칙에 따라 행해질 필요가 있다[위임입법의 한계에 관하여, → 법규명령, 위임입법의 한계-위임의 취지·목적 등(제2편 제5부 제2장 제2절)].

#### (2) 학설·판례의 역할

행정상의 여러 제도는 공공성이나 공익을 확보하고, 공공적인 가치를 실현하는 제도로서의 측면을 가진다. 따라서 행정법의 제도는 당연히 공공적인 가치의 실현에 충실히 배려한 것일 필요가 있다. 예를 들면, 도로·댐 등의 공공적인 사업의 용지로서 필요한 토지에 관해서는 토지수용법(1951法219)에 근거하여 사업의 기업자가 손실보상에 의한 대가를 지급하고 토지를 수용하는 것이 인정되고 있다. 또한, 행정소송에서도 행정활동이 가지는 공공적인 성격을 고려하여 사인에게는 인정되지 않는 특별한 취급이 행정의 활동에 인정되고 있다[행정처분과 관련되는 취소소송의 배타적(우선적) 관할 등].

그러나 이러한 공공성·공익의 실현·확보의 제도는 어디까지나 주권자를 대표하는 국회가 정하는 법률로 정해질 필요가 있다. 행정법상의 학설·재판례는 사인의 권리·자유와 행정활동 간에 긴장 관계가 생기고 있는 영역에서 공공적 가치를 우선하게 하는 것을 명확한 법적 근거 없이 안이하게 법의 해석으로 도출하는 것에 대해서는 신중해야 할 것이다.

오사카 국제공항 야간비행 금지 등 청구 사건 상고심 판결(最大判1981年12月16日民集35卷10号1369頁)에 관해서는 이 관점에서 의문이 있다. 이 판결은 기간시설인 국영공항(당시)인 오사카국제공항(이타미공항)에서 이른 아침, 심야의 사용 제공의 금지를 주변 주민이 구한 사안에 관한 것이다. 최고재판소는 국영공항의 관리·운영과 관련되는 공항 관리권에 관해서는 민영공항의 관리권과 성격을 달리하는 것은 아니라고 하면서 국영공항의 성격상 이러한 공항 관리권은 항공회사에 대한 사업감독 등에 관하여 인정되는 공항 행정권과 불가분 일체적인 것이 되지 않을 수 없고, 원고의 청구는 공항 행정권의 변경을 구하는 것이어서 민사소송으로서는 부적법하다고 판단했다(소각하).

한편, 국회가 고려하지 않은(할 수 없었던) 사정에서 법령의 형식적인 해석·운용 등에 따라서는 국민의 인권·자유가 충분히 보장될 수 없는 사태가 발생하는 경우는 많다. 이러한 경우에 헌법·실정법에 명문화되지 않은 행정의 통제와 국민 권리구제의 법리를 탐구하고, 그 법리가 실정법화되는 것을 촉진하는 것은 행정법학·행정재판례의 고유한 역할이다. 다만, 제2차 세계대전 후에도 행정법학·행정재판례는 이 역할을 충분히는 발휘하지 못했다. 그러나 최근이 되어 이 역할을 의식한 재판례가 나타나게 되었다.

예를 들면, 토지구획정리사업계획결정 취소청구 사건 상고심(最大判2008年9月10日民集62卷8号2029頁)은 과거의 대법정 판결을 변경하고, 같은 계획의 적법성을 직접 다투는 취소소송의 제기는 적법하다고 했다. 또한, 이 판결은 그 이유로서 계획을 직접 다투는 것을 인정하지 않으면 계획에 근거하여 기성사실이 축적되어 실효적인 행정구제를 국민에게 보장할 수 없는 것 등을 지적했다.

## 제2관  행정통제의 여러 원칙

위와 같은 관점에서 행정법상 행정권의 적정한 행사를 확보하기 위한 법원칙, 법원리가 만들어졌다.

### (1) 적정절차의 원칙

행정은 법률 등의 수권을 받아 공공적 활동을 하는 중에 국민에게 불이익한 작용·영향을 주는 경우가 많다. 그 경우 재판 정도의 엄격함은 요구되지 않지만, 신중한 절차를 밟은 후에 결정될 필요가 있다. 특히, 영미법계의 국가에서는 전통적으로 행정활동에 관하여 적정절차가 요청된다고 하여 고지와 청문(notice and hearing)을 중심으로 하는 행정절차의 제도를 발달시켜 왔다.

> 행정활동과 헌법상의 적정절차에 관한 헌법학상의 논의, 행정절차법의 제정 경위에 관하여 → 행정절차의 개념, 개설 및 행정절차법(제2편 제3부 제3장 제1절)

### (2) 정보의 적정한 수집·관리, 정보의 공개

행정정보의 수집 중에는 강제력이 있는 조사 외에 형벌을 배경으로 한 간접적인 강제력을 동반하는 행정조사의 권한이 인정되는 경우는 많다(행정에 의한 조사를 정당한 이유 없이 거부하는 행위와 관련되는 처벌 규정, 국세통칙법 74조의2 이하, 128조2호·3호 등). 그 경우에, 사인의 권리·자유의 보장, 범죄 수사와의 역할 분담 등의 관점에서 행정정보가 적정한 형태로 수집되는 것을 확보할 필요가 있다.

더욱이, 이러한 조사 등을 통하여 행정에 축적된 정보는 주권자인 국민에 의한 적절한 이용에 제공할 필요가 있는 점에서 행정기관 정보공개법이 제정되었다. 또한, 행정은 업무의 성질상, 개인이나 법인 등의 정보를 대량으로 예민한 것까지 보유하는 것이 인정되는 점에서 개인정보보호법(2003法57) 제5장(행정기관 등의 의무 등)은 민간사업자에 비하여 엄격한 개인정보보호의 의무를 행정에 부과하고 있다.

### (3) 효율성·경제성 원칙(자의적 증여금지의 원칙을 포함한다)

민간기업이면 시장에서 경쟁하면서 비용의 최소화, 이윤 최대화의 인센티브가 작용한다. 행정에는 이러한 인센티브가 작용하는 구조가 본래 갖추어져 있지 않다. 그래서 법령에서 효율성·경제성의 원칙을 규정하고, 이 원칙이 준수되고 있는지를 외부에서 감시하는 시스템이 필요하다(재정법 9조2항, 회계검사법 20조3항, 자치법 2조14항, 지방재정법 8조 등). 지방자치법(1947法67) 232조의2에서 지방자치단체에 의한 기부 또는 보조는 '공익상 필요한 경우에' 할 수 있다고 하는 것도 이러한 생각에 근거하는 것이다.

이와 관련하여, 이 원리의 준수 여부를 감시하는 조직으로 국가에는 회계검사원, 지방자치단체에는 감사위원 등이 있다. 특히, 주민에 가까이 있는 지방행정에서는 지방자치단체의 재정 회계상의 행위, 재산 관리행위의 적법성에 관하여 재판소의 특별한 관여가 필요하다는 관점에서 지방자치법은 주민소송 제도를 마련하고 있다(자치법 242조의2). 나아가, 정책평가법이나 지방자치단체의 조례에 따른 정책평가의 제도, 공공사업·입찰 등의 효율성 등을 감시하는 제도도 이에 포함된다.

주민소송 판결 중에는 먼저 소개한 지방자치법 232조의2에 지방자치단체의 보조금이 위반된다고 판단된 사례가 있다. 전 현(県)의회 의원(議員)회 보조금 사건 상고심 판결(最判 2006年1月19日判時1925号79頁)에서 최고재판소는 전 현의회 의원회에 대한 보조금의 지출은 의원회의 활동 내용과 보조 금액 등에 비추어 현의회의 전 의원에 대한 예우로서 사회통념상 시인할 수 있는 한도를 넘고 있다고 하여 위법하다고 판단했다.

### (4) 행정의 직권조사 의무

행정에는 사인에게 인정되지 않는 조사 권한이 부여되어 있다(조사 의무, 각종 업무 감독상의 조사). 이러한 권한을 부여받고 있는 것의 이면으로서 적정하게 행정조사의 권한을 행사하고, 사실관계를 신속하고 정확하게 확정한 후에 행정결정을 할 의무가 생긴다.

예를 들면, 토지매수재결 취소청구 사건 상고심(最判1953年2月18日民集7卷2号157頁)에서 최고재판소는 구 자작농 창설 특별조치법에서는 토지의 경작 관계에 근거하여 부재지주라고 인정되는 토지소유자로부터 토지를 매수한다고 하고 있고, 진실한 토지소유자가 자신의 토지라고 주장한 경우 행정은 등기부만을 신뢰하지 않고 토지의 소유관계를 조사해야 한다고 했다. 또한, 공매처분 무효확인 등 청구 사건 상고심 판결(最判1960年3月31日民集14卷4号663頁)에서도 조세체납처분은 채권의 강제징수로서의 법적 성질의 공통성에 착안하여 민사집행의 경우와 마찬가지로 등기부에 근거하여 하는 것이 인정된다고 하면서도, 체납처분을 한 세무서와는 별도의 세무서가 처분 대상 물건은 조세 체납자의 재산이 아니라는 점을 알고 있었던 등의 사정이 있는 경우에는 행정은 배신적 악의자에 해당한다고 판단되었다.

### (5) 여러 이익의 적정 형량

행정은 공공성의 실현, 국민의 권리보호를 위해 법률 등의 수권에 근거하여 활동을 하나, 그때 법률의 범위 및 그에 제시된 판단기준에 근거하면서도 관계 이익 간의 균형을 적절하게 배려하여 활동할 필요가 있다. 또한, 권리남용 금지의 원칙[민법(1896法89) 1조3항]은 행정법상 행정권한의 남용을 억제하는 기능을 수행해 왔다.

재판례로서는 규제 대상 사업장 인정처분 취소청구 사건 상고심 판결(最判2004年12月24日民集58卷9号2536頁)이 있다. 이 판결은 산업폐기물 처리시설을 표적으로 하여 규제하고 조업을 불가능하게 한 사안에 관한 것이다. 최고재판소는 조례 그 자체는 적법하다고 한 후에 조례상의 절차를 다 거쳐 사업자의 기득 이익을 배려하지 않은 행위를 위법하다고 판단했다.

### (6) 법의 일반원리

위의 원칙 이외에도 행정법은 사법에서 형성된 법의 일반원리를 행정상의 법률관계에 응용하는 형태로 행정권한의 적정한 행사를 확보하는 원칙을 만들어 냈다. 전술한 권한 남용 금지의 원칙은 그 전형적인 예이다. 그 외에도 평등원칙, 비례원칙, 신의칙 등이 있다[→ 행정법의 존재형식(법원), 불문법원, 법의 일반원칙(제3장 제1절)].

　　권한 남용 금지의 원칙을 행정상의 법률관계에 적용한 최고재판소의 판단으로서 손해배상청구 사건 상고심 판결(最判1978年5月26日民集32卷3號689頁)이 알려져 있다. 이 판결은 풍속영업시설을 표적으로 한 사안에 관한 것이다. 이 판결에서 최고재판소는 시설의 개설을 저지하기 위하여 현이 정(町)과 협의하여 주변에 풍속영업시설이 개업할 수 없는 아동공원의 설치를 허가한 점을 들어 위법하다고 했다. 아동공원의 설치에 이르는 전체의 행정과정을 포착하여 행정권한의 남용을 인정한 점에 판결의 특색이 있다.

## 제2절  행정법의 체계

### 제1관  행정법의 체계-민법과 대비

#### (1) 민법의 체계

민사법은 물건의 소유관계, 거래행위, 가족관계를 규율하는 법이고, 그 기본법으로서 민법이 있고, 크게 총칙·물권·채권·친족 및 상속으로 구별되어 있다. 또한, 총칙에서는 자연인·법인, 법률행위 등으로 편성되어 있다. 나아가, 물권법 다음으로 권리주체 간의 채권·채무 관계에 관하여 규율하는 채권법의 규정이 있고, 그중에는 채권각론으로서 계약, 불법행위, 사무관리, 부당이득 등에 관한 여러 규정이 있다. 마지막으로 친족·상속편이 있다. 이러한 민법의 체계는 사인·법인 간의 재산관계·거래관계나 가족관계의 규율이라는 관점에서 그 고유의 논리에 따라 역사적으로 형성되어 왔다.

#### (2) 행정법의 체계

일본에서는 행정법은 유럽 대륙과 마찬가지로 민사법보다 늦게 성립했다. 그래서 일본에서도 행정법이 성립하여 얼마되지 않은 메이지·다이쇼·쇼와 초기에는 행정법의 체계를 생각할 때 '민사법과 병립하는 체계로서의 행정법'의 구축을 지향하는 입장이 지배적이었다. 따라서 당시의 대표적인 교과서는 공법인, 행정행위, 공물, 공법상의 사무관리, 공법상의 부당이득 등의 순으로 편성되어 있었다.

그러나 현재에는 행정법의 체계화를 할 때에는 '공공의 목적에 근거하여 시민사회·국민생활에 개입하는 행정에 대한 수권과 통제의 법체계'라는 행정의 메커니즘에 따른 시점에서 하는 것이 적절하고, 민법의 체계와 대비하는 시점에서 체계화를 도모할 필요는 없다고 생각되게 되었다. 다만, 이것은 민법과는 별개의 시점에서 행정법의 체계화를 도모하는 것을 부정하는 것은 아니다.

행정법에는 고유의 논리가 있고, 그 논리에 적합한 체계를 구축하는 것은 가능하기 때문이다. 행정법과 민상법은 각각의 고유의 논리로 구축된 체계로 성립해 있고, 일부의 영역에서 교착하는 관계에 있다. 시장·시민생활에 행정이 개입할 때는 민상법을 전제로 하면서 일부의 규율을 수정하여 개입하는 경우, 크게 수정을 가하는 경우 등 여러 가지 경우가 있고, 그 수정의 범위, 규율 내용은 각각의 개별법 영역, 행정법령의 내용·성격에 따라 다르다.

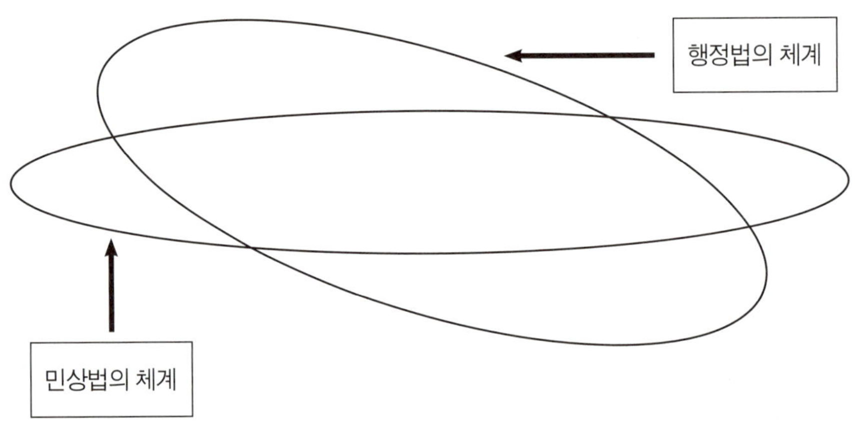


미노베 다쓰키치(美濃部 達吉) 박사, 다나카 지로(田中 二郎) 박사 등 과거의 대표적인 행정법 학설은 민사법의 체계에서 유추하는 형태로 행정법의 체계를 설명해 왔다. 또한, 행정행위 등을 통하여 설정되는 행정상의 법률관계에 근거하여 민사법이 적용되는 모습을 밝히는 것이 국내 공법으로서 행정법 체계의 특징을 민사법의 체계에서 제시하기 위한 불가결한 작업이라고 생각해 왔다('공법과 사법'을 둘러싼 논의). 그러나 본문에서 말한 바와 같이

행정이 시장이나 국민 생활에 개입하는 방식은 목적, 대상, 개입의 방법에 따라 다양하다.

제2차 세계대전 전에 농지의 소재지에 거소를 정한 자가 부재지주로부터 그 농지를 매수했지만, 여러 사정으로 등기가 이전되어 있지 않았기 때문에 전쟁 후 구 자작농 특별조치법에 근거하여 등기부상의 부재지주에 대하여 농지매수처분이 행해진 사건의 상고심 판결(最判1953年2月18日民集7卷2号157頁)에서 최고재판소는 현실의 토지 경작 관계에 근거하여 처분을 해야 하고, 등기부상의 부재지주에 대한 매수처분은 위법하다고 하여, 민법 177조는 이 경우에는 적용되지 않는다고 판단했다.

이에 비하여, 그 후 조세체납처분의 적법성이 다투어진 사안의 상고심 판결(最判1956年4月24日民集10卷4号417頁)에서 최고재판소는 조세체납처분에서 국가의 지위는 민사소송법(당시)상의 강제집행에서 압류채권자의 지위에 유사한 것으로서 민법 177조의 적용을 인정하고 있다. 농지매수처분에서도 매수로 인한 국가의 소유권 취득에 관해서는 국가는 등기 없이 제삼자에게 대항할 수 없다고 하는 점에 최고재판소의 판단은 확립되어 있다(最判1966年12月23日民集20卷10号2186頁等).

## 제2관  행정법의 체계

### (1) 행정법의 정의
행정법상 체계화의 시점에서 행정활동을 파악한다고 하면 행정활동이란 ( i ) 헌법 아래에서, ( ii ) 법률을 기본으로 하여 민주적 정당성을 부여받아 조직된 행정주체 및 정부 주변 법인, 나아가 그 위탁을 받은 민간의 법주체가, ( iii ) 공공성·공익의 확보, 국민의 권리·이익의 보장과 촉진을 목적으로 하여 시장과 국민생활에 개입하는 활동을 가리킨다. 또한, 본서에서는 행정법이란 조직·활동에 대하여 수권하고, 통제하기 위한 일련의 법률·법원리의 총체라는 입장에서 논하기로 한다.

### (2) 행정법의 체계
이러한 행정활동 및 행정법의 정의를 고려하여 본서에서는 행정법을 도입부에 해당하는 행정법 기초론에 이어 3가지의 영역으로 나누어 서술한다.

그 첫 번째는 행정조직법이다. 시장과 국민생활에 개입하는 주체로서의 행정주체, 정부 주변 법인, 그리고 행정주체 등으로부터 위탁 등을 받아 공공적인 활동을 하는 민간법인 등에 관하여 다룬다. 특히, 행정주체에 관해서는 ( i ) 민주국가에서 조직편제와 의사결정의 원리, ( ii ) 사무·권한 배분의 방식, ( iii ) 행정 내부의 종합·조정, 연락·협의, 행정 외의 조직 간에 협력의 모습 등을 고찰한다.

두 번째 영역은 행정활동(작용)법이다. ( i ) 행정영역 전반에 관하여 범용성 있는 법적 분석을 할 목적으로 발전해 온 행정의 행위형식 외에, ( ii ) 행정강제나 행정상의 제재 등과 같은 행정상의 실효성 확보의 제도, ( iii ) 행정정보의 수집, 관리, 공개 등의 체계 등을 다룬다.

세 번째 영역은 행정구제법이다. 행정주체, 정부 주변 법인, 그 밖의 법적 주체가 행정활동 또는 그에 준하는 공공적인 활동을 하는 중에 다른 법적 주체, 특히 사인 등과의 사이에서 법적인 분쟁이 생긴 경우에 어떠한 형태로 분쟁이 해결되고, 사인 등의 권리 구제가 도모되는지를 고찰·분석한다. 구체적으로는 우선 사인 등이 입은 불이익에 관하여 금전 보상을 중심으로 하여 보상하는 제도로서의 국가보상을 다룬다. 국가보상은 ( i ) 적법한 행위로 발생한 손실을 보상하는 제도로서의 손실보상(본서에서는 이해조정의 제도를 포함하여 설명한다)과 ( ii ) 위법한 행위로 발생한 손해를 배상하는 제도로서의 국가배상으로 구별된다. 그다음으로 행정활동 그 자체의 시정을 목적으로 하는 권리구제수단으로서의 행정쟁송 제도를 다룬다. 이 제도는 ( iii ) 행정에 대한 불복신청으로서의 행정불복신청, ( iv ) 재판소에 대하여 행위의 시정을 구하는 수단으로서의 행정소송으로 구별된다. 나아가 ( v ) 보다 간편한 수단으로서의 고충처리 그 밖의 제도도 있다.

### (3) 체계의 개략

이상 말한 행정법의 체계를 도식화하면 다음과 같다.

① 행정법의 기초

도입, 행정법의 법원(法源), 행정법의 기본원리

② 행정조직법

행정주체, 정부 주변 법인, 다른 법주체, 행정사무 및 행정권한 배분의 방식, 종합·조정,

연락 · 협의, 행정 외의 조직과의 협력

　③ 행정활동(작용)법

　행정의 행위형식론, 행정의 실효성 확보, 행정정보의 수집, 관리, 공개 등

　④ 행정구제법

　국가보상[손실보상(이해조정의 제도를 포함한다), 손해배상], 행정쟁송(행정불복신청, 행정소송, 고충처리 등)


# 제3장  행정법의 법원(法源)

## 제1절  행정법의 존재형식(법원)

### 제1관  행정법의 법원

**(1) 행정법의 법원성(양면적 구속력)**

　행정법은 행정 내부에 대하여 법적인 효력을 가질 뿐만 아니라 국민에 대해서도 법적 구속력을 가진다. 따라서 행정이 당사자가 되는 분쟁을 해결하는 재판소에 대해서도 그것이 상위규범에 반하지 않는 범위에서 판결의 기준이 되는 의미에서 구속력을 가지는 규범이 된다. 이러한 행정법을 구성하는 법원으로서는 국가 및 지방자치단체의 기관이 정립한 성문법과 성문화되어 있지 않으나 법적 구속력을 승인받은 불문법이 있다.

**(2) 성문법 중심주의**

　대륙법의 전통을 가지는 일본에서는 행정에 관해서도 의회가 정립한 법률 등을 중심으로 하는 성문법이 법원으로서의 중심적 역할을 가지는 성문법 중심주의를 취하고 있다. 나아가, 행정법에서는 법치주의의 원칙이 중시되고, 성문법에 의한 행정의 통제가 기본이 된다. 다만, 뒤에서 말하는 바와 같이 행정법 분야에서는 불문법원에도 독자적인 중요한 의의가 부여되어 있다.

## 제2관   국법 등의 체계

### (1) 국법의 체계

성문법 중 국법으로서 존재하는 것으로서는 헌법, 법률, 명령(정령, 부·성령, 규칙), 조약이 있다.

### (2) 지방자치단체의 자주법

지방자치는 일본국헌법에서 중요한 통치 제도이고, 일본국헌법 94조는 지방자치단체에 조례제정권이 있음을 확인하고 있다(자치법 14조). 또한, 의회와 단체장의 이원적 대표제도와 다원적 집행기관 제도(단체장 외에 공안위원회 등의 독립한 집행기관의 존재를 인정하는 제도)를 채용하는 일본의 지방자치제도에서는 단체장, 그 밖의 집행기관에 규칙제정권이 인정되어 있다.

## 제3관   불문법원

### (1) 불문법원의 중요성

행정법이라는 학문이 가지는 의의의 하나가 성문법을 통해서는 충분히 달성되지 않는 통제, 국민의 권리보호의 법리, 해석의 탐구에 있는 점은 이미 말했다[→ 행정법의 의의(제2장 제1절)]. 그리고 불문법원은 그러한 법리의 탐구, 해석에 대하여 중요한 기반을 제공한다.

예를 들면, 이익형량 원칙은 판례·학설에서 형성되어 온 통제 법리의 대표적인 예이다. 그 외의 불문법원으로서는 비례원칙, 평등원칙, 신의칙 등이 있다. 평등원칙은 헌법 14조1항에 규정이 있고, 행정활동은 직접 그 구속을 받으나, 명확하게 위헌으로 되지 않는 정도의 경우이어도, 평등원칙에 반하는 것으로서 행정판단이 위법으로 판단되는 경우는 있다. 또한, 비례원칙은 법령으로 설정된 행정활동의 목적(공무원에 대한 국민의 신뢰 확보, 영업활동의 법령 준수의 확보 등)과의 관계에서 행정수단(징계처분, 영업의 정지·폐지 명령 등)의 균형이 이루어질 것을 요구하는 원칙이다. 행정법에서 신의칙의 의의에 관해서는 후술한다.

## (2) 법치주의와 불문법원

행정법에서는 법치주의의 관점에서 유추해석 등의 해석방법을 활용하여 법률에 규정된 행정처분의 요건 등의 문언을 유연하게 확장, 제한하는 것은 자제해야 할 것이다. 행정법상으로는 행정권한의 행사에 관하여 예측 가능성을 확보하는 것이 중요하여, 행정권한의 수권은 명확한 실정 법규에 근거해야 하고, 실정 법규의 내용에 관하여 해석을 통하여 조작하는 것은 적절하지 않다. 그래서 행정법규에 관해서는 법률 규정 그 자체를 유추해석 등으로 확장·제한하는 것보다 법의 일반원리를 활용하여 타당한 귀결을 탐구하는 것이 적절한 경우가 많다.

이 때문에 행정법에서는 법의 일반원칙의 하나인 신의칙의 역할이 중시되어 왔다. 더욱이, 최근 재판소는 신의칙 등을 활용하여 법령 등의 불비를 시정하거나 개별 사례에서 국민의 권리보호를 도모하는 판단을 제시해 오고 있다(이와 관련하여 이러한 재판소의 태도는 사법제도 개혁에서 '법의 지배'가 강조되고, 행정에 대한 재판상 통제의 강화가 주장되는 것과 무관하지 않다).

　신의칙에 관련되는 중요 판례로서 재류기간 갱신불허가처분 취소사건 상고심 판결(最判 1996年7月2日判時1578号51頁)이 있다. 이 판결은 혼인무효확인소송의 계속을 재류자격 사유로 하여 부여된 단기 재류허가의 갱신을 일본인의 배우자인 외국 국적의 원고가 신청했지만, 소송종료를 이유로 신청이 거부되었기 때문에 신청거부처분 취소소송을 제기한 사안에 관한 것이다. 최고재판소는 ( i ) 일본인의 배우자 자격에 관련되는 장기 재류허가의 갱신신청에 관하여 행정 측이 별거 등을 이유로 하여 단기 재류허가로 변경한 점, ( ii ) 혼인무효확인을 구한 일본인의 패소로 소송이 종료된 점을 지적하고, 이러한 사정에서는 신의칙상 행정은 단기 재류자격의 소멸을 이유로 갱신을 거부할 수 없다고 하였다.

　또한, 재(在) 브라질 피폭자 건강관리수당 등 청구소송 상고심 판결(最判2007年2月6日 民集61巻1号122頁)은 피폭 후에 외국에 이주한 원고들이 피폭자원호법[원자폭탄 피해자에 대한 원호에 관한 법률(1994法177)] 등에 근거하는 건강관리수당을 청구한바, 지방자치법 236조를 이유로 시효소멸분의 지급이 거부된 것에 대하여 원고들이 취소소송을 제기한 사안에 관한 것이다. 최고재판소는 출국자의 수급권이 실권(失權)하는 것으로 정한 후생성 (당시)의 통달에 따라 실권이 획일적 통일적으로 처리된 점과 해당 통달은 법령에 근거가 없었던 점을 중시하고, 지방자치단체가 이미 구체적으로 발생한 국민의 권리에 관하여 법령준수의무(자치법 2조16항)에 반하여 그 행사를 적극적으로 방해하여 소멸시효에 걸리게 한 경우에는 시효 주장을 허용하지 않는다고 해도 국민의 평등 대우의 이념에 반하지 않고, 사무처리에 특별한 지장은 생기지 않는다고 판단했다.

### (3) 각종 불문법원

① 관습법

불문법원의 하나로 관습법이 있으나, 다른 법 영역과 마찬가지로 행정법 영역에서도 관습법의 존재가 인정되기 위해서는 법적으로 의의(意義)가 있는 사실이 단순히 계속되는 것에 더하여, 그것이 관계자에게 법적인 확신까지 이를 것이 필요하다.

행정법 영역에서 관습법의 예로서는 지역적 관습법과 행정선례법이 있다. 우선, 지역적 관습법으로서는 하천, 해변, 산림 등의 행정이 관리하는 공공용물의 이용(물 이용, 임산물의 채취 등)에 관한 지역적 관습이 있다. 다음으로 행정선례법이란 명문의 규정이 없는 행정상의 사례가 계속되어 정착되고, 선례법으로서 효과를 가지기에 이른 것이다. 법령의 효력발생요건인 공포에 관하여 관보의 공시에 의한다는 것이 확립되어 있으나, 명문의 법적 근거는 없다.

② 판례법

법률학에서 '판례'는 다양한 의미로 사용되고 있다. ( i ) 재판례의 의미로 사용되는 경우가 있고, ( ii ) 최고재판소의 판례, 특히 공식 판례집에 등재된 것을 가리키는 경우도 있다. 나아가 ( iii ) 판례법의 의미로 사용되는 경우도 있다. 판례법이란 특정 유형에 관한 확정판결의 계속적 누적을 통하여 해당 판단이 법으로서 확립·정착되었다고 인식되기에 이른 것을 가리킨다.

이러한 판례법의 존재는 행정법 영역에서도 인정할 수 있다. 특히, 행정법 영역에서는 다양한 법 분야에서 다수의 법령이 병립하기 때문에 다른 법령의 규정 상호 간의 관계를 통일적으로 해석하고, 법령 간의 모순·저촉, 불비에 관하여 재판을 통해 수정할 필요성은 높다.

나아가 입법의 단계에서 상정되지 않았던 사안에 관하여 재판소에 의한 법의 창조적 해석을 통하여 국민을 구제할 필요가 인정되는 경우도 있다.

다만, 유연한 해석에 의한 법령의 변경에 따른 결과가 국민에게 불리한 경우로서 본래 입법으로 해야 하는 것에 관해서는 자제해야 하는 것은 앞에서 말했다.

③ 법의 일반원칙

법의 일반원칙의 행정법상 의의에 관해서는 앞에서 말했다. 법의 일반원칙으로서는 다음과 같은 것이 인정된다.

(a) 평등원칙·비례원칙

평등원칙, 비례원칙에 관해서는 이미 말했다.

(b) 금반언의 법리와 신의성실의 원칙

행정법에서 신의칙의 적용은 적극적으로 인정되어 왔다. 신의칙의 적용을 인정한 재판례로서 손해배상청구 사건 상고심 판결(最判1981年1月27日民集35巻1号35頁)이 유명하다.

이 판결은 기업 유치의 활동을 지방자치단체가 특정 기업에 계속한 결과, 기업이 진출을 위한 조사 등을 실시했지만, 환경보호를 내세우는 단체장이 새로 선출되어 기업 유치 시책을 폐지했기 때문에 해당 기업이 진출을 단념한 사안에 관한 것이다. 조사비용 등의 배상이 요구된 이 사건에서 최고재판소는 계속적 활동으로 형성된 신뢰를 일방적으로 파괴하여 상대방에게 손해를 입게 한 지방자치단체는 신의칙 위반에 근거하는 불법행위책임을 진다고 판단했다.

다만, 신의칙의 적용은 법률에 엄격하게 구속되는 영역(기속 행정의 영역)에서는 법치주의, 평등원칙 등의 법원리와의 사이에서 긴장 관계가 생긴다. 따라서 판례도 신의칙의 적용에 관해서는 엄격한 조건을 붙인 후에 그 운용을 인정하는 견해를 취하고 있다.

소득세경정처분 등 취소청구 사건 상고심 판결(最判1987年10月30日判時1262号91頁)은 자영업 등에서 장부의 정비 등을 촉진할 목적으로 마련된 청색신고(조세공제 등의 우대조치가 있다)에 관하여 본인 명의가 아닌 청색신고를 받은 세무서장이 나중에 청색신고를 취소하고, 일정 기간 세액을 소급하여 징수한 사안에 관한 것이다. 최고재판소는 이러한 사안에 신의칙의 적용이 인정되기 위해서는 (ⅰ) 과세청에 의한 공적 견해의 표명이 행해졌을 것, (ⅱ) 납세자가 신뢰에 근거하여 구체적으로 행동했을 것, (ⅲ) 그것으로 인하여 납세자가 경제적 불이익을 받을 것, (ⅳ) 납세자가 공적 견해를 신뢰하고 행동한 것에 납세자의 귀책 사유가 없었을 것이 필요하다고 하여 신의칙의 적용을 부정했다.


(c) 다른 일반 법원리

행정결정을 할 때 관련 이익의 적정한 형량이 요구되는 것에 관해서는 이미 설명했다. 또한, 권한 남용의 금지도 중요한 원칙이다.


# 제2절  법치주의

## 제1관  '법의 지배'와 '법률에 의한 행정의 원리'


'법의 지배'는 영미법계의 사상에 근거한 것이다. '법'의 내용에는 정의·형평의 관념에 근거한 불문법, 재판소가 형성한 판례법이 포함된다. 이에 비하여, '법률에 의한 행정의 원리'는 독일법에서 유래한 것이다. 국회가 정한 '법률'과 행정의 관계에 관하여 형성된 것이고, '법률'의 내용 그 자체는 묻지 않는다[그래서 '형식적 법치국가'론으로서 비판된다]. 다만, 최근에는 법률의 내용을 헌법적인 가치체계에서 음미하려고 하는 실질적 법치국가의 관념이 주류가 되어 있다. 그래서 이 양자는 상당한 정도 공통되는 성격을 가지기에 이르렀다. '법' 그 자체에 대한 영미법과 대륙법의 기본적 생각에 차이가 있는 것은 부정할 수 없지만, 최근에는 EU 통합 등을 계기로 양자의 관념상 공통성은 더욱 증가하고 있다.

## 제2관  법치주의의 여러 원칙

### (1) 들어가며

법률의 내용 및 개별 사례의 실질적인 검증은 개별 행정영역을 전문적으로 분석하는 학문(조세법, 사회보장법, 경제법, 환경법 등)의 연구 범위이다. 여기에서는 총론적인 고찰로서 행정영역에 걸쳐 적용되는 형식적인 원칙 '법률에 의한 행정의 원리'에 관하여 검토하기로 한다.

### (2) 법률의 우위

법치주의의 첫 번째 준칙으로서 우선, '법률의 우위'의 원칙을 들 수 있다. 법률의 우위의 원칙은 국민주권 원리, 국회의 최고기관성으로부터 당연한 귀결이다. 다만, 행정에 의한 개별 조치에 따라 입법에 의한 추상적 규범이 조금씩 변경되는 것을 부정하는 원칙으로서 고유의 의미가 있다.

### (3) 국회의 법규창조력 독점

헌법 41조는 국회가 국가의 유일한 입법기관이라고 규정한다. 그 의미하는 바에 관해서는 논의가 있는 바이나, 국민의 권리·의무 관계에 관한 구속력 있는 일반적 규율(법규)의 정립에 관해서는 헌법상 국가 차원에서는 국회의 독점적인 권능에 속한다고 생각되고 있다. 다만, 헌법 73조6호에 규정되어 있는 바와 같이 법률의 위임에 근거한 위임명령의 형태로 행정이 법규를 정립하는 것은 인정된다[→ 법규명령(제2편 제5부 제2장 제2절)].

### (4) 법률유보의 원칙(1)

법률의 유보란 법률의 우위 원칙을 더 밀고 나가, 더 엄격하게 행정을 법률의 통제에 복종하게 하기 위한 원칙이다. 구체적으로는 어떤 작용을 행정이 국민에게 하는 경우에는 법률의 수권(근거 규정)이 있어야 한다는 원칙이다. 다만, 이 원칙이 행정활동 중 어떤 경우에 적용되는지에 관해서는 학설상 다툼이 있다.

① 침해유보설

메이지 헌법에서 통설적인 견해이고, 현재에도 유력한 견해이다. 이 원칙이 유보의 영역으로 하는 '침해'에는 2가지 요소가 있다. 즉, (ⅰ) 해당 작용이 국민에게 불이익한 성질을 가지고(본래 인정되어야 하는 자유나 권리가 제한되는 등), (ⅱ) 그 불이익이 법으로 강제되는 것이다.

'침해'의 구체적인 예로서는 과세처분, 영업활동의 금지, 건축물의 시정명령 등이 있다. 이와 관련하여 허가제는, 허가를 받는 것 자체에 착안하면 국민이 이익을 받는 것처럼 보인다. 그러나 행정법학에서 허가제란 헌법 22조1항에 의해 보장된 영업의 자유를 전제로 하여 국민이 본래 자유롭게 활동할 수 있는 영역 등에 관하여 행정이 공익적인 관점에서 일반적으로 금지하고, 개별적인 허가를 통하여 자유를 회복하는 구조라고 해석되고 있다(전체의 구조로서는 '침해'에 해당한다). 또한, 어떤 행위가 '침해'로 되기 위해서는 그 작용이 법적인 강제의 계기를 가지고 있을 것이 필요하다. 예를 들면, 영업의 자제를 요구하는 행정지도는 행정지도를 받는 국민에게 불이익한 측면을 가지고 있지만, 강제력을 가지고 행해지는 것은 아니므로 '침해'에 해당하지 않는다.

② 전부유보설

다만, 일본국헌법에서 침해유보설에는 다음과 같은 비판이 생겼다. 우선, (ⅰ) 침해유보설은 입헌군주=행정권, 국민=입법권이라는 메이지 헌법의 사상에 근거하는 것이고, 국권의 최고기관이 된 의회의 통제 아래 행정권이 조직될 것을 요구하는 일본국헌법에 적합하지 않다는 비판이 가해진다. 더욱이, (ⅱ) '침해' 행위 이외에도 법률의 유보가 필요한 사항은 생각할 수 있다고 하는 비판도 유력해졌다.

이러한 생각에 근거하여, 예를 들면, 복효적 행위에 관해서는 법률의 유보를 적용해야 한다는 논의가 전개되었다.


　　예를 들면, 행정활동의 상대방에게는 이익을 부여하는 성격을 가지지만, 상대방의 활동 등으로 인하여 불이익을 받는 제삼자가 존재하는 행정활동(3면적 행정관계) 등을 가리켜 복효적 행정활동이라고 부른다. 특정한 산업 분야에서 특정한 사업자에게만 막대한 보조금이 지급되는 등의 경우가 이에 해당한다. 또한, 그 상대방에게는 불이익을 주는 처분이지만, 동시에 제삼자의 권리나 이익을 보호하는 것도 복효적인 행정활동에 포함된다.

또한, 재화·서비스의 급부에서도 생존에 관계하는 등 인권 보장의 관점에서 중요한 의의가 있는 행정결정이 있고(생활보호 등), 이에 관해서는 법률의 유보가 필요하다고 지적되었다.

다만, 이러한 생각에 대해서는 (ⅰ) 국회의 의결을 기다리지 않고 긴급하게 행정이 행동할 필요가 있는 경우에는 오히려 인권 보호에 문제가 있고, (ⅱ) 국회의 과잉 부담이 된다는 등의 반론이 제기되고 있다.

③ 권력유보설과 중요사항유보설

그래서 새로운 견해로서 권력유보설과 중요사항유보설이 주장되게 되었다. 우선, 권력유보설은 권력적 강제를 가진 결정을 행정이 하는 때에 법률의 근거가 필요하다고 하는 견해이다. '침해유보설'을 비판적으로 계승하고, 국민에게 불이익한 영향을 미칠 뿐만 아니라, 법률상의 강제력으로 국민에게 구체적인 작용을 하는 경우는 널리 법률의 근거가 필요하다고 하는 생각이라고 할 것이다.

더욱이, 독일의 학설·판례 등을 참고로 하여 (ⅰ) 국정상의 위치, (ⅱ) 인권과의 관계 2가지의 시점을 종합적으로 고려하여 '중요사항'에 해당한다고 판단되는 영역에 관해서는 유보가 필요하다고 하는 중요사항유보설도 유력해졌다. 이 원칙이 적용되는 영역으로서 상정되는 예로서는 국정상의 중요한 의의가 있는 계획, 산업 정책상 중요한 의의가 있는 거액의 보조금 등을 들 수 있다.

오늘날, 국정상의 중요한 의의가 있는 국토개발계획은 모두 법률에 근거하여 수립되고 있으나, 과거에는 행정 내부의 계획에 그치는 예가 있었다.


## (5) 법률유보의 원칙(2)

① 법규범의 분류와 법률의 유보

이와 관련하여, 법률의 규정은 (ⅰ) 조직 규범(행정의 조직 및 권한 배분에 관한 규범), (ⅱ) 근거 규범(활동의 근거를 부여하는 규범), (ⅲ) 규제 규범(행정활동을 규율·규제하는 규범)으로 나눌 수 있다.

'침해유보'설에서 법률의 유보라는 규범은 근거규범을 의미한다고 생각되어 왔다. 예를 들면, 보조금 적정화법[보조금 등과 관련되는 예산 집행의 적정화에 관한 법률(1955法179)]은 예산에 반영된 보조금 교부의 절차, 보조금 수급자에 대한 감독의 방식 등을 정한 법률이고, 이는 행정작용을 규제하는 성격의 규제규범이라고 생각되어 왔다. 역으로, 보조금 적정화법의 규율에는 행정이 보조금 지출권한을 부여하는 성격의 규정은 없고, 보조금 적정화법에 따라 보조금 지출에 법률의 근거가 부여되었다고 생각되어 오지는 않았다(塩野 · Ⅰ84頁).

그러나 최근에는 위의 엄밀한 구별은 필요 없다고 하는 견해도 유력하다. 예를 들면, '권력 유보'설은 보조금 적정화법의 규정(6조='보조금 교부의 결정')은 보조금을 교부하는 행정결정이 일방적 · 권력적인 형식으로 행해지는 것을 정한 것이고, 권력적 형식을 사용하여 교부하는 것을 행정에 수권한 것으로(근거 규범) 생각한다. 더욱이, 중요사항유보설 중에는 조직규범(행정지도 등), 예산의 승인(보조금 등)도 법률의 넓은 의미에서 수권에 포함해도 좋다고 하는 견해도 있다(藤田 · 総論 · 上96頁).

② 검토

권력유보설의 의의는 '권력 형식의 법정'의 원칙을 정착하게 한 데에 있다. 즉, 침해 작용이 없는 행정활동(예를 들면, 보조금의 교부)에 관해서도 그것이 일방적인 행정결정의 형식으로 행해진다고 해석하기 위해서는 법률상의 실마리가 필요하다(법률의 실마리도 없으면 강제의 계기가 없는 계약 · 행정지도에 지나지 않는다).

다만, 이 점은 침해유보의 생각에 본래 내재한 것이다. 또한, 이 시점은 어떤 행위가 권력적인 행위인지를 식별하는 준칙으로서 일본국헌법에서는 당연히 긍정될 수 있는 것이라고 할 것이다(법률의 실마리도 없이 권력적 계기를 포함하는 활동을 행정권이 할 수 있다고 하는 생각은 일본국헌법에 적합하지 않다).

다른 한편에서, 권력유보설은, 권력적 행위에 한정하지 않고, 어떠한 내용의 사항 · 영역에 법률의 수권이 필요하냐는 시점(침해유보설이 가지고 있었던 또 하나의 시점)을 의식적으로 제외하고 있다. 필자는 행정활동과 법률의 관계를 학문적으로 검증할 때 이 시점도 중요하다고 생각하고 있다. 그 때문에 전통적인 의미에서 근거 규범은 어느 사항에 필요한지, 조직규범을 근거로 하는 것으로 충분한 사항은 무엇인지, 예산심의로 충분한 사항은 무엇인지 등에 관하여 엄밀하게 생각하는 것이 중요할 것이다.

# 제2부  행정조직법

# 제1장  행정주체와 정부 주변 법인

## 제1절  행정조직법

### (1) 행정조직법의 의의

행정법의 한 분야로서 행정을 담당하는 조직 및 그에 준하는 조직, 조직에서 의사결정 및 조직 간의 연락·조정, 협력의 모습을 분석하는 것을 주된 내용으로 하는 행정조직법이 있다. 교과서에 따라서는 독자적인 편(編)을 두어 행정활동(작용)법이나 행정구제법과 함께 다루는 경우가 있다.

### (2) 본서에서의 취급

행정법에 관한 간략하면서 충실한 설명을 시도하는 본서에서는 행정의 담당 주체나 정부 주변 법인, 공무원의 법제도 등에 관하여 상세한 설명을 할 여유는 없다. 다만, 행정의 활동(행정작용)과 관련되는 법률관계를 분석하는 행정활동(작용)법, 나아가서는 국민과 행정 간에 분쟁이 생긴 경우의 법적인 해결과 관련되는 행정구제법을 이해할 때 행정조직법에 관한 최소한의 지식을 갖추어 두는 것은 유용하다. 그래서 행정활동(작용)법의 해설 전에 행정조직법에 관하여 간단한 설명을 하기로 한다.

## 제2절  행정주체, 그 밖의 법인

### 제1관  국가·지방자치단체-행정주체

국가·지방자치단체는 전형적인 행정의 담당 주체이다. 행정법학상으로는 국가·지방자치단체를 '행정주체'로 부르고 있다. 행정주체는 행정권의 담당 주체로서 행정활동에 따라 발생하는 권리·의무 관계의 귀속 주체가 된다. 이와 관련하여, 국가·지방자치단체 이외에도 법인격을 가지고, 행정권의 담당 주체가 될 수 있는 조직이 있으며, 이 조직들과 구별하기 위하여 국가·지방자치단체를 '본래의 행정주체'라고 부르는 경우가 있다.

## 제2관  특별 행정주체-공사, 독립행정법인, 특수법인

### (1) 다양한 법인 형태

국가·지방자치단체에 준하는 행정주체로서의 성격이 있는 법인으로서 다양한 형태가 있는 것은 이미 말했다[→ 공공과 민간의 역할 분담, 공공과 민간의 상대화, 국가·지방자치단체 이외의 행정주체(제1부 제1장 제4절)]. 또한, 이 법인들과 별도로 개인이나 민법상의 법인 등도 법률의 위임 등으로 행정권한을 행사하는 것이 인정되는 경우가 있다(변호사회의 징계권한 등).

### (2) 공사 등-행정절차법 4조2항

특별 행정주체로서 행정조직법상 국가·지방자치단체에 준하는 취급을 받는 법인에는 공사, 독립행정법인, 특수법인 등의 유형이 있다고 생각되고 있다. 이미 말한 바와 같이, 공사 등의 조직법상 특색을 고려한 일반적 규정으로서 행정절차법(1993法88) 4조2항1호가 있다.

### (3) 공사-국철·전신전화공사·전매공사, 우정공사

국가가 법인의 설립에 관하여 특별한 취급을 하는 전형적인 예가 공사이고, 공사는 법률에 따라 해당 법인을 직접 설립한다는 특별한 취급을 받고 있다(행정절차법 4조2항1호). 이러한 법인으로서는 과거에 일본 국유철도, 일본 전신전화공사, 일본 전매공사가 있었다. 최근에는 우정사업이 국가의 직영에서 민영화되는 과정에서 일시적으로 일본우정공사가 설립되었으나, 현재는 특수법인인 일본 우정 주식회사 등으로 조직은 분할되어 있다.

### (4) 독립행정법인·특수법인

① 특수법인의 정의

독립행정법인·특수법인은 '특별한 법률에 따라 특별한 설립행위로 설립된 법인'에 포함된다. 제2차 세계대전 전의 시기부터 (ⅰ) 국가의 직영으로는 사업의 효율적·기동적인 운영을 할 수 없는 점, (ⅱ) 국가·지방자치단체 행정조직의 비대화를 회피하는 점 등의 이유로 다수의 특수법인 등이 설립되었다. 공단·공고(公庫)·사업단 등의 명칭을 가지는 것이 그것이다. 이러한 조직은 제2차 세계대전 후의 행정수요 증대에 따라 잇따라 설립된 점에서 설립을 통제하기 위해 총무성(구 행정관리청, 총무청)이 특수법인의 설립·개폐 등에 관하여 감독을 하게 되었다[총무성 설치법(1999法91) 4조8호].

또한, 특수회사(특별법에 근거하여 설립되는 회사. 동일본 전신전화 주식회사, 나리타 국제공항 주식회사, 일본 우정 주식회사 등)는 특수법인에 포함되지만, 성격은 민간의 법인에 가깝다.

② 독립행정법인의 정의

다음으로 독립행정법인이다. 독립행정법인은 특수법인과 마찬가지로 '특별한 법률에 따라 특별한 설립행위로 설립된 법인'에 해당하나, 독립행정법인 통칙법(1999法103)이 적용되고, 감독관청의 장이 법인의 장 등을 임면하는 한편, 장·임원에게 자율적인 업무·운영의 권한을 부여하고, 업무·운영의 자율성을 보장하기 위해 개별적인 감독 수단에 의하는 것이 아니라 투명성이 높은 업무감독의 수단이 사용되는 점에 특색이 있다.

독립행정법인은 공공적인 사무를 담당하고, '특별한 법률에 따라 특별한 설립행위로 설립되는' 점에서 특수법인과 공통되는 법인 형태이지만, 위와 같은 투명한 업무감독의 제도가 마련되어 있는 점에서 특수법인의 특례적인 형태라고 생각된다. 이 법인들의 예로서는 국립공문서관, 조폐국, 환경재생보전기구, 도시재생기구, 의약품의료기기종합기구 등이 있다.

③ 독립행정법인 제도의 개혁

독립행정법인 제도는 1999년의 중앙성청 등 개혁 시에 마련된 것이다. 다만, 독립행정법인 중에도 국가의 성·청 등에 준하여 공공적인 사무를 담당하는 법인, 장기적인 시야에서 연구개발을 담당하는 법인, 전문적 기술적인 업무에 관하여 효율적인 사무 집행을 위하여 설치되는 법인 등 다양한 성격의 법인이 포함되어 있었다. 그래서 독립행정법인에 관해서는 제도적인 검토가 이루어져, 현재는 업무의 성격에 따라 ( i ) 중기목표관리법인, ( ii ) 국립연구개발법인, ( iii ) 행정집행법인으로 구분되어 있다(2014法66 · 67). 또한, 제도의 발족 당시에는 독립행정법인의 직원을 공무원으로 하는 법인(특정 독립행정법인)이 다수를 차지하고 있었지만, 비공무원화가 추진된 결과, 직원이 공무원인 행정집행법인의 수는 한정되게 되었다(국립공문서관, 조폐국, 인쇄국 등).

이와 관련하여, 국립대학법인법(2003法112)에 근거한 국립대학법인은 독립행정법인에 가까운 조직 형태이지만, 대학의 자치가 존중되어 독립행정법인 통칙법은 적용되지 않는다.

### (5) 공공조합

사인이 조직한 조합은 본래 행정주체로서의 성격을 가지지 않는다. 그러나 토지구획정리조합, 시가지재개발조합, 토지개량구(區), 건강보험조합 등 공공적인 사무 · 사업을 담당하는 것으로서 특별한 법률에 근거하여 설립 · 해산할 때에 행정청의 인가를 받아야 하는 것[→ 인가법인(행정절차법 4조2항2호)(제3관(2))] 중에는 ( i ) 강제로 가입되고(구획정리법 25조1항, 국민건강보험법 13조1항), ( ii ) 국가의 감독을 받는 것(구획정리법 125조, 건강보험법 29조 · 7조의38 · 7조의39), ( iii ) 일부의 업무 집행에 대하여 공권력이 부여되는 것(구획정리법 103조, 건강보험법 39조) 등이 인정되어 행정주체성을 긍정하는 견해도 유력하다(塩野 · III112頁以下).

## 제3관  행정사무를 담당하는 민간법인

### (1) 민간법인에 의한 사무의 수행

민간법인 중에도 공적인 사무를 수행하는 것이 있고, 그 형태는 다양하다. 이와 관련하여, 행정절차법 4조2항2호, 같은 조 3항은 그러한 민간법인의 공적인 사무 운영에 대한 행정의 감독은 통상의 국민 · 기업에 대한 규제 · 감독과는 성격이 다르다는 관점에서 행정절차법의 규율 대상에서 제외되어 있다.

### (2) 인가법인(행정절차법 4조2항2호)

'특별한 법률에 따라 설립되고, 그 설립에 관하여 행정청의 인가가 필요한 법인'을 인가법인이라고 하나, '그 업무가 국가 또는 지방자치단체의 행정 운영과 밀접한 관련이 있는 것으로서 정령으로 정하는 법인'에 관해서는 행정절차법 4조2항2호는 행정절차법의 처분절차에 관한 규정의 적용을 제외한다. 인가법인의 예로서는 국민연금기금, 일본 하수도사업단, 지방도로공사, 지방독립행정법인 등이 있다. 또한, 일본은행에 관해서는 통화발행권, 금융정책의 독립성 등을 확보하는 관점, 과거로부터의 경위 등에 근거하여 인가법인의 형태가 채용되어 있다.

또한, 특별한 법률에 근거한 법인이어도 설립할 때 행정에 의한 인가가 필요 없는 것도 있다. 이것을 '특별 민간법인'이라고 하는 경우가 있다. 예로서는, 고압가스 보안법(1951法204)에 근거하는 고압가스 보안협회, 자동차 안전운전센터법(1975法57)에 근거하는 자동차 안전운전센터 등이 있다. 이 법인들은 법률의 규정에 따라 검사, 인정 등의 행정권한의 행사나 강습의 실시, 증명서의 발행, 그 밖의 행정사무를 담당하고 있다.

### (3) 지정법인(행정절차법 4조3항)

행정절차법 4조3항에서 민간법인에 대한 업무상의 감독에 관하여 행정절차법상의 처분규정의 적용이 제외되는 예로서 '행정청이 법률의 규정에 근거하는 시험, 검사, 검정, 등록, 그 밖의 행정상의 사무에 관하여 해당 법률에 근거하여 그 전부 또는 일부를 하게 하는 자를 지정한 경우'를 든다. 회사법 등의 규정에 근거하여 설립된 민간의 법인이어도 업무 수행상의 효율성 등의 관점에서 본래 행정이 해야 하는 공공적인 사무를 대행하여 하는 것을 인정받는 경우가 있다(이러한 법인을 행정사무 대행형의 지정법인이라 한다). 다만, 공공적인 사무를 담당하는 이상, 민간의 법인 등이 행정사무를 담당하는 경우 행정에 의한 지정 제도가 이용되는 것이 통상적이고, 지정된 업무의 운영에 관하여 행정관청의 감독 권한이 규정되어 있다. 이러한 지정법인의 예로서는 건축기준법(1950法201)상의 지정 확인·검사기관 등이 있다(그 밖에 각종의 면허·자격의 시험, 안전검사·업무검사 등의 사무에 관하여 지정법인 제도가 도입되어 있다).

### (4) 제3섹터

조직법상의 특별한 규정은 마련되어 있지 않지만, 국가·지방자치단체 등이 출자하고 있는 법인을 제3섹터라고 한다. 특히, 지방행정의 분야에서 이 법인들이 공공적 시설, 사업의 관리·운영이나 지역 진흥 등의 공적 사무를 담당하고 있는 경우는 많다. 다만, 공적인 자금으로 유지되고 있는 이 법인들에 관하여 어떻게 효율적인 사무의 집행을 도모하고, 업무 운영의 투명성을 확보할지 등의 과제는 많다고 생각되고 있다.

예를 들면, 지방자치단체의 장은 지방자치법(1947法67) 243조의3제2항의 규정에 근거하여 예산의 집행에 관한 단체장의 조사 권한이 미치는 법인(자치법 221조3항)의 경영상황에 관하여 매년도 의회에 보고해야 하나, 지방자치법 시행령(1947슈16)에서 정하는 법인의 범위는 과거에 자본금, 기본금 등의 전체에서 차지하는 해당 지방자치단체에 의한 자금의 비율이 2분의 1 이상이었던 것이 현재는 기본적으로 4분의 1 이상으로 인하되어 있다(자치법 시행령 152조).


# 제2장 '행정주체'와 '행정기관'

## 제1절  행정주체와 행정기관

이미 말한 바와 같이, 국가·지방자치단체는 이들을 구성하는 개개의 국민·주민과는 법인격이 분리된 법적 존재로서의 '법인'이다. 이러한 행정주체로서의 법인은 다양한 행정작용을 통하여 국민과의 사이에 권리·의무 관계를 형성하고, 그 법률관계는 '법인'(행정주체)에 귀속한다. 그러나 법인 스스로는 의사결정, 권한 행사를 할 수 없으므로 법인의 기관으로서 의사결정, 권한 행사를 하는 기관이 필요하게 된다. 이것이 '행정기관'이다.

# 제2절  2가지의 행정기관 개념

## 제1관  2가지의 행정기관 개념

### (1) 독일형의 행정기관 개념

다만, 이상과 같은 설명은 일본에서 전통적으로 채용되어 온 독일형의 행정기관 개념에 근거한 것이다. 제2차 세계대전 전, 일본에서는 독일형의 행정법 이론의 영향이 강하여 위와 같은 법인론에 근거하여 행정주체를 법인, 그리고 법률에 근거하여 법인을 위하여 행정권한(뒤에서 말하는 행정처분 등의 공권력의 행사에 해당하는 권한)을 행사하는 기관을 행정기관으로 생각하는 기본적인 발상에서 출발하여 행정조직의 운영 원리가 생각되어 왔다.

일본의 행정작용을 규율하는 개별법에서 행정권한에 관한 규정은 이러한 생각에 근거하고 있다(독일형의 행정기관 개념. 예를 들면, '…에 관해서는 주임의 대신(○○서장)의 허가를 받아야 한다' 등).

### (2) 미국형의 행정기관 개념

이에 비하여, 제2차 세계대전 후에 제정된 국가행정조직법(1948法120) 등의 행정조직에 관한 법률은 이와는 다른 생각에 근거하여 만들어졌다. 이 법률들은 당시 일본의 법제도 정비에 강한 영향력을 가지고 있던 미국의 행정조직법 이론에 영향을 받아 제정되었기 때문이다. 이 법률들의 특징은 행정조직에 관한 규율을 부(府)·성(省) 등의 행정조직 간의 넓은 의미에서 사무 배분 관계를 정하는 관점에서 구성하고 있는 점에 있다. 따라서 여기서 말하는 행정사무는 '공권력의 행사' 등에 한정되지 않고, 시책의 기획·입안에서 법률의 근거 없이 행해지는 행정지도까지를 포함하여 그 사무 전체의 배분 관계가 이 개념에 따라 파악된다(미국형의 행정기관 개념). 다만, 사무 운영에 관한 통일성의 확보, 조직 상호 간의 조정의 관점에서 조직의 장의 지휘·감독권, 조직 상호 간의 협의·조정의 기준에 관한 규율을 둘 필요는 있는 점에서 국가행정조직법 등에도 독일형의 행정기관 개념에 근거하는 여러 법률과 정합성을 가지는 규율을 두고 있다(행정기관의 장과 그 권한의 규정. 국가행정조직법 5조·10조 이하 등).

1999년에 행해진 중앙성청 등 개혁에서 내각에 의한 종합·조정 기능의 강화라는 관점에서 총리부(府)가 개편되고, 내각의 종합·조정 기능을 내각관방과 함께 담당하는 조직으로서의 내각부(府)가 설치되었다[내각부 설치법(1999法89)]. 이러한 내각부의 특별한 성격을 고려하여 내각부는 성청에서 일반적인 조직법상의 기준을 정하는 국가행정조직법의 적용을 받지 않고, 내각부 설치법에서 국가행정조직법의 여러 규정에 대응하는 규율이 독자적으로 마련되어 있다.

## 제2관  행정권한 행사형의 행정기관 개념

### (1) 개설

이와 같이, 독일형의 행정기관 개념은 조직의 장인 대신(大臣), 지방행정기관(地方支分部局)의 장, 독립하여 권한 행사가 인정되는 행정직원 등에 착안하여 공권력의 행사를 중심으로 하는 행정권한이 그 행정기관들 중 어디에 있는지를 명시하기 위하여 사용되는 것이다. 독일형의 행정기관 개념을 통한 권한 배분을 통하여 내각부, 재무성이나 국세청·금융청, 그 밖의 행정조직과의 횡적 관계에서 어떠한 관청이 권한 행사를 할지, 지방행정기관의 장 등에게 권한이 배분되는 때에 어느 지역의 장이 권한을 행사하는 것인지(횡적 관계) 등이 규율된다.

그리고 이와 동시에 국세국장, 세무서장이나 현장의 직원 등에게 행정권한의 행사가 위임되어 있는 경우 권한의 적정한 행사, 통일적인 운용을 확보하기 위하여 인정되는 상급 기관에 의한 지휘·감독의 관계도 규율되게 된다(종적 관계).

이러한 관점에서 독일형의 행정기관 개념에서는 행정기관을 다음과 같이 구분하고 있다.

### (2) '행정청'

행정주체를 위하여(공권력의 행사와 관련되는) 의사결정을 하고, 이를 외부에 표시하는 기관이다. 동시에 이에 의하여 상급·하급의 관계(국가행정조직법 10조 이하 등. 내각부 설치법에 같은 규율이 있다. 이하 같다) 및 종합·조정 등의 관계(국가행정조직법 2조2항·15조·15조의2 등)가 설명된다. 일본의 법률은 그 권한의 성질 등에 따라 행정청을 대신(大臣)으로 하는 경우 외에 대신에게 복속하는 각 청의 장관, 국장, 지방의 국세국, 후생국 등의 지방행정기관의 장, 나아가 징세직원 등 독립하여 권한 행사를 인정받는 직원도 행정청으로서 규정하는 예가 있다.

① 횡적 관계의 파악

통상, 행정권한은 단일한 행정기관에 부여되는 경우가 많다. 그러나 사무의 성격상 복수 행정청의 공동 소관으로 되어 있는 경우도 있고, 그 경우에는 행정청 상호의 합의에 근거하여 권한 행사가 이루어진다. 또한, 상호 독립해 있으나, 사무의 성질상 다른 행정기관의 사무 운영에 영향을 주는 경우는 협의 등의 형태로 상호 조정이 이루어진다(국가행정조직법 2조 2항·15조·15조의2 등). 또한, 행정조직의 장이 아니라 지방조직의 장(국세국장, 세무서장 등)에게 지역적인 관점에서 권한이 배분되어 있는 경우 같은 문제는 생길 수 있다.

② 종적 관계의 파악

이와 별도로, 행정권한이 지방행정기관의 장, 세무서장 등에게 배분되어 있는 경우에는 권한 행사의 적정, 통일적인 행정 운영의 확보 등의 관점에서 상급 행정기관에 하급 기관에 대한 지휘·감독의 권한이 부여되어 있다. 예를 들면, 상급 기관은 하급 기관에 행정권한의 행사 등에 관하여 개별·구체적으로 지시하고, 사무 운영상의 기준 등을 작성하여 제시할 수 있다(상급 기관의 지휘·감독권. 국가행정조직법 10조 이하 등).

상급 기관의 감독권에는 (ⅰ) 하급 기관이 보고하게 하고, 서류 등을 검사하며, 사무를 현지에서 시찰하는 감시권, (ⅱ) 하급 기관의 권한행사에 관하여 지시하고, 기준을 제시하는 훈령·통달권(국가행정조직법 14조2항 등), (ⅲ) 하급 기관이 한 위법·부당한 권한 행사를 취소하거나 정지하는 취소·정지권 등이 있다. 다만, 최근에는 법률이 해당 행정기관에 권한을 배분한 취지를 중시하고, 행정조직법상 상급 기관이기 때문에 당연히 취소·정지권이 인정되는 것이 아니라, 법률상 명문의 규정이 있는 경우에만 취소·정지권이 인정된다고 생각되고 있다(자치법 154조의2).

③ 행정권한의 이동

법률로 규율되어 있는 행정기관에 관하여 다양한 필요에 따라 다른 행정기관에 권한을 이동하게 하거나 행정기관을 대신하여 권한 행사를 할 것을 인정하는 경우가 있다. 이에는 권한 그 자체가 이동하는 권한의 위임과 본래의 행정기관을 대신하여 권한을 행사하는 취지를 국민에게 표시하는 데에 그치는 권한의 대리가 있다.

또한, 대리에는 수권대리와 법정대리가 있다. 전자는 피대리청인 행정청의 수권에 따라 대리관계가 생기는 경우이고, 후자는 피대리청에 사고 또는 결원이 생긴 때에 미리 지정된 자가 법률상 당연히 대리를 하는 경우이다(내각법 10조, 국가공무원법 11조3항 등).

### (3) 그 밖의 행정기관

① 집행기관

행정청은 행정주체를 위하여 공권력의 행사인 행정권한, 전형적으로는 행정처분에 관하여 의사결정을 하고, 그것을 국민에게 표시하는 결정기관이다. 다만, 공권력의 행사에는 이러한 의사결정과 표시의 요소를 포함하는 행정처분뿐만 아니라 법률에 근거하여 부과되는 의무를 국민이 이행하지 않는 경우 행정청의 직원이 국민을 대신하여 이행하는 행정대집행(집행행위 그 자체)과 같이 유형력 행사의 형태로 행해지는 것이 있다. 유형력 형태로서의 공권력 행사에 착안하여 이를 하는 기관을 '집행기관'이라 한다.

② 보조기관

권한을 행사하는 행정기관에는 의사결정과 국민에 대한 전달을 보조·보좌하는 기관이 필요하다. 대신(大臣)을 보좌하는 국장, 과장, 사무관은 보조기관으로 위치된다.

③ 자문기관과 참여기관

행정조직에서는 행정청의 의사결정 시 행정청과는 별도의 조직을 두고, 그 의견을 미리 청취하는 등의 절차를 둠으로써 판단의 신중과 공정을 확보하는 제도를 두는 경우가 있다. 그 중에서 행정청의 자문을 받아 의견을 제출하는 데에 그치고, 결정 시 행정청이 직접적으로 구속받지 않는 조직에 그치는 기관을 자문기관이라고 한다. 이에 비하여, 행정청의 결정 시 해당 조직의 동의가 필요한 기관을 참여기관이라고 말하고, 이 경우에는 해당 기관의 의사결정에 행정청의 결정 그 자체가 직접적으로 구속되게 된다[전파감리심의회, 전파법(1950法 131) 99조의11].

## 제3관  사무 배분형의 행정기관 개념

### (1) 개설

이미 말한 바와 같이, 국가행정조직법에서는 기본적으로는 폭넓은 행정사무의 배분이라는 관점에서 행정조직에 관한 규율을 두고 있다(내각부 설치법도 같은 규율을 두고 있다. 이하 같다). 또한, 같은 법에서는 상급·하급 조직 간의 지휘·감독 관계, 조직 상호 간의 협의·조정, 종합·조정이라는 관점에서의 규율을 둘 필요도 있는 점에서 일부 독일의 행정기관 개념에 근거하는 규율과도 공통성을 가지는 여러 규정을 두고 있다.

국가행정조직법에서는 국가의 조직에 관하여 사무 배분의 관점에서 행정기관을 성·청·위원회, 내부 부국(국·부·과·실)으로 구분하고 있다. 또한, 심의회, 시설 등 기관, 특별한 기관(검찰청, 경찰청 등), 지방행정기관 등의 규율을 두고 있다.

### (2) 2가지의 행정기관 개념의 비교

이러한 미국형의 행정기관 개념은 행정 내부의 의사결정과정을 독일형의 개념보다도 정밀하게 표현하는 점에서 뛰어나다는 견해가 있다. 확실히 이 행정기관 개념은 정책 입안이나 법률에 근거를 두지 않는 행정지도 등의 의사결정과정도 시야에 넣고 있는 반면에, 독일형의 행정기관 개념은 공권력의 행사 등을 주로 염두에 두는 것으로서 다소 시야가 좁은 것이라는 점을 부정할 수 없다.

그러나 미국형의 행정기관 개념에서도 행정기관의 책임자로서의 '장'의 개념(성·청의 장으로서의 대신, 국장, 과장 등)은 불가결하고, 현재 국가행정조직법상으로는 장의 개념을 사용하여 지휘·감독의 관계, 협의·조정, 종합·조정에 관한 규율을 둔다. 따라서 양자의 개념 구별은 상대적이다. 더욱이, 일본의 법률이 2가지의 행정기관 개념을 병용하고 있는 이상은 그 구별에 따라 법률의 해석·운용을 도모해 갈 수밖에 없을 것이다.

# 제3절 종합·조정 기능의 강화

### (1) 분담 관리 원칙과 그 수정

메이지 헌법의 시기에는, 내각총리대신의 지위는 낮고, 각 국무대신은 독립하여 천황을 보필하게 되어 있었다(메이지 헌법 55조1항). 그 아래에서 각 부(府)·성은 담임하는 사무에 관하여 자신의 책임으로 집행·관리한다는 분담 관리의 원칙이 일본의 행정조직법을 강하게 지배하고 있었다(지금도 내각법 3조1항, 내각부 설치법 6조2항, 국가행정조직법 5조1항에 분담 관리의 원칙이 명시되어 있다). 다만, 세계화의 진전 중에 효율적이고 기민한 행정결정에 대한 요청이 강하게 된 점에서 분담관리 원칙에 대해서는 종적(縱的) 행정의 폐해를 초래하고, 기민하고 효율적인 정책 전개를 저해하는 것이라는 비판이 생겼다.

그래서 1999년의 중앙성청 등 개혁에서 종합·조정 시스템의 강화가 추진되었다. 구체적으로는 우선 내각총리대신의 권한이 강화되고, 내각관방과 함께 내각을 보좌하여 종합·조정 기능을 담당하는 내각부(府)가 창설되었다(총리부의 개편). 즉, (ⅰ) 내각총리대신에게 각의 상정권을 부여하는(내각법 4조의 개정) 등 내각총리대신의 권한이 강화되고, (ⅱ) 내각을 보좌하여 종합·조정 기능을 담당하는 내각부를 창설하며[→ 2가지의 행정기관 개념(이 장 제2절)], (ⅲ) 내각관방의 기능이 강화되었다.

또한, 행정기관 상호 간의 정책조정의 제도가 규범화되었다. 구체적으로는 기관 상호 간의 조정을 도모하는 것이 각 행정기관의 조직원리로서 명확화되었다(국가행정조직법 2조2항, 내각부 설치법에도 같은 규정이 있다. 이하 같다). 더욱이, 각 기관 상호 간의 정책조정의 모습을 구체적으로 제시하는 규정이 포함되어 있다(국가행정조직법 15조 등).

나아가, 내각부 및 내각관방의 조직·사무가 팽창하고 확장하며 복잡해져 온 점에서 2015년에 내각관방·내각부 재검토법[내각의 중요정책에 관한 종합·조정 등에 관한 기능의 강화를 위한 국가행정조직법 등의 일부를 개정하는 법률(同法66)]이 성립했다. 그 목적은 내각관방·내각부가 내각의 중요시책의 방향 결정에 전념하게 하고, 해당 정책을 소관으로 하는 각 성 등으로 하여금 방향 결정에 근거한 종합·조정을 하게 하는 것에 있다. 구체적으로는 ① 내각관방·내각부 사무의 일부를 각 성 등에 이관한 후에 ② 각 성 등은 해당 임무와 관련하는 내각의 중요시책에 관하여 각의결정의 방침에 근거하여 종합·조정 등을 할 수 있는 것으로 되었다(자료의 제출·설명의 요구, 권고, 보고의 요구, 내각총리대신에 대한 보고. 국가행정조직법 5조2항·15조의2 등).

### (2) 행정조직 간의 통보 의무

상대방으로부터 협의·조정에 응하는 것이 행정조직의 의무라는 기준이 정착하면, 거기에서 일보 더 나아가 상대방으로부터의 조정에 수동적인 형태로 응할 뿐만 아니라 필요한 경우에는 나아가 정보를 제공하고, 협의를 상대방에게 제안하는 것까지도 행정조직의 의무라는 견해도 나타났다(행정조직 간의 통보 의무, 조정 제기의 의무 등). 실제로, 하급심의 재판례 중에는 이러한 국가의 기관 상호 간의 통보 의무가 있다는 점을 인정한 것이 있다.

가네미유증(油症) 사건에서는 가네미유에 독성이 강한 PCB가 혼합된 것이 원인이 된 식품공해에 관하여 제조사의 책임을 묻는 동시에 국가 등에 의한 규제 권한 행사의 타당성 여부가 재판에서 문제가 되었다. 그중에서 가네미유의 부산물인 사료용의 다크유를 사료로 먹은 닭이 대량으로 폐사한 사례[다크유 사건. 농림성(당시)의 관할]를 조사한 농림성의 직원에게 식품의 안전을 관할하는 후생성(당시)에 통보할 의무가 있었는지가 재판의 쟁점이 되었다. 후쿠오카 고등재판소(福岡高判1984年3月16日判時1109号44頁)는 사람의 건강 피해에 직결될 우려를 고려하면 농림성의 직원에게는 후생성에 통보할 법적 의무가 있었다고 판단했다(반대, 福岡高判1986年5月15日判時1191号28頁). 다만, 화해로 소송은 종결되었기 때문에 최고재판소의 판단은 제시되지 않았다.

## 제4절   정보의 공유와 한계

### (1) 정보 공유의 의의

① 정보 공유의 유효성

제3절의 사례에서는 특정한 경우에 행정기관 간에 정보제공 의무가 생기는지가 논의의 대상이 되었다. 이와는 별도로 행정의 원활하고 효율적인 수행을 목적으로 상호 관련되는 사

무를 담당하는 행정기관 간에 사무 수행 시 입수된 정보를 일반적으로 공유하는 제도를 마련하는 것을 생각할 수 있다.

지금까지도 조세 행정이나 사회보장 행정에서는 소득이나 자산을 파악할 목적으로 국세청이나 생활보호 실시기관이 관공서 등에 필요한 정보의 제공을 요구할 수 있는 취지의 규정이 마련되어 왔다(국세통칙법 74조의12제1항·2항, 생활보호법 29조). 그리고 전자정보기술이 고도로 발달한 현재, 전자화된 정보에 일정한 안전장치를 둔 후에 적극적으로 공유를 도모하는 것은 행정 비용의 절감이나 처리의 신속화에 이바지한다는 생각이 유력하게 되었다. 또한, 이와 동시에 공유된 정보를 행정에 대한 국민의 신청이나 신고에 활용하여 신청·신고를 할 때 서류 첨부의 부담을 줄이는 것도 기대된다.

② 주민기본대장법의 개정

그래서 1999년의 주민기본대장법(1967法81)의 개정에 따라 행정기관 등에 의한 본인 확인 정보의 제공이나 시·정·촌의 구역을 넘는 주민기본대장에 의한 사무를 처리하기 위해 주민기본대장의 네트워크화가 추진되었다(同法133号). 현재, 이 네트워크를 통하여 본인 정보(성명, 생년월일, 성별, 주소, 주민표 코드)가 국가기관·지방자치단체에 의한 본인 확인(연금 패스포트, 사법시험의 실시, 세무 사무)에 활용됨과 동시에 신청·신고에서 주민표(사본) 첨부의 생략, 연금수급자의 주소변경 신고, 사망신고, 현황 신고 제출의 생략이 인정된다.

③ 번호법의 제정·개정

더욱이, 사회보장행정 및 세무행정에서 효율적이고 적정한 사무 운영과 정확한 소득·자산 파악을 전제로 한 세심한 제도의 운영을 확보할 목적으로 번호법[행정절차에서 특정 개인을 식별하기 위한 번호의 이용 등에 관한 법률(2013法27)] 등의 관련 4법이 성립했다. 이에 따라 주민기본대장법의 주민코드를 변경하여 생성된 개인번호가 전 국민에게 할당되고, 법인에도 법인번호가 할당되었다. 이 개인번호·법인번호는 정보제공 네트워크 시스템을 통하여 사회보장·조세·재해대책의 분야에서 행정기관 상호의 정보 연계에 사용된다. 국민도 본인의 신청에 근거하여 교부된 개인번호카드를 사용하여 번호법 및 시·정·촌의 조례 등으로 정하는 각종 본인 확인, 신청 시의 본인 확인 등에 관하여 첨부서류의 생략 등이 인정된다. 이와 관련하여, 개인이 개인번호를 회사에 고지하고, 회사가 법정조서에 기재하여 세무서장에게 제출하는 등 민간에서 본인 이외의 자를 통하여 개인번호가 활용되는 외에, 금융·의료분야에서도 이용의 추진이 도모되고 있는 점도 같은 법의 특징 중 하나이다[→ 행정정보의 이용, 종합·조정과 정보의 공유(제2편 제7부 제3장 제3절)].

### (2) 개인정보 등의 보호

다만, 행정기관 상호 간에 의한 행정정보의 공유, 특히 개인정보의 공유에 관해서는 개인정보보호 관점에서 조치가 필요하다. 예를 들면, 개인정보보호법(2003法57) 제5장(행정기관 등의 의무 등)에서는 행정기관이 보유하는 개인정보를 다른 행정기관, 독립행정법인 등, 지방자치단체, 지방독립행정법인에 제공할 수 있는 경우는 '법령에서 정하는 사무 또는 업무의 수행에 필요한 한도에서 제공되는 개인정보를 이용하고, 해당 개인정보를 이용하는 것에 관하여 상당한 이유가 있는 때'로 한정되어 있다(개인정보보호법 69조2항3호).

또한, 번호법은 개인번호를 내용에 포함하는 특정 개인정보의 보호에 관하여 번호법에서 정하는 경우를 제외하고, 누구든지 ( i ) 특정 개인정보의 제공을 요구해서는 안 되는 점(같은 법 15조), ( ii ) 특정 개인정보를 제공해서는 안 되는 점(같은 법 20조) 등을 규정하는 외에도, 특정 개인정보의 제공과 이용의 기준을 엄격하게 정하여 특정 개인정보의 보호를 배려하고 있다[개인정보보호의 법적인 제도의 상세에 관하여, → 개인정보보호법 제5장(행정기관 등의 의무 등)(제2편 제7부 제4장 제7절)].


# 제3장  행정주체 등과 사인의 네트워크

## 제1절  민영화의 진행

### (1) 민영화의 진행

민영화의 진행 중에 행정주체의 조직·업무의 일부가 분리되어 별개의 법인격을 부여받은 정부 주변 법인 일부가 민간 법인 형태에 가까워지고 있다. 예를 들면, 국립대학은 이전에 국가의 직영이었지만, 현재는 국립대학법인의 형태를 취하고 있다. 또한, 과거에는 일본국유

철도, 일본전신전화공사, 일본전매공사 등의 공사가 존재하고 있었다. 그러나 일본우정공사를 포함하여 현재 이 조직들은 조직법적인 관점에서 정부의 통제가 미치지 않는 주식회사뿐만 아니라 특수법인, 독립행정법인 등으로 조직의 형태를 변경했다. 독립행정법인에 관해서도 임직원이 공무원인 법인의 수는 발족 당시부터 대폭 제한되어 비공무원형의 독립행정법인이 대부분을 차지하고, 전체의 수도 감소하고 있다(인가법인이나 민간의 주식회사, 공익법인 등으로 이행. '조직의 민영화').

이와 같이, 행정주체의 조직·업무의 일부, 정부 주변 법인의 민간화가 진행됨과 동시에 국가·지방자치단체, 그 밖의 행정주체가 담당해 온 행정사무, 정부 주변 법인이 담당해 온 공공적 사무도 민간의 조직에 맡기는 형태로 민영화가 진행되고 있다. 행정사무 대행형의 지정법인에 시험, 검사 등의 행정사무를 하게 하는 방식은 그 전형적인 예이다. 지방행정의 분야에서도 공공시설에 관한 지정관리자 제도가 도입되는 등 민간 법인에 행정사무를 담당하게 방식으로 민영화가 행해지고 있다('사무의 민영화').

이와 같이, 본래 행정이 담당해야 하는 사무를 법률상의 근거에 따라 민간 법인에 위탁하는 제도는 행정사무의 위탁이라고 부르고 있다. 이 점과 관련하여 공공서비스의 민간위탁을 추진할 목적으로 제정된 법률로서 시장화 테스트법[경쟁의 도입에 의한 공공서비스의 개혁에 관한 법률(2006法51)]이 있다. 이 법률은 민간과의 경쟁 도입으로 공공서비스의 사무위탁을 추진하고, 국가·지방자치단체가 제공하는 서비스의 질적 향상을 도모하기 위해 (ⅰ) 내각총리대신에게 기본방침의 수립의무를 부과하고, (ⅱ) 기본방침에 근거하여 행정기관의 장 등에게 민관경쟁 입찰을 실시할 것을 의무화하고, (ⅲ) 입찰로 민간사업자가 낙찰된 경우를 상정하여 행정기관의 장 등과 민간사업자 간에 체결되는 계약의 방식, 민간사업자의 행정서비스 제공에 대한 국가 행정기관 등의 감독 권한 등을 정하고 있다. 또한, 공공시설 등의 정비에 관하여 설계부터 관리에 이르기까지 민간사업자에게 맡기는 것을 가능하게 하는 법적 제도를 마련하는 법률로서 PFI법[민간자금 등의 활용에 의한 공공시설 등의 정비 등의 촉진에 관한 법률(1999法117)]이 있다.

### (2) 공공적인 사무를 담당하는 민간 조직

민간에서도 예로부터 공공적인 역할을 담당하는 조직은 존재해 왔다. 전통적인 지연단체로서의 자치회, '구(區)', 입회(入會)단체 등이 그것이다. 또한, 일본에서도 시민사회가 성숙해 온 과정에서 NPO(Non-Profit Organization)가 설립되어, 이 조직들은 행정과 나란히 공공적인 사무를 담당하게 되었다.

이 조직 중 일정한 기준을 충족하는 법인을 인정하고, 법인격을 부여하며, 세제상의 우대 조치를 부여하는 것을 통하여 NPO 활동의 활성화를 도모할 목적에서 제정된 법률로서 특정 비영리 활동 촉진법[NPO법(1998法7)]이 있다.

## 제2절  행정주체, 정부 주변 법인, 민간 법인의 네트워크

### (1) 다양한 조직 간의 네트워크

이상 말한 바와 같이, 오늘날 일본에서 공공적인 사무는 국가 · 지방자치단체, 그 밖의 행정주체뿐만 아니라 다양한 형태의 정부 주변 법인, 민간의 법인 등이 담당하고 있다. 또한, 이들 간에서 개별 협정 · 계약을 통하여 또는 법정 · 비법정의 협의회 등을 통하여 다양한 연계 · 협력의 관계가 성립해 있다.

### (2) 법적 분석의 필요성

다만, 이 조직들 사이의 연계 · 협력 관계의 모습에 관하여 일본의 법제도에서 충분한 검토가 되어 있다고 말하기 어렵다. 개별의 정책과제를 추진할 목적으로 개별법 중에서 협의회가 법정된 예는 있다. 또한, 시장화 테스트법은 민관 경쟁 입찰의 결과로 민간사업자가 공공서비스를 제공하는 경우를 상정하여 민간사업자의 적절한 서비스 제공을 확보하기 위한 법적 제도를 두고 있다[→ 민영화의 진행(제1절)]. 그러나 이 규정들은 개별법에 드물게 보이는 데에 지나지 않고, 통일적인 기준으로 이 네트워크에서 여러 관계를 법적으로 정비하는 과제는 향후의 작업에 맡겨져 있다.

예를 들면, 지구온난화 대책의 추진에 관한 법률(1998法117)은 ( ⅰ ) 지방자치단체 실행
계획을 수립하는 지방자치단체가 관계 행정기관, 관계 지방자치단체, 지구온난화 방지 활
동 추진원(員), 지역 지구온난화 방지 활동 추진센터, 사업자, 주민, 그 밖의 관계자를 구성
원으로 하여 지방자치단체 실행계획 협의회를 조직할 것을 정하고(지구온난화 대책법 22
조), 또한 ( ⅱ ) 지방자치단체, 지역센터, 사업자, 주민, 그 밖의 관계자는 지구온난화 대책
지역협의회를 조직할 수 있음을 규정하고 있다(지구온난화 대책법 40조). 그러나 협의회의
운영 기준 등에 관한 상세한 규정은 같은 법에 없다.

# 제2편

# 행정활동(작용)법

# 제1부 행정활동(작용)법 개설

## (1) 행정활동(작용)법의 의의

제1편에서는 행정법의 기초이론, 행정조직법의 개요를 설명했다. 제2편에서는 시장·국민생활에 개입하는 행정작용 및 그 기반을 구축하기 위한 행정정보의 수집·관리·이용과 그 공개에 관계하는 법제도를 포함하는 행정활동 전반, 그리고 이와 관련되는 법제도에 관한 법적 고찰의 결과로 형성되어 온 여러 개념을 설명한다.

우선, 행정활동(작용)법은 (ⅰ) 시장이나 국민생활에 개입하는 각종의 행정작용에 관하여 영역을 횡단하여 고찰하기 위한 이론적 틀로서 형성되어 온 행정의 행위형식론, (ⅱ) 법률이나 행정행위 등으로 국민에게 부과된 행정상의 의무 이행을 확보하기 위한 행정상 강제집행의 제도, 행정형벌이나 제재·유도의 제도 등 행정의 실효성을 확보하기 위한 제도, (ⅲ) 국민 등에 행정작용을 하고, 실효성을 확보하며, 정책의 입안 등을 하기 위해 필요한 행정정보를 수집·관리·이용하고, 국민에게 공개하는 제도 등으로 나눌 수 있다.

## (2) 본편의 구성

그래서 이하에서는 행정의 행위형식론(제2부~제5부), 행정의 실효성 확보제도(제6부), 행정정보의 수집·관리·공개의 법제도(제7부)의 순으로 설명하기로 한다.

# 제2부  행정의 행위형식론(개론)

## 제1장  영역 횡단적 분석

### 제1절  횡단적 분석의 의의

#### (1) 각론적 고찰과 영역 횡단적 고찰

행정활동(작용)법의 법적 분석을 할 때에는 행정작용의 분야별로 조세행정법, 사회보장법, 국토정비법, 환경행정법 등의 각론적인 고찰을 하는 방법이 있고, 현재 이 행정영역들을 전문적으로 분석하는 학문영역이 확립되어 있다. 다만, 이 분석 방법들은 각 행정영역의 특성을 명확히 하고, 각각 고유하게 안고 있는 법적 과제의 해명에 이바지하지만, 그 고찰 결과는 다른 영역에 그대로 타당하거나 응용할 수 있는 것은 아니다. 행정법 영역 전반에 널리 응용할 수 있는 고찰 결과를 얻기 위해서는 행정영역을 횡단하여 분석하는 작업도 필요하다.

#### (2) 행정행위

그리고 행정영역을 횡단하여 행정법 현상을 분석하려고 하는 때에는 행정활동 내용상의 차이를 무시하고, 행정의 행위형식의 법적인 차이에 착안하는 것이 유익하다. 예를 들면, 내용의 차이에도 불구하고 형식에서 법적인 공통성이 있는 행정작용으로서 조세의 부과결정, 영업허가, 영업정지, 건축확인 등이 있다. 즉, 이 작용들은 ( i ) 행정(행정청)에 의한 행위로 생각되는 점, ( ii ) 법령에 근거한 일방적인 결정으로서 행해지는 점, ( iii ) 구체적인 법률상의 효과를 발생하게 하는 점에서 공통된다. 따라서 이 형식상의 공통성을 가지는 행정작용은 행정법학상 '행정행위'로 분류되고 있다. 다만, '행정행위'란 학설상 이념상의 구별이고, 법령에서는 다양한 명칭이 사용되고 있다(허가, 인가, 금지, 부과, 결정).

이와 관련하여 법령에 규정된 행위이어도 각종의 권고, 지시와 같이 사인에 의한 임의의 협력을 전제로 하여 행해지는 것과 단순한 정보제공을 목적으로 하여 행해지는 것도 있다.

　이러한 행위는 행정의 행위형식론에서는 '행정지도'라고 불리는 유형으로 묶인다.

### (3) 행정행위와 행정처분

　또한, 행정절차법(1993法88. 2조2호 등), 행정불복심사법(2014法68. 1조·2조 등), 행정사건소송법(1962法. 3조2항 등)에서는 '행정행위'가 아니라 '행정청의 처분'이라는 말이 사용되고 있다. 역사적으로 보면, 행정처분의 개념은 행정행위를 주된 대상으로 상정한 권리보호·구제의 제도를 정비하기 위하여 마련된 것이다. 그러나 제2차 세계대전 후에 행정법 학설·이론이 전개되는 중에 위에서 말하는 행정행위에 전형적으로 들어맞지 않는 것이어도 행정행위에 준하여 사전절차, 행정불복신청, 행정소송(항고소송)의 대상으로 하는 것이 적절하다고 생각되는 행위가 행정처분에 포함되게 되었다(도로의 일괄 지정과 같이 고시의 법형식을 가지고 행해지는 일반처분, 일부의 계획, 일부의 행정지도). 따라서 현재, 행정처분은 행정행위만이 아니라 더 넓은 범위를 포함하는 개념이라고 생각되고 있다.

## 제2절　행정의 행위형식론의 의의

　이와 같이, 행정행위나 행정지도라는 분류는 행정영역을 횡단하여 그 내용(규제, 재화·서비스의 공급, 재화·서비스의 조달 등)의 차이와 관계없이 법적인 관점에서 공통되는 형식의 행정활동을 묶어 분석할 목적으로 학문상 형성되어 온 개념이다. 그리고 이를 통하여 얻은 분석의 결과는 개별 행정법령에 더하여 행정절차법, 행정불복심사법 등의 영역 횡단적인 법률 등, 행정활동의 통제를 강화하는 여러 입법의 제정·개정 등의 작업에서도 활용되었다. 이러한 학문상 작업의 성과로서 정리된 것이 행정의 행위형식론이다.

# 제2장  행위형식의 종류

## 제1절  규범 유사의 행위형식

행정행위의 개념은 법령을 개별 구체적인 사안에 적용하는 행정에 의한 개별적인 집행행위를 주로 상정하여 형성되어 왔다. 이에 대하여 법률을 전형적인 예로 하는 규범에 유사한 행위형식으로서 행정입법, 행정계획이 있다. 행정행위와 마찬가지로 이 행위형식들에는 다양한 내용의 것이 포함되어 있다.

## 제2절  그 예외의 행위형식

법률, 행정입법, 행정계획 등의 일반적 추상적인 규범에 근거하여 행정은 시장이나 국민생활에 개입한다. 그중에서 권력적인 행위형식으로서 행해지는 것이 행정행위(인허가, 금지·명령 등)이다. 이에 대하여 법령에 근거하는 것이어도 사인의 임의적 협력이나 합의를 전제로 하여 행해지는 비권력적인 행위형식이 있고, 이에 해당하는 것으로서 행정지도와 행정계약이 있다.

행정지도는 특정인에게 특정한 작위·부작위를 요구하여 행해지는 것이 많다. 그러나 행정지도는 법률에 반드시 얽매이지 않고 자유롭게 행해지는 것이기 때문에 다수인 또는 널리 일반 국민을 대상으로 행해지는 때도 있다.

# 제3부 행정행위

## 제1장 행정행위(개론)

### 제1절 행정행위의 규율력

행정행위란 학설상 형성되어 온 개념이고, 법령상 행정행위라는 말은 나오지 않는다. 행정행위보다 넓은 개념으로서 행정절차법·행정불복심사법·행정사건소송법에서 사용되고 있는 '행정청의 처분'에 관하여 최고재판소의 판례는 '공권력의 주체인 국가 또는 공공단체가 행하는 행위 중 그 행위로 직접 국민의 권리·의무를 형성 또는 그 범위를 확정하는 것이 법률상 인정되고 있는 것'이라고 정의하고 있다(쓰레기 소각장 설치 조례 무효확인 등 청구 사건 상고심 판결, 最判1964年10月29日民集18卷8号1809頁).

그리고 판례의 정의로부터 행정처분(행정행위를 포함한다)은 사인의 권리·의무 관계를 설정·변경하고, 이 설정·변경을 법률에 근거하여 일방적으로 행하는 점에 특색이 있는 것으로 생각된다. 이것이 행정행위의 정의 그 자체로부터 도출되는 실체법상의 특색으로서의 '규율력'이다(塩野·Ⅰ155頁).

### 제2절 취소소송의 배타적(우선적) 관할

그리고 허가, 인가, 금지 등 법률에 규정된 행정의 활동이 행정행위에 해당하게 된 경우 법률상으로는 다른 행정활동과 다른 다양한 효과가 발생한다. 그중에서도 기본적이고 중대한 효과는 '취소소송의 배타적(우선적) 관할'이다.

취소소송의 배타적(우선적) 관할 이외에도 불가쟁력, 자력집행력, 불가변력(실질적 확정력) 등의 효력이 행정행위에 인정된다고 여겨져 왔다. 다만, 현재 이 효과들은 독자적인 의의가 있다고는 말할 수 없거나 행정행위에 일반적으로 인정되는 것으로는 말하기 어렵다[→ 불가쟁력, 자력집행력, 불가변력(제6장 제2절)].

취소소송의 배타적(우선적) 관할의 효과가 가지는 의미를 이해하기 위해서는 계약의 해제 등, 민사상의 제도와의 차이를 예로 들어 생각하는 것이 적절할 것이다. 즉, 민법상 계약이 해제되면 권리·의무 관계가 소급하여 해소된다고 생각되고 있다. 이렇게 민법상의 해제도 권리·의무 관계의 변동을 법률관계의 일방 당사자의 의사표시로 초래하는 행위인 점에서는 행정행위와 같다. 그러나 해제의 상대방이 그 효과를 다투려는 경우 통상의 민사소송에서 다투게 되는 것에 비하여, 행정행위의 적법성을 다투기 위해서는 원칙적으로서 취소소송이라는 특수한 소송형태를 이용해야 한다(행소법 3조2항·3항). 또한, 이 취소소송에는 출소기간 제한(행소법 14조) 등 통상의 민사소송에는 없는 특수한 소송절차상의 제약이 마련되어 있다.

다만, 행위형식론상 행정행위가 다른 행위와 구별되는 법적 특징은 규율력, 취소소송의 배타적(우선적) 관할 이외에도 존재한다(처분절차와 관련되는 규율, 취소와 철회의 법리). 또한, 학설·판례상 다양한 논의가 전개되고 있다. 이하 이러한 행정행위의 특성에 관하여 설명하기로 한다.

## 제3절  행정행위의 의의

'행정행위'가 다른 행위형식과 행정법학적으로 보아 구별되는 점, 이른바 행정행위의 개념을 세우는 실익은 주로 다음의 3가지에 있다고 생각되고 있다.

### (1) 사후 구제상의 의의[취소소송의 배타적(우선적) 관할]

어떤 행위가 행정행위라고 인정된다면 그 행정행위의 위법성을 다투기 위해서는 기본적으로 출소기간 등의 제한이 붙는 취소소송을 제기해야 한다(행정행위의 예방적 금지, 의무이행에 관해서는 별도로 독립한 소송형태가 마련되어 있다). 이것을 취소소송의 배타적(우선적) 관할이라 한다.

많은 교과서에서는 '취소소송의 배타적 관할'이라는 말이 사용되고 있다. 다만, 취소소송의 배타적 관할은 뒤에 말하는 바와 같이 (ⅰ) 처분이 무효인 경우는 미치지 않고, 또한 (ⅱ) 정의상으로도 처분이 행해지지 않는 경우를 전제로 하는 것이 아니다. 더욱이, (ⅲ) 재판례에서 각각의 경우의 특수성을 고려하여 '배타적 관할'의 예외가 되는 경우도 늘어나고 있다(후술). 그래서 오늘날에는 '취소소송의 우선적 관할'의 개념이 적절하다고 생각되나, '배타적 관할'의 개념이 일반적으로 보급되어 있는 점을 고려하여 본서에서는 '취소소송의 배타적(우선적) 관할'이라는 표현을 사용한다.

### (2) 사전절차상의 의의(처분절차의 발달)

행정절차법은 행정처분에 관하여 신청에 대한 처분의 절차에 관한 여러 규정(같은 법 제2장), 불이익처분의 절차에 관한 여러 규정(같은 법 제3장)을 두고 있다. 신청에 대한 처분의 절차는 기본적으로는 인허가 등의 전형적인 행정행위를 규정하여 제정되었다. 또한, 불이익처분에 관해서는 '행정청이 … 특정한 자를 명의인으로 하여 직접 … 의무를 부과하고 … 권리를 제한하는 처분을 말한다.'(행정절차법 2조4호)라고 하여 전형적인 행정행위로 적용 범위를 한정하고 있다. 이와 같이, 행정절차법에서는 전통적인 행정행위를 상정하여 사전절차를 정비했다. 다만, 어떤 행정활동이 행정처분이라고 인정되는 경우는 적용 제외의 조치가 취해지지 않는 범위에서 원칙적으로 행정절차법상 처분절차의 규율이 미치게 된다.

### (3) 실체법적 의의

행정행위는 행정(행정청)이 직접 국민의 권리·의무를 형성하거나 그 범위를 확정하는 행위를 가리킨다. 또한, 행정행위는 공권력의 행사로서 일방적인 형식으로 행해지고, 확정의 방법도 개별적·구체적인 형태로 행해진다. 따라서 행정행위로 이익을 받은 자는 행위의 존속에 상당한 신뢰를 하는 것이 일반적이다. 한편, 행정행위는 법령에 근거하여 행해지는 것으로서 법치주의가 강하게 요청된다. 그래서 행정행위가 행해진 후에 그것이 위법했다는 등이 판명되거나 상황의 변화로 해당 행위를 유지하는 것은 적절하지 않다고 판단되기에 이른 경우에는 해당 행위를 수정·변경·폐지하는 것이 요청된다. 그래서 행정행위에 관해서는 신뢰보호의 요청과 법치주의 원칙 간의 조화를 어떻게 할지가 문제가 되고, 이 논의를 통하여 '행정행위의 취소·철회의 법리'가 형성되어 왔다. 이것은 행정행위에 특유한 실체법상의 논의라고 말할 수 있을 것이다.

이하 본서에서는 우선 행정행위에 관하여 전개되어 온 3가지의 제도·이론에 관하여 해설하기로 한다.

# 제2장  사후 구제상의 의의

## 제1절  취소소송의 배타적(우선적) 관할

### 제1관  배타적(우선적) 관할

#### (1) 제도의 의의

취소소송의 배타적(우선적) 관할이란 발급된 행정행위를 다투기 위해서는 원칙적으로 출소기간 등의 제한이 있는 취소소송을 제기해야 한다는 것을 의미한다. 다만, 이것은 현재 행정행위의 효력을 다투는 경우 민사소송·형사소송과의 관계를 상정한 논의이다. 따라서 행정행위가 행해지지 않은 단계에서 의무이행이나 예방적 금지를 재판소에 구하는 경우는 이 논의가 적용되지 않는다.

#### (2) '공정력'과 다른 점과 같은 점

통설 및 판례에서는 행정행위의 특수한 효력을 설명하는 개념으로서 '공정력'이 사용되어 왔다. 여기까지의 본서의 서술에서는 행정행위의 의의로서 국민의 권리·의무 관계를 일방적으로 형성하는 의미에서 '규율력'과 그 효과를 다투는 경우, 취소소송이라는 특수한 소송형태의 이용이 기본적으로 요청된다는 '취소소송의 배타적(우선적) 관할'의 2가지의 측면으로 나누어 설명해 왔다. 이에 비하여, 통설 및 판례에서는 행정행위의 특수한 효력을 가리키는 개념으로써 '공정력'을 사용하고 양자의 측면을 일체적으로 설명해 왔다.

예를 들면, 국민의 권리·의무 관계를 확정하는 공정력이 행정행위에 인정되므로 재판소나 행정기관 등의 기관에 의해 행정행위의 효력이 부정되지 않는 범위에서 국민은 유효한 것으로서 이를 수인해야 한다고 설명된다.

그 의미에서, 위의 설명과 본서에서 설명의 차이는 취소소송의 이용이 강제된다는 제도에 관한 설명 방법의 차이에 지나지 않는다고 할 수도 있다. 그러나 '공정력'이라는 용어는 '행정의 권위에 유래하는 특수한 효력'이라는 뉘앙스를 동반하여 사용되어 왔기 때문에 일본국헌법하의 제도에 관하여 그러한 표현을 사용하는 것은 반드시 적절하지는 않다. 또한, 이러한 설명으로는 '공정력'이 미치는 경우와 범위를 합리적으로 정할 수도 없다는 비판도 유력하다.

### (3) 제도의 구체적 효과

그러면 취소소송의 배타적(우선적) 관할은 구체적으로 어떠한 경우를 전제로 하여 논의되고 있는 것일까. '취소소송의 배타적 관할'의 논의가 상정하는 전형적인 경우는 다음과 같다.

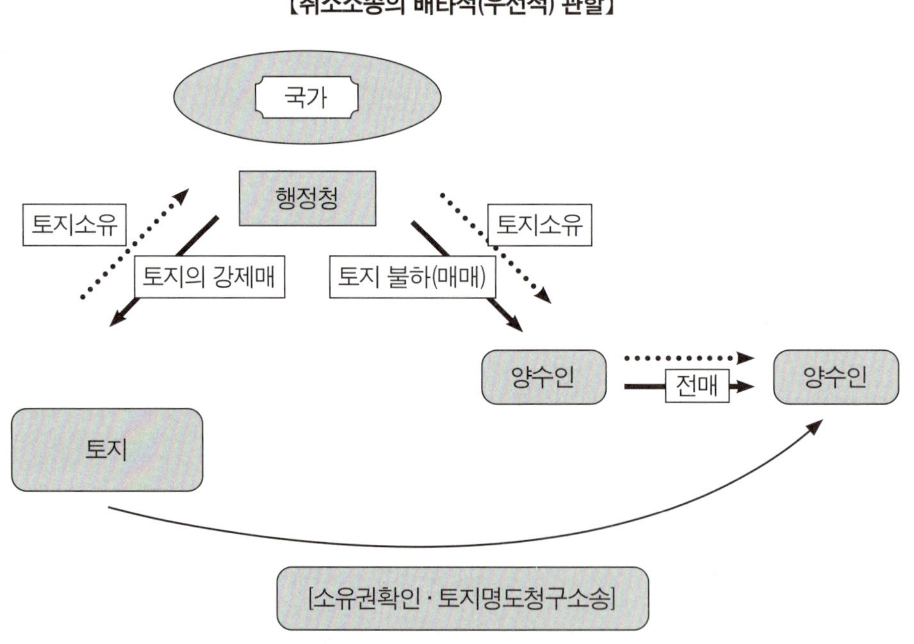

**【취소소송의 배타적(우선적) 관할】**



이러한 경우에서는 토지가 강제로 매수되어 이에 불만을 가지는 원래 토지소유자는 취소소송의 배타적(우선적) 관할 제도가 없으면 양수인에게 소유권확인·토지명도청구소송을 제기할 수 있다. 또한, 그것이 원래 소유자에게 가장 직접적인 해결방법이다.

그러나 일본의 행정소송제도에서는 행정행위를 포함하는 '행정처분'에 대한 취소소송 제도가 마련되어 있고, 취소소송에는 출소기간 제한 등의 민사소송에 없는 제약이 있다. 역으로, 이 점에서 제도의 해석으로서 행정행위의 효과를 다툴 때는 취소소송의 이용이 예정되어 있다고 해석된다(예정되어 있지 않다고 하면 출소기간 제한 등의 제약이 있는 취소소송은 이용되지 않게 된다). 그 결과, 이러한 경우에서 원래의 소유자는 민사소송인 소유권확인·토지명도청구소송을 이용할 수 없고, 취소소송의 이용이 강제된다.

## 제2관  제도의 이론적 배경

### (1) 배경에 있는 입법정책적 고려

그러면 행정행위에 관한 취소소송의 배타적(우선적) 관할은 어떠한 취지에 근거하여 마련된 것일까. 취소소송의 배타적(우선적) 관할이 마련된 배경에는 다음과 같은 고려가 있었던 것으로 생각된다.

### (2) 법률관계의 조기 안정

행정행위는 법령에 근거하는 것이라고 해도 행정청의 일방적인 판단으로 행해지는 것이다. 따라서 구조상 행정행위에 관해서는 법적 분쟁이 발생하기 쉽다. 또한, 행정행위는 한 개의 행위이어도 관련되는 다른 법률관계에 영향을 주는 경우가 많고, 한 번 분쟁이 발생하면 그 해결에 필요한 행정 비용은 많아지게 된다. 그래서 행정행위(처분)가 관여하는 법률관계를 조기에 확정하여, 그 후의 행정 운영의 원활한 추진을 확보할 목적에서 출소기간 제한 등의 제약을 동반한 취소소송의 이용 강제가 제도화되었다고 생각할 수 있다.

### (3) 국민(제삼자)의 신뢰 확보

앞쪽의 그림과 같이 행정행위로 형성된 법률관계에는 시간의 경과와 함께 제삼자가 새로운 당사자로서 나타나는 경우가 많다. 그 경우 행정행위가 공권력의 행사로서 행해진 점을 인식하고 있는 제삼자는 해당 행위가 적법하게 행해진 점을 신뢰했기 때문에 행정행위로 형성된 법률관계에 새롭게 관여하는 판단을 내린 것으로 생각할 수 있다. 그리고 이러한 제삼자에게 출소기간 제한이 붙어 있지 않는 민사소송(예를 들면, 소유권확인·토지명도청구소송)이 제기되는 경우가 있을 수 있다고 한다면, 행정행위의 적법성에 대한 제삼자의 신뢰는 훼손되고, 행정행위로 형성된 법률관계에 새로운 당사자로서 관여하려고 하는 제삼자는 없어질 것이다.

### (4) 국가 등을 피고로 하는 장점

행정사건소송법에서 취소소송의 피고는 처분 등(행정불복신청에 대한 재결을 포함한다)을 한 행정청이 속하는 국가 또는 공공단체라고 규정하고 있다(행소법 11조1항1호·2호). 그러나 같은 법은 처분 등을 한 행정청은 '재판상 일체의 행위를 할 권한을 가진다'라고 규정하고, 처분 등을 한 행정청이 취소소송에 관하여 책임을 지고 수행할 수 있는 체제를 갖추어 두고 있다. 이러한 제도를 통하여 처분 등의 법정책임을 지는 행정청이 소송수행에 관해서도 책임을 지는 것이 확보되어 있다(예를 들면, 위의 예에서 소유권확인·토지명도청구소송과 같은 민사소송에서는 행정청은 소송참가가 인정되는 것에 지나지 않는다). 또한, 처분 등을 한 행정청이 해당 사안과 관련되는 자료 등을 가지고 있는 것이 일반적이므로 소송에서 진실의 발견을 용이하게 한다는 관점에서도 이러한 제도를 취하는 장점은 있다.


## 제2절  배타적(우선적) 관할의 범위

### 제1관  제도의 적용 범위

이상과 같이, 취소소송의 배타적(우선적) 관할이 마련된 것에는 합리적으로 설명이 가능한 정책적 근거가 있다. 나아가 '행정청이 법령에 근거하여 공적 권위로 확정한 것'에 공정력의 이론적 근거를 구해온 제2차 세계대전 전의 학설과는 달리, 취소소송의 배타적(우선적) 관할의 근거를 위의 소송 정책상의 고려에서 구하는 견해에서는 이 고려가 미치는 범위의 타당성이라는 관점에서 배타적(우선적) 관할의 적용 범위의 한계를 합리적으로 정할 수 있다(취소소송 이용 강제의 근거를 공적 권위로 확정한 것에 구한다면 모든 경우에 공정력을 긍정해야 한다는 논의로 기울게 될 것이다). 이하, 이러한 관점에서 배타적(우선적) 관할이 미치지 않는 범위에 관하여 설명하기로 한다.

## 제2관  구체적인 예(1)

### (1) 권원과 관계없는 인허가

사인이 영업활동을 전개하기 위해서는 통상, 활동의 거점이 되는 점포 등의 이용 권한에 관하여 사법상의 권원을 가지고 있을 것이 전제된다. 다만, 행정이 해당 영업에 관하여 인허가할 때는 신청인이 사법상의 권원을 적법하게 가지는지에 관해서까지 심사하는 제도로는 되어 있지 않는 경우가 일반적이다. 그래서 신청에 대하여 허가되었다고 하여 신청인에게 사법상의 권원이 있다고 행정청이 인정했다고까지는 의미하지 않는다. 이상의 점에서 영업허가를 받은 경우에도 사법상의 권원 존재 여부를 다투는 민사소송의 제기는 방해받지 않는다.

### (2) 시설 등의 허가와 민사 금지소송

원자력발전소와 같이 위험이 내재하는 시설의 설치·운전 등에 관하여 행정청으로부터 인허가가 된 경우에도 주변 주민이 위험시설의 소유자·조업자를 피고로 하여 인격권 등에 근거하는 민사 금지소송을 제기하는 것은 가능할 것이다. 인허가 취소소송의 대상은 행정소송에서는 행정행위의 적법성이라는 점에 대하여, 민사 금지소송에서도 원고의 생명·신체 등에 대하여 침해의 우려가 있는지가 소송물이기 때문에 양자의 범위는 일치하지 않는다. 재판소에서도 원자력발전소의 민사 금지소송에 관하여 취소소송의 배타적(우선적) 관할과의 관계에서 부적법하다고 판단된 것은 없다[(1)·(2)에 관하여 宇賀·Ⅰ385頁].

### (3) 형사소송

행정명령을 위반한 것을 이유로 기소되었을 때 상대방은 기소의 전제인 행정명령이 위법하다는 것을 항변으로써 주장할 수 없을까. 죄형법정주의, 적법절차의 법리에서는 위법성의 항변을 일률적으로 배제해야 하는 것은 아니다.

풍속영업 등 단속법 위반 피고사건 상고심 판결(最判1978年6月16日刑集32卷4号605頁)은 현(県)의 인가를 받은 어린이 놀이터가 있어 영업이 금지된 구역에서 영업을 강행한 업자가 기소된 사안에 관한 것이다. 그리고 이 사안에 관해서는 별도의 민사소송에서 어린이 놀이

터를 설치하여 개인실 설치 목욕탕의 영업을 불가능하게 한 행정의 행위에 관하여 행정권의
남용으로서 손해배상이 인정되었다. 같은 판결에서 최고재판소는 어린이 놀이터의 인가 처
분에 행정권의 남용에 해당하는 위법이 있고, 피고 회사의 영업을 규제할 수 있는 효력을 가
지지 않는다고 하여 피고 회사를 무죄로 하는 판단을 제시했다.

한편, 도로교통법 위반 피고사건 상고심 결정(最決1988年10月28日刑集42巻8号1239頁)은
(ⅰ) 도로교통법(1960法105)을 위반한 피고가 도로 교통 범칙금 제도에서 도로교통법 위반
의 대인사고 전력으로 인한 행정처분이 과거에 있는 점을 이유로 범칙금 납부의 특례를 받지
못하고 기소되었으나, (ⅱ) 나중에 특례 거부의 이유가 된 위반 사건에 관하여 상해의 증명
이 없다고 하여 업무상 과실상해에는 해당하지 않는다는 판결이 있은 사안에 관한 것이다.
이러한 사안에서 공소의 제기 그 자체가 법의 요건에 해당하지 않고 위법하다고 피고인이 주
장한 것에 대하여, 최고재판소는 위의 처분은 상당한 근거를 가지고 행해진 것이므로 공소의
제기는 위법하지 않다고 하여 피고인의 주장을 배척했다.

그래서 1978년 판결과 1988년 결정의 관계가 문제가 된다. (ⅰ) 후자의 판단이 기소된 행
위의 형사처벌 가능성에 관계되는 것이 아니라 전제로서의 공소의 제기에 관계되는 것인
점, (ⅱ) 범칙금 제도는 기소해야 하는 사안에 관하여 교통 위반 사건의 대량 처리의 필요성
에서 경미한 위반에 한정하여 기소의 회피를 인정하는 행정상 특례의 성격이 있고, 사후 처
벌 가능성이 정면으로 소송의 대상이 되는 경우와는 사안이 다른 점을 고려하면 양 재판의
결론에서 차이를 이해할 수 있을 것이다.


## 제3관  구체적인 예(2)

### (1) 영업 정지명령의 경우

일반적인 행정행위, 예를 들면 영업 정지명령에 기인하는 손해의 배상을 구할 때 미리 취
소소송을 제기하여 그 위법의 판단을 구한 후가 아니면 손해배상청구소송을 제기할 수 없을
까. 이 점에 관해서는 일반적으로는 필요 없다고 해석되고 있다. 손해배상을 인정해도 영업

정지명령의 효과 그 자체는 부정되지 않고, 해당 정지명령의 목적은 달성되기 때문이다.

### (2) 과세처분 등의 경우

이에 비하여, 과세처분 등의 금전 부과 처분의 경우에 관해서는 학설·판례상 논의가 있다. 예를 들면, 아래 그림의 경우에 국가배상 청구 소송의 제기가 인정되면 금전 부과 처분 시스템의 원활한 운용은 유지될 수 있을까.

조세 소송에서는 처분 취소소송에 관하여 출소기간 제한이 있는 외에 국세의 경우에는 국세통칙법의 규정에 따라 원칙적으로 행정에 대한 불복신청을 한 후가 아니면 출소할 수 없다(국세통칙법 115조1항). 그래서 이 제약을 준수하지 않고, 국가배상 청구 소송을 제기하는 것을 무조건 인정한다면 출소기간 제한, 심사청구 전치를 마련한 법령의 취지는 몰각된다는 견해가 있었다. 물론, 이에 대해서는 국가배상 청구 소송에서 청구가 인정되기 위해서는 과세처분에 위법이 있을 것 외에 과세 직원에게 고의·과실이 있었을 것이 필요하고, 국가배상 청구 소송을 배척할 필요는 없다는 반론도 있었다.

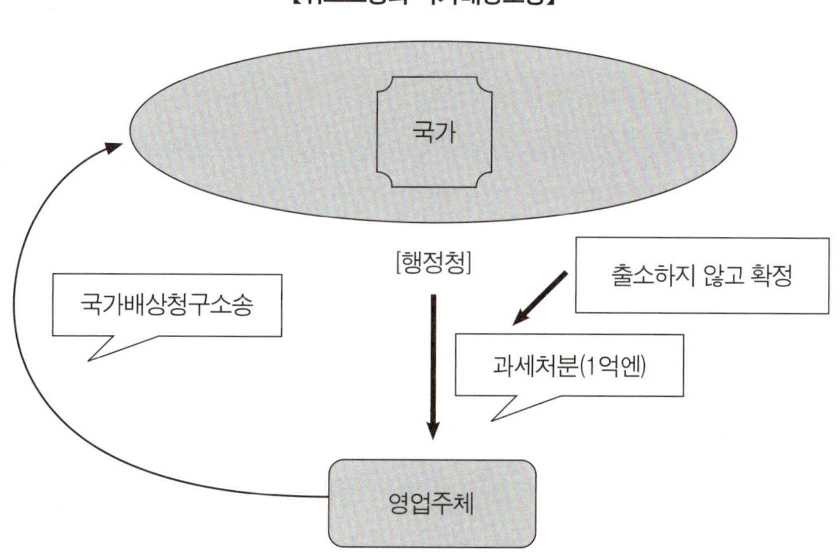



### (3) 2개의 최고재판소 판결

이 점에 관하여 우선, 손해배상청구 사건 상고심 판결(最判1993年3月11日民集47卷4号

2863頁)은 과세처분 취소소송을 제기하여 취소판결을 받은 원고가 신용손해의 배상, 변호사 비용 등의 지급을 구하여 국가배상청구소송을 제기한 사안에 관하여 처분의 위법성을 한정적으로 파악하는 판단을 제시했다[직무행위 기준설로 불린다. → 직무행위 기준설(제3편 제3부 제3장 제3절)]. 이 사안에서 최고재판소는 세무서 측에 직무상 다해야 하는 주의의무를 다하지 않은 사정이 있는 경우에 한정하여 국가배상 청구 소송에서 처분의 위법이 인정된다고 하고 있다.

　그리고 이 판결을 고려하여, 냉동창고 고정자산세 과중부과 사건 상고심 판결(最判2010年6月3日民集64巻4号1010頁)에서 최고재판소는 고정자산의 가격 결정 및 고정자산세 등의 부과결정에 무효사유가 인정되지 않는 경우이어도 공무원이 납세자에 대한 직무상의 법적 의무를 위배하여 해당 고정자산의 가격 등을 과다하게 결정한 때에는 이에 따라 손해를 입은 해당 납세자는 지방세법(1950法226) 432조1항 본문에 근거하는 심사의 신청 및 같은 법 434조1항에 근거하는 취소소송 등의 절차를 거치지 않고, 국가배상청구를 할 수 있다고 판단했다.

　여기에서 유의해야 할 점은 1993년 판결과 2010년 판결에서 최고재판소가 과세요건 위반이 '공무원이 납세자에 대한 직무상의 의무에 위반한' 경우에 바로 해당한다고 생각하고 있지 않는 것이다. 직무상의 주의의무 또는 직무상의 법적 의무를 위배하여 과세처분을 한 때에 국가배상법상으로는 위법해진다고 판단하고 있으므로 과세처분에 관하여 국가배상법상 위법성이 인정되는 사안은 좁아지는 점에 유의해야 할 것이다.

## 제3절　행정행위의 취소와 무효

### 제1관　행정행위의 무효

#### (1) 행정행위의 무효

　취소소송의 배타적(우선적) 관할이 마련된 취지에 관해서는 정책적인 합리성이 인정된다. 한편, 제도의 취지로부터 배타적(우선적) 관할의 적용 범위에서 제외되는 사항이 있는 것도 함께 설명했다.

더욱이, 취소소송의 배타적(우선적) 관할을 마련한 입법정책에 합리성이 있고, 또한 관할이 미치는 사항에 관하여 일정한 제한이 있다고 해도, 그러한 관할이 미치는 것이 정당화될 수 없는 중대한 위법이 해당 행정행위에 있는 경우에 취소소송의 배타적(우선적) 관할이 미쳐, 출소기간 등의 제약을 준수할 수 없었던 자에게 소송을 제기할 기회를 인정하지 않는다고 하는 것은 적절하지 않다.

그래서 행정법학, 행정법 판례에서는 민법에서 '취소'와 '무효'와의 구별을 차용하여 행정행위의 취소와 무효를 구별하게 되었다(田中·総論324頁). 그리고 현행 행정사건소송법에서는 행정행위의 무효를 다투는 수단으로써 항고소송인 (ⅰ) 무효등확인소송(행소법 3조4항), 그리고 '처분 또는 재결의 존재 여부 또는 그 효력의 유무를 전제로 하는 현재의 법률관계에 관한 소'인 (ⅱ) 공법상의 당사자소송(행소법 4조), (ⅲ) 쟁점소송(처분의 효력 등을 쟁점으로 하는 민사소송. 행소법 45조)이 마련되어 있다(모두 출소기간 제한 등 소송요건의 제약이 완화된 소송이다).

### (2) 행정행위 무효의 전형적인 예

행정행위 무효의 사례는 다음과 같은 것이 있다(田中·上143頁).

① 주체와 관련되는 무효사유

(ⅰ) 행정조직법상의 관할에서 벗어난 사항에 관하여 행정행위가 행해진 경우, (ⅱ) 행정청의 처분으로서의 외관은 가지지만, 행정청의 자격이 없는 자가 행정행위를 한 경우 등이 이에 해당한다. (ⅲ) 정식의 권한 위임이 없이 행정행위가 행해진 경우도 이에 포함된다. 나아가, (ⅳ) 합의제의 행정청에서 소집통지 없이 행해진 회의, 정족수에 미달하는 의결 등에 근거하는 행정행위는 무효이다.

② 내용과 관련되는 무효사유

(ⅰ) 토지의 매수 대상을 특정할 수 없는 등 내용이 불명확한 행정행위는 무효이다. (ⅱ) 사실상·논리적으로 있을 수 없는 행정행위(사망한 사람 명의의 영업허가 등), 대상을 잘못 지정한 행정행위[동일 성(姓)의 타인에 대한 과세처분] 등도 무효이다. (ⅲ) 내용과 관련되는 무효사유에 관해서는 다음에 말하는 중대명백설이 전형적으로 타당하다.

③ 형식과 관련되는 무효사유

(ⅰ) 법령상 서면으로 할 것이 요구되는 행정행위가 구두로 행해진 경우에는 무효이다. (ⅱ) 행정행위의 통지 서면에 행정청의 표시, 공인(公印)의 압인(押印) 등이 없는 경우도 같다.

④ 행정절차의 하자

(ⅰ) 법령상 청문이 요구되고 있는 때에 이를 하지 않고 행해진 행정행위는 무효이다. (ⅱ) 서면에 의한 이유의 제시가 요구되고 있는 경우에 이유제시가 없는 행정행위도 같다[→ 행정절차의 위법과 재판상 통제, 절차적 하자의 효과(제5장 제3절)].

## 제2관  무효의 기준-명백성 요건의 의의

### (1) 중대명백설

지금까지 행정행위가 무효로 되는 구체적인 예를 보아 왔다. 앞의 구체적인 예를 고려하여 다음으로 행정행위의 무효사유로서 일반적으로 어떠한 견해가 채택되어 온 것인지를 확인한다. 지금까지의 전통적인 견해는 행정행위의 무효가 인정되기 위해서는 행정행위에 중대하고 명백한 위법이 있을 것이 필요하다는 것이었다. 그 이유는 다음과 같은 것으로 생각된다. 즉, (ⅰ) 중대성 요건이 요구되는 것은 취소소송의 이용 강제를 무시한 사례에서 예외적 구제를 해주는 것이 정당화되기 위해서는 위법성의 정도가 통상보다도 높을 필요가 있기 때문이다. 또한, (ⅱ) 명백성 요건이 요구되는 것은 처분의 적법성을 신뢰한 제삼자의 이익과 원고를 구제할 필요성의 균형을 조화시키기 위해서는 객관적으로 보아 처분이 위법할 것이 명백할 필요가 있기 때문이다.

하자의 명백성에 관해서는 '하자가 명백한지는 처분의 외형상 객관적으로 오인이 일견 보아서 알아차릴 수 있는 것인지에 따라 결정해야 하는 것'이고, 행정청의 태만으로 조사해야 하는 자료를 빠뜨렸는지는 하자의 명백성의 판정에 직접 관계는 없다는 최고재판소의 판결이 있다[행정청이 조사하면 발견할 수 있었던 하자는 명백성 요건에 해당하지 않는다는 원고(상고인)의 주장을 배척. 最判1961年3月7日民集15卷3号381頁].

이와 관련하여, 명백성 요건을 요구하는 논거로서 제삼자의 신뢰보호에 그치지 않고, 공중의 이익, 행정행위가 관여하는 법률관계의 안정성 확보를 드는 견해도 있지만, 많은 경우에서 그 법익들은 하자의 중대성 요건에서 배려되고 있다고 생각해야 할 것이다.

### (2) 명백성 요건의 예외

#### ① 명백성 보충 요건설

위에서 말한 바와 같이, 명백성 요건의 의의가 제삼자의 보호에 있다고 한다면 제삼자의 출현이 통상적으로는 생각할 수 없는 처분의 유형에 명백성 요건은 필요 없다고 해석해야 한다는 견해가 나타나는 것은 당연하다. 이것이 명백성 보충 요건설이다(塩野·Ⅰ181頁以下). 그리고 이 견해의 영향을 받은 것으로 생각되는 최고재판소의 판단이 출현했다. 이것이 소득세 부과처분 무효확인 등 청구 사건 상고심 판결(最判1973年4月26日民集27巻3号629頁)이다.

이 판결은 어떠한 상담·통지를 받지 못한 채 친척에게 자기의 명의를 도용당한 사람이 그 때문에 출소와 관련되는 제한을 준수할 수 없었던 것을 이유로 처분 무효확인소송을 제기한 사안에 관한 것이고, 최고재판소는 다음과 같이 판시했다.

'일반적으로 과세처분이 과세청과 납세자 간에만 존재하는 것이므로 처분의 존재를 신뢰할 제삼자의 보호를 고려할 필요는 없다는 점'을 고려하면 '해당 처분에서 내용상의 과오가 과세요건의 근간에 관한 것이고, 조세행정의 안정과 그 원활한 운영의 요청을 고려해도, 여전히 불복신청 기간의 경과로 인한 불가쟁적 효과의 발생을 이유로 하여 납세자에게 위 처분으로 인한 불이익을 감수하게 하는 것은 현저히 부당하다고 인정될 만한 예외적 사정이 있는 경우에는 위의 과오로 인한 하자는 해당 처분을 당연무효로 되게 한다고 해석하는 것이 상당하다.'

#### ② 최고재판소 판결과 명백성 보충 요건설

판결은 '조세행정의 안정과 그 원활한 운영'이라는 이익과 '불복신청 기간의 경과로 인한 불가쟁적 효과의 발생을 이유로 하는 불이익'을 비교 형량하면서 구제를 해주어야 하는 '예외적인 사정'이 있는지를 검토하는 견해를 채택하고 있다. 따라서 제삼자가 정형적으로 출현하지 않는 과세처분과 같은 경우에는 원칙적으로 명백성 요건이 필요 없게 된다고 하는 명백성 보충 요건설과 위 최고재판소의 견해는 완전히는 일치하지 않는다. 실제로, 다단계판매를 운영해 온 고인(故人)이 세무 대책으로 법인이 아닌 사단을 설립하여 납세하고, 과세청도 법인이 아닌 사단이라고 인정하여 과소신고를 이유로 하는 증액경정처분이 사단에 행해진

사안에 관하여 법인세 경정처분 등 취소청구 사건 상고심 판결(最判2004年7月13日判時1874
号58頁)은 사단으로서의 실질을 갖추고 있지 않으므로 처분은 무효라고 한 고인의 상속재산
관재인에 의한 주장을 인정하지 않았다.

최고재판소는 다음과 같이 판시했다. 과세요건의 근간에 관한 과오가 경정처분에 있었다
고 하여도, 고인은 세무 대책의 관점에서 사단화를 도모하고, 법인세·법인사업세를 신고
하여 고액의 소득세 부담을 면한 것이기 때문에 [위 최고재판소 판결(最判1973年4月26日)
이 말하는] 불이익을 감수하게 하는 것이 현저히 부당하다고 인정되는 특별한 사정이 있는
경우에 해당하지 않는다.


# 제3장  사전절차상의 의의

## 제1절  행정절차의 개념

### 제1관  개설

**(1) 행정절차의 개념**

행정절차에는 행정행위를 전형적인 예로 하는 각종 결정 전에 거치는 사전절차와 각종 결
정 후에 거치는 사후절차의 두 종류가 있다. 그러나 사후의 행정절차는 통상 행정불복신청
절차로 불리는 경우가 많고, 따라서 행정절차는 사전절차를 가리키는 것이 일반적이다. 본
서에서도 행정절차라고 말하는 경우 사전 행정절차를 말하는 것으로 한다.

**(2) 사전절차의 의의**

제2차 세계대전 전 일본에서는 행정절차의 개념이나 절차 정비의 필요성은 거의 인식되어
있지 않았다. 그러나 제2차 세계대전 후 미국 행정법의 영향을 받은 입법이 늘어나 사전절차
의 개념이 알려지게 되면서 점차 사전절차 정비의 필요성도 인식되게 되었다. 현재, 행정상

의 여러 제도 특히, 행정행위의 결정 과정에서 사전절차를 정비할 필요성은 다음의 점에 있다고 생각되고 있다.

① 다른 제도의 한계

일본에서는 행정상의 구제로서는 행정불복신청이나 행정소송 등의 사후적 구제 제도를 정비하는 것으로 족하다고 생각되어 왔다.

우선, 일본에서는 행정행위는 정식으로 결정된 때부터 효력이 발생한다는 즉시 확정의 기준이 원칙적으로 채택되어 있다[→ 그 밖의 논의, 행정행위의 성립과 소멸, 행정행위의 발효(제6장 제3절)]. 또한, 행정행위의 효력을 다투는 사후의 행정불복신청이나 행정소송 제도에서는 불복신청이나 소송을 제기한 것만으로는 행정행위의 효력과 그에 따르는 절차는 원칙적으로 정지되지 않는다는 집행부정지의 원칙이 채택되어 있다(행심법 25조, 행소법 25조).

그러나 사후절차에 의한 구제를 받을 때까지 시간이 걸리는 경우는 많고, 그사이 자기가 불만을 가지는 행정행위의 효과를 국민은 수인해야 한다. 또한, 특히 행정소송에는 소송비용, 변호사 비용 등의 금전적 비용이 든다. 더욱이, 행정소송에서 행정행위의 위법성을 다툴 때도 소송의 대상이 되는 행정행위에 관해서는 행정재량이 인정되는 경우도 많고, 그 경우 재판소는 행정 판단에 전면적으로 깊이 들어가 통제할 수는 없다(행소법 30조).

② 결정의 기성(旣成) 사실화

또한, 즉시 확정의 효력과 사후의 구제절차에서 집행부정지 원칙이 결부된 결과, 행정소송에서 국민 측이 승소가 확정된다고 해도 그사이에 행정행위로 형성된 법률관계를 전제로 하여 기성의 사실이 계속 쌓여 승소판결 내용대로 구제를 해주는 것은 곤란한 상황이 생기는 경우도 있을 수 있다. 행정사건소송법에서는 소송의 대상이 된 행위를 취소해야 할 때도 그것이 공공의 복지에 현저한 장애를 초래하는 경우에는 재판소는 청구를 기각할 수 있는 제도를 두고 있다[행소법 31조. → 판결의 종류, 사정판결(제4편 제4부 제4장 제2절)]. 또한, 이러한 제도는 행정불복신청 제도에 마련되어 있다[행심법 45조3항·64조4항 → 재결 등, 재결 등의 종류(제4편 제6부 제2장 제5절)]. 이와 같이, 사후의 구제 제도에서는 일정한 경우에 행정행위로 초래되는 기성사실로 인하여 구제가 제한되는 때도 있는 점에서 한계가 있다고 생각되고 있다.

③ 사전절차에 의한 보완

(a) 위법·부당한 결정의 예방

이에 비하여, 행정절차를 정비하여 사후의 행정구제 제도의 한계를 어느 정도는 보완하는 것이 가능하게 된다. 사전절차인 행정절차를 정비하면 행정결정에서 사실인정·판단의 신중함이 확보되고, 사후적 구제가 필요하게 되는 위법·부당한 행정결정을 예방하는 것을 기대할 수 있기 때문이다.

(b) 사후 구제 절차에 대한 편의 제공

더욱이, 소정의 행정절차를 거친 경우에는 그 절차에서 행정 판단의 법적 근거, 사실인정을 국민은 알 수 있고, 이에 대하여 유효한 반론을 하며, 그것이 이유 없이 받아들여지지 않았다고 생각할 때는 사후의 구제 절차에서 효과적으로 그 점에 관한 주장·입증을 하는 것이 가능하게 된다.

(c) 설득 기능, 신뢰보호 기능

행정절차를 모두 거친 후에 행정행위를 비롯한 각종의 결정이 행해지면 그로 인하여 불이익을 받는 측이 해당 결정을 이해하여 받아들일 가능성은 커진다. 더욱이, 행정결정의 공정·적정에 대한 관계인의 신뢰를 높이는 데에도 이어진다. 다만, 이 기능들은 권리구제와는 직접 관계는 없다. 그러나 신중한 행정절차를 이행하는 것 자체로 행정행위 상대방의 이해를 얻고, 행정활동의 공정·적정에 대한 신뢰를 높이는 것은 민주국가에 어울리는 행정과정을 구축하는 데에도 이어진다.

이와 같이, 행정절차에는 사후의 행정구제 제도가 기능하는 것과 다른 독자적인 구제 기능, 공익적인 기능이 있다.


## 제2관  행정절차법

### (1) 여러 외국의 입법

① 여러 외국의 입법

이미 말한 바와 같이, 제2차 세계대전 전의 일본에서는 행정절차의 개념이나 그 정비의 필요성은 인식되지 않았다. 이에 비하여, 행정절차에 관해서도 적정절차를 중시하는 영국, 미국 등에서는 비교적 이른 단계부터 행정절차에 관한 통일 법전의 정비가 진행되었다. 1946년에는 미국에서 연방 행정절차법이 제정되었다. 그 후 행정절차 정비의 중요성을 다른 국가도 인정하게 되어 1976년 독일에서 연방 행정절차법이 제정되었다. 더욱이, 1980년대에는 프랑스에서도 절차의 개별적 정비가 진행되고, 그 후 일본에서도 행정절차법이 제정되게 되었다.

② 제정의 경위

일본에서도 행정절차 정비의 필요성은 제2차 세계대전 직후인 1940년대 후반에는 인식되었다. 지금까지도 국가행정운영법안(1952년)을 비롯하여 각종 초안과 요강이 공표되었다. 다만, 20세기 말에 이르기까지는 국민이나 산업계 사이에 행정절차법이 필요하다는 인식은 확산되지 않고, 행정절차법에 따라 자신의 활동이 구속되게 되는 행정관청의 반대의견도 강했다. 그러나 세계화의 진전 중에 외국기업이 일본에 진출하고, 일본의 인허가 행정의 운영이 알려짐에 따라 차츰 행정절차법의 제정을 요구하는 외국기업과 일본 산업계의 의견도 강하게 되었다. 1989년에는 미일 구조(構造) 협의 중에 미국 측으로부터 행정절차법 제정의 요구가 나오게 되고, EU와 일본 경제계의 의견을 받아 1991년에 제3차 임시 행정개혁추진심의회 공정·투명한 행정절차부회(部會)가 설치되어, 그 답신을 받아 행정절차법이 1993년에 성립했다. 나아가, 2005년에는 의견공모 절차를 추가하는 개정(同法73)이 이루어졌다.

또한, 2014년에는 행정불복심사법의 전면 개정과 궤를 같이하여 행정절차법의 개정이 이루어지고(同法70), (ⅰ) 행정지도에 대한 사전절차상 구제의 기준을 강화하며(행정절차법 35조2항의 추가, 36조의2의 신설), (ⅱ) 처분 및 법률에 근거가 있는 행정지도를 요구하는 신청절차를 신설하는(행정절차법 36조의3의 신설) 등의 개정도 이루어졌다[→ 35조2항, 처분 등의 요구-새로운 불복의 유형(제6장 제4절), 행정지도와 행정구제(제4부 제2장 제5절)].

③ 행정절차법의 구성

이상의 행정절차법의 제정 경위는 같은 법의 내용에도 영향을 주고 있다. 2014년 개정 후의 것이나, 행정절차법은 다음과 같은 장으로 구성되어 있다.

| | |
|---|---|
| 제1장 총칙 | 정의, 적용 제외 등 |
| 제2장 신청에 대한 처분 | 권리보호, 신속화·간소화 |
| 제3장 불이익처분 | 권리보호 |
| 제4장 행정지도 | 불투명한 행정 스타일의 시정(행정지도, 참조) |
| 제4장의2 처분 등의 요구 | 새로운 행정상의 구제 |
| 제5장 신고 | 권리보호 |
| 제6장 의견공모 절차 | 투명성 확보와 권리보호(행정입법, 참조) |
| 제7장 보칙 | |

이 내용에서 알 수 있는 바와 같이, 일본의 행정절차법은 사전절차의 정비에 의한 권리구제만을 목적으로 한 것은 아니다. 제2장에서는 인허가 절차의 지연이 사실상의 비관세 장벽 등이 된다는 비판을 고려하여 절차의 신속화·간소화를 동시에 목적으로 한 규정이 포함되어 있다. 또한, 제4장의 '행정지도'에는 행정절차법의 장(章)임에도 불구하고 인허가 행정, 불이익처분을 중심으로 하는 감독·단속 행정에서 불투명한 행정지도가 많이 이용된 폐해를 제거하기 위한 실체 규정(행정지도를 규율하는 규제 규범), 나아가 사전절차적인 통제의 구조가 마련되어 있다.

### (2) 행정절차와 헌법

이상과 같이, 행정절차법에는 불투명한 행정 스타일의 시정, 절차의 간소화·신속화도 목적으로 한 규정이 포함되어 있으나, 대부분은 사전절차의 정비에 의한 권리보호의 향상을 주된 목적으로 하고 있다. 그리고 행정상의 절차에 헌법상 적정절차의 보장은 적용되는지, 어느 범위의 절차에 적용되는지를 둘러싸고는 헌법학에서도 활발하게 논의되었다. 이 점에 관해서는 크게 나누어 (ⅰ) 헌법 31조설, (ⅱ) 헌법 13조설, (ⅲ) 31조와 13조의 병용설, (ⅳ) 절차적 법치국가설 등이 있다(塩野·Ⅰ298頁以下).

우선, (ⅰ) 헌법 31조설은 형사처분에 준한 불이익의 정도가 심대한 행정행위에 관하여 적정절차의 보장이 적용된다고 하는 견해이다. 이 견해는 행정처분 중에서도 형사처분에 준하는 것으로 적용 범위를 한정하고, 상정되는 절차의 내용도 형사절차에 준하는 것으로 명확히 하고 있다. 그러나 적용 범위가 형사벌과 유사한 것에 한정되는 점이 비판되고 있다. 이에 비하여, (ⅱ) 헌법 13조설은 개인의 존엄성 보장이라는 포괄적 인권 규정 속에 적정절차의 보장도 포함된다고 하는 것이다. 이 견해는 개인의 권리·이익과 관련되는 행정행위에 관하여 널리 적정절차의 보장을 인정하는 한편, 개인의 존엄을 보장하는 절차란 무엇인지라는 점에 관한 합의를 얻는 것이 곤란하다. 그래서 양자의 장점·단점을 보완하기 위하여 (ⅲ)의 31조·13조 병용설이 주장되게 되었다. 또한, (ⅳ) 절차적 법치국가설은 적용 조문의 다툼을 회피하려고 일본 행정법의 대원칙으로서 승인되어 온 법치국가의 원리에 착안한다. 법치국가의 이념 중에 절차보장의 측면도 포함되어 있다고 생각하면 헌법론으로서도 충분하다고 하는 생각이다. 뛰어난 착상에 근거하는 생각이나, 이에 대해서는 명문의 근거가 부족하다는 의문도 제기되고 있다(藤田·総論·上156頁注2).

공작물 등 사용금지명령 취소 등 청구 사건 상고심 판결(最判1992年7月1日民集46巻5号437頁)은 나리타 신법[신도쿄 국제공항의 안전 확보에 관한 긴급조치법(당시)]에 근거하여 반대운동의 거점시설을 파괴적 활동용으로 제공하는 것 등을 1년간 금지하는 처분을 반복한 것의 합헌성 등이 다투어진 사안이고, 그중에서 사전절차를 밟지 않은 것의 합헌성이 쟁점이 되었다. 최고재판소는 행정행위(행정처분)는 다양하고, 어떠한 사전절차를 보장해 줄지는 제한을 받는 권리·이익의 내용, 성질, 제한의 정도, 처분으로 실현하려고 하는 공익의 내용, 정도, 긴급성 등에 따라 다르다고 하면서, 이 경우에 관해서는 '헌법 31조의 취지에 반하는 것은 아니다'라고 하였다.

이 판결에서는 권리 제한 행위의 사전절차가 문제가 된 점에서 헌법 31조의 적용 여부가 쟁점이 되었다. 그리고 최고재판소는 같은 조가 행정절차에 미치는 범위 및 정도를 한정하고 있다. 다만, 이 판결이 나온 때가 행정절차법의 제정 직전이었던 점은 판결의 의도를 이해할 때 유의해야 할 것이다.

이하, 행정절차법의 행정행위(행정처분) 절차의 개요를 보기로 한다.

# 제2절 처분절차-총칙적 규정

## 제1관 정의 규정

### (1) 행정처분

행정처분 절차의 개요를 말하기 전에, 우선 행정절차법의 각종 정의를 확인한다. 앞에서 말한 바와 같이, 행정절차법에서는 행정불복심사법, 행정사건소송법과 마찬가지로 행정행위가 아니라 행정처분의 개념이 사용되고 있다. 행정불복심사법과 행정사건소송법에서는 전통적인 행정행위를 상정하면서도 그 구제 제도를 둘 때 '행정처분'의 개념을 채용했다. 장래에 학설·판례의 전개를 구속하지 않기 위하여 '행정처분'의 개념을 채용한 것이나, 이 법률들의 제정 당시 행정처분은 거의 행정행위와 동일한 범위의 행위를 가리키는 개념으로써 운용되었다. 그러나 그 후의 학설의 전개에 영향을 받아 판례에서는 도시재개발계획결정이나 도로의 일괄지정 등의 개별·구체적인 결정(법령의 구체적 집행)의 성격을 가지지 않는 행위에 관해서도 처분성이 인정되게 되었다.

한편, 행정절차법에서 처분의 절차에 관해서는 법령의 구체적인 집행행위로서의 행정행위, 즉 법령에 근거하는 개별·구체적인 결정을 상정하여 논의되었다. 따라서 같은 법의 제3장에 규정된 불이익처분의 절차와 처분성이 긍정되는 계획 등의 결정절차는 상당히 성격이 다르다. 그래서 행정절차법의 입법자는 장래 재판소가 처분의 범위에 관하여 어떠한 판단을 내린다고 해도 개별·구체적인 결정이라는 성격을 가지는 행정행위를 상정하여 정비된 사전절차는 계획 등에는 적용되지 않는다고 하는 취지를 정의 규정에 명시했다(행정절차법 2조4호).

즉, 행정절차법상 불이익처분이란 '특정한 자를 명의인으로 하여 … 의무를 부과하거나 그 권리를 제한하는 처분'을 가리키는 것으로 정의되었다. 한편, 신청에 대한 처분은 개별적인 신청에 대하여 그때마다 판단·결정되는 것이므로 불이익처분의 경우와 같이 범위를 한정하는 정의 규정을 둘 필요는 없다.

### (2) 처분절차-2가지의 유형

행정절차법에서는 행정처분에 관하여 2가지 유형의 절차를 두고 있다. 즉, 신청에 대한 처분과 불이익처분이다. 신청의 대상은 허가, 인가 등의 신청인에게 어떤 이익을 부여하는 처분이고(행정절차법 2조3호), 학설상으로는 '수익적 행정처분'으로 불리고 있다(인허가의 제도는 전체 구조로서는 '침해'에 해당하나, 인허가 그 자체는 수익적 행정행위로 분류된다). 이러한 신청에 근거하는 수익적 행정처분의 절차는 직권으로 개시되는 불이익처분과는 절차 개시의 계기가 다르고, 절차의 내용도 다르다. 그래서 행정절차법에서는 신청에 대한 처분의 장(제2장)과 불이익처분의 장(제3장)으로 나누어 각각 독자의 규율을 두었다. 행정절차법이 규정하는 처분절차의 구성을 그림으로 표시하면 다음과 같다.

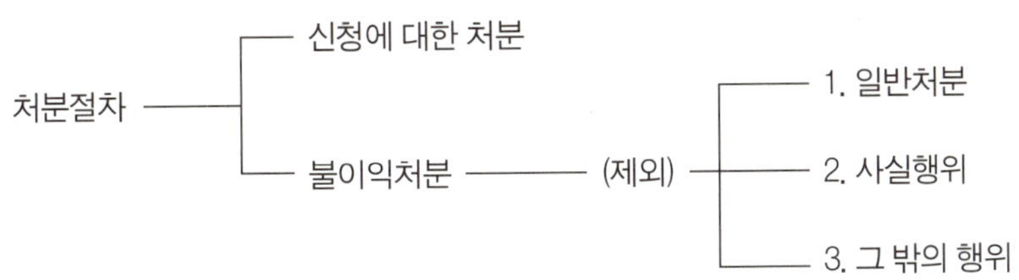


수익적 행정처분은 국민 측으로부터 신청을 기다려서 하는 것이 일반적이다. 다만, 사회복지시설 등에 입소할 때는 신청에 근거하는 입소로 이행했지만, 일부에 관해서는 입소의 조치 또는 민간사업자에 대한 위탁의 조치가 존속하고 있다[노인복지법(1963法133)] 10조의4 이하. 또한, 신청과 조치 등과의 결합의 예로서 어린이·육아지원법(2012法65) 19조 이하, 아동복지법(1947法164) 24조가 있다]. 이에 비하여, 허가의 취소, 영업의 금지·정지 등의 불이익처분은 상대방의 신청을 생각할 수 없고, 행정청의 직권으로 행해지는 것이 일반적이다.

### (3) 신청과 신고

행정절차법의 정의에 따르면 신청은 인허가 등의 수익적 행정처분을 요구하는 것이나, 그 중에서도 행정청의 수용 여부의 응답을 요구하는 권리(신청권)가 신청인에게 인정되고 있는 것을 가리킨다. 행정절차법이 신청에 관하여 '해당 행위에 대하여 행정청이 수용 여부의 응답을 해야 하는 것으로 되어 있는 것을 말한다'라는 정의를 두고 있는 것은 이 취지를 가리키는 것이다(행정절차법 2조3호). 따라서 법령상 신고 등의 용어가 사용되고, 또한 수용 여부의 응답의무를 법령의 해석으로 도출할 수 없는 경우에는 행정절차법 제2장은 적용되지 않는다.

또한, 행정절차법은 신청절차와 유사하나, 그것과는 다른 것으로서 신고에 관한 규정을 두고 있다. 신청과 신고란 법령에서 정하는 사항을 기재한 서류를 행정청의 사무소에 제출하는 행위이나, 다음의 점에 차이가 있다.

우선, (ⅰ) 신청에는 행정청에 수용 여부의 응답의무가 부과된다. 또한, (ⅱ) 신청이 요구하는 내용은 인허가 등의 처분이다(처분의 내용은 권리의 부여 등에 한정되지 않고, 정보의 공개 등과 같은 사실행위도 있다). 이에 대하여 (ⅰ) 신고는 일정한 정보의 제출 의무가 국민에게 부과되어 있을 뿐이고, 신고와 관련되는 응답의무는 필수가 아니다. 다만, (ⅱ) 신고의 제출에 관해서는 법령상의 의무 등이 부과되어 있으므로(행정절차법 2조7호), 행정청에 제출된 경우의 처리 기준이 행정절차법에 정해져 있다(행정절차법 37조).

## 제2관 적용 제외

행정처분에는 다양한 것이 있고, 행정절차법의 처분절차 규정의 적용에 어울리지 않는 것도 있다.

### (1) 일반 행정처분과는 다른 처분 등

국회나 재판소 등이 하는 처분은 독자적인 절차가 정해져 있으므로 적용은 제외되어 있다. 또한, 교육상의 처분이나 교정시설 등의 시설에서 하는 처분, 행정절차나 행정불복심사 등 쟁송절차에서 행해지는 처분에 관해서도 특수성이 인정되고 있으므로 적용은 제외되어 있다(행정절차법 3조1항).

### (2) 국가, 지방자치단체, 다른 공적 기관에 대한 처분 등

이미 본 바와 같이, 독립행정법인, 특수법인에 대한 처분은 행정주체 상호 간에 행해지는 처분이므로 행정주체가 국민에게 공권력의 행사로서 행정처분을 상정하여 정비된 행정절차법상의 절차 규정에 어울리지 않는다. 지방자치단체에 대하여 행해지는 처분도 같다(행정주체에 대한 것이어도 건축행위에 대한 규제 등, 사인에 대한 처분과 공통되는 처분에는 적용된다). 인가법인에 대한 업무 감독상의 처분, 지정법인의 사무 수행에 대한 감독 처분에 관해서도 마찬가지로 적용이 제외된다(행정절차법 4조1항·2항·3항).

 (3) 지방자치단체에서 하는 처분 등

 행정절차법은 국가 입법기관의 규범이다. 따라서 지방자치단체가 고유의 사무로서 하는 처분의 절차에 관하여 행정절차법이 규율할 때는 지방자치의 관점에서 배려가 필요해진다. 그래서 지방자치단체의 독자적 조례나 규칙에 근거하는 처분, 신고에 관해서는 지방자치단체의 조례로 규율해야 하는 것으로 되어 있고, 행정절차법이 적용되는 것은 법령에 근거하는 처분·신고에 한정된다(행정절차법 3조3항).


# 제3절  신청에 대한 처분

## 제1관  행정절차법 제2장의 구조

 여기에서는 행정절차법 제2장에 정하는 '신청에 대한 처분' 절차의 요점을 본다(이하, 간단히 조문 번호만을 제시한다). 제2장의 제정 목적은 국민(주로 신청인)의 권리보호와 절차의 신속화·간소화(규제 완화)의 2가지이다. 따라서 제2장에 규정된 각 조는 양쪽의 목적을 구현하고 있다. 다만, 주된 목적으로 분류한다면 크게 다음과 같이 구분할 수 있다.

 （ⅰ) 권리보호의 측면이 강한 규정이고, 5조·7조·8조가 이에 해당한다. 다음은 (ⅱ) 규제 완화의 측면이 강한 규정이고, 6조·9조·11조가 이에 해당한다. 나아가, (ⅲ) 위의 규정이 처분 상대방의 권리보호 등에 착안한 것인 것에 비하여, 처분의 명의인 외의 제삼자의 권리를 보호하는 규정도 있고, 그것이 10조이다. 다만, 규제 완화적 요소가 강한 규정에서도 권리보호 규정의 측면이 전혀 인정되지 않는 것은 아니다. 또한, 권리 보호적 요소가 강한 규정에서도 7조와 같이 규제 완화적인 요소를 인정할 수 있는 규정도 있다.

## 제2관  권리보호의 규정

### (1) 심사기준의 설정 등

#### ① 심사기준의 설정 등

인허가 등을 요구하는 처분에 관해서는 심사기준을 설정하고, 설정하였을 때는 이를 공고하는 것으로 되어 있다(행정절차법 5조). 인허가를 받을 수 있는지에 관하여 신청인으로서 예견할 수 없는 경우가 있다. 또한, 그러한 경우에 신청 과정에서 행정청이 자의적인 행정지도 등을 하는 경우도 많았으므로 신청인에게 예견가능성을 주고, 신청권을 보호하는 취지에서 심사기준으로 법령의 규정을 구체화할 것이 행정청에 의무화되었다.

#### ② 5조의 해석

유사한 규정으로서 불이익처분의 처분기준에 관한 규정(행정절차법 12조)이 있다. 그러나 5조는 처분기준과는 달리 의무 규정으로 되어 있다. 따라서 5조에 반하여 심사기준을 설정하지 않고, 처분을 한 경우에는 위법한 처분이 된다. 또한, 심사기준을 제정할 때는 의견공모 절차를 실시해야 한다(행정절차법 2조8호나목, 38조 이하). 의견공모 절차의 상세는 법규명령의 절차적 통제에서 설명한다[→ 법규명령, 의견공모 절차 등(제5부 제2장 제2절)].

### (2) 신청서의 처리

#### ① 신청서의 처리

행정청의 창구에 신청 서류가 제출된 경우 해당 직원은 첨부 서류가 갖추어져 있는지, 신청 기간 내에 신청된 것인지 등을 심사하고, 정식으로 이를 받아들여야 하는지를 판단하게 된다. 지금까지의 행정법학에서는 이를 '수리'라는 행정행위의 유형으로 보아 왔다[→ 그 밖의 논의, 행정행위의 별론(제6장 제3절)].

그러나 형식적 요건을 구비하지 않았다고 하여 '불수리'로 하는 행위는 실무에서는 다양하게 남용되었다. 특히, 아파트 건축을 둘러싼 분쟁 등 정식의 신청절차에 들어가면 분쟁이 생기는 경우 등에서는 형식적 요건을 구비하고 있음에도 불구하고 실체 심리를 거부할 목적으로 불수리하는 경우가 있었다.

#### ② 7조의 해석 등

  행정청의 사무소에 신청 서류가 제출된 경우 행정청은 신청서가 형식적 요건을 갖추지 않았으면 신속하게 보정을 요구하거나 신청을 거부해야 한다는 규정이 마련되었다(행정절차법 7조. '수리'의 배제). 따라서 신청서가 형식적 요건을 갖추면 행정청은 실체 심리에 들어가야 할 의무를 지게 되었다.

  이 규정에서는 신청서가 행정청의 사무소에 제출되었으면 최종적으로는 인용인지, 거부인지(일부 거부를 포함한다)의 판단을 행정청은 해야 하고, 거부처분에 불만인 자는 행정불복신청, 행정소송 등을 제기할 수 있게 된다.

**【7조와 그 해석】**

○ 입법취지
  '수리' 개념의 배제

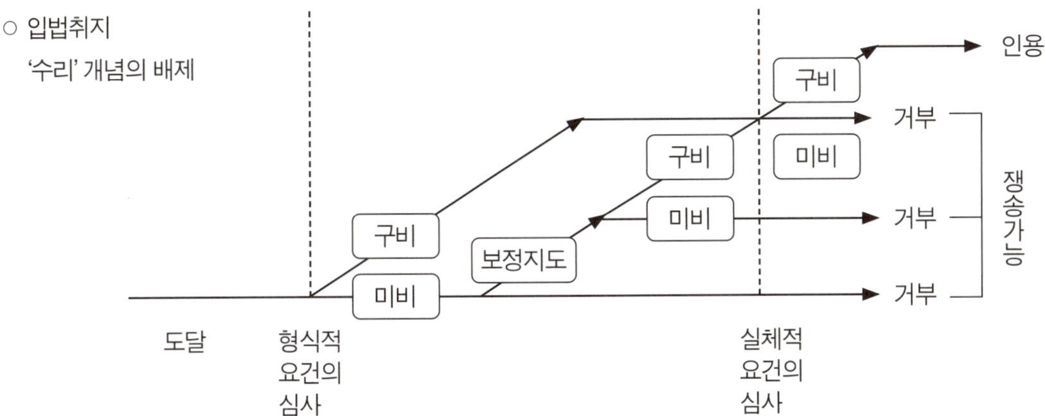


## (3) 이유의 제시

① 이유의 제시(8조)

  행정절차법에 따르면 일부 거부를 포함하여 신청에 대하여 거부처분을 할 때는 원칙적으로 이유를 제시해야 한다(행정절차법 8조).

  우선, 처분 이유의 제시를 요구하는 것에는 행정청이 자의적인 결정을 하는 것을 예방하는 효과가 있다. 이를 자의적 결정의 억제 기능이라고 한다. 다음으로, 처분의 이유를 통지받은 상대방은 행정불복신청이나 행정소송을 제기할지를 검토할 때 이를 참고로 할 수 있고, 실제로 불복신청이나 소송을 제기하였을 때 통지된 이유를 고려하여 주장을 구성할 수 있다. 이를 사후적 쟁송에 대한 편의 제공 기능이라고 한다.

② 이유 제시의 정도

거부처분을 할 때는 어느 정도의 이유 제시가 필요한 것일까. 최고재판소의 판례에서는 '어떤 사실관계에 근거하여 어떤 법규를 적용하여 일반여권의 발급이 거부되었는지를 신청인이 그 기재 자체로부터 알 수 있어야 하고, 단순히 발급 거부의 근거 규정을 제시하는 것만으로는 … 충분하지 않다'(여권법상의 여권 발급 거부처분), '공문서의 비공개 결정 통지서에 부기되어야 하는 이유로서는 공개 청구인이 소정의 비공개 사유의 어디에 해당하는지를 그 근거와 함께 알 수 있어야 한다.'(지자체 정보공개 조례상의 비공개 처분)라고 되어 있다.

> 이상의 점에 관해서는, 일반여권 발급거부처분 취소 등 청구 사건 상고심 판결(最判1985年1月22日民集39巻1号1頁), 경시청 정보비공개결정처분 취소청구 사건 상고심 판결(最判1992年12月10日判時1453号116頁)을 참조하기를 바란다.

또한, 불이익처분에 관한 것이나, 공개되어 있는 처분기준이 있음에도 불구하고, 그 적용관계를 제시하지 않고 한 1급 건축사 면허취소처분은 위법하다고 한 최고재판소의 판결이 있다. 이 판결은 심사기준과 거부처분의 이유 제시에 관해서도 적용할 수 있다고 생각할 수 있을 것이다.

> 1급 건축사 면허취소처분 등 취소청구 사건 상고심 판결(最判2011年6月7日民集65巻4号2081頁)에서 최고재판소는 1급 건축사에 대한 면허취소처분에 관하여 처분의 중대성을 강조하면서, ( ⅰ ) 처분 요건이 추상적인 점, ( ⅱ ) 처분의 신중성 등은 처분청의 재량에 맡겨져 있는 점, ( ⅲ ) 처분기준도 복잡한 점 등을 지적하고, 이러한 경우에서는 어떠한 이유에 근거하여 어떠한 처분기준의 적용으로 해당 처분이 선택되었는지를 아는 것은 곤란한 것이 일반적이며, 이 점에 관한 설명이 되어 있지 않으면 이유의 제시로서 충분하지 않다고 판단했다.

③ 8조의 해석

이와 같이, 이유의 제시는 중요한 권리보호 기능을 수행하고 있으므로 이유의 제시가 없거나 불충분하여 위법한 처분에 관해서는 사후에 별도의 형태로 이유가 상대방에게 알려진 경우에도 그 위법성은 해소되지 않고, 소송으로 취소는 면할 수 없다고 해석되고 있다.

이상의 점에 관해서는, 법인세 과세처분 취소청구 사건 상고심 판결(最判1972年12月5日民集26巻10号1795頁), 경시청 정보비공개결정처분 취소청구 사건 상고심 판결(最判1992年12月10日判時1453号116頁)을 참조하기를 바란다.

## 제3관  규제 완화의 규정

### (1) 표준 처리기간

#### ① 표준 처리기간

행정절차법은 신청이 행정청의 사무소에 도달한 후에 최종적인 처분에 관한 판단이 내려질 때까지의 기간에 관하여 표준적으로 필요한 기간을 설정할 것을 노력의무로 함과 동시에 표준 처리기간을 설정한 때에는 공개할 의무를 행정청에 부과하고 있다(행정절차법 6조). 인허가에 대한 응답을 지연하고 그와 관련하여 행정지도로 신청인을 유도하는 것이 과거에 많이 이용되었으므로 이를 억제할 목적으로 정해진 것이다. 따라서 신청인의 권리를 보호할 성격을 함께 가지는 것이나, 표준 처리기간의 설정 그 자체는 노력의무로 규정되어 있다.

#### ② 6조의 해석

표준 처리기간은 행정절차법 9조1항과의 관계에서 의미가 있다. 신청인은 신청의 처리가 표준 처리기간을 지났을 때는 9조1항을 이용하여 이유의 설명을 요구할 수 있고, 불합리한 표준 처리기간의 경과에 대하여 책임을 물을 수 있다.

### (2) 정보의 제공 등

#### ① 심사 상황 등의 설명

행정절차법 9조1항·2항은 모두 신청인의 편의를 도모할 것을 요구하는 규정이나, 각각 다른 경우를 전제로 정해져 있다. 우선, 같은 조 1항은 신청인에게 심사의 진행 상황이나 예상되는 처분 시기를 설명할 것을 요구하는 규정이다. 이 경우 6조와 연동하여 이용될 것이 기대되고 있는 것은 이미 말했다.

② 적극적인 정보제공

9조2항은 신청인의 편의를 더욱 적극적으로 도모하기 위해 신청인의 요구에 응하여 신청에 필요한 정보의 제공에 노력해야 한다고 하는 규정이다.

### (3) 복수 행정청이 관여하는 처분

① 행정청 간 책임전가의 금지

국민이 하나의 사업을 하려고 하는 경우에도 복수의 행정청에 걸쳐 복수의 인허가가 필요한 때가 있다. 그러한 경우, 법 제정 전의 실무에서는 다른 행정청의 인허가가 필요한 것을 이유로 하여 제출된 신청서의 심사를 회피하는 사례가 있었다. 이러한 경우가 극단적일 때에는 심사 사무가 행정청 간에 이송되어 심사가 크게 지연되는 때도 있었다. 행정절차법 11조1항은 이러한 경우를 염두에 두고 심사의 책임전가를 금지하는 취지로 정해졌다.

② 적극적인 편의 제공

이에 비하여, 2항은 복수의 행정청에 상호 관련되는 인허가의 신청이 제출되면 상호 연락하여 공동으로 설명을 청취하는 등 심사의 신속화를 도모할 것을 이 행정청들에 요구하는 것이다. 다만, 적극적인 서비스의 제공을 요구하는 내용인 점에서 9조2항과 마찬가지로 노력의무로 되어 있다.


## 제4관  제삼자 보호 규정

### (1) 공청회의 개최 등

지금까지 설명한 규정은 신청인의 권리·이익을 보호하고, 심사의 신속화·간소화를 도모하는 취지로 마련된 것이었다. 이에 비하여, 행정절차법 10조는 신청인과는 대립하는 이해관계에 있는 제삼자(이를 '이해상반관계인'이라 한다)의 권리·이익을 보호하는 취지로 마련된 것이다. 예를 들면, 도시계획법(1968년法100)상의 개발허가 등에서 개발행위가 지반이 취약한 높은 곳에 인정된다고 하면 개발행위로 지반이 약해져 산사태 등의 우려가 생길 지역에 사는 주민은 생명·신체와 관련되는 심각한 위험을 느끼게 된다. 이 경우 사전의 행정절차에서 개발허가의 당부에 관한 의견을 행정청에 주장할 기회를 지역 주민에게 주는 것은 중요한 의의가 있다.

행정절차법 10조는 이러한 경우를 생각하여, 인허가 등으로 인하여 법령에 따라 보호되고 있는 자신의 이해에 중대한 영향을 받는 제삼자에게, 사전에 자신의 이해를 주장할 기회를 주도록 행정청에 요구하는 규정이다.

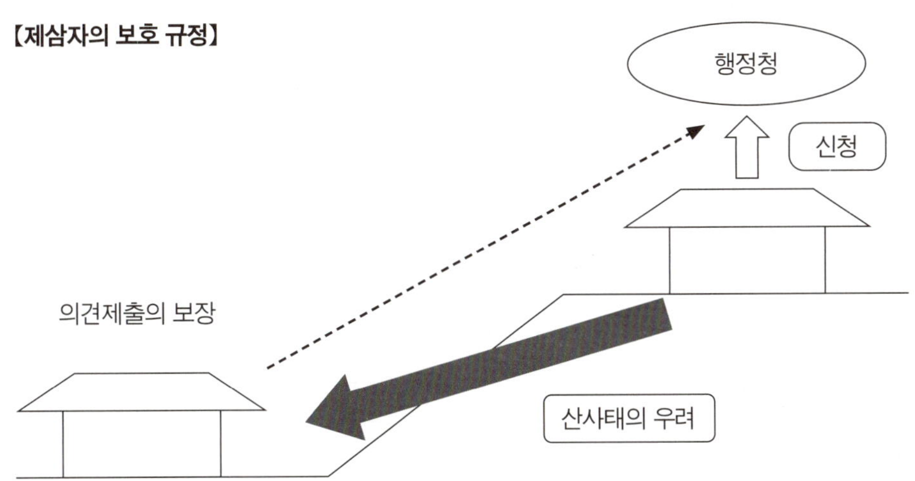



### (2) 10조의 해석

#### ① 대상 범위

10조에 따르면, 의견 청취의 기회가 주어지는 것이 예정되어 있는 자는 신청인 이외의 자로서, 그 '이해를 고려해야 하는 것이 해당 법령에서 인허가 등의 요건으로 되어 있는' 자이다. 이와 관련하여, 행정소송의 경우에는 '법률상의 이익'을 가지는 자가 소를 제기할 수 있는 원고적격을 가진다고 되어 있고[행소법 9조 등. → 취소소송의 요건(원고적격), 개론(제4편 제3부 제3장 제1절)], 행정절차법 10조는 이에 비하여 완화된 규정 형식으로 되어 있다. 소송절차와는 달리 행정상의 사전절차인 점이 고려된 결과라고 생각되고 있다.

#### ② 구속력

다만, 행정절차법 10조는 필요에 따라 노력한다는 규정으로 되어 있다. ( i ) 의견 청취를 해야 하는 범위를 엄격히 정하는 것이 곤란한 점, ( ii ) 많은 사람이 의견을 제출하였을 때 이를 어떻게 처리해야 하는지에 관한 명확한 기준을 두는 것이 곤란한 점 등이 그 이유라고 생각되고 있다(高橋·手續法231頁).

# 제4절  불이익처분 절차

## 제1관  행정절차법 제3장의 구조

### (1) 불이익처분의 구조

① 고지·청문의 절차

행정절차법 제3장의 규정은 전통적인 권리보호 기능을 확보하기 위해 마련된 규정이다. 영미에서는 전통적으로 고지와 청문(Notice and Hearing)을 중심으로 한 절차가 형성되어 왔다. 이를 통하여 불이익처분에 관하여 형사절차에 준하는 신중한 절차로 국민의 권리보호를 도모하는 제도가 확립되었다.

② 청문·변명 기회의 부여

행정절차법 제3장의 규정도 처분 내용을 미리 상대방에게 통지한 후에 의견제출의 기회를 주는 것을 내용으로 하고 있다. 그리고 의견 청취의 방법으로서는 '청문'과 '변명 기회의 부여'로 구별되어 있다.

### (2) 제2장과 공통되는 규정

① 처분기준

같은 행정처분 절차에 관한 규정이므로 제3장에는 제2장과 공통되는 내용의 규정도 두고 있다. 그것이 행정절차법 12조(처분기준)와 14조(이유의 제시)이다. 다만, 행정절차법 5조(심사기준)가 의무 규정인 것에 비하여, 12조(처분기준)는 노력 규정이다(그 배경에는 탈법 행위의 조장에 대한 경계가 있다). 또한, 처분기준에 관해서도 심사기준과 마찬가지로 의견 공모 제출 절차 등이 적용된다[행정절차법 2조8호다목, 38조 이하 → 법규명령, 의견공모 절차 등(제5부 제2장 제2절)].

② 이유의 제시(14조)

또한, 행정절차법 14조에는 8조와 다른 관점에서 이유의 제시가 필요 없다고 생각되는 경우의 예외 규정을 두고 있다(처분을 행할 긴급한 필요성 등). 또한, 이유를 제시할 때 처분의 근거 법령, 처분의 근거가 되는 사실뿐만 아니라 처분기준이 있으면 그 적용 관계에 관해서도 이유에서 제시해야 한다는 최고재판례가 있다[→ 신청에 대한 처분, 권리보호의 규정, 이유의 제시(제3절). 1급 건축사 면허취소처분 등 취소청구 사건 상고심 판결(最判2011年6月7日民集65卷4号2081頁)].

## 제2관　청문절차

### (1) 구분의 기준

행정절차법 제3장에는 청문과 변명 기회의 부여라는 2가지의 절차가 마련되어 있다. 청문절차는 인허가 등의 취소, 자격 또는 지위의 박탈, 해임 등의 명령, 그밖에 행정청이 필요하다고 인정할 때 실시되는 정식의 청문절차이다. 이 처분절차들은 상대방의 생활, 영업에 중대한 불이익을 초래하는 것이기 때문이다. 한편, 변명 기회의 부여는 청문 이외의 경우에 실시된다. 서면에 의한 의견 청취 등의 간편한 절차인 점에 그 특색이 있다(행정절차법 13조1항1호·2호).

덧붙여서, 행정절차법은 의견 청취 기회의 제공을 생략하는 것이 인정되는 처분의 유형을 정하고 있다. 의견을 청취할 필요성이 적은 처분유형이고, 금전 부과 처분, 경미한 처분 등이 이에 해당한다(행정절차법 13조2항).

### (2) 청문절차의 구조

① 청문의 개요

우선, 신중한 의견 청취 절차로서 청문의 개요를 보기로 한다. 청문절차 구조의 개요를 다음 그림과 같이 제시했다. 이 그림에서 청문절차가 형사재판 절차를 모델로 하여 사실인정의 적정과 판단의 신중함을 확보하기 위한 것임을 알 수 있다. 우선, 청문절차의 공정한 운영에 해당하는 것으로서 행정청의 직원과는 별도로 주재자가 선임되는 것으로 되어 있고, 주재자에 관해서는 민사소송법 등에 준하여 제척사유가 규정되어 있다(청문의 안건에 이해관계를 가지는 자와 그 친척이다. 행정절차법 19조2항).

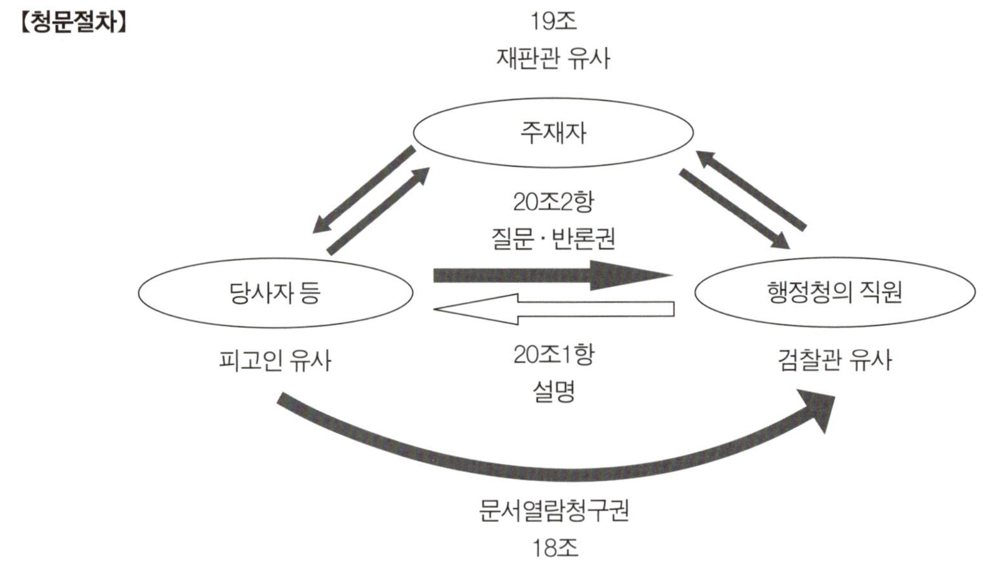


② 청문절차의 개시

불이익처분의 절차인 청문은 행정청의 직권으로 개시된다. 행정청은 청문을 할 때 청문을 해야 하는 기일까지 상당한 기간을 두어, 불이익처분의 명의인에게 예정된 처분의 내용 및 근거 법령의 조항, 처분의 원인이 되는 사실, 청문의 기일·장소 등을 서면으로 통지해야 한다(행정절차법 15조1항). 통지할 때는 청문절차에서 의견 주장, 증거서류의 제출 등을 할 수 있고, 문서열람청구권이 인정된다는 것을 알린다(행정절차법 15조2항).

③ 청문절차의 흐름

(a) 당사자 등과 이해상반관계인

청문절차에서는 통지된 불이익처분의 명의인인 당사자에게 대리인을 선임할 권리가 인정된다(행정절차법 16조1항). 또한, 당사자와 해당 불이익처분으로 자신의 이익이 침해되는 참가인을 포함하여 당사자 등이라 하고, 이들에게 청문에서 충분히 권리를 주장할 수 있도록 보장하기 위해 문서열람청구권 등의 권리(행정절차법 18조)와 절차적 지위가 인정되고 있다(행정절차법 20조 이하, 24조).

　또한, 행정절차법은 청문 참가의 기회가 주어지는 참가인을 '해당 불이익처분의 근거가 되는 법령에 비추어 해당 불이익처분에 관하여 이해관계를 가지는 것으로 인정되는 자'라고 규정함으로써(행정절차법 17조), 불이익처분으로 자신의 이익이 보호되게 되는 이해관계인[이를 '이해상반관계인'이라 한다]도 청문절차의 참가인이 되는 것을 인정하고 있다(3면의 행정법관계).

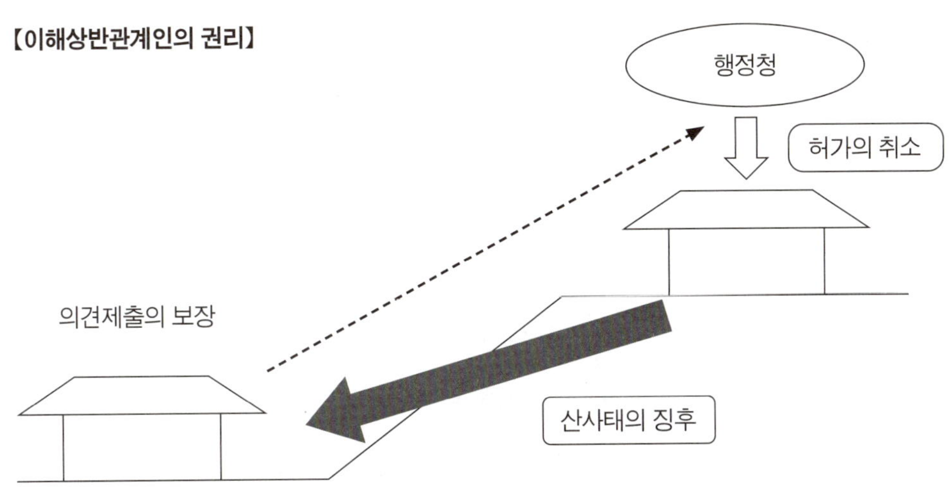


　다만, 이러한 이해상반관계인은 문서열람청구권 등이 인정되지 않는 등 당사자 등에 비하여 약한 권리밖에 인정되지 않는다. （ⅰ） 이해상반관계인의 주장은 불이익처분을 하려고 하는 행정청의 주장과 중복되는 부분이 많은 점, （ⅱ） 이해상반관계인이 다수이고, 범위가 불명확한 경우 문서열람청구권 등을 전원에게 보장하는 것은 곤란한 점 등이 고려된 것으로 생각된다.

　(b) 청문 참가자의 권리

　우선, 당사자에게 인정되는 권리로서는 대리인의 선임권이 있다(행정절차법 16조1항). 다음으로 당사자와 처분으로 자신의 이익이 침해되게 되는 참가인은 청문 기일 전에 사안의 조사 결과 등의 불이익처분과 관련되는 서면을 열람할 수 있다(행정절차법 18조1항).

　청문 기일은 행정청의 직원에 의한 （ⅰ） 예정되는 처분의 내용과 근거 법령, （ⅱ） 원인 사실 등에 관한 설명으로 시작된다(행정절차법 20조1항). 이는 형사소송절차에 준하여 행정청이 불이익처분을 하려는 이유와 근거를 명확히 하고, 당사자 등에게 반박의 기회를 주기 위한 것이다.

다음으로, 이해상반관계인을 포함하는 청문 참가인은 청문 기일에 출석하여 의견을 진술하고, 증거서류를 제출하며, 주재자의 허가를 받아 행정청의 직원에게 질문을 할 수 있다(같은 조 2항). 행정청의 직원에게 직접 질문하고 반론할 권리가 일반적으로 인정되는 점은 제정 당시 획기적인 것으로 평가되었다. 또한, 당사자 또는 참가인은 청문 출석에 대신하여 진술서 등을 제출할 수 있다(행정절차법 21조1항).

덧붙여서, 주재자에게도 당사자·참가인에게 질문을 하고, 행정청의 직원에게 설명을 요구하는 직권 행사가 인정된다(행정절차법 20조4항).

(c) 청문의 종결·재개

주재자는 청문 심리의 결과를 고려하여 기일을 속행할 수 있다(행정절차법 22조1항). 또한, 당사자의 전부 또는 일부가 기일에 출석하지 않는 등 청문에 참가할 권리를 행사하지 않는다고 인정할 때는 직권으로 청문을 종결하게 할 수 있다(행정절차법 23조).

다만, 청문이 종결된 후에 청문절차에 반영되지 않은 중요한 증거 등이 발견되는 때도 있고, 그 경우에는 청문을 재개하고 당사자 그 밖의 자에게 반론의 기회를 주어야 한다(행정절차법 25조).

(d) 결정에 대한 반영

청문의 주재자는 처분청의 최종 책임자가 아니기 때문에 처분의 내용을 자신이 결정할 수 없다. 그러나 청문절차의 결과는 처분에 올바르게 반영되어야 한다. 그래서 청문의 결과를 처분에 반영하기 위한 규정이 마련되었다. 이것이 청문 결과를 결정에 반영하는 것을 요구하는 규정(행정절차법 26조)이다. 이 규정에 따르면 행정청은 주재자가 작성한 청문조서의 내용과 보고서에 기재된 주재자의 의견을 '충분히 참작'해야 한다. 구체적으로는 다음과 같은 형태로 반영이 요구된다.

(ⅰ) 청문조서

청문조서에 관해서는 자료의 배타성 원칙이 적용된다고 생각되고 있다. 이는 청문조서에 나타나지 않는 증거 등이 불이익처분의 근거가 되지 않는다는 원칙이다. 행정청은 청문절차에서 제시된 것 이외의 증거자료로 불이익처분의 근거를 보강하려고 하는 등의 경우에는 청문절차를 재개해야 한다(행정절차법 25조).

(ⅱ) 보고서

청문절차 중에 형성된 주재자의 의견은 청문을 시행한 책임자의 의견으로서 행정청이 결정할 때 존중되어야 한다. 행정청은 합리적 이유가 있으면 주재자의 의견과는 다른 판단을 하는 것도 허용되지만, 그 근거를 결정서에 붙이는 이유에 명시할 필요가 있다고 해석된다 [→ 이유의 제시(14조)].


## 제3관  변명 기회의 부여

### (1) 변명 절차의 의의

① 변명 절차의 성격

청문이 형사소송절차를 모델로 한 신중한 절차인 것에 비하여, 변명 기회의 부여는 간이한 절차이다. 그 목적은 예상하지 못한 불이익의 방지와 최소한의 반론 기회의 부여에 있다.

② 절차의 개요

변명 기회 부여의 절차는 청문절차와 마찬가지로 변명 기회의 부여에 관한 행정청의 통지로 개시된다. 통지의 내용은 청문에서 통지에 준한다(행정절차법 30조. 참조, 행정절차법 15조1항). 그 후에 변명의 기회가 부여되는 때에는 변명서와 증거서류 등의 제출이 인정된다(행정절차법 29조). 다만, 행정청이 인정한 경우는 구두로 할 수 있다.

### (2) 절차의 구조

① 청문 규정의 준용

청문절차에 관한 규정 중 변명 기회의 부여에 준용되는 것은 행정절차법 31조에 열거되어 있다. 그러나 앞에서 말한 바와 같이, 변명 기회의 부여가 예상하지 못한 불이익의 방지와 최소한의 의견제출 기회의 보장에 있다고 생각되고 있으므로 청문절차에 관한 규정 중 행정절차법 18조(문서열람청구권)·19조(주재자)·20조(청문 기일에서 심리의 방식) 등 핵심적인 규정의 준용은 인정되지 않는다.

② 지자체 조례의 특례

이상과 같이, 청문과 변명 기회의 부여 사이에는 절차적 권리보호의 수준에서 상당한 차이가 있다. 그래서 지자체의 행정절차 조례 중에는 문서열람청구권을 보장하고, 구두로 하는 변명을 인정한 경우의 녹취서 작성과 상대방에 의한 내용의 확인 등의 절차를 추가하는 예도 있다[南博方=高橋滋編『注釈行政手続法』367頁以下(高橋滋)(第一法規・2000年)].

## 제5절 신고의 절차

### 제1관 신고의 개념

#### (1) 행정절차법 제5장

행정절차법은 제5장(신고)에서 신고 절차에 관한 규정을 두고 있다(행정절차법 37조). 신청에 관해서는 행정청에 수용 여부 응답의 의무가 부과된 것에 비하여, 신고에는 행정청의 응답은 예정되어 있지 않다(→ 신청과 신고). 그러나 신고의 사실 그 자체 또는 신고의 내용이 형식적으로 적법한 것인지에 관하여 신고 의무자 등과 행정청 간에 법적인 분쟁이 생길 가능성은 있다. 행정절차법은 이 점에 관한 기준을 명확히 했다.

#### (2) 절차적 의무의 내용

① 절차상의 의무

신고란 행정청이 일정한 사실을 파악하기 위하여 국민에게 일정한 사항을 기재한 서면 등으로 신고할 의무를 부과하는 것이다. 행정절차법의 정의 규정에 따르면, 신고란 '행정청에 일정한 사항의 통지를 하는 행위(신청에 해당하는 것을 제외한다)로서 법령에 따라 직접 해당 통지가 의무화되어 있는 것'을 말한다. 다만, 신고에는 자신이 기대하는 일정한 법률상의 효과를 발생하게 하기 위해서는 해당 통지를 해야 하는 것으로 되어 있는 것이 포함된다. 선원의 취업규칙에 관한 선원법(1947法100) 97조3항의 신고와 시간 외, 휴일 노동에 관한 노동기준법(1947法49) 36조1항의 협정 신고가 그 예이다.

선원법 97조1항에 따르면, 10명 이상의 선원이 있는 선박의 소유자는 취업규칙을 작성하여 신고할 의무가 있다. 다만, 같은 조 3항에 따르면 선박 소유자를 구성원으로 하는 법인은 구성원의 선박에 관하여 취업규칙을 작성하여 신고할 수 있고, 그 경우 구성원인 선박 소유자는 신고의 의무가 면제된다(같은 조 4항). 또한, 노동기준법 36조1항에 따르면 시간 외, 휴일 근로를 종업원에게 하게 할 때는 과반수 노동조합 등과 협정을 체결하여 이를 신고할 필요가 있다.

## 제2관  신고의 절차

### (1) 37조의 취지

이상과 같이, 신고 제도에는 특정 국민에게 신고할 법령상의 의무가 부과된다. 또는, 국민이 자신이 바라는 법령상의 효과를 얻으려는 경우에는 신고해야 한다. 그리고 앞에서 말한 바와 같이 신고된 사실 그 자체 또는 신고가 적법한 것인지에 관하여 법적 분쟁이 생기는 경우가 있었으므로 행정절차법은 행정청의 사무소에 신고된 때의 처리기준을 명시했다.

즉, '신고의 형식상의 요건에 적합한 경우는 해당 신고가 법령에 따라 해당 신고의 제출처로 되어 있는 기관의 사무소에 도달한 때에 해당 신고를 해야 하는 절차상의 의무가 이행된 것으로 한다.'(행정절차법 37조).

### (2) 37조의 해석

행정절차법의 입법자는 같은 조의 의의는 신고 '불수리'의 배제에 있다고 설명하고 있다. 이 견해에 따르면, 신고의 사실 또는 적법한 신고였는지에 관하여 분쟁이 발생하여, 국민이 행정청을 제소하려고 할 때는 절차적 의무의 이행을 전제로 하는 소송(의무이행의 확인소송, 절차적 의무의 부존재확인소송)을 제기해야 하게 된다. 이러한 견해는 행정사건소송법의 개정으로 공법상의 법률관계의 확인의 소가 공법상 당사자소송의 예로서 명시된 것으로 더욱 유력하게 되었다.

이에 대하여, 소수설은 신고 서류의 반려 등에 대한 취소소송의 제기가 가능하다고 한다. 그 이유로서는 ( i ) 제출처인 행정기관에는 형식요건의 심사권이 인정되어 있다고 해석되는 점, (ⅱ) 행정절차법 2조7호는 신고에 관해서도 '행정청'의 개념을 사용하고 있고, 어떤 판단 권한이 있다고 보고 있는 것으로 해석되는 점, (ⅲ) 이러한 분쟁은 취소소송의 제기에 적합한 유형인 점 등이 제시되고 있다. 이와 관련하여, 전입 불수리처분 취소 등 청구 사건 상고심 판결(最判2003年6月26日判時1831号94頁)에서 최고재판소는 전입 불수리처분의 취소소송을 적법한 것으로 하여 본안에 들어갔다. 다만, 최고재판소의 이 판단은 주민기본대장법(1967法81)에서 불수리를 처분으로 취급해 온 실무상의 처리를 전제로 한 것으로 생각된다[또한, 주민기본대장법(2007法75 개정 후의 것) 27조2항·3항은 신고할 때 본인 확인, 대리권의 확인을 요구하는 권한을 시·정·촌장에게 부여하고 있다].

## 제6절  행정절차의 온라인화

정보통신기술의 발전을 고려하여 '행정절차법에서 정보통신기술의 이용에 관한 법률'(2002法151)이 제정되었다. 이에 따라, 신청 등의 행정절차를 온라인으로 하는 것이 가능하게 되었다. 또한, 온라인 신청을 인정하는 것과 함께 전자 데이터를 서면으로 간주하는 규정, 데이터의 도달에 관한 특례 규정, 처분통지 등에 관한 특례 규정, 전자서명으로 서명을 대체하는 규정 등이 이 법률에 마련되었다.

더욱이, 같은 법은 2019년에 개정되어(같은 법 16), '정보통신기술을 활용한 행정의 추진 등에 관한 법률'이라는 명칭으로 개정됨과 동시에 이하의 여러 규율이 더해졌다. 첫째, 정보통신기술을 활용하기 위한 기본원칙이 규정되었다. 즉, 사회 전체 디지털화의 기본이념을 정한 후에, ① Digital First(절차·서비스의 디지털 완결), ② Once Only(한번 제출한 정보의 재제출을 필요 없게 하는 것), ③ Connect One-Stop(복수의 절차·서비스의 One-Stop 실현)의 3원칙이 제시되었다. 둘째, (ⅰ) 신청절차·처분통지, 본인 확인, 수수료 납부의 온라인 실시(전자서명, 전자납부 등)과 (ⅱ) 첨부 서류 생략(행정기관의 상호 연계)의 원칙이 규정되고, 셋째, 정보시스템 정비계획의 수립이 규정되었다. 나아가, Digital Divide(정보통신기술의 이용과 관련되는 능력의 차이)의 시정, 민간 절차에서 정보통신기술 활용의 촉진과 관련되는 내용도 규정되었다[같은 법은 2023년에도 개정되어 정보통신기술의 진전에 대한 대응을 국가·지방자치단체에 요구하는 규정이 신설되었다(같은 법 63에 의한 개정)].

# 제4장 실체법상의 의의

## 제1절 취소와 철회

### 제1관 개설

#### (1) 직권에 의한 부정

행정행위를 결정한 행정청은 그것이 위법인 점 등을 발견하거나 사정의 변경 등에 비추어 공익적 관점에서 그것을 유지하는 것이 적절하지 않다고 인정하는 경우에는 법치주의의 요청에 따라 자신의 직권으로 그 효과를 부인하는 조치를 하는 것이 요구된다. 그 수단으로서 인정되는 것이 '취소'와 '철회'이다.

#### (2) 국민의 신뢰보호

한편, 행정행위는 '행정청의 공권력 행사로 직접 국민의 권리·의무를 형성하거나 그 범위를 확정하는 행위'이므로 행정행위가 발급되면, 행정행위로 형성되어 변동된 권리·의무의 내용이 유지되는 것에 대하여 국민의 신뢰가 형성된다. 특히, 형성·변동으로 이익을 받는 국민은 행정처분의 유지에 대해 강한 신뢰를 갖게 된다. 따라서 행정행위로 확정된 권리·의무의 내용을 취소 또는 철회로 새로 변동하게 할 때는 그것이 법치주의의 요청에 근거하는 것이어도 국민의 신뢰보호와 조화를 도모할 필요가 생긴다.

### 제2관 취소와 철회의 구별

#### (1) 취소와 철회

지금까지의 학설·판례에서 취소와 철회는 엄격히 구별되어 각각에 관하여 법치주의의 요청과 국민의 신뢰보호를 어떻게 조화시킬지라는 관점에서 법리가 전개되었다.

우선, 취소(불복신청·소송을 통하여 행정행위가 취소되는 경우와 구별하여 '직권취소'라고 불린다)와 철회란 다음과 같은 관점에서 다르다고 설명되었다(다만, 법령상은 일반적으로 '취소'라는 용어가 사용된다).

| 직권취소 | 원시적 하자 | 소급효 있음 | 취소의 제한 | 상급청의 감독권 |
|---|---|---|---|---|
| 철회 | 후발적 사유 | 장래효만 | 철회의 자유 | 처분청만 |

## (2) 취소

직권취소란 원래 그 성립 시에 위법·부당한 행위이었던 점을 이유로 행해지는 행위이다. 그래서 원칙적으로 취소의 효과는 성립 시에 소급하는 것이 기본인 한편, 행정행위로 이익을 받은 자가 존재하는 경우로서(수익적 행정행위의 경우 또는 침익적 행정행위라도 제삼자의 권리보호를 목적으로 하여 발급되는 경우 등), 그자가 행정행위의 적법성을 신뢰한 것에 귀책 사유가 없는 때에는 취소권의 발동은 제한되어야 한다고 해석되었다. 또한, 하자가 있는 행정행위를 시정하기 위해서는 처분청뿐만 아니라 처분청의 상급 행정청도 취소 권한을 가지는 것으로 해석되고 있었다.

## (3) 철회

이에 비하여, 하자 없이 성립한 행정행위에 관하여 후발적 사유(사정의 변화나 새로운 사정의 발생, 예를 들면 적법하게 인허가를 받은 자가 법령 위반행위를 한 때 등)에 비추어 그 효과를 부정할 필요성이 생긴 때에는 행정행위의 효력은 장래에 향해서만 부정되게 된다. 한편, 공익상의 관점에서 어떤 경우에 철회 권한을 발동할지는 행정의 자유로운 판단으로 행해지는 것으로 생각되었다. 또한, 그러한 판단은 법령에 따라 권한이 주어진 처분청만이 할 수 있다는 점에 다툼은 없었다.

또한, 수익적 요소를 포함하는 행정행위의 철회에 관하여 해당 행위를 통하여 이익을 받는 국민의 지위를 박탈하는 데에는 법령상의 근거가 필요하다는 관점에서 (수익적) 행정행위의 철회에는 명문의 수권 규정이 필요하다는 견해가 있다. 다만, 이에 대해서는 권한 부여 규정에는 사정변경 등을 이유로 자신이 한 효과를 부인할 권한도 포함된다는 견해가 유력하다. 우생보호법 지정의(指定醫)의 지정취소처분 등 취소청구 사건 상고심 판결(最判 1988年6月17日判時1289号39頁)에서 최고재판소는 명문의 규정 없이 행해진 철회도 적법하다고 판단했다[→ 구별의 상대화, 구체적인 예, 철회의 제한(제2절 제2관)].

이와 같이, 취소와 철회의 개념이 성립한 당시에는 양자 간에는 명확한 구별이 있다고 생각되고 있었다.

## 제2절  구별의 상대화

### 제1관  구별의 상대화

취소와 철회의 구별은 최근에는 상대화되고 있다.

#### (1) 직권취소로부터의 상대화

우선 원시적 하자를 이유로 하는 직권취소에 관해서는 소급효가 원칙적으로 인정되면서도 국민의 신뢰보호의 관점에서 소급효가 제한되는 때도 있다고 생각되게 되었다(여러 연도에 걸치는 경우의 보조금 교부의 취소). 또한, 취소의 제한에 관하여 수익적 행정처분의 경우이어도 제삼자에 대하여 불이익이 생기는 처분(복효적 행정행위)의 경우에는 취소의 제한의 법리는 적용되지 않는다. 더욱이, 상급청의 감독권의 일환으로서 하급 기관의 행정행위를 취소할 수 있는지에 관해서는 최근에는 명문의 규정이 없으면 인정할 수 없다고 하는 견해가 유력하다.

#### (2) 철회로부터의 상대화

한편, 후발적 사유에 근거하는 철회권의 발동에 관해서는 장래효만이 부여되는 것이 원칙이면서도 제재의 목적을 가지고 법령상 소급을 인정하는 예는 있다(청색신고 승인의 취소. 소득세법 150조1항 등). 또한, 철회할 때 상대방의 신뢰를 보호하기 위해서는 보상이 필요한 때도 있다고 해석되게 되었다. 더욱이, 철회권을 발동할 때도 관련 공익·사익을 종합 형량하여 철회 여부를 정해야 한다고 하는 견해가 유력해지고, 철회 자유를 원칙으로 해서는 안된다고 하는 견해도 유력하다.

## 제2관  구체적인 예

### (1) 취소의 제한

취소의 제한이 문제가 된 사례로서는 농지매수처분 취소처분 무효확인청구 사건 상고심 판결(最判1958年9月9日民集12巻13号1949頁)이 있다.

> 이 판결은 농지매수계획 등에 위법 사유가 있다고 하여 직권으로 취소한 행정행위에 대하여 취소소송이 제기된 사안에 관한 것이다. 이 판결에서 최고재판소는 (ⅰ) 3년 4개월 후에 취소된 점, (ⅱ) 매수지에 택지는 포함되어 있지만 비율은 낮고, 농지로서 일괄하여 매수된 것인 점, 또한, (ⅲ) 취소의 위법을 주장한 원고는 매수지의 농지 부분을 매수할 지위에 있었던 점을 지적하여 직권취소를 위법으로 판단했다.

이 재판례에서는 농지매수처분이라는 침익적 처분의 취소가 문제가 되었지만, 매수하여 더 많은 이익을 얻은 제삼자가 존재한 사실관계가 있는 점에 주목해야 할 것이다.

또한, 수익적 처분 취소의 적법성이 문제가 된 사안에서는, 이재민 생활재건 지원법[1998法66(당시)]에 근거하여 이재민 생활재건 지원금이 지급된 후에, 지진 피해의 평가가 잘못되었다고 하여 지급결정이 취소된 사안에 관한 이재민 생활재건 지원금 지급결정 취소처분 취소청구 상고심 판결(最判2021年6月4日民集75巻7号2963頁)이 있다.

> X 등(피상속인을 포함한다) 소유 아파트의 동일본 대지진으로 인한 피해는 대규모 반파(半破)라는 시(市)의 이재증명서에 근거하여 지원금이 순차 지급되었다(지급자는 현의 위탁을 받은 법인이다).

그 후, 시의 직권조사, 설명회의 개최를 거쳐 이재증명서가 일부 손괴로 변경되어 지급결정이 취소되었기 때문에 X 등이 취소소송을 제기했다(지급부터 조사개시까지 최장 약 2개월, 이재증명서의 재교부까지 최장 약 5개월, 취소까지 최장 약 1년 7개월이다). 최고재판소는 X 등의 불이익은 적지 않다고 하면서도, ( i ) 이재 규모의 크기, ( ii ) 사무가 시·정·촌의 자치사무이고, 신속성·효율성이 강하게 요구되는 점, ( iii ) 재원은 도·도·부·현의 거출금과 국가의 보조금인 점, ( iv ) 다수의 이재민 간의 공평을 도모해야 하는 점, ( v ) 취소까지의 기간은 부당하게 장기간에 걸치지 않는 점을 지적하고, 지급결정의 취소는 적법하다고 판단했다.

### (2) 철회의 제한

철회의 제한이 문제가 된 사례로서는 우생보호법 지정의(指定醫)의 지정취소처분 취소청구 사건 상고심 판결(最判1988年6月17日判時1289号39頁)이 있다[→ 제1절 제2관(3)].

이 판결은 '친자 알선행위'를 둘러싸고 각종 법령 위반을 한 의사에 대하여, 처분의 권한이 주어져 있는 의사회가 우생보호법(당시)상의 지정 의사 지정을 취소한 사안에 관한 것이다. 이 판결에서 최고재판소는 ( i ) 친자 알선행위를 계속한 점(100건), ( ii ) 지정의(指定醫) 단체의 이사회에서 행위를 하지 않겠다는 뜻을 표명한 후에도 행위를 계속한 점(120건), ( iii ) 의사법 위반 등의 죄로 약식명령을 받은 점을 지적하고, 해당 행위로 인하여 출생증명서의 신용, 호적제도의 질서가 훼손되며, 사실이 아닌 친자관계로 인하여 자녀의 지위가 불안정해지는 등 공익 침해의 정도가 크고, 자녀의 복지에도 부적절하며, 해당 행위는 위법하고 의사의 직업윤리에 위반된다고 하여 의사 지정의 취소는 적법하다고 판단했다.

### (3) 철회와 보상

행정행위의 철회에 관하여 보상이 필요한지가 문제가 된 사례로서 차지권(借地權) 확인 토지 인도 등 청구 사건 상고심 판결(最判1974年2月5日民集28巻1号1頁)이 있다.

이 판결에서는 도쿄도(都) 소유의 행정재산인 토지에 관하여, 사용허가의 특수성(공익상의 이유에서 특별히 사용허가가 된 점, 공물의 이용에서는 사정의 변경으로 인한 공공의 이용이 우선될 수 있다는 제약이 있는 점)과 개별 사정(오랜 기간 영업을 통하여 충분히 투자이익을 회수할 수 있었던 점 등)을 고려하여 보상이 필요 없다고 했다.

### (4) 종합적인 이익형량의 필요성

이상과 같이, 취소에 관해서도 철회에 관해서도 개별 사안의 특수성에 따라 법치주의의 요청을 고려하면서, 관련 이익을 적절히 형량하고 그 당부를 검토해 가야 한다고 생각되게 되었다.

# 제5장  행정행위의 재판 통제상의 문제

## 제1절  서론

### (1) 제4장에 이어서

지금까지 행정행위에서 보이는 3가지의 특징, 즉, (ⅰ) 취소소송의 배타적(우선적) 관할, (ⅱ) 행정행위의 사전절차, (ⅲ) 행정행위의 취소와 철회의 법리에 관하여 보았다. 여기서는 이러한 특색을 가지는 행정행위가 재판에서 다투어졌을 때 어떠한 이론적 과제가 생기는지를 소개하기로 한다.

### (2) 이 장의 내용

우선, 먼저 행정재량의 문제를 다룬다. 행정행위의 적법성이 재판상 다투어진 때에는 해당 행위의 결정 당시의 행정 판단이 완전히 재판소의 통제에 복종하는 것인지, 아니면 행정재량이 인정되어 재판소의 통제는 완화되는지라는 문제가 생긴다.

다음으로, 행정절차에 관한 규정의 위반에 관해서는 그 자체로 독립된 취소 원인이 되는지, 더욱이 이유 제시의 위법에 관하여 나중에 상대방에게 이유를 제시하는 것 등으로 위법성을 해소하는 것은 허용되는지(행정행위 하자의 치유) 등의 문제가 논의된다. 나아가, 서로 연속하는 복수의 행정행위가 일련의 행정과정에서 행해질 때 선행하는 행정행위의 위법성을 다투지 않고, 후속의 행정행위에 대한 취소소송 등에서 선행하는 행정행위의 위법성을 주장하여 후속 행위의 취소판결 등을 받을 수 있는지라는 점도 문제가 된다(위법성의 승계).

## 제2절  행정재량과 그 재판상 통제

### 제1관  행정재량의 의의

#### (1) 국가의 활동과 행정재량

행정재량이란 결정할 때 그 판단권자에게 그자의 책임으로 결정권을 행사할 책임과 권한이 부여된 행위를 가리킨다. 예를 들면, 입법자는 행정의 행동에 대하여 권한의 근거와 완화된 행동 기준만을 법률에 규정하고, 그 기준에 어느 정도 자유로운 형태로 행정이 행동할 여지를 인정하는 경우가 있다.

이러한 경우에 재량행위의 적법성이 소송으로 다투어진 때, 재판소는 그 타당성에 관하여 완전한 형태로 행정을 통제하는 것이 아니라, 해당 행위가 법률의 수권 범위를 넘거나 남용이 아니라면 해당 판단을 존중하는 형태로 이를 행해야 하는 데에 그쳐야 한다고 생각되고 있다(이 취지를 나타내는 규정으로써 행정사건소송법 30조가 있다).

이와 관련하여, 행정행위뿐만 아니라 행정활동의 모든 경우에 행정재량은 존재한다. 예를 들면, 행정입법 등의 각종 판단에도 행정재량은 존재한다고 생각된다. 행정계획의 내용을 어떻게 할지, 법률의 수권 범위에서 행정입법의 내용을 어떻게 규율할지 등 행정활동의 모든 경우에서 재량의 존재 여부를 생각할 수 있다.

#### (2) 행정재량과 다른 행위의 재량

① 직접적 통제와 간접적 통제

행정재량은 주로 행정행위의 통제에 관하여 논의되었다. 행정처분과 행정행위의 관계에서 말한 바와 같이, 항고소송의 대상인 '행정처분'의 범위가 과거에는 거의 행정행위에 한정된 결과로써, 재판 통제가 해당 행위의 시정을 직접 심리 대상으로 하여 행해지는 범위('직접적 통제'의 범위)는 행정행위에 한정되어 왔기 때문이다.

다만, 예를 들면 행정계획에 근거하는 처분의 적법성을 다투는 중에 전제가 된 계획의 적법·위법의 문제를 재판상의 쟁점으로 할 수 있고, 간접적으로 재판상 통제의 대상으로 하는 것('간접적 통제')은 가능하다.

② 행정재량과 다른 행위의 재량

그러나 사법(司法)에 의한 간접적 통제가 행해졌다고 해도, 선행하는 계획 등에 근거하여 기성사실이 형성된 경우는 많고, 재판상 구제의 실효성 관점에서는 행정 통제상의 한계가 있는 것은 부정할 수 없다. 최고재판소가 일부의 행정계획에 관하여 행정처분에 해당한다고 하여 직접적인 통제의 기회를 주고 있는 것도 이 점을 고려한 것으로 생각된다[→ 행정계획의 실체적 통제, 행정계획과 재판(제5부 제3장 제2절)].

도시계획사업 인가처분 무효확인 등, 토지수용재결 취소 각 청구 사건 항소심 판결(広島高判1996年8月9日行集47巻7=8号673頁)은 도시계획도로의 건설공사를 할 때 잘못하여 계획 결정의 노선을 벗어나 공사가 이루어졌음에도 불구하고, 그 잘못된 공사의 결과를 전제로 하여 토지가 수용되게 된 토지소유자가 원고가 된 사안에 관한 것이다. 이 소송에서는 토지소유자의 항의로 위의 사실이 판명되었음에도, 도시계획을 사후적으로 공사에 맞추어 수정한 것의 당부가 쟁점이 되었다. 판결에서 고등재판소는 거의 도로공사가 종료했다는 기성사실을 중시하여 현상을 추인하는 형태로 계획 변경은 위법하지 않다고 판단하였다.

## (3) 재량의 본질-사법적 통제

① 법률의 구속과 통제 밀도

행정재량에 관하여 이전의 학설은 ( i ) 법률로부터 자유로운 행정 판단이 허용되는 자유재량과 ( ii ) 성문법에는 구속되지 않지만, 결과적으로 법에 엄격히 구속(기속)된 행위라고 생각되는 기속재량, (iii) 법에 엄격히 구속된 기속행위의 3가지로 구별했다. 그리고 기속재량과 기속행위를 법에 기속되는 행위로서 재판소의 완전한 통제에 복종하는 것을 인정하고, 자유재량행위를 재판소의 통제로부터 자유로운 영역이 인정되는 행위라고 생각해 왔다. 이와 같이, 전통적인 학설은 행정에서의 법률의 구속과 소송이 제기된 경우의 재판소의 통제는 차원이 다른 문제로 생각해 왔다.

　② 구별의 상대화

　그러나 오늘날은 행정행위에 대한 판단의 당부가 재판소의 통제에 완전히 복종하는지가 중요해서 기속재량과 기속행위의 구별은 중요하지 않다고 생각되게 되었다. 현재에는 ( i ) 어떤 경우에 행정재량이 인정되고, 법에 기속된 행위와 달리 처리되어야 하는지, 또한, ( ii ) 행정재량이 인정될 때 재판소는 어떤 통제를 해야 하는지 등을 고찰하는 것에 논의의 중점은 이동해 있다.


## 제2관  행정재량의 존재 여부와 폭의 기준


### (1) 재량의 존재 여부

　① 요건재량설과 효과재량설

　통상, 행정행위를 결정할 때 행정청은 사실인정, 사실의 법률요건에 대한 적용, 요건 해당성의 판단, 요건 해당성 긍정 후의 행위 선택(처분을 할지, 내용의 선택)의 판단 과정을 거친다.

　그리고 예로부터 이 단계의 어디에 재량이 인정되는지가 논의되었다. 그때 재량의 본질론에 소급하여 요건 인정의 경우에만 재량이 인정된다고 하는 견해(요건재량설), 효과 선택의 경우에만 인정된다고 생각하는 견해(효과재량설)가 대립해 왔다.

　그러나 오늘날은 행정행위와 관련되는 행정 판단의 다양한 경우에 관하여 법률의 규정, 행정 판단의 성질 등에 비추어 각각 독자적으로 행정재량이 인정될 수 있다고 생각되게 되었다. '행정재량의 본질이란 무엇인지'라는 재량의 본질론으로부터 출발하여 행정재량이 인정되는 경우를 정하려고 하는 생각은 적절하지 않다고 생각되게 되었다.

　② 행정행위의 판단 요소

법률의 규정 등을 더 상세하게 보면 행정행위를 할 때의 행정 판단의 단계는 다음과 같이 구별된다(塩野·I 138頁以下).

 (ⅰ) 사실인정: 법 적용의 전제인 요건사실이 존재하는지

 (ⅱ) 절차의 선택: 사실인정 등을 할 때 어떤 조사를 하고, 어떤 절차를 거칠지

 (ⅲ) 요건 판단: 인정된 사실의 법률요건에 대한 적용

 (ⅳ) 행위의 선택: 처분 발동의 필요 여부, 처분의 선택에 관한 판단

 (ⅴ) 시기의 선택: 처분을 한다면 어느 시점에 할지

예를 들면, 국가공무원법(1947법法120)상의 불이익처분이어도 같은 법 82조의 징계처분(직원의 비행 등에 대한 징계의 처분)과 같은 법 78조의 징계 외 불이익처분(근무 실적의 불량 등을 이유로 하는 강임 등의 처분) 간에는 법률의 규정, 판단의 성질 등으로부터 재량이 인정되는 범위에 차이가 있다고 생각되고 있다.

즉, 징계처분에 관해서는 법률 등의 위반(국가공무원법 82조1항1호) 등 징계 해당 사유의 유무에 관해서는 사실인정의 문제라고 하여 재량의 여지는 인정되지 않는다고 해석되는 한편, 법정의 요건에 해당하는 징계사유가 존재한다고 판단될 때 면직, 정직 등 중 어느 행위를 선택할지에 관해서는 재량이 인정되고 있다[행정처분 무효확인 등 청구 사건 상고심 판결(最判1977年12月20日民集31巻7号1101頁)].

이에 비하여, 징계 외 불이익처분에 관해서는 근무 실적(국가공무원법 78조1호) 등의 처분 요건에 관한 판단은 면직, 강임 등의 처분 효과에 관한 판단과 밀접 불가분이라고 하여 어느 정도 한정된 범위에서 요건·효과가 일체화된 재량적 판단이 인정된다고 해석되고 있다[행정처분 취소청구 사건 상고심 판결(最判1973年9月14日民集27巻8号925頁), 지방공무원법상의 징계 외 불이익처분].

일본에서 사실인정은 재판소의 전권사항이고, 행정청의 재량의 여지는 없다고 해석되고 있다. 미나마타병 인정 신청 기각처분 취소청구 등 사건 상고심 판결(最判2013年4月16日民集67巻4号1115頁)에서 최고재판소는 공해건강피해보상법(공해건강피해의 보상 등에 관한 법률. 1973法111)상의 지정 질병의 인정과 관련되는 판단(질병이 지정 지역의 수질오염

에 기인하는 것인지 등)에는 다각적·종합적인 관점에서의 검토가 필요하지만, 객관적 사실을 확인하는 행위여서 처분청의 재량에 맡겨진 것은 아니라고 판단했다.

시기 선택의 문제는 행위 선택의 문제와 혼동되는 경향이 있다. 예를 들면, 손해배상청구 사건 상고심 판결(最判1982年4月23日民集36巻4号727頁)에서 최고재판소는 주민과 실력 충돌의 위험을 고려하여 특수차량의 인정을 유보한 특별구의 판단에 대하여, 법령의 규정상 특수차량을 인정할 때는 행위의 선택(인정할지, 인정에 조건을 붙일지)에 관하여 재량이 인정되고 있으므로 판단을 유보하는 것도 적법하다고 판시했다.

그러나 이 사건에서는 특별구가 특수차량의 인정을 법령상으로는 해야 한다고 하면서, 결정을 연기한 것이 적법한지가 다투어졌다. 따라서 이 사건에서 쟁점은 법률상으로는 인정할 필요가 있다고 판단하였을 때 특수한 사정을 이유로 결정을 유보하는 것은 허용되는지이고, 요건·효과의 판단에 재량의 여지가 있는지의 문제와는 다른 차원이라고 생각해야 했다고 해석되고 있다(법령상 해야 하는 인정의 연기가 해당 사안에서 허용되어야 하는 것이었는지가 분명하게 판단되어야 했다).


## (2) 재량의 존재 여부, 광협의 기준

### ① 문언설과 성질설

행정행위의 판단에는 다양한 상황이 있고, 그 상황에서 재량이 인정될지에 관해서는 각각 독립하여 판단할 필요가 있다. 다음으로 각각의 상황에서 재량을 인정해야 하는지, 어느 정도 폭의 재량을 인정할지에 관해서는 최종적으로는 재판소의 법령해석에 맡겨지게 되나, 그 해석의 기준은 어떤 것이어야 하는지가 문제가 된다.

이 점에 관하여, 고전적인 학설인 요건재량설과 효과재량설에서는 판단의 기준을 전자는 법률의 문언, 후자는 행위의 성질에서 구하고 있었다. 즉, 전자에서는 법률요건의 규율이 없는 경우나 공익요건만이 규정되었으면 재량은 인정된다고 하고, 불확정개념이어도 요건을 구속하는 규율이 두어졌으면 기속에 해당한다고 해석되었다. 한편, 성질설에서는 권리·의무에 직접 관계가 없는 행위 또는 국민에게 이익을 주는(수익적) 행위는 재량행위이고, 침해행위는 기속이라고 해석되었다[후자를 미노베(美濃部) 3원칙이라고 한다].

이 견해들은 재량의 존재 여부를 해석할 때 중요한 기준을 제시하는 것이나, 자신의 기준을 유일한 것으로 하는 점에 한계가 있었다. 최근에는 이 2가지의 기준 이외에도 재량의 존재 여부에 관한 법령해석을 할 때 고려해야 하는 관점이 있다는 견해가 등장했다. 또한, 위의 2가지의 기준에 관해서도 더 정교하고 치밀하게 발전시킬 필요가 있다는 견해도 유력하다.

② 복수기준설

제2차 세계대전 후 최고재판소의 재판례를 분석하면, 재량의 존재 여부, 폭에 관하여 해석할 때 재판소는 대략 3가지의 관점을 결합하여 판단해 왔다고 생각된다.

(a) 행위의 성질

위에서 말한 미노베 3원칙이 제시한, 해당 행위가 수익적인지, 침해적인지의 구별은 재판상 구제의 필요성(재판소가 해당 행정 판단을 완전히 통제해야 하는지, 아니면 행정 판단을 존중해야 하는 사항을 인정할지)을 생각할 때 오늘날에도 중요한 기준이다. 다만, 수익적 행위인지, 침해적 행위인지의 구별만으로는 판단의 기준으로서 충분하지 않다. 이에 더하여, 판단을 잘못하였을 때 받을 불이익이 생명·신체에 관계하는 것인지, 침해가 재산적 성격에 그치는 것인지 등 침해 정도의 차이에도 주목할 필요가 있을 것이다. 나아가, 최종적인 처분과 최종적인 처분을 향한 과정에서 중간적 행위(회의·공청회 등의 개최 절차, 회의 개최의 시기 등의 판단) 간에 사인이 받을 불이익의 정도는 통상 최종적인 처분이 크다.

한편, 수익적 행위이어도 복효적인 행정행위에 관해서는 잠재적인 불이익을 받을 제삼자가 해당 행위의 위법성을 다툴 때는 침해행위에 준하여 처리해야 한다. 또한, 수익적 행위를 거부할 최종적인 판단과 절차 등의 중간적 행위를 비교할 때는 재판상 구제의 필요성은 전자가 강하다.

복효적 행정행위란 신청 인용행위 등에서 신청인에게는 수익적 성격이어도 허가로 인정된 신청인의 행동으로 잠재적으로 불이익을 받을 제삼자가 존재하는 경우 해당 제삼자의 이익을 고려한다는 법적 제약을 받는 행위를 가리킨다(위험시설의 허가 등). 역으로, 인허가 등 취소의 행위는 취소의 상대방에게는 불이익처분이나, 잠재적이거나 현실의 불이익을 받아온 제삼자에게는 수익적 성격을 가진다. 행정행위의 성질을 분석하기 위한 다른 관점에 관해서는 뒤에서 다루기로 한다[→ 그 밖의 논의, 행정행위의 종류론(제6장 제3절)].


### (b) 법률의 규정

행정에 재량을 수권할지는 입법자의 판단이고, 그 판단은 법률의 문언에 표현되므로 문언은 재량의 존재 여부, 폭에 관한 법령해석의 중요한 기준이 된다. 예를 들면, 법률의 요건 중에 불확정개념('재류기간의 갱신을 적절하다고 인정할 만한 상당한 이유')이 사용되고 있으면, 그것은 요건의 충족에 관하여 추상적인 법률의 구속 아래 재량적인 판단을 내릴 여지를 입법자가 행정에 수권한 것이라고 해석할 수 있다. 동일한 요건 아래에서 복수 행위의 선택을 인정했다고 해석되는 규정(징계처분에 관한 국가공무원법 82조1항)에 관해서도 마찬가지로 해석할 수 있다.

이와 관련하여, '… 할 수 있다'라는 문언은 재량을 수권한 규정으로 해석될 여지도 있으나, 단순히 행정에 권한을 부여하는 것이어서 재량을 인정한 것으로는 해석되지 않는 때도 있다고 생각되고 있다.


### (c) 재량을 특별히 이유 있게 하는 사정의 유무

그 외에 재량의 존재를 이유 있게 하는 특별한 사정의 존재가 인정되는 때도 있다. 예를 들면, 외국인에 대한 출국명령이나 여권의 발급 등과 같이 외교정책적인 판단이 관계될 때는 외교정책에 책임을 지는 행정청의 판단에 재량이 인정된다고 판단될 가능성은 커진다. 나아가, 최첨단 과학기술의 지식을 종합적으로 판단하여 설치·운영되는 거대 과학기술 시설의 경우에는 요건 충족에 관한 판단의 전문기술적 성격, 사고 등의 발생과 그것이 재해로 이어지는지에 관한 예측이라는 성격에서 좁은 여지이지만 재량적인 판단이 인정된다고 해석되고 있다.

### ③ 판례의 입장

실제로 지금까지의 최고재판소의 판결은 위의 판단기준을 종합적으로 고려하여 재량의 존재 여부와 폭을 판단해 왔다.

(a) 재류기간 갱신 불허가처분 취소청구 사건 상고심 판결

재류기간 갱신 불허가처분 취소청구 사건 상고심 판결(最判1978年10月4日民集32卷7号1223頁)에서 최고재판소는 재류허가 갱신처분의 요건·효과를 통하여 광범한 재량 판단의 여지를 인정했다.

이 판결에서 최고재판소는 (ⅰ) 외국인 재류의 권리는 헌법상 보장되는 것이 아니고, 재류허가의 갱신은 수익적인 성격을 가진다는 것을 전제로 판단을 제시했다. 다음으로, 최고재판소는 (ⅱ) 갱신의 판단은 본인의 행적, 외교관계의 상황 등을 종합적으로 판단하여 요건·효과에 관하여 일체로 되어 있는 것이고, 또한 법률의 규정은 추상적이라고 지적했다. 더욱이, 최고재판소는 (ⅲ) 재류허가의 갱신은 외교정책과 밀접 불가분으로 이루어지는 것이라고 하면서, 이 판단을 근거로 하여 갱신 불허가처분에 관하여 법무대신에게는 극히 넓은 재량의 여지가 요건·효과를 통하여 인정된다고 해석했다.

(b) 오물 취급업 불허가처분 취소청구 사건 상고심 판결

오물 취급 불허가처분 취소청구 사건 상고심 판결(最判1972年10月12日民集26卷8号1410頁)에서도 최고재판소는 구 청소법의 오물 취급업 허가처분의 요건 판단에 관하여 광범한 재량의 여지를 인정했다.

이 판결에서 최고재판소는 (ⅰ) 구 청소법상의 오물 취급업 허가에 관하여 본래 오물 처리는 시·정·촌의 계획적인 업무 운영에 맡겨져야 하는 것이므로 처리업의 허가는 시·정·촌이 스스로 하는 것이 적절하지 않다고 생각되는 범위에서 시·정·촌의 계획에 근거하여 수여하는 것이기 때문에 수익적 성격이라고 이해했다. 더욱이, 최고재판소는 (ⅱ) 허가 여부의 판단은 시·정·촌의 전문기술적인 계획적 결정에 맡겨져 있다고 하고, 허가 여부의 판단에는 넓은 재량이 인정된다고 판단했다.

(c) 이카타(伊方) 발전소 원자로 설치허가처분 취소청구 사건 상고심 판결

이카타 발전 원자로 설치허가처분 취소청구 사건 상고심 판결(最判1992年10月29日民集46卷7号1174頁)에서 최고재판소는 원자로 등 규제법[핵원료물질, 핵연료물질 및 원자로의 규제에 관한 법률(1957法166). 당시의 조문]의 허가 요건의 판단에 관하여 비교적 좁으나, 재량적인 판단의 여지를 인정했다.

이 소송의 대상이 된 행정행위는 복효적인 성격이고, 침해를 받을 잠재적인 가능성이 있는 주변 주민이 재판을 제기한 사례이다. 또한, 침해의 성격도 행정이 판단을 잘못하면 주변 주민의 생명·신체가 사고로 직접 침해된다는 점에서 재판상 구제의 필요성은 높은 경우이었다. 한편, 원자로 등 규제법의 허가 요건('재해의 방지상 지장 없을' 것 등)은 개괄적이기 때문에 행위의 성질과 처분 요건의 문언만으로는 재량으로도 기속으로도 판단하기 어려운 것이었다. 그래서 최고재판소는 ( i ) 해당 판단이 복수의 자연과학 영역에 걸치는 고도로 전문기술적이고, 예측적인 성격을 가지는 점, ( ii ) 전문기술적 판단을 내리기에 적합한 조직과 절차가 행정에 마련되어 있는 점[원자력위원회(당시)에 의한 조사·심의]을 들어, 좁은 범위이지만 재량적인 판단의 여지가 인정된다고 판단했다.

## 제3관  행정재량의 심사 방법

### (1) 재량의 폭-심사 밀도

① 재량의 폭

재량의 존재 여부에 관한 법령해석의 관점은 동시에 재량의 폭에 관한 해석의 관점으로서도 기능한다. 바꾸어 말하면, 재판소는 재량이 인정되는 정도에 관해서도 법령의 규정이나 해당 행위의 성질 등에 비추어 넓은 재량이 인정되는 경우와 비교적 엄격한 재판상 통제에 복종하는 경우를 구별해 왔다. 그 의미에서 행정재량에 대한 재판상 통제의 심사 밀도에도 사안에 따라 차이가 있는 것으로 해석되고 있다.

② 남용·일탈의 통제

행정사건소송법 30조는 '행정청의 재량처분에 관해서는 재량권의 범위를 넘거나 그 남용이 있었던 경우에 한정하여 재판소는 그 처분을 취소할 수 있다'라고 규정하고 있다. 이것은 고전적인 극히 넓은 재량의 여지가 인정되는 행위 유형에 관한 통제 방법을 제시한 것으로 생각되고, 예를 들면 앞에서 말한 재류기간 갱신 불허가처분 취소청구 사건 상고심 판결에서 최고재판소는 이러한 통제 방법을 채택하고 있다. 과거에는 사실인정의 잘못, 동기의 불법 등에 관하여 '사회통념'을 기준으로 하여 유연하게 재판소는 통제하는 것이 일반적이었다. 처분이 위법으로 판단되는 경우는 예외적이었다.

③ 합리적인 재량

이에 비하여, 재량이 인정될 때도 심도 있는 재판상 통제를 요청하는 요소가 인정되는 행위 유형에 관해서는, 고전적인 남용·일탈의 관점만으로 이루어지는 통제 구조로는 불충분하다고 생각되는 경우가 있다. 예를 들면, 앞에서 말한 이카타발전소 원자로 설치허가처분 취소청구 사건 상고심 판결의 사례가 있고, 이 경우 재판소는 ( i ) 행정청이 정립한 허가 기준이 합리적인지, ( ii ) 기준을 신청의 안건에 적용할 때의 조사·심의 과정에 간과하기 어려운 과오·누락은 없었는지 등 어느 정도 심도 있는 통제를 하는 판단을 제시하고 있다.

손해배상청구 사건 상고심 판결(最判1993年3月16日民集47巻5号3483頁)은 교과용 도서 검정처분의 위법성이 쟁점이 된 사안에 관한 것이다. 이 판결에서 최고재판소는 ( i ) 교과서의 내용에 관해서는 문부성(당시)에 작성이 맡겨져 있는 학습지도요령에 대한 적합성이 문제가 되는 점, ( ii ) 검정처분은 교과서 내용의 적합 여부라는 전문기술적 판단인 한편, ( iii ) 학문의 자유 등에 관계가 있는 것인 점에 비추어, 검정 의견이 작성되는 교과용 도서 검정심의회에 의한 조사·심의 과정의 합리성의 유무에 관해서는 재판소가 통제한다는 판단을 제시하고 있다.

## (2) 최근의 경향

① 사법제도 개혁

재판소는 지금까지 사안에 따라 폭넓은 재량의 존재를 인정하고, 행정 판단을 상당한 정도 존중하는 태도로 재량을 통제해 왔다. 그러나 20세기 말부터 추진된 사법제도 개혁에서 '법의 지배의 이념 아래에서 적극적인 사법 통제가 이루어질 것이 필요하다'라는 인식이 강해졌다. 이에 따라, 최고재판소를 비롯하여 재판례 중에는 넓은 재량이 인정되는 행정 판단에서도 행위의 성격, 사안의 고유한 사정에서 행정이 고려해야 하는 사항 또는 행정이 고려해서는 안 되는 사항이나 과도하게 고려해서는 안 되는 사항을 지적하고, 그것들에 관한 판단을 잘못한 결과로써 행정 판단이 불합리한 것이 되어 있지 않은지에 관하여 통제하는 자세를 보인 것이 나타나고 있다.

② 구체적인 예

선구적 사례로서는 진급 거부처분 취소, 퇴학명령처분 등 취소청구 사건 상고심 판결(最判 1996年3月8日民集50卷3号469頁)이 있다. 이 판결에서 최고재판소는 체육 학점의 미취득을 이유로 하는 퇴학처분에 관하여 종교상의 이유에 따라 무술을 이수하지 않은 사정을 고려하여 대체 조치를 취할 가능성을 고려해야 했다고 판단했다.


또한, 손해배상청구 사건 상고심 판결(最判2006年2月7日民集60卷2号頁)은 교직원 조합이 신청한 학교시설의 사용이 불허가된 사안에 관한 것이다. 이 소송에서는 학교와 같이 이용자의 범위가 한정된 시설에서 어떤 경우에 교육목적 이외의 이용을 인정할 수 있는지에 관하여 시설 관리자가 하는 판단의 성격이 문제가 되었다. 그리고 최고재판소는 (ⅰ) 예외적으로 이용을 인정한다는 허가의 성격, (ⅱ) 허가와 관련되는 법률의 규정 등에 비추어 넓은 재량의 여지를 인정했지만, (ⅲ) 교직원 조합의 연구집회인 점, 휴일에 행해지는 점, 과거에 인정되어 온 경위 등에 비추어 불허가를 위법하다고 판단했다.


## (3) 재량 통제의 관점

① 통제의 관점

재판소가 남용·일탈 또는 합리성 유무의 통제를 할 때는 통제의 관점이나 발판이 필요하다. 예를 들면, 재량행위라도 재량 수권의 범위를 일탈하였을 때 위법으로 판단되게 되나, 그 범위는 법률의 목적 규정, 수권 규정의 합리적 해석으로 설정된다. 덧붙여서, 법률의 목적 규정, 수권 규정의 범위라고 해석되는 경우에도 법의 일반원칙 등에 위반된다고 해석되는 때는 재량권의 위법한 행사로 판단되게 된다.

② 각종 일반 법원리

평등원칙, 비례원칙, 신의칙 등은 재량행위를 통제할 때의 중요한 관점이 된다. 더욱이, 재량권 남용의 금지는 행정사건소송법 30조에 명확히 규정되어 있다. 또한, 이익형량 원칙도 재량행위를 통제할 때 중요한 원칙이고, 최근 최고재판소는 이 원칙을 적극적으로 활용하여 재량행위의 통제에 유용하게 사용하고 있다.

③ 절차적 통제

위에서 말한 통제의 관점은 실체법상의 관점이다. 한편, 행정절차의 부분에서 말한 바와 같이 행정의 자의를 억제하기 위해서는 사전절차의 정비가 중요하고, 재량 판단을 할 때 행정절차와 관련되는 규정을 준수했는지를 통제하는 것은 행정재량의 적정을 확보하는 데에 유효하다. 더욱이, 행정절차가 이행되는 개개의 단계에서 행정 판단이 형성·집약되는 점에서 재판소는 행정절차 개개의 경우에 나타난 행정 판단을 추적하여 최종적인 판단에 이르는 판단의 과정을 자세하게 검토하는 것은 가능해진다.

이와 같이, 행정절차·판단의 과정을 추적하여 그 과정에서의 판단 형성의 과정이 합리적이었는지, 남용·일탈이 없었는지를 확인하는 것은 재량 판단의 적정을 확보할 때 유효한 방법이 된다. 최근의 재판례에는 이러한 절차·과정적 심사 방식을 채용하는 것이 많다.

# 제3절  행정절차의 위법과 재판상 통제

## 제1관  절차적 하자의 효과

### (1) 절차적 하자와 실체적 하자

위에서 말한 바와 같이, 행정절차법은 재판상 통제를 보완하는 권리보호의 제도로서 중요함과 동시에 행정 재량권이 적정하게 행사되는 것을 재판소가 통제할 때 중요한 발판을 제공한다. 다만, 행정절차법과 관련되는 규정에 대한 위반이 있었던 경우에도 그것이 바로 최종적인 행정처분의 위법 사유가 되는지에 관해서는 별도의 고찰이 필요하다. 즉, 전통적인 학설·판례 중에는 행정절차는 궁극적으로는 최종적인 행위의 적정을 확보하기 위한 것이고, 실체적 적정의 요청에 비하여 부차적인 의의밖에 가지지 않는다는 판단에 서서, 절차를 다시 거쳐도 결과에 영향을 줄 가능성이 없는 것이라면 독립한 취소사유로 할 필요는 없다는 견해가 있었다.

이와 같이, 일본의 전통적인 학설·판례에서는 행정행위의 내용 등에 관계되는 실체법상의 위법성은 그 자체가 독립하여 행정행위의 위법 사유가 된다고 해석됨에 비하여, 행정절차에 관한 위법(절차적 하자)에 관해서는 독립하여 행정행위가 취소되는 이유로는 되지 않는다고 하는 견해가 유력했다.

### (2) 행정절차의 중시

다만, 행정절차의 역할에 관한 인식이 정착되고, 행정절차의 의의가 평가되게 되면서, 이와 같이 절차적 하자를 독립의 취소 원인으로 보지 않는 견해에 반대하는 견해가 유력해졌다. 이 견해는 (ⅰ) 결과에 영향을 미칠 가능성이 있는 경우에만 절차적 하자가 취소 원인이 된다고 해석한다면 절차 규정의 실효성은 현저히 훼손되는 점, (ⅱ) 투명성 확보나 설득 기능 등 행정절차의 다른 기능도 중시되어야 하는 점을 지적하고, 절차적 하자를 독립의 취소 원인으로 해석해야 한다고 주장하고 있다.

### (3) 최근의 유력설

이와 관련하여, 결과에 대한 영향을 고려하여 절차 규정의 위반이 취소 원인이 되는지를 판단한 최고재판소의 판례는 명문의 행정절차 규정에 대한 위반이 있었던 경우가 아니라, 재판소가 창조적인 법 해석을 통하여 절차적 요청을 창설한 사안에 관한 것이었다는 지적이 있다[阿部泰隆『行政裁量と行政救済』156頁以下(三省堂·1987)].

행정처분 취소청구 사건 상고심 판결(最判1971年10月27日民集25巻7号1037)에서 최고재판소는 개인택시 면허신청 거부처분 시의 청문절차에 관하여 근거 법령의 규정보다 깊이 들어가 '내용이 매우 복잡하고 어려울 때는 허가 기준의 적용에 관하여 주장과 증거 제출의 기회를 주어야 한다'라고 판단했다(결과에 대한 영향의 가능성을 긍정). 추가로 참조, 일반 승합 여객자동차운송사업 면허신청 각하처분 취소청구 사건 상고심 판결[最判1975年5月

29日民集29巻5号662頁(결과에 대한 영향의 가능성을 부정)].

　그래서 최근에는 청문의 미시행 등 처분의 무효원인이 될 수 있는 중대하고 명백한 위법이 있는 경우는 물론, 법률에 명문으로 규정되어 중요한 의의가 있는 절차적인 규율의 위반(청문이 통지부터 상당한 기간을 두지 않고 시행된 때 등)은 독립한 취소 원인이 되는 한편, 재판소가 법 창조적인 해석으로 절차적 위법을 인정한 사례나 경미한 절차 규정 위반(이해상반관계인 범위의 해석을 잘못하여 극히 일부의 절차 참가를 인정하지 않았던 사례 등)은 독립한 취소 원인으로 할 필요가 없다고 하는 견해가 유력하다.

　이와 같은 견해를 고려한다면, 행정절차법이 제정되어 시행 중인 현재, 같은 법의 명문 규정에 위반되어 행해진 행정처분은 결과에 대한 영향을 문제로 삼지 않고, 위법한 것으로서 취소해야 할 것이다[같은 취지, 의사 국가시험 예비시험 수험자격 인정처분 취소 등 청구 사건 항소심 판결(東京高裁2001年6月14日判時1757号51頁)].

## 제2관　절차적 하자의 치유, 위법행위의 전환

### (1) 절차적 하자의 치유

　전통적인 학설·판례가 절차적 하자를 독립한 취소 원인으로 보는 것에 소극적이었던 것과 마찬가지로 전통적인 학설·판례는 절차적 하자에 관하여 사후적인 조치로 위법성을 해소할 수 있는 경우도 있다고 생각해 왔다.

　　오래된 판례이지만, 구 자작농 창설 특별조치법상의 절차적 하자의 치유를 인정한 판례이다. 농업용 시설 매수 무효확인청구 사건 상고심 판결(最判1961年7月14日民集15巻7号1814頁)이 그것이다. 같은 법은 농지 등을 매수하기 위한 계획이 수립된 경우에, 적법한 소원(당시의 불복신청)이 제기된 때에는 그것에 대한 재결을 거친 후가 아니면 이후의 절차를 진행할 수 없다고 규정하고 있었다. 이 규정을 위반하여 농지가 매수된 사안에 관한 같은 판결에서 최고재판소는 계획에 근거하여 매수된 후에 소원이 기각됨으로써 그 위법은 치유되었다고 판단했다.


그러나 이러한 판단은 행정절차의 역할이 경시된 시대의 판단이고, 행정절차의 의의가 중시되는 오늘날의 관점에서는 적절하지 않다. 최고재판소는 이 사건의 절차적 하자는 무효원인이 아니라, 치유된 것으로 해석하나, 무효확인소송인 이 사건에서는 무효원인이 아니라는 인정으로 충분했을 것이라는 의문도 생긴다.

최고재판소도 이유의 제시에 관해서는 하자가 치유되지 않는다는 판단을 제시하고 있다[법인세 부과처분 취소청구 사건 상고심 판결(最判1972年12月5日民集26巻10号1795頁)].

### (2) 위법행위의 전환

위법행위 전환의 논의는 위법한 행정행위에 관련성을 가지는 별도의 법령상 근거를 가지면 적법한 것으로서 이유를 제시할 수 있는 경우에는 그러한 법령상의 정당성 있는 행위로서 적법하다고 생각해야 한다는 논의이다.


이것도 구 자작농 창설 특별조치법에 관한 판례이나, 토지매수 부당처분 취소청구 사건 상고심 판결(最判1954年7月19日民集8巻7号1387頁)에서 최고재판소는 소작인이 청구한 부재지주 토지의 매수를 규정하고 있는 법령 조항에 근거하여 처분을 했지만, 그러한 청구는 없었던 사례에 관하여 해당 경우는 행정청의 직권으로 매수하는 것을 인정하는 정령의 다른 조항에 따라 매수할 수 있었던 사안이기 때문에 처분은 적법하다고 판단했다.


이것은 처분의 실체법상 근거 그 자체를 변경하여 적용하는 것을 인정하는 것이고, 절차적 하자와 관련되는 것이라고 말할 수 없다. 다만, 결과가 실체법상 적법하다면 행정 판단의 과정을 다시 거칠 필요는 없다고 하는 점에서 절차적 하자의 치유와 같은 발상이다. 또한, 법령상의 근거 그 자체를 변경하여 적용하는 것인 점에서 지금은 절차적 하자의 치유보다도 인정되는 여지는 더 좁다고 해석해야 한다.


또한, 최고재판소는 부당이득반환청구 사건 상고심 판결(最判2021年3月2日民集75巻3号

317頁)에서 위법행위의 전환을 인정했다. 같은 판결은 국가의 농정국-(직접보조)→현-(간접보조)→시-(간접보조)→사업자에게 보조금이 교부된 사례에 관한 것이다. 보조사업자의 시설이 담보 부동산 경매 결정을 받았기 때문에 현은 시설 처분의 승인을 농정국장에게서 받을 필요가 생겼다. 그래서 현은 직접 보조사업자 등의 재산권 처분을 규율하는 보조금 적정화법[보조금 등과 관련되는 예산 집행의 적정화에 관한 법률(1955法179). 이하 '법'이라 한다] 22조를 근거로 하여 신청서를 농정국장에게 제출하고, 농정국장은 시설의 처분가격에 상당하는 금액의 납부를 조건으로 승인했다. 다만, 농정국장은 현에 대한 직접 보조금의 교부 시에 직접 보조와 관련되는 같은 법 7조3항에 근거하여 간접보조와 관련되는 재산 처분에 관하여 사전 승인을 요구하는 교부 조건을 붙였고, 법령상으로는 같은 항에 근거한 승인을 받아야 했다.

매각금액 상당액을 국가에 납부한 현이 농정국장의 승인은 법령의 근거를 오인한 것이라고 하여 부당이득반환청구의 소를 제기한바, 최고재판소는 ( i ) 법 22조와 7조3항의 목적은 공통인 점(재산권 처분으로 인하여 보조 목적이 달성되지 않게 되는 사태의 방지), ( ii ) 법 7조3항에 따라 법 22조와 같은 조건을 붙일 수 있는 점, (iii) 법 22조의 승인을 할 수 없다는 인식이 만약 양 당사자에게 있었다면 법 7조3항에 따른 승인을 하지 않았다고 인정되는 사정은 없는 점을 지적하고, 위법행위의 전환을 인정했다.

현에서도 교부 조건부의 재산권 처분의 승인은 필수라는 명확한 인식이 있었던 점에서 이 판결은 특수한 경우에 관한 판단이라는 점에 유의할 필요가 있다.

# 제4절  위법성의 승계

## 제1관  위법성 승계의 의의

위법성의 승계란 일련의 행정과정에서 행정처분이 2개 이상 연속하여 행해지고, 후자의 처분(후행처분)이 전자의 처분(선행처분)을 기초로 하여 이루어지는 경우를 가정한 논의이다. 이러한 경우에 선행처분의 위법성은 선행처분의 취소소송에서 다툴 수 있는 것이므로 선행처분을 다투지 않았던 자에게 후행처분의 취소소송에서 선행처분의 위법성을 주장하는 것을 인용하여 후행처분의 취소를 인정할 필요는 없다는 생각이 있을 수 있다. 한편, 이러한 생각에 대하여 법치주의의 관점에서는 위법한 처분은 취소되어야 하고, 적법하게 후행처분에 대한 취소소송을 제기하고 있는 이상, 선행처분의 위법성을 해당 소송에서 다툴 수 있다는 생각도 성립한다. 그래서 어떤 경우에 선행처분의 위법성이 후행처분에 승계되는 것을 인정하고, 후행처분 취소소송에서 같은 처분의 위법 사유로서 주장할 수 있다고 해석해야 하는지가 문제가 된다.

## 제2관  위법성 승계의 기준

이 문제에 관해서는 일반적인 기준을 미리 세우는 것은 곤란하다. 그러나 우선, 선행처분과 후행처분의 관계에 관하여 시간상으로 전후의 관계가 있어도 선행처분의 절차가 확정·종료되어 양자의 관계가 절단된다고 생각될 때는 위법성의 승계는 부정되기 쉽다. 역으로, 양자의 관계가 최종적인 처분을 향한 단계를 밟는 관계에 있다고 해석될 때는 위법성의 승계는 긍정되기 쉽다.

또한, 후행처분이 가져오는 효과가 중대할 때는 선행처분에서 위법성을 주장할 기회를 놓친 자에게도 후행처분에서 위법성을 주장할 기회를 주고, 위법성의 승계를 인정해야 한다고 해석된다. 더욱이, 선행처분이 일반처분의 경우 등, 사전절차에 대한 참가나 쟁송 제기의 기회가 처분의 상대방이나 이해관계자에게 확보되어 있다고는 말하기 어려운 경우에는 위법성의 승계를 인정해야 하는 방향으로 기운다.

## 제3관  구체적인 예

이러한 견해에 근거하여 조세부과처분과 조세체납처분 간에는 위법성의 승계는 부정된다고 하는 것이 일반적인 견해이다. 이에 비하여, 토지수용법(1951法219)상의 사업인정과 토지수용재결 간에 관해서는 견해가 대립하고 있다. 이 점에 관하여, ( i ) 소유권을 최종적으로 박탈하는 효과가 있는 점, (ⅱ) 선행처분인 사업인정을 할 때 이해관계자가 통지받을 기회가 제도상 확보되어 있지는 않은 점을 고려하면 수용재결에 관해서는 위법성의 승계는 인정된다고 해석하는 것이 적절할 것이다.

최고재판소가 위법성의 승계를 인정한 판단으로서 건축확인처분 취소 등 청구, 추가적 병합신청 사건 상고심 판결(最判2009年12月17日民集63巻10号2631頁)이 있다. 사안은 다음과 같다. 도쿄도(都) 건축안전조례(당시) 4조1항은 건축기준법(1950法201. 당시의 조문) 43조1항에서 정하는 건축물의 접도의무를 추가적으로 강화한 규정이나, 같은 조례 4조3항은 해당 건축물 주위의 상황 등에 따라 안전인정을 받으면 같은 항은 적용되지 않는다고 규정하고 있었다. 제삼자가 구청장으로부터 안전인정을 받은 후에 건축주사로부터 건축확인을 받은 것에 대하여 건축물의 주변에 거주하는 주민이 건축확인 취소소송을 제기하고, 안전인정의 위법성을 주장했다. 그리고 이 판결에서 최고재판소는 위법성의 승계를 인정하고, 해당 주장의 당부에 관한 심리에 들어갔다.

그 이유는 (ⅰ) 건축기준법·조례에서 안전인정과 건축확인의 판단기관이 분리된 취지는 건축확인과는 달리 안전인정의 판단에는 전문적 지식에 근거하는 재량이 인정되는 점에 그치는 점, (ⅱ) 안전인정은 건축확인과 결합하여 건축행위를 적법하게 하는 효과를 생기게 하는 처분인 점, (ⅲ) 안전인정이 된 경우에 주변 주민에게 널리 알리는 제도로는 되어 있지 않은 점 등이다.


# 제6장  그 밖의 문제

## 제1절  서론

### (1) 남겨진 문제

지금까지 말해 온 사항 이외에도 행정행위에 관해서는 몇 가지가 논의되고 있다. 이하, 이 논의를 정리하여 소개하기로 한다.

### (2) 이 장의 내용

우선, 행정행위를 상정하여 마련된 제도와의 관계에서 이하의 문제가 논의되고 있다. 첫째로, 사법상의 행위와 다른 행정행위의 효력으로서 (ⅰ) 취소소송의 배타적(우선적) 관할과의 관계에서 불가쟁력이, (ⅱ) 행정상의 이행강제와의 관계에서 자력집행력(행정이 자력으로 강제집행을 할 수 있는 효력)이, (ⅲ) 행정불복신청에 대한 재결과의 관계에서 불가변력(실질적 확정력)이 있다고 설명되고 있다. 이 효력들에 관하여 현대적 관점에서 설명하기로 한다. 둘째로, 행정행위는 언제 어떤 형태로 효력이 발생하고 실효되는지라는 문제가 있다. 셋째로, 전통적으로 행정행위에 관해서는 다양한 기능적 분류가 시도되고, 더욱이 행정행위의 부관에 관하여 논의되어 왔기 때문에 이 논의에 관해서도 간결하게 소개하기로 한다. 끝으로, 행정행위에 대한 새로운 행정절차상의 불복 제도로서 처분 등의 요구가 신설되었다. 이 장에서는 이상의 점들을 다루기로 한다.

## 제2절  불가쟁력 · 자력집행력 · 불가변력

### 제1관  불가쟁력

취소소송의 배타적(우선적) 관할이 미치는 행정행위에 관해서는 취소소송의 출소기간 제한(행소법 14조)이 발생하는 점에서 출소기간이 지나면 사인은 취소소송을 제기할 수 없게 된다(다만, 행정청이 취소·철회를 하는 것은 이론상 배제되지 않는다). 이러한 효과를 종래 불가쟁력으로 불렀다.

그러나 불가쟁력은 취소소송의 출소기간 제한으로 생기는 반사적인 효과를 설명한 개념에 지나지 않는다. 또한, 출소기간이 지나도 무효확인소송의 제기는 허용되고, 더욱이 행정사건소송법 개정으로 의무이행소송의 유형이 신설된 점에서 처분 후의 사정변경 등을 이유로 하는 철회·변경의 의무이행소송은 적법하고, 사안에 따라서는 청구가 인용될 가능성도 있다.

또한, 원시적 하자의 존재를 이유로 하는 해당 처분의 취소·변경을 요구하는 의무이행소송은 취소소송의 배타적(우선적) 관할의 잠탈이 되기 때문에 청구가 기각될 가능성은 높다. 다만, 불가쟁력은 오늘날 행정행위(행정처분)가 유효한 범위에서는 출소기간 경과 후에는 행위의 존속을 원칙적으로 사인은 부정할 수 없다는 법적 효과를 설명하는 개념에 지나지 않고, '(소송으로는) 다툴 수 없다'라는 함의가 있는 불가쟁력의 개념은 약간 오해를 유발할 수 있게 되어 있다.

## 제2관 강제이행과 행정행위

### (1) 행정상 이행강제의 제도(개관)

제2차 세계대전 전에는 행정 운영상의 효율성을 중시하여 행정행위로 부과된 의무를 국민이 이행하지 않을 때는 재판상의 절차를 거치지 않고, 행정이 스스로 이행을 강제하는 것이 인정되고 있었다. 전통적인 학설은 이것을 행정행위에는 자력집행력이 있다고 설명해 왔다.

그러나 제2차 세계대전 후의 제도 개정으로 현행 행정대집행법(1948法43)에서만 행정청의 직원이 의무자를 대신하여 이행할 수 있는 의무(대체적 작위의무)에만 일반적으로 자력집행력을 인정하는 데에 지나지 않는다. 부작위의무나 비대체적 작위의무에 관해서는 의무자의 재산이나 신체에 직접 실력을 행사하는 직접강제 등의 수단으로 이행을 강제할 수밖에 없으나, 그러기 위해서는 특별한 법률상의 근거가 필요하게 되어 현행법상 그 예는 적다[→ 행정상의 강제집행, 제도의 개요, 현행법상의 제도(제6부 제2장 제2절)].

### (2) 자력집행력의 의의

따라서 오늘날 행정행위의 효력으로서 '자력집행력'을 드는 것은 약간 오해를 유발할 수 있는 설명이라고 생각된다. 다만, 다양한 행정상의 의무 중 행정대집행법이 적용되는 것은 법령으로 직접 부과된 의무 외에는 행정행위로 부과된 의무에 한정되고 있는 점에는 유의할 필요가 있다.

## 제3관  불가변력, 실질적 확정력

### (1) 행정불복신청(개관)

행정행위에 불복이 있는 경우에는 취소소송 등을 제기하는 것 이외에 행정불복심사법상의 불복신청을 하는 것이 인정된다. 행정불복신청을 받아 행정청이 제시한 판단은 재결(행정불복심사법상 재조사의 청구에 대한 결정의 형식도 있다)이라고 불리고 있고, 이것도 행정행위의 일종이다.

### (2) 불가변력, 실질적 확정력

재결과 같은 (ⅰ) 행정상의 분쟁에 관하여 (ⅱ) 신중한 절차를 밟아 이루어지는 행위를 일반적으로 쟁송 판단행위로 칭하고 있으나, 이러한 행위에 관해서는 판단이 제시된 이상, 당사자의 신뢰를 보호하고 분쟁의 되풀이를 허용하지 않는 관점에서, 판단한 행정청(결정청·심사청) 측에서 변경하거나 취소할 수 없다고 해석되고 있다. 이를 불가변력이라고 한다.

다만, 행정불복신청에 대한 재결은 재판과는 다른 간이한 절차로 하는 것이기 때문에 한 번 한 결정을 취소하거나 변경할 수 없다는 의미에서 형식적인 효과를 가지는 데에 그치고, 분쟁의 실질적인 반복을 허용하지 않는다는 의미에서 '실질적 확정력'과 동등한 효력까지 가지는 것은 아니라고 해석되고 있다.

> 행정처분 취소청구 사건 상고심 판결(最判1954年1月21日民集8巻1号102頁)은 현(県) 농지위원회가 소원(당시의 불복신청)에 근거하여 촌(村) 농지위원회가 한 매수계획을 취소했지만, 진정을 받아 그 취소결정을 직권으로 취소한 사안에 관한 것이다. 이 사안은 자신이 한 결정을 취소했다는 점에서 불가변력에 반하는 사례이었다. 이에 비하여, 택지매수계획 취소청구 사건 상고심 판결(最判1967年9月26日民集21巻7号1887頁)은 촌 농지위원회가 이의신청을 받아 매수계획을 취소하고, 그 결정이 확정되었음에도, 법률에 근거가 없는 현 농지위원회의 지시를 받아 다시 동일 내용의 매수계획을 수립한 사안에 관한 것이다. 이 판결에서 최고재판소는 농지매수계획의 재차 수립을 위법으로 인정했지만, 그 이유로서 매수계획 취소의 효력으로 신청이 효력을 잃었기 때문에 신청이 없는 상태에서 매수계획의 수립은

위법하다고 하였다. 매수계획의 취소와 매수계획의 재차 수립이 내용상 모순된다는 판단을 피하고 신청이 없는 단계에서 매수계획의 수립은 위법하다고 하는 점에서 실질적 확정력을 언급하지 않고, 불가변력의 문제로서 최고재판소는 사안을 처리한 것으로 생각된다.

## 제3절  그 밖의 논의

## 제1관  행정행위의 성립과 소멸

### (1) 행정행위의 성립

행정행위가 성립하기 위해서는 행정행위의 의사결정이 외부에 표시될 필요가 있다. 행정행위의 표시 방식으로서는 서면으로 하는 경우가 일반적이나, 구두로 하는 경우나 사람이나 기계의 동작으로 표시되는 때도 있다(경찰관의 지시 등).

### (2) 행정행위의 발효

행정행위가 성립했다고 하여도 그것의 효력이 발생하기 위해서는 행정행위가 상대방에게 도달할 필요가 있다. 최고재판소의 판례[상해·절도·사기 피고사건 상고심 판결(最判1954年8月24日刑集8卷8号1372頁)]도 특별한 규정이 없으면 그 의사표시가 상대방에게 도달한 때, 구체적으로는 상대방이 알았거나 알 수 있었다고 판단되는 상태에 있는 시점에 발생한다고 해석했다.

다만, 상대방의 주소 등이 분명하지 않은 때는 있고, 개별법 중에는 그 경우를 대비하여 공시송달에 관한 규정을 둔 예도 있다(국세통칙법 14조). 또한, 공시송달에 관한 규정이 없는 경우에도 상대방의 주소 등이 분명하지 않은 때 등이어서 사안의 성질상 허용될 때는 민법 98조, 민사소송법 110조·111조에 근거하는 공시송달과 관련되는 규정을 이용할 수 있는 것으로 해석되고 있다.

손해배상, 퇴직수당금 청구 사건 상고심 판결(最判1999年7月15日判時1692号140頁)은 공시송달 규정이 없는 지방공무원법(1950法261)에 따라 행방을 감춘 공무원에게 면직처분을 할 때 최후의 주소지에 담당 직원이 가서 인사 발령 통지서와 처분 이유 설명서를 아내에게 낭독하여 교부한 후에 현의 공보에 인사 발령 통지서를 게재한 사안에 관하여 이 송달은 자치성(당시) 공무원부(公務員部)의 통지에 근거한 것인 점, 직원은 자신의 의사로 행방을 감춘 점을 지적하고, 징계 면직처분은 효력을 발생한다고 판단했다.

이와 관련하여, 일본의 경우 행정행위의 효력은 바로 발생하는 것이 원칙(즉시 확정의 원칙)이지만, 법령이 허용하여 행정행위의 시기(始期)가 별도로 정해져 있는 경우나 정지조건이 붙어 있는 때에는 이에 따르게 된다.

### (3) 행정행위의 실효

행정행위는 직권에 따른 취소나 철회로 효력을 잃는다. 또한, 행정행위는 법령이 허용하는 범위에서 정해진 해제조건이나 종기의 도래로 실효하는 경우가 있다. 더욱이, 국가공무원법(1947法120)에서 공무원을 금고 이상의 형(2022法67의 시행 후는 구금형 이상의 형)에 처한 때 등 같은 법에서 정하는 결격사유에 해당하게 된 경우에는 당연히 퇴직한다고 정하고 있다(국공법 76조. 결격사유에 관하여 국공법 38조 각 호). 또한, 특정한 시설에 착안하여 그 시설의 영업, 조업·운전에 허가제가 정해져 있는 경우에 시설이 화재 등으로 소실된 때에는 허가의 대상이 소멸하기 때문에 허가는 실효되는 것으로 해석되고 있다.

## 제2관  행정행위의 종류론

### (1) 법률행위적 행정행위와 준법률행위적 행정행위

전통적인 행정법 학설은 행정행위를 민법의 의사표시 이론에 영향을 받아 ( i ) 법률행위적 행정행위와 ( ii ) 준법률행위적 행정행위로 분류한다.

행정청의 효과의사 그대로 법률효과가 발생하는 것인지, 아니면 효과의사와는 별개로 법이 부여한 법률효과가 발생하는지에 따라 구별된다.

또한, ( ⅰ )은 (α) 명령적 행위인 하명, 허가, 면제, (β) 형성적 행위인 특허, 인가, 대리로 구분된다. 전자는 일정한 행위, 부작위를 명령하는 법적 효과에 착안한 것이고, 후자는 일정한 자격, 법적 지위를 부여하는 법적 효과에 착안한 것이다. 또한, 사인 상호 간 법률관계의 효과를 완성하게 하는 효과를 가지는 행위인 인가에 관해서는 법적 자격 · 지위를 부여하는 것은 아니나, 형성적인 행위로 분류되고 있다[인가에 관하여 → 현대적 의의(2)]. 마지막으로, ( ⅱ )에는 확인, 공증, 통지, 수리가 있다고 생각되어 왔다(田中 · 上120頁以下).

하명은 특정한 작위 · 부작위의 명령이고, 허가는 일반적인 금지의 개별적인 해제, 면제는 하명으로 부과된 의무를 해제하는 행위로 정의된다. 면허는 특정한 법적 자격의 부여, 임명은 근무 관계의 설정에 사용되고, 특허는 사인이 할 수 없는 활동을 할 수 있는 법적 지위를 부여하는 행위로 정의된다.

확인은 일정한 객관적 사실을 확인하는 행위이다. 또한, 공증은 객관적인 사실의 존재 여부를 공적으로 증명하는 행위, 통지는 일정한 사실 내용을 상대방에게 통지하는 행위, 수리는 타인의 행위를 유효한 것으로 받아들이는 행위라고 설명된다.

이와 관련하여, 이 구별은 이론상의 구별이고, 법령상 허가, 인가, 확인 등의 용어가 사용된다고 해도 그 행위가 위 분류의 어디에 해당하는지, 원래 행정행위로서 효력을 가지는 것인지 등에 관해서는 법령의 규정을 자세히 조사할 필요가 있다.

## (2) 행정행위 종류론의 현대적 의의

### ① 종류론의 한계

우선, 준법률행위적 행정행위에 관해서는 행정행위의 종류로서 성립할 수 있는지가 의문이라고 비판받고 있다. 예를 들면, 확인의 경우 해당 법령에서 행정청에 의한 객관적인 사실의 인정을, 일정한 행위에 관한 일반적인 금지를 해제하는 효과에 결부하는 때에는 그 기능은 법률행위적 행정행위인 허가와 중복된다. 공증, 통지에 관해서도 법령에서 그 행위에 대하여 어떠한 법률상의 효과를 부여하고 있는지가 문제가 된다.

통지의 도달로써 특정한 행위·부작위에 관한 금지가 면제되는 제도가 채용된 것이라면 그 제도는 허가 또는 면제의 기능과 중복된다.

더욱이, '직접 국민의 권리·의무를 형성하거나 그 범위를 확정하는 효과'를 법령에서 부여하고 있지 않다면 그 행위는 원래 행정행위가 아니다.

덧붙여서, 법률행위적 행정행위에 관해서도 행정법령과 관련되는 입법기술이 발달한 현재에는 구체적인 행위에 관하여 법령의 구조가 어떤 효과를 부여하는지는 개별적 사안에 따라 다양하고, 그 패턴을 위의 종류만으로 충분히 설명을 다할 수 있는지는 의문이다.

신청의 경우에는 행정절차법 7조에 따라 수리행위는 배제되어 있다[→ 신청에 대한 처분, 권리 보호의 규정, 7조의 해석 등(제3장 제3절)].

② 현대적 의의(1)

다만, 장기간에 걸친 각종 행정법령의 분석에서 얻은 지식 중에는 오늘날에도 행정행위를 분석할 때 유익하다고 생각되는 것이 일부 포함되어 있다. 이 관에서는 2가지 점에 걸쳐 소개한다. 우선, 재량론에 시사하는 점에 관해서이다.

(a) 이론 모델로서의 의의

위의 종류 중 몇 가지는 행정행위에 재량의 존재 여부를 검토할 때의 시각을 제공한다. 다만, 이미 말한 바와 같이, 고도로 발달한 입법기술 중에 개개의 행정행위의 효과가 개념적인 유형론의 틀에 들어맞지 않는 경우는 늘어나고 있다. 법령의 구체적인 내용에 따라 행정행위에 주어지는 법률효과가 이 이론 모델에 들어맞는지에 관해서는 신중한 검토가 필요하다.

(b) 침해적 제도와 수익적 제도

우선, 명령적 행위 중 특정한 작위, 부작위의 의무를 부과하는 하명은 침해적 행위에, 이를 일정한 사유로 면제하는 행위는 수익적 행위에 속한다. 허가는 본래 자유이어야 하는 영업행위 등을 일반적으로 금지한 후에 법령의 개별 요건을 충족하면 해제하는 제도이므로 침해적인 제도라고 설명된다. 이에 비하여, 형성적 행위 중의 특허는 본래 사인이 할 수 없는 영업활동(국가·공공의 독점)에 관하여 효율성 등의 관점에서 특정한 자에게 이를 할 수 있는 법적 지위를 부여하는 점에서 수익적인 제도라고 설명된다.

다만, 공영기업 등의 민영화가 진행되어 전기·가스사업도 자유로운 민간의 경쟁에 맡겨지게 된 오늘날, 순수한 의미에서 특허가 일본의 법제도에서 존재하는지는 의문이다. 또한, 사업의 공공성을 고려하여 철도, 전기·가스사업을 비롯하여 공익적 색채가 강한 사업 분야에 관해서는 규제 완화가 진행된 오늘날에도 진입규제, 수급 조정, 요금 규제 등 어느 정도 강한 행정적 감독이 부분적으로 채용되어 있고, 그 의미에서도 특허제·허가제의 구별은 상대화되고 있다.

(c) 요건 해당성의 판단

확인이나 공증 등 준법률행위적 행정행위는 객관적인 사실의 확인이기 때문에 재량의 여지는 없다고 설명되는 경우가 있다. 이에 비하여, 허가제의 경우에는 침해적인 제도이므로 재량의 존재 여부가 부정되는 경우는 많지만, 요건 규정이 추상적이고, 전문기술적·정책적인 판단의 요소가 강한 경우에는 요건 해당성의 판단에도 재량의 존재 여부를 긍정할 수 있다.

다만, 손해배상청구 사건 상고심 판결[最判1982年4月23日民集36卷4号727頁 → 행정재량과 그 재판상 통제, 행정재량의 존재 여부와 폭의 기준(제5장 제2절)]에서 문제가 된 특수차량의 인정에 관하여, 최고재판소는 확인행위이기 때문에 재량은 원칙적으로 부정되지만, 조건을 붙이는 것이 법령상 인정되고 있으므로 유보는 적법하다고 했다. 도로 통행의 안전성은 사실인정의 요소가 강하다고 말할 수 있지만, 도로 사정이나 연도(沿道: 옆길)의 구조, 통행의 방법이나 안전 배려의 방법에 따라서도 안전성의 판단은 영향을 받으므로 이를 객관적인 사실의 확인이라고 단정하는 것은 곤란하다.

③ 현대적 의의(2)

사인의 경영활동을 통제하는 제도로서 허가, 특허, 인가 등이 있다. 허가제와 특허제의 구별에 관해서는 말했으므로 여기에서는 허가제·특허제와 인가제의 구별을 소개한다. 사인에 의한 다양한 영업활동의 공정·적정을 확보하기 위해서는 허가제·특허제가 채용되나, 이 제도는 사인에 의한 영업활동을 통제하는 수단으로서 사전에 관여하는 것에 주안점이 있고, 사인의 경영활동 그 자체를 통제하는 것을 목적으로 하고 있지 않다. 따라서 경제활동 그 자체를 통제하는 관점에서 사전의 국가 관여를 거치지 않고 이루어지는 경제활동의 사법상 효과를 부정하는 취지를 법령이 포함하는 것으로 해석되기 위해서는 명문의 규정이 필요한 외에 해석 등으로 그 취지가 긍정될 필요가 있다.

한편, 인가제는 그 구조 자체가 인가의 대상이 된 사인의 경영활동을 국가적 통제에 복종하게 하는 것이므로, 인가를 받지 않고 이루어지는 해당 행위의 사법상 효과는 부정된다[농지법(1952법法229)상 농지의 권리 이전의 허가 등].

## 제3관  부관

### (1) 정의

부관에 관한 논의도 민법의 법률행위론에서 영향을 받아 행정법학에서 형성되어 온 것이다. 부관이란 '주된 의사표시'에 부가되는 '종된 의사표시'이고, 조건, 기한, 부담, 철회권의 유보가 있다고 설명된다. 다만, 최근에는 법령에 명문 규정이 없는 각종의 규율 내용을 부가하는 행위를 부관으로 해석하는 설이 유력하다.

> 조건, 기한은 민법에서 직접 차용한 개념이다. 부담은 법령에서 부과한 것 이외의 의무(시설의 허가 시 요구되는 점용료의 납부 등)를 상대방에게 부과하는 행위이다. 철회권의 유보란 행정이 행정행위의 발급 시 상대방에게 행정에 철회권이 있음을 미리 제시하는 부관이다.

### (2) 부관과 관련되는 논의

부관에 관해서는 ( i ) 부관이 어떤 경우에 허용되는지, ( ii ) 부관이 행정행위 본체에 주는 영향, (iii) 본체와는 따로 부관을 독자적으로 다툴 수 있는지 등이 논의되어 왔다.

다만, (ⅰ)에 관해서는 법령의 규정, 부관의 성질 등을 고려하여 해당 법령이 그러한 부관을 허용하는 취지인지의 개별법 해석으로 귀결된다. (ⅱ)에 관해서는 조건, 기한은 민법 개념의 차용인 이상, 민법의 정리에 준하여 해석하면 충분하다. 또한, 부담에 위반되는 것이 본래의 행정행위의 철회 사유가 될 수 있는지는 철회 제한 법리의 특수한 유형론으로서 처리해야 하는 문제일 것이다.

나머지는, (iii)에 관해서이다. 다만, 부관이 붙은 행정행위에 대한 소송상 다투는 방법을 둘러싸고 논의되는 사례의 대부분에서는 신청 만족형 의무이행소송(행소법 3조6항2호)의 창설에 따라 소송상 적절한 구제 방법이 원고에게 주어지게 된다. 즉, 부관만을 독자적으로 다투는 것을 구하는 원고는 부관을 신청의 일부 거부로 간주하여 일부 거부처분 취소소송과 함께 부관이 없는 처분의 발급을 구하는 의무이행소송을 병합하여 제기하는 것 등이 있다.

예를 들면, 신청 내용을 변경하여 처분을 발급하는 변경허가에 대한 구제의 모습이 논의되었다. 일본인 배우자로서의 장기 재류허가 신(新)처분의 신청에 대하여 다른 사유에 의한 단기재류허가로 변경하여 발급하는 등이 그 예이다[→ 행정법의 존재형식(법원), 불문법원, 법치주와 불문법원(제1편 제1부 제3관 제1절)]. 이 경우에는 신청의 전부 또는 일부 거부처분으로 해석하고, 거부처분 취소소송과 신청 그대로의 허가를 구하는 의무이행소송의 제기를 인정하는 것으로 소송상의 적절한 구제가 주어진다.

이 경우들에서 부관이 없으면 행정행위 그 자체가 행해지지 않았다고 해석할 수 있는 경우에 관해서는 부관만을 불복하는 청구는 기각·각하되어야 될 것이다(행소법 37조의3제1항2호).

# 제4절  처분 등의 요구-새로운 불복의 유형

## 제1관  새로운 소송 유형

### (1) 행정사건소송법의 개정

2004년 행정사건소송법의 개정은 행정소송을 이용하기 쉽게 함과 동시에 구제의 폭을 넓힐 목적으로 이루어진 것이다[→ 행정소송 제도의 연혁, 행소법의 제정과 개정(제4편 제2부 제1장 제2절)]. 그중에서 행정행위를 포함하는 행정처분에 대한 소송상 구제의 수단인 항고소송에 법정 항고소송의 유형을 추가하여 의무이행소송, 예방적 금지소송의 유형이 신설되었다(행소법 3조6항·7항).

### (2) 새로운 불복의 유형

그래서 2014년의 행정불복심사법 개정 시에는 행정불복심사의 절차나 사전 행정절차에 행정처분의 의무이행, 금지를 구하는 불복 수단을 두는 것이 적절한지, 어떤 형태로 두어야 하는지가 논의되었다. 예방적 금지의 신청에 관해서는 행정에 대한 구제 신청으로 두는 것은 곤란하고, 또한 실효성이 낮다고(예방적 금지소송이 구제의 실효성은 높다) 생각되어, 구제의 수단은 두지 않았다. 이에 비하여, 의무이행에 관해서는 '처분 등의 요구'의 형식으로 행정절차법에 제도가 마련되게 되었다(행정절차법 36조의3).

## 제2관  처분 등의 요구

### (1) 행정절차법 36조의3

행정절차법 36조의3제1항에 따르면, 누구든지 법령에 위반되는 사실이 있는 경우에 그 시정을 위해 행해져야 하는 처분(또는 법률에 근거가 있는 행정지도. 이하, 행정지도에 관해서도 같다)이 행해지지 않는다고 판단하는 때는, 행정청(또는 행정기관)에 그 취지의 의사를 표시하여 처분(또는 행정지도)을 할 것을 요구할 수 있다.

### (2) 같은 조의 해석

① '요구'의 성격

'요구'의 '의사를 표시'라는 문언에 제시된 바와 같이, 신청과는 달리 의사의 표시에는 승낙 여부의 응답의무가 없고, 사실상 표명을 거부하는 통지를 행정청(또는 행정기관)이 한 경우에도 통지를 행정처분으로 보아 취소소송을 제기할 수 없다.

② '요구'에 대한 대응

다만, 행정청(또는 행정기관)에는 의사의 표시가 있었던 때는 필요한 조사를 하고, 필요하다고 인정하는 때는 처분(또는 행정지도)을 해야 할 의무가 부과된다(행정절차법 36조의3제3항).

# 제4부  비권력적인 행위형식

## 제1장  서론

행정행위의 특색은 '행정청의 공권력 행사로서 직접 국민의 권리·의무를 형성하거나 그 범위를 확정하는 행위'인 점에 있다. 이에 비하여, 행정작용 중에는 법령에 근거한 일방적인 규율(공권력의 행사)의 요소가 없는 행위유형이 있다. 그 전형적인 예가 행정지도와 행정계약이다. 제4부에서는 이처럼 공권력 행사의 요소를 포함하지 않지만, 국민에게 직접적으로 작용하는 행위형식을 다룬다.

## 제2장  행정지도

### 제1절  행정지도의 개념

#### 제1관  행정 스타일에 대한 비판

**(1) 행정지도에 의존**

지금까지, 일본에서 행정지도의 행위형식이 많이 사용되었다. 산업 진흥, 환경 보호, 건축 분쟁의 해결 등의 경우에서 법령에 근거할 필요가 없는 행정지도는 행정 목적을 달성하기 위한 간이한 수단으로 활용되었다. 한편, 법령에 근거하지 않고 사인의 경제활동에 부당한 제약이 되는 행정지도도 있고, 또한 자의적이고 무책임하게 행정지도가 이루어지는 경우가 있는 등 행정지도가 남용되는 경향이 있는 점에 대한 비판도 뿌리 깊게 존재했다.

다만, 외국에도 비공식적인 행정활동은 존재한다. 그러나 독일에서는 서면 교부가 원칙으로 되어 있는 것에 비하여, 일본에서는 행정절차법상 청구에 근거하여 서면이 교부되는 것이

원칙으로 되어 있다(행정절차법 35조3항).

### (2) 외국으로부터의 비판

행정행위의 부분에서 말한 바와 같이, 1980년대 이후 경제의 세계화에 따라 외국으로부터 행정지도를 많이 사용한다는 비판이 강하게 제기되었다. 이러한 외국으로부터의 비판이 행정절차법이 제정될 때 하나의 요인이 되었고, 행정절차법 제4장에서는 행정지도가 사인의 경제활동 등을 부당하게 제약하는 경우가 없도록 그 남용을 억제하기 위한 규정이 포함되어 있다[→ 행정절차의 개념, 행정절차법(제3부 제3장 제1절)].

## 제2관　행정지도의 정의

### (1) 행정지도의 분류

일반적으로 행정지도에는 규제적 행정지도, 조성적 행정지도, 조정적 행정지도의 3가지 종류가 있다고 생각된다. 이 중, 조성적 행정지도는 정보의 제공 등, 상대방에 대한 서비스로 제공되는 것이고, 사인의 자유를 규제·제약하고 일정한 방향으로 유도하는 기능은 없다고 이해되고 있다.

### (2) 행정절차법의 정의

이에 비하여, 행정절차법 2조6호는 행정지도를 다음과 같이 정의하고 있다. 즉, 같은 호에서 행정지도는 '행정기관의 그 임무 또는 소관 사무의 범위 내에서 일정한 행정 목적을 실현하기 위하여 특정한 자에게 일정한 작위 또는 부작위를 요구하는 지도, 권고, 조언 그 밖의 행위로서 처분에 해당하지 않는 것'으로 되어 있다. 이와 같이, 행정절차법상 행정지도의 정의에서는 조성적 행정지도는 제외된다. 규제적 행정지도, 조정적 행정지도가 사인의 자유를 제약하는 기능을 동반하여 사용되는 점에서 행정절차법에서 특히 규제적 행정지도, 조정적 행정지도를 문제로 삼아 규제의 대상으로 한 것으로 생각되고 있다.

다만, 조성적 행정지도와 규제적 행정지도의 구별이 어려운 사안도 있다. 예를 들면, 행정에 의한 토지의 구매 시 매각 대금에 대한 조세특별조치법(1957法26)상의 경감 조치가 있는 점을 제시하여 매수의 촉진을 도모한 경우에서는 사인에게 특정한 작위·부작위를 요구하는 점에서 행정절차법상의 행정지도에 해당하나, 이를 규제적 행정지도와 조성적 행정지도 중 어디로 분류하는 것은 곤란하다. 참조, 손해배상청구 사건 상고심 판결(最判2010年4月20日集民234号63頁).

## 제3관  행정지도와 법률의 유보

### (1) 침해유보설과 행정지도

침해유보설의 입장에서는 행정지도는 침해에 해당하지 않으므로 유보사항에는 해당하지 않는다. 입법 실무에서도 이러한 입장에서 개별 행정지도를 할 때 법률의 근거는 필요 없다고 해석되고 있다. 행정절차법도 행정기관의 '임무 또는 소관 사무의 범위 내'에서 이루어져야 하는 점을 정하고 있는 데에 그치고 있다(행정절차법 32조1항).

### (2) 법률유보에 관한 다른 학설과 행정지도

권력유보설에서도 행정지도는 권력적인 강제를 동반하지 않기 때문에 법률의 수권은 필요 없는 것이 된다. 전부유보설에서도 인권의 구제가 필요한 경우로서 입법화의 시간적 여유가 없는 때에는 유보가 필요 없다고 해석되었다. 중요사항유보설에서는 논자에 따라 의견이 나누어질 수 있으나, 유보는 필요 없다고 하거나 조직규범에 의한 규율로써 행위의 정당성을 부여하기 위해 충분하다는 견해도 유력하다.

## 제4관  행정지도와 국가배상

규제적 행정지도, 조정적 행정지도가 잘못 행해지고, 그 결과 국민의 권리·이익이 위법하게 침해된 때에는 그 행위는 국가배상청구의 대상이 된다. 마찬가지로, 조성적 행정지도에 관해서도 잘못하여 행해진 행정지도를 신뢰하여 행동한 국민에게 손해가 생긴 경우에는 국가배상청구의 대상이 된다.

손해배상청구 사건(京都地判2000年2月24日判時1717号112頁)은 마작 영업점의 개설을 하려는 자들로부터, 풍속영업시설의 영업이 가능한 지역에 있는지의 문의를 받은 경찰관이 개설할 수 있는 지구에 있다는 회답을 잘못했기 때문에 문의를 한 자들이 개업공사비용의 손해배상청구가 된 사안에 관한 것이고, 재판소는 손해배상청구를 인정했다.

# 제2절 행정지도의 실체적 규율

## 제1관 행정절차법 제4장의 특색

행정절차법 제4장은 행정절차법이라는 명칭의 법률에 규정된 장이지만, 사인의 자유를 부당하게 제약하는 행정지도의 억제를 목적으로 하는 실체 규정이 포함되어 있다.

이와 관련하여, 행정지도에서는 법률상 행정행위에 준하여 행정청을 그 행위 주체로 규정하는 경우가 있는 한편, 행정조직의 사무 배분의 범위 내에서 자유롭게 이루어지는 행정지도에 관해서는 다양한 직위의 행정기관의 직원이 하는 경우가 많다(○○국장, ○○과장 등). 더욱이, 구두로 행해지는 행정지도의 경우에는 행정조직 안의 어느 직위의 직원이 판단했는지를 명시하지 않고 행해지는 예도 있었다. 그래서 행정절차법 제4장의 규정은 행정지도를 실제로 하는 직원('행정지도에 종사하는 자')을 행정지도의 행위 주체로 규정하고, 개개 공무원의 행동 의무(직무상 의무)를 부과함으로써, 행정지도를 망라하여 포괄적으로 규율하는 방법을 채용하고 있다.

이하에서는 우선, 행정절차법 제4장 중 행정지도의 남용을 막기 위하여 행정지도에 실체적 규제를 마련하고 있는 규정을 보기로 한다.

## 제2관 행정지도의 일반원칙

### (1) 실체 규정의 구조

행정지도에 관한 행정절차법 4장의 실체 규정은 다음과 같은 규정으로 구성되어 있다. 우선, 행정절차법 32조는 행정지도에 관한 실체법상의 일반적인 규율을 두고 있다. 이를 받아, 행정절차법 33조·34조는 특히 행정지도가 남용되어 온 특정한 상황을 상정하여 거기에 임의성 원칙의 철저한 적용을 도모하는 취지의 규정이다.

또한, 행정절차법 35조1항은 행정지도의 취지 및 내용, 책임자를 명확하게 제시할 것을 정하고 있고, 행정지도에 관하여 내용의 명확성을 요구하고 있다. 더욱이, 같은 법 34조에서 정하는 인허가 등의 권한과 관련되는 행정지도에 관해서는 같은 법 35조2항에 인허가 등의 권한을 행사할 수 있는 취지의 내용을 규정하여 이를 하는 경우와 관련되는 특칙이 마련되어 있다.

### (2) 일반규정

행정절차법 32조는 위법·부당한 행정지도를 억제할 목적으로 마련된 총론적 규정이고, (ⅰ) 조직법의 사무 배분 규정의 범위에서 할 것, (ⅱ) 임의성의 원칙을 준수할 것, (ⅲ) 불이익한 대우의 금지를 정하고 있다.

### (3) 32조1항

#### ① 사무배분 규정의 제약

행정절차법 32조1항에서 행정지도에 종사하는 자는 '그 임무 또는 소관 사무의 범위를 일탈해서는 안 되는 점 … 에 유의해야 한다'라고 규정하고 있다.  이는 조직법상의 사무 배분 규정으로부터 도출되는 귀결이다.

#### ② 임의성의 원칙

또한, 같은 항은 '행정지도의 내용이 어디까지나 상대방의 임의적 협력에 의해서만 실현되는 것인 점에 유의해야 한다'라고 하여 임의성의 원칙을 정하고 있다. 이 임의성의 원칙은 행정지도의 성격에서 도출되는 당연한 귀결이라고 생각되나, 현실의 행정지도에는 다양한 형태로 간접적인 강제를 동반하는 경우가 많고, 그 위법성이 문제가 되어 왔다.


손해배상청구 사건 상고심 판결(最判1985年7月16日民集39巻5号989頁)은 (ⅰ) 아파트 건설 반대운동을 이유로 하여 도쿄도(都)가 건축확인을 유보한 후에 주민과 대화할 것을 요구하는 행정지도를 사업자에게 한 것에 대하여, (ⅱ) 사업자가 한번은 이에 따랐지만, (ⅲ) 그 후에 건축규제가 강화될 우려로 태도를 변경하여 건축확인을 하도록 요구하고, 부작위의 위법확인의 심사청구를 한 사안에 관한 것이다. 최고재판소는 사업자가 태도를 변경한 후에도 일정 기간에 걸쳐 건축확인을 유보한 도쿄도의 행위는 위법하다고 인정했다. 구체적으로는, 건축주가 행정지도에 협력하지 않고 따르지 않겠다는 의사를 표명하고 있는 경우, 건축주가 받을 불이익과 행정지도가 목적으로 하는 공익상의 필요를 비교·형량하여 행정지도에 건축주가 협력하지 않는 것이 사회 통념상 정의의 관념에 반한다고 말할 수 있는 특별한 사정이 존재하지 않는다면 행정지도가 행해지고 있다는 이유만으로 확인처분을 유보하는 것은 위법이라고 판단했다.

또한, 교육시설부담금 반환청구 사건 상고심 판결(最判1993年2月18日民集47巻2号574頁)은 아파트 건설업자에게 인구 증가 등에 따른 행정경비 증가를 이유로, 시가 교육시설부담금의 납부를 요강(要綱)에 근거하여 청구한 사안에 관한 것이다. 이 판결에서 최고재판소는 (ⅰ) 요강의 문언이 강제라고 해석되는 것이었던 점, (ⅱ) 직원의 태도가 강제라고 잘못 믿게 하는 것이었던 점, (ⅲ) 동종의 사례에서 시가 급수 거부를 했다는 신문의 보도가 있었던 점 등을 지적하여 행정지도에 따르지 않는 의사를 표명하는 것은 불가능했다고 하고 위법한 강제가 있었다고 하여, 손해배상청구를 기각한 원심(東京高判1988年3月29日民集47巻2号610頁)을 파기·환송했다.


### (4) 32조2항

#### ① 문언

행정절차법 32조2항에서는 행정지도에 종사하는 자는 '상대방이 따르지 않은 점을 이유로 하여 불이익한 대우를 해서는 안 된다'라고 규정하고 있다.

#### ② '불이익'의 용례

우선, '불이익한'이라는 표현은 통상의 용법('불이익처분' 등)과는 다른 의미에서 사용되고 있다. 예를 들면, 불이익처분을 발동하기 전에 행정지도를 하는 예는 많다. 그 경우, 사전 지도에 따르지 않은 상대방에게 불이익처분을 하는 것은 적법하고, 이 항은 이를 금지하는 취지는 아니다. 이 경우 '불이익한'이라는 형용사는 '부당하게' 또는 '평등원칙에 반하여' 등과 같은 부정적인 평가 요소를 포함한 용어이다.

③ 공표 조치의 당부

다음으로, 협력하지 않은 사실을 공표하는 것이 같은 항에서 말하는 불이익한 대우에 해당할지가 문제가 된다. 행정절차법이 제정된 당시의 입법 과정에서는 제재를 목적으로 공표를 정한 법률의 규정은 행정절차법에 저촉되므로 삭제하나, 협력하지 않은 사실을 널리 알려 국민에게 자기방위를 호소하는 취지의 규정이면 행정절차법에 저촉되지 않으므로 존속하게 한다는 방침이 정해졌다(또한, 제재 목적의 공표를 인정하는 개별법의 예외 조치는 있다). 이 방침은 법령에 근거가 없는 공표의 경우에도 타당한 것으로 생각되고 있다.

다만, 지방자치단체의 경우 조례제정권의 범위가 한정되어 있는 점에서 행정지도가 실효성 확보의 최후의 보루로서 기능하는 영역이 넓다. 이 점에서, 조례에 공표 규정을 정하는 예는 많다. 다만, 이러한 조례에 대해서는 공표할 수 있는 경우에 관하여 법령에 근거·요건이 정해져 있는 행정지도에 위반된 경우로 한정해야 한다는 의견도 있다.


## 제3관  신청과 관련되는 행정지도


### (1) 신청과 관련되는 행정지도

행정절차법 33조는 신청과 관련되는 행정지도에 관한 규정이다. 신청의 취지, 변경을 요구하는 형태로 규제적 행정지도, 조정적 행정지도가 빈번하게 행해져 과거에 문제가 된 점에서 신청 단계에서 행해지는 위법·부당한 행정지도의 억제를 목적으로 하고 있다.

우선, 같은 조는 행정지도에 종사하는 자는 '해당 신청인의 권리 행사를 방해해서는 안 된다'라고 규정한다. 이러한 행위의 전형적인 예로서 상정되고 있는 것은 '인허가 등의 유보'이다.

이 규정은 아파트 건축확인 신청을 유보한 사안에 관한 손해배상청구 사건 상고심 판결 [最判1985年7月16日民集39卷5号989頁(전게)]의 취지를 고려하여 신설된 것이다.


### (2) 33조와 최고재판소의 판결

다만, 앞에서 본 바와 같이 최고재판소는 '행정지도에 대한 건축주가 협력하지 않는 것이 사회통념상 정의의 관념에 반한다고 말할 수 있는 특별한 사정'이 있는 경우에는 인허가 등의 유보는 허용된다고 하고 있다. 그리고 이 취지를 이해할 때 참고가 되는 판례로서 손해배상청구 사건 상고심 판결(最判1982年4月23日民集36卷4号727頁)이 있고, 아파트 건축 분쟁 등에서 실력 충돌의 우려가 있는 경우에는 합리적인 기간, 인허가 등을 유보하여 행정지도를 하는 것을 적법하다고 했다.

　　이 판결은 아파트 건축을 둘러싸고 사업자와 부근 주민이 적대시하는 상태이고, 공사용 특수 차량의 통행 인정을 하면 특수 차량의 반입을 둘러싸고 사업자와 부근 주민 간에 실력 충돌이 발생할 우려가 있는 점을 이유로, 특별구가 통행 인정을 유보한 사례에 관한 것이다. 최고재판소는 이러한 유보는 재량의 범위 내라고 하여 공사 지연을 이유로 한 손해배상청구를 인정하지 않았다.

　덧붙여서, 최고재판소의 판례 중에는 행정기관의 직원에게 '행정지도에 따르지 않겠다는 의사'가 전달되었다고 해석하기 위해서는 '명확한' 의사표시가 필요하다고 하는 것이 있다[손해배상청구 사건 상고심 판결(最判1981年7月16日民集35卷5号930頁)].

　이에 비하여, 행정절차법 33조에는 최고재판소의 판결에 나오는 '사인 측의 명확한 의사표시'와 '특별한 사정'의 문언은 없다. 그래서 행정절차법 33조가 신설되어 이 최고재판소 판결의 판단이 변경되었는지가 논의되었다. 이 점에 관하여, 많은 학설은 행정절차법 33조가 이러한 문언을 채용했다고 하여 최고재판소 판례의 변경을 의도한 것은 아니고, 같은 조를 해석할 때는 위의 재판례는 선례로서의 의미가 있다고 해석하고 있다. 다만, 행정절차법 7조가 적용되는 사안에 관해서는 최고재판소 판결에서 말하는 '특별한 사정'이 있다고 해석될 때도 인허가 등의 유보는 위법하다고(거부처분을 해야 한다고) 해석하는 학설도 있다[仲正『行政手続法のすべて』(良書普及会・1985)71頁].

## 제4관  인허가 등의 권한에 관련되는 행정지도

### (1) 인허가 등의 권한에 관련되는 행정지도

신청으로 요구된 인허가 등을 할지에 관한 행정의 권한, 인허가 등을 받은 자에게 행정이 행사하는 권한은 인허가 등을 받으려는 자나 인허가 등을 받은 자의 생활이나 영업의 기반을 좌우하는 점에서 중요한 의미가 있다. 이러한 인허가 등을 둘러싼 권한의 행사와 연계하여 과거에 다양한 행정지도가 행해져 일부에서는 남용되는 예도 있었다. 그래서 행정절차법 34조는 33조와 함께 특히 행정지도가 남용되기 쉬운 경우로서 인허가 등의 권한에 관련되는 행정지도에 관하여 규율을 두고 있다.

### (2) 34조의 해석

#### ① 34조의 해석

우선, 행정절차법 34조는 인허가 등과 관련되는 행정권한에 관하여 다음과 같은 정의를 두고 있다. 그 첫째는 '인허가 등을 하는 권한'이다. 거부처분의 가능성을 시사하여 신청의 변경·수정을 요구하는 행위는 이에 해당한다. 둘째는 '인허가 등에 근거하는 처분을 하는 권한'이다. 이는 법령에 근거하는 취소·철회권, 시정 명령권 등을 가리킨다.

#### ② 행정권한이 억제되어야 하는 경우

인허가 등의 권한에 관련되는 행정지도 등이어도 권한을 적법하게 행사할 수 있는 경우에는 권한 행사의 전 단계로서 법령 위반 등을 해소하도록 행정지도를 하는 것은 방해되지 않아야 한다. 문제는 권한을 행사할 수 없는 등의 경우에 권한을 배경으로 상대방을 따르게 하는 행정지도가 행해진 경우이다. 그래서 행정절차법 34조는 '해당 권한을 행사할 수 없는 경우 또는 행사할 수 있는 의사가 없는 경우'에 행정지도의 남용이 억제되어야 하는 점을 명시했다. 법령상 권한을 행사할 수 있는 요건에 해당하지 않는 경우와 권한 행사의 요건에 해당하여도 조직 또는 개인으로서 권한을 행사할 의사는 없는 경우가 이 요건에 해당한다.

#### ③ '고의로 표시하여'

행정절차법 34조에서는 권한을 배경으로 행정지도를 하여 상대방의 임의성을 훼손하는 것을 문제로 삼아 금지하고 있다. '고의로 표시하여'란 이 의도를 명시하는 취지이다.

## 제5관 행정지도의 방식

### (1) 행정지도의 방식

행정절차법 35조1항은 불명확한 행정지도로 상대방의 과잉 반응을 일으키거나 구두로 행해져 증거가 남지 않아 무책임한 행정지도가 행해지는 폐해가 생긴 점을 고려하여 행정지도에 종사하는 자는 '행정지도의 취지 및 내용과 책임자를 명확히 제시해야 한다는' 점을 규정한다. 따라서 이 규정은 절차 규정으로서의 성격도 있지만, 실체적 규율의 측면도 있다.

### (2) 책임자의 명시

행정지도의 규정은 '행정지도에 종사하는 자'의 직무상의 의무를 규정하여 행정지도의 남용을 억제하는 규율을 두는 방식을 채용하고 있다. 다만, 실무상 행정지도에 종사하는 자는 같아도, 행정지도를 한다고 하는 의사결정의 수준은 다양하다. 예를 들면, 창구직원의 판단인지, 과의 방침으로서 행해진 것인지, 국 등의 방침인지, 사무차관 등의 통달에 근거하는 지도인지에 따라 행정지도의 무게는 달라진다. 그래서 행정지도 책임자의 명시를 요구하여 행정지도의 무게가 상대방에게 명확히 될 것을 행정절차법 35조1항에서 기대하고 있다.

### (3) 35조2항

행정절차법 35조2항에서는, 같은 법 34조에서 정하는 인허가 등의 권한에 관련되는 행정지도에 관하여 절차적 기준을 정하고 있다. 즉, 같은 항에 따르면 인허가 등의 권한을 행사할 수 있는 취지를 제시하여 행정지도가 행해지는 경우에는 (ⅰ) 권한의 근거가 되는 법령의 조항, (ⅱ) 해당 조항의 요건, (ⅲ) 권한의 행사가 요건에 적합한 이유를 제시해야 한다.

# 제3절 행정지도의 절차적 규율

## 제1관 서면 교부의 청구

행정절차법 35조3항에서 청구에 따라 같은 법 35조1항·2항에 규정된 사항이 기재된 서면을 내줄 것을 행정지도에 종사하는 자에게 요구하고 있다. 이 점에 관해서는 행정절차법의 제정 과정에서 논의가 있었고, 그중에는 서면 교부를 원칙으로 해야 한다는 주장도 있었다. 논의의 결과, '청구에 근거하는 서면 교부 의무'로 결론이 내려졌다. 처음에는 이 규정을 이용하는 예는 적었으나, 최근 부당경품류 및 부당표시 방지법(1962法134) 등의 소비자 보호 행정에서 행정지도를 받은 사업자가 서면 교부를 청구하는 예가 증가하고 있다['행정절차법의 시행 상황에 관한 조사 결과-국가의 행정기관'(2015년 3월 총무성)]. 또한, 행정절차법 35조4항은 상대방에게 그 장소에서 완료되는 행위를 요구하는 행정지도(현장에서의 행정지도) 등에 관해서는 상대방의 요구에 따른 서면 교부의 의무를 면제하고 있다.

## 제2관 행정지도 지침의 수립 · 공표

### (1) 행정지도 지침의 수립 · 공표

다수인에 대한 행정지도에 관해서는 불평등한 행정지도가 행해지거나 업계를 대상으로 불투명한 행정지도가 행해지고 있다는 비판이 있었다. 그래서 행정절차법 36조는 다수인에게 공통으로 행정지도가 행해지는 경우에는 행정기관은 행정지도 지침을 정하여 공표해야 한다고 규정하고 있다.

### (2) 행정지도 지침

행정지도 지침은 행정절차법 2조8호라목에서 '같은 목적을 실현하기 위한 일정한 조건에 해당하는 다수인에게 행정지도를 하려고 하는 때에 이 행정지도에 공통으로 그 내용이 되어야 하는 사항'으로 정의되어 있다.

이러한 행정지도로서는 특정 업종의 복수 사업자에 대한 지도 등이 있다. 또한, 특정 업계의 단체에 대한 '통달'(업계의 단체는 하급 기관이 아니기 때문에 '통달'은 관용어에 지나지 않는다)은 복수의 사업자에 대한 것이 아니기 때문에 공표의 대상이 되지 않는다. 다만, '통달' 시행의 전제로서 업계 내의 복수 사업자에 대한 지도 방침이 결정되면 해당 방침은 이 조의 대상이 된다(行管センター・逐条行手法259頁). 또한, 지방행정에서 택지개발에 관한 지도 요강(要綱) 등은 지자체 행정절차 조례의 대상이지만, 행정지도 지침에 해당한다.

### (3) 행정지도 지침의 수립, 공표 의무

행정절차법 36조에 따르면 행정기관은 '미리 사안에 따라 행정지도 지침을 정하고, 또한 행정상 특별한 지장이 없으면 이를 공표해야 한다.' 따라서 이 규정은 행정지도의 투명성의 확보에도 의의가 있는 것으로 평가되고 있다. 또한, 2005년 행정절차법의 개정으로 '행정지도 지침'은 같은 법에 정하는 의견공모 절차의 대상이 되었다(행정절차법 38조 이하. 2조8호 라목). 이에 따라 행정절차법 36조의 취지는 철저하게 되었다고 해석되고 있다. 의견공모 절차에 관해서는 법규명령의 절차적 통제의 부분에서 해설한다[→ 법규명령, 의견공모 절차 등(제5부 제2장 제2절)].

덧붙여서, '공표'(행정절차법 36조)와 '공고한다(公にする).'(행정절차법 5조·12조)는 문언의 취지가 다르다. '공표'는 비밀로 하지 않는다는 취지이고, '공고한다.'란 신청인의 심사 기준 등에 대한 접근을 방해하지 않고 열람 등의 편의를 제공할 것을 요구하는 것이다.

## 제4절　행정절차 조례의 규정

### 제1관　적용 제외

행정절차법은 지방분권의 관점에서 국가 법령인 행정절차법이 지방자치단체의 행정에 적용되는 범위를 한정하고 있다(행정절차법 3조3항). 처분(행정행위) 및 신고에 관해서는 법령에 근거가 있는 것만이 적용 대상이 되고, 지방자치단체의 조례·규칙 등에 근거가 있는 것은 적용이 제외되어 있다[→ 행정절차-총칙적 규정, 적용 제외(제3부 제3장 제2절)].

한편, 행정지도가 법령에 근거한 것인지, 조례 등에 근거한 것인지를 명확하게 구분하는 것은 실무상 곤란하다. 그래서 지방자치단체의 행정기관에 속하는 직원이 하는 행정지도에 관해서는 행정절차법의 적용이 일률적으로 배제되어 있다.

### 제2관　지방자치단체의 정비 의무

#### (1) 지방자치단체의 정비 의무

행정절차법 46조는 적용을 제외한 처분·신고, 행정지도, 명령 등의 제정 등에 관하여 행정절차법의 취지에 따라 지방자치단체 스스로 필요한 조치를 하도록 노력할 것을 요구하고 있다[→ 행정절차-총칙적 규정, 적용 제외(제3부 제3장 제2절)].

## (2) 행정지도의 독자적 규정

### ① 행정지도의 계속

행정절차법의 규율 아래에서도 신청에 관하여 실체적 심리를 하는 동안에는 협력하지 않겠다는 의사표시를 하는 자에게 행정지도를 계속하여도 그것이 상대방에게 과도하게 부담이 되지 않는 범위에서는 적법하다. 이 취지를 확인하는 규정을 두는 지방자치단체의 행정절차 조례는 많다.


　　　손해배상청구 사건 상고심 판결(最判1997年8月29日民集51巻7号2921頁)에서 최고재판소는 교과서 검정을 할 때 교과용 도서 검정심의회의 개선 의견(당시)은 행정지도이고, 개선 의견에 따른 수정을 교과서 조사관으로부터 계속하여 요구받았다고 해도, 수정되지 않고 교과서가 합격한 점을 고려하면 계속적 요구는 위법하지 않다고 판단한 원심의 판단에 위법은 없다고 했다.


### ② 사실의 공표

또한, 지자체의 조례 중에는 행정지도의 상대방이 행정지도에 협력하지 않을 때는 협력하지 않는 사실을 공표할 수 있다는 취지의 규정을 두고 있는 것이 있다(→ 행정절차법 32조).

### ③ 특별한 구제의 제도

과거에 행정지도에 관해서는 행정사건소송법, 행정불복심사법 등에 충분한 구제 수단이 마련되어 있지 않았다. 그래서 지자체에서는 행정지도를 포함하여 널리 행정상의 구제를 보장할 목적으로 옴부즈맨 제도를 두고 있는 예가 있다[현행 행정사건소송법상, 행정절차법상의 구제 기준에 관하여 → 행정지도와 행정구제(제5절)].

# 제5절　행정지도와 행정구제

## 제1관　행정지도와 행정소송상의 구제

행정지도의 정의에 비추어 보면, 행정지도에 강제의 요소는 없다. 따라서 항고소송의 대상이 되는 '공권력의 행사'에는 해당하지 않기 때문에 항고소송의 제기는 곤란하다고 생각되고 있다. 또한, 행정지도는 임의의 협력을 구하는 행위이기 때문에 행정지도를 받았다고 하여도 따를 필요는 없다고 해석되므로 재판상의 구제를 받을 필요성은 인정되지 않는 경우가 많다고 해석되었다.

다만, 행정지도를 받은 사실이 명예·신용을 훼손하고, 영업상의 불이익을 초래하는 경우가 있고, 행정지도가 남용되는 예도 있으므로 공법상의 당사자소송(행정지도에 따를 의무의 부존재 확인 등의 소)의 제기가 적법하다고 인정되는 때도 있다고 해석되게 되었다.

## 제2관　행정지도와 행정상의 구제

### (1) 행정사건소송법의 개정

2004년 행정사건소송법 개정에서는 공법상의 당사자소송의 활용을 촉진하기 위해 공법상 법률관계의 확인의 소가 공법상 당사자소송에 포함됨을 명확히 하도록 행정사건소송법 4조의 문언이 수정되었다. 이 개정으로 행정계획, 행정입법, 행정행위 이외의 행위형식을 취하는 각종의 행정활동에 대하여 공법상의 당사자소송을 통하여 소송상의 구제가 주어지는 길이 열리게 되었다.

그래서 행정지도에 관해서도 위법한 행정지도에 따를 의무가 없다는 것을 확인의 소 등 소송 수단을 통하여 행정소송상 구제의 기회가 국민에게 주어지게 되었다.

이 경위를 고려하여 2014년 행정불복심사법을 개정할 때, 행정지도를 포함하여 행정행위 이외의 행위형식을 취하는 행정활동에 대한 불복 수단을 행정불복심사법이나 행정절차법에 두는 것이 적절한지, 어떤 형태로 두어야 하는지가 검토되었다. 그 결과로써, 행정지도(그 근거가 법률에 있는 것에 한정한다. 이하 같다)에 관하여 (ⅰ) 행정지도의 중지 등의 요구 제도(행정절차법 36조의2)를 둠과 동시에, (ⅱ) 행정행위(행정처분)와 함께 행정지도를 행정처분 등 요구(행정절차법 36조의3)의 대상으로 하게 되었다.

### (2) 행정지도의 중지 등의 요구

① 행정지도의 중지 등의 요구

행정절차법 36조의2제1항에 따르면 법령에 위반되는 행위의 시정을 요구하는 행정지도(그 근거가 법률에 규정된 것에 한정한다)의 상대방은 행정지도가 근거 법령의 요건에 해당하지 않는다고 판단되는 때는 행정지도를 한 행정기관에 그 의사를 표시하여 행정지도의 중지 등의 조치를 요구할 수 있다(행정절차법 36조의2제1항 본문. 변명 그 밖의 의견진술의 절차를 거쳐 행정지도가 된 경우에는 요구할 수 없다. 같은 항 단서). 이 제도는 행정지도의 구제에 관하여, 행정불복심사법상의 처분에 대한 불복신청과 대비되는 기능을 기대하여 마련된 것이라고 할 수 있다.

다만, 중지 등의 조치를 요구할 수 있는 대상은 (ⅰ) 법령에 위반되는 행위의 시정을 구하는 행정지도로서, (ⅱ) 법률에 근거가 있는 것으로 한정된다. 신속함이 요구되는 행정상의 구제에서는 판단 기준은 명확할 필요가 있고, 법령에 근거하는 판단 기준이 없는 행정지도를 요구의 대상에 포함하더라도 중지 등의 조치를 요구한 자와 행정 측의 의견 대립 등으로 분쟁의 적절한 해결을 도모할 수 없다고 생각된 점이 그 이유이다.

② 36조의2의 해석

(a) '요구'의 성격

'의사표시'의 문언상 신청과는 다르고, 의사표시에 대해서는 승낙 여부의 응답의무는 없으며, 사실상 의사표시를 거부하는 통지를 행정기관이 한 경우에도 이를 처분으로 보아 취소소송을 제기할 수는 없는 것으로 해석된다.

(b) '요구'에 대한 대응

다만, 행정기관은 의사표시에 대하여 필요한 조사를 하고, 행정지도가 법률상의 요건에 해당하지 않는다고 인정하는 때는 행정지도의 중지 그 밖의 필요한 조치를 할 의무가 있다(행정절차법 36조의2제3항).

### (3) 행정지도(처분)의 요구

① 행정지도(처분)의 요구

행정절차법 36조의3제1항에 따르면 누구든지 법령에 위반되는 사실이 있는 경우에 그 시정을 위하여 행해져야 하는 행정지도(법률에 근거가 있는 것으로 한정한다)가 행해지지 않는다고(처분에 관해서도 같다) 생각하는 때는 행정기관(또는 행정청)에 그 의사를 표시하여 행정지도 또는 처분을 할 것을 요구할 수 있다. 이 제도는 행정지도(또는 처분)의 구제에 관하여 행정사건소송법상의 의무이행소송과 대비되는 기능을 기대하여 마련되었다.

② 36조의3의 해석

(a) '요구'의 성격

'요구'와 '의사표시'라는 조문의 문언으로부터는 신청과는 다르고, 의사표시에 관해서는 승낙 여부의 응답의무는 없고, 사실상 의사표시를 거부하는 통지를 행정기관(또는 행정청)이 한 경우에도 통지를 처분으로 하여 취소소송을 제기할 수는 없는 것으로 해석된다.

(b) '요구'에 대한 대응

다만, 행정기관(또는 행정청)은 의사표시에 대하여 필요한 조사를 하고, 필요하다고 인정하는 때는 행정지도(또는 처분)를 해야 할 의무가 있다(행정절차법 36조의3제3항).

## 제3관  국가배상

규제적 행정지도, 조정적 행정지도로 인하여 손해를 입으면 국가배상청구소송을 제기할 수 있다. 또한, 조성적 행정지도에서도 그를 신뢰하여 행동한 사인에게 불이익이 생긴 경우에는 마찬가지로 국가배상청구소송을 제기하는 것이 가능하다.

# 제3장  행정계약

## 제1절  행정계약의 의의

### 제1관  계약의 비권력적 성격

#### (1) 비권력적인 행정 수단

행정행위는 법령에 근거하여 국민의 권리·의무를 형성하거나 그 범위를 일방적으로 정하는 점에서 권력적인 행정 수단이다. 이에 비하여, 행정지도는 행정이 특정한 행정 목적을 달성하기 위하여 일정한 의사·정보를 표시하고, 이를 받아 사인이 임의로 행동하는 점에서 비권력적인 행위 수단으로 평가할 수 있다.

그리고 행정계약은 행정 측과 사인 측의 의사표시의 합치에 근거하여 행정상의 권리·의무 관계에 관한 규율을 정하는 점에서 행정지도와 마찬가지로 비권력인 행정 수단으로 평가할 수 있다. 행정지도는 행정 측이 일방적으로 의사·정보 등을 표시하고, 사인이 그를 받아 임의로 행동하는 것임에 비하여 행정계약은 특정한 행위·부작위 등에 관하여 행정과 사인이 합의를 성립시키는 점에 차이가 있다.

#### (2) 행정계약의 구속력

사법상의 계약은 통상 재산과 관련되는 내용인 점에서 구체적인 권리·의무 관계에 관한 규율을 포함하는 것이 일반적이다. 행정상의 법률관계에 관한 합의의 내용에 관해서도 사인 측에 요구되는 의무의 내용, 이에 대응하여 행정 측이 이행하는 의무의 내용 등이 재산과 관련되는 사항을 포함하고 있고, 사법상의 계약에 유사한 성격을 가지는 것도 있다.

한편, 행정계약에는 재산에 관련되는 사항에 한정되지 않는 다양한 사항을 포함하는 것도 많다(안전대책, 공해대책 등). 그중에는 당사자 일방에 의한 의무 불이행의 경우에도 이행강제를 상정하지 않는 신사협정 조항이 포함되는 예도 있다. 그러나 내용이 합리적이고, 이행의 강제가 가능한 정도로 구체적으로 특정된 내용이 정해져 있는 경우에 행정계약의 구속력을 부정해야 할 이유는 없다.

산업폐기물 최종처분장 사용금지 청구 사건 상고심 판결(最判2009年7月10日判時2058号 53頁)은 산업폐기물 처분업자와 정(町)이 체결한 공해방지협정에는 산업폐기물 처분시설의 사용기한이 정해져 있었음에도, 처분업자가 해당 기간을 넘어 조업을 계속한 사례에 관하여 합병으로 정의 권리·의무를 승계한 시가 금지를 구하여 출소한 사안에 관한 것이다. 같은 판결에서 최고재판소는 이 협정의 내용이 업자가 받은 지사의 허가가 유효한 기간 내에 사업 또는 시설이 폐지되는 결과를 초래하는 것이어도 폐기물처리법[폐기물의 처리 및 청소에 관한 법률(1970法137)]의 취지에는 반하지 않는다고 판단하여 계약에 공서양속 위반 등의 사유는 없는지를 판단하게 하도록 사안을 고등재판소에 파기·환송했다.

### (3) 행정계약의 다양성

행정계약에는 다양한 계약이 포함되어 있으나, 우선 첫째 국가·지방자치단체가 업무의 운영상 필요한 재화·서비스를 민간 등으로부터 구매하는 정부조달 계약과 같이 사법상의 계약에 준하여 취급하는 것이 적합한 계약이 있다. 이 계약에 관해서는 민사법의 기준에 근거하여 체결·이행상의 문제를 처리하는 것이 기본으로 되지만, 공금의 지출을 동반하는 점에서 회계법상의 제약은 적용되고, 나아가 경제성·효율성·실효성의 관점에서 통제가 필요해진다. 덧붙여서, 경제의 국제화 흐름 속에서 WTO(세계무역기구)의 '정부조달에 관한 협정'(Agreement on Government Procedure)에 따라 내외에 널리 개방된 정부조달 계약의 체결이 요구된다.

둘째, 행정에 의해 재화·서비스가 제공될 때는 제공 주체와 사인 사이에서 계약을 체결하는 형식에 의하는 경우가 많다. 다만, 이 재화·서비스는 기본적으로 국민에게 불가결한 것인 점에서 공급의 적정·공정을 확보하고, 공급에서 평등과 투명성을 확보하기 위하여 법령으로 기본적인 기준이 정해져 있다.

셋째, 환경규제나 토지이용규제의 분야 등에서 공해방지협정이나 원자력안전협정 등과 같은 규제 대체적인 기능을 가지는 계약 유형이 나타나고 있는 외에, 경관법(2004法110)상의 관리협정과 같이 행정과 사인이 협력하여 특정한 행정 목적을 달성할 것을 목적으로 협정을 체결하는 방법도 채용되게 되었다. 이 규제 대체적인 계약, 공사(公私) 협력적인 협정은 사법상의 계약과는 상당히 성격을 달리하는 점에서 수단의 상당성(비례원칙의 유추), 내용의 명확성, 투명성·공정성의 확보 등 독자적인 관점에서 법적인 통제의 모습을 고찰할 필요가 있다.

넷째, 국가·지방자치단체 그리고 정부 주변 법인 상호 간 업무 운영의 관점에서 계약·협정이 체결되는 경우가 있고, 이러한 계약·협정은 행정과 사인 간의 계약과는 다른 관점에서 고찰할 필요가 있다. 더욱이, 다섯째 행정사무의 민영화 등을 추진하는 수단으로서 업무위탁계약·협정 등이 체결되는 경우가 있고, 이 경우에 관해서도 사무의 공공성, 행정에 의한 감독 권한, 투명성 등을 확보할 과제 등 독자적인 관점에서 고찰이 필요하다[→ 행정주체 등과 사인의 네트워크(제1편 제2부 제3장)].

이 외에 법률 중에는 정부조달 계약에서 입찰 등의 계약체결 절차에 관한 규정, 각종 연금보험·건강보험과 관련되는 규정과 같이 공공이 제공하는 재화·서비스의 제공 조건, 요금 등을 상당히 상세하게 규율하고 있는 것이 있는 한편, 공해방지협정·원자력안전협정과 같이 법률에 근거하지 않고 체결되고 있는 것도 있다.

따라서 행정계약이라고 해도 계약 일반에 공통하여 적용되는 통일적인 규율 내용 등에 관해서는 법제도·법이론이 충분히 발달해 있다고 말할 수 없는 상황에 있다.

### (4) 행정사무상의 계약

오늘날, 국가·지방자치단체 이외에 독립행정법인, 특수법인 등 그 밖에, 인가법인, 지정법인도 행정사무의 담당 주체로서 나타나고 있다. 더욱이, 이 주체들 외에 제3섹터, 각종 공익법인, NPO 등이 행정과 연계하면서 공공적 사무 수행의 네트워크를 형성해 왔다[→ 행정주체, 정부 주변 법인과 민간 법인의 네트워크(제1편 제2부 제3장 제2절)].

또한, 민영화의 진행 중에 행정사무의 수행 시 민간의 사업자 등을 사무, 서비스 제공의 주체로 하면서, 행정에 의한 관여(행정처분 등을 통한 행정감독의 제도 등), 행정과의 연계 제도를 마련하여 효율적으로 질 높은 재화·서비스를 제공하는 제도를 구축하는 예도 나타나고 있다. 이 경우에 재화·서비스를 제공받는 국민과 사업자 간의 계약 관계, 사업자와 행정 간에서의 각종 법률관계(사무위탁계약, 사업감독의 관계) 등에 관해서도 시야를 넓혀 고찰의 대상으로 할 필요가 생기고 있다.

원래 정부조달 계약에 대한 각종 규율에 관해서도 예로부터 행정주체와 사인 간의 사법 계약 관계에 대한 민사특별법상의 규율로 평가하고, 이것을 행정계약의 유형으로 간주하여 행정법의 관점에서 필요한 고찰을 해 온 경위가 있다.

그래서 이 장에서도 공공적인 사무의 네트워크에서 전형적인 행정주체 이외의 자에 의해 체결되는 계약에 관해서도 행정사무상의 계약으로서 고찰의 대상으로 하기로 한다.

### (5) 고찰의 대상

이 장에서는 우선, 행정계약 일반을 상정한 논의를 소개한다. 그 후에 행정사무의 수행상 계약의 방법이 많이 이용되고 있는 행정 분야(정부조달 분야, 급부행정 분야, 규제행정 분야, 행정주체 등 간의 계약, 사인 등에 대한 업무위탁계약 등)의 각각에 관하여 법적 규율의 특징, 이론적 과제 등을 확인해 가기로 한다.


## 제2관  행정계약과 법률


### (1) 행정계약과 법률의 유보

행정계약은 비권력적인 행위형식이기 때문에 침해유보설, 권력유보설의 관점에서는 법률의 근거는 필요 없다. 다만, 중요사항유보설에서 보면 국정상 중요한 의미가 있는 계약(거액의 자금 지출을 내용으로 하는 계약 등), 더욱이 권력적인 수단을 사용한 행정규제를 대체할 목적으로 사인의 권리·이익에 중대한 의미가 있는 작위·부작위를 사인에게 요구하는 내용의 계약을 체결하는 경우에도 법률의 근거나 법적인 규율이 필요하게 된다.

### (2) 법령 등에 의한 공공성의 확보

행정계약은 행정행위나 행정지도와 마찬가지로 행정주체 등이 행정 목적을 달성하기 위하여 사용하는 행위형식이다. 따라서 행정계약 유형에 해당하는 다양한 행정활동에 관하여 공공성을 확보하는 제도를 둘 필요성이 생긴다. 현재, 이미 말한 바와 같이 분야에 따라서는 공공적인 관점에서 개별 법률로 행정계약과 관련되는 각종 특칙이 마련되어 있다.

## 제3관 법정계약과 비법정계약

### (1) 법정계약

법정계약의 예로서는, ( i ) 경관(景觀)행정단체(도·도·부·현, 지정도시, 중핵시 등) 등이 경관 중요 건조물 등의 관리를 스스로 하기 위하여 그 소유자와의 사이에서 체결하는 관리협정(경관법 36조1항)이나, ( ii ) 소방단의 장이 수리(水利)의 소유자, 관리자 등과의 사이에서 화재 시의 수리의 이용, 관리에 관하여 체결하는 협정[소방법 30조2항. 쓰나미 방지지역 만들기에 관한 법률(2011法123) 60조 이하도 참조] 등이 있다.

또한, 행정주체와 국민 간에 체결되는 것은 아니나, ( iii ) 택지의 소유자 등이 상호 협정을 맺고(또는 개발업자 등이 단독으로) 시·정·촌장의 인가를 받아 효력이 발생하는 건축협정(건축기준법 69조 이하), ( iv ) 양호한 주거환경을 조성하기 위해 합의에 근거하여 관계자 전원의 합의구역을 설정하여 녹지의 보전 또는 녹화에 관한 협정을 맺고 시·정·촌장의 인가를 받는 녹지협정(도시녹지법 45조 이하)도 도시행정상의 중요한 제도이다[→ 행정사무상의 계약(제6절)].

### (2) 비법정계약

비법정계약의 전형으로서는 공해방지협정, 원자력안전협정이 있고, 택지개발업자가 공공시설 건설의 부담금 등을 납부하는 것 등을 내용으로 하여 행정과의 사이에서 체결하는 택지개별협정 등이 있다.

# 제2절 정부조달 계약

## 제1관 정부조달 계약

행정의 활동에 필요한 물자 등을 조달하는 때에는 민간의 법인과 마찬가지로 계약 형식으로서 하는 것이 일반적이다. 따라서 정부조달 계약에 관해서는 민사법의 기준이 적용된다. 다만, 이미 말한 바와 같이 정부가 지급하는 대가는 상당한 규모의 금액이 되는 경우가 많고,

또한 그것은 공금으로 지급된다. 그 때문에 재정민주주의에 따른 규제, 경제성·실효성·효율성 관점에서의 규제(경쟁 확보의 관점도 포함한다), 투명성·공정성 관점의 규제가 다양한 법률에 마련되어 있다.

## 제2관  민사법의 적용

정부조달 계약을 전형적인 예로 하여, 재산상 채권·채무 관계에 관한 규율을 내용으로 하는 행정계약에 관해서는 그 성질상 계약에 관한 민법의 규정이 적용·준용된다. 따라서 정부조달 계약 등 재산상 내용을 주로 하는 계약을 체결하려고 하는 행정기관은 민법의 규율을 기본적으로 받게 된다. 판례도 무권대리에 관한 민법 110조(2017法44에 따른 개정 전의 조문)와 쌍방대리에 관한 민법 108조(2017法44에 따른 개정 전의 조문)의 적용·준용을 인정한 예가 있다.

민법의 무권대리에 관한 규정에 관하여 금전의 수령 권한이 없는 촌장의 차입 행위에 준용될 여지가 있는 점을 인정한 최고재판소 판례로서 대금청구 사건 상고심 판결(最判1959年7月14日民集13卷7号960頁)이 있다. 또한, 시가 설립한 박람회협회의 회장이었던 시장이 협회의 적자를 전보할 목적으로 협회와 체결한 협회 소유 물품의 구매계약에 관하여 쌍방대리에 관한 규정이 준용된다고 판단한 최고재판소의 판례로서 손해배상청구 사건 상고심 판결(最判2004年7月13日民集58卷5号1368頁)이 있다. 다만, 특히 후자의 사안에 관해서는 계약체결 시 불공정한 판단을 조직적으로 억제하는 수단으로서 쌍방대리에 관한 민법 108조(위와 같음)는 충분하지 않다고 하는 견해도 유력하다.

## 제3관  공공적 관점에서의 통제

### (1) 재정민주주의

재정민주주의의 관점에서는 정부조달 계약 등의 재산상 계약을 체결할 때 국민·주민대표인 의회의 관여가 요구된다. 예를 들면, 헌법 85조에 따르면 국가가 국비를 지출하고, 채무를 부담하는 계약에 관하여 예산형식에 의한 의회의 의결이 필요하다.  지방자치법(1947法67) 상으로도 중요한 계약에 관하여 의회의 의결이 필요하다(자치법 96조1항4호 이하).

### (2) 경제성(경쟁성), 투명성 등의 확보

① 경쟁입찰, 지명경쟁입찰 등

또한, 공금의 지출을 동반하는 정부조달 등의 재산에 관련되는 사항을 대상으로 하는 계약에서는 계약의 상대방을 선정하는 과정이 공정하고 투명성이 높아야 한다. 따라서 정부조달 계약을 할 때는 회계법규 등에 근거하여 조달자는 경쟁성·투명성·공정성이 확보된 입찰 등의 절차를 거칠 것이 정해져 있다.

구체적으로는 회계법(1947法35) 29조의3은 매매 등의 계약을 체결하려고 하는 경우 계약 담당관 등은 공고하여 신청하게 하는 경쟁입찰에 의해야 한다고 규정한다(회계법 29조의3 제1항). 그리고 계약의 성질 또는 목적에 따라 경쟁에 참여하는 자가 소수이기 때문에 경쟁에 부칠 필요가 없는 경우와 같은 항의 경쟁에 부치는 것이 불리하다고 인정되는 경우에서는 지명경쟁에 부쳐야 되고(회계법 29조의3제3항), 수의계약이 인정되는 것은 계약의 성질 또는 목적이 경쟁을 허용하지 않는 경우, 긴급한 필요로 경쟁에 부칠 수 없는 경우 및 경쟁에 부치는 것이 불리하다고 인정되는 경우만이다(회계법 29조의3제4항).  이와 관련하여, 지방자치단체의 계약체결에 관해서도 지방자치법에 같은 규율이 마련되어 있다(자치법 234조).

또한, 정부조달 계약에서 절차의 공정을 확보하고, 위법하게 계약이 체결되는 것을 예방하기 위하여, 지명경쟁입찰 등에 관해서는 회계법규 위반, 담합 등의 법령 위반이 있는 경우에 지명 정지의 조치를 하고, 정부조달 계약에 대한 참여의 기회를 박탈하는 등 위반행위에 대해 제재하는 제도가 마련되어 있다(조달 기관이 정하는 '공사도급계약과 관련되는 지명 정지 등의 조치 요령' 등). 그리고 지명 정지 조치 등에 불복이 있는 경우의 소송상 구제 방법 등이 논의되고 있다[→ 광의의 제재, 계약 관계에서 배제(제6부 제4장 제2절)].

국가·지방자치단체는 일반경쟁입찰, 지명경쟁입찰에 관하여 미리 입찰 참가 자격을 심사하고 있다. 국가에서는 각 성청에서 물품의 제조·판매 등과 관련되는 일반경쟁(지명경쟁)의 입찰 참가 자격(모든 성청 통일 자격)이 제정되어 있고, 통일적인 신청 포털도 마련되어 있다.


② 공공공사(公共工事) 적정화법

또한, 2000년에는 '공공공사의 입찰 및 계약의 적정화 촉진에 관한 법률'(같은 법 127)이 제정되어 계약절차의 투명화에 관한 조치(정보의 공표), 투명성·공정성을 감시하는 제도(적정화 지침의 수립·공표, 학식 경험자 등의 의견 반영, 부정행위 등에 대한 조치 등)에 관하여 규율하고 있다.

③ 감시제도의 정비

그리고 이러한 행정법상의 규율이 준수되어 행정계약의 공정성·투명성, 효율성·경제성이 확보되어 있는지에 관하여 조직 밖에서 감시하는 제도도 마련되어 있다. 국가에는 회계검사원 등의 감시·통제의 제도가 있고, 지방에는 감사위원 감사, 외부감사, 그 밖에 주민감사청구·주민소송을 통하여 주민이 통제하는 제도도 있다[→ 행정법의 의의, 행정통제의 원칙, 효율성·경제성 원칙(자의적 증여 금지의 원칙을 포함한다)(제1편 제1부 제2장 제1절)].


## 제4관  국제조약에 근거하는 규제


경제적 세계화의 흐름 속에서 WTO(세계무역기구)는 가맹국 간에 비관세장벽을 제거하고, 공정하고 개방적인 국제무역을 촉진하는 관점에서 1994년에 '정부조달에 관한 협정'(Agreement of Government Procedure)을 채택했다(1996년 발효. 일본은 1995년에 체결·공포). 같은 협정은 (ⅰ) 내국민 대우 및 무차별 대우의 원칙을 내세움과 동시에 (ⅱ) 협정의 적용 대상이 되는 조달 기관의 범위를 정하고, (ⅲ) 입찰에 관한 실체적·절차적 요건을 정하며, (ⅳ) 협정 위반과 관련되는 고충신청 절차를 둘 것 등을 체약국에 요구하고 있다.

일본에서는 같은 협정에 근거하여 국가, 독립행정법인·특수법인(특수회사) 등이 체결하는 조달계약에 관하여 협정의 이행을 확보하기 위한 기관으로서 정부조달 고충처리 추진회의(의장, 내각부 사무차관)가 설치됨과 동시에 고충신청을 처리할 기관으로 정부조달 고충처리 검토위원회가 설치되어 있다(도·도·부·현, 정령 지정도시에는 독자적으로 고충처리의 창구가 설치되어 있다).

## 제5관  그 밖의 준비계약

지금까지 고찰해 온 정부조달 계약에 추가하여 관공서의 청사 용지, 공공시설 그 밖의 용지의 확보를 목적으로 하는 토지의 매매계약 등을 포괄하는 것으로서 준비계약의 개념을 사용하는 논자도 있다. 이 계약도 민사법의 규율에 복종하지만, 나아가 공공성, 경제성·실효성·효율성의 관점에서 특별한 법적 규율에 복종하게 할 필요가 있는 점은 정부조달 계약과 차이는 없다.

# 제3절  급부 행정계약

## 제1관  급부행정과 계약

### (1) 계약 형식의 채용

행정에 의한 재화·서비스 등의 제공은 통상 급부 행정계약의 형태로 이루어지는 경우가 많다. 또한, 수도사업 등에서 보이는 바와 같이 이 재화·서비스는 기업활동·국민생활에 불가결한 것이 많다. 따라서 이 재화·서비스 공급의 적정·공정을 확보하기 위해 다양한 규율이 개별법에 마련되어 있다. 다만, 이 분야에서 민영화가 추진되어 온 결과, 재화·서비스를 행정이 직접 제공하는 제도의 예는 적어졌다. 수도사업에 관해서도 원칙적으로 시·정·촌이 경영하게 되어 있지만, 시·정·촌이 동의하면 민간사업자가 사업을 시행하는 것도 예정되어 있다(수도법 6조2항).

2018년에는 지방자치단체가 수도사업자 등으로서의 지위를 유지하면서도, 후생노동대신의 허가를 받아 수도시설에 관한 공공시설 등 운영권을 민간사업자에게 설정할 수 있는 제도가 수도법의 개정으로 도입되었다(2018法92). 이에 따라 사업자는 요금 설정 등에 관하여 조례의 범위에서 재량이 부여되어 저당권의 설정 등을 통한 자금조달도 가능하게 되었다.

## (2) 다양한 제도

또한, 재화·서비스를 공급할 때 이전에는 모자복지, 노인복지, 아동복지 분야와 같이 행정행위(보호조치 등)의 형식을 중심으로 법률관계가 형성되어 왔지만, 민영화의 흐름 속에서 행정행위와 계약을 결합하여 양질의 효율적이고 저렴한 재화·서비스의 제공을 지향하는 시스템이 형성되어 왔다.

예를 들면, 과거에는 공립 어린이집이 실시해 온 보육 서비스에서도 현재는 어린이·육아 지원법(2012法65)에서 (ⅰ) 공립·사립의 어린이집, 인정 어린이원, 지역형 보육 등, 다양한 보육 서비스 공급 주체의 존재를 전제로 하여, (ⅱ) 행정(시·정·촌)에 의한 보육 필요성의 인정(어린이·육아지원법 20조)을 받은 보호자가 이 공급 주체를 선택하고 서비스를 받는 개인 간의 계약에 근거하는 제도로 일부 변용되고 있다[행정사무상의 계약. 또한, 사립·공립의 어린이집에 관해서는 시·정·촌과 보호자 간의 공적 계약의 구성이 유지되고 있다. 참조, 아동복지법(1947法164) 24조1항·5항·6항 등].

어린이·육아 지원법의 시스템에서 행정은 이용지원, 알선, 조정을 하는 외에도 최종 수단으로서 조치를 하고, 서비스 주체에 감독권을 행사하여 서비스의 양과 질을 통제하는 역할을 한다. 한편, 서비스 주체는 정당한 이유 없이 이용을 거부하는 것이 허용되지 않는 한편, 보호자에게 급부된 시설형 급부 비용을 행정으로부터 직접 대리 수령하는 것이 인정된다.

이와 같이, 많은 영역에서 오늘날 행정의 역할은 민간의 사업자 등을 제도에 편입하여 계약의 형식을 유연하게 포함하면서 국가가 급부를 보장해야 하는 재화·서비스가 적절하게 제공되는 시스템을 갖추는 것에 특화되어 있다(개호보험의 시스템도 같다. 이러한 법 현상을 총칭하여 보호 행정으로 부르는 경우가 있다).

## 제2관  급부 행정계약의 통제

### (1) 내용의 법정·명확화, 홍보 등

기업활동·국민생활에서 중요한 의의가 있는 재화·서비스가 국민에게 제공되는 시스템을 확보하는 관점에서 법률, 정·성령, 조례 등에 따라 계약체결의 요건, 계약 내용에 관하여 구체적인 규율이 마련되거나, 공급 주체가 규율을 정하는 것이 법령에 따라 의무화되는 것이 일반적이다.  예를 들면, 수도법(1957法177) 14조1항에서는 수도사업자에게 공급규정을 정할 의무를 부과하고, 같은 조 2항은 공급규정이 갖추어야 하는 내용을 규정하고 있다.  더욱이, 같은 조 4항에서는 공급규정의 홍보 의무를 사업자에게 부과하고 있다.

### (2) 계약체결의 강제

또한, 국민의 생활에 불가결한 재화·서비스를 제공하는 측은 행정이든, 해당 시스템에 편입된 사업자이든, 법률 등에 정해진 정당한 이유가 없으면 계약체결을 거부하거나, 계약을 해제하는 것은 허용되지 않는다(거부·해제의 제한. 거부의 제한에 관하여 수도법 15조1항, 어린이·육아지원법 33조1항·45조1항 등).

### (3) 평등 대우의 원칙

더욱이, 재화·서비스의 급부를 요구하는 상대방은 평등하게 대우받아야 한다.


급수조례 무효확인 등 청구 사건 상고심 판결(最判2006年7月14日民集60巻6号2369頁)은 정(町)이 운영하는 수도사업에 관하여, 정이 정하는 급수 조례의 내용이 지방자치법 244조3항에서 말하는 부당한 차별 대우에 해당하는지가 쟁점이 된 사안에 관한 판단이다.  최고재판소는 공영기업으로 운영되는 수도사업에서 수도사용의 대가인 수도 요금은 급수에 필요한 개별 원가에 근거하여 설정되어야 하는 것이어서 별장의 급수 계약자와 그 이외의 자 간에 기본요금의 큰 차이는 정당화할 수 없다고 하고, 조례상의 차이는 지방자치법 244조3항에 위반된다고 판단했다.

## 제3관 급부 행정계약과 소송

정부조달 계약과 마찬가지로 급부 행정계약과 같은 재산과 관련되는 조항을 포함하는 계약이 행정과 사인 간에 체결된 경우에서 그것이 구체적인 채권·채무 관계를 규율하는 것이고, 법령의 취지 등에 반하지 않는 것일 때에는 민사상의 계약과 마찬가지로 또는 민사상의 계약으로서 재판소에 그 이행 등을 구하여 제소할 수 있다(민사소송 또는 공법상의 당사자소송).

# 제4절 규제 행정계약

## 제1관 규제 행정계약의 의의

### (1) 규제 행정계약의 허용성

정부조달 계약과 급부 행정계약은 재산과 관련되는 내용을 규율하는 유형의 행정계약으로서 예로부터 행정실무에서 정착되어 왔다. 이에 비하여, 국민과 기업의 활동을 규제하는 수단으로서 행정이 계약을 사용하게 된 것은 비교적 최근의 일이다. 상대방의 동의에 근거하는 것이라고는 해도 법령의 근거 없이 또는 법령 등의 근거는 있어도 사인과의 교섭의 여지(행정의 자유로운 판단)가 널리 인정되는 행정계약의 방법은 규제의 수단으로서 적절하지 않다고 생각되어 왔기 때문이다. 또한, 행정재량의 범위에서 어떠한 규제내용을 정할지는 담당 행정기관이 스스로 행정책임에서 결정해야 하는 것이고, 상대방 측과의 교섭을 통해 서로 양보하여 정할 만한 것이 아니라는 생각도 있었다.

그러나 교섭을 통하여 달성된 합의에 근거하는 규제 내용은 일방적인 행정처분에 의하는 경우보다도 준수되는 정도가 높다고 하는 의견도 있고, 또한 계약 형식을 채용하는 것으로 계약에 상세한 조건·내용을 포함하거나 사후의 사정 변화에 대응하여 계약 내용을 유연하게 변경할 여지를 인정할 수 있게 되는 등 계약에 장점은 있다는 인식이 유력해져 왔다.

### (2) 공해방지협정, 원자력안전협정

실무상으로도 기업 입지에 관하여 지방자치단체가 기업 측과 공해방지협정을 체결하는 예나, 주민의 안전 등을 지키는 입장에서 법령상으로는 규제 권한이 없는 지방자치단체가 원자력발전소의 건설·운전 시 안전 협정을 맺는 예가 나타나고 있다. 또한, 최고재판소도 공해방지협정에 관하여 계약 내용이 공서양속이나 행정의 일반 법원리, 각종 법령의 규정에 위반되지 않는 범위에서는 규제적 내용을 포함하는 조항도 법적 구속력을 가지는 것을 인정했다[산업폐기물 최종처분장 사용금지 청구 사건 상고심 판결(最判2009年7月10日判時2058号53頁). → 행정계약의 의의, 계약의 비권력적 성격, 행정계약의 구속력(제1부)].

그러나 이러한 협정 중에는 (ⅰ) 기업 측의 행동을 제약하는 근거로 하기에는 추상적인 내용에 지나지 않는 조항이 포함되는 사례, (ⅱ) 규제적인 효과를 가지는 행정에 대한 행위의 수인을 기업 측에 구체적으로 인정하게 하는 조항에 관해서도 수인의 요건이 여전히 불명확한 점에서 과도한 부담을 기업 측에 주게 되는 사례도 있다. 그리고 이러한 행정계약 내용의 타당성에 대하여 비판이 없는 것은 아니다(계약 조항의 불명확, 사인에게 과도한 부담을 요구하는 조항에 관한 비례원칙 등으로부터의 의문). 이 협정의 내용에 어떻게 법적 통제를 할지는 향후 검토 과제이다.

산업폐기물 최종처분장 사용금지 청구 사건 상고심 판결(最判2009年7月10日判時2058号53頁)에서 최고재판소는 공서양속 위반 등의 관점에서 공해방지협정 내용의 타당성이 검토되어야 한다는 입장에서 사안을 고등재판소에 환송했다. 한편, 환송 후의 항소심 판결[福岡高判2010年5月19日(判例集未登載)]에서 후쿠오카 고등재판소는 공서양속 위반의 관점으로만 사안을 검토하고 위법한 점은 없다고 판단했다.

## 제2관  규제 행정계약과 소송

### (1) 규제 행정계약의 이행강제

규제적인 행정계약의 내용이 법령 등의 취지에 반하지 않고, 민법·행정법상의 일반 법원리에도 반하지 않는 합리적인 것이면 해당 계약 조항의 내용에는 법적 구속력이 인정되고,

계약의 당사자인 기업 등에 불이행이 있는 때에는 행정은 그 이행을 재판소에 구하여 제소할 수 있다.

### (2) 규제 행정계약과 국민

한편, 규제적인 행정계약은 전형적으로는 행정기관과 특정 국민 간에 체결되는 것이다. 따라서 행정계약의 당사자에게 불이행이 있었던 경우에도 당사자가 아닌 국민이 행정계약의 이행을 재판소에 구하는 것은 곤란하다.

공해방지협정의 이행을 구하고, 협정의 당사자인 기업을 피고로 하여 주민이 소송을 제기한 사안에 관한 화력발전소 건설금지 청구 사건 제1심 판결(札幌地判1980年10月14日判時988号37頁)에서 재판소는 (ⅰ) 주민은 계약 당사자의 지위에 있고, (ⅱ) 공해방지협정은 제삼자를 위해 하는 계약에 해당한다는 등의 주장을 한 주민의 주장을 모두 배척했다.

## 제5절  행정주체 등 간의 계약

통상, 행정계약은 행정주체와 국민 간에 행정 목적의 달성을 위하여 체결된다. 그러나 행정주체 간에 체결되는 행정계약의 예도 있다. 구체적으로는 지방자치단체 상호 간의 사무처리의 연계와 관련되는 연계 협정(자치법 252조의2)과 지방자치단체 상호 간의 사무위탁 제도(자치법 252조의14 이하)가 있다. 같은 법에 따르면 위탁 시에는 협의하여 규약을 정할 것이 요구되는(규약의 내용에 관하여 자치법 252조의15) 외에, 위탁의 효과로서 위탁하는 측의 사무처리 권한은 지방자치단체에 이전되는 것이 정해져 있다(자치법 252조의16).

행정주체 간의 계약에는 그 외에 공공시설의 구역 외 설치에 관한 협의(자치법 244조의3 제1항), 경계지 도로관리의 비용 부담에 관한 협의(도로법 54조) 등이 있다.

## 제6절  행정사무상의 계약

행정이 직접 제공해 온 재화·서비스에 관하여 민간의 사업자 등도 편입하여 제공하는 제도가 마련되는 경우 등 다양한 경우에 계약의 방법이 이용되는 점에 관해서는 이 장의 앞부분에서 설명했다. 이 계약은 체결 주체에만 주목하면 사인 간의 계약이지만, 법령에 따라 행정사무 수행 시스템 속에 편입되는 점에 착안하면 행정사무상의 계약으로 평가할 수 있다. 그래서 보육 제공의 제도와 같이 ( i ) 재화·서비스의 제공자에게는 정당한 사유가 없는 경우에 계약체결의 거부는 인정되지 않고, ( ii ) 재화·서비스의 제공에 관하여 상세한 기준이 설정되는 외에 행정에 의한 사업자의 감독에 추가하여 사업자와 행정의 연계 제도가 마련되며, ( iii ) 국민 부담에 관해서도 특별한 재정 조치가 마련되는 등 행정사무를 적정하고 효율적으로 수행하기 위한 특별한 규율이 법령에 마련되어 있다.

  행정계약은 그 외에도 행정사무의 민간사업자에 대한 위탁 등의 경우에 민영화를 추진하기 위한 행정 수단으로 활용되고 있다. 이 경우에 위탁 등을 받은 민간사업자와 행정사무 상대방의 관계가 계약 관계로 맺어질 때는 이것도 행정사무상의 계약으로서 고찰의 대상으로 하는 것이 요구될 것이다[→ 민영화의 수행(제1편 제2부 제3장 제1절)].


  지정 확인·검사기관이 한 건축확인에 관하여 지정 확인·검사기관 측의 채무불이행 책임을 긍정한 고등재판소의 판결[大阪高判2014年4月22日(判例集未登載)]이 있다. 또한, 지정 확인·검사기관의 상고, 상고 수리 신청에 대하여 손해배상청구 사건 상고심 판결[2015年4月16日(判例集未登載)]은 이를 기각·불수리했다[→ 공공과 민간의 역할 분담, 역할 분담의 명확화(제1편 제1부 제1장 제4절)]. 이 고등재판소의 판결은 건축확인(행정행위)이 민영화가 된 경우에 민간 법인인 지정 확인·검사기관과 건축확인 신청인 간에는 계약 관계가 성립한다는 전제에 서서 판단을 제시하고 있고, 계약 관계가 성립하는 점에 관해서는 입법자도 마찬가지로 생각하고 있었다.

# 제5부 행정입법과 행정계획

## 제1장 서설

제3부 및 제4부에서는 행정행위, 행정지도, 행정계약에 관하여 설명했다. 제5부에서는 행정입법과 행정계획을 다룬다. 이 행위형식들은 모두 행정이 어떤 준칙·기준을 정하는 것이라는 점에 공통성을 가진다.

행정계약 중 행정주체 등 간의 계약, 민영화의 수단으로서의 계약은 넓게 행정사무의 운영 등에 관한 준칙을 두는 유형을 포함하는 것이나, 그 밖의 행정계약은 행정과 국민 간의 구체적인 권리·의무를 규율하는 것이 일반적이다.

그래서 제5부에서는 우선 행정입법에 관하여 설명한 후에 행정계획을 다루기로 한다.

## 제2장 행정입법

### 제1절 행정입법의 의의

**(1) 양자의 구별**

전통적으로는 행정입법에는 '국민의 권리·의무에 관한 일반적·추상적인 구속력 있는 규범'인 법규명령과 그러한 구속력이 없는, 행정 내부에만 통용력이 있는 규정인 행정규칙이 포함된다고 하여 이 양자는 구별되어 왔다.

**(2) 비판적 견해와 본서의 입장**

그러나, 최근에는 이러한 법규명령과 행정규칙을 엄격히 구별하는 것은 적절하지 않다고 하는 비판이 등장하게 되었다. 정령·성령 등의 명령 중에도 법규의 성격을 가지지 않는 규범이 있고, 행정규칙 중에도 법규에 준하는 형태로 법적 구속력이 인정되는 것이 있다. 이 점에 착안하여 행정절차법상으로도 특정 절차의 실시가 요구되는(의견공모 절차) 등 법규명령에 준하는 취급을 받는 것이 나타났다. 덧붙여서, 행정규칙 중에는 행정처분 등에 관한 내부기준, 조직규정, 공공시설의 이용 규정 등 다양한 성격의 규범이 포함되는 점에서 행정 기준을 상위개념으로 하여 그중에서 법규명령과 그 밖의 규범을 구별해야 한다는 견해도 있다.

다만, 본서에서는 '법규'와 그 이외의 규범을 구별하는 전통적 견해는 여전히 의미가 있다고 생각하기 때문에 행정입법-법규명령-행정규칙이라는 구별을 따르기로 한다.

### (3) 행정사무상의 규범

오늘날, 행정사무의 민영화의 진행 중에 행정주체가 제정한 행정입법 외에 특별 행정주체, 정부 주변 법인, 나아가 이들의 업무 위탁을 받은 민간의 법인 등이 행정사무의 운영에서 중요한 역할을 하게 되었다. 그리고 이 법인들이 업무 집행상 정한 각종의 규범은 이 법인들에서 업무 운영상의 준칙으로써 사용되기 때문에 이 규범들에 관해서도 적정·공정 등의 관점, 투명성·설명책임 확보의 관점 등에서 행정법학상으로도 고찰할 필요가 생겼다. 그래서 본서에서는 이 규범들을 '행정사무상의 규범'으로 평가하고 약간의 고찰을 하기로 한다.


## 제2절  법규명령


### 제1관  법규명령의 의의


### (1) 정의

법규란 '국민의 권리·의무에 관한 일반적·추상적인 구속력이 있는 규범'을 말한다. 이러한 법규는 본래 국가 차원에서는 국민의 대표인 국회가 정해야 하는 것이나(→ 국회의 법규창조력 독점), 다음에 서술하는 다양한 필요성으로 인하여, 한정된 범위에서 법규명령을 행정이 정립하는 것은 인정되어 왔다. 다만, 국회의 위임에 근거하여 정·성령 등 정식의 법형식으로 정해지는 것(위임명령)인지, 아니면 법률의 집행상 필요한 범위에서 정해지는 것(집행명령)인지를 구별하는 것도 중요하다.

후자에 관해서는 국회의 개별적 위임이 없는 경우에도, 예를 들면, 법령에 정해진 신청서의 형식, 첨부서류의 종류 등 법률의 집행상 필요한 한도에서는 법적 구속력을 가진 규범을 행정이 정립하는 것이 인정되었다.

### (2) 법규명령의 필요성

통상, 의회가 정하는 법률 외에 국민의 권리·의무에 관한 구속력이 있는 일반적·추상적인 규범을 행정이 정립하는 것이 인정되는 이유로서는 ( i ) 전문기술적 사항이 있는 점, ( ii ) 상황의 변화에 유연하게 대응할 필요가 있는 점, (iii) 정치적 중립성 확보가 필요한 사항이 존재하는 점, (iv) 지역적 사정을 배려하여 규범을 둘 필요가 있다는 점 등이다(위임명령의 경우). 또한, 개별적 위임이 없는 경우에도 법률의 집행상 필요한 한도에서는 법적인 구속력을 가진 규범을 행정이 정립할 필요가 있는 점도 다툴 여지는 없을 것이다(집행명령의 경우).

### (3) 헌법상의 근거

이미 말한 바와 같이, 국회 중심주의를 채용하는 일본국헌법 41조에 따르면 국가 차원에서는 국회에 법규를 정립할 권한이 있다고 생각되어 왔다. 따라서 위임명령의 필요성이 인정된다고 하더라도 위임명령에 관하여 헌법상의 근거가 부여될 필요가 있다. 헌법학상으로는 위임입법이 용인되는 조문상의 근거로서 헌법 73조6호 단서를 든다.

이에 비하여, 집행명령의 합헌성 근거로서는 '헌법 및 법률의 규정을 실시하기 위하여' 정령을 제정하는 권한을 내각에 인정하는 헌법 73조6호 본문을 든다. 또한, 입법자가 이러한 헌법해석을 확인하는 취지로 정한 규정으로서는 내각, 내각총리대신 및 각 성 대신은 법률을 시행하기 위해 정령 또는 성령을 정할 수 있다고 하는 국가행정조직법 12조1항(1948法120), 내각부 설치법(1999法789) 7조3항이 있다.

### (4) 법규명령의 형식

① 정령·성령 등

법규명령은 통상, 정령·성령 등의 법형식을 취한다(성령의 경우, 규칙 등의 명칭을 취한다). 나아가, 재위임이 인정될 때는 규칙의 형식을 취하는 예도 있다. 법규의 성질을 가지는 것인 이상, 국민에게 널리 알려지는 정규의 법형식을 취할 필요가 있다.

덧붙여서, 정령·성령이어도 법규로서의 성질을 가지지 않는 것도 있다. 또한, 특정한 자에게만 발해지는 통달·통지에는 원칙적으로 법규로서의 성질은 인정되지 않는다.

② 고시의 성격

실무상 고시라는 법형식이 인정되고 있다. 고시는 일정한 내용을 국민에게 널리 알리기 위한 법형식이고 그 내용은 다양하다. 구체적으로는 (ⅰ) 일반처분, (ⅱ) 심사기준·처분기준, 행정지도 지침, 통달·통지 등의 법규성을 가지지 않는 규범, (ⅲ) 학습지도요령 등 법규명령의 성질을 가지는 조항을 포함한 기준 등 다양한 성격을 가지는 규범의 공시에 사용된다.

일반처분이란 특정한 자를 대상으로 하지 않지만, 항고소송의 대상이 되는 처분으로서의 성격(처분성)이 인정되는 행위를 말한다. 예로서는 도로의 공용(供用) 개시행위 등의 대물처분이 있다. 최근에는 최고재판소가 처분성의 범위를 확장하는 판단을 제시하여 다양한 일반처분이 등장하게 되었다[→ 처분성(제4편 제3부 제2장)].

## 제2관  위임입법의 한계-백지위임·재위임

### (1) 서설

다만, 위임입법에도 한계가 있다. 구체적으로는 (ⅰ) 백지위임의 금지, (ⅱ) 재위임의 허용성, (ⅲ) 위임의 취지·목적에 의한 구속 등이 논의되고 있다.

### (2) 백지위임의 금지

우선, 헌법이 국회에 입법권을 부여하고 국법과 관련되는 법규창조력의 독점을 인정한 이상 그 취지를 잠탈하는 형태로 이루어지는 백지위임은 금지된다.

백지위임의 금지가 쟁점이 된 구체적 예로서는 정치적 행위의 규정을 인사원규칙에 위임한 국가공무원법(1947法120)의 규정이 문제가 된 사례[국가공무원법 위반 피고사건 상고심 판결(最判1958年5月1日刑集12巻7号1272頁)], 학교교육법(1947法26)의 위임을 받은 학습지도요령에 관하여 그 위임의 형식이 문제가 된 사례[손해배상청구 사건 상고심 판결(最判1993年3月16日民集47巻5号3483頁)]가 있다.

후자의 판결은 (ⅰ) 교육기본법·학교교육법의 관계 법률에 따라 교과서는 내용이 정확하면서 중립적이고 공정하며, 해당 학교의 목적, 교육목표, 교과 내용에 적합하고, 내용이 아동, 학생의 심신 발달의 단계에 따른 것으로서 아동, 학생의 사용 편의에 맞는 것이어야 한다는 것은 분명하고, (ⅱ) 검정 규칙, 검정 기준은 관계 법률에 따라 명확한 교과서의 요건을 심사의 내용 및 기준으로서 구체화한 것에 지나지 않는다고 하고 있다. 이 판결은 법률의 명문에 없는 위임요건을 관계 법률로부터 도출하여 백지위임의 금지 법리에 저촉되지 않는다고 하는 해석을 제시하고, 위임에 엄격한 통제를 하는 견해를 채용하지 않고 있다.

더욱이, 국가공무원 공제조합법(1958년 법 128. 2012년 개정 전의 것) 부칙 12조의12제4항 및 후생연금보험법 등의 일부를 개정하는 법률(1996년 법 82) 부칙 30조1항의 합헌성이 다투어진 사례(最判2015年12月14日民集69卷8号2348頁)도 있다.

이 사안에서는 위 법률이 퇴직일시금 이자 가산액의 산정에서 퇴직일시금에 가산되는 이자의 이율 결정에 관하여 문언상 제한 없이 정령에 위임한 것이 문제가 되었다. 우선, 퇴직일시금 이자 가산액이란 퇴직 시에 연금 자격을 가지고 있지 않기 때문에 재직 중에 납부한 연금 기여금에 대응하는 퇴직일시금을 받은 자가 그 후의 제도개혁으로 연금 자격을 취득했을 때 퇴직일시금의 산정 기간에 관하여 퇴직일시금과 지급 연금 간에 생기는 이중 지급을 해소할 목적으로 일정 기간으로 나누어 퇴직일시금에 이자를 가산하여 반환을 요구받는 금액이다. 이러한 제도를 전제로 하여, 최고재판소는 (ⅰ) 이중 지급의 조정 대상이 되는 연금제도는 해당 제도를 규율하는 법률의 규정상 조합원이 납부하는 연금 기여금에 예정 운용수입액을 더한 것을 연금 기초자산으로 하는 것이 예정되어 있는 점, (ⅱ) 이중 지급을 조정하기 위한 퇴직일시금 이자 가산액의 이율도 제도의 연혁과 이중 지급 조정의 취지에 비추어 보면 예정 운용수입의 이율과의 균형을 고려하여 정해져야 하는 것으로 해석되는 점을 지적하고, 예정 운용수입의 이율과의 균형에서 이율을 정해야 하는 취지로 정령에 이율을 위임하는 것은 헌법 41조 및 73조6호에 위반되는 것은 아니라고 판단했다(최고재판소는 정령이 위임의 취지에 따른 것인지에 관해 예정 운용수입에 연동하여 개정되고 있다는 점을 고려하여 법률의 위임 취지에 반하지 않는다고 판단했다).

### (3) 재위임의 가부

법률에서 정령, 부(府)·성령으로 법규의 정립을 위임하고 있는 경우, 정령, 부·성령에서 다시 하위의 성령·규칙 등으로 해당 권한을 위임하는 것이 허용되는지에 관해서는 논의가 있다. 합리적 범위 내라면 재위임에 관해서도 허용된다고 하는 설이나 재위임을 인정할지에 관해서는 근거 법령의 합리적 해석에 의해야 한다는 설 등이 있다.

주세법 위반 피고사건 상고심 판결(最判1958年7月9日刑集12巻11号2047頁)은 주세법(당시)에서 주류제조업자에게 장부 기재 의무를 부과하고, 기재 내용의 상세를 '명령'에 위임한다고 하고 있는바, 정령(주세법 시행령 당시)에서 기재 사항의 일부를 대장성령(大蔵省令, 주세법 시행규칙 당시)에 위임하고, 다시 성령에서 그 밖의 사항에 관하여 세무서장의 지정에 위임하고 있었던 점의 가부가 쟁점이 된 사안에 관한 것이다. 이 판결에서 최고재판소는 성령에서 기재 사항을 규정한 후에 빠진 사항에 관하여 지방의 실정에 맞게 세무서장이 지정하는 것을 인정한 것이기 때문에 주세법의 위임의 취지에 반하지 않는다고 하였다. 다만, 이 판결은 메이지 헌법에서의 위임방법을 답습한 법령에 관한 판단이다.

## 제3관  위임입법의 한계-위임의 취지·목적 등

### (1) 서설

위임입법을 정립할 때는 법률의 추상적인 문언에 근거하여 그것을 구체화하는 규범을 제정한다는 행위의 성격상 넓은 재량적 판단이 행정에 인정되는 경우가 많다(위법성 심사의 한계). 다만, 위임의 방식·문언의 구체성 등을 단서로 재판소가 위임입법이 위임의 취지·목적에 반하여 그 범위를 넘고 있다고 판단한 사례는 있다.

정령·성령 등이 위임의 취지·목적에 반하거나 그 범위를 넘고 있는 등으로 판단된 사례로서는 다음과 같은 것이 있다(조문은 당시의 조문). 즉, ( i ) 농지법 시행령 16조4호, ( ii )

구 감옥법 시행규칙 120조, (iii) 아동부양수당법 시행령 1조의2제3호, (iv) 지방자치법 시행령 108조2항 등, (ⅴ) 약사법 시행규칙 15조의4제1항(같은 규칙 142조에서 준용하는 경우) 등이다. 또한, 적법하다고 판단되었지만, 위법이라고 하는 반대의견이 있었던 것으로서는 (vi) 총포·도검류 등록규칙 4조2항의 사례가 주목된다. 여기서는 (ⅱ) 이하의 판결을 보기로 하고, 그 후에 행정절차법(1993法88) 38조에 관하여 해설하고자 한다[또한, (7)도 참조].

## (2) 감옥법 시행규칙 사건

면회 불허가 처분 취소청구 사건 상고심 판결(最判1991年7月9日民集45卷6号1049頁)은 1, 2심에서 사형판결을 받은 피구류자를 처조카가 면회하는 것을 감옥법 시행규칙 120조(당시)에 따라 14세 미만의 사람과 면회가 인정되어 있지 않은 것을 이유로 불허가를 한 형무소장의 조치가 위법하다고 하여 해당 피구류자가 국가배상을 청구한 사안에 관한 판단이다.

같은 판결에서, 최고재판소는 다음과 같이 감옥법 시행규칙 120조가 감옥법(당시)의 위임의 취지·목적에 반하는 위법한 것으로 인정했다. 우선, 최고재판소는 구금 관계에 따르는 제약의 범위 외에서는 구금자는 원칙적으로 일반적 시민으로서의 자유를 보장받는다는 기본적 판단을 명확히 했다. 그와 동시에 최고재판소는 감옥법 45조는 미결구금자와 외부인의 접견을 원칙적으로 허용한다고 하고, 예외적으로 (ⅱ) 도망 또는 증거 인멸의 우려가 생기는 경우, (ⅱ) 규율 또는 질서의 유지상 방치할 수 없는 장애에 관한 상당한 개연성이 인정되는 경우에 제한하는 것을 인정하고 있는 데에 지나지 않는다고 판단했다. 나아가, 최고재판소는 규칙 120조·124조가 미결구금자와 유년기 아동의 접견을 원칙적으로 인정하지 않고 한정된 경우에 형무소장의 재량으로 허용하도록 하는 것은 유년기 아동의 심정을 배려한 것이었다고 해도, 법률에 근거하지 않고 접견의 자유를 제한하는 것으로 판단했다.

## (3) 아동부양수당법 시행령 사건

아동부양수당자격 자격상실처분 취소청구 사건 상고심 판결(最判2002年1月31日民集56卷1号246頁)은 아동부양수당법(1961法238. 당시의 조문) 4조1항5호의 위임에 근거하여 제정된 아동부양수당법 시행령(당시)이 같은 법 4조1항1호부터 4호까지에 준하는 자로서 혼인

외 임신 아동을 아동부양수당의 대상으로 하면서, 괄호 안에서 부(父)에 의하여 인지된 자를 제외하고 있는 것은 법의 취지를 일탈한 것인지가 다투어진 사안에 관한 판단이다.

혼인에 의하지 않고 자녀를 출산·교육한 모가 부로부터 자녀가 인지된 것을 이유로 하여 아동부양수당 수급권 상실 처분을 받았기 때문에 처분 취소소송을 제기한 사안에 관하여, 최고재판소는 우선 (ⅰ) 아동부양수당법은 부와 이별한 모자 세대의 아동에 한정하지 않고 세대의 생계유지자로서의 부에 의한 현실적 부양을 기대할 수 없는 아동의 유형을 지급대상자로서 열거하고 있다고 인정했다. 부로부터 인지된 혼인 외 임신 아동을 지급 대상으로부터 제외한 것에 관하여, (ⅱ) 인지로 법률상의 부가 존재하는 상태가 되는 것을 인정하면서, (ⅲ) 인지로 당연히 세대의 생계유지자로서의 부가 존재하게 되지는 않고, 인지로 부에 의한 현실적 부양을 통상 기대할 수 있다고 말할 수 없다고 하여 인지된 혼인 외 임신 아동을 제외하는 것은 법의 위임의 취지에 반한다고 판단했다.

## (4) 지방자치법 시행령 사건

해직청구 서명부 무효결정 이의신청 기각결정 취소청구 사건 상고심 판결(最判2009年11月18日民集63卷9号2033頁)은 다음과 같은 사안에 관한 것이다. 즉, 지방자치법(1947法67) 85조1항에서 정령으로 특별히 규정하는 것을 제외하고, 공직선거법 중 지방자치단체의 선거에 관한 규정은 같은 법 80조3항의 규정에 따른 해직의 투표에 준용한다고 규정하고 있다. 이를 받아 같은 법 시행령(당시) 108조2항·109조·113조·115조의 규정은 공직선거법 중 공직 후보자에 관한 부분을 의원의 해직청구자에 관한 규정으로 간주한 후에, 바꿔 읽기에 관한 규정을 두고 있었다. 그리고 이들 일련의 규정에 따라 공무원이 재직 중에는 공직에 입후보할 수 없다고 하는 공직선거법 89조1항이 해직청구자의 자격요건으로서도 적용되게 되어 있었다. 더욱이, 공직선거법 89조1항 단서는 임시·비상근의 공무원 중 일부의 입후보는 인정하고 있었지만, 지방자치법 시행령의 준용 규정 및 바꿔 읽기 규정에 따르면 이 직원의 일부에 관해서는 해직청구자에 해당하는 자격 제한을 확장하여 미치게 되어 있었다. 그래서 이러한 지방자치법 시행령의 규정이 지방자치법의 위임 범위를 넘는 것인지가 다투어졌다.

같은 판결은, 해직청구 대표자 1명이 농업위원이었던 점을 이유로 선거관리위원회가 해직청구의 서명부는 무효라고 판정한 것에 불복하여 소송이 제기된 사안에 관한 것이다. 이 판결에서 최고재판소는 (ⅰ) 지방자치법은 해직청구와 투표를 구별하고 있는 점, (ⅱ) 해직의 투표 절차와 선거에는 동질성이 있는 한편, 투표의 개시를 구하는 해직청구의 절차 규정은 공직선거법에는 없고, 또한 해직청구와 선거 절차의 동질성은 없는 점을 지적한다. 그리고 최고재판소는 (ⅲ) 지방자치법 85조1항은 해직의 투표에 관한 규정이어서 정령의 규정은 해당 사항에 한정되기 때문에 해직청구에 관하여 정령으로 해직청구자의 자격을 제한하는 것은 허용되지 않는다고 판단했다. 엄격한 문언 해석이 채용된 판단의 배경에는 직접 민주주의적인 제도에 관하여 국민의 자격을 제한할 때는 법률의 위임은 엄격하게 이루어질 필요가 있다는 고려가 있었다고 생각된다.

### (5) 약사법 시행규칙 사건

의약품 인터넷 판매의 권리 확인 등 청구 사건 상고심 판결(最判2013年1月11日民集67卷1号1頁)은 다음과 같은 사안에 관한 판단이다. 약사법(당시)의 개정에 따라 일반 의약품은 부작용의 위험이 큰 순서로 제1류 의약품, 제2류 의약품, 제3류 의약품으로 나누어 점포에서의 판매 등에 관하여 각각 약제사 등에 의한 설명·제공의 의무, 설명·제공의 노력의무 등이 부과되어 있었다(같은 법 36조의5 및 제36조의6). 같은 법의 위임을 받은 약사법 시행규칙[후생노동성령(당시)]은 점포 판매에서 약제사 등에 의한 대면 판매를 의무화하고, 더욱이 제1류 의약품, 제2류 의약품의 우편 등 판매를 금지하고 있었다(159조의14제1항, 159조의15~159조의17, 142조, 15조의4제1항1호). 이 때문에 같은 법 개정 전에 인터넷 등에 의한 일반 의약품의 판매가 허용되고 있었던 사업자가 이 의약품의 우편 등 판매를 금지하는 약사법 시행규칙의 규정은 약사법의 위임 범위를 넘는 것이라고 주장하여 소송을 제기했다(의약품을 판매하는 권리의 확인소송). 상고심 판결에서 최고재판소는 원고의 청구를 인용했다.

이 판결에서 최고재판소는 우선, (ⅰ) 영업상의 자유를 새로 상당 정도 규제하는 위임입법을 정하기 위해서는 입법과정에서의 논의를 포함하여 규제의 범위나 정도 등에 따라 취지가 명확히 확인될 필요가 있다고 했다. 다음으로, 최고재판소는 (ⅱ) 규칙에 따라 넓은 범위에 걸쳐 의약품의 인터넷 판매가 새로 금지된 점, (ⅲ) 개정 후의 약사법의 규정은 명시적으로는 우편 등 판매의 규제 및 대면 판매 등의 의무화를 규정하고 있지 않고, 이 취지가 엿보이는 규정도 따로 없는 점, (ⅳ) 입법과정 등에 비추어도 국회가 신(新)약사법을 제정할 때 위 규제를 한다는 의사를 가지고 있었다고 말하기 어려운 점 등을 지적하고, 약사법 시행규칙의 위법성을 인정했다. 판결의 취지를 이해하는 데에는 규제의 타당성을 둘러싸고 정부 내에서도 의견 대립이 있고, 국회에서도 그 점에 관하여 충분히 심도 있게 논의되지 못했다는 사안의 특수성을 이해할 필요는 있을 것이다.

## ⑹ 총포·도검류 등록규칙 사건

도검등록 거부처분 취소청구 사건 상고심 판결(最判1990年2月1日民集44巻2号369頁)은 구 총포·도검류 소지 등 단속법이 소지에 관하여 등록제도를 두고, 미술품으로서 가치가 있는 도검류, 옛날식 총포류 등에 한정하여 등록을 인정하고 있었던바(같은 법 14조), 총포·도검류 등록규칙[문부성(당시) 고시]이 등록의 범위를 일본도에 한정한 것에 관하여 그 당부가 다투어진 사안에 관한 판단이다.


이 판결에서 최고재판소는 우선, 위해 방지의 관점에서 대인 허가인 소지의 허가(같은 법 4조)와 문화재 보호의 관점에서 누구에게도 소지를 인정하는 등록(같은 법 14조)과의 차이를 강조한다. 그다음에, 최고재판소는 (ⅰ) 어떤 도검류를 등록 대상으로 할지에 관해서는 문화재 보존의 관점에서 전문기술적 검토가 필요한 점에서 법은 감정 기준을 설정하는 것 자체도 규칙에 위임하고 있다고 판단했다. 나아가, 최고재판소는 (ⅱ) 입법의 경위, 일본도가 미술품으로서 소장되어 온 경위 등을 중시하고, (ⅲ) 법률상의 '미술품으로서 가치가 있는 도검류'는 일본도에 한정되지 않지만, 등록규칙에서 위 법의 요건에 해당하는 감정 기준으로서 대상을 일본도에 한정하는 것도 재량의 범위 내라고 판단했다. 다만, 이 판결에는 법률의 문언을 중시하는 소수의견이 있다.

### (7) 그 밖의 최고재판소 판결

위의 판결 외에 위임입법의 한계에 관한 주요한 최고재판소 판결로서는 (ⅰ) 70세 이상의 고령자의 노령 가산을 단계적으로 폐지한 생활보호 기준의 개정과 관련되는 생활보호 변경 결정 취소청구 사건 상고심 판결(最判2012年2月28日民集66卷3号1240頁·最判2012年4月2日民集66卷6号2367頁)(전자는 기준 개정을 적법하다고 하고, 후자는 위법하다고 하는 2심 판결을 파기환송. 최고재판소는 건강하고 문화적인 생활 수준을 인정할 때 후생노동성 대신에게 전문기술적이고 정책적인 재량권이 있고, 급격한 변화에 대한 완화 조치가 취해진 점을 중시하고 있다) 및 (ⅱ) 고향 납세 부지정(不指定) 취소청구 사건 상고심 판결(最判2020年6月30日民集74卷4号800頁)이 있다[부지정의 근거가 된 총무성 고시(2019告示179)를 위법으로 인정. → 기관소송의 구체적인 예, 국가의 관여, 도·도·부·현 등의 관여에 대한 소송, 최근의 최고재판소 판결(제4편 제5부 제4장 제2절)].

### (8) 행정절차법 38조

행정절차법 38조에서는 (ⅰ) 명령 등 제정기관은, 명령, 심사기준, 처분기준, 행정지도 지침을 정할 때는 이를 정하는 근거가 되는 법령의 취지에 적합하게 해야 하고, (ⅱ) 명령 등의 제정 후에도 규정의 실시 상황, 사회경제 정세의 변화 등을 고려하여 필요에 따라 해당 명령 등의 내용을 검토하여 적정을 확보하도록 노력해야 한다고 규정한다.

(ⅰ)은 법률의 취지·목적에 따른 구속이 명령뿐만 아니라 심사기준·처분기준 등에도 미치는 것을 확인하는 것이다. (ⅱ)에 관해서는 노력의무를 정한 규정이고, '필요에 따라'라는 제한이 붙어 있지만, 법률에 비하여 신속한 개폐가 가능한 명령 등에 관하여 상황 적응 등과 관련되는 책무가 있는 점을 제정기관에 환기하는 의미가 있을 것이다.

## 제4관  의견공모 절차 등

### (1) 절차적 통제의 필요성

법규명령은 법률의 내용을 보충하고, 국민의 권리·의무에 관한 법적 구속력을 가지는 일반적·추상적 규율을 정립하는 것이며, 국민의 권리·의무에 중요한 의미가 있다. 또한, 규범을 정립할 때 행정에 인정되는 재량의 폭은 넓다. 그래서 법규명령을 제정할 때 일정한 절차를 두어 국민의 권리 보호를 도모하고 행정과정의 민주화를 확보하는 것이 중요하다고 인식되게 되었다.

### (2) 행정절차법의 개정 경위

행정절차법 제정 당시에는 명령 등 제정 절차를 정할 것을 요구하는 안도 있었다. 그러나 행정절차법 제정 시에는 권리 보호, 규제 완화에 입법목적이 집약되어 행정과정의 민주화 요소가 강하다고 생각된 행정입법 절차는 계획수립 절차와 함께 장래의 과제로서 미루어졌다.

다만, 1999년에는 규제 완화 등의 관점에서 규제를 설정하거나 개폐할 때 의견제출 절차를 거칠 것을 국가행정기관에 요구하는 '규제의 설정 또는 개폐 의견제출 절차에 관하여'가 각의로 결정되었다. 이 제도가 정착한 것을 계기로 2004년에 행정절차법 검토회가 설치되어 2005년에 행정절차법 개정법이 성립했다(2005法73)(이상에 관하여 宇賀·Ⅰ502頁 참조).

### (3) 절차의 개요

① 공모의 절차

행정기관은 명령 등(심사기준, 처분기준, 행정지도 지침을 포함한다)을 정할 때에는 법에서 정하는 예외를 제외하고, 해당 명령 등의 안 및 이와 관련되는 자료를 미리 공시하고, 의견의 제출처 및 의견의 제출을 위한 기간을 정하여 일반의 의견을 구해야 한다. 그때 명령 등의 안은 구체적이고 명확한 내용으로서 제명 및 근거가 되는 법령의 조항이 명시되어야 한다(행정절차법 39조1항·2항).

② 공모의 예외

다만, 예외는 있다(행정절차법 39조4항). (ⅰ) 긴급한 경우, (ⅱ) 금전의 납부와 관련되는 법률의 제정·개정에 따라 필요한 금액이나 산정 방법에 관한 명령 등을 정하는 경우, (ⅲ)

예산에서 정하는 바에 따라 금전 급부 결정을 하기 위하여 필요한 명령 등을 정하는 경우 등이다.

③ 공모의 결과

명령 등 제정기관은 의견공모 절차를 실시하여 명령 등을 정할 때는 의견제출 기간 내에 해당 명령 등 제정기관에 제출된 의견을 충분히 고려해야 하고(행정절차법 42조), 의견공모 절차를 거쳐 명령 등을 정한 경우에는 ( ⅰ ) 명령 등의 제명, 안의 공시일, ( ⅱ ) 제출된 의견, ( ⅲ ) 제출 의견의 고려 결과 등을 공시하여야 한다(행정절차법 43조1항).

④ 적용 제외

또한, 의견공모 절차에서는 ( ⅰ ) 법률 등의 시행일을 정하는 정령 등(행정절차법 3조2항), ( ⅱ ) 지방자치단체가 정하는 명령 등(같은 3조3항), ( ⅲ ) 국가 또는 지방자치단체 기관의 설치, 소관 사무의 범위 그 밖의 조직에 관하여 정하는 명령 등(같은 법 4조4항)에 관하여 적용이 제외되어 있다.

### (4) 행정입법 절차의 하자

행정절차법에 따라 의견공모 절차의 실시나 결과의 공시가 요구되는 명령 등이 이 절차를 거치지 않고 제정되거나 절차에 하자가 있는 경우의 효과에 관해서는 논의가 있다. 일반적으로 정해진 내용이 특정한 자에게 불이익한 내용을 포함하는 것이라면 처분 취소소송에서 처분의 전제가 되는 명령 등의 위법을 주장할 수 있거나 명령 등의 제정·개폐로 인하여 특정한 자가 직접 불이익을 받을 때 명령 등의 위법을 전제로 하여 의무 부존재, 일정한 지위 등의 확인을 구하는 소송을 제기할 수 있다고 생각되고 있다.


# 제3절  행정규칙


## 제1관  행정규칙의 정의


행정규칙이란 행정기관이 정하는 일반적 규범으로서 국민의 권리·의무를 구속하는 법규의 성격을 가지지 않는 것을 가리킨다. 정령, 성령, 고시의 형식을 취할 필요는 없고, 내규·요강(要綱)·통달(通達)로 발하는 것도 가능하다(정·성령으로 정하는 사례도 있다).

## 제2관  행정규칙의 분류

### (1) 행정규칙의 다양성

행정규칙에는 이하에서 말하는 것처럼 다양한 것이 포함되어 있다. 그래서 행정규칙이라는 개념으로 이 다양한 것들을 통일적으로 파악하는 것은 적절하지 않다고 하는 견해가 있다. 예를 들면, 행정조직 규정, 교육기관·공공시설의 이용 규정과 같은 부분사회에서 규율, 법령의 해석을 제시하는 통달, 행정재량의 운용을 제시하는 통달, 나아가 심사기준, 처분기준, 행정지도 지침 등 간에 공통성은 없다고 하는 지적은 유력하다(小早川·上103頁).

그러나 어느 규범도 '국민의 권리·의무에 관한 법적 구속력이 있는 일반적·추상적인 규정'이라는 의미에서의 법규로서의 성질을 가지지 않는 점에는 변함이 없다. 이하, 행정규칙의 개념을 전제로 각종의 행정규칙에 관하여 살펴보기로 한다.

### (2) 행정조직 규정(規程)

① 행정조직의 법정(法定)

민주주의국가에서는 행정조직의 기본적인 모습에 관하여 입법자가 법률의 형식으로 정하는 것이 바람직하다는 생각이 있다. 이와 관련하여, 이러한 생각은 세계적으로 공통되는 것은 아니다. 독일 등에서는 조직 제정 권력이 행정에 인정되고 있고, 영국 등에서도 조직의 개편은 법률로 하지 않고 행정 내부의 결정으로 유연하게 이루어져 왔다.

이러한 국가에 비하여, 제2차 세계대전 후 일본에서는 위 생각에 근거하여 국가행정조직법(1948法에120)에서 '국가행정기관의 조직은 이 법률에서 이를 정할' 것(같은 법 3조1항), '행정조직을 위해 설치되는 국가행정기관은 성(省), 위원회 및 청으로 하고, 그 설치와 폐지는 따로 법률로 정하는 바에 따를' 것(국가행정조직법 3조2항)을 규정하고 있다.

② 법정주의의 범위

다만, 행정조직의 법정 원칙에 근거하여 모든 행정조직에 관하여 모두 법률로 정하는 것은 곤란하고 효율적이지 않다. 그래서 국가행정조직법은 성에 두는 관방 및 국, 청에 두는 관방

및 부의 설치와 소관 사무의 범위는 정령으로 정하는 것으로 하고 있다(국가행정조직법 7조
4항. 이하, 같은 취지, 내각부 설치법 17조3항~9항). 나아가, 청, 관방, 국 및 부에 두는 과, 실
에 관해서는 원칙적으로 정령으로 정할 것으로 하는 한편, 정책의 실시를 위하여 설치하는
실시청(국세청, 특허청 등)에 두는 과, 실에 관해서는 정령으로 정하는 수의 범위 내에서 성
령으로 정하는 것으로 하고 있다(국가행정조직법 7조5항·6항).

그리고 이러한 정령·성령 나아가 그 이상의 상세를 정하는 행정조직 규정은 행정조직 내
부의 소관 사무의 범위 등을 정하는 것인 점에서 국민의 권리·의무와 간접적인 관련이 있는
것이나, 국민의 권리·의무의 범위를 직접적으로 규율하는 것은 아니다. 그 때문에 전통적으
로 행정규칙으로 분류되어 있다.

### (3) '부분사회'의 자율에 근거하는 규범

일본에서는 공무원의 복무규율, 국립학교의 교육 관계, 재소 관계에 관해서는 널리 법률에
근거하지 않은 각종의 규칙으로 규율되어 왔다. 공무원의 복무규율 등에 관해서는 제2차 세
계대전 후의 공무원제도 개혁으로 크게 상황은 개선되었지만, 재소 관계에 관해서는 2006년
형사시설 및 수형자의 처우 등에 관한 법률(당시의 명칭)의 시행으로 이러한 상황이 개선되
었다. 다만, 이러한 제도개혁의 결과, 현재는 국가·지방의 공무원법, 학교교육법(사립도 포
함한다), 형사 수용시설 및 피수용자 등의 처우에 관한 법률 등과 같이 법률 및 그 위임에 근
거한 법규명령으로 이 법률관계들은 규율되고 있다.

### (4) 행정 내부규정

① 행정 내부규정의 성격

일본에서는 전통적으로 상급 기관이 하급 기관에 명령 또는 지시하기 위하여 발하는 통달
또는 훈령 등(국가 행정조직법 14조2항, 내각부 설치법 7조6항)은 전형적인 행정 내부규정
으로 생각되어 왔다. 그리고 이 행정 내부규정은 오로지 행정조직 내부에서만 효력을 가지
고, 재판소·국민을 직접 구속하는 법적 효력은 없다고 생각되어 왔다.

이와 관련하여, '법적 구속력을 직접 가지지 않는다'라는 것의 함의는 ( i ) 재판규범으로서
직접 국민이나 재판소의 판단을 구속하는 것이 아닌 점, ( ii ) 그 때문에 해당 규범에 반한 조
치이어도 바로 위법해지지는 않는 점, ( iii ) 해당 규범에 합치되는 것이 바로 해당 행위가 적

법해진다는 것을 의미하지 않는 점이다. 그리고 이러한 점을 명확히 한 판결이 법률해석 지정통달 취소청구 사건 상고심 판결(最判1968年12月24日民集22卷13号3147頁)이다.

이 판결은 묘지매장법[묘지, 매장 등에 관한 법률(1948法48)]의 허가 사무(기관위임사무. 당시)에 관하여 후생성 공중위생국 위생부장(당시)으로부터 도·도·부·현 지사에게 발해진 통달에 대하여, 종교의 자유를 침해하는 것이라고 하여 묘지 시설의 경영자인 사원(寺院)으로부터 취소소송이 제기된 사안에 관한 판단이다. 당시 기관위임사무에서는 도·도·부·현 지사가 제도상 국가사무의 실시기관의 지위에 있었으므로 후생성(당시)이 발한 통달은 상급 행정청에 의한 것으로서 도·도·부·현 지사에 대하여 내부적인 구속력을 가지는 것이었다. 이 판결에서 최고재판소는 해당 통달을 직접 대상으로 하여 국민이 항고소송을 제기할 수 없다는 이유로서 본문에서 말한 점들을 열거하고 있다.

② 내부규정의 다양성

이러한 통달·훈령 등에는 다양한 것이 포함되어 있고, 그 다양성에 비추어 법률은 이러한 행정 내부규정에 관하여 다양한 처리기준을 규정하고 재판소도 다양한 지위를 부여하고 있다. 예를 들면, 인허가 등의 기준이라면 행정절차법상으로는 심사기준으로 분류되고(행정절차법 2조8호나목), 불이익처분의 기준이라면 처분기준으로 분류된다(같은 호 다목). 다만, 사안의 성질 등에 비추어 설정하여 공고한 기준에 관해서도 처분청으로서 굳이 처분기준, 심사기준으로 평가하지 않는 예도 있다.

행정절차법 제정 전에 최고재판소가 행정이 설정한 내부 기준은 처분청을 구속하지 않는다고 판단한 재판례로서 재류기간 갱신 불허가처분 취소청구 사건 상고심 판결(最判1978年10月4日民集32卷7号1223頁)이 유명하다. 그러나 이 판단은 처분청의 폭넓은 재량을 인정하는 설명 중에 제시된 것이고, 해당 기준도 소송심리 중에 비로소 피고 측으로부터 내부적인 운용 기준으로서 제시된 것이다.

또한, 인허가 등의 내용이 재화·서비스에 관한 것이라면 그것이 심사기준에 해당하는지는 별론으로 하고 급부 규칙으로 총칭되는 때도 있다. 더욱이, 다수인에 대한 행정지도의 공통 내용이 될 만한 사항을 제시하는 것이라면 행정절차법상으로는 행정지도 지침으로 분류된다(같은 호 라목).

특히, 행정절차법은 심사기준, 처분기준, 행정지도 지침에 관하여 법규명령의 성격을 가지지 않는 것이어도 국민의 권리·의무에서 그것들이 중요한 의미가 있다는 점에서 이 규범들을 의견공모 절차의 대상으로 하고 있다(행정절차법 38조·2조8호).

또한, 이 내부규정들은 재판 통제상의 관점에서 법령의 해석을 제시하는 해석 기준과 재량권 행사의 판단기준을 제시하는 재량기준으로 구분되는 경우가 있다.

## 제3관  행정규칙의 효력과 재판

### (1) 행정규칙의 의의-재판통제의 관점에서

앞에서 말한 법률해석 지정통달 취소청구 사건 상고심 판결에 따르면 행정 내부규정에 관해서는 직접 재판의 대상으로서 그 위법성을 다툴 수 없다(→ 행정 내부규정의 성격). 다만, 그 경우에도 행정 내부규정에 근거하여 행해진 행정행위(처분)의 효력을 다투는 중에 간접적으로 행정규칙의 위법성을 다툴 수 있는 것으로 여겨져 왔다.

또한, 행정사건소송법의 개정에서 공법상 당사자소송의 활용 메시지가 발신된 이후는, 행정규칙의 발령을 계기로 법령의 다양한 제도를 통하여 구체적인 불이익이 생기게 된 경우에는, 공법상 법률관계의 확인소송에서 '소의 이익'(확인의 이익)은 인정되는 점에서, 권리·의무의 존재·부존재의 확인을 구하는 소송의 형태로 다툴 수도 있다는 견해가 유력하게 되었다.

예를 들면, 어떤 상품이 법률 위반이라는 통달이 발해져서 상품의 거래 정지에 몰린 물품 판매업자는 상품을 적법하게 판매할 수 있는 지위의 확인을 구할 수 있다.

이러한 행정규칙의 위법성을 재판의 쟁점으로 할 수 있는 기회가 늘어나면 재판소는 어떤 기준으로 적법·위법을 판단해야 하는지 문제가 된다.

### (2) 해석기준과 재량기준-적법성 통제의 틀

법령의 해석은 재판소의 전권사항이라는 생각에 따르면, 법률의 해석기준에 관해서는 재판소는 사실상 이를 존중함에 그치고, 해당 해석이 법률에 적합하지 않다고 재판소가 판단하면 사안의 해결 시 이와 다른 법령해석으로 사안을 처리할 수 있다. 다만, 많은 경우 위법한 해석기준에 근거하여 행해진 행정행위는 결과적으로 근거 법령에 위반된다고 판단되는 경우가 있을 것이다.

이에 비하여, 재량기준은 재판상 통제가 제한되는 행정 판단 사항에 관하여 사안의 통일적 처리, 판단의 적정·공정의 확보 등의 관점에서 발해지는 행정규칙이다. 따라서 해당 사항에 관하여 상급 기관이 하급 기관에 발한 재량기준인 통달에 대하여 재판소는 기준의 내용, 수립 절차, 기준 적용의 절차·과정에 불합리한 점이 없는지 등의 관점에서 심사함에 그치고, 심도 있는 전면적인 통제를 가할 수는 없다.

### (3) 행정규칙과 후속 처분

① 행정규칙의 위법

다음으로 행정규칙이 위법하다고 판단될 때 해당 판단은 후속 처분의 효력에 어떠한 영향을 미치는지가 문제가 된다.

행정규칙이 위법하다고 해석된 경우에도 후속의 행정행위(처분)가 법령상 일의적으로 확정되는 성격의 처분(기속처분)일 때에는 재판소는 자신의 법령해석에 비추어 처분을 적법하다고 해석할 수 있는지에 따라 처분의 적법·위법을 판단한다. 한편, 재량처분의 경우에는 재판소의 법령해석에 따라 해당 처분을 하는 것이 적당한지를 판단하는 것은 재량 권한을 가진 행정청이므로 처분을 취소하여 다시 행정기관으로 하여금 판단하게 하는 것이 적당할 것이다.

이카타발전소 원자로 설치 허가처분 취소청구 사건 상고심 판결(最判1992年10月29日民集46巻7号1174頁)은 원자력발전소의 원자로 설치허가의 적법성이 다투어진 사안에 관한 것이다. 이 판결에서 최고재판소는 원자력시설의 안전대책에 관하여, 재판소는 안전대책이 법의 요건에 합치된다고 한 내각총리대신(당시)의 판단이 합리적인지의 통제에 한정된다고 하면서, (ⅰ) 기준이 합리적인지, (ⅱ) 기준이 합리적이라면 기준의 사례에 대한 적용 과정에 간과하기 어려운 과오, 흠결이 있는지를 심사한다고 했다.

다만, 의무이행소송이 제기된 때에 재량처분이라는 점을 전제로 해도 여전히 재판소가 의무이행판결을 하는 것이 적당하다고 여겨지는 경우는 예외라고 말할 수 있을 것이다.

덧붙여서, 위법한 행정규칙에 반하여 행해진 행정처분의 효력에 관해서는 규칙에 대한 위배 내용이 문제가 된다. 예를 들면, 특정 사항에 관하여 법령해석을 잘못한 행정규칙에 반하여, 올바른 법령해석에 근거하여 해당 사항을 규칙과 달리 처리한 처분 등에 관해서는 적법하다고 해석하는 것이 허용될 것이다.

② 적법한 행정규칙과 후속 처분

행정규칙이 적법하다고 판단된 경우에도 적법한 행정규칙과의 관계에서 후속 처분의 적법·위법을 어떻게 생각해야 하는지에 관해서는 사안별로 다르다.

(a) 후속 처분이 행정규칙에 따라 행해진 경우

후속 처분이 행정규칙에 따라 행해진 경우 행정 내부규정이 적법하다고 판단되는 때에도 기준의 적용단계에 재량이 있는 경우에는 적용단계에 위법은 없는지는 별도 심사 대상이 된다.

한편, 행정규칙이 재량 운용의 바람직한 모습을 지시하는 재량기준 등인 경우에는, 행정청이 적법하다고 판단된 규정에 따르고 있으면, 원칙적으로 재판소는 후속 처분이 적법하다고 판단하게 된다. 다만, 사안에 특수 사정이 있는 때에는 일반적 사례를 상정하여 정해진 기준을 기계적으로 적용한 것이 처분의 위법 사유가 될 수 있는 경우는 있다.

(b) 행정규칙과 다른 처분의 취급

이에 비하여, 후속 처분에서 행정규칙과 달리 처리된 경우는 어떨까. 해당 규칙이 해석기준인 경우에는 재판소가 해당 기준을 적법한 것으로 해석한 이상 이와 다른 처리는 재량처분의 전제로서의 해석기준일 때에도 법령에 반하는 것으로 판단되게 된다.

한편, 재량기준의 경우에는 기준과 달리 처리한 것의 합리성을 처분청이 증명할 수 있으면 후속 처분은 적법하다고 판단된다. 다만, 기준과 달리 처리한 것의 합리성의 주장·입증이 처분청에 요구된다는 점에서 행정규칙에 재판 통제상의 의미가 인정된다. 덧붙여, 의견공모 절차를 거쳐 수립되는 심사기준이나 처분기준의 경우 특별한 유보가 붙어 있지 않으면, 해당 기준은 다양한 사례를 상정하여 넓게 적용되는 것이 예정되어 있다고 해석될 것이다.

(c) 처분기준의 구속력

영업정지처분 취소청구 사건 상고심 판결(最判2015年3月3日民集69卷2号143頁)은 행정절차법 12조의 규정에 근거하여 설정되어 공고된 재량기준의 성격을 가지는 처분기준의 구속력에 관하여, ( i ) 재량권의 행사에서 공정하고 평등한 처리의 요청, ( ii ) 기준의 내용에 관련되는 상대방의 신뢰 보호 등의 관점을 들어 처분기준의 규정과 달리 처리하는 것이 상당하다고 인정해야 하는 특별한 사정이 없으면, 기준과 다른 처리는 재량권 범위의 일탈 또는 남용에 해당하게 된다고 판단했다. 이 판결은 본서에 기술한 관점과 거의 같은 관점에서, 공고된 처분기준에 관하여 행정청의 재량권 행사를 상당히 강하게 구속하는 효력을 인정하고 있어 주목할 만하다.

같은 판결은 풍속영업 허가를 받은 업자에 대한 영업정지 명령에 대하여 취소소송이 제기되었지만, 영업정지의 기간이 지났다는 점에서 정지 기간 경과 후에도 여전히 정지명령의 취소를 구할 법률상의 이익이 존속하고 있는지가 다투어진 사안에 관한 것이다. 이와 관련하여, 이 사안에서는 영업정지 명령에 관하여 피고인 공안위원회가 정하여 공고한 처분기준에, 과거 3년간에 선행하는 영업정지 명령이 있었던 경우 후속하는 영업정지 명령에서는 ( i ) 처분 사유별로 정해진 정지 기간의 상한, 하한을 각각 과거 3년 이내에 영업정지 명령을 받은 횟수의 2배를 곱한 기간으로 하고, 나아가 ( ii ) 정지 기간의 표준을 2배의 기간으로 할 것이 정해져 있었다. 이 판결에서 최고재판소는 이러한 내용의 처분기준이 설정되어 공고된 때에는 특별한 사정이 없으면 행정청은 처분기준에 따라 재량권을 행사해야 한다고 하면서 처분의 효력이 없어진 후에도 처분기준의 규정에 따라 불이익한 대우를 받아야 하는 기간은 여전히 처분의 취소로 회복할 법률상의 이익이 인정된다고 판단했다[→ 협의의 소의 이익, 최근의 재판례, 영업정지처분 취소청구 사건 상고심 판결(제4편 제3부 제4장 제6절)]

이상과 같이, 처분의 적법성을 심사할 때 행정규칙에 일정한 의미가 인정되는 경우가 있고, 이를 '행정규칙의 부분적 외부화'라고 부르고 있다.

## 제4관  정리-구별의 상대화

이상과 같이, 법규명령과 일부의 행정규칙 간에는 재판 통제상의 의의, 절차적인 처리 등에 큰 차이는 없어졌다. 다시 이를 정리하면 다음과 같다.

① 외부에 공시

행정 내부규정은, 이전에는 행정 내부에만 향해진 것이라고 해석되어 왔기 때문에 관보·공보 등에 의한 공시·공표 등은 필요 없다고 여겨졌다. 그러나 행정절차법에서는 심사기준, 처분기준, 행정지도 지침의 공표를 요구하고 있다.

② 의견공모 절차

행정절차법에서는 명령과 함께 심사기준, 처분기준, 행정지도 지침을 의견공모 절차의 대상으로 하고 있다.

③ 행정규칙의 부분적 외부화

위에서 말한 바와 같이, 일부의 행정규칙에 관해서는 그에 근거한 처분 등과의 관계에서 다양한 재판 통제상의 의의를 부여받게 되었다.

## 제4절  행정사무상의 규범

### (1) 행정사무상의 규범

민영화 등의 진행 중에 공권력의 행사로서의 행정행위(행정처분)를 발하는 권한을 포함하여 다양한 행정상의 사무 권한이 민간의 법인 등에 맡겨지게 되었다. 건축기준법상의 건축확인, 각종의 시험·검사·검정 등은 그 대표적인 예이다[→ 민영화의 진행(제1편 제2부 제3장 제1절)]. 또한, 민영화의 추진 중에 행정이 직접적으로 재화·서비스를 제공하는 것이 아니라, 민간사업자와 재화·서비스의 수령자·이용자 간 계약 구조를 법률상 제도로 편입하고, 행정 측은 법률이나 사업자에 대한 감독을 통하여 계약 내용을 통제하거나 민간사업자와 협동 체제를 구축함으로써 재화·서비스가 효율적이고 적정·공정하게 제공되는 것을 확보하는 역할에 충실한 제도도 등장하고 있다[→ 행정사무상의 계약(제4부 제3장 제6절)].

이러한 제도 중에서 행정사무의 담당 주체, 행정사무상의 재화·서비스의 제공 주체로서 자리매김한 민간 등의 법인이 행정사무를 수행하는 데에 필요한 준칙·기준을 스스로 설정하는 경우가 있다. 더욱이, 개별법 중에는 이 준칙·기준을 법제도로 편입하거나 행정 운영상 어떤 법적 지위를 부여하는 예가 있다.

이 준칙·기준들에 관해서는 충분한 분석·정리가 되어 있는 것은 아니지만, 행정법상의 새로운 과제를 지적하는 관점에서 행정사무상 규범의 예와 이 규범들이 제기하는 법적 과제를 살펴보기로 한다.

## (2) 행정사무상 규범의 예와 과제

고압가스 보안법(1951法204)에 근거하는 고압가스 보안협회는 특수법인이었던 것이 민영화된 조직이다. 같은 협회는 고압가스 보안법에 근거하여 특정 설비검사, 용기 검사, 보안검사 등의 각종 검사, 인정 업무를 하고, 나아가 이 업무들을 수행할 때 고압가스 보안협회 규격(KHKS) 등의 기술기준의 제정 및 제정한 기술기준의 재검토를 하고 있다. 그리고 이러한 기술기준은 같은 법을 소관하는 경제산업성이 기술평가를 실시한 후에 경제산업성 고시에 개별 기준을 참조하는 형태로 들어가 있다.

> 고압가스 보안협회는 고압가스 보안법에 근거하는 법인이나, 설립할 때 인가 절차는 없고, 특별한 민간 법인으로 정리되어 있다[→ 행정주체 그 밖의 법인, 행정사무를 담당하는 민간 법인(제1편 제2부 제1장 제2절). 고압가스 보안협회가 정한 기술기준을 포함한 예로서 '보안검사의 방법을 정하는 고시'(2005年3月30日)]가 있다.

이러한 민간 법인에 의하여 수립된 기술기준을 포함할 때는, ( i ) 해당 법인에서 필요한 전문적 지식이 확보된 후에 공정하고 투명한 절차로 제정 작업이 이루어지고, ( ii ) 국가에서도 상응한 절차를 밟아 기준의 타당성에 관하여 개별적으로 판단되는 것이라면 제도 운용에 관련되는 국가의 책임은 다한 것으로 평가할 수 있다. 다만, (ⅰ)·(ⅱ)의 요건이 확보되는 체제를 어떻게 구축할 것인지, 이 요건의 준수에 관하여 어떠한 감시 제도를 둘 것인지 등 행정법적 관점에서 검토해야 하는 과제는 많다.

세계화의 진행 중에 EU나 싱가포르 등과 일본 간에 제품의 상호인증제도가 구축되어 있다[특정 기기와 관련되는 적합성 평가 절차의 결과에 대한 외국과의 상호 승인에 관한 법률(2001法111)]. 그에 따르면, (ⅰ) 수출국이 정한 제삼자 인증기관(적합성 평가기관)이 수입국 측의 기준 및 절차에 근거하여 적합성 평가를 한 때에는 (ⅱ) 수입국 측에서 수입국 내에서 실시되는 적합성 평가와 동등한 취급을 받는다. 다른 주권국가가 정한 기준·절차라고는 해도 민간의 제삼자 기관에 의한 인증이 제품 수출의 허용 여부를 좌우하게 된다는 점에서 이 제도도 주목해야 하는 새로운 법 현상이라고 할 수 있을 것이다(高橋·科学技術45頁).

# 제3장  행정계획

## 제1절  행정계획의 개념

### 제1관  계획의 개념

#### (1) 행정계획의 개념

행정은 법률에 근거하거나 법률의 수권 없이 행정상의 계획을 수립하고 이에 근거하여 통일적인 시책을 실시하고 있다(환경기본계획, 국토종합개발계획 등).

#### (2) 계획과 법률의 관계

계획과 법률의 관계, 계획규범의 수준은 다양하다. 국토계획, 토지이용계획, 공공사업계획 등은 통상은 법률·정령에 근거하여 행정이 수립한다. 현재 다수의 법률에서 계획 방식이 채용되어 있다. 다만, 한편으로는 내부의 행정계획에서 정해진 방침을 뒤쫓아 법률이 제정되는 사례도 있었다.

　　예를 들면, 신산업 도시건설 촉진법(1962法117. 2001년 3월 폐지)은, 전국종합개발계획
에서 높이 평가된 '거점개발방식'을 실현하기 위해 제정되었다.


### (3) 목적 프로그램

　일반적으로 계획규범은 달성해야 하는 목표와 달성을 위한 수단만을 규정하는 데에 그친
다. 그래서 행정행위를 규율하는 규범은 발동 요건과 효과를 규율하는 법규범(조건 프로그
램)인 것에 비하여 계획규범은 규범 구조를 달리하는 목적 프로그램이라고 설명되는 경우가
있다. 그러나 행정행위에 관한 규율이어도 막연한 요건을 정하는 데에 그치는 사례도 있고,
계획의 수립 조건, 지침 내용에 관하여 구체적 규율이 포함되는 사례도 있으므로 규범 구조
의 차이는 상대적인 것이다(芝池·読本175頁 以下).


## 제2관  계획의 기능·분류


### (1) 행정계획의 기능

　행정계획에는 (ⅰ) 종합적·과학적인 행정 목표의 설정, (ⅱ) 행정의 정합성 확보, (ⅲ) 계
획 목표로 국민을 유도하는 기능이 있다고 생각되고 있다.

　① 종합적·과학적인 행정 목표

　행정시책의 수립 시에는 대상 영역의 실정을 파악하여 분석한 후에 실효성이 있고, 실현할
수 있는 내용으로 시책을 수립할 필요가 있다. 그러기 위해서는 행정의 유한한 자원을 어디
까지 해당 영역에 충당할지를 고려하여 주어진 조건에서 합리적으로 달성할 수 있는 최적 목
표를 설정하고, 그 실현을 위한 자원 투입의 순서 등을 정할 필요가 있다. 그래서 계획의 수
립은 불가결한 수단이 된다.

　② 행정의 정합성 확보

　행정사무는 상호 밀접하게 관련되어 있으므로 유효한 시책의 실시를 위해서는 상호 관련

되는 행정사무를 담당하는 조직 간에 조정하는 것이 필요하고, 또한 자원 투입의 순서 등에 관해서도 긴밀한 연계로 효과적으로 실시할 필요가 있다. 이와 같이, 관련되는 각 행정조직 간의 연계를 확보하고, 시책의 실시 등이 유기적으로 낭비 없이 이루어질 것을 확보하기 위해서는 종합적인 계획의 수립이 유효하고 필요해진다.

③ 국민을 목표로 유도

행정계획은 법률에 근거하지 않는 내부적인 계획에 그치는 것이어도, 그 존재를 널리 알리는 것이 예정되어 있다. 통상, 각종 시책의 원활한 실시를 위해서는 국민에게 그 존재를 널리 알려 놓을 필요가 있고, 관계자에게 주지시켜 그 협력을 요구하는 것이 필요하게 되기 때문이다. 목표를 널리 알리는 것으로 그 달성을 향하여 국민을 유도해 가는 것이 행정계획에 기대되고 있다.

### (2) 계획의 분류

① 개요

한마디로 계획이라고 해도 그 대상으로 하는 사항·범위, 법적 성격은 다양하다. 그래서 각종 계획을 한 가지의 행위형식으로 정리하는 것에 대하여 회의적인 견해도 있다.

② 계획의 분류

(a) 영역적 분류

다양한 계획은 우선 대상 영역별로 분류된다. 방재계획, 재정계획, 국토계획, 개발계획, 경제계획, 산업계획, 환경보호계획 등으로 구분된다.

(b) 국토계획 등에 관해서는 지역별로 구분된다. 전국계획, 지방계획, 지역계획 등의 구분이다.

(c) 계획 체계상의 분류

국토계획과 같이 전국계획, 지방계획, 지역계획 등의 계층적 계획으로 하나의 체계가 형성되어 있는 계획에 관해서는 상위계획에서는 추상적인 지침이 정해지고, 하위의 계획으로 내려감에 따라 내용이 구체화되어 가는 것이 일반적이다. 그 관점에서 최상위의 계획을 기본계획, 하위의 계획을 실시계획 등으로 구분하는 경우가 있다.

③ 법률과의 관계

(a) 법정계획과 비법정계획

법률상의 근거가 있는 계획과 법률상 근거가 없는 계획 간에는 민주적 정당성의 관점에서는 차이가 있다. 다만, 국정상의 중요한 의미를 가지는 계획, 어떤 의미에서 법적 구속력이 있는 계획(사권 제한의 근거가 되거나 사권 제한의 기준을 포함하는 것 등)에 대해서는 그 수립에 관하여 법률의 수권이 있는 것이 일반적이다.

다만, 과거에는 중요한 지역 개발계획에 관하여 처음에는 법률의 근거가 없는 것도 있었다. 예를 들면, 개발이 예정대로 행해지지 않고, 정치적으로 논란이 된 무쓰오가와라(むつ小川原) 개발계획 등에 관해서는 각의 양해에서 출발한 경위가 있다[塩野宏『国土開発と法』, 山本草二ほか, 『未来社会と法』(筑摩書房)・1976年162頁以下].

(b) 구속적 계획과 비구속적 계획

토지이용계획, 개발사업계획 등의 계획 중에 법률에 근거하여 계획 결정으로 계획구역 내에서 사인의 토지이용을 제한하고(구획 형질 변경의 금지, 계획에 반하는 토지이용의 금지 등), 나아가 계획에 토지이용과 관련되는 규제 기준으로서 기능을 부여하는 경우가 있다[도시계획법(1968法119)상의 용도지역 지정제도, 고도지구 제도 등]. 덧붙여서, 사업의 실시를 위한 청사진・마스터플랜으로서 계획이 수립된 경우에는 사업이 진척된 후에 토지에 관한 권리・의무 관계의 변환이 예정되어 있다[토지구획정리법(1954法119)상의 환지처분, 도시재개발법(1969法38)상의 권리변환의 처분].

이와 같이, 토지의 권리・의무의 변동이나 변환 등 구체적인 행정행위(행정처분)에 따라 계획과정의 완결이 예정되어 계획 결정의 단계에서는 행정과정은 완결되지 않는 계획을 비완결형 계획이라고 하고, 도시계획에서 용도지역의 지정처럼 최종적인 사업 집행에 의한 권리・의무의 형성 또는 변경은 예정되어 있지 않고, 계획 결정으로 행정과정이 종료되는 계획을 완결형 계획이라고 한다.

이와 같이, 사인에 대하여 일정한 법적 효력을 가지는 사항을 포함하는 계획에 대하여 언제 어떠한 형태로 재판상 구제를 부여할 것인지에 관해서는 행정법상 큰 논점 중 하나로 되어 있다.

## 제2절　행정계획의 실체적 통제

### 제1관　행정계획과 법규범

#### (1) 목적 프로그램론

이미 말한 바와 같이 계획을 규율하는 법률에서는 통상, 계획으로 달성해야 하는 목표와 달성을 위한 수단만이 규정되어 있어 어떤 목표를 정할지, 그를 위해 어떤 수단을 조합할지 등에 관해서는 광범한 행정의 재량에 맡겨져 있는 경우가 많다(목적 프로그램론).

#### (2) 목적 프로그램론의 한계

다만, 실시계획 등에서는 계획의 내용 및 수립 시의 기준에 관하여 상당히 상세한 규율이 법률에 마련되어 있는 때도 있고(이하 소개하는 재판례를 참조), 계획 법규범(목적 프로그램론)을 근거로 하여 광범한 재량의 존재를 기계적으로 도입하는 것은 잘못이다.

### 제2관　계획재량의 통제

#### (1) 판례의 입장

계획 일반에 관하여 기계적으로 판단되어야 하는 것은 아니지만, 계획의 수립 시 행정행위(행정처분)의 경우보다도 넓은 재량(계획재량)이 인정되는 경우는 많다. 최고재판소도 많은 계획에 관하여 행정에 광범한 재량이 인정된다는 견해를 제시하고 있다.

오다큐선 연속입체교차사업 인가처분 취소 등 청구 사건 상고심 판결(2006年11月2日民集60卷3249号頁)은 철도의 입체교차 사업에 관련되는 도시계획에 근거하여 행해진 사업 인가처분의 적법성이 쟁점이 된 사안에 관한 것이다. 이 판결에서 최고재판소는 도시시설에 관한 도시계획의 결정·변경의 적법 여부를 심사할 때는 사실오인 등으로 인하여 중요한 사실의 기초를 갖추지 못한 경우나 사실에 대한 평가가 명백히 합리성을 갖추지 못한 경우, 판단의 과정에서 고려해야 하는 사정을 고려하지 않는 경우 등으로 그 내용이 사회통념에 비추어 현저히 타당성이 없는 것으로 인정되는 경우에만 재량권의 일탈 또는 남용으로서 위법하게 된다고 판단했다.

## (2) 최근의 동향

다만, 계획의 수립에 관하여 넓은 재량의 여지를 인정하면서도, 최고재판소는 개별 사안의 특수성에 착안하여 고려되어야 하는 사정이 사안에 있는 경우, 해당 사정이 고려되지 않았는지 또는 고려되었어도 불충분하게 고려된 때 나아가 본래 고려해서는 안 되는 사항을 과대하게 평가한 때에는 재량권의 행사는 위법하다고 인정하게 되었다.

사업 인가처분 취소청구 사건 상고심 판결(最判2006年9月14日 判時1948号26頁)은 도시공원 정비사업의 인가처분이 다투어진 사안에 관한 것이다. 구체적으로는 공원 정비를 위한 접근 도로 건설 시, 기존의 공원 입구를 옮기지 않고 사유지를 수용하기로 한 결정에 대하여, 공원 입구를 옮겨 공무원 숙사의 일부를 수용하는 대체안을 검토하지 않은 판단의 적법성이 쟁점이 되었다. 이 판결에서 최고재판소는 다음과 같이 인가처분의 전제가 된 계획 결정의 적법성의 유무에 관하여 심리를 다하게 하도록 원심에 환송했다.
( i ) 행정은 도시시설이 적절한 규모로 필요한 위치에 배치되도록 시설 구역을 정혜야 하고, ( ii ) 사유지를 대신하여 국유지를 이용할 가능성에 대한 배려도 구역 설정의 합리성을 판단하는 요소가 된다. ( iii ) 원심 인정의 사실만으로는 공원 입구의 위치를 현 상황 그대로 두고, 국유지뿐만 아니라 사유지를 공원 구역으로 한 것이 합리적이었는지를 판단할 수 없다.

## 제3관  행정계획과 재판

### (1) 직접적 통제와 간접적 통제

계획의 적법성을 다투려면 계획에 근거하는 행정행위(행정처분)가 예정된 경우, 해당 처분의 단계에서 전제가 되는 계획의 적법성을 다투는 방법이 있다. 그러나 도시계획법상의 용도지역제와 같이 후속 처분이 예정되어 있지 않은 완결형의 도시계획에서, 건축규제의 완화로 인한 주변 환경 악화의 우려를 이유로 다투고 싶은 자로서는 다투어야 할 행정행위(행정처분)는 없다. 또한, 토지구획정리 사업 계획, 도시 재개발계획 등과 같이 계획 결정에 연속하여 행정행위(환지처분이나 권리변환 등)가 예정된 계획이어도 이 행위(행정처분)를 기다리고 있는 동안에 계획사업이 진행되면 소송상의 구제는 충분히 주어지지 않는다.

### (2) 과거의 판례

그래서 법적 구속력이 있는 계획에 대하여 직접 취소소송을 제기할 수 있는지가 문제가 되었으나, 과거의 최고재판소 판례는 완결형이든, 비완결형이든, 법률상 특별한 효과가 부여된 경우는 별론으로 하고, 계획의 처분성을 부정하고 계획의 취소소송·무효등확인소송을 부적법하다고 해 왔다.

예를 들면, 구획정리사업 설계 등 무효확인청구 사건 상고심 판결(最大判1966年2月23日民集20卷2号271頁)에서 최고재판소는 (ⅰ) 토지 형질의 변경, 건물 등의 신축 등의 제한은 법률이 특별히 공고에 부여한 부수적 효과에 지나지 않고, 계획 그 자체의 효과가 아니며, (ⅱ) 계획은 사업의 청사진에 지나지 않고, 권리변동의 효과는 후속 가(假)환지의 지정, 건물의 이전·제거 등 명령의 단계에서 생긴다고 하면서, (ⅲ) 계획의 위법성은 후속 처분에서 다투면 충분하다고 판단했다.

또한, 완결형의 계획인 도시계획법상의 용도지역 지정에 관해서도 모리오카(盛岡) 광역도시계획 용도지역 지정 무효확인청구 사건 상고심 판결(最判1982年4月22日民集36卷4号705頁)에서 최고재판소는 (ⅰ) 지정으로 건폐율, 용적률 등에 관한 기준의 변경이 생기고, 합치하지 않는 건물은 새로 건축확인 등을 받을 수 없게 되는 점을 인정하면서, (ⅱ) 이 효과는 불특정 다수인에 대한 일반적·추상적인 것에 지나지 않고, 지역 내의 개인에 대한 구체적인 권리침해라고는 말할 수 없다고 했다.

### (3) 최고재판소의 판례 변경

다만, 비완결형 계획과 관련되는 판단에 대해서는 ( ⅰ) 계획이 예정대로 진척되지 않는 때에는 권리 제한은 반영구적으로 계속되게 되고, 또한 건축 제한 등은 중대한 권리 제한이기 때문에 부수적이라고는 말할 수 없는 점, ( ⅱ) 계획의 진척, 후속의 행정행위(행정처분)의 발급을 기다리고 있어서는 기성사실이 형성되어 버리기 때문에 재판상 구제가 불가능하거나 실효적이지 않게 될 우려가 큰 점 등을 이유로 처분성을 긍정해야 한다고 하는 의견은 강했다.

이 영향을 받아, 최고재판소도 행정처분 취소청구 사건 상고심 판결(最大判2008年9月10日民集62卷8号2029頁)에서 선례를 변경하여 토지구획정리사업 계획 결정의 처분성을 긍정했다. 그 이유는 계획에 시행지 내의 토지에 대한 영향이 구체적으로 명시된 내용이 있는 점을 인정한 후에 위의 학설의 비판을 전면적으로 수용한 것이다. 판결이유에 비추어 보면, 같은 비완결형의 계획에 처분성이 긍정될 가능성은 높다고 말할 수 있다.

한편, 완결형의 계획에 관해서도 해당 계획으로 중대한 권리 제한 효과가 생기고 있다고 판단될 때는, 계획의 무효를 전제로 하는 지위 확인소송(위법한 용도지역 제한에 따르지 않고 건축할 수 있는 지위의 확인 등)이 적법하게 될 가능성은 있다[이상에 관하여, → 권리·의무 관계의 형성, 변동(2), 분쟁의 성숙성(제4편 제3부 제2장 제4절)].

## 【토지구획정리사업의 구조】

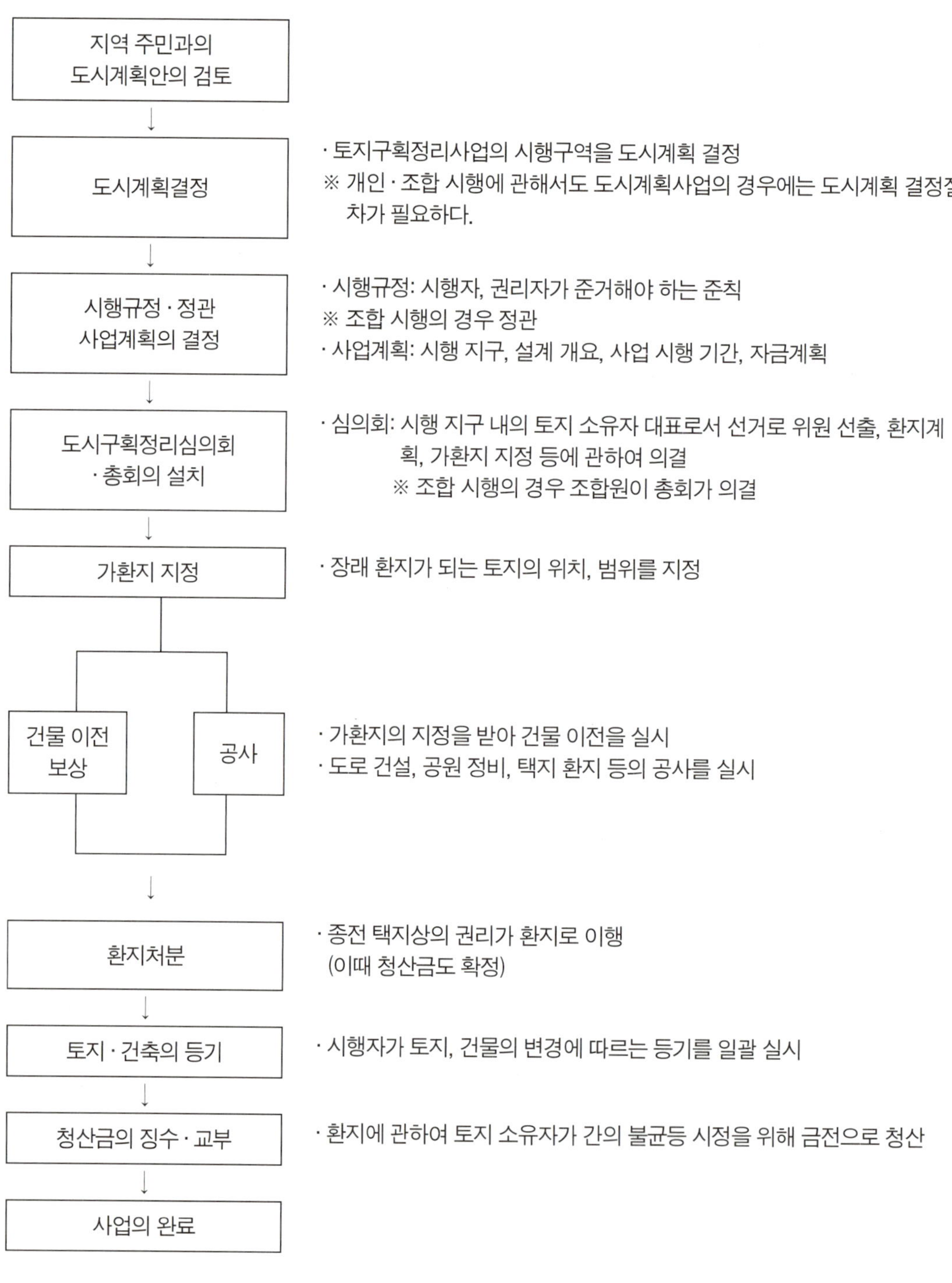


· 토지구획정리사업의 시행구역을 도시계획 결정
※ 개인·조합 시행에 관해서도 도시계획사업의 경우에는 도시계획 결정절
　차가 필요하다.

· 시행규정: 시행자, 권리자가 준거해야 하는 준칙
※ 조합 시행의 경우 정관
· 사업계획: 시행 지구, 설계 개요, 사업 시행 기간, 자금계획

· 심의회: 시행 지구 내의 토지 소유자 대표로서 선거로 위원 선출, 환지계
　　　　 획, 가환지 지정 등에 관하여 의결
　　　※ 조합 시행의 경우 조합원이 총회가 의결

· 장래 환지가 되는 토지의 위치, 범위를 지정

· 가환지의 지정을 받아 건물 이전을 실시
· 도로 건설, 공원 정비, 택지 환지 등의 공사를 실시

· 종전 택지상의 권리가 환지로 이행
　(이때 청산금도 확정)

· 시행자가 토지, 건물의 변경에 따르는 등기를 일괄 실시

· 환지에 관하여 토지 소유자가 간의 불균등 시정을 위해 금전으로 청산

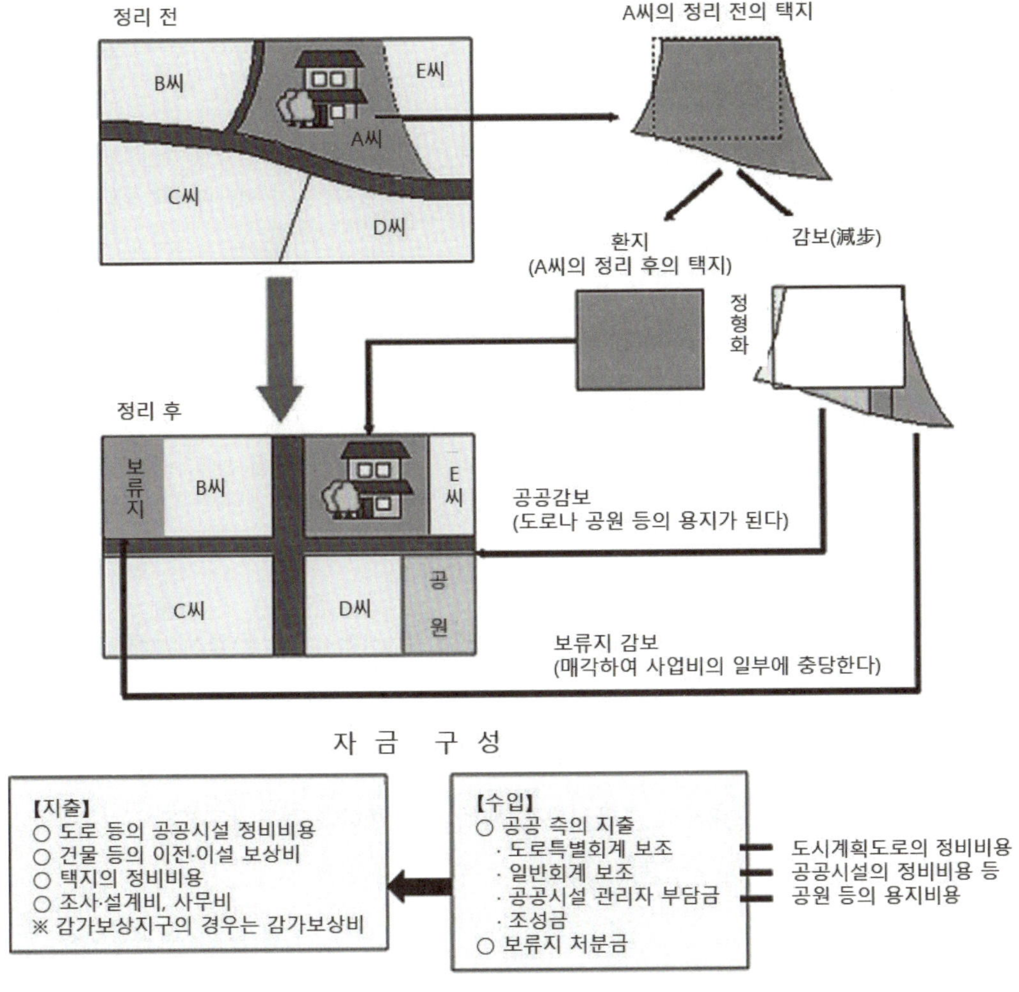
정리 전
B씨
E씨
A씨
C씨
D씨
A씨의 정리 전의 택지
환지
(A씨의 정리 후의 택지)
감보(減步)
정형화
정리 후
보류지
B씨
E씨
C씨
D씨
공원
공공감보
(도로나 공원 등의 용지가 된다)
보류지 감보
(매각하여 사업비의 일부에 충당한다)
자 금 구 성
【지출】
○ 도로 등의 공공시설 정비비용
○ 건물 등의 이전·이설 보상비
○ 택지의 정비비용
○ 조사·설계비, 사무비
※ 감가보상지구의 경우는 감가보상비
【수입】
○ 공공 측의 지출
 · 도로특별회계 보조
 · 일반회계 보조
 · 공공시설 관리자 부담금
 · 조성금
○ 보류지 처분금
도시계획도로의 정비비용
공공시설의 정비비용 등
공원 등의 용지비용
* 국토교통성 도시국 홈페이지에 게재된 그림을 사용했다.

# 제3절 행정계획의 절차적 통제

## 제1관 개설

### (1) 절차적 통제의 필요성

위와 같이 일부의 계획에 대하여 직접 소송을 제기하는 길이 열려있거나 어느 정도 사안의 특수성을 고려한 재판상 통제가 이루어지게 되었다고는 해도, 계획 수립 시에 넓은 재량의 여지가 인정되는 것은 부정할 수 없다. 그래서 계획의 수립 시에는 관계 기관, 이해관계인의 조정, 의견 청취의 제도를 정비하고, 다양한 이해관계에 대하여 균형 잡힌 배려를 확보하는 사전절차를 정비할 필요가 있다고 인식되었다.

### (2) 통일적인 계획 절차 규정

과거에는 행정입법 절차와 함께 (ⅰ) 토지이용계획의 결정, (ⅱ) 공공사업계획의 수립에 관하여 관계 기관, 이해관계인의 참가 절차, 계획 결정의 방식과 그 효과, 소송 제기의 방식 등에 관한 규정을 정비하는 구상이 공표된 적도 있었다. 그러나 행정절차법의 제정 과정에 서는 행정입법 절차와 마찬가지로 계획절차는 행정의 민주화 기능에 주안점이 있는 것으로 서 제도화는 보류되었다(高橋·手続法46頁).

### (3) 개별법의 제도

다만, 개별법 중에 정비된 계획 수립 절차가 마련되어 있는 예도 있다. 그 예로서는, 국 토이용계획법(1974法92)이 있고, 거기에서는 국가가 정하는 전국계획, 도·도·부·현, 시·정·촌이 정하는 도·도·부·현 계획, 시·정·촌 계획에 관하여 정비된 규율이 마련되 어 있다. 예를 들면, 도·도·부·현 계획에 관해서는 (ⅰ) 계획 수립 사항, (ⅱ) 전국계획과 도·도·부·현 계획의 관계, (ⅲ) 계획 수립 시의 심의회에서의 심의, 시·정·촌장의 의견 청취, (ⅳ) 국토교통대신에 대한 보고, 국토교통대신에 의한 국토심의회 의견 청취, 관계 행 정기관으로부터 국토교통대신에 대한 의견 제출(제출이 있은 경우의 국토교통대신과 관계 행정기관의 협의), 국토교통대신에 의한 조언·권고(필요하다고 인정하는 경우) 등의 절차 적 규율이 마련되어 있다.

## 제2관  최근의 입법례

최근에는 계획법 제도의 정비를 둘러싸고 새로운 움직임이 나타나고 있다(宇賀·Ⅰ 351頁 以下).

### (1) 설명책임의 강화

설명책임 강화의 요청은 특히 공공사업 실시계획의 영역에서 강해지고 있고, 예를 들면 하천법(1964法167)에서는 하천 정비 기본방침에 따라 하천 정비계획을 수립하는 것이 하천관리자(국토교통대신, 도·도·부·현지사)에게 의무화되고, 또한 계획 수립 시 주민 의견 청취의 절차가 포함되어 있다(하천법 16조의2제4항).

### (2) 참가 절차의 정비

① 계획안 제안의 제도

계획의 수립 시 주민·이해관계인의 참가를 인정하는 제도를 정비하는 예가 늘어나고 있다. 예를 들면, 2002년에 도시계획법의 개정 및 도시재생 특별조치법(같은 법 22)의 제정으로 토지 소유자, 도시계획 관련 NPO 또는 민간사업자 등이 일정한 요건을 갖추면 도시계획의 제안을 할 수 있게 되었다(도시계획법 21조의2 이하, 도시재생법 37조 이하).

② 환경영향평가 절차

각종 공공사업 계획에 관해서는 사업 실시에 선행하는 사업계획 수립의 단계에서 환경에 대한 적절한 배려를 확보하는 것이 중요하다는 관점에서 계획안에 대하여 도·도·부·현지사와 주민 등이 의견을 제시하고, 공공사업의 인허가권 등을 가지는 자가 그 결과를 반영하게 하는 제도를 두어야 한다고 생각되게 되었다. 전략적 환경평가(Strategic Environmental Assessment) 제도가 이것이다.

그리고 이 전략적 환경평가는 2011년의 환경영향평가법 개정(같은 법 27)으로 부분적으로 도입되었다. 즉, 댐, 도로, 공항 등의 공공사업 중 환경에 대한 영향이 큰 제1종 사업에 관해서는 (ⅰ) 사업자에게 '계획 단계 환경 배려서'의 작성, 인허가 등의 권한을 가지는 주무대신에 대한 송부, 공표가 의무화되고, 이에 대하여 (ⅱ) 환경대신의 주무대신에 대한 의견 제출, 주무대신의 사업자에 대한 의견 송부 제도(환경대신의 의견을 주무대신은 고려할 필요가 있다)가 마련되었으며, 나아가 (iii) 관계 행정기관과 일반에 대한 의견의 청취가 사업자의 노력 의무로서 규정되었다(이 절차는 제1종 사업보다 환경영향이 작은 제2종 사업에 관해서는 임의로 되어 있다. 이하, 환경영향평가법 3조의2 이하).

또한, 계획 단계 배려의 다음 절차는 사업평가로 불리고, 제1종 사업에 관해서는 필수의 절차이며, 제2종 사업에 관해서는 실시의 필요 여부에 대한 판정을 거치는 절차이다. 그 과정에서 사업자는 ( i ) 평가 항목·방법 등과 관련되는 방법서의 작성, ( ii ) 환경영향평가의 실시, 준비서 작성, (iii) 정식 환경영향평가서의 작성과 정정 등의 절차를 밟아야 한다. 그리고 일련의 절차에서 ( i ) 도·도·부·현지사 등에 대한 서면의 송부, 서면의 공고·공람, 설명회의 실시 등이 사업자에게 의무화되고, 관계자에게 의견 제출의 기회가 보장된다. 또한, ( ii ) 주무대신, 공공사업에 관련되는 면허 등의 권한자, 환경대신 등에게도 기술적 조언이나 의견 송부 등 관여의 기회가 확보되어 있다. 더욱이, (iii) 면허 등의 권한자는 환경영향평가서를 고려하여 권한을 행사할 수 있으므로(횡단조항. 환경영향평가법 33조 이하), 절차의 적정한 실시도 확보된다.

③ 도시계획 절차의 정비

또한, 토지구획정리사업 계획에 관한 최고재판소의 판례 변경을 고려하여 도시계획결정 등의 절차에 관하여 통일적인 규율을 두는 것이 정부 내부에서 검토되어 구체적인 방향성이 제시되었지만, 입법까지는 이르지 못했다.

## 제4절 계획 담보책임

### (1) 계획 담보책임의 개념

계획에는 국민을 유도하는 기능이 있다. 따라서 계획이 수립되어 공표되는 것을 통하여 계획 내용을 국민이 신뢰하고 그 실현을 위하여 협력할 것이 기대된다. 한편, 행정계획은 국회의 법률과는 달리 상황의 변화에 유연하게 대응하여 내용을 변경할 필요성은 높다. 그래서 계획 변경에 따라 계획을 신뢰한 국민이 불측의 불이익을 받는 경우가 있고, 그 불이익·손해를 보전·배상할 필요성은 있는 것은 아닌지라는 점이 논의된다. 이것이 계획 담보책임의 논의이다.

### (2) 검토

계획 담보책임의 논의는 주로 독일에서의 논의의 영향을 받은 것이다. 그러나 독일의 도시계획에서는 (ⅰ) 지방자치단체 조례의 법형식으로 계획이 정해지고, (ⅱ) 계획에는 구체적인 지정(건물의 규모, 용도, 외관 등)으로써 관계자를 구속하는 사항을 정하며, (ⅲ) 계획에 근거하는 지정이 없으면 건축행위는 허용되지 않는다는 제도가 채용되어 있다. 이에 비하여, 일본에서는 독일의 제도를 모방하여 지구계획 등의 제도가 도입되었지만, 제한의 엄격함에 대한 저항이 크기 때문에 충분히 활용되고 있지 않다.

이러한 상황에서, 일본의 계획 담보책임 논의에는 외부적 효과가 없는 계획의 변경에 관한 것까지 대상이 확산되고 있는 경향이 있다.

예를 들면, 손해배상청구 사건 상고심 판결(最判1981年1月27日民集35卷1号35頁)은 기업 유치정책에 근거하여 계속적이고 구체적인 요구(행정지도)가 특정의 사인에게 행해진 사안에 관한 판단이다. 최고재판소는 이러한 계속적이고 구체적인 요구로 형성된 신뢰를 보호할 필요성에 착안하여 신의칙을 근거로 하여 손해의 배상을 인정했다. 따라서 이것은 계획 담보책임을 인정한 판단은 아니다.

이러한 관점에서, 계획 담보책임의 유무에 관해서는 법적 구속력이 있는 구체적인 내용을 가지는 계획이 변경된 사안에 한정하여 논의되어야 할 것이다.

# 제6부  행정의 실효성 확보

## 제1장  서론

### 제1절  제도의 개요

제6부에서는 행정의 실효성 확보의 제도를 다룬다. 법령이나 행정행위(행정처분)를 통하여 구체적인 작위·부작위 의무를 행정청이 부과했다고 해도 이 의무가 준수되지 않으면 행정 목적은 달성될 수 없다.

#### (1) 행정상의 강제집행

그래서 우선 법령이나 행정행위(행정처분)로 설정된 구체적인 작위·부작위에 관하여 의무자가 의무의 이행을 자발적으로 하지 않았을 때 의무 이행을 확보하는 제도를 둘 필요가 있다. 또한, 그때 법령 및 행정행위(행정처분)를 통하여 국민에게 부과된 의무의 일부 유형에 관해서는 재판소에 민사상의 강제집행 절차를 거치지 않고, 행정이 법령상의 절차를 거쳐 의무의 이행 상태를 실현하는 것이 인정되고 있다. 이를 행정상의 강제집행 제도라고 한다 [→ 불가쟁력·자기집행력·불가변력, 강제이행과 행정행위(제2편 제3부 제6장 제2절)].

#### (2) 행정벌

행정상의 강제집행 제도는 국민의 의무 불이행 상태가 구체적으로 발생하였을 때 개별적으로 의무의 이행을 실현하기 위하여 마련된 제도이다. 이에 비하여, 장래를 향하여 법령 또는 행정행위(행정처분)로 부과된 의무의 위반을 예방하는 것을 목적으로 마련된 제도가 있다. 행정벌 제도이고, 행정벌에 의한 위하(威嚇)에도 불구하고 구체적인 의무 위반이 발생한 때에는 위하효과의 확보를 위해 행정벌을 과하는 절차가 개시된다. 이러한 행정벌에는 형사소송법에 따라 형법에 규정된 형이 과해지는 행정형벌, 더 간편한 제재의 절차에 의한 행정상의 질서벌이 있다.

#### (3) 그 밖의 유도

또한, 최근에는 위와 같은 행정상의 강제집행이나 행정벌 이외에도 널리 행정 목적을 달성하기 위하여 행정상의 의무 이행을 촉진하고, 행정 목적 실현을 위하여 국민을 유도하기 위한 각종 제도가 마련되어 있다. 이 제도에는 독점금지법(1947法54)상의 과징금, 세법상의 가산세 등의 제도나 보조금, 각종 정보의 공표 조치, 시장을 통한 유도 수단 등 다양한 것이 포함되어 있다.

### (4) 즉시강제

마지막으로, 즉시강제의 제도가 있다. 행정상의 강제집행 제도에서는 특정한 작위·부작위와 관련되는 의무의 존재를 전제로 국민 측에 해당 의무의 불이행이 있은 경우에 구체적인 절차가 진행된다. 이에 비하여, 일부 법률에서는 예외적으로 구체적인 의무의 존재와 그 불이행에 착안하지 않고, 공익에 반하는 중대한 상황의 제거를 목적으로 행정이 유형력(물리적인 강제력)을 행사하는 것이 인정되고 있다. 다만, 의무의 부과 등의 절차를 밟지 않고, 즉시 유형력이 행사되는 점에서 법령에 근거하여 중대하고 급박한 필요성이 생긴 경우(강력한 감염력이 있는 병세가 매우 무거운 감염병의 발생, 노상에 방치된 만취자의 긴급 보호 등)에 인정되고 있다.


## 제2절  제도의 과제

이상과 같이, 행정상 실효성 확보의 수단에 관해서는 행정상의 강제집행, 행정벌, 즉시강제 등의 전통적인 제도에 더하여 제재·유도 등의 새로운 제도가 나타나고 있다. 다만, 이러한 제도는 현재 큰 과제를 안고 있다.

### (1) 행정상의 강제집행

우선, 행정상 강제집행에 관해서는 국세징수법(1959法147) 등에 근거하는 금전의 납부 의무와 관련되는 행정상 강제징수 제도 외에 일반법으로서의 행정대집행법(1948法43)이 있지만, 행정대집행법의 적용 범위는 대체적인 작위의무(행정청의 직원이 의무자를 대신하여 이행할 수 있는 의무)에 한정되어 있다. 또한, 대집행이나 행정상의 강제징수에 관해서도 집행상 다양한 과제를 안고 있는 점이 지적되고 있다.

### (2) 행정벌

행정상의 강제집행 제도가 충분히 활용되고 있지 않은 상황에서 일본에서는 행정상 실효성 확보의 수단으로서 행정형벌이 많이 이용되는 경향이 있다. 그러나 행정형벌에 관해서는 의무 위반에 대한 위하효과를 기대하여 많은 법률에 규정이 있지만, 일부 분야를 제외하고, 기소 등에 이르는 경우는 드문 점에서 제도의 공동(空洞)화가 지적되고 있다. 또한, 행정상의 질서벌에 관해서도 간편한 절차로 신속하게 과태료의 부과가 이루어지는 이점이 있다고 여겨지지만, 충분한 위하효과를 발휘할 수 없다는 지적도 있다.

### (3) 그 밖의 유도

이상의 점에서, 최근에는 행정벌과 별도로 다양한 형태로 의무 위반 등에 불이익을 과하여 이 행위의 발생을 예방하거나 어떤 이익을 부여하여 국민을 행정 목적의 실현을 위하여 유도하는 제도가 마련되어 있다. 다만, 이 제도에 관해서도 남용의 방지, 절차의 신중·공정의 확보, 더 실효적인 수단의 개발 등 검토해야 하는 과제가 생기고 있다.

### (4) 즉시강제

즉시강제는 개별적으로 의무를 부과하는 명령을 거치지 않고, 집행되는 것인 점에서 현재 한정된 입법례가 있는 것에 그치고 있다. 법치주의의 관점에서 사전절차 보장 등의 배려가 된 입법례는 있지만, 사전절차의 과정에서 구체적인 의무가 고지되는 제도에 관해서는 구체적인 의무를 부과한 후에 이행을 강제하는 제도인 직접강제와 구별이 문제가 된다.

덧붙여서, 지방행정에서는 ① 지자체의 독자 조례로는 직접강제의 수단을 둘 수 없는 점(행정대집행법 1조), ② 즉시강제는 의무 이행확보의 수단이 아니기 때문에 독자 조례로 정하는 것은 가능한 점에서 경미한 의무의 불이행 상태를 즉시강제로 해소하는 것을 목표로 하는 조례가 많이 제정되는 등 병리적 상황이 생기고 있다[방치된 자전거 등의 철거 조례 등. 高橋·実効性確保法制の整備80頁·87頁(濱西隆男)].

또는, 즉시강제, 직접강제에 관하여 사법재판소의 관여가 인정되는 경우는 예외적인 것에 그치고 있는 상황에 대하여 재판소의 관여를 전제로 하여 이 제도를 활용해야 하는 것은 아닌지라고 하는 논의도 있다.

이상과 같이, 행정상의 실효성 확보의 제도는 현재 많은 과제를 안고 있다. 행정절차법(1993法88)의 제정·개정, 행정불복심사법의 전면 개정(2014法68), 행정사건소송법(1962法139)의 개정 등이 실현된 오늘날에 행정상 실효성 확보의 제도는 행정법의 분야에서 가장 강하게 개혁이 요구되고 있다(高橋・実効性確報法制の整備4頁以下).


# 제2장  행정상의 강제집행

## 제1절  민사집행과 행정상의 강제집행

### 제1관  민사집행과 행정대집행

#### (1) 민사상의 강제집행

근대국가에서는 법질서 유지의 관점에서 상대방이 채무를 이행하지 않는 때에도 자신의 실력 등으로 채권의 실현을 도모하는 것은 금지된다(자력구제의 부정).

#### (2) 행정상의 강제집행

이에 비하여, 행정의 경우 법률에 따라 직접 부과된 의무, 행정행위(행정처분)로 부과된 의무에 관해서는 행정청이 행정대집행법이나 국세징수법 그 밖의 법률에서 정하는 바에 따라 재판소의 절차에 근거하지 않고, 자신의 책임과 판단으로 그 의무의 내용을 실현하는 것이 인정되고 있다.


### 제2관  제도의 의의

#### (1) 행정 효율의 확보

민사집행의 이용 강제에 대한 행정상의 예외가 마련된 취지는 행정의 원활하고 효율적인 수행의 확보에 구할 수 있다. 특히, 공익 확보를 위하여 시장과 국민 생활에 개입하는 것이 인정되며, 법령에 근거하여 사인의 동의를 전제로 하지 않고 강제로 국민의 권리・의무의 범위를 확정하는 권한을 행사하는 것도 인정된다. 또한, 공권력의 행사에 근거하는 행정의 개입에는 대량으로, 반복적으로 이루어지는 것도 많다.

그래서 이와 같은 행정행위(행정처분)에 근거하는 의무의 이행에 관하여 재판소에 의한 민사집행 절차에 따르기로 한다면 행정사무의 효율은 현저히 저하된다. 이 점을 고려하여 일본에서는 전통적으로 행정의 판단으로 의무의 이행을 확보할 수 있는 제도가 인정되어 왔다. 또한, 이러한 행정상의 강제집행 제도에 관해서는 민사재판소의 부담 경감에도 도움이 된다는 지적이 있다.

### (2) 행정책임의 확보

행정상의 강제집행에 관해서는 자신이 행한 법령 집행상의 판단에 관하여 행정 측에 집행상의 책임도 부과한다는 점에서 행정책임을 명확히 하는 데에도 이어진다는 지적도 있다.

## 제3관  민사집행의 이용

관공서의 청사 등으로 대표되는 행정재산의 소유, 정부 조달계약의 체결 등을 통하여 행정이 재산법상의 권리·의무 관계의 주체가 되는 경우가 있다. 이 경우에 청사 등의 계약 상대방이 채무를 불이행한 때에는 행정은 재산법상의 지위에 근거하여 재판소에 민사집행을 구할 수 있다. 청사의 불법점거, 불법 이용을 예로 든다면, 청사의 관리권을 가지는 행정기관의 장은 관리권에 근거하여 정한 청사 관리규칙 등으로 국민의 이용에 제한을 가하거나 그 위반에 대해서는 재판소에 강제집행을 구할 수 있다. 다만, 이는 어디까지나 민사상의 강제집행이고, 행정상의 강제집행은 아니다.

한편, 최고재판소는 다카라즈카(宝塚) 파친코점 등 건축제한 조례 사건 상고심 판결(最判2002年7月9日民集56巻6号1134頁)에서 행정의 고유한 권능에 근거하여 설정·변경된 권리·의무 관계와 관련되는 분쟁은 법률상의 쟁송에 해당하지 않기 때문에 국민의 의무 불이행에 관하여 행정이 민사상의 강제집행 수단을 취할 수 없다고 했다. 이 판단은 학설로부터 강하게 비판받고 있다(→ 민사집행의 이용 가능성, 다카라즈카 파친코점 등 제한 조례 사건).

# 제2절  제도의 개요

## 제1관  제2차 세계대전 전의 구조

### (1) 행정집행법

제2차 세계대전 전에는 행정상의 강제집행에 관한 일반법으로서 1900년에 제정된 행정집행법(같은 법 84)이 있었다.

같은 법에는 ( i ) 대체적인 작위의무에 관하여 행정청의 직원에게 이를 하게 하고, 그 비용을 의무자로부터 징수하는 형식의 대집행(민사법상의 대체집행에 대응한다), ( ii ) 의무의 불이행에 관하여 정해진 기한의 도래로 금전을 징수하고 그 금전적 부담의 압력으로 의무 이행을 촉진하는 집행벌(민사법상의 간접강제에 대응한다), ( iii ) 의무자의 신체·재산에 직접 유형력을 행사하여 의무 이행 상태를 실현하는 직접강제(민사상의 직접강제에 대응한다)의 3종류가 정해져 있었다.

### (2) 행정상의 강제징수

조세법상의 금전채권에 관해서는 국세징수법(1897法21)이 있고, 국세법상의 금전채권과 관련되는 계고-압류-체납처분의 절차가 인정되고 있었다. 또한, 상당히 많은 법률에 금전채권의 징수에 관하여 국세징수법의 준용을 인정하고 있었다.

### (3) 제도의 문제점

이상과 같이, ( i ) 금전채권에 관해서는 국세징수법이나 개별 법령의 준용으로 재판소에 의한 절차를 거치지 않고, 간이·신속하게 의무 이행을 확보하는 체제가 제2차 세계대전 전에 존재했다. 더욱이, ( i ) 그 이외 법령상의 의무에 관해서도 대집행, 집행벌로 이행이 확보되고, ( ii ) 이 수단으로 의무의 이행이 확보될 수 없는 때, 긴급한 필요가 있는 때에는 의무자의 신체·재산에 직접적으로 실력을 행사하는 직접강제를 할 수 있는 제도가 구축되어 있었다. 또한, 제도의 운용에서는 인권 보호의 관점에서 문제를 포함하고 있었다.

## 제2관 현행법의 구조

### (1) 행정대집행법의 제정

제2차 세계대전 후 위와 같은 행정상 강제집행의 체계에 대해서는 행정권의 우위를 과도하게 인정하고, 운용에 문제가 있다는 비판이 강했다. 이를 고려하여, 일본국헌법 제정 후 1948년에 행정집행법이 폐지되고, 행정법상의 의무 이행확보에 관한 새로운 일반법이 제정되게 되었다. 이것이 같은 해에 제정된 행정대집행법(같은 법 43)이다. '행정상의 의무 이행확보에 관해서는 따로 법률로 정하는 것을 제외하고는 이 법률에서 정하는 바에 따른다.'(행정대집행법 1조)라고 하는 규정에 명시된 바와 같이 행정대집행이라는 행정강제의 한 형태를 규율하는 법률이면서도 같은 법은 행정상의 강제집행에 관한 일반법의 성격을 가진다.

### (2) 일반법으로서의 의의

#### ① 다른 강제집행 수단

행정대집행법이 일반법이고, 또한 같은 법이 일반적인 제도로서는 행정대집행에 관한 규정밖에 두고 있지 않은 점에서 직접강제, 집행벌은 개별법에 규율이 없으면 행사할 수 없다.

현재, 직접강제에 관해서는 나리타 신(新)법[나리타국제공항의 안전 확보에 관한 긴급조치법(1978法42)]에 규정된 공작물의 봉쇄 그 밖의 조치(사용금지 명령에 대응하는 것이다) 등의 예가 있을 뿐이고, 또한 집행벌에 관해서도 사방(砂防)법에 규정이 있을 뿐이다(사방법 36조. 사방림의 관리자에 대한 명령).

#### ② 일반적 수단으로서 대집행

행정대집행법은 행정상 강제집행의 일반적인 수단으로서 같은 법에서 정하는 요건에 따라 대집행을 인정한다. 그러나 대집행은 성질상 행정 직원이 의무자를 대신하여 행할 수 있는 의무(대체적 작위의무)만이 대상이 된다. 비대체적 작위의무나 부작위 의무의 이행에 관해서는 개별법에 근거하여 집행벌이나 직접강제가 인정되지 않으면 행정상의 강제집행을 할 수 없고, 행정벌에 의한 일반적 억제 등 밖에는 없다.

### (3) 행정상의 강제징수-포괄적 수권

국세에 관해서는 제2차 세계대전 전과 마찬가지로 국세에 관한 국세징수법(1959法147)의 규정이 일반적으로 적용된다. 국가가 보유하는 다른 금전채권에 관해서도 많은 법률에 '국세체납처분의 예에 따른다.'라고 하는 준용 규정(국민연금법 96조4항 등)이 있고, 지방세법(1950法226)에도 국세징수법에 준거하여 독촉, 체납처분에 관한 규정이 있다. 더욱이, 지방자치법(1947法67)과 같이 분담금, 사용료 등, 가입금 그 밖의 지방자치단체 세입에 관하여 포괄적으로 강제징수의 절차를 인정하고 있는 예도 있다(자치법 231조의3).

이와 같이, 국세징수법을 비롯하여 국가·지방자치단체가 가지는 금전채권에 관해서는 강제집행의 절차가 폭넓게 정비되어 있다.

## 제3관  제도상의 과제

### (1) 행정상의 강제집행과 조례

행정대집행법은 행정법상의 의무 이행에 관해서는 '따로 법률로 정하는 것을 제외하고' 이 법에서 정하는 바에 따른다고 규정하고 있다(행정대집행법 1조). 그래서 지방자치단체가 독자적 조례로 직접강제나 집행벌을 두는 것은 위의 규정에 반하기 때문에 허용되지 않는다고 해석되고 있다. 다만, 이에 대해서는 행정상의 실효성 확보에 관하여 지방자치단체가 독자적으로 고안할 여지를 현저히 제약하는 것이라는 비판은 많다.

### (2) 직접강제, 집행벌의 활용론

일본의 입법에서 직접강제와 집행벌은 거의 활용되고 있지 않다. 직접강제에 관해서는 의무자의 신체나 재산에 직접 실력을 행사하는 것이기 때문에 인권 보장의 관계에서 기피되었고, 만약 제도화되어도 집행에서 다양한 문제가 생길 것으로 생각되어 왔다. 또한, 집행벌에 관해서도 벌금과의 균형에서 이행을 강제하는 데에 충분한 부과 금액을 정하는 것은 곤란하다고 해석되어 왔다.

다만, 최근에는 행정형벌에 의한 의무 위반의 예방 효과에 한계가 있다는 관점에서 대집행의 대상이 되지 않는 의무의 이행을 확보하기 위하여 직접강제나 집행벌의 제도를 활용해야 한다는 논의가 활발해졌다(집행벌에 관하여 曽和·総論378頁). 또한, 지방행정에서는 간략한 형태로 유형력을 행사하는 것이 인정되는 즉시강제를 조례로 정하는 병리적 현상도 생기고 있다.

앞으로는 대상이 되는 의무의 범위나 이행강제의 요건을 명확히 규정하고, 직접강제의 발동에는 재판소의 영장을 필요로 하는 등의 절차 보장을 강화한 후에 직접강제를 활용하는 방법을 검토하는 것이 유익할 것이다. 또한, 의무 이행확보를 위한 충분한 강제력을 동반한 집행벌 제도를 경제적인 이익의 추구를 동기로 하는 의무 위반이 현저한 영역[풍속영업법 (1948法122) 등]으로 확장하는 것도 검토해야 할 것이다.

# 제3절  행정대집행

## 제1관  서설

이하에서는 행정대집행법의 규정에 따라 행정대집행 제도의 개요를 소개한다. 실체적 요건, 절차적 요건, 운용상 과제의 순으로 설명하기로 한다.

## 제2관  행정대집행의 실체적 요건

### (1) 대체적 작위의무

행정대집행법상 대집행의 대상이 되는 것은 '타인이 대신하여 행할 수 있는 행위'에 한정된다(행정대집행법 2조). 과거에 대체적 작위의무를 둘러싸고 다툼이 생긴 사례로서는 청사로부터 물건의 반출과 사무실의 인도에 관한 것이 있다[행정처분 취소의 소에 근거하는 집행정지에 대한 항고 신청 사건 결정(大阪高決1965年10月5日行集16巻10号1756頁)]. 이 결정은 청사의 사용 허가의 취소를 이유로 물건의 반출 등의 대집행이 시행된 것에 대하여 반출 등을 요구받은 자가 취소소송을 제기함과 동시에 대집행의 집행정지를 신청한 사안에 관한 것이다. 이 결정에서 재판소는 ( i ) 물건의 반출은 사무실에서의 퇴거에 동반하는 것이므로 독립하여 강제집행의 대상이 되는 것이 아닌 점, ( ii ) 사무실의 퇴거·인도는 대체적 작위의무가 아닌 점을 지적하고 대집행을 인정하지 않았다. 동시에 재판소는 ( iii ) 물건의 반출에 관해서는 청사 관리권을 근거로 하여 민사상의 강제집행 절차에 따라야 한다고 판시했다.

또한, 토지수용법(1951法219) 102조의2제2항 이하에서는 토지·물건의 인도·이전에 관하여 시·정·촌장에 의한 대행, 대집행을 인정하고 있다. 다만, 같은 조는 토지의 인도나 반출 등의 의무에 한정하여 대집행을 인정하고, 토지에서의 퇴거와 같은 비대체적 작위의무까지 대집행을 인정하고 있지 않다(阿部·解釈学 I 569頁). 다만, 대집행에 관하여 의무자가 실력으로 저항한 경우의 대집행 실행의 바람직한 모습에 관해서는 논의가 있다(曽和·総論374頁).

### (2) 법령상의 의무와 행정명령에 따른 의무

행정대집행이 가능한 의무는 법령에 따라 직접 명해지거나 법령에 근거하여 행정청에 의해 명해진 것에 한정된다(행정대집행법 2조). 여기서 말하는 법령에는 법률 외에 '법률의 위임에 근거하는 명령, 규칙 및 조례'가 포함된다. 이 문언에 따르면 조례에 관해서는 법률의 위임에 근거하는 것에 한정되고, 독자적인 조례는 포함되지 않게 되나, 지자체의 조례제정권을 부당하게 한정하는 것이 된다는 점에서 '조례'에는 지방자치단체의 독자적 조례가 포함된다고 해석되고 있다.

또한, 법령에 따라 직접 명해진 의무의 예로서는 화약류 단속법(1950法149)에 근거하는 남은 화약류의 폐기 의무 등이 있다(화약류 단속법 22조).

### (3) 그 밖의 요건

행정대집행법은 의무의 불이행이 있는 때에 바로 대집행하는 것을 인정하고 있지 않다. '다른 절차에 따라 그 이행을 확보하는 것이 곤란'하고, '불이행을 방치하는 것이 현저히 공익에 반한다고 인정되는 때'에 비로소 대집행이 인정된다(행정대집행법 2조).

행정대집행 제정 당시 행정대집행 권한의 과잉 행사를 억제하는 데에 이 요건은 적절하다고 생각되었지만, 엄격한 요건에 따라 대집행의 적절한 시기를 놓치는 경우는 많고, 현재에는 법령 위반 상태가 계속되는 것을 초래하는 원인이 되고 있다고 비판받고 있다. 그래서 건축기준법(1950法201) 9조12항, 토지수용법 102조의2제2항 등에서는 의무의 불이행이 있는 경우 등에 바로 대집행이 가능해지는 규정을 두고 있지만, 실효성은 충분히 나타나고 있지는 않다.

또한, 빈집법[빈집 등 대책의 추진에 관한 특별조치법(2014法127) 등에서는 의무자 불명의 경우에 과실 없이 의무를 명해야 하는 자를 확실히 알 수 없었던 때 등에 대집행을 인정하는 규정이 마련되어 있다(약식 대집행. 빈집법 14조10항).

## 제3관  행정대집행의 절차적 요건

의무 불이행이 행정대집행법의 실체적 요건에 해당하면, 행정청은 ( i ) 기한을 정하여, 해당 기한 내에 의무의 이행이 없는 경우에는 대집행하는 취지의 계고를 한다(행정대집행법 3조1항). ( ii ) 계고에 명시된 기한 내에 의무의 이행이 없는 때, 행정청은 대집행영장으로 대집행의 시기, 파견되는 집행 책임자의 성명 및 대집행에 필요한 비용의 견적액을 의무자에게 통지한다(행정대집행법 3조2항). 다만, 긴급한 경우에는 이 절차를 거치지 않고 대집행하는 것이 허용된다(행정대집행법 3조3항). ( iii ) 대집행할 때, 집행 책임자는 집행 책임자임을 증명하는 증표를 휴대하고, 요구가 있는 때에는 이를 제시해야 한다(행정대집행법 4조). ( iv ) 대집행에 필요한 비용의 청구는 금액 및 납부기일을 정하여 의무자에게 납부를 명하는 통지로써 이루어진다(행정대집행법 5조). ( v ) 의무자가 납부하지 않는 때는 국세체납처분의 예에 따라 그 비용을 징수하는 것이 인정된다(행정대집행법 6조).

## 제4관  행정대집행과 재판

행정대집행의 집행행위 그 자체는 물리적인 사실행위이므로 취소소송에 적합하지 않다. 그러나 계고를 대상으로 다투는 소송에서 의무자가 의무의 부존재 등을 주장하고, 이 주장이 재판소에서 인정될 때는 행정청은 계고 다음의 절차를 진행할 수 없게 된다. 이 점을 포착하여, 계고에 처분성을 인정하는 하급심의 판단도 있다.

다만, 계고에 처분성이 인정되는 경우 행정절차법(1993法88)상의 불이익처분에 계고가 해당하는지의 문제가 생긴다. 다만, 행정절차법 2조4호나목에서는 '사실상의 행위 및 사실상의 행위를 할 때 그 범위, 시기 등을 명확히 하기 위하여 법령상 필요한 절차로서의 처분'을 행정절차법의 적용에서 제외하고 있다.

## 제5관  운용상의 과제

### (1) 대집행의 기능 불완전

건축행정 등과 같이 대집행의 제도가 유효하게 기능하지 못하고, 위법 상태를 간과할 수 없는 상황에 있는 법 영역이 있다. 그 요인으로서 (ⅰ) 행정대집행법의 요건이 엄격한 점, (ⅱ) 의무자의 재산에 실력을 가하는 집행행위에는 전문기술적 식견이 필요한 점, (ⅲ) 주민에게 근접한 존재인 지방자치단체에서 재산권에 대하여 직접 개입하는 대집행을 주저하는 경향이 있는 점이 지적되고 있다. 더욱이, (ⅳ) 집행 사례가 적기 때문에 행정청의 내부에 경험을 축적할 수 없는 문제가 있다는 지적도 있다.

### (2) 개선의 제안

그래서 특별법에 따라 대집행의 요건을 완화하는 것에 더하여 행정청 간에 경험의 축적·교류를 추진하는 외에 특별한 행정 집행조직을 두는 것도 제안되고 있다(宇賀·Ⅰ268頁).

## 제4절  행정상의 강제징수

## 제1관  강제징수의 절차

국가·지방자치단체가 보유하는 금전채권에 관해서는 국세징수법의 규정 및 이에 준하는 법률의 규정에 따라 강제징수가 인정되고 있다. 강제징수는 납부의 통지, 독촉을 거쳐 체납처분에 이르는 절차를 거친다. 이 중에서 체납처분은 재산의 압류, 공매에 의한 재산의 환가, 환가대금의 배당을 거치는 것이나, 민사집행에 의하지 않고 신속하게 금전채권의 실현을 도모하는 것이 가능하게 되어 있다.

## 제2관  강제징수 권한과 민사집행

　　이러한 신속한 절차가 마련되어 있는 행정상의 강제징수의 절차에서는 해당 절차를 이용하지 않고, 민사집행의 절차를 이용하는 것을 행정에 인정해서는 안 된다는 견해(Bypass 이론이라고 불린다)가 유력했다. 신속한 절차를 거쳐 채권을 실현할 수 있는 이상 우회적인 절차를 거치는 것을 인정할 필요는 없다고 하는 것이다. 이 점에서 최고재판소도 농업공제부금 등 청구 사건 상고심 판결(最大判1966年2月23日民集20卷2号320頁)에서 이러한 논리를 사용하여 행정 측의 청구를 배척했다.

　　다만, 이 판결은 농업공제조합의 상부 단체인 공제조합연합회가 조합원인 지구 조합으로부터의 공제보험료, 부과금 등의 납부가 지체되었기 때문에 공제사업의 수행에 필요한 자금을 확보할 수 없다고 하여 피보험자에 대하여 지구 조합이 가지고 있는 조합 부금 등의 채권을 대위 행사하고[민법(2017法44에 따른 개정 전의 조문) 423조], 위 납부금의 일부에 충당하려고 한 사안에 관한 판단이다. 학설 중에는 해당 사안에서는 Bypass 이론을 근거로 해서는 안 되고, 채권의 비양도성을 근거로 해야 했다고 하는 견해도 있다(강제징수권이 인정되는 채권은 징수권자에게 오로지 귀속해야 한다는 법령의 취지가 미친다고 해석하는 것이다).

　　이와 관련하여, 본래는 체납처분에 의할 수 없는 금전채권에 관하여 집행력 있는 채무명의와 동일한 효력을 인정하고, 민사상의 강제집행 제도의 이용을 인정하는 특별법의 규정으로서 금융상품거래법(1948法25) 185조의15(과징금 납부명령)가 있고, 주목된다.

## 제3관 강제징수의 문제점

　　국세에서는 국세청이라는 전문적이고 강력한 징수조직이 설치되어 있다. 그러나 국가의 다른 금전채권에 관해서는 일반적으로 징수 체제가 불충분하다는 지적이 있다. 또한, 중소 규모의 시·정·촌 등에서는 지방세의 징수 체제도 충분히 기능하지 않고 있는 사례도 있다. 주민과의 관계에서 가까운 존재인 시·정·촌에는 강제징수에 소극적인 자세를 보이는 단체도 있고, 수입 확보의 면에서 큰 문제가 되고 있다. 그래서 최근 도·도·부·현, 시·정·촌이 징세 사무와 관련되는 일부 사무조합 등을 설치하고, 공동으로 징세 사무를 집행하는 예가 증가하고 있다[宇賀·Ⅰ272頁. 추가로 참조. 高橋·実効性確保法制の整備351頁以下(宮森征司)].

## 제5절　민사집행의 이용 가능성

### 제1관　비금전적 집행과 Bypass 이론

강제징수 제도에 관한 Bypass 이론은 이론상으로는 행정상의 강제집행이 인정되는 모든 경우에 확장할 수 있다.

다만, 직접강제·집행벌은 예 그 자체가 적고, 인정되고 있는 사례도 상당히 특수하므로 직접강제·집행벌에 관하여 논의의 실익은 없다.

통설적 견해는 행정대집행이 인정되는 사안에도 Bypass 이론의 적용을 인정한다. 법령이 신속한 의무이행 확보의 제도를 두고 있는 이상, 이를 이용해야 하고, 그것이 행정기관에 행정책임을 다하게 하는 것이 된다고 하는 것이다.

### 제2관　비판적인 견해

다만, 이러한 견해에 대해서는 행정대집행법상으로는 대집행의 요건이 한정된 점을 지적하고, 요건 해당성이 문제가 되는 한계적인 사례 등에서는 법령 준수에 노력하는 관점에서 민사집행의 이용을 행정에 인정해야 한다고 하는 견해도 있다.

덧붙여서, 비대체적 작위의무나 부작위의무 등에 행정대집행법이 적용되지 않고, 직접강제나 집행벌의 특례도 없는 영역에서는 행정상의 강제집행을 이용할 수 없는 것이기 때문에 Bypass 이론을 적용할 영역은 없고, 민사집행의 이용을 인정해야 한다는 견해가 학설상으로는 유력했다.

## 제3관  다카라즈카시(宝塚市) 파친코점 등 제한 조례 사건

그러나 다카라즈카시 파친코점 등 제한 조례 사건 상고심 판결(最判2002年7月9日民集56巻6号1134頁)에서 최고재판소는 조례상의 파친코점 건설 금지명령의 이행을 구하는 시의 소에 관하여 해당 의무의 이행을 구하는 청구는 법률상의 쟁송에 해당하지 않는다고 하여 소를 배척했다.


이 판결은 파친코점의 건설 등에 관하여 ( i ) 시장(市長)의 동의 제도, ( ii ) 일정한 시 구역에 관련되는 부동의, ( iii ) 동의가 없는 건축행위 등에 대한 건설의 중지, 원상회복의 명령 등을 정한 조례에 근거하여 시장이 건축행위의 중지를 명했지만, 상대방은 따르지 않았기 때문에 건설공사 속행의 금지를 구하여 시가 제소한 사안에 관한 것이다. 최고재판소는 ( i ) 국가 또는 지방자치단체가 오로지 행정권의 주체로서 국민에 대하여 행정상의 의무를 구하는 소송은 법률상의 쟁송으로서 당연히 재판소의 심리 대상이 되는 것은 아닌 점, ( ii ) 법률에 특별한 규정이 있는 경우에 한정하여 제기하는 것이 허용되지만, ( iii ) 행정대집행법이나 행정사건소송법 등에 소를 적법하다고 인정하는 규정은 없는 점을 지적하고 시의 소를 각하했다.


이 판결의 판단에 대해서는 행정에 의한 의무의 부과에 관해서는 국민은 행정소송을 제기할 수 있는 것과의 균형이 이루어지지 않는다는 지적 외에, ( i ) 행정상의 의무 이행도 '법률상의 관계'인 점, ( ii ) 판결의 논리는 공법과 사법을 획일적으로 엄격히 구별하는 것인 점, ( iii ) 행정상 강제집행의 체계가 완비되어 있지 않은 것을 무시하고 있는 점 등을 지적하고 이를 비판하는 학설이 지배적이다(塩野・Ⅱ297頁以下).

또한, 최고재판소는 입법부・행정부에 대하여 실효성 확보를 위한 법제 정비를 강하게 요구한 것으로 해석할 수도 있을 것이다(高橋・行政法入門245頁以下).

# 제3장  행정벌

## 제1절  행정벌의 의의

### (1) 전형적인 제재로서의 행정벌

행정상 강제집행의 제도는 의무 불이행이 발생하고 있는 상태에 착안하여 그 불이행의 해소를 목적으로 하여 행정권에 유형력의 행사를 인정하는 것이다. 이에 대하여 각종의 법령 위반이 생기는 것을 일반적으로 예방할 목적으로 현실적으로 생긴 법령 위반행위에 대하여 제재를 가하는 제도가 있다.

최근 법령 위반 사업자에게 불리한 내용의 정보를 공표하는 등 폭넓은 제재의 수단이 사용되게 되었다. 그러나 (ⅰ) 정식 형사처분으로서의 행정형벌, (ⅱ) 약식의 재판절차를 거치거나 행정처분의 형태로 부과되는 행정상의 질서벌은 행정법상의 전형적인 제재이고, 행정의 실효성을 확보하는 데에 중요한 역할을 맡고 있다.

### (2) 행정벌의 종류

이러한 행정벌에는 정식 형사벌로서의 행정형벌과 질서 위반에 대한 형식적인 제재로서의 행정상 질서벌의 2종류가 있다.

## 제2절  행정형벌

### (1) 의의

행정형벌은 징역·금고(2022法67의 시행 후는 구금형), 벌금 등과 같이 형법 9조에 규정된 형벌을 행정법상의 법령 위반을 이유로 하여 과하는 것이다. 이러한 행정형벌에는 형법 8조의 규정에 근거하여 형법총론이 적용된다.

다만, 행정형벌에 관해서는 형법에 규정이 있는 각종의 형벌과 비교하여 일정한 특색이 있다고 생각되어 왔다. 예를 들면, 현실의 행위자 외에 그 행위자를 사용하는 사업자도 형사벌의 대상으로 하는 양벌규정(도로교통법 123조 등)을 두는 경우가 있다. 다만, 이전에는 행정벌에 관해서는 법령상의 규정이 없어도 과실범을 처벌할 수 있다고 해석하고, 형사벌과 행정벌을 구별하는 논의가 있었지만, 최근에는 양자를 구별하지 않고 개개의 벌칙 조항별로 해석론·정책론이 전개되게 되었다.

　　행정형벌에서 형사소송법상의 범죄 수사, 피의자의 체포, 영장의 집행 등을 하는 것은 사법 경찰 직원이다. 형사소송법 189조1항에서는 경찰관을 사법경찰 직원으로 규정하고, 같은 법 190조는 삼림, 철도 그 밖의 특별한 사항에 관하여 사법경찰관 직원으로서 직무를 해야 하는 자 및 그 직무의 범위는 따로 법률로 정한다고 하고 있다(노동기준법상의 노동기준감독관, 마약단속법상의 마약단속관과 마약단속원, 어업법상의 어업감독관과 어업감독원 등).

## (2) 행정형벌의 과형(科刑)절차

행정형벌은 형사소송법상의 절차에 따라 형이 과해진다. 그러나 형사소송법에 대한 특례가 없는 것은 아니고, 특별법으로서의 교통 사건 즉결재판 절차법(1954法113)에서는 피의자에게 이의가 없는 경미한 사안에 관하여 당일 기일의 심리로 형을 선고하는 절차를 정하고 있다.

## (3) 운용상의 문제

행정벌은 행정상의 강제집행 제도의 불비를 보완하고, 행정상의 실효성을 확보하는 데에 중요한 역할을 맡고 있다. 다만, 최근 정식 절차에 근거하여 과해지는 정식 행정형벌에 관해서는 (ⅰ) 국민에게 주는 불이익이 중대하고, 과형절차도 신중하게 되어 있어서 충분히 이용되지 않는 상황에 있고, (ⅱ) 여러 법령 위반행위에 대하여 자주 사용된 결과, 형벌로서의 위하효과가 상실되고, 행정형벌 규정은 공동화되고 있다는 비판이 생기고 있다.

이 배경에는 (ⅰ) 산업 진흥을 소관하고, 위법행위의 단속과 육성을 겸하고 있는 행정기관을 중심으로 고발 권한을 행사하지 않는 경향이 있었던 점, (ⅱ) 공소제기에 이르기까지에는 검찰관에 의한 고발의 수리, 기소가 필요하고, 기소에 필요한 증거 등을 수집하는 것이 행정에 부담이 되는 점, (ⅲ) 고발을 접수한 검찰관에게도 살인·강도 등의 형사범의 입건을 우선하고, 행정범의 기소에 소극적인 태도를 보이는 경향이 있었던 점, (ⅳ) 기소 후에도 증인으로 소환되어 질문을 받는 등 행정의 직원으로서 재판에 협력하는 부담은 큰 점 등의 사정이 있다. 또한, (ⅴ) 경제범죄 등의 분야에서는 행정형벌이 충분한 제재적 효과를 가지지 못하는 때도 있다고 여겨지지만, 최근에는 벌금액의 인상이 도모되고 있다.

### (4) 범죄의 비형벌적 처리

행정법령의 위반이 잦은 분야, 예를 들면 간접세·관세의 영역에서는 예전부터 국세 범칙 단속법(2017法4에 따라 폐지. 현행 국세통칙법 157조 이하), 관세법(1954法61)에서 간접국세·관세 등에 관한 통고처분의 제도가 마련되어 있었다(국세통칙법 157조 이하, 관세법 146조). 이 제도는 정식의 형사절차에 이행하는 전 단계에서 벌금·과료 등에 상당하는 금액의 납부를 독촉하는 등 행정형벌의 발동을 대신하여 행정상의 제재를 간이·신속한 형태로 부과하는 것이고, 최근 실효적인 제재의 제도로서 주목되게 되었다(통고를 이행한 때에는 형사소추를 받지 않는다. 국세 범칙 단속법 16조 등).

다만, 국세 범칙 단속법이 폐지되고, 범칙 절차와 관련되는 규율이 국세 통칙법(1962法66)에 이전되어 정비될 때 간접국세 중 신고납세방식에 관하여 새로이 과세 조사의 결과로써 중가산세를 부과할 수 있게 됨과 동시에 통고처분의 제도는 폐지되었다(국세 통칙법 155조2호). 현재는 통고처분 제도가 적용되는 조세의 종류는 한정되어 있는 점에 주의가 필요하다.

유사한 제도로서는 도로교통법(1960法105)상의 교통 범칙금 통고제도가 있고, 이 제도에 따르면 도로교통법상의 위반행위(경미하고 정형적인 행위)에 관하여 경시총감 또는 경찰본부장이 범칙금의 납부를 통고한 경우, 범칙금이 납부되면 기소는 면제된다. 이렇게 자주 발생하는 도로교통법상의 위반행위에 관하여 재판소의 부담을 경감하면서 적절한 제재를 두는 것을 통하여 법령 위반의 억제가 도모되고 있다(도로교통법 125조 이하).

행정처분 취소청구 사건 상고심 판결(最判1982年7月15日民集36巻6号1169頁)은 범칙금의 납부 통고의 취소소송이 제기된 사안에 관한 것이다. 이 판결에서 최고재판소는 (ⅰ) 범칙금 납부제도는 형사 기소되어야 하는 행위에 관하여 간이 · 신속한 처리, 재판소의 부담 경감의 관점에서 특히 마련된 것인 점, (ⅱ) 통고에 불만이 있는 자는 형사절차를 선택하여 판단을 받을 수 있는 점 등을 지적하고, 통고를 행정소송으로 다툴 수 없다고 했다. 다만, 납부를 마친 후에 위반행위의 부존재를 이유로 하여 부당이득반환청구소송을 제기하는 것은 예외적으로 인정될 수 있을 것이다(민사소송 또는 공법상의 당사자소송).

## 제3절  행정상의 질서벌

### (1) 의의

행정상의 질서벌은 행정상 절차의 이행을 확보하는 등의 목적으로 마련된 것이고, 형법상 형벌의 발동인 행정형벌과 구별된다. 예를 들면, 주민기본대장법(1967法81)에서는 같은 법상의 신고와 관련되는 허위의 신고, 신고 의무의 불이행에 대하여 과태료를 정하고 있다(주민기본대장법 52조. 5만엔 이하의 과태료). 또한, 지방자치법(1947法67)에서는 조례 위반, 규칙 위반에 관하여 5만엔 이하의 과태료를 두는 것을 의회와 단체장에게 수권하고 있다(자치법 14조3항 · 15조2항). 또한, 형법상의 형벌이 아니기 때문에 형법총칙, 형사소송법의 적용은 없다.

### (2) 절차의 개요

법률에 근거하는 과태료의 징수에 관해서는 비송사건절차법(2011法51) 119조 이하의 과태료 사건에 관한 규정에 따라 다른 법령에 규정이 있는 경우를 제외하고, 재판을 받는 자의 보통재판적 소재지의 지방재판소가 관할한다. 한편, 지방자치단체의 조례 · 규칙의 위반에 관련되는 과태료에 관해서는 지방자치단체의 장이 행정처분으로 납부를 명하고, 그 징수는 지방세의 체납처분의 예에 따르는 것으로 되어 있다(자치법 231조의3 · 255조의3).

### (3) 형벌과 행정상 질서벌의 병과

법령에는 형사벌과 과태료의 병과를 인정하는 예가 있고, 이것이 이중 처벌의 금지에 위반되는지 문제가 되나, 통설은 이중 처벌의 금지에는 저촉되지 않는다고 판단하고 있다.

형사소송법 위반(선서 거부) 피고사건 상고심 판결(最判1964年6月5日民集18卷5号189頁)은 형사소송법 161조2항의 규정에 근거하여 선서 거부에 대하여 같은 법 160조1항의 과태료와 161조1항의 벌금, 구류의 병과가 문제가 된 사안에 관한 것이다. 이 판결에서 최고재판소는 양자는 목적·요건·절차를 달리하기 때문에 병과는 방해받지 않는다고 해석하고 있다. 형사소송법상의 병과에 관한 판단이나, 행정상의 질서벌과 병과에 관해서도 마찬가지로 해석할 수 있을 것이다.

다만, 행정법규 중에는 병과를 금하는 예가 있다(독점금지법 97조 단서, 주민기본대장법 50조 단서 등).

### (4) 운용상의 문제점

행정상의 질서벌에 관해서는 제재로서의 효과에 관하여 의문이 있는 외에, 소액의 과태료에 관하여 징수를 어떻게 할지 등의 문제가 있다. 다만, 최근에는 지방자치단체에서 독자적 조례의 의무 위반에 관하여 어느 정도 금액의 과태료를 규정하고, 과태료의 활용을 도모하는 예도 나타나고 있다(曽和·総論387頁·388頁).

# 제4장 이익·불이익을 통한 유도

## 제1절 서설

### (1) 불이익에 의한 유도

행정상 강제집행의 제도 외에 행정법령에는 법령상 의무의 이행확보를 목적으로 하는 각종 제도가 있다. 조세법상의 각종 가산세(무신고가산세, 과소신고 가산세) 등이 그 예이나, 이 제도는 경제적인 불이익 부과를 통한 제재적 효과로써 신고납부제도와 관련되는 의무 위반을 예방하려고 하는 것이다. 행정상 강제집행의 제도가 유효하게 기능하지 못하는 경우는 많고, 이와 상호 보완적인 역할을 가지는 행정벌 제도에 관해서도 문제는 많다. 그래서 ( i )

각종의 의무 위반(행정벌의 대상이 되는 의무 위반 외에 그에 이르지 않는 경미한 의무 위반
도 포함된다)에 착안하여 (ⅱ) 행정벌과 같은 정식 제재에는 해당하지 않지만, (ⅲ) 경제적인
부담을 과하거나 위반자에게 불리한 정보를 공표하는 등의 형태로 의무 위반의 억제를 도모
하는 제도가 법령에 마련되게 되었다.

　　행정지도에 따르지 않은 사실을 제재적인 목적으로 공표하는 것은 행정절차법(1993法
88) 32조2항의 취지에 합치하지 않기 때문에 법령상의 특칙이 없으면 허용되지 않는다. 다
만, 법령 위반 사실의 공표는 국민에 대한 정보제공에 더하여 제재적 효과를 기대하여 행해
지는 경우가 있다[→ 행정지도의 실체적 규율, 행정지도의 일반원칙, 공표 조치의 당부(제4
부 제2장 제2절)]. 더욱이, 불이익처분이 행해진 것을 널리 국민 일반에 공표하는 것에 제재
적인 효과가 기대되는 때는 있다.


## (2) 제재와 유도

이상과 같이, 최근에는 경미한 것을 포함하는 의무 위반에 착안하여 불이익한 효과를 미치
고, 장래의 위반행위를 억제하려는 제도를 행정제재로 이해하고, 나아가 위법행위를 통하여
얻은 이익을 박탈하는 제도 등도 제재에 포함하는 견해가 유력해졌다. 여기서는 이 제도가 어
떤 의미에서 제재적인 요소를 포함하는지를 염두에 두면서, 유도의 제도로서 다루기로 한다.

　　수익적 행정처분(행정행위)의 철회가 '제재'에 해당하는지에 관해서는 예로부터 논의가
있었다. 통설은 철회는 공익상 부적절한 상태를 배제하는 것을 목적으로 하고, 위반행위의
억제를 직접적 목적으로 하는 것은 아니라고 설명해 왔다. 한편, 수익적 행정처분의 철회에
제재적인 효과가 있는 점은 부정할 수 없다는 반대설도 있다. 모든 수익적 행정처분의 철회
가 제재에 해당하는 것은 아니라고 해도 철회 중에는 제재적 효과의 존재에 착안하여 제도
화된 것이 있는 점은 부정할 수 없다[청색신고 승인의 취소(소득세법 150조1항) → 구별의
상대화, 철회로부터의 상대화(제3부 제4장 제2절)].

더욱이, 국민에게 불이익한 효과를 가지는 제도가 아니라, 의무의 준수가 국민에게 이익이 되는 제도를 마련하고, 국민을 법령 준수로 유도하는 것이 법령 준수 등의 확보에 효과적인 경우도 있다고 생각되게 되었다. 또한, 독점금지법(1947法54)의 과징금과 같이 제도 발족 당시에는 법령 위반행위를 통하여 얻은 이득을 사회에 환원하게 하는 제도가 법령 위반의 예방에 효과적인 제도로서 주목되기에 이른 것이 있다.

### (3) 제도의 다양성

전형적인 제재에 해당하지 않지만, 제재적 효과가 기대되는 제도, 법령의 준수 등에 일정한 이익을 부여하는 것을 통하여 국민을 유도하는 제도 등 행정상 실효성 확보의 제도로서 오늘날 다양한 제도가 나타나기에 이르렀다.

다만, 이 제도들은 천차만별이고, 그 기능하는 상황, 기대되는 기능도 다양하다. 여기에서는 몇 가지의 주목할 만한 제도에 한정하여 소개한다(宇賀·Ⅰ151頁·296頁 이하, 296頁 이하에 상세한 소개가 있다. 또한, 정보의 공표에 관해서는 마지막에 논한다).


## 제2절  광의의 제재

### 제1관  경제적 부담

#### (1) 가산세, 과태세(過怠稅) 등
① 제도의 취지

다양한 법령 위반, 법령상 의무의 불이행을 포착하여 경제적인 부담을 과하는 제도는 많다. 특히, 국세 등의 분야에서는 의무의 위반이나 불이행에 대하여 세액을 일정한 비율로 증액하는 제도를 마련하고, 의무의 위반이나 불이행을 억제하는 제도가 마련되어 있다. 구체적으로는 신고 의무, 납부 의무의 불이행, 위반에 대하여 과해지는 가산세 등의 제도가 이에 해당한다(국세통칙법 65조 이하).

② 가산세와 벌금의 병과 등

가산세와 형벌의 병과에 관해서는 행정상의 질서벌과 형벌의 병과와 마찬가지로 이중 처벌의 문제가 있다. 다만, 최근에는 이 문제에 관해서는 병과된 것으로 인한 불이익이 위반행위에 대한 제재로서 균형을 상실한 것인지를 단적으로 문제로 삼아야 한다고 하는 견해도 유력하다.

이 점에 대하여 이중 처벌의 문제를 생각할 때는 당사자의 절차적 부담의 무거움에 관해서도 검토되어야 하지만, 과거에 행정절차상의 부담은 가벼운 것으로 여겨지는 것이 일반적이었던 점에 유의할 필요는 있을 것이다.

법인세액 경정결정 등 취소청구 사건 상고심 판결(最大判1958年4月30日民集12卷6号938頁)에서 최고재판소도 행정상의 질서벌이 추징세이었던 때의 제도에 관하여 추징세와 벌금이 병과된다고 해도 이중 처벌에 따른 위법의 문제는 생기지 않는다고 했다.

덧붙여서, 가산세 등에 관해서는 국세통칙법, 지방세법(1950法226)상의 처분으로서 행정절차법의 적용이 제외되어 있다[→ 불이익처분 절차, 청문절차, 구별의 기준(제3부 제3장 제4절)]. 이에 대하여, 특히 위반의 정도가 무거운 경우에 부과되는 중가산세는 단순한 금전 부과 처분이 아니라 제재로서의 성격이 강하므로 변명의 기회를 부여하는 등의 사전절차를 보장해야 한다는 비판이 있다.

### (2) 과징금

① 독점금지법상의 과징금

과징금의 예로서는 독점금지법상의 제도가 있다(독점금지법 7조의2~7조의9, 20조의2~20조의7). 다만, 이 제도는 행정법상의 의무 위반을 통하여 얻은 이익을 박탈한다는 관점에 따른 것이고, 제재로서의 평가를 받는 것은 아니었다.

다만, 위법행위로 부당하게 얻은 이익을 박탈하는 것에 위반행위를 억제하는 효과가 기대되고 있었던 점은 부정할 수 없다. 더욱이, 이하의 점들에 유의할 필요가 있다.

첫째, 2005년의 개정(같은 법 35)에 따라 (ⅰ) 위반행위를 통하여 얻은 이익에 더하여 사회적 손실 등도 과징금의 산정기준에 포함되고, (ⅱ) 과거에도 위반한 자에게 과징금의 가산을 하는 한편, 조사개시 전에 위법행위를 중지한 위반 사업자에게는 과징금을 감경할 수 있게 되었다. 또한, (ⅲ) 위법행위 정보를 공정거래위원회에 제공한 위반 사업자 등에 관해서는 과징금을 면제하는 제도(Leniency)도 마련되어 있다.

또한, 둘째로 2009년의 개정에 따라 (ⅰ) 과징금의 대상이 확장되었을 뿐만(배제형 사적 독점, 우월적 지위의 남용 등) 아니라, (ⅱ) 주도적 사업자에 대한 과징금을 할증하고, (ⅲ) 과징금 면제 제도를 확충하는 등의 조치가 취해졌다.

셋째, 2019년의 개정(같은 법 45)에 따라 (ⅰ) 사업자의 실태 해명에 대한 협력 정도에 따라 과징금을 감산(減算)하는 조사협력 감산제도가 도입됨과 동시에, (ⅱ) 과징금 산정의 기간을 연장하고 추계규정을 정비하고, (ⅲ) 산정 기초에 관해서도 (α) 일정한 그룹 기업의 매출액, (β) 밀접 관련 업무의 대가(수주를 양보하는 담보로서 대상 물건의 도급공사를 실시하는 등), (γ) 담합금(담합 참가로 얻은 재산상의 이익)이 추가되며, (ⅳ) 주도적 사업자와 관련되는 할증 산정률의 적용 대상의 확대 등이 시행되고 있다.

이 개정을 통하여 과징금의 제재로서의 성격은 더 명확하게 되었다. 또한, 금융상품거래법(1948法25)이나 공인회계사법(1948法103) 등에도 독점금지법의 제도를 모방하여 과징금 제도가 도입되어 있다(금융상품거래법 172조 이하, 공인회계사법 31조의2・34조의21의2 등).

② 과징금과 벌금의 병과

과징금은 독점금지법을 위반한 법인에 대하여 부과되는 것인 한편, 독점금지법에는 법인 처벌의 제도도 마련되어 있다. 따라서 과징금에 관해서도 과징금과 법인 처벌로서의 벌금 간에 이중 처벌의 문제는 생기는 것은 아닌지라는 논의가 있다. 이 점에 대해 최고재판소는 2005년 개정 전의 제도에 관한 판단이나, 카르텔의 형사사건에 관하여 벌금형이 확정되고 독점금지법상의(손해를 입은 자에 의한) 부당이득반환청구소송을 국가가 제기하고 있음에도 불구하고, 과징금이 부과된 사안에 관해서도 제도의 차이에 비추어 보면 이중 처벌의 문제는 생기지 않는다고 했다.

심결 취소청구 사건 상고심 판결(最判1998年10月13日判時1662号83頁)이 이것이다. 이 판결에서 최고재판소는 법인세액 경정결정 등 취소청구 사건 상고심 판결(最大判1958年4月30日民集12卷6号938頁)을 인용하고, 이중 처벌의 문제는 생기지 않는다고 판단했다(→ 가산세와 벌금의 병과 등).

또한, 제도의 개정으로 과징금의 제재로서의 성격이 강하게 되고, 금액도 증액된 점에서 비례원칙의 관점에 비추어 과징금의 납부명령 후에 벌금형이 확정된 경우, 벌금액의 2분의 1에 해당하는 금액을 과징금액에서 공제하는 등의 조정이 행해지게 되었다(독점금지법 63조1항·2항).

## 제2관  계약 관계에서 배제

### (1) 계약 관계에서 배제

정부 조달계약에서는 계약에 관련되어 위법행위가 있거나 계약에서의 채무불이행 등이 있는 경우에 위법행위 등이 발생한 이후의 일정 기간, 정부 조달계약의 절차에 참가할 수 없도록 하는 조치가 취해지고 있다. 특히, 정부 조달계약에 관련되어 독점금지법 위반 사건이 자주 발생해 온 점에서 독점금지법 위반업자에게 지명(指名)정지 조치를 하는 취지를 조달계약 요강에 규정하고 있는 국가의 성청, 지방자치단체는 많다(각 행정기관이 정하는 ‘공사도급계약에 관련되는 지명정지 등의 조치 요령’ 등).

### (2) 지명·지명정지의 법적 성격

조달 절차는 계약체결의 사전절차이다. 이 점에서, 지명경쟁입찰의 자격을 가지는 지명업자에 대한 지명을 정지하는 조치에 관하여 정지 조치를 처분으로 하여 취소소송을 제기할 수 없다고 해석되고 있다. 다만, 최근의 행정사건소송법의 개정 취지에 비추어 보면, 이러한 경우에 장기간에 걸쳐 지명정지를 받은 업자는 지위의 확인소송을 제기하는 것이 인정되어야 할 것이다.

입찰 참가 금지 등 처분 취소청구 사건 상고심 판결(東京高判2012年2月28日, 判例集未登載)은 지명정지 조치의 처분을 부정하고, 건설공사 도급계약에 관련되는 경쟁입찰은 사법상의 행위라고 하여 공법상의 확인소송의 대상이 되지 않는다고 판단하며, 지위확인소송을 각하했다. 공법상의 확인소송과 민사소송 간에 소송 선택의 부담을 사인에게 지게 하는 것이고, 이 판결의 판단에는 의문이 있다.

## (3) 손해액의 산정 방법

지명정지 조치의 효력을 다투는 것은 별론으로 하고, 위법한 지명정지 조치로 인하여 받은 손해의 배상을 청구할 수는 있다. 다만, 그때 손해액을 어떻게 산정할지가 문제가 되나, 이 점에 관하여 하급심의 재판례에서는 해당 업자의 과거 수주실적, 위법한 지명정지가 행해진 기간, 해당 기간에서 지방자치단체의 발주액 등으로부터 배상액을 산정했다.

이러한 산정 방법을 채용하는 재판례로서 손해배상청구 사건 항소심 판결(高松高判2000年9月29日判時1751号81頁) 외에 손해배상청구 사건 항소심 판결[東京高判2020年9月16日(判例集未登録)] 등이 있다.

## 제3관  행정서비스 등의 거부

행정상의 실효성 확보의 조치로서 행정서비스 등이 거부되는 사례가 있다. 그러나 이 행정서비스는 주민 등의 생활에 불가결한 공공재를 제공하는 것이므로 제재의 목적으로 이 서비스를 거부하는 것은 위법하다.

계약상의 지위 확인 등 청구 사건 상고심 판결(最判1999年1月21日民集53卷1号13頁)은 수도사업자인 정(町)이 물의 수요 증가에 대응할 수 없는 점을 이유로 아파트 분양 사업자에게 급수계약의 체결을 거부한 사안에 관한 것이다. 최고재판소는 체결 거부를 적법하다고 했으나, 위의 이유가 수도법상의 '정당한 이유'에 해당한다고 한 것이고, 아파트 분양억제책의 실효성 확보를 위한 것이라고 해석하고 있지는 않다.

## 제4관  수익적 행정행위(행정처분)의 철회

수익적 행정행위(행정처분) 철회의 문제에 관해서는 이미 설명했다.

# 제3절  유도의 제도

## 제1관  개설

각종 제재의 조치가 행정법상의 제도로서 정착함에 따라 제재에 의한 유도만이 아니라 각종 유인 등을 이용하여 행정이 바람직하다고 생각하는 방향으로 사인을 유도하는 제도도 행정상의 실효성을 확보하는 제도로서 자리매김하게 되었다. 다만, 이 제도들에도 다양한 것이 있으므로 본서에서는 대표적인 제도의 소개에 그친다.

## 제2관  경제적 유도

### (1) 금전 등의 급부

금전 등을 지급하는 것으로 사인을 바람직한 방향으로 유도하기 위해서 마련된 행정상의 제도는 많다. 각종 보조금(금전 급부, 채무보증 등을 포함한다), 조세 우대 조치, 고용조정금, 장려금, 보상금 등은 이에 포함된다.

### (2) 금전 등의 징수

한편, 금전 등의 징수를 통하여 바람직하지 않은 사인의 행위를 억제하려는 제도도 있다. 예로서는, 서비스의 유료화(일반폐기물 배출량의 억제 등), 장애인고용납부금(법정 비율보다도 장애인의 고용이 미치지 못하는 사태의 예방)이 있다. 혼잡통행료(Road Pricing, 혼잡한 도로 등의 이용에 대한 과금의 제도)에 관해서는 일본에 제도를 도입해야 하는지가 논의되어, 2001년의 도쿄올림픽·패럴림픽의 기간에 한정하여 수도 고속도로에서 시행(試行)되는 등의 노력이 있었다.

### (3) 시장개입·시장창설

① 시장개입·시장창설

정책적인 목적을 실현하기 위하여 행정이 시장에 개입하거나, 시장을 창설하고 그 시장 메커니즘을 통하여 목적을 실현하려는 제도가 최근 주목된다. 예를 들면, 이산화탄소의 배출에 관하여 배출규제 등의 규제적인 방법만을 사용하는 것이 아니라 배출권거래 시장을 창설하고, 배출권 매매를 인정하는 것을 통하여 배출억제 기술의 개발 등을 촉진하는 제도를 국내에 도입하는 것이 검토되었다. 그 결과, 이산화탄소를 많이 배출하는 발전사업자에 일부 유상으로 배출량을 할당하여 그 양에 따른 사업자부담금을 징수하고, 배출량의 할당·단가를 입찰방식으로 결정하는 제도를 창설하는 법 개정이 이루어졌다[탈탄소 성장형 경제구조로의 원활한 이행의 추진에 관한 법률(2023法32)].

② 구체적인 예

시장개입의 예로서는 그린(Green) 구입법[국가 등에 의한 환경물품 등 조달의 추진 등에 관한 법률(2000法100)]이 있다. 같은 법은 환경 부담의 저감에 이바지하는 원재료 등의 구매에 관하여 국가가 기본방침을, 각 성청 등이 조달 방침을 정하고, 조달 실적을 공표하는 등으로 환경에 부담이 적은 물품을 보급하려고 하는 것이다.

또한, 시장창설의 제도가 국내법화된 예로서는 위의 배출량 거래제도 외에 특정 지역 내에서 용적률 이전을 인정하는 '특례 용적률 적용 지구 제도'가 있다[개발권 이전 제도(Transfer of Development Rights)의 일종이다]. 이 제도는 도시계획에 정해진 특례 용적률 적용 구역에서 구역 내의 건축용지의 지정 용적률의 일부를 복수의 건축용지 간에 이전하는 것을 인정하는 것이다(건축기준법 57조의2). 또한, 이 제도는 도시에서 공간의 고도 이용을 촉진할 목적으로 도입된 것이어서 미국 등에서 자연환경, 역사적 건조물을 보존하기 위한 제도와는 그 취지를 달리하고 있다.

## 제4절  각종 공표 조치

### 제1관  의의와 구체적인 예

#### (1) 공표의 기능

공표에는 ( i ) 일정한 자에게 특정한 이익·불이익을 초래하는 정보를 공표하여 해당자를 일정한 작위·부작위로 유도할 목적으로 행해지는 것, ( ii ) 국민에게 객관적인 사실을 공표하는 것 자체를 목적으로 하여 행해지는 것(지가의 상승, 감염병의 발생, 소비 생활용품의 사고 등)이 있다. 다만, 현행 제도 중에는 엄밀히 이와 같이 구별하는 것이 곤란한 것도 있다.

행정절차법(1993法88)의 임의성의 원칙에서 제재 목적의 공표를 행정지도의 실효성 확보로써 이용하는 것은 원칙적으로 허용되지 않는다[→ 행정지도의 실체적 규율, 행정지도의 일반원칙, 공표 조치의 당부(제4부 제2장 제2절)].

### (2) 정보를 통한 유도

긍정적 의미와 내용을 가지는 정보를 공표하는 제도를 두어 해당 행위가 장려되는 효과를 기대하여 마련되어 있는 제도로서 JIS, JAS 외에 적(適)마크, 에코마크 등이 있다.

JIS(일본 산업규격)은 산업표준화법(1949法185)에 JAS(일본 농림규격)은 농림물자의 규격화 등에 관한 법률(1950法175)에 근거가 있다. 한편, 숙박시설의 신청에 근거하여 소방법령 등의 적합에 관하여 소방기관이 발행하는 적(適) 마크는 소방청 차장 통지에 근거하는 운용상의 조치['방화대상물에 관련되는 표시제도의 실시에 관하여(통지)']이고, 에코마크는 공익재단법인 일본환경협회가 인정하는 것이다.

또한, 부정적 의미를 가지는 정보를 공표하는 것으로서 부적정 사업자 정보의 공표 등의 제도가 있다.

예를 들면, 건설공사 등의 정부 조달계약에서는 조달 부서가 지명정지 조치 상황을 공표하고 있다[국토교통성 네거티브 정보 등 검색 시스템[건설공사(공공사업을 포함한다)/지명정지]] 등. 또한, 도·도·부·현, 정령시 등 중에는 소비자 보호 조례 등에 근거하여 사업자명을 포함한 정보제공의 조치를 하는 단체도 있다.

## 제2관 공표 조치의 문제

### (1) 법률의 근거

제재 목적을 가진 공표에 관해서는 중대한 불이익을 상대방에게 줄 가능성이 있는 점에서 법률의 근거가 필요하다는 견해가 유력하다. 그 밖의 유도 조치에 관해서는 법률의 근거는 필요한 것은 아니라고 해석되지만, 불이익한 효과를 초래하는 정보의 공표와 정책 목적에 근거하는 공표를 엄밀히 구분하는 것은 곤란하다고 할 것이다. 또한, 재판례에서는 국민에 대한 정보제공을 목적으로 하는 공표에 관하여 그것이 중대한 제재 기능을 동시에 가지지 않으면 법률상의 근거는 필요 없다고 해석되고 있다.

O-157 집단식중독의 원인업자로서 공표된 업자가 손해배상을 청구한 사인에서 손해배상청구 사건 항소심 판결(東京高判2003年5月21日判時1835号77頁)은 이러한 공표에 관하여 법률의 근거는 필요 없다고 했다.

### (2) 공표의 방법

법령 중에는 공표의 방법에 관하여 구체적인 규율이 마련되어 있는 예도 있다(의사법 30조의2, 의사법 시행령 14조). 한편, 공표와 관련되는 규정이 법령에 없는 경우, 규정이 추상적인 경우 등에는 공표의 방법이 문제가 된다. 특히, 법령의 근거 없이 공표가 이루지는 경우에는 공표의 방법이 위법하다고 판단된 사례도 많다.

O-157 집단식중독에서 공표의 위법성이 쟁점이 된 손해배상청구 사건 항소심 판결(大阪高判2004年2月19日訴訟53巻2号541頁)은 확정된 사실을 공표하는 경우와 달리 국민의 중요 관심사로 특정 사실을 공표할 때는 공표의 시기, 내용, 방법 등을 적절하게 선택할 필요가 있으므로 이 점에 관련되는 배려가 부족한 때에는 불이익을 받는 자의 손해를 배상할 필요가 있다고 하고, 손해배상청구를 인용했다[추가로 참조, 손해배상청구 사건 항소심 판결(東京高判2003年5月21日判時1835号77頁)(전게)].

# 제5장 즉시강제

## 제1절 개설

### 제1관 즉시강제의 의의

행정상의 강제집행 제도와 구별해야 하는 제도로서 즉시강제가 있다. 이 제도는 만취자의 보호 등 공익상의 관점에서 국민의 신체·재산 등에 유형력을 행사하는 제도인 점에서 직접강제와 유사하다. 그러나 직접강제가 행정행위의 일종인 명령 등으로 국민에게 구체적인 의무를 부과하고, 그 불이행으로써 국민의 신체·재산 등에 유형력을 행사하는 점과는 다르고, 명령 등을 통한 의무 부과의 절차를 경유하지 않고 유형력을 행사하는 점에서 직접강제와 다르다.

전통적인 학설에서는 즉시강제에 행정조사를 포함하여 설명하는 견해도 있었다. 제2차 세계대전 전에는 행정조사가 유형력의 행사를 동반하는 경우는 많았기 때문에 이러한 설명으로도 문제는 없었다. 그러나 ( ⅰ ) 제2차 세계대전 후 특별한 경우를 제외하고 행정조사에는 유형력의 행사가 인정되지 않게 되어서 즉시강제에 포함하는 것은 부적절한 점, ( ⅱ ) 행정조사의 목적은 행정정보의 수집에 있고, 공익상의 장애 등의 제거를 목적으로 하는 즉시강제와는 구별해야 한다는 견해가 유력하게 된 점에서 행정조사와 즉시강제는 구별되게 되었다.

### 제2관 제도적 근거

#### (1) 특별한 근거의 필요성

이와 같이, 즉시강제는 명령 등을 통하여 구체적인 의무를 부과하는 절차를 거치지 않고 국민의 신체·재산 등에 대한 유형력의 행사를 인정하는 것이다. 그래서 그러한 유형력의 행사에 관해서는 법률의 근거가 필요할 뿐만 아니라, 헌법상 인권 보장의 관점에서도 이를 정당화할 수 있는 특별한 근거가 필요하게 된다.

### ⑵ 의무의 부과가 곤란한 경우

즉시강제가 인정되는 예로서는 첫째, 명령 등에 의한 의무의 부과가 의미가 없는 경우에 국민의 인권 보호에 필요한 범위에서 행해지는 사례 등이 있다. 경찰관직무집행법(1947法 136)에 근거하는 만취자의 보호 등은 그 전형적인 예라고 말할 수 있다(경찰관직무집행법 3조1항1호). 유사 사례로서는 도로상의 공작물 등의 제거(도로교통법 81조2항)가 있고, 공작물의 소유자 등이 판명되지 않은 경우가 있는 점을 고려하여 유형력의 직접 행사가 인정된 사례라고 할 것이다.

### ⑶ 긴급 궁박의 경우

둘째, 감염병의 만연 방지 등과 같이 명령 등에 의한 의무 부과의 절차를 거칠 시간적인 여유는 없는 경우나 명령 등에 의한 의무 부과는 곤란한 경우 등이 있다. 감염병예방법[감염병의 예방 및 감염증의 환자에 대한 의료에 관한 법률(1998法114)]에 따른 예방을 위한 교통차단(감염병법 33조)은 후자의 경우라고 말할 수 있을 것이다. 또한, 출입국관리법 및 난민 인정법(1951令319)에 근거하는 외국인의 수용·강제퇴거(출입국관리법 39조·52조)는 명령 등에 의한 의무의 부과와 그에 근거하는 자발적인 의무의 이행을 기다려서는 그 목적을 달성할 수 없는 때도 있는 점을 고려하여 즉시강제를 하는 것이 특히 인정되고 있는 것으로 생각된다.

다만, 지금까지의 입법례에 대해서는 의무를 부과하는 절차를 마련할 수 있는 경우에도 불구하고 안이하게 즉시강제의 행사가 인정되고 있는 예도 있다는 비판이 있었다. 이를 고려하여, 예를 들면 외국인의 수용·강제퇴거에 관해서는 현재 불법입국자 등의 신병을 구속하지 않고 간이한 절차로 출국하게 하는 출국 명령의 제도가 마련되어 있다(출입국관리법 24조의3·55조의2 이하).

선원법(1947法100)상의 선장의 기율(紀律) 권한(제3장), 항공법(1952法231) 73조의4제1항에 근거하는 기장의 안전 저해행위 억제권한과 같이 통치권이 미치지 않는 공간에서 질서유지에 관하여 유형력의 행사를 사인에게 인정하는 사례는 있다. 최고재판소(最判1973年4月25日刑集27巻3号418頁)는 철도사업자에 의한 부지 등 출입자에 대한 퇴거 조치[철도영업법(1900法65) 42조1항]에 관해서도 최소한의 실력의 행사를 인정한다. 노동쟁의 중에 철도조합원을 신호소에서 퇴거하게 한 특수한 사안에 관한 것이나, 테러 대책 등이 중시되고 있는 현재, 규정을 정비한 후에 예외적으로 이와 같은 종류의 권한 행사를 인정하는 것은 정책적으로 있을 수 있을 것이다.

## 제2절 즉시강제의 법적 문제

### (1) 즉시강제와 법률의 근거

즉시강제는 명령 등을 통하여 구체적인 의무를 부과하는 절차를 거치지 않고, 유형력의 행사를 행정기관에 인정하는 제도이기 때문에 법률상의 근거는 필요하다.

어항(漁港)법(당시)에 규정된 어항 관리 규정(조례)을 정하지 않고 있었기 때문에 설치관리자인 정(町)이 어항구역 내에 위법하게 설치된 요트 계류용의 시설에 법령상의 권한을 행사할 수 없어, 부득이 유형력을 행사하여 그 시설을 철거한 행위에 대하여 주민소송으로 그 위법성이 다투어진 사건이 있다. 최고재판소(最判1991年9月30日刑集56卷7号395頁)는 법령상 위법하다고 하면서, 민법 720조의 취지에 비추어 정으로서는 경비 지출을 용인해야 한다고 했다. 주민소송에서 정장(町長)의 불법행위책임을 인정하지 않은 것에 그치고, 법령상은 위법하다고 인정되고 있는 점에 주의해야 한다.

또한, 보도에 골판지로 만든 집을 도쿄도(都)가 제거한 때에 있었던 방해 행위로 피고가 업무위력방해죄로 기소된 사안에서 최고재판소(最決2002年9月30日刑集56卷7号395頁)는 소유자의 퇴거 후에 골판지 집의 제거는 비권력적인 업무라고 하는 한편, 소유자의 승낙 없이 제거된 점에 관해서는 행정대집행 등을 하는 것은 곤란하고, 재산상 피해도 근소하다고 하여, 업무방해죄의 보호를 받을 필요성이 상실될 만큼의 하자는 없었다고 판단하고, 제거에 법적 하자가 없었다고는 인정하지 않았다(양 판결에 관하여, 高橋·行政法入門253頁以下).

### (2) 즉시강제의 절차

즉시강제는 국민의 신체·재산 등에 유형력을 행사하기 때문에 신중한 절차를 보장할 필요가 있다. 한편, 감염증의 만연 방지 조치나 만취자의 보호 등과 같이 즉시강제의 행사가 요구되는 사안에서는 긴급성 등의 관점에서 두터운 절차 보장을 제도화하는 것이 곤란한 경우는 많다. 이와 같은 배경도 있고, 즉시강제 시 재판관의 영장을 필요로 하는 입법례는 경찰관직무집행법 3조3항·4항(보호가 24시간을 넘는 때에 간이 재판소 재판관의 허가장이 필요하다)이 있을 뿐이다.

이와 관련하여, 전염병예방법의 폐지와 동시에 제정된 감염증예방법은 절차 보장을 충실하게 하는 관점에서 건강진단(감염증법 17조2항)이나 입원의 조치(같은 법 19조3항·20조2항)를 할 때 권고를 먼저 하게 하고 있다(같은 법 17조1항·19조1항·20조1항).

### (3) 즉시강제와 재판상 구제

즉시강제에 대해서는 사전적 재판상 구제로서 공권력의 행사에 대한 예방적 금지소송(행소법 3조7항·37조의4)의 제기가 인정된다. 또한, 입원 조치 등과 같이 즉시강제가 계속하여 행해지는 것일 때에는 취소소송의 제기가 인정될 것이다. 또한, 그 경우에는 계속되는 유형력의 행사인 점에 비추어 출소기간 제한(행소법 14조)은 작용하지 않는 것으로 생각되어야 할 것이다. 또한, 위법한 즉시강제로 생긴 손해에 대해서는 국가배상 청구가 가능한 것은 말할 필요도 없다.

### (4) 즉시강제와 직접강제

즉시강제는 직접강제와 마찬가지로 국민의 신체·재산 등에 대하여 유형력을 행사하는 제도이기 때문에 어떤 제도가 어디에 해당할지가 논의의 대상이 되는 경우가 있다. 감염증 예방법상의 건강진단, 입원 등의 조치에 관해서는 권고를 먼저 하게 하고 있으나, 건강진단을 받아야 할 의무, 입원해야 할 의무가 이에 따라 구체적으로 부과되고, 그 의무의 불이행에 대하여 유형력이 행사된다고 생각하면 직접강제의 제도를 채용한 것으로 볼 여지는 있다.

또한, 도로교통법(1960法105)상의 방치 차량의 견인차 이동(도로교통법 51조3항 이하)에 관해서도, 같은 법 44조에 따라 부과된 부작위의무를 위반한 차량에 유형력이 행사된다고 생각한다면, 직접강제에 해당한다. 이에 대하여, 행정대집행법에 명시되어 있는 대집행과는 달리 법률로 직접 부과된 의무의 이행확보는 직접강제의 대상이 되지 않는다고 생각하고, 즉시강제로 해석하는 견해도 있다.

다만, 어느 견해를 취한다고 하더라도 행정절차나 재판구제상의 관점에서 다른 결론이 도출되는 것은 아니라는 지적도 있다(塩野・Ⅰ279頁).

### (5) 즉시강제의 과제

직접강제에 비하여 즉시강제의 입법례는 많다. 유형력의 행사 시 행정행위(행정처분)로 미리 의무를 부과하고, 그 불이행으로써 직접강제를 발동하는 것이 우회적이거나 불가능한 경우는 많다고 입법자가 생각했기 때문이다. 그러나 감염병예방법과 같이 유형력의 행사 전에 권고를 먼저 하게 한 입법례나 출입국관리 및 난민 인정법과 같이 출국 명령을 제도 안에 편입한 예도 있다.

덧붙여서, 행정대집행법 1조에 따라 직접강제는 독자적 조례로써는 창설할 수 없는 것에 비하여, 즉시강제에 같은 조의 제약은 적용되지 않는 점에서, 방치 자전거나 방치 스케이트보드의 철거 등을 위하여 절차 보장상으로는 문제가 많은 즉시강제가 독자적 조례로 많이 사용되는 등 병리적인 현상이 생기고 있다[→ 서론, 제도의 과제, 즉시강제(제1장 제2절 (4))]. 즉시강제의 입법기준의 개혁이 필요할 것이다[高橋・実効性確保法制の整備80頁・87頁(濱西隆男)].

또한, 감염증예방법의 분야에서 유형력이 실제로 행사되는 예는 근소하지만, 세계화의 진행 중에 필요한 사태에 대비하여 조직・체제를 정비해 갈 필요성은 증가하고 있다. 나아가, 출입국관리나 감염병 예방 등의 분야에 관해서는 재판관의 영장 등에 의하여 제도가 적절하고 공정하게 운용될 것을 확보할 필요가 있다는 지적도 있다. 이 점들은 향후의 검토 과제라고 할 것이다.

# 제7부 행정정보의 수집, 관리·이용, 공개 등

## 제1장 행정정보의 수집, 관리·이용, 공개 등

### 제1절 서설

제7부에서는 행정정보의 수집, 관리·이용, 공개 등의 체계를 다룬다. 사인과는 달리 행정의 경우에는 법령에 근거하여 민감한 사항에 관련되는 것을 포함하는 정보를 대량으로 수집하고, 관리·이용하는 것을 통하여 행정활동을 하는 기반을 구축하고 있다. 또한, 이러한 정보에 관해서는 행정의 설명책임의 관점에서 지장이 없는 범위에서는 국민에게 널리 공개·공표되는 것이 요구되거나 국민의 개인정보 보호의 관점에서 본인의 공개 청구에 따라 본인 정보를 청구인에게 공개하는 것 등이 요구된다. 이하, 행정활동의 수집, 관리·이용, 공개 등의 체계 등의 특징을 개설한다.

### 제2절 정보의 수집

행정에는 사인에게 인정되지 않는 각종의 정보수집 수단이 갖추어져 있다. 법령에 근거하여 행정이 인허가제도 등을 통하여 사인의 영업활동 등의 적정을 확보하거나 조세를 징수하며, 사회보장의 급부 등의 사업을 실시하는 분야에서는 사인의 영업활동 등을 파악하고, 사업실시에 필요한 정보를 수집할 목적으로 행정에 각종의 조사 권한이 부여되어 있다.

또한, 조사 권한을 행사하는 외에도 행정은 다양한 형태로 행정정보를 입수한다. 통계조사나 공익 통보의 제도가 있고, 나아가 신청이나 신고 시에 제출되는 첨부서류를 통하여 인허가권의 행사나 행정감독에 필요한 정보를 입수할 수도 있다.

더욱이, 위와 같은 수단을 통하여 정보를 입수할 때는 공무원법, 개별법이 정하는 비밀 준수 의무가 부과되는 외에 개인정보보호법(2003法57) 제5장(행정기관 등의 의무 등) 등에 따라 개인정보보호의 관점에서의 규제를 받는다.

## 제3절  정보의 관리 · 이용

### (1) 적정 관리의 필요성

위와 같이, 특별한 권한을 행사하여 국민 생활, 영업과 관련되는 민감한 사정에 관련되는 것을 포함하는 정보를 행정은 대량으로 취득할 수 있으므로 행정이 관리하는 정보에 관해서는 엄격한 안전성(Security)의 확보, 프라이버시 정보, 영업비밀 정보 보호의 제도가 필요하게 된다.

예를 들면, 개인정보의 보호에 관해서는 민간을 포함한 개인정보보호법[개인정보의 보호에 관한 법률(2003法57)]이 제정되어 있고, 국가의 행정기관, 지방자치단체 등이 보유하는 개인정보에 관해서는 같은 법에 따라 민간보다 엄격한 제도가 마련되어 있다[개인정보보호법 5장(행정기관 등과의 의무 등)].

또한, 행정이 수집하고 작성한 정보는 그 시점에서 행정 시책의 기반이 되는 것일 뿐만 아니라, 장래의 의사결정, 정책 입안 등에서도 중요한 의의가 있다. 더욱이, 정보공개제도를 통하여 행정정보가 국민에게 공개되는 것은 행정이 국민에 대한 설명책임을 다하고, 장래 세대의 국민이 과거 행정의 모습을 아는 데에 귀중한 의의가 있다. 그래서 공문서의 형태로 정부 등에 관리·보존되는 행정정보에 관해서는 공문서관리법[공문서 등의 관리에 관한 법률(2009法66)]에 따라 공문서관리 제도가 정비되어 관리의 적정이 도모되고 있다(지방자치단체에서도 공문서관리 조례의 정비는 서서히 진행되고 있다).

### (2) 행정기관 상호 간의 이용

또한, 행정기관이 각각의 소관 사무를 수행하는 중에 수집하고, 관리하는 정보에 관해서는 효율성의 관점에서 정보의 공유를 도모하는 것이 바람직하다. 이러한 관점에서 지금까지도 세무 행정이나 사회보장 분야에서는 필요한 정보의 제공에 관련되는 규정이 있어 왔다. 또한, 정보화의 진전 중에 주민기본대장법(1967法81)이나 번호법[행정절차에서 특정한 개인을 식별하기 위한 번호의 이용 등에 관한 법률(2013法27)] 등의 정비에 따라 국가·지방 기관 상호 간에 정보의 이용 등의 촉진도 도모되고 있다[→ 정보의 공유와 한계, 정보공유의 의의(제1편 제2부 제2장 제4절)].

다만, 이러한 행정기관 내부에서 정보의 상호이용, 나아가 통일적인 개인번호 민간 이용을 촉진할 때는 개인정보 보호의 관점에서 필요한 조치가 동시에 강화될 필요가 있고, 주민기본대장법·번호법에서도 이 관점에서 엄격한 개인정보보호의 조치가 취해져 있다[→ 정보의 공유와 한계, 개인정보 등의 보호(제1편 제2부 제2장 제4절)].

### (3) 민간에 대한 데이터의 제공

개인정보를 특정된 형태로 가공한 행정정보는 민간에서 경제활동의 중요한 기반이 될 수 있는 것이다. 이 점에 관해서는 후술한다[→ 정보의 공개, 정보의 이용·활용(제4절 (3)), 행정정보의 관리·이용, 행정정보의 이용, 민간 등에 대한 제공(제3장 제3절 제3관)].


# 제4절  정보의 공개


### (1) 정보공개

행정이 수집한 정보가 기재된 문서, 행정이 작성한 행정문서는 국민의 신탁을 받은 행정이 어떠한 활동을 하고 있는지를 아는 데에 중요한 문서이다. 또한, 행정의 여러 활동은 국민으로부터 다양한 형태로 지출되는 공적 자금으로 지탱되고 있다.

따라서 국민주권의 국가에서는 주권자인 국민이 행정권을 위탁한 정부가 어떻게 공적 자금을 관리·운영하고 있는 것인지를 아는 것은 민주주의의 관점에서 중요하다는 인식이 정착하게 되었고, 행정에는 자신의 활동을 국민에게 설명할 책임이 있다고 생각되게 되었다.

이러한 관점에서, 국가 차원에서는 행정기관 정보공개법[행정기관이 보유하는 정보의 공개에 관한 법률(1999法42)], 독립행정법인 등 정보공개법[독립행정법인 등이 보유하는 정보의 공개에 관한 법률(2001法140)]이 제정되어, 이 법률들에 따라 행정기관이 보유하는 문서의 공개를 청구할 권리가 국민에 부여되었다(공개되지 않는 정보도 있다).

더욱이, 행정 목적에 이용되지 않게 된 것 중에 역사 자료로서 관리·보존되는 역사 공문서에 관해서도 공문서관리법은 지장이 있는 경우를 제외하고, 국민의 이용에 제공하는 제도를 두고 있다(지방자치단체에서도 제도 정비가 서서히 진행되고 있다).

### (2) 개인정보 보유의 본인 공개

또한, 행정기관이 보유하고 있는 개인정보를 보호하기 위해서는 행정기관이 해당 개인에 관하여 어떠한 정보를 보유하고 있는지를 본인이 확인하는 제도를 둘 필요가 있다. 그래서 개인정보보호법 제5장(행정기관 등의 의무 등)에서는 국가·지방에서 개인에게 자기 정보의 공개를 청구하는 권리를 부여한 후에 정정, 이용정지와 관련되는 청구권을 인정하고 있다. 이와 같이 정보공개에서의 공개와 개인정보보호에서의 공개는, 공개의 취지가 다른 점에 유의할 필요가 있다.

### (3) 정보의 이용·활용

민간 부문에서는 특정한 개인을 식별하지 않도록 개인정보를 가공하여 얻어진 정보를 빅데이터로 이용·활용하는 요청이 강해져, 개인정보보호법에 익명 가공정보의 제도가 마련되어 있다. 빅데이터의 이용·활용이 요구되는 것은, 행정이 보유하는 정보에서도 마찬가지인 점에서, 개인정보보호법 제5장(행정기관 등의 의무 등)에서도 행정이 보유하는 개인정보를 엄격히 보호하고, 국민의 신뢰를 확보하기 위한 특별한 조치를 한 후에 민간에 빅데이터의 이용을 인정하는 행정기관 등 익명 가공정보의 제도가 마련되었다(개인정보보호법 109조 이하). 더욱이, 행정절차의 디지털화를 추진하고, 행정의 효율화와 신속하고 적절한 행정서비스의 제고를 촉진할 목적으로 정보통신기술을 활용한 행정의 추진 등에 관한 법률(2002 法151)이 제정되어 있다.

# 제2장  행정정보의 수집

## 제1절  행정정보의 수집(1)-행정조사

### 제1관  개설

#### (1) 정의

행정에는 법령상 소관 사무의 수행상 필요한 경우에 사인의 사무소, 토지 등에 출입하고, 장부 등을 조사하며, 종업원 등에 질문하는 등의 권한을 행사하는 것이 인정되어 있다. 이를 행정조사라고 한다. 또한, 행정조사의 주체는 행정기관뿐만 아니라 법령상 독립행정법인 외에 행정사무 수행자로서 자리매김하고 있는 법인의 직원 등인 경우도 있다[소비 생활용 제품 안전법 41조5항~7항 등(독립행정법인 제품평가기술기반기구), 정신보건·정신장애인법 38조의6제1항(지정의(指定醫))].

#### (2) 조사의 방법

조사의 수단으로서는 우선 종업원 등에 대한 질문, 사무소에 대한 출입, 장부 등의 검사가 있다. 국세통칙법(1962法66)은 국세청, 국세국, 세무서 또는 세관의 직원에게, 필요할 때는 질문하거나 장부서류 그 밖의 물건의 검사 등을 하는 권한을 부여하고 있다(국세통칙법 74조의2 이하). 그 외에, 행정조사는 상대방으로부터 보고의 징수, 자료 제출명령의 형태로 이루어진다(국세통칙법 74조의2 이하에는 장부 서류 등의 제시·제출을 요구하는 권한도 규정되어 있다). 보험업법(1995法105), 풍속영업법[풍속영업 등의 규제 및 업무의 적정화 등에 관한 법률(1948法122)] 등 사업 감독권한을 행정에 부여하는 여러 법률에 그 예가 있다(보험업법 272조의2, 풍속영업법 37조1항).

#### (3) 조사의 종류

행정조사에 관해서는 나아가 조사의 실효성의 확보를 위하여 어떠한 제도가 마련되어 있는지에 따라 분류할 수 있다.

① 임의조사

예를 들면, 경찰관직무집행법(1948法136)은 범죄를 하려고 한다고 인정하는 데에 상당한 이유가 있는 때에 경찰관이 하는 질문에 대해서는, 의사에 반하여 답변을 강요받지 않는다고 규정하여 임의조사인 점을 명확히 하고 있다(경찰관직무집행법 2조3항). 한편, 같은 법은 흥행장, 여관 그 밖의 다수 손님이 모이는 장소의 관리자 등은 그 공개 시간 중에 경찰관이 범죄의 예방 또는 사람의 생명, 신체나 재산에 대한 위해를 예방하기 위해 그 장소에 출입하는 것을 요구한 때에 정당한 이유 없이 이를 거부할 수 없다고 규정한다(경찰관직무집행법 6조2항). 다만, 거부에 대한 벌칙은 마련되어 있지 않다.

② 검사거부죄 등의 위하(威嚇)

급부행정의 영역에서는 급부의 신청자, 수급자가 행정조사를 거부하는 등의 경우에는 서비스 급부의 거부, 정지·폐지 등을 하는 것을 규정하는 경우가 있다(생활보호법 28조5항). 다만, 이 행정행위(불이익처분)는 지급 요건의 구비를 확인할 수 없어서 행해지는 것이다. 한편, 규제행정에서는 조사에 협력할 인센티브가 국민 측에 없으므로 정당한 이유가 없는 검사의 거부에 대한 형벌 등을 두고, 그 위하로 조사의 실효성을 확보하려고 하는 법령은 많다.

국세통칙법 74조의2 이하에서 정하는 질문검사를 정당한 이유 없이 거부하면 같은 법 128조2호·3호에 따라 1년 이하의 징역 또는 50만엔 이하의 벌금이 과해진다.

③ 유형력 행사의 승인

행정조사 중에는 재판소의 영장 또는 허가를 받는 등의 특별한 절차를 마련한 후에 유형력으로 상대방의 저항 등을 배제하고, 조사를 실행하는 것을 행정기관에 인정하는 경우가 있다. 국세통칙법, 관세법(1954法61), 금융상품거래법(1948法25) 등에 규정된 범칙조사의 절차가 이것이고, 임검·검색·압수 등의 수단을 취하는 것이 인정되고 있다(국세통칙법 131조 이하, 관세법 119조 이하, 금융상품거래법 210조 이하 등). 그 외에도 출입국관리 및 난민인정법(1951令319)에도 같은 조사 권한에 관한 규정이 있다(출입국관리법 31조 이하).

## 제2관  행정조사의 한계

위에서 말한 바와 같이, 행정조사는 일부의 예외를 제외하고 조사거부죄에 의한 위하(威嚇) 등을 통하여 검사의 수인이 확보되고 있는 데에 그치고 있다.

### (1) 한계사례(1)

그러나 조사 중의 상대방과의 사이에서 일어나는 일에 관하여 어느 범위까지가 법으로 허용되는지는 명확하지 않은 경우가 있고, 재판으로 다투어진 예도 많다. 또한, 위법한 유형력의 행사라고 판단된 사례도 있다.

각성제 단속법 위반 등 피고사건 상고심 판결(最判1978年9月7日刑集32巻6号1672頁)은 경찰관이 직무질문 중에 승낙을 받지 않고 코트의 주머니에 손을 넣어, 주사기와 비닐에 분말이 들어 있는 종이 꾸러미를 꺼낸 것의 위법성이 주장되어 물품의 증거능력이 쟁점이 된 사안에 관한 것이다. 판결에서 최고재판소는 ( i ) 직무질문의 요건이 존재하고, 소지품 검사의 필요성과 긴급성이 인정되는 상황이었던 점, ( ii ) 상대방의 승낙 여부의 태도는 명백하지 않았던 점, ( iii ) 소지품 검사로서 허용되는 한도를 근소하게 넘은 것에 지나지 않은 점을 지적하고, 위법성을 인정하면서도 물품의 증거능력은 긍정했다.

한편, 폭발물 단속 벌칙 위반 등 피고사건 상고심 판결(最判1978年6月20日刑集32巻4号670頁)은 일제 검문[후술 (2)의 긴급 배치] 중에 의심 차량 안의 가방을 운전자의 동의 없이 연 행위의 적법성이 쟁점이 된 사안에 관한 것이다. 최고재판소는 ( i ) 검문이 은행강도 사건의 발생을 계기로 이루어진 점, ( ii ) 범인의 용의점은 농후한 등의 사정에서 묵비가 이루어진 점, ( iii ) 검사의 필요성, 긴급성이 강하지만, 법익침해는 중대하지 않은 점 등을 지적하여 직무질문에 부수하는 행위로서 허용된다고 판단했다.

### (2) 한계사례(2)

자동차의 검문에 관해서는 ( i ) 교통 법규 위반의 단속을 목적으로 하는 교통 검문, ( ii ) 불특정 범죄의 예방·검거를 목적으로 하는 경계 검문, ( iii ) 특정 범죄가 발생하였을 때 범인의 검거·포착과 범죄정보의 수집을 목적으로 하는 긴급 배치에 따른 검문의 3종류가 있고, 각각의 근거 조문과 요건이 논의되고 있다.

  그중에서, 특정 지점에서 단속을 목적으로 하여 행해지는 교통 검문에 관해서는 도로교통법(1960法105) 61조, 63조, 67조에 그 근거와 요건을 구할 수 있고, 긴급 배치로서의 검문은 형사소송법 197조나 경찰관직무집행법(1948法136) 2조에 근거와 요건을 구할 수 있다고 해석되고 있다. 한편, 경계 검문에 관해서는 근거와 요건이 논의되고 있고, 특히 무차별적으로 일제히 이루어지는 교통 검문, 경계 검문에서는 어떠한 근거로 이루어지는지가 문제가 된다.

  도로교통법 위반 사건 상고심 판결(最判1980年9月22日刑集34卷5号272頁)은 음주 운전을 이유로 기소된 피고가 기소는 무차별적으로 일제히 이루어졌다는 점에서 위법한 검문으로 발견된 증거에 근거하는 것이라고 주장했기 때문에, 검문의 위법성이 쟁점이 된 사안에 관한 것이다. 같은 판결에서 최고재판소는 검문의 근거를 경찰법(1954法162) 2조1항의 '교통의 단속'에 구한 후에 같은 조 및 경찰법 1조 등의 취지를 원용하여 임의 협력을 구하는 형태로 이루어지고, 자동차 이용자의 자유를 부당하게 제약하지 않는 방법, 모습인 한 적법하다고 인정했다.

## 제3관  행정조사 절차

### (1) 행정조사와 헌법 35조·38조

  형사 절차상의 범죄 수사에 관해서는 헌법은 영장주의(35조), 묵비권의 보장(38조1항)이 명문으로 규정되어 있다. 이에 비하여, 형사절차와 구별되는 행정조사에 관해서는 헌법에는 명문의 규정은 없고, 행정조사에 관하여 헌법상의 영장주의·묵비권의 보장이 미치는지에 관하여 논의가 있었다. 다만, 최고재판소는 형사소송법에 근거하는 범죄 수사와 구별되는 행정조사에 관하여 영장주의·묵비권의 보장은 바로 미치지는 않는다고 판단했다.

  소득세법 위반 피고사건 상고심 판결(最判1972年11月22日刑集26卷9号554頁)은 세무조사에 영장주의가 미치는지가 쟁점이 된 사안에 관한 판단이다. 이 판결에서 최고재판소는 (ⅰ) 소득세법상의 질문검사는 행정상의 자료의 수집을 목적으로 하는 것이어서 형사책임을 묻는 것을 목적으로 하는 절차가 아닌 점, (ⅱ) 형사책임을 묻기 위한 자료의 취득·수집에 결부되는 작용을 하는 것은 아닌 점, (ⅲ) 강제의 정도는 상대방의 의사를 구속하고 직접적 물리적인 강제와는 동일시할 만한 정도까지에 달하지 않는 점을 지적하고 영장주의의 적용은 없다고 판단했다.

## (2) 영장주의 등의 적용례

이에 비하여, 구 국세 범칙 단속법상의 임검, 수색, 압류 등의 범칙 조사절차는 고발 등의 절차를 예정하여 이루어지는 것이고, 절차의 실시 시에는 재판소(징세 관리가 소속된 관서의 소재지를 관할하는 지방재판소 또는 간이 재판소의 재판관)의 허가를 받게 되어 있었다(구범칙단속법 2조. 현행 국세통칙법 132조 이하). 최고재판소도 이러한 절차에서는 묵비권의 보장이 미치는 것으로 해석한다(사전고지는 필요 없다고 한다).

구 국세범칙법상의 조사에 관하여 최고재판소는 소득세법 위반사건 상고심 판결(最判 1984年3月27日刑集38卷5号2037頁)에서 진술거부권의 사전고지에 관해서는 입법정책의 문제라고 하면서도, 묵비권의 보장은 미친다고 판단했다.

다만, 헌법 35조가 예외로 하는 현행범의 경우는 영장주의의 보장은 미치지 않는다고 하는 최고재판소의 판례도 있다.

주조(酒造)법 위반 방조 피고사건 상고심 판결(最判1955年4月27日刑集9卷5号924頁)에서 최고재판소는 구 국세범칙단속법의 임검·압수가 된 때에 영장 없이 압수된 증거에 근거한 처분에 관하여 현행범의 경우에 관한 한은 헌법 35조 위반의 문제가 생길 여지는 없고, '현재 범칙을 행하거나 현재 범칙을 종료한 때에 발각된 사건'에 관하여 영장주의의 예외를 인정하는 같은 법 3조1항(현행의 국세통칙법 135조)은 합헌이라고 판단했다.

### (3) 행정조사와 재량

① 행정조사와 재량

지금까지 행정조사에 관해서는 통상 행정조사의 범위, 정도, 조사 수단의 세부사항에 관하여 근거 법령에 규정이 없는 것이 일반적이었다. 이 경우에 행정조사를 할 때 어떤 범위에서 재량권이 인정되어, 한편, 어떠한 제약 원리가 미치는지에 관해서는 논의가 있었다. 이 점에 관하여 최고재판소는 다음에 말하는 국세통칙법의 개정(2011法114) 전에 행정의 재량을 인정하면서도, '상대방의 사적 이익과의 형량에서 사회통념상 상당한 한도'를 넘을 때에 행정조사는 위법해질 가능성을 인정하고 있고, 재량에 대하여 일정한 한계를 긋고 있는 것으로 해석된다.

소득세법 위반 피고사건 상고심 판결(最判1973年7月10日刑集27巻7号1205頁)은 세무조사의 위법성 유무가 쟁점이 된 사안에 관한 것이다. 이 판결에서 최고재판소는 법령에 규정이 없는 조사의 세부사항에 관해서는 행정청의 재량에 맡겨져 있다고 하면서, 본문에서 말한 바와 같이 재량권의 행사에는 일정한 제약이 있는 점을 인정하고 있다.

② 국세통칙법의 개정

2011년의 제도 개정으로 국세통칙법이 개정되어(같은 법 114), '국세의 조사'(제7장의2)가 신설되었다. 내용은 다음과 같다.

(ⅰ) 조사의 대상이 되는 자, 조사 권한을 가지는 직원의 범위의 열거(74조의2 이하)

(ⅱ) 제출 물건의 유치에 관한 명문화(74조의7)

(ⅲ) 조사의 사전통지(부당한 행위를 용이하게 하고, 정확한 세액의 파악을 곤란하게 하는 경우 등은 의무를 면제)(74조의9, 74조의10)

(ⅳ) 조사종료 시 절차의 창설(경정결정의 유무, 이유의 고지 등)(74조의11)

최고재판소의 판결에서 원칙적으로는 필요 없게 된 사전통지를 기본적으로 의무화하고, 조사종료 시의 절차를 두는 등의 기준을 법률로 규정한 것으로서 주목할 만하다.

③ 독점금지법상 조사절차의 정비

독점금지법[사적 독점의 금지 및 공정거래의 확보에 관한 법률(1947法54)]에 근거하는 조사절차에서도 기업 측으로부터의 요청 등에 근거하여 조사절차의 정비가 추진되었다[공정거래위원회의 심사에 관한 규칙(2005委員会規則5), 독점금지법 심사 절차에 관한 지침(2015年12月25日公委委決定) 등을 참조]. 이에 따라 출입 검사 시의 변호사 입회가 원칙적으로 인정되어(지침 제2-1-1(5)), 심사관에 의한 출입 검사, (출석에 의한) 심문 등에 대하여 위원회에 이의신청(심사규칙 22조), 임의의 진술 청취에 대한 고충신청(지침 제2-4) 등이 규율되어 공표되어 있다.

## 제4관  행정조사와 범죄조사

### (1) 개설

행정상 정보수집의 목적으로 인정된 행정조사를 범죄조사에 이용하는 것은 허용되지 않는다. 범죄조사는 형사소송법에 규정된 엄격한 절차에 따라 하게 되어 있는 이상, 형사소송법의 규율이 미치지 않는 행정조사를 범죄조사의 수단으로 하면 이 규정들의 잠탈을 인정하게 되기 때문이다. 이 점에서 많은 법률에서는 행정조사가 범죄조사를 위하여 이용되어서는 안 된다는 취지를 확인하는 규정을 두고 있다(국세통칙법 74조의8 등).

또한, 형사소송법 189조 등에 근거하여 사법경찰직원으로서 경찰관에게 범죄 수사 권한이 부여되어 있다. 또한, 일반 사법경찰직원으로서 경찰관 외에 특별법에 근거하는 특별사법경찰 직원으로서 범죄 수사 권한이 행정직원에게 부여되는 경우가 있는 점에 유의할 필요는 있다[→ 행정형벌, 의의(제6부 제3장 제2절)].

### (2) 예외로서의 범칙조사

다만, 국세의 분야에서는 형사절차로 연계하고, 강제적인 조사 권한을 인정하는 것으로 범칙 절차가 마련되어 있다. 또한, 세법상 세무조사와 마찬가지로 조사의 결과, 위법 사안이 발견되어 고발로 결부되는 경우가 많은 독점금지법[사적 독점의 금지 및 공정거래의 확보에 관한 법률(1947法54)]상의 조사 등에 관해서는 범칙 조사절차가 도입되었다(독점금지법 101조 이하).

### (3) 형사절차로의 이용

다만, 형사절차로의 연계가 제도로서 예정되어 있지 않은 행정조사에서도 조사의 결과로 얻어진 증거 등을 형사절차 중에 사용하는 것까지는 배제되지 않는다. 최고재판소도 행정조사로 얻어진 증거를 형사절차에서 사용하는 것 자체는 방해되지 않는다고 하고 있다.

법인세법 위반 피고사건 상고심 판결(最判2004年1月20日刑集58卷1号26頁)은 세무조사의 결과가 범칙 사건의 증거로 사용된 사안에 관한 것이다. 이 판결에서 최고재판소는 해당 사안에서는 검사 권한의 행사 시 증거가 나중에 범칙 사건의 증거로 이용되는 것이 예상됨에 그치고, 질문 또는 검사의 권한이 범칙 사건의 조사 또는 수사를 위한 수단으로써 행사되었다고 볼만 한 증거는 없다고 인정하고 적법하다고 판단했다.

더욱이, 학설상은 절차 정비를 조건으로, 행정조사에서 얻은 자료의 형사절차에서 이용을 적극적으로 인정해야 한다는 주장이 있다. 또한, 행정조사를 통하여 수집한 자료의 인도에 관하여 일정한 절차를 두어야 한다고 하는 견해도 있다(曽和·総論362頁).

이 점에서, 공정거래위원회의 범칙 사건의 조사에 관한 규칙(2005公取委規則6) 4조4항에서는 행정조사로 접한 사실이 범칙 사건의 단서가 된다고 생각되는 때에는 사무총국 심사국장에게 보고하고, 그 지시를 받도록 하고, 해당 사실을 직접 범칙 사건조사 직원에게 보고해서는 안 된다고 규정하고 있다.

### (4) 범칙조사 절차와 행정절차

마찬가지로 범칙조사 절차로 얻은 자료를 행정절차의 자료가 될 수 있는지가 문제가 된다. 범칙조사 절차에서 얻은 자료를 과세처분의 근거로 하는 것이 허용될지가 다투어진 사건이 있고, 최고재판소는 단적으로 이러한 이용은 허용되는 것이라고 하고 있다.

법인세 경정처분 취소 등 청구 사건 상고심 판결(最判1988年3月31日判時1276号39頁)에서 최고재판소는 위와 같은 이용은 허용되지 않는다고 하는 피고인의 주장을 인정하지 않았다. 다만, 이 판결은 범칙 조사절차와 과세처분 및 청색신고 승인 취소 처분이라는, ( i ) 밀접한 관련성이 있고, ( ii ) 적정한 과세, 징세의 실현을 공통의 행정 목적으로 하는 절차 간에 자료 이용의 허용성에 관하여 판단한 것이라는 견해도 있다.

## 제5관  행정조사의 하자에 따른 효과

행정조사에 위법이 있는 경우에 이 하자는 후속의 절차, 예를 들면, 조사의 결과에 근거하여 행해진 행정처분의 효과에 영향을 줄지가 문제가 된다. 이 점에 관해서는 형사소송법에서 논의와 마찬가지로 조사의 위법성이 중대하면 행정처분에서 해당 조사로 얻어진 증거를 이용하는 것은 허용되지 않고, 재판소가 처분의 적법성을 판단할 때는 해당 증거는 배제된다고 생각되고 있다.

## 제2절  행정정보의 수집(2)-그 밖의 수단

### 제1관  각종의 통계조사

제1절의 논의는 개별적 필요에 근거하여 그 후에 행정행위(행정처분)가 행해질 가능성이 있는 경우에 시행되는 조사를 주로 상정한 것이다. 다만, 행정이 실시하는 조사에는 국세(國勢)조사나 국민경제계산 등 각종 통계 작성을 위하여 행해지는 조사도 있다[통계법(2007法53)]. 이 통계들은 행정상의 시책을 기획·입안할 때의 기반 외에 학술연구의 기초데이터로 활용된다.

### 제2관  공익통보

#### (1) 내부정보의 파악

행정조사는 행정이 조사 권한을 행사하여 행정정보를 수집하는 제도이다. 그러나 간접적으로 실효성이 확보되는 제도가 마련되어 있는 경우이어도 행정이 조직의 외부에서 내부정보를 얻는 것이 곤란한 경우는 적지 않다. 그래서 조직의 내부에서 위법행위 등에 관하여 적확하게 정보를 입수할 수 있는 자로부터 적극적으로 정보제공을 얻는 제도가 내부정보의 파악에서는 유효하고, 그때에는 내부로부터 위법행위 등에 관한 정보를 행정 등에 제공하는 자(내부고발자)에 관하여 일정한 보호를 도모할 필요성이 있다(내부고발자 불이익 취급의 금지).

이러한 관점에서 지금까지도 내부고발자를 보호하는 규정을 두는 예가 있었다(노동기준법 104조2항 · 119조1항, 원자로규제법 66조2항 · 78조28호 등).

### (2) 공익통보자보호법

#### ① 법의 취지

이에 대하여, 소비자 보호의 분야에서와 같이 많은 국민에게 중대한 피해가 생기는 사태를 방지하기 위하여 내부고발자를 보호하는 일반법을 제정할 필요가 있다는 의견이 강해져, 2004년에 공익통보자 보호법(같은 법 122)이 제정되었다.

#### ② 법의 개요

공익 통보의 대상이 되는 정보는 생명, 신체의 보호, 소비자 이익의 보호, 환경의 보전, 공정한 경쟁의 확보 등에 관한 것이다. 이러한 정보를 행정 등에 통보한 것을 이유로 해고하거나 파견계약을 해제하는 행위는 무효로 된다. 또한, 통보를 받은 사업자는 공익통보자에게 회답할 의무를 지고, 행정기관은 통보를 받아 조사하고, 필요한 경우에는 조치할 의무가 있다. 다만, 공익통보자에게도 타인의 정당한 이익이나 공공이 이익을 존중할 의무가 부과되어 있다.

공익통보자보호법은 2020년에 개정되어 ① 내부통보창구 등의 체제 정비를 사업자에게 의무화하고, 내부 조사담당자에게 통보자와 관련되는 비밀 준수 의무를 부과하는 등과 동시에, ② 행정기관에도 체제 정비 등을 요구하고, ③ 보호 대상자를 퇴직자 등으로 확대하며, 보호 대상이 되는 통보의 범위를 행정형벌 대상 안건으로 넓혀 통보에 따르는 손해배상 책임의 면제가 명시되었다(같은 법 51).

## 제3관  신청과 신고

### (1) 개설

신청·신고는 사인이 정보를 행정에 제공하는 것이나, 행정이 정보를 수집하는 수단으로써 필요한 역할을 하고 있다(이 점을 지적하는 것으로서 宇賀·Ⅰ163頁 이하가 있다).

### (2) 신청

#### ① 기재 사항

인허가 등을 구하여 사인이 행정에 신청을 제출할 때 사인은 행정이 허가 요건의 구비에 관한 판단을 내리는 데 필요한 정보를 신청서 본문 및 신청서의 첨부서류에 기재할 필요가 있다(참조, 행정절차법 7조). 신청서 및 첨부서류에 필요한 사항이 기재되어 있지 않는 경우 사인은 행정으로부터 보정을 요구받거나 신청이 거부되게 되기 때문에 이러한 절차에서 필요한 정보를 행정은 입수할 수 있다.

신청서 및 첨부서류에 기재되어 있는 정보는 인허가를 받은 행위·활동에 대한 행정의 감시나 감독에 필요한 정보로도 활용된다.

#### ② 거짓 기재

신청 내용에 거짓이 발견되었을 때 통상 요구된 인허가 요건을 신청 안건이 충족하지 못하는 경우는 많으므로 인허가가 취소되게 된다. 신청 내용이 진실임을 확보할 필요성이 특히 높다고 인정되는 때는 거짓 기재에 대하여 벌칙 등의 제재를 두는 경우가 있다.

택지 건물 거래업법(1952法176) 5조1항은 택지 건물거래업의 면허에 관하여 신청 중의 중요한 사항에 관하여 거짓의 기재가 있거나 중요한 사실의 기재가 빠져 있는 경우는 면허를 해서는 안 된다고 규정하고, 더욱이 85조1호에서는 신청서 등에 거짓의 기재를 하여 제출한 자는 100만엔 이하의 벌금에 처한다고 규정하고 있다.

### (3) 신고

#### ① 기재 사항

  신고의 제도도 정보수집 수단의 측면에서 파악할 수 있다. 사인이 일정한 행위를 하려고 하는 때에 행위의 파악, 사후의 감독이나 감독을 위하여 필요한 정보를 기재한 신고서를 행정기관의 사무소에 제출할 의무를 법령이 부과하는 등의 제도가 신고이고, 신고를 통하여 행정은 필요한 정보를 수집할 수 있다(행정절차법 2조7호).

  ② 의무 위반, 거짓 기재에 대한 제재

  신고의 경우에는 신청의 경우와 달리 특별한 규정이 없으면 내용에 거짓이 판명된 경우에도 취소 등의 수단을 행사할 수 없다. 따라서 신고 의무 위반, 거짓 기재에 관하여 벌칙 규정이 마련되어 있는 예는 많다.


  토양오염 대책법(2006法53)은 토양오염 조사를 통하여 토양오염의 유무를 파악하는 단서의 하나로 하기 위해 일정 규모 이상의 면적의 토지를 굴삭하려고 하는 경우 등에 관하여 신고를 의무화하고 있다(토양오염 대책법 4조1항). 그리고 같은 법 66조1호는 신고와 관련되는 의무 위반, 거짓 기재에 관하여 3개월 이하의 징역 또는 30만엔 이하의 벌금을 규정하고 있다.


## 제3절  비밀 준수 의무와 개인정보보호

### 제1관  비밀 준수 의무

  행정이 각종 행정정보를 입수할 때는 그때 알 수 있었던 비밀을 지킬 필요가 있는 점은 말할 것도 없다. 업무 수행을 통하여 행정정보를 입수하는 지위에 있는 공무원에게는 국가공무원법(1947法120), 지방공무원법(1950法261)상의 비밀 준수 의무가 부과된다(국가공무원법 100조, 지방공무원법 34조). 또한, 공무원법의 적용을 받지 않는 자가 소속하는 법인에 행정사무를 위탁할 때는 법인의 임직원(임직원이었던 자)에게 비밀 준수 의무를 부과하는 것이 일반적이다[생활곤궁자 자립지원법 5조3항(생활곤궁자 자립상담지원사업의 위탁) 등].

  특별히, 법령에 근거하는 행정조사의 권한이 행정기관의 직원 이외의 자에게 맡겨질 때는 비밀의 유지를 고려한 제도가 채택되어 있다.

행정조사 권한은, 직원에게 공무원의 신분이 부여되는 행정집행법인 또는 비밀 준수 의무를 부과받은 의사 등에 위탁되는 예가 많다. 소비생활 제품 안전법(1973法31) 41조5항 이하(독립행정법인 제품평가기술기반기구), 정신보건 및 정신장애인 복지에 관한 법률(1950法123) 38조의6제1항[지정의(指定醫)]는 그 예이다.

또한, 통계법(2007法53)에서도 국가·지방자치단체, 통계의 작성 등을 하는 신고 독립행정법인, 이들로부터 위탁을 받은 자가 하는 통계업무의 특성에 착안하여 직원 또는 직원이었던 자에게 특별한 비밀 준수 의무를 부과하고 있다(형벌의 가중, 의무가 미치는 자와 정보의 명시 등. 통계법 41조3호·4호 등, 57조2호 등).

## 제2관  개인정보의 보호

### (1) 개인정보보호의 제도

행정기관이 하는 정보의 입수 시에는 (ⅰ) 법령에 근거하여 사인에게 인정되지 않는 형태로 이루어지는 것이 있고, (ⅱ) 민감한 것을 포함하여 정보량도 많은 점 등을 고려하여 민간의 법인에서의 수준보다 엄격한 형태로 개인정보를 보호할 필요가 있다. 그래서 지방자치단체를 포함하여 공적 부문이 보유하는 정보에 관해서는 개인정보보호법(2003法57)에서 행정기관 등의 의무 등에 관한 특칙(같은 법 제5장)을 두고, (ⅰ) 개인정보의 취득, 관리·이용, 제공 등에 관한 규율(같은 법 61조 이하), (ⅱ) 공개·정정·이용정지에 관한 규율(같은 법 76조 이하), (ⅲ) 행정불복신청, 행정소송의 제도(같은 법 104조 이하), (ⅳ) 개인정보에 관한 특별한 벌칙 규정(같은 법 176조. 형벌의 가중, 개인정보의 부정 취득 등 대상행위의 확장) 등을 특징으로 하는 제도가 마련되어 있다. 제2관에서는 이 제도 중 정보의 수집에 관하여 해설한다.

또한, 개인정보보호법은 학술연구 목적의 정보 이용 필요성을 고려하여, 의료분야·학술분야의 규율을 통일할 목적으로 국공립의 병원, 대학 등에는 원칙적으로 민간의 병원, 대학 등과 동등한 규율을 적용하는 것으로 하고 있다(개인정보보호법 2조11항3호·4호, 58조, 별표 2 등).

2021년의 법 개정(같은 법 37)으로 폐지된 행정기관 개인정보보호법에서는 같은 법의 개인정보를 (ⅰ) 생존하는 개인에 관한 정보이고, (ⅱ) 성명, 생년월일 그 밖의 기술 등으로 특정한 개인을 식별할 수 있는 것으로 하며, (ⅲ) (ⅱ)의 정보에는 다른 정보와 대조할 수 있고, 그에 따라 특정한 개인을 식별할 수 있게 되는 것이 포함되는 것으로 하고 있었다. 그러나 2021년의 개정 시에 데이터 검색 기술 등의 발달 등에 따라 정보의 대조는 쉽게 된 점 등을 이유로 개인정보의 정의는 '쉽게 대조할 수 있는'으로 하는 민간 부문에서의 정의로 통합되었다(개인정보보호법 60조, 2조1항1호 괄호. '용이 대조 가능성'의 기준에 해당하는 정보가 '대조 가능성'에 해당하는 정보보다 개념적으로 좁은 것이 된다).

다만, 민간 부문에서는 개인정보 데이터베이스 등을 구성하는 개인정보가 관리·이용·제공 등과 관련되는 보호 대상이 되는 것에 비하여, 공적 부문이 보유하는 개인정보에서는 행정기관이 데이터베이스화하지 않는 형태로 보유하고 있는 정보(산재 정보)도 보호 대상이 된다.

## (2) 수집과 관련되는 규율

### ① 이용 목적에 의한 제한

개인정보보호법 제5장(행정기관 등의 의무 등)에 따르면, 행정기관 등은 법령에서 정하는 소관 사무의 수행에 필요한 경우에만 개인정보의 보유가 인정되고, 필요한 범위를 넘어 보유할 수 없다(개인정보보호법 61조1항·2항). 또한, 이용 목적을 변경할 때는 상당한 관련성이 있다고 합리적으로 인정되는 때에 한정된다(같은 조 3항).

### ② 본인으로부터 취득 시의 기준

행정기관 등은 본인으로부터 직접 서면으로 개인정보를 입수할 때는 사람의 생명, 신체,

재산의 보호를 위해 긴급히 필요한 때 등 법 소정의 예외를 제외하고, 본인에게 이용 목적을 명시해야 한다(개인정보보호법 62조).

   법에서 정하는 예외란 생명, 신체, 재산 등을 보호하기 위하여 긴급한 필요가 있는 때, 이용 목적을 본인에게 명시하는 것으로 본인 또는 제삼자의 생명, 신체, 재산 등이 이익이 침해될 우려가 있는 때, 국가 등의 사무·사업의 적정한 수행에 지장이 생길 우려가 있는 때 등이다.

   덧붙여서, 인종, 신조, 사회적 신분, 병력 등의 민감한 정보, 즉 개인정보보호법상의 배려가 필요한 개인정보(개인정보보호법 2조3항)에 관해서는, 민간 부문에서는 법령에 근거하는 때 등의 예외를 제외하고 취득 시 본인 동의가 원칙이다(개인정보보호법 20조2항). 이에 비하여, 공적 부문에서는 법령에 근거하는 취득이 기본인 점에서 본인 동의는 원칙으로 되어 있지 않다(개인정보보호법 64조). 다만, 배려가 필요한 개인정보를 포함하는 개인정보 파일을 행정기관이 보유하려고 하는 때는 개인정보 파일 기록부(원칙적으로 작성, 공표가 의무화된다)에 그 취지를 기재해야 한다(개인정보보호법 75조1항·74조1항6호. 조례의 배려 필요 개인정보에 관해서는 개인정보보호법 75조1항·4항을 참조).

   ③ 다른 행정기관으로부터의 제공

   개인정보보호법 제5장(행정기관 등의 의무 등)에 따르면, 행정기관, 독립행정법인 등, 지방자치단체, 지방독립행정법인이 행정기관으로부터 보유 개인정보를 제공받을 수 있는 경우는 법정의 사무 또는 업무의 수행에 필요한 한도에서 개인정보를 이용하고, 정보를 이용하는 것에 타당한 이유가 있는 때에 한정된다(개인정보보호법 69조2항3호).

# 제3장  행정정보의 관리·이용

## 제1절  서론

이 장에서는 취득된 행정정보의 관리와 이용의 문제를 다룬다. 첫째, 법령의 규율 아래 취득된 정보는 적절하게 관리·보전될 필요가 있다. 이 관점에서, 국가의 공문서에 관하여 공문서관리법[공문서 등이 관리에 관한 법률(2009法66)]이 제정되어, 관리·보존의 기준을 정하고 있다. 또한, 외교 기밀, 테러 대책 등과 관련되는 특별한 성격의 정보에 관해서는 관리의 방법과 보호조치 등을 정하는 등 특정 비밀보호법[특정 비밀의 보호에 관한 법률(2013法108)]이 제정되어 있다.

둘째, 행정기관이 보유하는 정보에 관해서는 공익 목적의 관점에서 다른 행정기관에 대한 제공이 인정되는 외에 민간 등에 대한 제공도 인정되지만, 비밀보호나 개인정보보호에 따른 제약을 받는다.

셋째, 주민기본대장법(1967法81), 번호법[행정절차에서 특정한 개인을 식별하기 위한 번호의 이용에 관한 법률(2013法27)], 정보통신기술을 활용한 행정의 추진 등에 관한 법률(2002法151)의 제정 등을 통하여 개인정보보호를 위하여 필요한 조치를 하면서, 행정서비스의 이용에서 편리성을 도모하는 제도가 구축되었다[→ 정보의 공유와 한계(제1편 제2부 제2장 제4절)].

## 제2절  공문서 및 정보의 관리

### 제1관  서설

#### (1) 문서관리의 의의

공문서관리의 제도를 정비하는 것에는 다음과 같은 의의가 있다. 우선, ( i ) 공문서는 행정의사결정의 기본이고(행정결정에서 문서주의), 공문서의 관리는 현재 이루어지고 있는 행정결정의 적정성과 효율성을 확보하는 데에 불가결하다.

공문서관리법상의 공문서란 (α) 행정기관에서 행정 목적에 제공되고 있는 행정문서, (β) 독립행정법인 등의 법인 문서, (γ) 역사적 문화적 의의가 있는 것으로서 국립공문서관 등에서 관리·보존되고 있는 특정 역사 공문서 등을 포함하는 것이다.

다음으로 (ⅱ) 적정한 행정결정이 이루어지는 데에는 과거의 행정결정의 경위 등을 고려할 필요가 있고, 과거의 의사결정 과정을 보여주는 공문서 등의 관리·보존은 적정하게 해야 한다. 더욱이, (ⅲ) 정보공개는 행정문서의 공개에 따라 행해지는 개인정보도 행정문서에 기록되는 점에서 정보공개제도나 개인정보보호제도의 적정한 운용을 확보하는 데에도 공문서와 관련되는 제도를 정비하는 것은 중요한 의의가 있다. 마지막으로 (ⅳ) 역사적 문화적으로 가치가 있는 공문서는 미래 세대의 국민에게 중요한 자료가 된다. 미래 세대의 국민에 대한 설명책임을 행정이 다하는 수단을 정하는 데에도 공문서관리 법제의 정비는 필요·불가결하다.

### (2) 공문서관리법의 제정

행정기관 정보공개법의 제정은 1999년이었고, 2021년의 개인정보보호법의 개정(同法37) 전에 존재했던 행정기관 개인정보보호법의 제정은 2003년이었으나, 공문서관리제도에 관한 관심이 낮았던 등의 사정으로 공문서관리 법제의 정비는 상당히 늦어졌다. 다만, 사회보험청(당시)에서 연금 기록의 산일, 행정기관에 의한 문서 위조 등 문서관리에 관한 불상사가 잦은 것을 계기로 공문서관리법이 2009년에 제정되었다(同法66).

지방자치단체에서도 공문서관리법의 제정 후 서서히 공문서관리 조례 등의 정비가 진행되고 있다. 이하에서는 국가의 공문서관리법을 해설한다.

## 제2관  공문서관리법의 개요

공문서관리법이 정하는 국가의 공문서관리법의 특징은 (ⅰ) 정부에 공문서관리 담당 기관을 일원화하고, 공문서관리법위원회를 창설하며, (ⅱ) 각 부성(府省)에 행정문서의 작성·보존·폐기 등의 체제에 관한 공통 기준을 법률로 정하고, 그것이 준수되고 있는지를 점검하는 제도를 만들며, (iii) 역사적 문서의 국립공문서관 등으로 이관을 법적으로 담보하고, 이용을 위한 제도를 정한다는 것이다.

### (1) 문서주의의 원칙

공문서관리법은 문서주의 원칙을 정하고, 행정기관에 대하여 원칙적으로 의사결정에 이르는 과정과 해당 행정기관의 사무 및 사업의 실적을 합리적으로 추적하여 검증할 수 있도록 문서를 작성할 것을 요구하고 있다(공문서법 4조).

### (2) 현재 이용 문서와 그 관리·보존

공문서관리법(2조4항), 행정기관 정보공개법(2조2항)의 정의에 따르면, '행정문서'란 '행정기관의 직원이 조직적으로 이용하는 것으로서 해당 행정기관이 보유하고 있는 것'을 말한다. 행정문서에 관해서는 조직적으로 이용하는 것으로서 보유하는 기간(보존기간, 30년, 10년, 5년, 1년 등)이 정해져 있다. 공문서관리법에서는 같은 법의 기본원칙 및 각 행정기관의 장이 정한 행정문서관리규칙에 따라 행정문서를 관리·보존할 것을 요구하고 있고(공문서법 5조 이하), 행정문서관리규칙의 제정·개정에는 내각총리대신의 동의를 필요로 한다(공문서법 10조3항).

### (3) 이용 종료 시의 이관·폐기

보존기간이 종료한 문서에 관해서는 보존기간의 연장 또는 폐기의 조치가 취해지는 외에, 역사 자료로서의 가치가 있다고 인정되는 때에는 국립공문서관 등의 보존기관에 이관된다(공문서법 5조·8조).

### (4) 역사 공문서의 관리·이용

보존기간이 만료한 문서 중 역사자료로서 보존해야 한다고 인정되는 것에 관해서는 특정 역사 공문서 등으로서 국립공문서관 외에 외교 공문서관, 궁내청 서릉(書陵)부 등에 이관되게 된다(공문서법 8조. 또한, 국립공문서관 등은 독립행정법인 등으로부터의 이관도 받을 수 있다. 공문서법 11조4항).

국립공문서관 등에서의 특정 역사 공문서 등의 이용에 관해서는 행정기관 정보공개법의 공개 거부 사유를 고려하여 필요한 수정을 가하는 형태로 정해진 이용 제한 사유에 해당하는 경우 등 외에는 국민의 이용에 제공되게 되어 있고(공문서법 16조), 이용 제한에 불복이 있는 경우, 공문서관리위원회에 대한 불복의 신청, 소송을 제기할 수 있게 되어 있다(공문서법 21조·22조).

파손 등의 위험이 있는 등의 사유가 부가되어 있지만, 이용을 끝마친 문서의 성격에 비추어 특정 역사 공문서 등의 이용 제한 사유는 행정기관 정보공개법의 비공개 사유보다 좁게 되어 있다[행정기관 정보공개법의 비공개 사유에 관하여, → 공개의 요건(제4장 제3절)].

## 제3관  안전, 정확성의 확보

### (1) 개설

행정정보 관리의 관점에서는 작성·보존·폐기 등의 절차 등에 관한 제도를 정비하고, 누설, 멸실·훼손 대책 등과 관련되는 조치를 강구하며(안전성의 원칙), 내용의 진실성을 유지하는(정확성의 원칙) 등의 원칙을 확립하는 것이 중요하다.

개인정보보호법의 2021년 개정(同法37)에 따라 공적 부문에서의 개인정보보호에서 개인정보는 정보검색 기술의 진전 등을 이유로 '대조 가능성' 기준에서 '용이 대조 가능성' 기준으로 변경되었다[→ 비밀 준수 의무와 개인정보보호, 개인정보보호의 제도(제2장 제3절)]. 이에 비하여, 정보공개 청구의 대상이 된 행정문서에 비공개해야 하는 정보가 포함되어 있는지의 판단기준의 하나인 개인식별정보의 정의에 관해서는 '대조 가능성'의 기준이 유지되어 있다.

### (2) 적정한 취득, 부적정한 이용의 금지

2021년의 개인정보보호법의 개정(同法) 시에 공적 부문에서의 개인정보보호에 관해서도 민간 부문과 마찬가지로 적정하게 취득할 것을 명시하고, 부적정한 이용을 금지하는 규율을 두는 것이 적당하다는 관점에서 적정한 취득(개인정보보호법 64조)과 부적정한 이용의 금지

(개인정보보호법 63조)에 관한 규정이 마련되었다(행정기관 개인정보보호법에서는 공무원은 법령준수와 비밀 준수 의무를 지는 점에서 특별한 규율은 필요 없다고 해석되었다).

### (3) 정확성 등의 확보

개인정보보호법 제5장(행정기관 등의 의무 등)은 개인정보보호법의 관점에서 정확성, 안전의 확보 등에 관한 규율을 둔다(개인정보보호법 65조·66조). 구체적으로는 같은 법에서는 개인정보에 관하여 이용목적의 범위 내에서 과거 또는 현재의 사실과 합치하도록 노력할 것을 요구하고, 또한 누설, 멸실 또는 훼손에 대한 방지 조치를 할 것을 요구한다. 이 원칙들은 행정의 적정하고 효율적인 운영을 확보하고, 정보공개를 통하여 행정의 설명책임을 적확하게 다하는 데에도 중요한 의의가 있다.

### (4) 안전성의 확보

특히, 오늘날 행정의 정보화가 진전되는 중에 행정정보의 외부 누출 등을 막는 것이 중요해지고 있다. 그래서 정부는 '정부 기관의 정보 안전성 대책을 위한 통일기준'(정보 안전성 정책심의회 결정 등)을 정하고, 독립행정법인과 지방자치단체에서도 보안성과 관련되는 시책이 추진되고 있다.


## 제4관  특정비밀보호법

행정정보 중 방위, 외교, 법에 정하는 유해 활동의 방지, 테러의 방지와 관련되는 정보에 관해서는 비밀보호의 관점에서 특정비밀보호법(2013法108)이 제정되었다.

같은 법에 따르면, (ⅰ) 특히, 비밀로 할 것을 행정기관의 장이 '특정 비밀'로서 지정한다(유효기간의 정함을 포함한다. 특정 비밀보호법 3조·4조 및 별표). 그리고 (ⅱ) 적정성 평가를 받아 지장이 없다고 인정되는 특정 직원 등에 한정하여 특정 비밀을 취급할 수 있는 것으로 되어 있고(특정 비밀보호법 11조, 12조 이하), (ⅲ) 특정 비밀에 관해서는 법 소정의 안전 확보 및 그 밖에 관련되는 사무의 수행, 그 밖에 공익상 특히 필요한 때로서 필요한 체제·조치가 강구되고 있는 경우만 다른 행정기관 등에 제공할 수 있는 것으로 되어 있다(특정 비밀보호법 6조 이하). 마지막으로, (ⅳ) 특정 비밀의 누설 등에 대해서는 특히 무거운 벌칙이 정해져 있다(고의에 관해서는 10년 이하의 징역, 특정 비밀보호법 23조 이하).

같은 법 및 그 운용에서는 법의 적정한 운용을 확보하기 위한 (ⅰ) 내각보전감시위원회(내각관방장관, 사무차관급으로 구성)를 내각에, 독립 공문서관리관을 내각부에 두며, (ⅱ) 내각총리대신이 위촉하는 자로 구성되는 정보 보전 자문회의를 별도로 설치하고, (ⅲ) 연 1회 국회에 운영 상황을 보고하는 제도가 마련되어 있다.

## 제3절  행정정보의 이용

### 제1관  기관 내부의 이용 등

개인정보보호법 제5장(행정기관 등의 의무 등)에 따르면 행정기관 등에 의한 개인정보의 보유는 명시적으로 정해진 이용 목적에 구속되고, 이용 목적을 변경하는 경우는 상당한 관련성을 가진다고 합리적으로 인정되는 경우로 한정된다[→ 비밀 준수의 의무와 개인정보보호, 개인정보의 보호, 수집과 관련되는 규율(제2장 제3절)].

더욱이, 같은 법에 따르면, 본인의 동의가 있는 때 또는 본인에게 제공하는 때 외에 행정기관 등의 내부에서의 이용에 관해서도 법령에 정하는 소관 사무의 수행에 필요한 한도에서 해당 정보를 이용하는 것에 관하여 타당한 이유가 있는 때로 한정된다. 그때에도 본인 또는 제삼자의 권리·이익을 부당하게 침해할 우려가 있다고 인정되는 때는 이용·제공할 수 없게 되어 있다[개인정보보호법 69조2항. 또한, → 개인정보보호법 제5장 등, 행정기관 등 익명 가공정보 등(제4장 제7절)].

또한, 민간 부분에서는 사업자의 내부 이용을 원활하게 추진하기 위해 개인정보보호법에 제삼자에게 제공하지 않을 것(법령상의 규정이 있는 때를 제외한다)을 전제로 하는 가명 가공정보 및 가명 가공정보 취급사업자에 관한 규율이 마련되어 있다(개인정보보호법 41조 이하). 이에 비하여, 공적 부문에서는 개인정보보호법의 규율에서 행정 내부의 이용이 인정되는 점에서 가명 가공정보의 제도는 두지 않고, 민간의 가명 가공정보를 공적 부문이 취득한 때에 관한 규율이 개인정보보호법 제5장(행정기관 등의 의무 등)에 마련되어 있다[개인정보보호법 73조 → 개인정보보호법 제5장, 행정기관 등 익명 가공정보 등(제4장 제7절)].

## 제2관  종합·조정과 정보의 공유

오늘날, 국가의 행정기관 상호 관계에서는 연락·조정을 도모하고, 필요한 정보를 상호 제공하며, 공유하는 제도를 정비하는 것은 중요한 과제가 되어 있다. 그래서 행정기관 상호의 정보제공 의무의 유무가 재판에서도 논의되었다[→ 종합·조정 기능의 강화, 행정조직 간의 통보 의무(제1편 제2부 제2장 제3절)]. 더욱이, 주민기본대장법의 개정, 번호법의 제정·개정, 정보기술을 활용한 행정의 추진 등에 관한 법률(2002法151) 등에 따라 국민의 개인정보를 포함한 행정정보를 공유하는 제도가 구축되고 있다. 특히, 2015년 번호법의 개정(同法65)은 조세나 사회보장 분야에서 소득이나 자력의 파악, 의료분야에서 특정 건강진찰·검사 정보의 관리, 예방접종 이력과 관련되는 지방자치단체 간의 연계에 특정 개인정보를 활용하는 것을 가능하게 하는 것이다. 다만, 그때에도 개인정보보호의 관점에서 필요한 조치가 강구되어 있다[→ 정보의 공유와 한계(제1편 제2부 제2장 제4절)].

## 제3관  민간 등에 대한 제공

개인정보의 처리 업무에 관하여 행정기관이 민간의 사업자에게 업무를 위탁하는 것은 예정되어 있다. 다만, 그때에도 개인정보보호를 위해 필요한 준칙이 수탁자와 그 종업원에게 미친다(개인정보보호법 66조2항·67조).

또한, 개인정보보호법 제5장(행정기관 등의 의무 등)은 법률에 특별한 규정이 있는 경우 외에 오직 통계의 작성 또는 학술연구의 목적으로 제공하는 때, 본인 이외의 자에게 제공하는 것이 명백히 본인을 위하게 되는 때 등에 관하여 다른 행정기관, 독립행정법인, 지방자치단체, 지방독립행정법인 등 이외의 자에게 제공하는 것을 인정한다(개인정보보호법 69조2항4호. 다만, 본인의 이익 등의 침해가 되는 경우를 제외한다).

또한, 행정이 보유하는 개인정보를 개인정보보호법의 규정에 따라 익명 가공한 후에 민간의 이용에 제공하는 제도인 행정기관 등 익명 가공정보의 제도도 마련되어 있다(개인정보보호법 109조 이하).

# 제4장 행정정보의 공개 등

## 제1절 개론

### 제1관 개설

이 장에서는 행정정보의 국민에 대한 공개에 관하여 다룬다. 행정의 자원을 사용하여 수집·관리·이용되고 있는 행정정보를 널리 국민 일반의 이용에 제공하는 것이 설명책임의 관점에서도 필요하다(제3장에서 말한 행정정보의 민간 등에 대한 제공은 특정인에 대한 정보제공이다). 다만, 행정정보에는 개인·법인과 관련되는 민감한 정보 등도 포함되는 점에서 부분 공개의 조치를 하거나 지장이 생기지 않는 형태로 가공한 후에 국민에게 공개될 필요가 있다. 제4장에서는 행정기관 정보공개법 등의 제도를 설명한다.

또한, 행정정보에 포함되는 개인정보를 보호하는 제도로서 행정기관이 보유하는 정보를 본인에게 공개하고, 자기 정보에 관한 감시, 정정·이용정지 등의 수단을 보장할 필요가 있다. 개인정보보호법 제5장(행정기관 등의 의무 등)의 본인 공개의 제도는 정보공개법에 근거하는 공개의 제도와 성격은 다르지만, 공개의 요건·절차에 관해서는 공통되는 부분도 많으므로 정보공개법에 근거하는 공개의 제도와 대비하면서 제4장에서 설명하기로 한다.

### 제2관 정보공개제도의 종류

행정이 국민에게 정보를 제공하는 제도로서는 ( i ) 법령상의 의무에 근거하는 공개의 제도와 법령상의 의무에 근거하지 않고 임의로 공개하는 제도가 있다(의무적 공개와 임의적 공개). 또한, (ⅱ) 보유하는 정보를 가공하여 제공하는 경우와 미가공으로 제공하는 경우가 있고, 나아가 (ⅲ) 청구에 따라 개별적으로 공개하는 경우와 상시 열람에 제공하는 형태로 제공하는 경우가 있다.

오늘날, 다양한 법률에서 의무적 또는 임의적 공개의 제도가 마련되어 있고, 나아가 법령상의 근거 없이 임의로 행정이 공개하는 제도가 마련되어 있기도 하다. 행정기관 정보공개법의 제도는 (ⅰ) 의무적으로, (ⅱ) 미가공의 정보를, (ⅲ) 개별적인 청구에 따라 공개하는 제도로 볼 수 있다.

## 제3관  정보공개제도의 이념

### (1) 알 권리와의 관계

주지하는 바와 같이, 일본의 헌법 이념에서 새로운 인권으로서 '알 권리'가 주장되어 알 권리는 정부 정보의 공개를 청구하는 권리로서도 기능한다고 주장되었다. 이러한 논의에 근거하여 일부 지자체의 정보 공개 조례에서는 전문 등에 조례의 기본이념으로서 알 권리를 드는 것도 있다.

그러나 공개 청구권으로서의 알 권리에 관해서는 표현의 자유라는 소극적 권리에서 공개 청구권이라는 적극적인 권리를 도출할 수 있는지에 관하여 의문이 제시되고 있는 외에 그 권리로서의 성격에 관해서도 다양한 논의가 있었다.

### (2) 설명책임의 개념

그래서 행정기관 정보공개법은 기본이념으로서 '설명책임(accountability)'의 개념을 채용했다. 즉, 미국의 정부 신탁이론에서는 정부-민간 관계를 신탁 관계로서 파악하고, 주권 행사의 신탁을 받은 정부가 위탁자로서의 국민에게 지는 신탁상의 의무로서 설명책임을 진다고 생각되고 있다.

그래서 행정기관 정보공개법 1조에서는 이 이론을 참고로 하여 정부는 그 활동을 국민에게 설명할 책무가 있는 것으로 하고, 정보 공개의 이념을 표현하고 있다.

**【설명책임의 개념】**

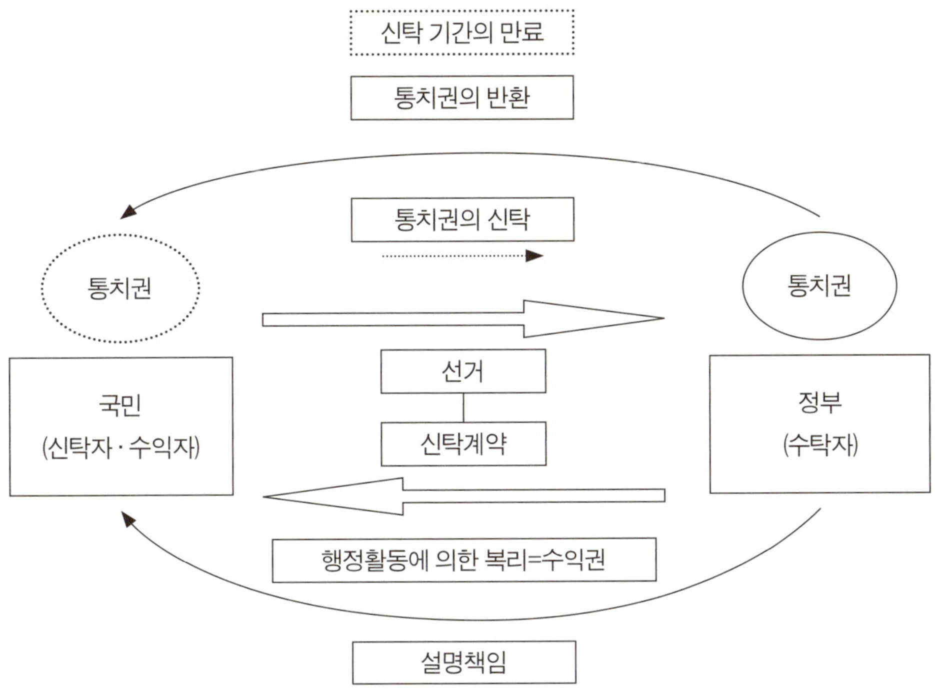


## 제4관  법 제정의 경위

### (1) 외국의 정보공개법

정보 공개의 역사는 오래전 이미 20세기 중반에는 북유럽, 미국에서 제도가 창설되어 나중에 유럽 여러 나라 등에 도입되어 있었다.

### (2) 일본에서 정보 공개의 역사

일본에서는 지방자치단체(가나가와현 등)가 외국의 제도를 참고로 하여 도입하고, 그 실적을 고려하여 국가 차원으로 정보공개제도가 도입되었다. 구체적으로는 1991년에 정보 공개 기준이 합의되어 1996년에는 행정개혁위원회 답신 '정보공개제도의 확립에 관한 의견'이 공표되었다. 이에 근거하여, 1999년에는 행정기관 정보공개법[행정기관이 보유하는 정보의 공개에 관한 법률(同法42)]이 성립했다. 2001년에는 같은 법이 시행되고, 같은 해에는 독립행정법인 등 정보공개법[독립행정법인 등이 보유하는 정보의 공개에 관한 법률(同法140)]이 제정되었다. 이하, 국가의 행정기관 정보공개법의 구조를 확인하기로 한다(독립행정법인 등 정보공개법도 기본적으로 같은 구조를 채용하고 있다).

## 제2절  청구의 절차

### 제1관  정의 등

#### (1) 목적

행정기관 정보공개법은 기본이념을 국민주권에 근거하는 정부의 설명책임에 둔다. 더욱이, 국민의 이해와 비판 아래 민주적 행정을 추진하는 것도 법의 목적으로 되어 있다(행정기관 정보공개법 1조).

#### (2) 대상 기관

행정기관 정보공개법은 입법부·사법부의 문서를 대상으로 하고 있지 않다(국회·재판소는 독자적으로 정보공개제도를 운용하고 있다). 같은 법의 적용 대상이 되는 행정기관은 내각을 제외하는 국가행정조직과 회계검사원이다(행정기관 정보공개법 2조1항).

#### (3) 대상 문서

행정기관이 보유하는 행정문서가 정보 공개의 대상이 된다. 다만, 불특정 다수인에게 판매할 것을 목적으로 발행되는 관보 등은 행정문서에서 제외되는 외에 국립공문서 등에서 역사적·문화적 문서로서 보존되고 있는 문서 등은 제외된다(행정기관 정보공개법 2조2항2호·3호). 또한, 행정문서는 행정기관의 직원이 조직적으로 이용하는 것으로서 행정기관이 보유하고 있는 것으로 규정되어, 개인의 메모는 제외되는 한편, 문서 관리 규정에 따른 공람·결재 등을 거치지 않는 것이어도 실질적으로, 조직적으로 이용되고 있는 문서는 행정문서에 해당한다(행정기관 정보공개법 2조2항 본문).

#### (4) 공개 청구권자, 청구 목적

행정기관 정보공개법은 외국인·법인을 포함하는 누구에 대해서도 정보공개청구권을 부여하고 있다. 또한, 청구로 얻은 정보를 공개 청구자가 어떤 목적으로 이용할지는 공개 청구의 가부에 영향을 주지 않는다(행정기관 정보공개법 3조).

## 제2관  청구 절차

### (1) 청구의 형식

공개 청구는 서면으로 해야 하나, 온라인으로 청구할 수도 있다. 또한, 공개 청구 시에는 수수료의 납부 그 밖의 절차적인 요건도 있다. 그래서 행정기관 정보공개법은 청구의 형식상 불비를 보완하기 위해 보정을 요구하는 권한을 부여하고, 나아가 정보의 제공에 관한 노력 의무를 부과하고 있다(행정기관 정보공개법 4조2항).

### (2) 문서의 특정

청구 시 국민은 행정이 어떠한 문서를 보유하고 있는지에 관한 지식을 갖고 있지 않다. 그래서 행정기관 정보공개법은 공개 청구인이 쉽고 정확하게 공개를 청구할 수 있도록 정보의 제공 등의 노력 의무를 행정기관의 장, 총무대신에게 부과하고 있다(행정기관 정보공개법 22조).

### (3) 공개 결정의 기한

공개 청구로부터 공개 결정까지의 기간은 30일이다(행정기관 정보공개법 10조1항). 다만, 정당한 이유가 있으면 연장할 수 있고, 대량 청구에 관해서는 상당한 기간 내의 공개를 인정하는 예외 규정을 두고 있다(행정기관 정보공개법 10조2항·11조).

### (4) 이송과 그 절차

행정기관이 작성한 문서를 다른 행정기관이 보유하고, 다른 행정기관에 문서의 정보 공개가 청구되는 경우가 있다. 이 경우 해당 청구에 관해서는 문서를 작성한 행정기관이 정확한 판단을 할 수 있다는 관점에서 해당 기관 등과의 협의, 이송의 절차가 마련되어 있다(행정기관 정보공개법 12조의2).

# 제3절  공개의 요건

## 제1관  개설

행정기관 정보공개법은 행정문서의 공개 청구권을 모든 사람에게 부여하고 있으나, 행정문서의 성질상 설명책임의 관점으로도 모든 문서의 공개를 인정할 수는 없다. 그래서 같은 법 5조는 모든 문서의 공개 의무를 행정기관의 장에 부과하면서, 비공개 사유를 1호부터 6호까지 열거한다(비공개 사유의 예외도 있다).

## 제2관  개인식별정보(1호)

### (1) 개인 식별성

개인에 관련되는 정보의 공개는 프라이버시 침해의 우려가 있으므로 프라이버시 침해의 우려가 있는 정보를 비공개 사유로 하는 규정도 생각할 수 있다(프라이버시 보호형. 조례에 입법례가 있다). 이에 비하여, 행정기관 정보공개법은 개인이 식별되게 되는 정보를 비공개 사유로 한다(개인정보 식별형. 행정기관 정보공개법 5조1호 본문). 프라이버시 보호형에서는 공개 시 사안에 따른 개별적인 이익 고려가 필요하게 되는 점에 비추어, 개인식별정보는 정형적으로 프라이버시 침해를 일으킬 가능성이 있는 정보라고 간주하여 비공개 사유로 한 것이다. 다만, 공익상 필요한 경우에 행정기관의 장의 재량으로 공개하는 수단이 활용되는 것도 기대되고 있다(행정기관 정보공개법 7조).

개인식별정보에는 다른 정보와 대조하여 개인이 식별되게 되는 정보도 포함된다(이 점에서, 개인정보보호법이 공적 부문이 보유하는 개인정보의 정의를 민간 부문과 통일하여 '용이대조 가능성'의 기준을 채용한 것과는 다르다). '다른 정보'의 범위가 문제가 되나, 판례·학설은 '통상인이 일반적으로 입수할 수 있는 정보'인지를 기준으로 하고 있다.

### (2) 다른 권리·이익 침해 정보

또한, 행정기관 정보공개법 5조1호는 '개인을 식별할 수 없으나, 공개하는 것으로 인하여 권리·이익을 해칠 우려가 있는 것'을 비공개 정보에 추가하고 있다. 특정 집단이 식별되는 정보이면 집단에 속하는 자 전체가 불이익을 받는 경우는 있을 수 있다. 게다가, 일반인에게는 식별이 불가능해도 특정 범위의 집단에 속하는 자에게는 개인의 식별이 가능하게 되는 정보가 있는 점에도 배려되어 있다(개인식별 가능성의 문제로서 정리하는 견해도 있다).

### (3) 예외적 공개 사유

다만, 개인식별정보 등에서도 일정한 사유에 해당할 때는 예외적 공개의 대상이 된다. 구체적으로는 법의 규정에 따르거나 관행상 공개되거나 공개하는 것이 예정되어 있는 정보, 사람의 생명·건강 등의 보호에 필요한 정보, 공무원 직무의 수행에 관한 정보이다(행정기관 정보공개법 1호가목·나목·다목).

이와 관련하여 직무수행에 관련되는 공무원의 성명은 관행상 공개되고 있는 정보에 해당한다['각 행정기관에서 공무원 성명의 취급에 관하여'(2005년 8월 3일, 정보 공개에 관한 연락회의 합의)].

### (4) 본인 정보

행정기관 개인정보보호법[2003法58. 2021년의 개인정보보호법의 개정(같은 법 37)으로 폐지] 등이 제정되기 전에는 행정기관 정보공개법 등에 근거하여 개인이 자기 정보의 공개를 요구하는 경우가 있었다. 제도에서 상정된 범위 외의 이용에 관하여 본인 공개 청구를 인정한 예(最判2001年12月18日民集55卷7号1603頁)는 있었지만, 공적 부문에서도 개인정보보호 법제가 정비된 현재에 본인 정보의 공개 청구에 관해서는 개인정보보호법의 청구 제도를 이용해야 할 것이다(다만, 행정기관에는 그 취지를 알릴 의무가 있다고 해석해야 한다).

## 제3관  행정기관 등 익명 가공정보(1호의2)

행정기관 정보공개법 5조1호의2는 국가행정기관·지방자치단체, 독립행정법인 등 지방독립행정법인이 보유하는 개인정보에서 개인식별 부분이나 개인식별 부호를 제외하여 작성된 행정기관 등 익명 가공정보를 비공개 사유로 한다[독립행정법인 등 정보공개법(2001法140) 5조1호의2도 동일]. 행정이 보유하는 개인정보의 특수성에 비추어 행정에서 개인정보보호에 대한 국민의 신뢰를 확보하려는 조치이다. 또한, 당연하지만, 개인식별 부분 및 개인식별 부호도 비공개 사유로 되어 있다.

## 제4관  법인정보(2호)

### (1) 개설

법인의 영업비밀에 속하는 정보, 법인 영업의 노하우에 관한 정보는 정보공개제도에서도 보호해야 하는 유형이라고 말할 수 있다. 그래서 행정기관 정보공개법에서는 ( i ) 법인 등의 권리, 경쟁에서의 지위 그 밖의 정당한 이익을 해칠 우려가 있는 것, ( ii ) 행정기관의 요청을 받아 비공개로 하는 등의 약속을 하고 제공되는 정보로 그 상황에서 해당 약속이 합리적이라고 인정되는 것을 비공개 사유로 정했다(행정기관 정보공개법 5조2호가목·나목). 특히, 후자에 관해서는 행정에는 조사 권한을 행사하는 것이 인정되고 있는 등의 사정에 비추어 단순히 합의가 존재하는 경우만이 아니라 그 합의가 합리적이라고 인정되는 때에 한정하여 비공개로 하는 것을 인정하고 있다.

### (2) 예외적 공개 사유

이 경우에도 사람의 생명, 재산권 등을 보호하는 데 필요하다고 인정될 때는 해당 정보는 공개되게 된다(행정기관 정보공개법 5조2호 단서).

## 제5관  국가의 안전 정보, 범죄단속의 정보(3호·4호)

국가의 안전에 관한 정보, 범죄의 단속에 관한 정보도 비공개 사유로 된다(행정기관 정보공개법 5조3호·4호). 그리고 이 정보에 관해서는 행정기관 정보공개법은 비공개 요건에 관하여 특별한 규정 형식을 채용했다('우려가 있다고 행정기관의 장이 인정하는 것에 관하여 타당한 이유가 있는 정보'). 이는 공개로 인한 지장이 생길 우려가 있는지의 인정에 관하여 행정기관의 장에게 요건 인정상의 (좁은) 재량의 여지를 긍정하는 취지라고 해석되고 있다.

또한, 4호의 적용은 검찰관의 지휘를 받아 이루어지는 사법경찰직원이 하는 사법경찰활동에 한정된다고 해석되고 있고, 그 이외의 행정기관이 하는 행정법령 위반의 단속에 관한 활동(학문상의 '경찰행정')은 포함되지 않는다.

## 제6관  심의, 검토, 협의와 관련되는 정보(5호)

### (1) 취지

심의, 검토 또는 협의에 관한 정보로서 솔직한 의견의 교환이나 의사결정의 중립성이 부당하게 훼손될 우려, 부당하게 국민 간에 혼란을 생기게 할 우려 또는 특정한 자에게 부당하게 이익을 주거나 불이익을 미칠 우려가 있는 정보는 비공개로 된다(행정기관 정보공개법 5조5호).

### (2) 구체적인 예

심의 · 검토의 정보에 관해서는, 같은 댐 부지에 관한 것이어도 내용의 차이에 착안하여 비공개 사유 해당성을 인정한 예와 부정한 예가 있어 참고할 만하다.

공문서 비공개결정처분 취소청구 사건 항소심 판결(大阪高判1993年3月23日判タ828号179頁)에서, 고등재판소는 회의장에서 담당자가 입지 후보지로서 지도에 기재한 정보는 미성숙한 것이어서 공개되면 주변 주민에게 오해를 생기게 하여 입지 등의 의견 형성에 장애가 생긴다고 판단했다. 최고재판소도 같은 판결에 대한 상고를 기각했다(最判1994年3月25日判時1512号22頁).

이에 비하여, 행정처분 취소청구 사건 항소심 판결(大阪高判1994年6月29日判タ809号85頁)은 지반조사 결과의 데이터는 객관적이어서 오해를 생기게 할 여지는 없다고 했다. 최고재판소도 상고심 판결[最判1995年4月27日(判例集未登載)]에서 상고를 기각했다. 또한, 객관적인 데이터이어도 자료의 내용에 따라 의사 형성 과정이 밝혀지는 경우는 있을 수 있다.

## 제7관  사무·사업정보(6호)

### (1) 취지

행정기관 정보공개법에서는 여러 유형의 사무·사업에 관하여 이에 관한 정보가 공개되면 지장이 생길 우려가 있는 것을 열거하고, 나아가 일반 조항을 두고 있다(행정기관 정보공개법 5조6호).

가목은 감사·검사·단속·시험 등, 나목은 계약·교섭·쟁송 등, 다목은 조사연구, 라목은 인사관리, 마목은 국가 등의 기업, 독립행정법인의 사업에 관한 정보이다.

### (2) 구체적인 예

지방자치단체의 정보 공개 조례에서 비공개 사유로서 규정된 '쟁송의 방침'이란 어떤 것을 가리키는 것인지, 그리고 공개로 인하여 '의사결정을 방해하는' 때란 어떤 경우까지 포함하는 것인지가 문제가 된 재판례가 있다.

> 공문서 일부공개 거부처분 취소청구 사건 상고심 판결(最判1999年11月19日民集53卷8号 1862頁)에서, 최고재판소는 (ⅰ) 현재 쟁송이 계속 중이거나 쟁송이 구체적으로 예상되는 사안에 관련되는 것에 한정되지 않고, 쟁송에 대처하기 위한 일반적 방침을 포함하고, (ⅱ) 의사결정 그 밖의 것 외에 장래에 같은 종류의 결정에 장애가 되는 것도 포함된다고 판단했다.

## 제8관  우려의 존재와 경험칙

정보공개소송에서는 주장·입증책임은 비공개 사유의 존재를 주장하는 행정에 있다고 생각되고 있다. 또한, 정보공개소송에서는 행정사건소송법에 인 카메라 심사[in camera(재판관실). 재판관만이 제출 문서를 확인할 수 있는 제도]를 인정하는 근거 규정은 없으므로 비공개 사유의 존재를 주장하는 행정 측은 재판소에 해당 문서를 제시하지 않고 주장·입증을 해야 한다[→ 정보공개와 권리구제, 정보공개소송(제5절)].

그래서 재판소는 문서유형마다 어떤 내용의 문서이면 비공개 사유가 존재하는지에 관하여 경험칙을 도출하여 행정이 해당 경험칙에 따르는 형태로 문서의 내용을 주장·입증하면 공개에 따르는 지장의 존재를 인정하게 된다.

이러한 재판소에 의한 경험칙 인정의 방법을 제시하는 것이 오사카부(府) 지사 접대비 정보공개 사건 상고심 판결(最判1994年1月27日民集48巻1号53頁)과 오사카부 수도부(部) 간담회비 정보공개청구 사건 상고심 판결(最判1994年2月8日民集48巻2号255頁)이다[양 판결에서 경험칙의 인정을 분석하는 것으로서, 藤原静雄·判時1503号(1994年)198頁가 있다].

전자의 판결은 지사의 접대비와 관련되는 공문서에 관한 정보공개청구에 대하여 일부 비공개의 결정이 된 사안에 관한 것이다. 이 판결에서 최고재판소는 지사의 접대비와 관련되는 정보는 공개되면 ( i ) 성명의 공표 등이 당연히 예정된 때 등은 별론으로 하고, ( ii ) 간담회의 상대방이 불쾌, 불신의 감정을 느끼고, 오사카부의 모임에 출석을 피하는 등의 사태가 생길 것이 예상되고, ( iii ) 일반적으로 접대비는 오사카부의 상대방과의 관계 등을 고려하여 결정되는 점에서 불만과 불쾌함을 느끼는 사람이 나올 것이 예상된다고 지적했다. 더욱이, ( iv ) 이러한 사태가 생길 것을 걱정하여 지사가 접대비의 지출을 꺼려 어쩔 수 없이 지출을 획일적으로 하는 것도 생각된다고 하여 최고재판소는 지사의 접대비가 공개되면 일반적으로 지장이 생길 우려가 있다는 경험칙을 인정했다.

이에 비하여, 후자의 판결은 오사카부 수도부의 간담회비와 관련되는 공문서에 관한 것이다. 이 판결에서 최고재판소는 수도부의 간담회에 관하여 ( i ) 사업 수행의 필요에서 관계자와 내밀히 협의할 목적으로 이루어진 것과, ( ii ) 그 이외의 사무를 목적으로 하여 이루어진 것이 있다고 하고, 간담회가 내밀한 교섭을 목적으로 한 것인지에 따라 요건 해당성의 판단을 구별하는 태도를 보이고, 경험칙이 성립하는 범위를 한정했다.

# 제4절  부분 공개 등

## 제1관  부분 공개

### (1) 부분 공개

행정기관 정보공개법은 문서 중에 비공개 정보가 부분적으로 포함된 때에 부분 공개의 방법으로 공개할 것을 정하고 있다(행정기관 정보공개법 6조). 우선, 비공개 정보가 기록된 부분을 쉽게 구분하여 제외할 수 있는 때는, 그 부분을 제거하고 남은 부분을 공개하게 되어 있다. 다만, 남은 부분이 단순히 숫자의 나열 등, 의미 있는 정보를 포함하지 않는 때는, 공개 의무는 면제된다(행정기관 정보공개법 6조1항).

더욱이, 행정기관 정보공개법은 개인식별정보에 관한 부분 공개의 방법을 특별히 규정하여, 성명, 생년월일 등의 개인식별 부분을 제외하고 공개하면 개인의 권리·이익을 침해하지 않게 될 때는 개인식별 부분을 포함하지 않는 것으로 보아 전항을 적용한다(행정기관 정보공개법 6조2항).

### (2) 1항과 2항의 관계

또한, 앞에서 말한 2항이 부분 공개의 원칙에 관한 1항의 취지를 개인식별정보에 관하여 확인한 것에 지나지 않는지, 아니면 2항의 제거 방법은 개인식별정보에 특유한 것이어서 2항을 창설적인 규정이라고 해석해야 하는지가 2항과 같은 규정이 없는 지방자치단체 정보공개 조례에서 문제가 된다.

오사카부 지사 접대비 정보공개청구 사건 상고심 판결(最判2001年3月27日民集55卷2号530頁)에서 최고재판소는 6조2항은 창설적 규정이라는 이해에서 6조1항과 같은 취지의 규정만을 두는 지자체 정보공개 조례는 성명·생년월일을 제외한 형태의 부분 공개를 행정기관에 의무화하지 않고 있다고 판단했다. 이 판결은 위 판결(最判1994年1月27日民集48卷1号53頁)과 관련되는 사안의 환송 상고심 판결이다[→ 공개의 요건, 사무·사업정보(제3절)]. 부분 공개가 의무화되는 범위를 한정하는 판례의 취지에는 비판이 많다. 이 판결에 관해서

는 대상 문서(지사의 간담회 건별 세출액 현금 출납부의 가로 한 줄의 기재란 등)의 특수성
에 유래하는 사례 판단으로 해석하는 것이 적절할 것이다(高橋·行政法入門273頁以下).

## 제2관 재량적 공개

행정기관 정보공개법은 공익상의 이유에 의한 재량적 공개를 인정한다(행정기관 정보공
개법 7조. 다만, 행정기관 그의 익명 가공정보와 관련되는 정보는 개인정보보호법 소정의 제
공 기준이 있으므로 재량적 공개의 대상에서 제외되어 있다. 같은 조 괄호). 이 점을 고려하
여, 개인식별정보가 포함될 때도 프라이버시 침해의 정도가 낮고, 공개로 행정의 투명성이
향상되는 것을 기대할 수 있는 경우에는 행정기관은 재량에 근거하여 공개하는 것이 인정된
다. 재량적 공개로 자기 정보가 공개되게 되는 개인 등도 공개를 거부할 수 없다(7조 해당성
을 부정하여 행정불복심사나 행정소송을 제기하는 것은 인정된다).

## 제3관 존재 여부의 응답 거부

개인을 특정한 정보공개청구('○○'이라는 개인에 관한 정보의 공개청구)에 대하여 보유기
관이 보유하고 있지 않다고 하여 비공개 결정을 한다면 개인에 관한 일정한 정보가 비공개
결정 그 자체에서 밝혀지게 된다. 자격시험·입학시험에 관한 정보공개 청구의 비공개 결정
이 이에 해당한다(수험 여부의 사실이 밝혀진다).

이와 같이, 정보의 존재 여부를 제시하는 비공개 결정을 통하여 비공개 사유와 관련되는 보
호법익이 침해되게 될 때는 문서의 존재 여부를 제시하지 않고, 청구를 거부하는 비공개 결
정을 인정할 필요가 있었다. 이것이 존재 여부의 응답 거부이다(행정기관 정보공개법 8조).

이러한 존재 여부의 응답 거부는 개인식별정보 외에 법인정보(공표되어 있지 않은 법령 위
반 사실의 존재 여부 등), 국가의 안전에 관한 정보(특정국에 관한 정보의 존재 여부), 범죄
단속의 정보(특정 집단의 수사정보) 등 민감한 정보에 관하여 폭넓게 생각할 수 있다.

## 제4관  공개의 시행 등

행정기관 정보공개법은 공개의 시행 방법에 관해서도 규정을 둔다. 전자적 기록에 관해서는 정보기술의 발전에 비추어 정령에 공개 방법을 위임하는 외에도 문서의 공개에 관해서는 열람 또는 사본의 교부로 공개하도록 하고, 열람의 방법에 관해서는 문서의 보존에 지장이 생길 우려가 있는 때 등의 경우에는 사본으로 하는 것을 인정한다(행정기관 정보공개법 14조1항).

또한, 다른 법령에 따라 정보의 공개가 정해져 있는 때는 있고, 해당 법령의 규정에 따라 행정기관 정보공개법에 따른 공개와 동일한 방법으로 공개되게 될 때는 행정기관 정보공개법 14조1항은 적용되지 않는다(행정기관 정보공개법 15조1항. 다른 법령에 일정한 경우에는 공개하지 않는다는 규정이 있는 때를 제외한다. 또한, 같은 조 2항도 참조).

# 제5절  정보공개와 권리구제

## 제1관  제삼자와 관련되는 권리구제

### (1) 제삼자 보호의 필요성

행정기관 정보공개법은 개인식별정보, 법인정보와 같이 공개 청구인 이외에 제삼자의 권리·이익을 배려한 비공개 사유를 두고 있다. 그리고 이 규정에 반하여 행정기관의 장이 행정문서를 공개하려고 하는 경우를 예상할 수 있는 점에서 해당 제삼자에게 행정문서의 전부 또는 일부의 비공개를 요구할 권리구제의 수단을 인정할 필요가 있다. 특히, 정보의 성질상 공개되면 공개 전의 상태로 회복하는 것은 불가능하므로 공개 결정이 되기 전에 적절한 구제 제도를 둘 필요성은 높다.

제삼자 보호를 도모해야 하는 경우로서는, 1호 정보, 2호 정보의 해당성에 대하여 다툼이 생기는 경우 외에 이 정보에 해당한다고 한 후에 예외적 공개 사유에 해당한다고 한 판단이 다투어지는 경우[행정기관 정보공개법 5조1호·2호 → 공개의 요건, 개인식별정보·예외적 공개 사유 및 법인정보·예외적 공개 사유(제3절)], 재량적 공개의 판단이 일탈·남용에 해당한다고 주장되는 경우 등이 상정된다.

### (2) 재량적 의견 청취와 의무적 의견 청취

그래서 행정기관 정보공개법은 (ⅰ) 공개하려고 하는 행정문서에 제삼자의 정보가 기록된 때에는 해당 공개 결정 전에 해당 제삼자에게 통지하여 의견을 청취할 수 있다고 정하고 있다(행정기관 정보공개법 13조1항).

더욱이, (ⅱ) 제삼자 정보가 행정기관 정보공개법 5조1호나목, 같은 조 2호 단서에 해당하여 공개되려는 때나 7조에 따라 재량적인 공개를 하려는 때에는, 제삼자의 소재가 불명확한 때를 제외하고, 행정기관의 장은 의견을 청취할 의무가 있다(행정기관 정보공개법 13조2항).

### (3) 의견 청취 후의 처리

의견 청취의 결과, 제삼자로부터 청구에 반대한다는 의견이 제출된 경우, 행정기관의 장은 해당 문서 또는 문서의 해당 부분을 공개하려는 때에는 공개 결정과 공개일 간에 2주간을 두고, 그 취지를 해당 제삼자에게 통지할 필요가 있다(행정기관 정보공개법 13조3항). 이는 행정불복심사나 행정소송 및 그 절차에서 집행정지의 신청 등 필요한 권리 보호 수단을 취할 기회를 제공하는 취지에 따른 것이다.

## 제2관  행정불복신청

### (1) 행정불복심사법에 따른 불복신청

행정기관 정보공개법에 근거하는 공개·비공개 결정(부작위를 포함한다)에 대해서는 행정불복심사법에 따라 심사청구를 할 수 있다(바로 소송을 제기할 수도 있다). 이는 비공개 결정을 받은 신청인에게도, 공개 결정에 불복이 있는 제삼자에게도 같다.

### (2) 정보공개·개인정보보호 심사회에 대한 자문

행정불복신청을 받은 행정청은 청구가 각하되어야 하는 것일 때, 또는 청구에 따라 비공개 결정을 취소하여 전부 공개 결정을 하려고 하는 때(제삼자로부터 반대의 의견이 제출되어 있는 때는 그렇지 않다)를 제외하고, 정보공개·개인정보보호 심사회에 자문해야 한다[행정기관 정보공개법 19조. 회계검사원에 관해서는 회계검사원 정보공개·개인정보보호 심사회가 설치되어 있다. 또한 자문 전의 절차에 심리원(審理員)은 관여하지 않는다. 행정기관 정보공개법 18조].

정보공개·개인정보보호 심사회는 총무성에 설치된 직권 행사의 독립성이 보장되는 제삼자 기관이고, 임명 시에는 양원의 동의가 필요하다. 정보공개·개인정보 심사회의 심사 시에는 행정소송의 절차에 없는 인 카메라(in camera) 심사(청구인 등의 열람을 인정하지 않는 형태로 심사회와 그 직원만이 문서를 열람하여 심사하는 방식)가 인정되고 있다(→ 인 카메라 심사. 정보공개·개인정보보호 심사회 설치법 9조1항).

## 제3관  정보공개소송

### (1) 항고소송의 제기

공개 결정 등 행정기관 정보공개법상의 처분(행정행위)에 관해서는 행정사건소송법상의 취소소송을 비롯하여 항고소송의 제기가 인정된다.

### (2) 인 카메라 심사

헌법 82조['재판의 대심(對審) 및 판결은 공개 법정에서 한다']에 근거하여 재판의 심리는 원고·피고 쌍방이 출석하는 대심에서 이루어져야 한다. 그러나 정보공개 청구에서 청구의 옳고 그름을 판단할 때는 원고가 출석하는 대심의 장이 아니라 피고 측으로부터 제출된 문서를 재판관만이 열람하여 판단을 내리는 심사 방법을 인정할 수 없는지, 즉 인 카메라[in camera(재판관실)] 심사를 인정할 수 없는지가 행정기관 정보공개법의 제정 시에 논의되었다.

이 점에 관하여, 민사소송법(1996法109), 민사소송규칙(1996最高裁規5)에서는 문서제출명령의 심리절차에서 인 카메라 심사가 인정되고 있다(민소법 223조6항, 민사소송 규칙 141조). 한편, 행정사건소송법, 행정기관 정보공개법에는 청구 대상 그 자체인 행정문서에 관한 인 카메라 절차는 규정되어 있지 않다.

（ⅰ) 청구 대상의 범위에 관하여 민사소송 절차에서는 소송의 사안 해명을 위하여 필요한 범위로 한정되는 것에 비하여, 정보공개소송에서는 행정문서 일반이 대상이 될 수 있는 점, （ⅱ) 정보공개에 관해서는 불복 심사의 단계에서 제삼자 기관에 의한 인 카메라 심사가 인정되고 있는 점 등을 이유로 하는 것이나, 입법론상의 비판은 있다.

또한, 최고재판소는 最決2009年1月15日民集63卷1號46頁에서 비공개 결정 취소소송의 원고 측으로부터 행해진, （ⅰ) 검증의 입회권을 포기하고, （ⅱ) 검증조서의 작성 시에도 비공개 문서의 기재 내용의 상세를 요구하지 않겠다고 하면서 한 비공개 문서 검증의 신청에 대하여 신청을 각하하는 판단을 했다[신청을 인정한 원심(福岡高決2008年5月12日民集63卷1號85頁)을 파기, 자판]. 당사자의 상소권의 보호, 상급심에서의 심리 등에서 문제가 있다는 것이 그 이유이다.


# 제6절  독립행정법인 등 정보공개법 등

## 제1관  독립행정법인 등 정보공개법

### (1) 행정기관에 준한 공개

국가의 행정기관에 준하여 독립행정법인, 특수법인, 일부의 인가법인 등에 대해서는 독립행정법인 등 정보공개법[독립행정법인 등이 보유하는 정보의 공개에 관한 법률(2001法140)]에 근거하여 정보공개의 제도가 마련되어 있다. 다만, 이 법인들의 업무에는 민간 법인의 업무와 같은 성격을 가지고, 정보공개 제도의 적용이 적합하지 않은 것이 포함되어 있으므로 같은 법은 이 업무에 관하여 적용을 제외하고 있다[독립행정법인 정보공개법 2조2항4호. → 개인정보보호법 제5장 등(제7절)].

### (2) 그 밖의 정보공개

다만, 행정기관 정보공개법에 준하는 정보공개의 방법 이외에 법인의 업무에 대한 국민의 이해를 넓히는 것이 적절하다는 관점에서, 독립행정법인 등 정보공개법은 문서 등을 작성하여 널리 국민에게 제공해야 하는 정보로서, （ⅰ) 조직, 업무, 재무에 관한 기초적인 정보, （ⅱ)

조직 등과 관련되는 평가 및 감사에 관한 정보, (iii) 출자 또는 출연에 관련되는 법인 등에 관한 기초적인 정보를 규정하고 있다(독립행정법인 정보공개법 22조1항). 더욱이, 같은 법은 그 외에 정보제공에 관한 시책이 충실하도록 노력할 의무를 독립행정법인 등에 부과하고 있다(같은 조 2항).

## 제2관 지방자치단체 등의 정보공개

행정기관 정보공개법은 국가의 행정기관이 보유하는 행정문서에 관하여 정보공개의 제도를 규율하고 있다. 한편, 같은 법은 이 법률의 취지에 따라 그 보유하는 정보의 공개에 관하여 필요한 시책을 수립하여, 이를 실시하도록 노력할 의무를 지방자치단체에 부과하고 있고(행정기관 정보공개법 25조), 많은 지방자치단체가 정보공개 조례를 제정했다.

## 제7절 행정기관 개인정보보호법 등

### 제1관 행정기관 개인정보보호법

#### (1) 성립의 경위

개인정보보호의 제도에 관해서는 행정정보의 수집, 문서관리 등에서 현행법의 제도를 소개했다. 이 장의 마지막에 개인정보보호의 본인 공개, 정정, 이용정지의 청구 제도에 중점을 두면서, 개인정보보호제도의 전체상을 개관한다.

개인정보보호에 관해서는 1980년에 개인정보보호의 기본적인 방향성을 제시하는 OECD의 8원칙이 수립되어, 1982년에 행정관리청 프라이버시 보호 연구회에 의해 '개인 데이터의 처리에 따르는 프라이버시 보호 대책'이 수립되었다. 이를 고려하여, 1988년에는 전산기 개인정보호법(약칭. 同法95)이 제정되고, 2003년에 개인정보보호법(2003法57), 행정기관 개인정보보호법[행정기관이 보유하는 개인정보의 보호에 관한 법률(2003法58)], 독립행정법인 등 개인정보보호법[행정기관이 보유하는 개인정보의 보호에 관한 법률(2003法59)]이 제정되었다. 행정기관 개인정보보호법, 독립행정법인 등 개인정보보호법은 민간 부문에 관한 규정과 함께 개정된 후에, 2021년의 법 개정(同法37)으로 폐지되고, 공적 부문에서 개인정보보호의 규율은 지방자치단체에서의 개인정보보호를 포함하여 개인정보보호법에 통합되었다.

## (2) 공적 부문 개인정보보호의 특색

개인정보보호법은 국가·지방자치단체, 민간의 개인정보 취급사업자를 포함한 개인정보보호에 관한 일반법으로서의 규율을 포함한다. 또한, 같은 법은 제5장(행정기관 등의 의무 등)에서 공적 부문(국가의 행정기관, 지방자치단체의 기관, 독립행정법인 등, 지방독립행정법인. 이하 '행정기관 등'이라 한다)에서 개인정보보호에 관한 특칙을 두고 있다.

공적 부문에서는 방대한 데이터가 행정기관 등에 집적되고, 그중에는 재산·건강 등 민감한 정보가 포함된 점에 비추어, 개인정보보호법은 민간의 개인정보 취급 사업자의 경우에 비하여 엄격한 보호 제도를 두고 있다.

( i ) 이용 및 제공 등에 관하여 법령에 기준을 명시하는(개인정보보호법 61조 이하) 외에, 행정기관 등에 의한 개인정보의 보유 상황을 국민이 파악할 수 있도록 개인정보 파일 등록부의 작성 및 공표 등을 행정기관 등에 의무화하고 있다(개인정보보호법 74조 이하).

( ii ) 소송과 함께 구제의 제도로서 행정불복신청의 제도를 두고 있다(바로 소송을 제기할 수도 있다. 개인정보보호법 104조 이하). 또한, 국민으로부터 불복신청에 관하여 독립된 지위에서 자문을 받고, 답신하는 제삼자 기관으로서 국가에는 정보공개·개인정보보호 심사회가 설치되어 있고(회계검사원에는 회계검사원 정보공개·개인정보보호 심사회에 자문한다), 지방자치단체에서는 행정불복심사법(2014法68) 81조1항 또는 2항의 기관에 자문한다(개인정보보호법 105조1항·3항).

(iii) 개인정보를 처리하는 직원에게 국가공무원법·지방공무원법상의 비밀 준수 의무 위반보다도 무거운 벌칙으로 비밀 준수 의무를 부과하는 등의 특칙이 규정되어 있다[개인정보보호법 176조 등 → 행정정보의 수집, 비밀 준수 의무와 개인정보보호(제2장 제3절), 특히 개인정보의 보호(제2관)].

(iv) 민간 부문에서는 개인정보 데이터베이스 등을 구성하는 개인정보가 관리·이용·제공 등에 관한 보호의 대상이 되는 것에 비하여, 공적 부문이 보유하는 개인정보에 관해서는

행정기관이 데이터베이스화하지 않는 형태로 보유하고 있는 정보[산재(散在) 정보]도 보호 대상으로 되어 있다.

## 제2관  개인정보의 정의와 보호의 기본적 구조

### (1) 개인정보 등의 정의

① 개인정보

개인정보보호법은 민간 부문과 공적 부문에 공통하는 개인정보의 정의를 두고 있다(개인정보보호법 2조1항·2항). 즉, 같은 법의 개인정보란 ① 성명, 생년월일 그 밖의 기술(記述) 등(개인식별 부호를 제외한다)으로 특정 개인을 식별할 수 있는 것(다른 정보와 쉽게 대조할 수 있고, 그로 인하여 특정 개인을 식별할 수 있게 되는 것을 포함한다) 또는 ② 개인식별 부호가 포함된 것 중에서, 어느 하나에 해당하는 생존하는 개인에 관한 정보를 말한다(같은 조 1항1호·2호. 사자에 관한 정보는 포함되지 않는다). 또한, ②의 개인식별 부호란 얼굴 인증, 지문 식별의 데이터와 같이 특정 개인의 신체 일부의 특징을 전자적으로 변환한 부호(같은 조 2항1호) 및 서비스나 상품의 구매 시에 구매자에게 할당된 부호를 가리킨다(같은 항 2호). 이처럼 개인정보보호법은 전자기술의 발전에 따른 정의를 두고 있다.

다른 정보와 쉽게 대조하여 개인을 식별할 수 있는 정보도 개인정보보호법상의 개인정보이다. 이 점에 관하여, 개인정보보호법의 2021년 개정(同法37)과 동시에 폐지된 행정기관 개인정보보호법 등에서는 '대조 가능성'을 기준으로 하고 있었던 것에 비하여, 2021년의 개인정보보호법 개정 후의 같은 법 제5장(행정기관 등의 의무 등)에서는 민간 부문과 마찬가지로 '용이 대조 가능성'을 기준으로 하고 있다[→ 개인정보의 보호(제2장 제3절 제2관)].

② 보유 개인정보

개인정보보호법 제5장(행정기관 등의 의무 등)은 공적인 부문에서 개인정보의 관리, 이용, 제공에 관한 규율을 정할 때 보유 개인정보의 정의를 두고 있다[같은 법 제8장(벌칙)에서 같다]. 같은 법에 따르면, 보유 개인정보란 국가의 행정기관, 지방자치단체의 기관, 독립행정법인 등, 지방독립행정법인의 직원 등이 직무상 작성하거나 취득한 개인정보이고, 이 행정기관 등이 조직적으로 이용·보유하고 있는 것으로서 이 행정기관 등의 행정문서 등에 기록된 것을 말한다(개인정보보호법 60조1항). '조직적인 보유'와 '행정문서 등에 기록'이 요건으로 되어 있는 점에 유의할 필요가 있다.

### (2) 보호의 기본원칙

① 취득·보유의 제한

행정기관 등은 법령에서 정하는 소관 사무의 수행에 필요한 경우에 한정하여 개인정보의 보유가 인정되고, 명시된 이용 범위를 넘어 보유할 수 없다(개인정보보호법 61조1항·2항). 또한, 이용 목적을 변경할 때는 상당한 관련성을 가진다고 합리적으로 인정되는 경우로 한정된다(개인정보보호법 61조3항).

행정기관은 본인으로부터 직접 서면에 기록된 개인정보를 취득할 때는 법에서 정하는 예외를 제외하고, 본인에게 이용 목적을 명시해야 한다[개인정보보호법 62조. 상세에 관하여 → 비밀 준수 의무와 개인정보보호, 개인정보의 보호, 수집에 관련되는 규율(제2장 제3절)].

② 적정한 취득, 부적정한 이용의 금지

행정기관의 장 등은 위법 또는 부당한 행위를 조장하거나 유발할 우려가 있는 방법으로 개인정보를 이용해서는 안 되고(개인정보보호법 63조), 적정한 취득이 의무화된다[개인정보보호법 64조. → 공문서 및 정보의 관리, 안전, 정확성의 확보, 적정한 취득, 부적정한 이용의 금지(제3장 제2절)].

③ 정보관리의 원칙

행정기관의 장 등은 보유 개인정보가 과거 또는 현재의 사실과 합치하도록 노력해야 한다(개인정보보호법 65조). 또한, 안전성 확보 조치를 할 것이 의무화되고, 개인정보의 누설, 멸실 또는 훼손을 방지할 조치를 하는 것 등이 행정기관의 장 등에게 요구되고 있다(개인정보보호법 66조. 추가로 개인정보보호법 66조~68조를 참조). 또한, 이용 및 제공에 관하여 행정기관의 장 등은 법령에 근거하는 경우는 별도로 하고, 이용 목적 이외의 목적을 위하여 보유 개인정보를 스스로 이용하거나 제삼자에게 제공하는 것이 개인정보보호법에서 정하는 예외를 제외하고 금지되어 있다[개인정보보호법 69조. → 행정정보의 이용(제3장 제3절)].

④ 보호의 구조

위의 여러 원칙이 준수되고 있는지에 관하여 국민이 감시·통제하는 것을 가능하게 하도록 개인정보보호법 제5장(행정기관 등의 의무 등)은 공개 및 정정·이용정지와 관련되는 청구권을 국민에게 보장하고 있다(개인정보보호법 76조 이하).

## 제3관  개인정보 파일 등록부

### (1) 개인정보 파일 등록부

행정기관이 어떠한 개인정보 파일을 보유하고 있는지를 명확히 하는 것은 개인정보보호 제도의 전제이다. 그래서 개인정보보호법 제5장(행정기관 등의 의무 등)은 우선 어떠한 개인정보 파일을 행정이 보유하고 있는지를 항목화한 등록부를 편찬하고, 국민의 열람에 제공할 것을 행정기관의 장 등에게 의무화하고, 본인 공개 청구를 가능하게 하고 있다[개인정보보호법 74조 이하. 정령으로 정하는 수(1,000명)에 미치지 않는 때를 제외한다. 이하 같다].

### (2) 파일 작성 시의 통지

국가행정기관의 장은 개인정보 파일을 보유할 때는 파일의 명칭, 행정기관명, 이용 목적, 기록 범위, 정보의 수집 방법 등의 사항을 개인정보보호위원회에 통지해야 한다. 다만, 국가의 안전, 외교상의 비밀, 범죄 수사, 조세범칙조사, 공소의 제기, 인사 등의 정보에 관해서는 비밀 보호의 이익을 우선하게 하고, 통지를 의무화하고 있지 않다(개인정보보호법 74조1항·2항).

### (3) 파일 등록부의 작성과 공표

지방자치단체의 기관 등을 포함하여 행정기관의 장 등은 스스로가 보유하고 있는 개인정보 파일에 관하여 개인정보 파일 등록부를 작성하여 공표해야 한다. 또한, 국가의 행정기관에서는 개인정보보호위원회에 대한 통지가 면제되는 사무에 관하여 작성·공표가 면제되고, 또한 지방자치단체의 기관 등을 포함하여 사무·사업의 적정한 수행에 현저한 지장을 미칠 우려가 있다고 인정되는 때는 사항의 전부 또는 일부의 기재가 면제된다(개인정보보호법 75조1항~3항).

### (4) 배려가 필요한 개인정보의 처리

개인정보 파일 등록부에서 배려가 필요한 개인정보의 처리에 관하여 독자적인 기준이 마련되어 있는 점에 관해서는 이미 말했다[→ 비밀 준수 의무와 개인정보보호, 개인정보의 보호, 수집에 관한 기준(제2장 제3절)]. 또한, 조례에 따라 배려가 필요한 개인정보 등에 관한 규율에 관해서는 후술한다[개인정보보호법 74조1항6호, 75조1항·4항·5항 → 독립행정법인 등과 지방자치단체, 지방자치단체-조례에 따라 배려가 필요한 개인정보, 등록부의 특례(제6관)].

## 제4관  공개 청구

### (1) 공개 청구권의 부여

개인정보보호법 제5장(행정기관 등의 의무 등)은 법인에 대해서도 자기의 개인정보 공개를 청구할 권리를 부여하고 있다[개인정보보호법 76조1항. 개인정보의 정의에 관하여, → 비밀 준수 의무와 개인정보보호, 개인정보의 보호(제2장 제3절)]. 미성년, 성년 피후견인의 경우에는 법정대리인이 위의 청구를 할 수 있다(개인정보보호법 76조2항).

같은 법상의 공개 청구의 절차에 관해서는 행정기관 정보공개법에 준하는 제도가 마련되어 있다. 필요한 정보의 제공에 관한 노력 의무도 부과되어 있다(개인정보보호법 77조).

### (2) 비공개 정보

개인정보보호법 제5장(행정기관 등의 의무 등)이 규율하는 공개 청구의 대상은 청구인의 개인정보이다. 다만, 해당 정보에 제삼자의 개인정보가 포함된 경우 외에, 행정기관 정보공개법에 준하는 비공개 사유가 포함된 때에는 해당 부분은 공개되지 않는다(개인정보보호법 78조1항 각호). 다만, 본인의 생명, 건강을 해칠 우려가 있는 정보는 비공개로 되는 외에(같은 조 1항1호), 본인 공개이므로 개인식별정보에서 본인의 식별가능성은 공개·비공개의 결정 시의 고려 사항이 되지 않는다(자격·입학시험과 관련되는 정보 등은 그 전형적인 예이다). 또한, 공개 대상자는 청구인 개인에 한정되기 때문에 청구인이 알고 있다고 생각되는 정보 등은 공개의 대상이 되는 등, 비공개의 범위는 때에 따라서는 행정기관 정보공개법보다 한정된다(예를 들면, 개인정보보호법 78조1항2호 단서 가목).

예를 들면, 노동자 재해보상보험의 급부금을 청구하려고 하는 자가 청구의 자료로 사용할 것을 목적으로, 노동재해 사고의 조사를 한 노동기준 감독서가 보유하고 있는 현장의 상황을 보여주는 서류에 관하여 본인 정보공개 청구를 한 경우가 있다(현장의 지휘명령 계통도, 근무표 등). 이 정보에는 청구인의 상사 · 부하의 성명 등도 포함되어 있지만, 본인이 당연히 알 수 있는 정보이기 때문에 본인 공개의 대상이 된다.

### (3) 공개 청구의 제도

개인정보보호법 제5장(행정기관 등의 의무 등)에 근거하는 본인 공개의 청구와 관련되는, 부분 공개(개인정보보호법 79조), 재량적 공개(같은 법 80조), 존재 여부 응답 거부(같은 법 81조), 공개 청구에 대한 조치(같은 법 82조), 공개 및 공개 결정의 기한(같은 법 83조 · 84조), 이송(같은 법 85조), 제삼자 보호 절차(같은 법 86조), 공개의 시행 방법(같은 법 87조 · 88조), 심사청구(같은 법 104조 이하) 등에 관해서는 정보공개의 제도에 준한 규정이 마련되어 있다[→ '행정정보의 공개 등'의 각 항목(제4절 · 제5절)].

## 제5관  정정 청구, 이용정지 청구

### (1) 개설

개인정보보호의 관점에서는, ( i ) 개인정보 중에 사실과 다른 것이 포함된 때에는 본인에게 정정을 청구할 권리를 인정하고, ( ii ) 행정기관이 법령에 반하여 개인정보를 취득하고, 보유 · 이용하고 있는 때에는 본인에게 이용정지를 청구할 권리를 인정할 필요가 있다.

### (2) 정정 청구

개인정보보호법 제5장(행정기관 등의 의무 등)은 이러한 관점에서 개인도 자신에 관하여 행정기관이 보유하는 정보의 내용이 사실과 다르다고 생각하는 때에는 정정 청구를 할 수 있는 것으로 한다(개인정보보호법 90조 이하). 그때, 정정 청구에 이유가 있다고 인정하는 때에는 행정기관의 장은 보유 개인정보의 적정한 처리를 확보하는 데 필요한 범위 내에서 보유 개인정보를 정정해야 한다(상세에 관하여, → 개인정보보호법 92조 이하).

최고재판소(最判2006年3月10日判時1932号71頁)는 시의 개인정보보호 조례에 근거하여 국민건강보험 진단보수 명세서 기재의 정정이 요구된 사안에 관한 판단이다. 명세서는 보건의료기관이 작성하고, 보험급부를 한 사업주인 시가 세출의 증거자료로서 보관하고 있던 점에서, 최고재판소는 (ⅰ) 개인정보보호 실시기관의 대외적인 조사권에 한계가 있고, (ⅱ) 보험의료기관이 기재한 진료 정보를 오류라고 정정하는 것은 보험의료기관의 청구 내용을 명확히 하는 이 사건 문서의 성격에 적합하지 않다고 하면서 정정 청구는 인정되지 않는다고 판단했다.


### (3) 이용정지 청구

법령을 위반하여 자신에 관한 정보가 취득되어, 이용되고 있다고 생각하는 때에는 누구든지 이용정지를 청구할 수 있다(개인정보보호법 98조 이하). 이용정지 청구에 이유가 있다고 인정하는 때에는 행정기관의 장은 개인정보의 적정한 처리를 확보하는 데 필요한 한도에서 이용을 정지해야 한다. 다만, 사무의 적정한 수행에 현저한 지장을 미칠 우려가 있다고 인정되는 때는 그렇지 않다(개인정보보호법 100조 이하).


## 제6관   독립행정법인 등과 지방자치단체

### (1) 개인정보보호법의 2021년 개정

2021년의 개인정보보호법의 개정(같은 법 37. 이하 '2021년 개정'이라 한다)에 따라 공적 부문에서의 개인정보보호에 관한 규율이 같은 법에 통합되기 전에는 국가행정기관의 개인정보보호에 관해서는 행정기관 개인정보보호법(2003法58)이, 독립행정법인 등의 개인정보보호에 관해서는 독립행정법인 등 개인정보보호법(2003法59)이 있었다.

또한, 지방자치단체 중에는 국가의 법제도 정비에 선행하여 선진적인 단체가 개인정보보호 조례를 정비해 왔다. 그래서 2021년 개정 전의 개인정보보호법은 지방자치단체 및 지방 독립행정법인 등이 보유하는 개인정보에 관하여 적정한 취급을 확보하기 위하여 조치할 노력 의무를 부과하는 데에 그치고 있었다(개정 전의 개인정보보호법 11조1항·2항).

　그러나 정보통신기술의 발달과 빅데이터 이용의 진행 중에 개인정보보호의 요청이 강해짐과 동시에 공적 부문에서 개인정보의 보호 수준을 통일해야 한다는 주장이 산업계 등으로부터 나오게 되었다. 이를 계기로, 지방자치단체를 포함한 공적 부문에서 개인정보의 규율을 개인정보보호법에 두는 개정이 2021년에 이루어졌다(같은 법 37. 디지털 사회의 형성을 도모하기 위한 관계 법률의 정비에 관한 법률에 따른 개정).

　이러한 2021년 개정에 따라, ① 행정기관 개인정보보호법 및 독립행정법인 등 개인정보보호법은 폐지되고, ② 행정기관, 독립행정법인 등(일부를 제외한다), 지방자치단체, 지방독립행정법인(일부를 제외한다)의 개인정보보호는 개인정보보호법의 규율을 받게 됨과 동시에, ③ 개인정보보호법을 일원적으로 소관하는 개인정보보호위원회의 감시를 받게 되었다. 따라서 ④ 지방자치단체, 지방독립행정법인(일부를 제외한다)의 개인정보보호에 관해서는 지방자치단체의 규율을 둘 여지를 일부 인정하면서도 개인정보보호법의 규율과, 개인정보보호위원회의 감시를 받게 되었다. 다만, 이하의 점에 유의할 필요가 있다.

### (2) 독립행정법인 등-의료·학술 분야의 특례

　(1)에서 말한 조치에도 불구하고, 독립행정법인 등, 지방독립행정법인 중에서도 의료사업을 하는 국공립병원 등, 그리고 국립대학, 국립 연구개발법인, 학술연구를 목적으로 하는 지방독립행정법인에 관해서는 의료·학술 분야에서의 개인정보에 관한 규제를 통일하는 관점에서 민간의 병원, 대학 등과 동등한 규율을 원칙적으로 적용하게 되었다. 다만, 보유 개인데이터의 공표 등, 공개·정정·이용정지 등에 관한 규율은 독립행정법인 등, 지방독립행정법인으로서의 적용을 받는다[개인정보보호법 58조1항. 또한, 지방자치단체의 직영병원 등에서는 '병원의 운영' 등에 한정하여 완화된 규율이 적용된다(개인정보보호법 58조2항)].

　　2021년 개정 시 의료·학술 분야에서 개인정보의 처리에 관해서는 개인정보보호법의 규율을 적용하면서, 이용 목적에 따른 제한 및 제삼자 제공의 제한을 완화하게 되었다. 제한을 완화하는 규정으로서 개인정보보호법 18조3항5호·6호, 20조2항5호·6호, 27조1항5호 내지 7호 등과 이 학술연구기관 등의 책무를 정하는 규정으로서 같은 법 59조를 참조하기를 바란다.

### (3) 지방자치단체-조례에서 정하는 배려가 필요한 개인정보, 장부의 특례

(1)에서 말한 조치에도 불구하고 각 지방자치단체의 지역 특성이나 지금까지의 운용의 축적에 비추어 개인정보보호법은 지방자치단체의 개인정보보호에 관한 특례를 두었다.

① 조례에서 정하는 배려가 필요한 개인정보

개인정보보호법은 본인의 인종, 신조, 사회적 신분, 병력 등 부당한 차별, 편견 그 밖의 불이익이 생기지 않게 그 취급에 특별히 배려가 필요한 정보(배려가 필요한 개인정보)를 정령으로 열거한다고 규정하고 있다(개인정보보호법 2조3항). 또한 같은 법 제5장(행정기관 등의 의무 등)에서는 지역의 특성 등에 따라 조례로 배려가 필요한 개인정보를 정하는 것을 인정하고, 공표하는 개인정보 파일 등록부에 그 취지를 기재할 것을 의무화하고 있다(개인정보보호법 60조5항 · 75조4항).

② 개인정보 취급 사무 등록부

개인정보보호법 제5장(행정기관 등의 의무 등)은 개인정보 파일과 별도로 개인정보 파일 등록부를 작성 · 공표할 것을 요구하는 한편, 개인정보 파일에 기재된 개인의 수가 정령으로 정하는 수(1,000명)에 달하지 않는 사안에 개인정보 파일 등록부에 관한 규율의 적용을 제외하고 있다[개인정보보호법 74조2항9호 · 75조2항1호, 개인정보보호법 시행령 20조2항. 개인정보 파일 등록부에 관한 규율에 관하여, → 개인정보 파일 등록부(제3관)].

한편, 많은 지방자치단체에서는 2021년의 개정 전에 기재된 개인의 수와 관계없이 또는 아동 부양수당 등과 같은 사무마다 개인정보 취급 사무등록부가 작성되어 공표되고 있었다. 이 점을 고려하여 지방자치단체의 기관 또는 지방독립행정법인에는 독자적으로 개인정보의 보유 상황에 관한 장부를 작성하고 공표하는 것이 인정되고 있다(개인정보보호법 75조5항).


## 제7관  행정기관 등 익명 가공정보 등

### (1) 행정기관 등 익명 가공정보

빅데이터 이용과 활용의 요청을 고려하여, 개인정보보호법은 민간 부문에 관하여 익명 가공정보의 제도를 두고 있다. 구체적으로는, ( i ) 특정한 개인을 식별할 수 없도록 개인정보보호위원회 규칙에 따라 가공된 정보를 익명 가공정보로 정의하고, (ⅱ) 사업자에게 작성 시의 정보 항목의 공표, 안전관리 조치의 시행, 제삼자에게 제공하는 경우의 정보 항목, 제공방법의 공표, 자기 이용 시의 다른 정보와의 대조의 금지, 적정한 처리를 확보할 조치 등의 실시와 그 공표 등을 의무화하고 있다(개인정보보호법 43조 이하).  이와 같은 민간 부문에서 제도의 정비를 계기로, 국가행정기관·독립행정법인 등에서도 공적인 부문에서 정보의 특수성을 고려하면서 빅데이터를 민간에 제공하기 위한 제도가 마련되었다(제도 도입 시의 명칭은 '비식별 가공정보'이다).

2021년 개정 후에 행정기관 등 익명 가공정보 제도의 개요는 다음과 같다(상세는 개인정보보호법 109조 이하를 참조).

우선, 행정기관의 장 등(국가행정기관의 장, 지방자치단체의 기관, 독립행정법인 등 및 지방독립행정법인)은 (ⅰ) 익명 가공의 시행에 문제가 없는 정보로서 개인정보보호법에서 규정하는 요건(개인정보보호법 60조3항 각 호)의 어느 하나에 해당하는 정보에는 개인정보 파일 등록부에 익명 가공의 제안을 받을 정보인 점, 제안을 받을 조직의 명칭 등을 기재해야 하고(개인정보보호법 110조), (ⅱ) 개인정보보호위원회 규칙에 따라 익명 가공과 관련되는 민간으로부터의 제안을 정기적으로 모집해야 한다(같은 법 111조).  (ⅲ) 제안 사업자에 관해서는 개인정보보호법에 결격사유가 정해지고(같은 법 113조), (ⅳ) 행정기관의 장 등은 같은 법의 규정에 따라 제안의 가부를 심사한 후에(같은 법 114조), 개인정보보호위원회 규칙에 따라 제안자와 계약을 체결하며(같은 법 115조), 스스로 행정기관 등 익명 가공정보를 작성하거나 작성을 위탁한다[같은 법 116조. 작성한 취지도 개인정보 파일 등록부에 기재된다(같은 법 117조)].

### (2) 가명 가공정보

민간 부문에서는 내부에서 개인정보의 이용과 활용을 촉진하는 제도로서 가명 가공정보의 제도가 마련되어 있다(개인정보보호법 2조5항, 41조 이하).  이에 비하여, 공적 부문에서는 개인정보보호법의 규정에 따라 내부 이용이 인정되고 있는 점에서 민간 부문으로부터 가명 가공정보를 취득한 때의 처리를 규율하는 데에 그치고 있다[개인정보보호법 73조 → 행정정보의 관리, 이용, 행정정보의 이용, 민간 등에 대한 제공(제3장 제3절)].

## (3) 개인 관련 정보

개인의 속성정보(성별·연령·직업 등), 개인의 웹사이트 열람 이력 및 개인의 위치정보 등은 개인정보, 가명 가공정보, 익명 가공정보의 어느 하나에도 해당하지 않지만, 해당 정보가 데이터베이스화되어 제삼자에게 제공될 때 해당 제삼자로서는 개인 데이터로서 취득하게 되는 사례도 상정할 수 있다. 그래서 개인정보보호법은 '생존하는 개인에 관한 정보로서 개인정보, 가명 가공정보 및 익명 가공정보의 어느 하나에도 해당하지 않는 것'을 개인 관련 정보로 정의하고, 일정한 규율을 두었다(개인정보보호법 2조7항, 31조).

이 점에 관하여, 개인정보보호법 제5장(행정기관 등의 의무 등)은 개인 관련 정보가 제삼자에게 제공되어 제삼자가 개인정보로서 취득할 것이 예상되는 때에 행정기관의 장 등은 이용 목적, 방법 등에 관하여 필요한 제한 등을 붙이고, 적절한 관리를 위하여 필요한 조치를 마련할 것을 요구하고 있다(개인정보보호법 72조).

# 제3편

# 행정구제법(국가보상법)

# 제1부  개론

## 제1절  행정구제의 구조

제1편 및 제2편에서 행정법의 기초, 행정조직법(개요), 행정활동(작용)법의 순서로 해설을 해 왔다. 본서의 남은 부문인 제3편 및 제4편에서는 행정구제법을 다룬다. 행정구제법이란 헌법 및 행정조직법 체계에 따라 편성된 행정의 담당 주체 등이 법령 등의 근거·규제 아래 시장과 국민 생활에 개입하는 중에 생긴 다양한 법적 분쟁을 해결하고, 행정 등의 활동으로 인하여 사인에게 생긴 불이익을 구제하기 위하여 마련된 법제도이다.

## 제2절  구제법의 체계

### (1) 국가보상과 행정쟁송

행정구제법은 행정의 담당 주체 등의 활동에 수반하여 사인에게 생긴 불이익(손해·손실)을 금전 등으로 보전하기 위하여 마련된 법제도인 국가보상법과 위법·부당한 행정활동을 시정하기 위하여 마련된 법제도인 행정쟁송법으로 구성된다.

불이익처분(불이익한 효과를 사인에게 주는 행정행위) 등과 같이 계속적 효과를 가지는 행위에 관해서는 사인에게 불이익을 초래하고 있는 위법·부당한 행위가 계속되고 있는 상태를 시정하고, 불이익을 초래하는 원인을 제거하는 것이 금전 등으로 불이익을 보전하는 것보다도 유효한 구제가 된다. 한편, 행위의 시정만으로는 시정될 때까지 생긴 불이익을 보전하지 못하고, 신체·재산 등에 대한 물리적인 침해 등과 같은 사실행위 등에 관해서는 행위의 시정이라는 제도로는 유효한 구제를 할 수 없다. 따라서 행정쟁송제도가 존재하는 것은 국가보상제도의 필요성을 부정하는 것이 아니고, 행정쟁송제도와 국가보상제도의 양자가 기능하여 행정구제의 실효성을 확보하게 된다.

## (2) 국가보상

우선, 국가보상제도는 적법한 행위로 인하여 사인에게 생긴 손실을 보상하기 위한 제도인 손실보상과 위법한 행위로 인하여 사인에게 생긴 손해를 배상하는 제도인 국가배상으로 구성된다.

덧붙여서, 손실보상제도는 재산권 등의 보상과 사회평등의 관점에서 행정활동으로 인하여 특별한 불이익을 입은 사인에게 보상하는 제도이다. 그리고 사회평등의 관점에서는 국민 전체의 복리 향상을 목적으로 하는 행정활동으로 인하여 특별한 이익을 받은 자에게 법률에 근거하여 이익의 사회로의 환원을 요구하는 제도가 있고, 이 제도는 행정활동에 관련되는 사회적 평등의 확보라는 관점에 근거하는 것인 점에서 손실보상과 공통되기 때문에 국가보상의 해설에 들어가기 전에 설명하기로 한다(같은 견해로서, 原田・要論265頁 이하가 있다).

또한, 이 제도들에 관해서는 각각 다루는 정보의 양이 많은 점에서, 우선 사회평등의 관점에서 이해조정의 제도와 손실보상의 제도를 설명하고(제2부), 이어서 국가배상의 제도(제3부)에 관하여 해설하기로 한다.

또한, 손실보상은 적법한 행위에 근거하는 손실에 대한 보상을 전제로 하고, 손해배상은 위법한 행위에 따르는 손해에 대한 구제의 제도이다. 그리고 일본에서 민법의 불법행위법의 특칙적인 규율인 국가배상법(1947法125)은 공무원의 고의・과실을 배상요건으로 하고 있고, 그 범위에서 위법・무과실인 행위에 대한 국가보상의 구제는 주어지지 않는다. 그래서 위법・무과실인 행위에 관해서도 특별한 사정이 있는 경우에는 구제를 해주어야 하지 않은지에 대한 논의가 있는 외에, 손실보상의 법리에서 구제가 되어야 하는지 아니면 국가배상법에 따른 구제가 적절한 사례인지 등에 관하여 견해의 대립이 보이는 사안도 있다. 이 문제는 국가보상의 한계라고 불리고 있고, 국가배상에 관한 제3부에서 다루기로 한다.

## (3) 행정쟁송

다음으로, 행정쟁송제도는 행정에 대하여 행정행위 등 행정처분의 시정 등을 구하는 행정불복신청 제도와 재판소에 대하여 행정 등의 활동의 시정 등을 구하는 행정소송제도로 구분된다. 행정불복신청 제도의 일반법인 행정불복심사법은 2014년에 전면 개정되었고(同法68), 행정소송제도의 일반법인 행정사건소송법(1962法139)도 2004년에 대폭 개정되었다(同法84). 또한, 그 외의 행정구제법상 제도로서는 정식 권리구제의 제도는 아니나, 간이 신속한 행정상의 구제 제도인 고충처리도 있다.

그래서 이 제도들에 관해서는 제4편에서 제1부부터 제6부까지로 나누어 설명하기로 하고, 우선 개론(제1부)에 이어서 정식 행정쟁송 제도인 행정소송 제도를 설명한다(제2부 내지 제5부). 그다음, 이 제도와 대비하여 행정불복신청 제도와 고충처리 제도에 관하여 장을 나누어 해설하기로 한다(제6부 제1장·제2장).

또한, 행정불복심사법의 개정과 동시에 이루어진 행정절차법(1993法88)의 일부개정에 따라 의무이행소송에 대응하는 행정상 구제의 제도로서 처분 등의 요구(법령에 근거하는 행정지도의 요구를 포함한다)가, 행정지도에 대한 구제의 제도로서 행정지도의 중지 등의 요구가 신설되었다(2014法70). 이에 관해서는 제2편에서 해설했으므로 해당 부분을 참조하기 바란다[→ 처분 등의 요구-새로운 불복의 유형(제2편 제3부 제6장 제4절)].


이와 관련하여, 행정활동(작용)법에서는 행정의 행위형식론의 관점에서 행정행위와 행정처분을 구별하여 서술했다. 행정구제법을 해설하는 관점에서는 행정행위를 포함하여 행정불복심사법·행정사건소송법상의 처분에 해당하는 행정활동에 대한 구제가 문제가 되는 점에서, 특히 행정처분과 행정행위를 구별할 필요가 있는 경우를 제외하고, 기본적으로 행정처분의 개념을 사용하여 해설하기로 한다.

# 제2부 이해조정의 제도와 손실보상

## 제1장 이해조정의 제도

### 제1절 개설

#### 제1관 이해조정의 제도

행정의 담당 주체 그 밖의 법인 등이 하는 행정활동은 사회 전체, 국민 전체를 위하여 이루어져야 하고, 원칙적으로 일부의 집단·그룹을 위하여 이루어져서는 안 된다. 그러나 사회 전체, 국민 전체의 복리를 시야에 두는 행정활동이라도 일부의 집단·그룹이 특별한 이익을 받는 결과를 초래하는 것을 모든 경우에 배제할 수는 없다.

#### 제2관 손실보상과의 공통성

그러한 경우에 사회적 공평, 평등의 관점에서는 법률에 근거하여 그 이익의 일부를 사회 전체에 환원하는 제도를 두는 것이 요구된다. 이러한 제도는 손실보상제도가 사회적 공평, 평등의 관점에서 특별한 희생에 관하여 공공의 이익으로 보상하는 것인 점에 대하여, 행정활동으로 특정한 집단 등에 생긴 특별하고 우연한 이익에 관하여 그 환원을 요구하는 점에서 유사하다.

### 제2절 구체적인 예 등

#### 제1관 구체적인 예

이해조정의 제도와 관련되는 법령의 규정에 관해서는 다음과 같이 분류할 수 있다(상세에 관하여, 原田·要論266頁).

### (1) 수익자 부담금

도로, 하천 등의 정비와 같은 공공적인 사업으로 일부의 토지소유자 등에게 특별한 이익이 생긴 경우에 그 생긴 이익의 한도에서 부담금을 부과하는 제도이다. 도로법(1952法180)이나 도시계획법(1968法100) 등에 규정된 예가 있다(도로법 61조, 도시계획법 75조). 여러 사람 또는 지방자치단체 주민의 일부에게 이익이 되는 안건 으로 발생한 행정비용에 충당하기 위하여 이익을 받는 자로부터 징수하는 것이 인정되는 지방자치법(1947法67)상의 분담금(자치법 224조)이나 공공시설 정비의 필요성을 생기게 한 택지개발에 대하여 시설 정비의 비용, 시설로 인한 수익의 상황 등을 고려하여 부과되는 지방세법(1950法226)상의 택지개발세(지방세법 703조의3)도 같은 종류의 이념에 근거하는 것이다.

### (2) 원인자부담금

공공사업이 필요해지는 원인을 초래한 자에게 부과되는 부담금이다. 공공용 하수도의 개축 등의 필요성을 생기게 하는 하수 배출자에게 부과되는 하수도법(1958法79)상의 공사부담금(하수부담금. 하수도법 19조) 외에 하천법(1964法167), 도로법, 자연환경보전법(1972法85) 등에 규정이 있다(하천법 67조, 도로법 58조, 자연환경보전법 37조).

이와 관련하여, 공해방지사업비 사업자부담법(1970法133)은 하천·항만의 준설공사, 객토 등에 의한 토지개량 등의 공해방지사업이 공공사업으로서 실시되었을 때 그 원인이 되는 공해를 발생하게 한 기업에 비용의 전부 또는 일부를 부담하게 하는 법률이고, 원인자 부담주의를 채용한 입법이다.

### (3) 손상자 부담금

공공시설 이용자의 행위로 인하여 시설이 파괴되거나 손상되었기 때문에 수리 등의 공사가 필요하게 된 경우에 비용의 전부 또는 일부를 부담하게 하는 제도이다. 하수도법에 규정한 예가 있다(하수도법 18조).

## 제2관  법령상의 근거

다만, 이 부담금들은 사인 등에 금전을 부과하는 것이기 때문에 부과 시에는 법률상의 근거가 필요하다. 법률의 근거가 없는 경우에 임의로 분담을 요구하는 것은 가능하지만, 임의성을 훼손할 때는 행정지도의 한계를 넘어 위법하게 된다[→ 행정지도의 실체적 규율, 행정지도의 일반원칙, 임의성의 원칙(제2편 제4부 제2장 제2절)].

# 제2장  손실보상-개설

## 제1절  손실보상의 의의

### 제1관  손실보상의 필요성

**(1) 수용 등의 필요성**

도로나 댐 등의 공공적인 사업의 실시를 위해서는 행정적으로 사인의 토지를 사업목적으로 하여 취득하는 등의 필요가 있다. 이와 관련하여, 토지수용법(1951法219)은 철도사업, 전기사업, 가스사업 등과 같은 공공적인 성격을 가지는 사업을 하는 사기업을 포함하여 사업주체에 의한 토지수용도 인정하고 있다(토지수용법 3조7호·17호·71호의2 등). 이 토지의 취득 등에 관해서는 많은 경우 임의 매수 등의 형식으로 이루어지지만, 사인과 합의가 되지 않으면 강제적인 수용 그 밖의 재산권에 대한 제한이 이루어진다(사업 준비를 위한 출입 조사 등).

이와 관련하여, 토지의 강제적인 수용 그 밖의 재산권 제한은 사인의 재산권에 대한 강제적인 침해이기 때문에 그 행위는 토지수용법 그 밖의 법률에 근거하여 이루어질 필요가 있다. 또한, 이런 경우에는 사인의 재산권이 공공의 필요성을 이유로 사용되는 것이기 때문에 공평 부담, 사회적 평등의 관점에서 재산권의 주체에게 보상될 필요가 있다.

### (2) 헌법 29조3항

헌법 29조3항은 '사유재산은 정당한 보상을 하고 이를 공공을 위하여 이용할 수 있다'라고 규정하고 있다. 이 규정은 재산권이 공적 목적으로 수용 내지 제한되는 것에 정당한 보상이 필요하다는 것을 밝힌 것이다.

## 제2관  손실보상의 이념

### (1) 재산권의 보상

다만, 공공의 목적에 따른 행정의 활동에 수반하여 생기는 모든 불이익이 보상의 대상이 되는 것은 아니다. 헌법 29조3항에서 '사유재산'으로 명시하고 있는 바와 같이 '재산권'이 공공의 목적에 따른 행정의 활동에 수반하여 수용 그 밖의 제한을 받은 때에 헌법상 보상의 대상이 된다고 해석되고 있다.

### (2) 공평부담·평등원칙

또한, 재산권이 수용될 때는 별도로 하고, 재산권에 제한이 가해졌다고 해서 모든 경우에 보상의 대상이 되는 것은 아니다. 사회의 공평 부담·평등원칙의 관점에서 특히 필요한 경우에, 사인에게 생긴 불이익에 대하여 보상이 이루어지게 된다. 이상의 점에서 손실보상은 통설적으로는 재산권의 보장과 사회의 공평 부담·평등원칙의 이념에 근거하는 것으로 생각되었다.

### (3) 생활 보장의 이념과 정책적 보상

그러나 댐에 의한 산촌 등의 수몰이나 공항 건설에 따른 공동체의 이전 등에 보이는 바와 같이, 공공사업 등에 의한 영향이 지역 전체에 미칠 때는 개개인의 재산권에 생긴 불이익을 시야에 두어 보상하는 것만으로는 충분하지 않다는 견해는 공통의 인식이 되어 있다. 따라서 이런 경우에는 헌법 29조3항의 '정당한 보상'에 헌법 25조의 '건강하고 문화적인 최저 한도의 생활'이 포함된다고 하거나 보상이 필요한 재산권에는 개인 생활의 기반이 되는 성격의 재산이 포함된다고 보는 관점에서 헌법상의 보상에는 생활보상이 포함된다고 생각하는 견해도 주장되고 있다(原田·要論279頁).

다만, 헌법 25조의 법적 성격에 관해서는 헌법 학설상으로도 다양한 논의가 있다. 그래서 헌법상의 보상은 재산권의 보장의 이념에 근거하는 것이어도 사회국가의 이념에서 적극적으로 정책적인 보상을 인정하는 제도를 입법자나 행정은 채용할 수 있으므로 행정의 진지한 대응으로 구제를 도모해야 한다고 하는 견해도 유력하다(塩野・Ⅱ399頁).

## 제2절  헌법 29조3항의 해석

### 제1관  직접청구권 보장설

#### (1) 개설

재산권을 수용하거나 중대한 제한을 가하는 등 헌법상 보상이 필요한 경우에 수용, 권리 제한의 근거가 되는 법령 중에는 보상에 관한 규정은 없는 때에 그 효과를 어떻게 해석할지가 문제가 된다.

손실이 보상되는지에 관하여 국민의 예견가능성이 확보되는 것을 중시하는 견해에서는 수용이나 제한의 근거가 되는 법령에, 보상에 관한 규정이 없는 때는 해당 법령은 무효가 된다고 해석되게 된다. 그러나 보상의 필요 여부에 관해서는 개개의 사정에 따라 좌우되는 경우가 많거나 입법 시에 모든 재산권 제한에 관하여 보상의 필요 여부를 미리 검토하는 것은 곤란하다. 그래서 이러한 사정을 중시하는 관점에서는 헌법 29조3항은 사인에게 직접 손실보상청구권을 보장하고 있다고 해석하고, 개개의 법령에 보상 규정이 없는 경우에도 손실보상의 필요 여부에 관하여 재판소의 판단을 구할 수 있으므로 법령이 위헌 무효가 되지 않는다는 생각도 성립한다.

#### (2) 판례의 입장

하천 부근지 제한령 위반 피고사건 상고심 판결(最大判1968年11月27日刑集22巻12号1402頁)은 하천 부근지 제한령(당시) 4조2호에 따르면 하천 부근지에서의 자갈 채취에는 허가가 필요한데, 자갈 채취를 무허가로 한 자가 기소된 사안에 관한 것이다. 이 판결에서 최고재판소는 손실보상에 관한 규정이 없기 때문이라고 해서 모든 보상을 부정하는 취지까지는 해석되지 않고, 헌법 29조3항을 근거로 하여 보상을 청구하는 여지가 전혀 없는 것은 아니라고 하여 같은 영 4조2호 및 같은 호 위반에 대한 벌칙을 정한 같은 영 10조의 규정은 위헌은 아니라는 판단을 했다.

## 제2관 정당한 보상

### (1) 정당한 보상

재산권의 보상 및 사회의 공평 부담, 평등원칙의 관점에서 보면, 사회경제 체제의 대변동 시기에서 사회 변혁적인 의도를 가지고 이루어지는 입법에 따른 경우는 별론으로 하고, 재산권에 생긴 불이익은 이와 균형된 보상으로 해야 한다. 또한, 금전 보상을 할 때에는 재산권의 제한에 따른 시장가치의 하락이나 해당 불이익에 대한 대가로서 균형이 맞는 만큼의 금전으로 보상하는 것이 원칙이다(완전보상설).

### (2) 판례의 입장

최고재판소(最判1973年10月18日民集27卷9号1210頁)는 토지수용법에 근거하는 손실보상에 관하여 토지의 소유자인 원고들이 보상액이 과소하다고 하여 부족액의 지급을 청구한 사안에 관한 것이다. 이 판결에서 최고재판소는 토지의 수용에 대한 보상의 기본적인 생각으로서 수용의 전후를 통하여 피수용자의 재산적인 가치를 동등하게 보상해야 하고, 금전으로 보상할 때는 피수용자가 근방에서 피수용자와 동등한 대체지를 취득할 수 있는 데에 충분한 금액의 보상이 필요하다는 생각을 제시하고 있다.

또한, 농지 매수에 대한 불복신청 사건 상고심 판결(最判1953年12月23日民集7卷13号1523頁)은 매수 처분을 받은 자가 자작농 창설 특별조치법(당시) 14조의 규정에 근거하여 대가의 증액을 청구하여 출소한 사안에 관한 것이다. 이 판결에서 최고재판소는 농지개혁에서 농지 강제 매입의 매수 가격이 시장가치를 상당히 밑도는 것이어도, 당시의 경제 상황에서 성립한다고 생각되는 가격에 근거하여 합리적으로 산출된 것으로 판단했다. 다만, 이 판단은 제2차 세계대전 후에 일본 사회의 구조를 개혁하는 시책의 일환으로서 실시된 농지개혁에 관한 것이고, 특수한 사안에 관한 판단이라고 해석해야 할 것이다.

이와 관련하여, 변전소의 대상 사업지로서 수용된 소유자가 보상금의 증액 청구를 구하여 출소한 사안에 관한 판단인 토지수용보상금 청구 사건 상고심 판결(最判2002年6月11日 民集56卷5号958頁)에서 최고재판소는 헌법 29조3항에서 말하는 '정당한 보상'이란 당시의 경제 상황에서 성립한다고 생각되는 가격에 근거하여 합리적으로 산출된 상당한 액을 말하는 것이고, 항상 위의 가격과 완전히 일치할 것이 필요한 것은 아니라고 하고, 위의 자작농 창설 특별조치법의 최고재판소 판결을 인용하고 있다. 이 판결은 완전보상의 견해를 유지하면서도, 보상금액의 산정 시기를 정책적인 관점에서 수용 시와 다른 시점으로 정하는 것은 합헌이고, 결론으로서 보상금액이 수용 시의 재산의 시장가치의 산정액에 완전히 일치하는 것이 아니어도 위헌의 문제는 생기지 않는다고 판단한 것일 것이다[토지수용법의 보상금액 산정에 관하여, → 토지의 수용, 토지수용법상의 보상금액(제4장 제1절)].

# 제3장 손실보상-보상의 필요 여부

## 제1절 개설

### 제1관 전통적인 견해

#### (1) 두 가지 견해

헌법에서 정하는 보상의 내용이 위와 같은 것이라고 하여 어떤 경우에 헌법상의 보상이 필요해지는지는 사회 공평의 관점에서 평등의 확보를 위해 보상이 필요해지는 때, 즉, '특별한 희생'이 사인의 재산권에 생긴 때라고 해석되고 있다. 다만, 구체적으로 어떠한 경우가 '특별한 희생'에 해당하는지에 관해서는 두 가지 견해가 대립해 왔다.

#### (2) 형식·실질 이원설

첫 번째 견해는 (ⅰ) 재산권 침해행위가 널리 일반인을 대상으로 하는 것인지, 아니면 특정한 범주에 속하는 자를 대상으로 하는 것인지라는 요건(형식적 요건)과 (ⅱ) 침해행위가 재산권에 내재하는 제약으로서 수인해야 하는 한도 내인지, 아니면 재산권의 본질적 내용을 침해하는 정도인지라는 요건(실질적 요건)을 종합적으로 고려하여 정한다고 하는 견해이다.

### (3) 실질적 요건설

이에 대하여, 재산권에 대한 침해의 모습, 정도에 따라 보상의 필요 여부를 정해야 한다고 하는 설이 있고, 이 설은 일반적으로 실질적 요건설이라고 불리고 있다. 이 견해에 따르면 ( i ) 재산권의 박탈 또는 재산권의 본래의 효용을 방해하는 제한에 대해서는 보상이 필요하고, ( ii ) 그러한 정도에 이르지 않을 때는 (α) 해당 재산권의 존재가 사회적 공동생활과의 조화를 유지해 가기 위해서 재산권 행사의 제약이 필요한 때에는 재산권에 대한 사회적 구속이 구체화한 것으로서 보상은 필요 없게 되고, (β) 다른 공익목적을 위하여 해당 재산권 본래의 사회적 효용과는 관계없이 우연히 부과되는 제한일 때에는 보상은 필요하게 된다.

## 제2관  종합적 고려의 필요성

형식·실질 이원설의 견해에 대하여, 실질적 요건설은 재산권 제약의 정도와 모습에 관하여 형식·실질 이원설보다 세부적인 판단기준을 마련한 점에 의의가 있다. 그러나 이 설도 일반적인 통용성을 가지는 기준으로서는 여전히 추상적인 점에 문제가 남는다.

보상의 필요 여부에 관해서는, 다음 3가지의 관점을 종합적으로 고려하여 판정되어야 한다고 말할 수 있을 것이다. 우선, ( i ) 재산권 침해의 정도, 즉 재산권의 박탈 또는 박탈에 유사한 강한 효과를 가지는 규제인지가 고려되어야 한다. 다음으로, ( ii ) 규제의 목적, 즉, 사람·재산을 보호할 목적으로 이루어지는 소극적 규제인지, 아니면 사회공공의 복리 향상을 목적으로 하여 행해지는 적극적 규제인지가 판단될 필요가 있다. 마지막으로 ( iii ) 규제를 받는 재산권의 성질, 예를 들면, 위험물에 대한 규제인지, 상린관계적인 성격을 가지는 토지이용에 대한 규제인지 등 규제를 받는 재산권의 이용 형태나 그 밖의 사정 등에 관해서도 착안할 필요가 있을 것이다(상세에 관하여, 阿部·解釈Ⅱ398頁以下).

무가치하게 된 재산의 보상을 필요 없다고 하는 예에 소방법(1948法186)의 규정이 있다.

같은 법에 따르면, 연소(延燒)의 우려가 있는 건물 등에 파괴소방이 실시된 등의 경우 손실보상은 필요 없게 된다(29조2항).

## 제2절  구체적인 예

이하 손실보상의 필요 여부에 관한 대표적인 최고재판소의 재판례를 검토한다.

### (1) 저수지의 보전에 관한 조례 위반 피고사건 상고심 판결

저수지의 보전에 관한 조례 위반 사건 상고심 판결(最判1963年6月26日刑集17巻5号521頁)은 저수지의 제방에서 경작이 금지 행위가 된 것을 알면서 농작물을 심은 자가 기소된 사안에 관한 것이고, 재판에서는 ( ⅰ ) 저수지 보전 조례에 따른 규제가 헌법에 위반되는지, ( ⅱ ) 규제 시 손실보상은 필요한지가 쟁점이 되었다. 이 판결에서 최고재판소는 저수지의 제방에서 농업상의 이용을 일절 금지한다고 하는 재산권 박탈 유사의 규제에 관해서도 재해의 방지라는 규제의 성격상 부득이한 것이어서 보상은 불필요하다고 판단했다. 이 판결에서는 저수지의 제방이라는 토지의 성격을 고려하고 있다.

최고재판소 판결은 ( ⅰ ) 저수지의 제방에서 경작을 금지하는 것과 같은 재산권 내용의 규제는 조례로는 할 수 없고, ( ⅱ ) 규제하려면 토지수용법이나 토지개량법(1949法195)의 규정에 따라 규제로 인하여 생기는 손실을 보상할 필요가 있다고 한 오사카 고등재판소 판결(大阪高判1961年7月13日刑集17巻5号575頁)의 상고심 판결이고, 고등재판소 판결에 대한 검찰관의 상고를 인용하여 파기·환송 판단을 내렸다.

### (2) 하천 부근지 제한령 위반 피고사건 상고심 판결

하천 부근지 제한령 위반 피고사건 상고심 판결[最判1968年11月27日刑集22巻12号1402頁 → 헌법 29조3항의 해석, 정당한 보상, 판례의 입장(제2장 제2절)]에서 최고재판소는 방론에서이지만, 같은 영에 따라 규제된 자갈 채취 행위에 관하여 사업자가 ( ⅰ ) 토지소유자에게 임차료를 지급하고, ( ⅱ ) 노동자를 고용하여, ( ⅲ ) 상당한 자본을 투입하여 자갈 채취 사업을 성영하고 있었던 사정에 착안하여 보상이 필요해질 가능성을 언급했다. 경찰 규제의 관점에서 본래는 규제를 받아야 하는 자갈 채취 행위임에도 규제받는 자에게 특수 사정이 있는 경우에는 보상받을 가능성이 있다고 최고재판소는 판단한 것이라고 말할 수 있을 것이다.

### (3) 손실보상재결 취소 등 청구 사건 상고심 판결

손실보상재결 취소 등 청구 사건 상고심 판결(最判1983年2月18日民集37卷1号59頁)은 소방법(1948法186) 10조, 12조 및 위험물의 규제에 관한 정령(당시) 등의 규정에 근거하여 휘발유 저장시설의 이전 공사가 필요해진 휘발유 저장시설의 소유자가 도로법 70조1항에 근거하여 손실보상을 청구한 사안에 관한 것이다. 이 판결에서 최고재판소는 휘발유 저장시설 설치 후에 이루어진 지하 횡단보도의 설치로 이전이 필요하게 되었다는 사정이 있음에도 불구하고, 이러한 손실은 도시에서 위험물에 내재하는 제약에 따르는 것이라고 하여 보상이 필요 없다고 했다.

이 판결에서 최고재판소는 ( ⅰ ) 경찰법규가 위험물의 보관 장소 등에 관하여 안전이 유지되어야 하는 물건과의 사이에 일정한 거리를 유지해야 하는 것을 내용으로 하는 기술상의 기준을 정하고 있는 경우에, ( ⅱ ) 도로공사 시공의 결과, 법령 위반의 상태를 생기게 하고, 위험물의 보유자가 기술상의 기준에 적합하도록 설비의 이전 등을 어쩔 수 없이 하게 되어 손실을 받았다고 하더라도, ( ⅲ ) 이는 도로공사의 시공에 따라 경찰상 규제에 근거하는 손실이 우연히 현실화한 것에 지나지 않는다고 판단했다.

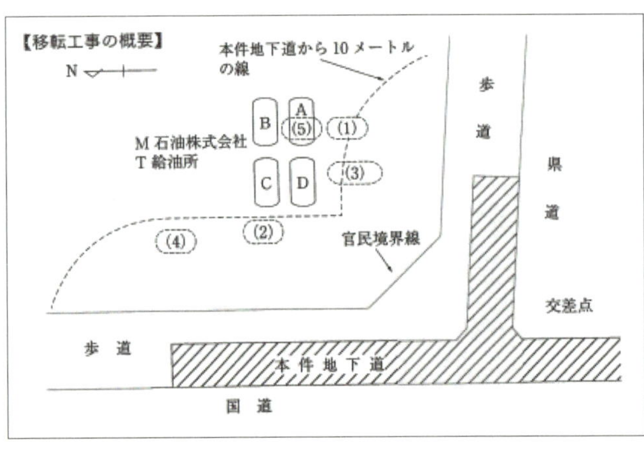


※ T급유소는 탱크의 이전 시 (1)~(5)의 탱크를 메우고, A~D의 탱크를 신설했다 (民集37卷1号98頁 게재의 그림을 기초로 작성).

### (4) 시도(市道) 구역 결정처분 취소 등 청구 사건 상고심 판결

시도 구역 결정처분 취소 등 청구 사건 상고심 판결(最判1942年11月1日判時1928号25頁)은 도시계획도로의 노선 구역에 있는 토지가 구 도시계획법 3조 및 도시계획법(1968法100) 53조에 근거하는 건축 제한을 장기간 받아, 아파트 등의 토지이용을 방해받았다고 하여 보상이 요구된 사안에 관한 것이다. 이 판결에서 최고재판소는 이러한 손실은 일반적으로 당연히 수인해야 하는 것으로 여겨지는 제한의 범위를 넘어 특별한 희생을 부과받은 것이라고 말하는 것은 곤란하다고 판단하고, 보상이 필요 없다고 했다. 토지이용의 상린관계적인 성격과 사안에서 개별적 사정을 고려한 판단이라고 말할 수 있을 것이다.

이 판결의 후지타 토키야스(藤田宙靖) 재판관의 보충 의견에 따르면, 문제가 된 토지에 관해서는 ( ⅰ ) 도시계획에서 제1종 주거지역으로 구분된 점에서 고도로 토지이용이 되거나 예정되어 있던 것은 아닌 점, ( ⅱ ) 규제된 건축물에 관해서도 법령상은 개축의 허가는 필요 없고, ( ⅲ ) 같은 정도의 규모 및 구조의 건축물 신축에 관하여 허가는 필요하지만, 위의 지역에 해당하지 않는 부지를 최대한으로 이용하는 토지의 활용법도 가능했었던 점 등의 사정이 있었다. 후지타 재판관의 보충 의견은 이러한 특수 사정의 존재를 고려하면 보상은 필요 없다고 하고 있다.


# 제4장  손실보상-보상의 내용

## 제1절  토지의 수용

### 제1관  대가 보상과 통상 손해 보상

#### (1) 다양한 형태의 보상

재산권 수용의 경우에 통상은 '완전보상'의 견해가 채용되어야 하는 것에 관하여 이미 말했다[→ 헌법 29조3항의 해석, 정당한 보상(제2장 제2절)]. 다만, 재산권의 수용에 따르는 보상의 내용으로서는 수용되는 재산권의 대가에 관한 보상 외에 다양한 형태가 생각된다. 예를 들면, 토지수용법(1951法219)은 (ⅰ) 일체로써 이용된 토지에서 수용된 토지 이외의 구획이 소유자에게 잔존하고 있는 경우에 좁은 토지의 이용밖에 할 수 없거나, 부정형의 토지가 된 경우 등에 따라 토지의 이용 가치가 하락한 경우에 관한 보상(잔지 보상. 토지수용법 74조1항), (ⅱ) 도랑이나 담을 새로 만들 필요가 생긴 경우에 관한 보상(도랑·담 보상. 같은 법 75조), (ⅲ) 이전료(같은 법 77조) 등을 정하고 있다.

토지수용법은 본문에 말한 보상 외에 (ⅰ) 잔지(殘地)에 관하여 종전의 토지수용이 현저하게 곤란하게 된 경우에 잔지에 관하여 수용을 요구하는 청구권(토지수용법 76조), 물건 이전이 현저하게 곤란한 때 및 이전료가 많은 금액이 되는 때에 물건의 수용을 요구하는 청구권(같은 법 78조·19조) 등에 관해서도 규정하고 있다. 참조, 토지수용법 80조의2 이하.

## (2) 통상 손해 보상

더욱이, 토지수용법은 농업상의 손실, 영업상의 손실, 건물의 이전에 따른 임대료 등, 같은 법에서 정하는 위의 손실 이외인 것을 '통상 받는 손실'로 총칭하고, 이것들도 손실보상의 대상이 되는 것으로 하고 있다(토지수용법 88조. 유사한 규정으로서 도시재개발법 97조, 산림법 58조4항).

## 제2관  토지수용법상의 보상금액

## (1) 토지수용법의 개정

과거의 토지수용 실무에서는 토지수용의 재결에 선행하는 절차인 수용 사업의 인정이 고시되면(토지수용법 26조1항) 토지 가격의 상승이 예상되는 점에서 가격 상승을 기대하여 토지의 수용에 따르지 않는 자도 나온다는 문제가 있었다. 그래서 토지수용법상의 보상금액의 산정에 관하여 사업인정의 고시일을 가치 산정의 기준시로 정하고, 이에 물가 변동률을 곱하는 방식이 채용되었다[1962년의 토지수용법 개정(같은 법 74조·75조)].

### (2) 최고재판소의 견해

다만, 물가 변동률보다도 주변 토지 등의 가격상승률이 높을 때는 토지 가격의 완전한 보상이 되지 않게 되기 때문에 이 법 개정이 '정당한 보상'을 요구하는 헌법 20조3항에 반하게 되는지가 문제가 된다.

토지수용 보상금 청구 사건 상고심 판결(最判2002年6月11日民集56卷5号958頁)은 위의 토지수용법 개정에 관하여 위헌이 주장된 사안에 관한 것이나, 최고재판소는 합헌의 판단을 제시했다.

> 이 판결에서 최고재판소는 (ⅰ) 주변 유사지의 거래가격의 변동은 사업의 영향을 받은 것이어서 주변 유사지에 부가된 가치와 동등한 가치를 수용지의 소유자 등이 누릴 수 있는 이유는 없는 점, (ⅱ) 사업인정이 고시되면 기업자의 신청에 근거하는 권리취득 재결에 따라 토지가 수용되는 것이 확정되기 때문에 이후 그 토지가 일반의 거래의 대상이 되지 못하므로 거래가격은 일반 토지와 동등하게 변동한다고 말할 수 없는 점, (ⅲ) 사업인정의 고시 후에는 권리취득 재결 전이어도 토지소유자 등이 보상금을 청구할 수 있고, 청구를 받은 기업자는 2개월 이내에 보상금의 견적액을 지급해야 하므로(같은 법 46조의2·46조의4) 소유자가 주변에 대체지를 취득할 수 있는 점을 지적하고 있다[→ 헌법 29조3항의 해석, 정당한 보상, 판례의 견해(제2장 제2절)].

## 제3관  문화적 가치 등

토지의 수용 등을 할 때 문화적 가치 등이 손실보상의 대상이 되는지가 논의의 대상이 되고 있다. 실무상은 부정적인 견해가 유력하고, 일반론으로서 처리하는 것은 곤란한 문제라고 말할 것이다. 다만, 사회적으로 보아 문제가 되는 토지 등에는 특별한 재산적 가치가 있다고 인정하기에 합리적인 이유가 있고, 공공이 취득할 때 보상금을 증액할 만한 가치가 있는 사정이 있는 경우에는 증액을 인정하는 것은 있을 수 있을 것이다.

보상금 증액 청구 사건 상고심 판결(最判1988年1月21日判時1270号67頁)은 전통적인 수해 방지시설인 둘레 둑(제방)의 자기 소유 대지가 수용된 소유자가 역사적 · 문화적 · 학술적인 가치를 가지고 있다고 하여 보상금의 증액을 청구한 사안에 관한 것이다. 이 판결에서 최고재판소는 ( ⅰ ) 서화, 도검 등, 그 밖의 문화재적 가치가 시장가격을 형성하는 하나의 요소가 되는 때는 있지만, ( ⅱ ) 패총(貝塚: 조개무덤), 고전장(古戰場: 옛날 전쟁터) 등은 시장가격의 형성에 영향을 주지 않는다고 하여 증액을 인정하지 않았다. 다만, 이 사건에서는 문제가 되고 있지 않지만, 시설 유지를 위하여 큰 비용을 투입한 것이 토지의 가치에 반영되어야 하는 특별한 사정에 해당하는지는 별도로 검토할 만한 가치가 있는 논점이라고 생각한다.

## 제4관  생활권의 보상

댐, 공항 건설 등과 같은 공공사업에서는 지역사회 전체에 미치는 토지의 취득, 수용이 이루어지는 일도 있다. 이와 같은 토지의 취득, 수용 시에는 촌락공동체를 통한 생활 유지 기능이 훼손되는 점에서 개개인에 대한 재산권의 보상만으로 불충분하다는 지적이 있어 왔다. 그래서 토지수용법 등에서도 다양한 조치가 취해질 것이 예정되어 있지만, 현재는 이 조치들은 정책적인 보상으로 자리매김하고 있다.

토지나 건물의 취득, 직업의 소개 · 지도 · 훈령에 관한 조치의 알선 등이 법령상 정해져 있는(토지수용법 139조의2, 도시계획법 74조) 외에 피수용자 이외의 제삼자에 관해서도 각의결정 등에서 소수 잔존자 보상이나 이직자 보상 등의 조치를 할 수 있는 것으로 되어 있다['공공용지의 취득에 따른 손실보상기준 요강'(1962년 각의결정, 2019년 개정) 45조 · 46조].

그 외에도 오랜 기간 살아온 토지를 떠나는 등의 정신적인 고통에 대하여 법적으로 보상을 인정해야 하는지에 관해서는 다툼이 있다. 학설상은 사회의 공평 부담의 관점에서도 이러한 정신적인 고통, 무형의 손실도 널리 보상의 대상이 될 수 있어야 한다는 견해도 있다(宇賀・Ⅱ554頁以下).

## 제2절  재산권의 제한

### 제1관  제한의 형태

재산권을 제한할 때는 (ⅰ) 토지이용의 규제에 따르는 토지 가격의 하락이라는 형태로 제한에 따르는 손실이 표면화하는 경우가 있는 외에, (ⅱ) 개별적인 신청에 따라 일반적인 금지를 행정이 해제하는 형태의 허가제 등이 실시되고 있는 때 허가를 받지 못하여 경제적인 손실이 현실화하는 때도 있다(자연공원법 64조. 불허가 보상). 더욱이, (ⅲ) 규제에 따라 적극적인 지출이 강제될 때도 있다. 예를 들면, 도로 등의 건설을 원인으로 하여 소방법(1948法186)의 규정에 따라 주유소의 이전이 요구된 때의 이전 등의 비용[보상의 필요 여부, 구체적인 예(제3장 제2절)], 불허가 보상의 사례에서 허가의 신청에 필요한 적극적인 비용(측량을 위한 비용 등) 등은 여기에서 말하는 적극적인 지출에 해당한다.

### 제2관  제한의 보상

그리고 재산권의 제한에 따르는 이 형태들의 손실에 관한 보상의 기준으로서는 (ⅰ) 지가하락설(지대설, 공용 지역권 설정설), (ⅱ) 적극적 실손설, (ⅲ) 상당인과관계설 등이 주장되고 있다(原田・要論276頁).

다만, (ⅲ)은 민법의 손해배상 산정기준을 손실보상에 적용하려고 하는 견해이지만, 구체적인 사안에 대한 기준의 적용에는 곤란함이 따른다. (ⅰ)은 토지이용규제와 같이 면적으로 규제되는 때에 보상이 필요해지는 경우를 상정한 기준이지만, 이러한 형태의 손실보상이 재판상 인정된 예는 없다[→ 보상의 필요 여부, 구체적인 예(제3장 제2절)]. 그리고 (ⅱ)에 관해서는 휘발유 저장시설의 이전 등의 사례나 불허가 보상 등을 상정한 기준이라고 생각된다.

그러나 휘발유 저장시설의 사례에서는 보상이 필요 없다고 판단되었다. 또한, 자연공원법 (1957法161)의 불허가 보상에 관해서는 보호 목적에 모순되지 않는 형태의 토지이용은 인정되는 것이 일반적이고, 허가되어야 하는 사례에서 적극적인 자연보호의 필요성을 이유로 하여 불허가로 된 사안의 보상에 관한 재판례는 아직 나타나지 않았다.

　이와 같이, 재산권에 대한 제약에 관하여 보상되는 경우는 한정적인 것에 그치는 것이라고 할 것이다(측량 등의 목적으로 토지에 출입 시 나무의 벌채 등이 된 경우는 재산권의 수용에 준하는 사안으로 생각된다).

　　또한, 정(町)의 물순환 보존 조례에 근거하여 마시는 물 등의 수원이 되는 지하수맥의 손상을 예방하는 관점에서 규제를 받아 채석업을 계속할 수 없게 된 사업자에게 사업에 필요한 토지 취득 대금 증액분의 손실보상이 인정된 사안이 있다[仙台高判2020年12月15日判自485号49頁. 最判2022年1月25日判自卷485号49頁는 사업자·정(町)의 상고·부대상고를 기각].

# 제5장  손실보상과 소송

## 제1절  직접청구의 경우

　헌법 29조3항에 근거하여 손실보상이 직접 청구되었을 때 행정사건소송법(1962法139)에 규정하는 공법상의 당사자소송(실질적 당사자소송. 행소법 4조·39조 이하)으로 청구되게 된다. 손실보상청구권의 근거가 되는 법률관계는 행정권한의 행사에 근거하여 형성되어 변동하는 바에 따른다[→ 실질적 당사자소송(제4편 제5부 제3장 제2절)].

## 제2절  토지수용법 등의 경우

　이에 대하여 토지수용법(1951法219)상 토지의 수용을 기업자에게 인정하는 권리취득 재결(기업자에게 수용에 근거하여 권리의 취득일 인정하는 재결)에는 수용에 관한 사항과 보상금에 관한 사항이 포함되어 있다(토지수용법 48조).

또한, 토지의 소유자 및 토지에 관하여 권리를 가지는 관계인은 사업인정의 고시가 있고 난 뒤에는 권리취득 재결 전에도 기업자에게 보상금을 청구하는 것이 인정되고 있다(토지수용법 46조의2제1항). 그리고 지급의 청구가 있었던 때에는 토지수용위원회는 권리취득 재결에서 차액 또는 가산금(이미 토지소유자 등에게 지급한 금액에 수정을 가한 금액과 지급해야 하는 금액과의 차액이나 지급 지연이 있는 경우의 가산금)의 유무, 금액에 관하여 재결하게 되어 있다(토지수용법 90조의3).

그리고 보상금액에 관해서는 수용위원회의 재결에 관한 소와는 별도로 소송을 제기해야 하고(토지수용법 133조1항), 기업자가 제기할 때는 토지의 소유자 또는 관계인을 피고로 하고, 토지의 소유자 또는 관계인이 제기할 때는 기업자를 피고로 하게 되어 있다(토지수용법 133조2항·3항). 이 소송은 (ⅰ) 출소기간 제한이 마련되어 있고(토지수용법 133조2항. 재결서의 정본 송달을 받은 날부터 6개월 이내), (ⅱ) 행정사건소송법상 공법상 당사자소송의 일종인 형식적 당사자소송으로서 자리매김하고 있다.

같은 종류의 소는 농지법(1952法229) 55조와 저작권법(1970法48) 72조 등에도 예가 있다[→ 형식적 당사자소송(제4편 제5부 제3장 제3절)].

# 제3부 국가배상

## 제1장 일본국헌법과 국가배상법

### 제1절 제도의 연혁

#### 제1관 국가배상의 이념

**(1) 국가배상의 3가지 유형**

여러 외국을 포함하여 국가배상제도의 연혁을 검토한다면 ( i ) 어떤 형태로도 손해배상을 부정하는 제도, ( ii ) 공무원 개인에 의한 손해배상을 긍정하는 제도, ( iii ) 국가·공공단체에 의한 손해배상을 긍정하는 제도로 나누어진다. 또한, 마지막 유형은 나아가 공무원 개인의 손해배상책임을 원칙적으로 부정하는 제도와 국가배상제도와 공무원 개인의 배상책임의 병존을 인정하는 제도로 나눌 수 있다.

**(2) 국가책임을 부정하는 논리**

이 중에서 ( i )과 ( ii )가 국가배상을 부정하는 제도로 분류된다. 부정의 논거로서는 다음의 2가지를 들 수 있다. 첫째는 국가 무책임의 법리, 주권면책의 법리로 불리는 견해이다. 즉, 이 견해는 국내법상 주권은 최고의 존재여서 국내의 다른 자로부터 책임을 추궁받지 않는다고 하고, 이러한 관점에서 국가배상책임을 부정한다. 둘째는, '국왕은 악을 행할 수 없다'라고 하는 법리를 채용하는 것이고, 이 견해에서는 적법행위만이 국가에 귀속하게 된다. 따라서 위법행위는 공무원 개인의 행위로서 파악되어 공무원 개인의 배상 가능성이 논해지게 된다.

#### 제2관 외국의 국가배상제도

국가배상법에 관한 일본 논의의 배경을 알려면 여러 외국 제도의 개요를 알아 두는 것이 도움이 된다. 본서는 일본의 행정법 제도에 관한 개설서이나, 이러한 관점에서 국가배상제도에 관해서는 여러 외국의 제도를 간단히 확인하기로 한다(개요에 관하여, 참조 阿部·国家補償法10頁 이하).

### (1) 영국

우선, 영국에서는 '법의 지배'의 원칙에 따라서 공무원 개인의 책임제도가 발전해 왔다. 거기에서는 사인과 공무원을 법 앞에서 구별하지 않는다는 논리가 지배하여 공무원도 법에 위반된 행위를 하면 사인과 같은 입장에서 책임이 추궁되는 것이 법의 지배의 이념에 합치하는 것으로 생각되었다.

다만, 그 후 공무원 개인의 책임의 추궁을 인정하는 것만으로는 국가의 행위로 초래된 손해에 관한 구제로서 불충분하다고 생각되게 되었고, 1940년대에 국가 책임제도가 확립되게 되었다. 이것이 국왕소송절차법(Crown Proceedings Act)이다. 이 제도는 기본적으로는 국가가 공무원 개인의 불법행위책임을 대위하는 대위책임의 제도로서 이해할 수 있다. 그러나 국가책임에 관하여 사안에 따라 면책을 인정한 규정이 있는 점에 유의할 필요가 있다.

### (2) 미국

미국의 제도에서는 역사적인 연혁에서 주권면책의 제도가 발달한 것이 특징적이다. 그중에서 공무원 개인의 책임에 관해서는 개별 사례별로 처리되었다. 즉, 통치적·재량적인 권한에 관해서는 기본적으로 국가의 책임이 면제되는 한편, 그 밖의 의무 위반에 관해서는 무과실의 행위이어도 면책되지 않는 경우가 있다. 그때에는 국고로부터의 배상금의 지급을 정하는 사법률(Private Act)을 연방·주 등이 제정하는 형태로 처리되었다. 다만, 연방의 수준에서는 1940년대에 국가가 대위책임을 지는 제도를 인정하는 법률[연방 불법행위 청구법(Federal Tort Claims Act)]이 성립했다. 한편, 주의 수준뿐만 아니라 연방의 수준에서도 주권면책·재량면책의 제도가 잔존하고 있다.

### (3) 프랑스

프랑스에서도 국가 무책임의 논리가 오랫동안 지배하고 있었다. 그러나 그 후 공역무(행정 고유의 활동영역)에 관한 국가배상책임 제도가 발전한다(1873년 프랑코 판결. 국영공장에서의 자동차 사고 등도 프랑스에서는 공역무의 활동으로 관념되어 있다). 그리고 프랑스의 경우 국가배상책임의 배상 근거는 공역무의 하자에 구하고 있으므로 다른 나라와 달리 자기 책임의 이해에 근거하는 국가배상제도로 되어 있는 점이 특징이다. 즉, 프랑스에서는 공역무의 하자를 생기게 한 것에 국가배상의 근거를 구하기 때문에 공무원의 책임을 국가가 대위하는 것이 아니라 국가의 책임에서 배상이 되어야 한다고 하는 생각이 지배하고 있었다. 또한, 이와는 별도로 공공 토목공사[공공(公共) 공사(工事)]의 사업에 수반되는 손실, 도로 등의 이용자 등의 사괴에서의 국가배상제도에 관해서는 행정재판소가 독자적인 판례법리를 전개해 오고 있다.

### (4) 독일

독일에서는 애초의 국가 무책임의 제도로부터 공권력의 행사에 관하여 제삼자와의 관계에서 공무원에게 의무화된 직무상 의무에 대한 위반을 국가배상법상 책임의 근거로 생각하는 국가배상책임의 제도가 서서히 발달해 왔다(직무상 의무 위반설). 독일에서는 프랑스와 달리 대위책임, 과실책임주의가 지배해 왔다.

또한, 1981년에는 자기 책임주의를 채용하고, 입증책임의 전환, 기본권 침해에 관하여 무과실 책임주의를 취하는 것을 내용으로 하는 연방 국가책임법(Staatshaftungsgesetz)이 성립했다. 그 후 연방에 입법 관할권이 없는 주(州)의 사항과 관련되는 규율을 같은 법에 둔 점에서 연방제를 취하는 본 기본법의 입법 관할 조항에 위반된다고 하여 연방 헌법재판소에서 위헌 무효의 판단이 나왔기 때문에 지금까지의 제도에 변화는 없다.

다만, 독일에서는 손실보상과 유사한 발상에 근거하여 배상을 인정하는 희생보상청구권(Aufopferungsanspruch)의 법리, 수용 유사의 손해(Enteignungsgleicher Eingriff)의 법이론이 전개되고 있다. 이에 따라 손실보상제도와 국가배상제도의 경계영역에 존재하는 국가보상의 한계(위법·무과실의 사례)에 관하여 사인의 구제가 도모되어야 하는 사안에 대한 대응도 이루어지고 있다.

## 제3관  일본 제도의 연혁

다음으로 일본 제도의 연혁을 보기로 한다(개요에 관하여 참조, 塩野・Ⅱ307頁).

### (1) 메이지 헌법에서의 전개

메이지 헌법에서는 점차 국가 무책임 법리가 일본의 판례・이론을 지배하게 되었다. 즉, 행정재판법(1890法48) 16조에서는 '행정재판소는 손해배상의 소송을 수리하지 않는다'라고 규정하여, 행정재판소에 의한 구제는 법제적으로 배제되었다. 또한, 구민법에서 보아소나드(역주: Boissonade, 프랑스 법학자) 초안에 있었던 국가의 사용자책임 규정이 삭제되고 그것이 신민법에 이어졌기 때문에 행정재판법의 규정과 결합하여 국가에 손해배상책임을 묻는 것은 불가능하다고 하는 견해가 시대가 지남에 따라 서서히 지배적인 견해가 되었다.

이 제도에서는 국가의 행위이어도 민사적 행위와 동일시할 수 있는 것에 관해서는 민법의 불법행위 규정의 적용은 일률적으로 배제되지 않지만, 공권력의 행사에 해당하는 행위에 관해서는 국가배상책임 외에 공무원의 개인 책임도 극히 한정적으로밖에 인정되지 않았다(명백한 권한 남용 등이 경우 등).

### (2) 공권력 행사의 영역 이외의 국가책임

메이지 헌법에 따른 법제도에서도 공권력의 행사에 해당하지 않고, 사법상의 행위와 완전히 동일시할 수 있는 행위영역에서는 민법을 적용하여 사법재판소에 의한 구제를 인정하는 여지는 남겨져 있었다.

이 점에서, 메이지 헌법에 따른 판례는 당초 국가・지방의 영리사업에 한정하여 민사상의 책임을 긍정하는 태도를 보여 왔다. 다만, 1910년대 이후에는 공공행정의 영역에 관하여 획일적으로 국가배상책임을 부정하는 견해는 영향력을 잃고, 영조물 관리작용에 관하여 민법 717조의 적용을 인정하는 재판례가 나타났다. 다만, 그러한 상황에서도 시험 운전 중의 소방자동차의 사고, 탄약고의 폭발 등은 '공권력의 행사'에 해당한다고 하는 판례가 나타나고, 넓은 영역에 국가 무책임의 법리가 지배하고 있었다.

### (3) 공무원의 개인 책임

또한, 공무원의 개인 책임에 관해서도 민사에 속한다고 생각된 영역에 관해서는 민법의 불법행위 규정이 적용되는 한편, '공권력의 행사'의 분야에서는 직무권한의 남용에 관해서만 개인 책임을 긍정하는 견해가 취해지고 있었다.

# 제2절  일본국헌법에서의 제도

## 제1관  일본국헌법 17조

### (1) 일본국헌법 17조

제2차 세계대전 후, 국가 무책임의 범위를 넓게 인정해 온 국가배상제도는 비판의 대상이 되고, 일본국헌법 17조에서 이 제도를 고쳐 국가배상이 넓게 인정되는 점을 명확히 했다. 즉, 같은 조에서는 '누구든지 공무원의 불법행위로 인하여 손해를 입었을 때는 법률에서 정하는 바에 따라 국가 또는 공공단체에 그 배상을 요구할 수 있다'라고 규정하여 제2차 세계대전 전의 국가 무책임의 법리를 명확하게 부정하고 있다.

### (2) 17조의 성격

다만, 같은 조의 법적 성격에 관해서는 프로그램 규정설이 유력하다. 구체적으로는 헌법의 시행 후부터 국가배상법 시행 전까지의 사건의 처리가 문제가 되었으나, 프로그램 규정설을 비판하고, 이러한 경우에 관해서는 민법의 불법행위법의 적용이 인정된다고 해석해야 했다는 견해도 있다.

## 제2관  국가배상법의 제정

### (1) 국가배상법의 제정

헌법 17조의 규정을 구체화하기 위하여 1947년에 국가배상법(同法125)이 제정되어 그날 시행되었다.

### (2) 국가배상법의 구성

국가배상법은 다음과 같이 구성되어 있다.

① 1조 공권력의 행사로 인한 불법행위

이 조항은 공무원의 공권력 행사로 인하여 생긴 손해에 관하여 국가 또는 공공단체의 책임을 정한다. 민법 715조 또는 109조에 대응하는 규정이다. 동시에, 고의·중과실을 요건으로 하여 공무원에게 국가 또는 공공단체는 구상할 수 있는 취지의 규정이 마련되어 있다.

② 2조 공공 영조물의 설치·관리의 하자

이 조문은 민법 717조(토지·공작물 책임)에 대응한다. 동시에, 그밖에 손해에 관하여 책임을 져야 하는 자가 있는 경우에 국가 또는 공공단체에 구상을 인정하는 규정도 마련되어 있다.

③ 3조 배상책임자, 구상

복수의 행정주체가 국가배상의 청구 상대방이 될 수 있는 경우에 국민의 출소 부담을 덜어 줄 목적으로 마련된 규정이다. 동시에, 손해가 배상된 경우 손해를 배상한 자는 내부 관계에서 그 손해를 배상해야 하는 책임이 있는 자에게 구상할 수 있다고 하는 규정이 마련되어 있다.

④ 4조 민법의 적용

（ⅰ) 행정의 활동 중에도 민사적인 성격을 가지는 영역에 민법이 적용되는 점과 (ⅱ) 국가배상법 1조부터 3조까지의 규정 외에 민법 중의 손해배상에 관한 규정이 국가배상법의 적용 사건에 적용되는 점을 명확히 한 규정이다.

⑤ 5조 민법 이외의 다른 법률의 규정

민법 이외의 손해배상에 관한 특별법이 있는 경우에 그 규정에 따를 것을 규정한 것이다. 이 특별법으로서 소방법(1948法186), 국가공무원 재해보상법(1951法191) 등이 있다.

⑥ 6조 상호 보증주의

국가배상법의 적용 사안에서 외국인 피해의 구제를 규율한 것이다. '상호의 보증이 있는 때에 한정하여', 국가배상법이 적용된다고 하는 상호주의가 채용되어 있다.

# 제2장 국가배상법 1조-개설

## 제1절 1조의 성격

### 제1관 기본 규정

1조는 국가 또는 공공단체의 직원이 직무의 수행 시 타인에게 손해를 입힌 때에는 국가 또는 공공단체가 책임을 진다는 점을 명확히 했다. 민법과 대비하면, 715조 또는 709조에 해당하는 것이고, 국가배상제도의 기본 규정으로서 자리매김하고 있다.

### 제2관 대위책임과 자기책임

#### (1) 대위책임설

① 대위책임설과 자기책임설

국가배상법에 관해서는 여러 외국에서 대위책임의 견해를 취하는 국가와 자기 책임의 견해를 취하는 국가로 나누어져 있다[→ 제도의 연혁, 여러 외국의 제도(제1장 제1절)]. 그리고 일본의 국가배상법 1조의 성격의 이해에 관해서도 통설적인 견해인 대위책임설과 프랑스법의 영향을 받은 자기책임설이 대립해 왔다.

② 대위책임설과 그 논거

그중, 통설적인 견해인 대위책임설은 국가배상제도의 본질은 공무원 개인의 책임을 국가 또는 공공단체가 대위하여 지는 점에 있다고 하는 것이다. 이는 독일의 입법례를 계수(繼受)한 것이고, 국가배상제도가 마련된 실질적인 근거는 ( ⅰ ) 피해자구제의 확보와, ( ⅱ ) 공무의 원활한 수행에 있다고 하는 것이다. 이러한 대위책임설은 국가배상법의 제정 경위에 비추어도 지지받는 것으로 해석되고 있다.

또한, 국가배상법 1조의 문언에서 ( ⅰ ) 국가 또는 공공단체의 책임이 성립하는 요건에 관하여 공무원 개인에 의한 불법행위책임이 성립하는 경우라고 규정하고 있는 점, ( ⅱ ) 사용자인 국가 또는 공공단체의 선임·감독이 과실에 대한 언급은 없는 점, (iii) 국가 또는 공공단체에 의한 가해 공무원에 대한 구상이라는 형태로 공무원 개인의 책임이 추궁되는 점 등에 비추어 대위책임설이 통설적인 견해로 되어 있다.

### (2) 자기책임설

#### ① 자기책임설에 의한 비판

대위책임설에 대하여 자기책임설은 국가배상법 1조는 위험책임 법리에 근거하여 국가가 자기의 책임으로 손해를 배상해야 하는 것으로 정하고 있다고 이해한다. 국가배상법 1조가 자기책임설을 채용하고 있다고 해석하는 논거로서는, (i) 헌법 17조는 자기책임설에 근거하는 이해에 적합한 문언으로 되어 있는 점, (ii) 대위책임설에 근거하는 이해에 따르면 공무원의 가해행위에 고의·과실 등의 주관적인 책임이 인정되지 않으면 국가배상책임도 성립하지 않는다고 하는 한계가 있는 점, (iii) 국가배상법 1조1항은 '국가 또는 공공단체가 이를 배상할 책임을 진다'라고 규정하고 있을 뿐이어서, 국가 또는 공공단체의 책임은 대위책임이라고 하는 취지는 읽히지 않는 점 등을 들고 있다.

그리고 (i) 가해 공무원이 특정되지 않는 때, (ii) 공무원 개인의 고의·과실이 인정되지 않는 때에 국가 또는 공공단체의 책임도 긍정되지 않는다고 하는 문제가 생기는 것이 대위책임설의 이론적인 한계라고 하여 자기책임설 논자의 비판을 받았다.

#### ② 대위책임설의 대응

다만, 다음과 같이 (i)에 관해서는 판례도 엄밀한 의미에서 특정이 없는 경우에 관하여 1조1항의 책임을 긍정하게 되었다. 또한, (ii)에 관해서는 민사의 불법행위 해석론에서도 조직적 과실의 문제에 관하여 적극적으로 과실의 존재를 인정하게 되었다(→ 판례의 동향). 이미 말한 바와 같이, 국가배상법 1조의 문언에는 대위책임설적인 이해가 부합하는 점에서 현재에는 자기책임설은 지배적인 견해가 되어 있지 않다.

### (3) 판례의 동향

#### ① 공무원의 특정

학설상 논의의 영향을 받아 판례는 대위책임설의 견해를 취하면서도, 자기책임설 등에 의해 비판되어 온 한계를 해석으로 보완하는 방향으로 전개해 왔다.

우선, '공무원의 특정'에 관해서는 가해 공무원이 특정되지 않는 경우이어도, 행정조직에 소속하는 공무원 중 누군가가 가해행위를 한 점이 증명되면 국가배상책임은 국가 또는 공공단체에 성립하는 것을 최고재판소는 인정하고 있다.

손해배상청구 사건 상고심 판결(最判1982年4月1日民集36卷4号519頁)은 국가공무원법(1947法120) 등에 근거하여 실시된 직원 검사 시, 흉부에 폐결핵이 이환(罹患)된 것을 가리키는 음영이 엑스레이에 있었음에도, 통지는 되지 않았던 점에서 장기 요양을 어쩔 수 없이 하게 된 세무 직원이 국가배상을 청구한 사안에 관한 것이다. 이 판결에서 최고재판소는 의사에 의한 엑스레이 판독, 의사 보고의 전달, 세무서장으로부터의 통지의 모든 과정이 국가 또는 같은 공공단체의 공무원에 의해 이루어진 것이면, 어느 공무원이 가해행위를 한 것인지까지 특정할 필요는 없다고 했다. 다만, 이 사건에서는 사무를 위촉받은 의사의 행위는 공권력의 행사라고는 말할 수 없다고 하여 최고재판소는 청구를 기각했다.

② 고의·과실의 인정

또한, 고의·과실의 문제에 관해서도 특히 규제 권한의 불행사(부작위)의 사례를 중심으로 하여 행정조직 내에서의 '조직적 과실'의 존재를 유연하게 인정하게 되었다[→ 국가배상판례의 전개(제3장 제2절)]. 예를 들면, 손해배상청구 항소, 부대항소 사건 판결(東京高判1992年12月18日判時1445号3頁)은 부작용을 예방하기 위한 조치를 하지 않은 것의 위법을 이유로 하여 국가배상이 청구된 사안에 관한 것이나, 이 판결에서 고등재판소는 '역대 후생대신이 금기 해당자에게 예방접종을 실시하지 않게 하기 위한 충분한 조치를 하는 것을 게을리한 것이 과실임'을 인정했다.

이와 관련하여, 이 고등재판소 판결에 관해서는 상고심 판결(最判1998年6月12日民集52卷4号1087頁)이 있다. 그러나 이 최고재판소 판결은 민법 724조 후단(2017法44에 따른 개정 전의 조문)의 제척기간이 경과한 것을 이유로 청구를 기각당한 일부의 원고가 상고한 사건에 관한 것이고, 고등재판소 판결에 대하여 국가는 상고하지 않았다.

또한, 예방접종은 국민 개인을 감염증으로부터 지킴과 동시에 사회에서 감염증의 만연을 방지할 목적으로 법률에 근거하여 행정이 실시하는 제도이다. 따라서 이 판결은 규제 권한의 불행사에 관한 판단이 아니라, 위법성·과실의 판단에 관하여 규제 권한 불행사의 사안과는 그 판단 구조는 다른 점에 유의할 필요가 있다[→ 국가배상판례의 전개, 규제 권한의 불행사(제3장 제2절)].

③ 국가·공공단체의 구상권

최고재판소 판결(最判2020年7月14日民集74卷4号1305頁)은 국가배상법 1조2항이 규정하는 국가·공공단체의 가해 공무원에 대한 구상권의 성격에 관하여 복수의 공무원이 '공동하여 고의로 위법하게 타인에게 손해를 입힌 경우'에는 해당 공무원은 연대하여 채무를 진다고 판단했다(복수의 직원이 공모하여 교원 채용에서 부정행위를 하여, 채용되지 않아야 하는 자를 채용하고, 채용되어야 하는 자를 채용하지 않은 사안). 대위책임설, 자기책임설을 언급하지 않고 판단한 것이나, 연대채무인지에 관하여 두 견해로부터 특정한 결론이 도출되는 것이 아니고, 해당 사안의 처리로서도 타당한 판단일 것이다[→ 국가배상법 1조-그 밖의 문제, 공무원의 개인책임과 구상, 국가·공공단체에 의한 구상과 그 법적 성격(제4장 제3절)].

# 제2절  공권력의 행사와 공무원

## 제1관  공권력의 행사

### (1) 공권력의 행사

이하의 절에서는 국가배상법 1조1항에 따라 국가 또는 공공단체의 책임 성립의 요건에 관하여 설명하기로 한다. 우선, 국가배상법 1조1항에서 어떤 자의 어떤 행위에 관하여 국가 또는 공공단체의 책임을 긍정하고 있는지에 관하여 보기로 한다.

우선, 국가배상법 1조1항은 '국가 또는 공공단체의 공권력 행사에 종사하는 공무원'의 행위를 같은 조의 적용 대상으로 하고 있다. 다만, 이때 '공권력의 행사'의 요소에 근본적인 의미가 있다고 해석되고 있다. 국민에게 손해를 야기한 행위에 관하여 '공권력의 행사'의 요소가 인정된다면 행위를 한 자는 '공무원'에 해당하고, 해당 '공무원'이 소속하는 단체는 '국가 또는 공공단체'에 해당한다고 해석되고 있기 때문이다.

### (2) 협의설과 광의설

'공권력의 행사'의 의의에 관하여 입법 당시에는 제2차 세계대전 전에 국가 무책임의 법리가 인정되어 온 '공권력의 행사'의 영역에서 국가배상책임을 긍정하는 취지에 따라 1조가 정해진 입법 경위를 중시하는 견해가 유력했다. 즉, 이 견해에서는 '공권력의 행사'를 문자 그대로 국가 무책임의 법리가 상정하는 권력적인 행정활동으로 한정적으로 해석해야 하는 것으로 여겨진다. 그래서 이 견해는 협의설이라고 불리고 있다.

그러나 국가배상법이 시행된 후에는 (ⅰ) 민법 715조와 달리 국가배상법 1조1항에는 면책규정이 없는 점, (ⅱ) 국가배상법 1조1항에 따르면 원고 측은 공무원 개인의 책임을 묻는 형태를 취하지 않고, 국가 또는 공공단체에 배상을 요구할 수 있는 점 등에서 협의설이 상정하고 있지 않은 영역에서도 국가배상 청구 소송이 제기되게 되었다. 예를 들면, 사립학교의 경우와 특별한 차이가 없는 학교 사고 등에 관하여 국가배상 청구의 소송이 제기되게 되었다. 또한, 판례도 이러한 청구를 민법 715조에 따라야 한다고 해석하지 않고, 청구를 적법한 것으로써 본안 판단에 들어가는 것이 일반적이었다.

이러한 경위로 점차 "국가배상법상의 '공권력의 행사'는 넓게 공익적 성격을 가지는 행정활동을 가리킨다고(순수한 사경제 활동과 동일시되는 분야는 제외된다)" 하는 광의설이 유력해져, 이것이 판례·통설이 되었다.

손해배상청구 사건 상고심 판결(最判1987年2月6日判時1232号100頁)은 공립 중학교의 체육 수업에서 교사에 의한 다이빙 지도 중에 일어난 사고에 관하여 국가배상이 청구된 사안에 관한 것이다. 이 판결에서 최고재판소는 비권력적인 작용인 교육상의 지도에는 국가배상법 1조1항은 적용되지 않는다고 하는 시(학교 설치자)의 상고를 배척했다.

또한, 최고재판소는 의사의 의료행위는 의사가 국가의 행정기관 등에 근무하는 자이어도 사법상의 활동으로 해석하고 있다. 국립대학이 국가의 직영이었던 시기에 의과대학 부속

병원 의사의 의료행위에 관하여 최고재판소(最判2000年2月29日民集54巻2号582頁)는 민법 715조에 근거하여 국가의 사용자책임을 인정하고, 같은 날의 판결에서 민법 709조에 근거하는 의사의 불법행위책임을 인정했다[같은 날, 1998年(オ)第1083号 및 同年(オ)第1084号].

### (3) 구체적인 예

① 입법기관, 사법기관

입법기관의 작용, 사법기관의 작용도 국가배상법 1조1항의 공권력의 행사에 포함된다. 국회의 입법행위나 재판소의 판결 등에 관하여 국가배상이 청구되어, 이를 적법한 것으로 하여 본안 판단에 들어간 재판례는 다수 존재한다[→ 직무행위 기준설, 재판관의 판결, 입법행위(제3장 제3절)].

② 국립대학법인

국립대학법인의 교육활동에 관해서는 (ⅰ) 국립대학의 설치자는 국가 또는 공공단체가 아니라 국립대학법인인 점, (ⅱ) 국립대학과 학생의 관계는 사립대학과 마찬가지로 계약 관계로 정리되어 있는 점을 이유로 민법이 적용된다고 해석하는 설이 있다(塩野・Ⅱ320頁). 다만, 이에 대해서는 법인화 전의 국립대학의 교육활동에는 국가배상법 1조1항의 적용이 인정되었던 점, 법인화 시 법인화 전의 국립대학의 업무는 법인화 후의 해당 대학이 승계하는 것으로 정해진 점 등을 근거로 국가배상법의 적용을 긍정하는 견해도 있다(宇賀・Ⅱ444頁以下. 나아가 국립대학에는 국가의 운영교부금이 지출되고, 문부과학대신의 관여가 인정되는 점을 근거로 드는 사람도 있다).

재판례에서도 민법의 불법행위책임을 인정하는 것이 있다[宮崎地判5月28日(判例集未登載)(학생졸업시험의 채점 실수) 등]. 다만, 한편으로 국가배상법 1조1항의 적용을 인정하는 하급심 재판례도 많다[名古屋高判2010年11月4日(判例集未登載)(학생지도 중의 발언), 福岡高判2015年4月20日労判ジャーナル42号53頁(학생지도 중의 발언) 등].

③ 지정 확인검사기관 등

지정 확인검사기관 등의 지정법인의 사무 수행에 관해서도 판례・학설상은 논의가 있었다. 이 점에 관해서는 건축확인과 관련되는 사무의 귀속 주체인 국가 또는 공공단체는 국가배상청구의 피고가 된다고 하는 것이 최고재판소의 견해이다.

소의 변경허가 결정에 대한 항고 기각 결정에 대한 허가 항고 사건 결정(最決2005年6月24日判時1904号69頁)은 지정 확인검사기관이 한 건축확인에 대하여 취소소송을 제기한 자가 건물의 완성으로 이익이 소멸했다고 생각하여 건축확인의 사무를 관할하는 지방자치단체(시)에 대한 국가배상청구로 소를 변경한 사안에 관한 판단이다. 같은 결정에서 최고재판소는 소의 변경에 관한 행정사건소송법 21조에 관한 해석으로서 같은 법 소정의 '해당 처분 또는 처분과 관련되는 사무의 국가 또는 공공단체'에 시가 해당한다고 판단하여 시를 피고로 하는 국가배상청구소송으로 소의 변경을 적법하다고 판단했다[→ 소의 병합·변경 등, 병합·변경 등, 손해배상청구 등으로 변경(제4편 제4부 제3장 제1편)].

다만, 이 결정은 지정 확인검사기관은 건축확인의 실수 등과 관련되는 손해배상청구소송의 피고로는 될 수 없다고까지 한 것은 아니다. 학설상은 지정 확인검사기관도 국가배상법 1조1항에서 말하는 '공공단체'에 해당한다고 해석한 후에, 피해자의 출소 부담 경감의 관점에서 국가배상법 3조1항·2항의 적용 또는 유추 적용을 인정해야 한다고 하는 견해도 유력하다(阿部ほか·新構造Ⅲ319頁以下(米丸恒治). 사견으로서는 사무 귀속에 유래하는 지방자치단체의 책임 등의 관점도 고려하여 같은 법 3조의 유추 적용을 인정해야 할 것이다[高橋·行政法入門90頁以下·352頁以下 → 비용부담자, 국가배상법 3조의 해석, 내부의 구상관계(제6장 제1절 제2관). 행정법의 기초이론, 공공과 민간의 역할 분담, 역할 분담의 명확화(제1편 제1부 제1장 제4부 제2관)].

또한, 지정 확인검사기관에 대하여 행해진 채무불이행 책임에 근거하는 손해배상청구를 인용한 고등재판소의 판결이 있다[손해배상청구 사건 항소심 판결, 大阪高判2015年4月22(判例集未登載)]. 또한, 같은 사건의 상고심 판결[最判2016年4月16(判例集未登載)]에서 최고재판소는 지정 확인검사기관의 상고를 기각하고, 상고를 수리하지 않았다. 법 개정 시의 입법 담당자도 지정 확인검사기관과 건축주 간에 계약 관계가 성립한다고 해석하고 있었다[→ 행정사무상의 계약(제2편 제4부 제3장 제6절) 등].

**그림 A【참고 건축확인의 구조(2023년 현재)】**

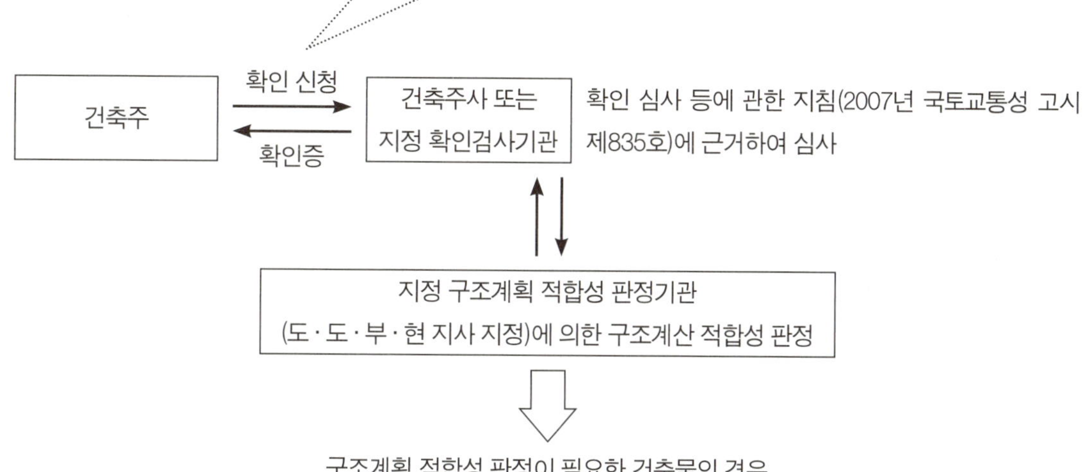


**그림 B【지정 확인검사기관에 의한 건축확인의 효력】**

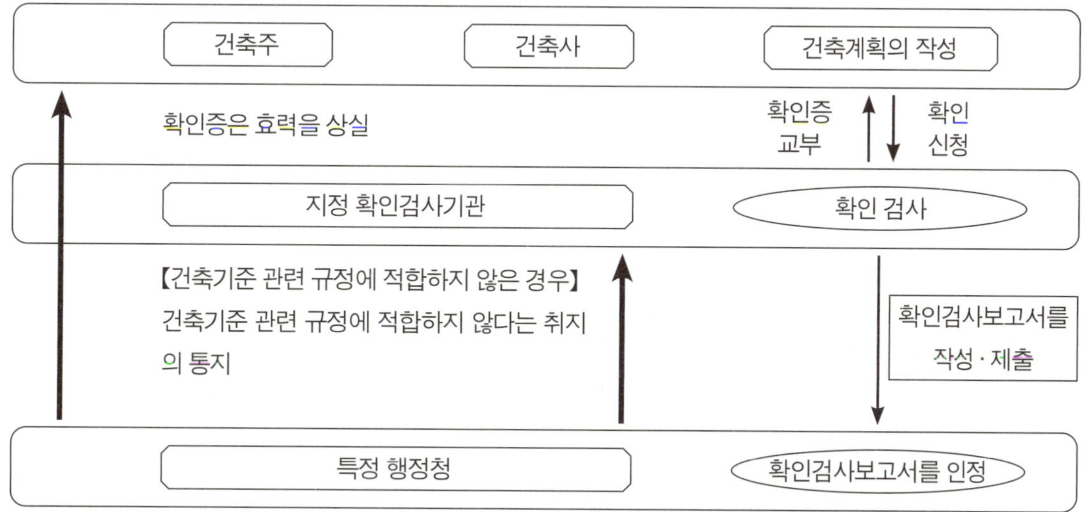


그림 A·B는 국토교통성의 홈페이지에 게재된 것을 기초로 작성했다.

## 제2관  공무원

이와 관련하여, 공권력의 행사가 민간인에게 위탁된 경우는 있을 수 있다[→ 민영화의 진행(제1편 제2부 제3장 제1절)]. 따라서 어떤 행위가 공권력의 행사로 인정될 때는 그 행위의 주체가 민간인인 경우에도 국가배상법 1조1항에서 말하는 '공무원'에 해당하는 것으로 해석된다.

따라서 변호사법(1949法205)에 근거하여 변호사회의 징계위원이 징계 권한을 행사하는 경우(같은 법 56조 이하), 국가배상법의 적용상 징계위원은 공무원에 해당한다.

# 제3장  국가배상법 1조-위법성과 고의 · 과실

## 제1절  위법성 등

### 제1관  위법성 · 손해

국가배상법 1조1항은 국가 또는 공공단체가 대위해야 하는 공무원 불법행위책임의 성립요건을 '위법하게 타인에게 손해를 입힌 때'라고 규정하면서, 민법이 정하는 '권리 또는 법률상 보호된 이익'(국가배상법 입법 시의 민법의 문언은 '권리')의 침해가 아니라 '위법성'을 요건으로 규정하고 있다. 이는 같은 법의 제정 당시에 통설적 지위에 있었던 민법 학설(상당인과설에 근거하는 '위법성' 요건론)을 고려한 것이다.

### 제2관  피침해 이익설

#### (1) 법률상 보호된 이익

이러한 견해에 따르면, 국가배상에서 피침해 이익은 민법 그 밖의 법률에 규정된 각종의

'권리'에 한정되지 않고, '법률상 보호된 이익'을 널리 포함한다. 한편, 법률상 보호된 이익에 해당하지 않는 이익이 침해되었다고 하여도 국가배상법상 배상의 대상은 되지 않는다.

2004년 개정(같은 법 147) 후의 민법 709조는 '고의 또는 과실로 인하여 타인의 권리 또는 법률상 보호된 이익을 침해한 자는 이에 따라 발생한 손해를 배상할 책임을 진다'라고 규정한다. 이는 피해의 대상으로 여겨지는 이익은 민법 그 밖의 법률에 규정된 권리에 한정되지 않는다는 취지를 규정하는 한편, 단순한 사실상의 이익이 아니라 법률상 보호된 이익일 필요가 있다는 취지를 명확히 한 것이라고 해석되고 있다. 그리고 국가배상법의 적용 시에도 이러한 민법의 생각은 타당하다고 생각된다.

### (2) 최고재판소의 판결

최고재판소의 판결 중에는 행정법규가 공공의 질서, 거래의 안전을 보호하는 취지에 그치고, 개별 거래와 관련되는 상대방의 이익까지도 보호하는 취지는 아니라고 해석되는 때에는 국가배상법 1조1항의 불법행위책임은 제한된다고 하는 것이 있다.

즉, 손해배상청구 사건 상고심 판결(最判1989年11月24日民集43巻10号1169頁)은 택지건물 거래업자의 사기적인 거래로 인하여 손해를 입은 자가 ( i ) 택지건물 거래업법(1952法176)의 면허 기준에 해당하지 않는 자에게 면허를 부여하고, 갱신을 인정한 점, ( ii ) 같은 법에 규정된 면허 취소 등의 규제 권한을 행사하지 않은 점에서 위법하고, 이에 따라 손해를 입었다고 주장하여 부(府)에 손해배상을 청구한 사안에 관한 것이다. 이 판결에서, ( i )에 관해서는 면허제는 업자의 부정행위로 인하여 개개의 거래 관계자가 입을 구체적인 손해의 방지와 구제를 직접 목적으로 하고 있다고는 해석하기 어렵기 때문에 법에 규정된 기준에 적합하지 않은 면허의 부여 등은 개개의 거래 관계자와의 관계에서 바로 국가배상법 1조1항에서 말하는 위법한 행위에는 해당하지 않는다고 판단했다. 그다음으로, ( ii )에 관해서는 감독 처분 권한의 불행사가 현저히 불합리하다고 인정되는 때가 아니면 거래 관계자와의 관계에서 국가배상법 1조1항의 적용에서는 위법한 평가를 받지 않는다고 판단했다.

한편, 손해배상청구 사건 상고심 판결(最判2013年3月26日集民243号101頁)은 건축확인 시에 구조계산서의 내진 위조가 간과된 점에서 수리비의 지출을 어쩔 수 없이 하게 되었다고 하여 건물소유자가 손해배상을 청구한 사안에 관한 것이다. 이 판결에서 최고재판소는 제도의 목적에는 건축기준 관계 규정에 위반되는 건축물의 출현 방지로 인한 개별 국민의 이익 보호가 포함되고 건축주의 이익도 이에 포함된다고 판단했다(청구는 기각).

## 제3관 과실과의 관계

### (1) 입법 당시의 해석

이미 말한 바와 같이, 국가배상법의 입법 시에는 '공권력의 행사'에 관하여 협의설이 지배적이었다[→ 공권력의 행사와 공무원, 공권력의 행사, 협의설과 광의설(제2편 제2절)]. 그래서 입법 당시 '위법성' 요건은 공권력의 행사를 제약하는 명문·불문의 행정법 규범에 위반되는 것을 가리킨다고 생각되었다.

### (2) 과실의 객관화

그러나 그 후 민법의 불법행위 분야에서 새로운 이론적 전개가 이루어지는 중에 고의·과실, 위법성의 이원론적인 처리에 대해 비판적인 태도를 보이는 견해가 유력하게 되었다. 즉, 과실의 존재에 관한 원고 측의 입증 부담을 덜어 주기 위하여 민법 이론에서 '과실' 개념의 객관화가 진전되고, '과실'이란 ( i ) 통상인에게 요구되는 주의의무에 비추어, ( ii ) 손해의 발생에 관한 예견가능성이 인정되며, 또한 (iii) 그 상황에서 인정되는 결과회피 의무에 대한 위반이 있었는지라는 기준으로 판단되게 되었다.

이러한 과실의 객관화로 '내심에서 긴장 상태의 결여'라는 과실의 관점에서는 입증이 곤란했던 사안에서 해당 사안에 관련되는 객관적인 사정·경위 등을 고려하여 원고가 과실의 존재를 입증할 수 있게 되거나, 조직적 과실도 해당 사안의 사정·추이와 조직적 의사결정의 과정을 입증의 단서로 하여 과실의 존재를 입증할 수 있게 되었다.

### (3) 새로운 민법학설

그래서 민법학에서는 불법행위의 성립 요건에 관하여 과실 일원설, 위법성 일원설 등의 새로운 생각이 등장하게 되었다. 다만, 민법의 통설은 '고의·과실'과 '위법성' 개념을 모델로서는 유지하고 있다. 예를 들면, 불법행위법의 대상이 되는 이익의 외연을 정하는 경우나, 권리성이 약한 이익에 관하여 행위의 위험성을 문제로 하는 경우에서는 의미가 있다고 하는 생각이다.

## 제2절  국가배상 판례의 전개

### 제1관  비권력적인 행정영역

국가배상법의 제정 당시, 행정법상의 여러 학설은 국가배상법상의 위법이란 행정쟁송법상의 위법과 마찬가지로 '명문의 행정법규 및 불문의 법 원리의 위반'을 의미하는 것으로 파악하고 있었다. 이러한 생각은 '공권력의 행사'에 관하여 협의설을 취하는 입법 시의 생각에도 적합한 것이었다. 그러나 국가배상법의 적용에 관하여 판례·학설에서 협의설이 지배적으로 되면서 학교 사고 등에서 공무원의 불법행위 성립 요건은 민법의 불법행위법과 다를 것이 없어지게 되었다. 또한, 이러한 영역에서는 재판상의 판단기준(행정의 행동규범)으로서 기능하는 명문의 행정법규가 존재하지 않는 경우는 많다. 따라서 이 영역에서는 위법성과 고의·과실의 판정을 엄밀히 구별하지 않고, 일원적으로 처리하는 판단이 제시되게 되었다.

### 제2관  규제 권한의 불행사

#### (1) 경찰관 직무집행법상의 권한 불행사

공해 사건, 소비자 피해 사건 등에서는 인허가 취소권의 불행사나 단속의 태만 등 행정권한의 불행사와 관련되는 위법의 문제가 현저히 나타나게 되었다. 또한, 이 경우에는 문제의 구조상 부작위의 위법성, 고의·과실과 관련되는 판단의 구조는 ( i ) 피해 발생의 예견가능성, ( ii ) 결과회피 가능성의 존재, 결과회피 의무에 대한 위반 등, 민법의 전형적인 사안의 판단기준에 접근한다. 그 대표적인 예로서는 경찰관 직무집행법(1948法136), 총포·도검류 소지 등 단속법(1958法6)상의 권한 불행사를 위법으로 한 일련의 판결이 있다.

손해배상청구 사건 상고심 판결(最判1982年1月19日民集36卷1号19頁)은 음식점에서 싸움이 있었기 때문에 출동한 경찰관이 싸움의 원인자를 경찰서에 임의동행하게 했지만, 소유하고 있었던 칼을 몰수하지 않고 돌려보내 같은 음식점에 돌아온 원인자가 상해 사건을 일으킨 사건에 관하여 경찰관이 소속된 부(府)에 국가배상이 청구된 사안에 관한 것이다. 이 판결에서 최고재판소는 칼을 몰수하지 않은 것에 직무상 의무 위배의 위법이 있다고 판단했다.

또한, 손해배상청구 사건 상고심 판결(最判1984年3月23日民集38卷5号475頁)은 해안에 방치된 불발탄이 모닥불로 인하여 폭발한 사고에 관한 판단이고, 이 판결에서 최고재판소는 경시청의 경찰관에게 포탄 등을 적극적으로 회수하는 등의 직무상 의무가 있었다고 하여 도쿄도(都)의 책임을 인정했다.


## (2) 노동재해 · 공해

최근에는 노동재해 · 공해와 관련되는 단속 권한의 불행사를 위법하다고 하는 최고재판소의 판단이 계속되고 있다. 이와 관련하여, 이러한 권한 행사 시의 의무 위반이 위법으로 되는 요건에 관하여 최고재판소는 일반적으로 '해당 법령의 취지 · 목적에 비추어 해당 권한을 행사하지 않은 것이 그 허용되는 한도를 일탈하여 현저히 합리성이 없다고 인정되는' 때라고 판시한다(소극적 권한 남용론).


손해배상 등 청구 사건 상고심 판결(最判2004年4月27日民集58卷4号1032頁)은 탄광에서 분진작업으로 진폐증에 걸린 자가 광산보안법(1949法70)상의 규제 권한의 불행사를 이유로 하여 국가배상을 국가에 청구한 사안에 관한 것이다.

또한, 손해배상 등 청구 사건 등 상고심 판결(最判2004年10月15日民集58卷7号1802頁)은 미나마타병에 걸린 것에 대하여 당시의 수질보전 입법(수질 2법) 및 어업법(1949法267)에 근거하는 규제 권한의 불행사가 다투어진 사안에 관한 판단이다. 이 판결에서 최고재판소는 국가와 구마모토현에 미나마타병의 확대 방지 의무의 태만이 있다고 판단했다. ( i ) 권한 발동에 필요한 수질 2법에 근거하는 위임입법을 제정할 의무가 있었다고 인정한 점,

(ⅱ) 수산물의 번식 보호를 직접 목적으로 하는 어업법에 근거하는 어업조정 규칙의 규제 권한도 궁극적으로는 수산물을 섭취하는 자의 건강 보호를 목적으로 하고 있다고 판단한 점에 판결의 특징이 있다.

그 외에 규제 권한 불행사의 위법을 인정한 판단으로 석면의 사용에 관한 노동기준법 (1947法49) 및 노동안전위생법(1972法57)상의 권한의 불행사가 다투어진 손해배상청구 사건 상고심 판결(最判2014年10月9日民集68巻8号799頁) 등이 있다.

이상과 같이, 국가배상법의 위법성 영역에서는 행정법규의 위반으로는 완전히 파악되지 않는 사안도 있다는 인식이 점차 학설·판례에 정착해 왔다.

### (3) 다른 사안과의 구별

이와 관련하여, 규제 권한의 불행사와 관련되는 여러 판결에서는 (ⅰ) 피침해 이익의 성격 (생명·건강의 이익인지 등), (ⅱ) 해당 사안에서 피해 발생의 예견가능성, (ⅲ) 권한의 행사에 따른 결과회피 가능성(결과회피 의무 위반), (ⅳ) 다른 수단으로는 손해 회피를 기대할 수 없었다는 의미에서 보충성 등이 종합적으로 판단되고 있다. 다만, 이 요건들은 사인의 영업활동, 재산권, 신체의 자유 등에 대한 공권력의 행사로서의 규제에 관한 것인 점에 유의해야 한다.

## 제3관  국가배상소송과 부작위위법확인소송과의 관계

더욱이, 부작위위법확인소송에서 위법성과 국가배상법에서 위법성은 동일하지 않은 경우가 있다고 한 최고재판소의 재판례가 있다. 이는 공해 건강 피해의 보상 등에 관한 법률 (1973法111) 등에 근거하여 행해진 미나마타병 환자의 인정 신청에 대하여 인정 여부의 판단이 지연된 사안에 관한 것이고, 지연에 따른 불안·초조감이라는 불이익의 특수성에 착안한 판단이라고 생각된다.

미나마타병 인정 업무에 관한 구마모토현 지사의 부작위위법에 대한 손해배상청구 사건 상고심 판결(最判1991年4月26日民集45巻4号653頁)에서, 최고재판소는 부작위위법확인소송에서 인용판결이 확정된 원고에 의한 손해배상청구를 포함하여, 신청 응답 처분을 해야 하는 조리상의 의무에 대한 위반이 인정되기 위해서는 객관적으로 필요한 기간 내에 처분을 하지 않은 것으로는 부족하고, 같은 기간에 비하여 더 장기간에 걸쳐 지연이 계속되고, 또한 지연 회피를 위한 노력을 처분청이 다하지 않은 것이 필요하다고 판단했다.

## 제4관  위법성 이원론

그래서 학설 중에는 이 판결의 판단을 고려하면서, 한발 더 나아가 (ⅰ) 발생한 손해에 관하여 어떤 자에게 금전적인 부담을 지게 해야 하는지 또는 지게 해서는 안 되는지에 관하여 정의·공평의 관점에서 결론을 도출하는 것이 국가배상법의 위법성 기능이라고 주장하고, 거기에서 (ⅱ) 행정쟁송법상의 위법성, 즉, 명문·불문의 행정법에 대한 위배와 국가배상법상의 위법성은 차원이 다르다고 보아야 한다고 하는 견해가 등장했다(佐藤·国家補償法上 166頁). 이러한 생각은 행정쟁송법상의 위법과 국가배상법상의 위법은 다르다고 하는 견해인 점에서 위법성 이원론이라고 불리고 있다.

# 제3절  직무행위 기준설

## 제1관  직무행위 기준설

### (1) 직무행위 기준설의 등장

국가배상법 1조1항에 관해서는 행정법규 위반이라는 의미에서의 위법성으로는 파악할 수 없는 위법성의 유형이 있다는 인식이 확산하고, 학설 중에는 국가배상법의 위법성과 행정쟁송법상의 위법성(행정법규 위반)과는 차원이 다르다고 하는 견해도 나타났다. 이러한 중에 검찰관의 공소 제기, 재판관의 판결, 입법행위 등과 같은 특수한 유형의 국가행위, 규제 권한의 불행사 등에 관하여 위법성과 고의·과실을 일원적으로 파악하는 직무행위 기준설을 채용하는 최고재판소의 재판례가 등장하고 그 판단이 일반 행정의 영역에도 확장되게 되었다.

여기서 말하는 직무행위 기준설은 '국가배상법 1조1항에서 말하는 위법성이란 공무원이 어떤 직무를 수행함에 관하여 특정한 자와의 관계에서 부담하는 직무상의 의무에 위반되는 것을 말한다'라고 하는 견해이다.

한편, 위법성과 고의·과실을 구별하여 논의하는 종래의 판단 구조를 채용하는 최고재판소의 판결도 있고, 판결의 판단 구조 전체를 이해하는 것을 곤란하게 하고 있다.

그래서 우선 특수한 유형의 국가행위에서 등장한 직무행위 기준설의 내용과 그 이론적 배경을 분석하기로 한다. 이와 관련하여, 특수한 국가의 행위 유형이란 검찰관의 공소 제기, 재판관의 판결, 입법행위이고, 이에 관하여 최고재판소는 제도 내재적인 이해로부터 위법성을 제한적으로 해석하는 견해를 채용하고 있다.

### (2) 검찰관의 기소 행위

이러한 판단 구조가 채용된 최초의 특수한 국가의 행위는 검찰관의 기소 행위이다.

국가배상청구 사건 상고심 판결(最判1978年10月20日民集32卷7号1367頁)은 항소심 판결에서 무죄판결을 받은 자가 검찰관에 의한 위법한 공소 제기가 이루어진 점을 이유로 국가배상을 청구한 사안에 관한 것이다. 같은 판결에서 최고재판소는 체포·구속은 그 시점에서 범죄의 혐의에 관하여 상당한 이유가 있고, 필요성이 인정되는 범위에서는 적법하며, 공소의 제기는 기소 시 또는 공소 시에 각종의 증거자료를 종합 고려하여 합리적인 판단 과정에 의해 유죄로 인정되는 혐의가 있으면 족하다고 판단했다.

이 판결은 검찰관에 의한 기소 행위의 위법성은 재판의 결과인 유죄·무죄와는 다른 차원의 문제라는 견해를 취하고, 공소 제기 시에 검찰관에게 요구되는 직무상의 의무를 판단기준으로 하여 위법성의 유무를 인정하는 견해를 채용했다. 이후 이러한 견해는 직무행위 기준설로 불리게 되었다.

또한, 같은 견해는 후에 경찰관에 의한 피의자의 유치에 관해서도 채용되고 있다(最判1996年3月8日民集50卷3号408頁).

### (3) 재판관의 판결, 입법행위

① 재판관의 판결 행위

그 후 같은 견해를 최고재판소는 재판관의 판결 행위, 입법행위에도 채용했다. 우선, 재판관의 판결 행위에 관한 판단으로서 손해배상청구 사건 상고심 판결(最判1984年3月12日民集36卷3号329頁)이 있다.  이 판결은 패소한 1심 판결에 항소하지 않고 확정된 사정에서 패소 측이 판결의 위법을 이유로 국가배상청구소송을 제기한 사안에 관한 것이다.

이 판결에서 최고재판소는 ( ⅰ ) 쟁송의 재판에 상소 등의 소송법상의 구제 방법으로 시정되어야 하는 하자가 존재했다고 하더라도, 국가배상법 1조1항에서 말하는 위법한 행위가 있었다는 것으로는 되지 않고, ( ⅱ ) 국가배상법상의 책임이 긍정되기 위해서는 재판관이 위법 또는 부당한 목적을 가지고 재판하는 등 부여된 권한의 취지에 명백히 어긋나 재판관이 해당 권한을 행사했다고 인정되는 특별한 사정이 있을 것이 필요하다고 판단했다.

이 판결은 검찰관의 기소 행위와 마찬가지로 재판관의 재판 행위의 위법성은 상소심에 의한 판단의 시정과는 다른 차원의 문제라고 하고, 재판관에 의한 판결 행위의 특수성에 착안하여 국가배상법상의 책임의 범위를 한정적으로 해석하고 있다. 또한, 권한이 부여된 취지에 어긋나는 직무상 권한의 행사라는 관점에서 판단을 내리고 있는 점에서 이 판결도 직무행위 기준설을 채용한 것으로 이해되고 있다.

② 의원의 입법행위

문제가 된 공무원 활동의 특수성을 고려하여 책임의 범위를 한정하여 생각하는 논리는 국회의원의 입법행위에도 채용되어 있다. 손해배상청구 사건 상고심 판결(最判1985年11月21日民集39卷7号1512頁)은 장애가 있는 투표권자에게 인정된 재택 투표의 제도가 선거법령 위반이 많은 점을 이유로 폐지된 후 대체의 제도가 법률에 정해지지 않았던 것의 위법이 국가배상소송에서 사건에 관한 것이다.

이 판결에서 최고재판소는 ( i ) 국회의원은 입법에 관하여 국민 전체에 대한 관계에서 정치적 책임을 지는 데에 그치고, 개별 국민의 권리에 대응한 관계에서 법적 의무를 지는 것은 아니고, ( ii ) 국회의원의 입법행위는 내용이 헌법의 일의적인 문언에 위반됨에도 불구하고 국회가 의도적으로 입법을 하는 등의 쉽게 상정하기 어려운 예외적인 경우가 아니면 국가배상법 1조1항의 적용상으로는 위법의 평가를 받지 않는다고 판단했다.

이 판결도 국회의원의 입법 활동의 특수성에 착안한 것이고, 재판관의 판결 행위와 마찬가지로 책임의 범위를 한정하고 있다. 그래서 이 판결도 위의 여러 판단과 마찬가지로 직무행위 기준설을 채용한 것으로 해석되고 있다. 덧붙여서, 판결이 입법자는 개별 국민의 권리에 대응한 관계에서 법적 의무를 지지 않는다는 판단을 한 점에도 착안해야 할 것이다.

또한, 그 후 최고재판소는 재외 일본인 선거권 박탈 위법확인 등 청구 사건 상고심 판결(最大判2005年9月14日民集59卷7号2087頁)에서, 중의원 의원 총선거에서 소선거구 선출의원의 선거 및 참의원 의원 통상선거에서 선거구 선출의원의 선거에 관하여 재외 일본인에게 투표를 인정하지 않았던 공직선거법(1950法100. 당시의 조문)에 관하여, 입법이 국민의 헌법상 권리를 위법하게 침해하는 것인 점이 명백한 경우나 헌법상 보장된 권리 행사의 기회를 확보하기 위하여 입법 조치를 하는 것이 필요 불가결하고, 그것이 명백함에도 국회가 정당한 이유 없이 장기에 걸쳐 이를 게을리한 때 등에 국가배상법상 위법의 평가를 받는다고 판단했다(배상청구를 인용).

### (4) 규제 권한의 불행사

규제 권한의 불행사와 관련되는 국가배상청구 사건에 관한 최고재판소의 판결에서도 국가배상법 1조1항의 위법성에 관하여 해당 공무원의 직무상 의무에 대한 위배라고 하는 판단 구조를 취하는 것은 많다.

손해배상청구 사건 상고심 판결[最判1982年1月19日民集36卷1号19頁(스낵바에서의 싸움에 관련되는 사건), 손해배상청구 사건 상고심 판결[最判1984年3月23日民集38巻5号475頁(불발탄의 폭발에 관련되는 사건) 등이 그 대표적인 예이다[→ 국가배상판례의 전개, 규제 권한의 불행사(제2절)].

## 제2관  직무행위 기준설의 확장

### (1) 과세처분

특수 유형에 관하여 전개된 직무행위 기준설의 판단 구조를 국가배상법상의 위법성 일반에도 확장하는 최고재판소의 판단이 다수 등장하게 되었다. 그 선구적인 예가 조세부과처분의 위법에 관한 손해배상청구 사건 상고심 판결(最判1993年3月11日民集47巻4号2863頁)이다. 이 판결은 과세처분 취소소송에서 승소한 원고가 신용 등의 실추를 이유로 하여 국가배상청구소송을 제기한 사안에 관한 것으로 직무행위 기준설의 입장에서 과세처분과 관련되는 국가배상책임의 범위를 한정하는 견해를 제시하고 있다[→ 배타적(우선적) 관할의 범위, 구체적인 예(2)(제2편 제3부 제2장 제2절)].

이 판결에서 최고재판소는 ( i ) 세무서장이 하는 소득세의 경정은 소득금액을 과다하게 인정해도 바로 국가배상법 1조1항의 위법 평가를 받는 것이 아니라, ( ii ) 세무서장이 자료를 수집하고 이에 근거하여 과세요건 사실을 인정·판단할 때 직무상 통상 다 해야 하는 주의의무를 다하지 않고 만연히 경정했다고 인정할 수 있는 사정이 있는 경우에만 위법의 평가를 받는다고 판시했다.

또한, 같은 판결의 조사관 해설은 직무행위 기준설은 국가배상법 1조1항 일반에 타당하다는 이해를 나타내고 있다[최고재판소 판례해설 민사편, 1993년도(상) 377頁].

조사관 해설은 ( i ) 행정처분 취소소송의 위법성은 행정처분의 법적 효과 발생의 전제인 법적 요건 충족성의 유무를 문제로 하는 것이나, 국가배상청구소송의 위법성은 손해전보의 책임을 누구에게 지게 하는지가 공평한지라는 관점에서 행정처분의 법적 요건 이외의 여러 종류의 요소도 종합하여 판단해야 하는 것이고, (ⅱ) 국가배상법상의 위법성은 궁극적으로는 타인에게 손해를 입힌 것이 법이 허용하는 범위인지라는 관점에서 판단하는 행위규범 위반성이라고 한다. 나아가, 같은 해설은 (ⅲ) 국가배상법상의 위법성은 행정처분의 법적 요건 충족성의 유무(취소소송에서 위법성)뿐만 아니라 피침해 이익의 종류, 성질, 침해행위의 모습 및 그 원인, 행정처분의 발동에 대한 피해자의 관여 여부, 정도 및 손해의 정도 등의 여러 사정을 종합적으로 판단하여 결정해야 한다고 하고 있다.

### (2) 다른 영역으로 확장

그 후에도 직무행위 기준설에 근거한다고 해석되는 최고재판소의 판단은 계속되었다. 예를 들면, 주민기본대장법(1967法81)에 근거하는 친족관계의 기재 행위에 관하여 같은 견해를 취한 판결로서 주민표 기재처분 취소, 손해배상청구 사건 상고심 판결(最判1999年1月21日判時1675号48頁)이 있다.

이 판결은 당시 주민표에 비적출자(非嫡出子)의 세대주와의 친족관계를 '子'로 기재하도록 국가가 정한 주민기본대장 사무처리 요령이 제정되고, 이 요령은 주민기본대장법(1967法81) 31조1항에 근거하는 국가의 지도 권한에 근거하여 제정된 것이었던 점에서, 시장이 이에 따라 친족관계를 기재한 것에 대하여 자녀와 그 보호자가 국가배상청구소송 등을 제기한 사안에 관한 것이다. 이 판결에서 최고재판소는 사무처리 요령의 규정이 명백히 주민기본대장법의 해석을 그르친 것이라고 할 수 없는 등의 사정에서는 직무상 통상 다 해야 하는 주의의무를 다 하지 않고 만연히 행해졌다고 말할 수는 없고, 국가배상법 1조1항에서 말하는 위법은 없다고 판단했다.

과세 행정의 분야에서도 소비세 징수의 목적으로 예금계좌를 압류하여 조세채권에 충당한 처분에 관련되는 사안에 관하여 마찬가지로 직무행위 기준설을 채용한 판단이 있다[손해배상청구 사건 상고심 판결(最判2003年6月26日金法1685号53頁).

## 제3관 다른 판단 구조

### (1) 고의·과실과 구별하는 예

그러나 한편으로 이러한 직무행위 기준설과는 다른 판단 구조를 채용하는 재판례가 있다. 예를 들면, 면회 불허가처분 취소 등 청구 사건 상고심 판결(最判1991年7月9日民集45巻6号1049頁)이나 손해배상청구 사건 상고심 판결(最判1997年8月29日民集51巻7号2921頁)에서는 '고의·과실'과 '위법성'은 구별하여 판단되었다.

면회 불허가처분 취소 등 청구 사건 상고심 판결(最判1991年7月9日民集45巻6号1049頁)은 감옥법 시행규칙 120조(당시)가 감옥법(당시)의 위임의 범위를 넘는다고 하여 위법하다고 한 것이다[→ 법규명령, 위임입법의 한계-위임의 취지·목적 등, 감옥법 시행규칙 사건(제2편 제5부 제2장 제2절)]. 이 판결에서 최고재판소는 국가배상청구에 관하여 위의 '위법'의 판단을 전제로 하여 '과실'의 유무를 검토하고, 형무소장에게 과실은 없다고 판단했다.

손해배상청구 사건 상고심 판결(最判1997年8月29日民集51巻7号2921頁)은 교과서 검정처분의 위법성을 이유로 하여 국가배상청구소송이 제기된 사안에 관한 것이다. 같은 판결에서 최고재판소는 ( i ) 합격 여부의 판정 등에 관한 검정심의회의 판단 과정에서 당시의 학설 동향, 교육 상황에 관한 인식이나 구 검정기준에 위반된다는 평가 등에 간과하기 어려운 과오가 있어 문부대신(당시. 이하 같음)의 판단이 이에 근거하여 행해졌다고 인정될 때는 재량권의 일탈이 있는 것으로 보아 국가배상법상 위법이 있게 된다고 판단했다. 또한, ( ii ) 문부대신이 수정 의견을 붙인 과정에 간과하기 어려운 과오가 있으므로 문부대신은 그 직무 수행에 관하여 원고에게 고의 또는 과실로 인하여 위법하게 손해를 입혔다고 판시했다.

그 외에도 손해배상 사건 상고심 판결[最判2004年1月15日民集58巻1号226頁(국민건강보험 피보험자증의 교부가 거부된 사건. 과실을 부정)], 국가배상청구 등 사건 상고심 판결[最判2005年4月19日民集59巻3号563頁(검찰청사 내에서의 피의자와의 접견이 거부된 사안. 과실을 부정)] 등 다수의 판결이 고의·과실과 위법성을 구별하는 판단 구조를 채용하고 있다.

## (2) 직무상 의무를 법령 준수 등으로 보는 예

직무행위 기준설을 취하지만, 직무상 의무를 법령의 준수 등에 직결시키는 판단도 있다. 이 판단에서는 직무행위 기준설은 국가 등의 책임을 한정하는 역할을 하지 않는다(학설 중에도 직무행위 기준설을 취하는 재판례에 관하여 직무 위반으로 구성하는 것과 그 밖의 것을 구별하는 학설이 있다. 芝池・救済法308頁以下).

이와 같은 판단의 예로서 손해배상청구 사건 상고심 판결[最判2008年4月15日民集62巻5号1005頁(변호사회 인권위원회의 조사 목적으로 행해진 접견의 신청을 형무소장이 거부한 사안. 위법성을 부정)], 손해배상청구 사건 상고심 판결[最判2013年12月10日民集67巻9号1761頁(직원의 입회가 없는 상태에서 사형확정수와 변호인 간의 면회를 구치소장이 허용하지 않은 사안. 배상청구를 인용)]이 있다.

## 제4관　판례의 분석

### (1) 학설의 평가

많은 학설은 최고재판소의 일련의 판단에 대해서는 국가배상청구소송의 위법성 통제기능이 훼손된다고 하여 비판적인 견해를 취하고 있다. 예를 들면, 국가배상법에서의 위법성이란 문제가 되는 작위 등과 관련되는 직무권한 행사에 관한 요건이 결여된 상태를 가리킨다고 하는 직무권한 발동 요건 결여설이 그 전형적인 예이다(宇賀・Ⅱ471頁以下).

### (2) 판결의 평가

① 합리화할 수 있는 유형

우선, 규제 권한의 불행사 사례에 관해서는 권한 행사 의무와 관련되는 명문의 행정법규는 없다. 또한, 위법성의 판단 구조는 판례상 정착했으므로 판단 구조를 적용한 결과로서의 위법 인정을 소극적인 권한 남용으로 구성할지, 아니면 직무상의 의무 위반으로서 구성할지에 관하여 논의할 실익은 없다. 또한, 조세부과처분 등에 관해서는 처분에 대한 취소소송의 배타적(우선적) 관할과의 관련성 및 보호되어야 하는 법익의 범위 등의 관점에서 위법성 판단이 한정되는 점을 설명하는 것은 가능하다.

이와 관련하여, 고정자산 평가심사 결정 취소 등 청구 사건 상고심 판결(最判2022年9月8日判時2545号19頁)에서 최고재판소는 고정자산 과세대장 등록 가격에 관한 심사의 신청을 기각한 고정자산 평가심사 위원회의 결정에 대하여 국가배상이 청구된 사안에서 직무행위 기준설의 판단 구조를 적용했다. 기각결정 취소소송(원심에서 청구인용)과 함께 변호사 비용 등이 청구된 사안에 관하여 국가배상법상의 위법은 없다고 한 원심을 파기하고 환송한 점이 주목할 만하다.

조세부과처분과 국가배상법과의 관계에 관하여, → 배타적(우선적) 관할의 범위, 구체적인 예(2)(제2편 제3부 제2장 제2절). 또한, 주민기본대장법에 규정이 있는 국가의 지도 권한에 근거하는 사무처리 요령에 따른 시의 행위에 대한 재판소의 판단도 해당 사안의 특수성에 착안한 것으로 볼 수 있다.


더욱이, 직무행위 기준설이 성립한 특수한 국가행위 유형에서 위법성의 판단 구조에 관해서도 각각의 행위의 특수성으로 설명하는 것이 가능하다(위법성 판단의 구조는 각각의 행위에 고유한 것이 된다).

다만, 이 외의 유형에 관해서는 위법성 판정의 기준을 좁히는 것을 정당화하는 적극적인 근거는 제시하기 어렵다.

② 판단의 예견가능성

이미 말한 바와 같이, 재판소가 채용하는 직무행위 기준설은 다양한 기능이 부여되어 있다. 즉, 이 판단 구조는 법령 위반 등을 '위법성'으로 인정하거나 직무상의 의무를 법령 위반에 직결하게 하는 판단의 구조도 포함하는 유연한 것으로서 기능하고 있다고 생각해야 할 것이다.

그리고 최고재판소가 명확한 근거를 제시하지 않고, 자신의 자유로운 판단에 따라 판단 구조를 나누어 사용하고 있는 현재 상황은 바람직하지 않다. 법령 위반이 재판소로서 간과할 수 없다고 생각하는 경우(형사시설에서의 접견·면회와 관련되는 일련의 판결)에는 법령 위반의 위법성을 지적하는 운용을 최고재판소가 하고 있다고 이해하는 것은 가능하지만, 그 배경에 있는 가치판단은 최고재판소의 판결이유로부터는 명확하지 않다. 국가배상청구소송에는 판결에 제시된 위법성의 인정을 통하여 행정의 통제를 확보하는 기능도 기대되고 있는 점에 비추어 보면, 재판소는 판결에서 국가배상법 1조1항의 '위법성'을 어떤 의미에서 사용하는 것인지에 관하여 예견가능성이 보장되는 운용에 유의해야 할 것이다.

# 제4장  국가배상법 1조-그 밖의 문제

## 제1절 '직무를 수행함에 관하여'

### 제1관  직무행위 기준설과의 관계

직무행위 기준설은 국가배상법 1조1항의 위법성을 '특정한 자와의 관계에서 요구되는 직무상의 의무에 대한 위반'으로 생각하는 것을 이미 말했다. 이 견해가 성립하는 조문상의 근거가 국가배상법 1조1항의 이 문언에 있는 점은 말할 것도 없다.

### 제2관  직무행위 관련성

다만, 일반적으로는 이 문언은 직무행위 그 자체에 따라 발생한 손해뿐만 아니라, 직무행위와 관련성이 있는 직원의 행위로 인하여 발생한 손해도 국가배상법 1조1항에 따라 배상이 되는 손해에 포함되는 취지를 명확히 한 것으로 해석되었다. 국민에게 손해를 입힌 행위에는 법령에 반하여 행해졌기 때문에 직무행위 그 자체로 볼 수 없는 것이 포함되므로 국민을 널리 구제하는 관점에서 직무와 관련한 행위로 인한 손해에 관해서도 국가배상법 1조1항에 따른 구제의 대상으로 되어 있다.

이와 같은 종류의 규정에는 일반 사단법인 및 일반 재단법인에 관한 법률(2006法48) 78조·197조, 민법 715조('그 사업의 집행에 관하여')가 있다.

## 제3관  외형 이론

직무행위 관련성의 유무와 관련되는 판단에 관하여 판례는 외형이론을 채용하고 있다. 대표적인 예로서는 손해배상청구 사건 상고심 판결(最判1956年1月30日民集10卷11号1502頁)이 있다.

이 판결은 경시청의 경찰관이 지급된 제복, 동료로부터 절취한 권총을 사용하여 휴일에 관할 외의 가나가와현에서 강도를 하고, 상해를 입힌 사건에 관하여 국가배상청구소송이 제기된 사안에 관한 것이다. 이 판결에서 최고재판소는 ( i ) 공무원이 자기의 이익을 도모하는 의도를 가지고 해당 행위를 한 경우에도 ( ii ) 객관적으로 직무집행의 외형을 갖춘 행위로 인하여 타인에게 손해를 입히면 국가배상법 1조1항의 적용이 있다고 판단했다.

이와 관련하여, 민법에서도 거래적 불법행위에 관하여 외형 이론을 채용하는 견해가 지배적이다. 다만, 유력설 중에는 외형 이론에 관해서는 다른 견해를 취해야 한다고 하는 것이 있다.

구체적으로는 위험물형(자동차 사고 등의 사례)에 관하여 '지배 영역 내의 위험'인지를 문제로 하고, 폭행형에 관하여 사업의 집행행위와의 밀접 관련성을 문제로 해야 한다고 하는 논자가 있다[内田貴『民法Ⅱ債権各論(第3版)』(東京大学出版会・2011)492頁以下].

이 점에 관하여, 위의 최고재판소 판결의 사안에 관해서는 공무원의 직무행위로서의 외형을 기준으로 하는 것에 관하여 위화감은 없다(제복・모자의 착용 등). 다만, 이러한 의미의 외형 이론으로 모든 사안에서 직무 관련성에 관한 타당한 판단이 도출되는 것은 아니라는 점에도 유의할 필요가 있다.

# 제2절　소송법상의 문제

## 제1관　국가배상청구소송

### (1) 취소소송과의 관계

취소소송의 배타적(우선적) 관할은 원칙적으로 국가배상청구소송에는 미치지 않는다. 구체적으로는 '취소소송을 제기하여 취소판결을 받지 못하면 국가배상청구를 제기할 수 없다'라고는 해석되지 않는다[과세처분 등의 경우에 관하여, → 배타적(우선적 관할)의 범위, 구체적인 예(2) (제2편 제3부 제2장 제2절), 직무행위 기준설, 직무행위 기준설의 확장, 과세처분(제3장 제3절)].

### (2) 민사소송

국가배상청구소송은 전통적으로 민사소송으로서 취급되었다. 다만, 이에 관해서는 제2차 세계대전 전의 국가 무책임 법리의 영향이 강하다고 말해지고 있다. 민사법이 적용되는 영역에서는 국가 상대의 소송이어도 민사의 불법행위 소송으로서 적법하다고 해석되어 온 경위에 따른 것이다(독일에서는 공법상의 당사자소송으로 취급된다).

## 제2관　입증책임 · 기판력

국가배상청구소송에서 입증책임 등에 관해서도 민사법이 적용된다. 행정법규 적합성에 한정해서는 위법성 조각의 요건으로 해석하여 주장 · 입증책임은 행정 측에 있다고 주장하는 학설도 있다.

이와 관련하여, 취소소송의 기판력과 국가배상청구소송의 관계에 관해서는 논의가 있다. 우선, 행정처분의 취소판결이 확정된 경우 처분이 행정법규에 적합하다는 주장(처분의 적법성의 주장)은 기판력으로 차단되는 점에서 그 후의 국가배상청구소송에서 피고가 이러한 주장을 하는 것은 허용되지 않는다. 다만, 과세처분의 경우 등에서 판례의 견해(직무행위 기준설)를 취한다면 행정청이 (처분에 위법성은 있지만) 국가배상법상의 위법은 없다고 주장하는 것은 기판력으로 차단되지 않는다.

# 제3절  공무원의 개인 책임과 구상

## 제1관  메이지 헌법기

메이지 헌법의 시대에서 판례는 기본적으로 공무원의 개인 책임도 부정해 온점은 이미 소개했다[→ 제도의 연혁, 일본 제도의 연혁(제1편 제1절)].

## 제2관  판례의 입장

현행법 아래에서 판례는 공무원의 개인 책임을 직접적으로 물을 수 없다는 견해를 취하고 있다. 대표적인 판단으로서는 농지위원회 해산명령 무효확인 및 위자료 청구 사건 상고심 판결(最判1955年4月19日民集9巻5号534頁)이 있다.

이 판결은 농지위원회의 위원회 해산처분으로 인하여 위원의 지위를 상실한 자가 해산명령의 무효를 확인함과 동시에 국가배상을 구하는 소송을 제기한 사안에 관한 것이다.

현행법에서 개인의 책임이 부정되는 이유로서는 ( i ) 대위책임설에 근거한다면 공무원 개인의 책임은 국가 또는 공공단체가 그 책임을 대위함에 따라 면제되는 점, ( ii ) 국가배상법 1조2항에는 공무원의 개인 책임을 추궁하는 수단으로서 구상 규정이 마련되어 있는 점, (iii) 입법 당시에 공무 수행을 보장하는 관점에서 공무원의 개인 책임의 추궁은 인정되지 않는다고 해석되고 있었던 점을 들 수 있다.

## 제3관  학설의 입장

이에 비하여, 자기책임설을 취하는 학설 중에는 공무원 개인의 불법행위책임과 '공무 운영상의 하자'의 책임은 관점이 다르다는 점에서 국가·공공단체의 책임과 개인 책임은 별개로 성립한다는 견해를 주장하는 것이 있다. 또한, 대위책임설을 취하는 현행법에서도 고의 또는 중과실의 경우에 공무원의 개인 책임을 추궁할 수 있다는 설도 있다. 나아가, 공무원의 권리남용(사리사욕에 근거하는 행동)에 관해서는 입법 취지로 보완할 부분이 아니라고 하여 개인 책임이 성립할 여지를 인정하는 학설도 유력하다(塩野・Ⅱ354頁).

## 제4관  국가·공공단체에 의한 구상과 그 법적 성격

국가배상법 1조2항은 공무원에게 고의 또는 중대한 과실이 있었던 경우에 국가 또는 공공단체는 공무원에 대하여 구상권을 가지는 것으로 규정한다.

불법행위를 한 공무원이 복수일 때 해당 공무원들은 연대책임을 지는지가 문제가 된 사례가 있고, 최고재판소 판결(最判2020年7月14日民集74卷4号1305頁)은 복수의 공무원이 '공동하여 고의로 위법하게 타인에게 손해를 입힌 경우'에 해당 공무원은 연대하여 채무를 부담한다고 판단했다(복수의 직원이 공모하여 교원 채용에서 부정행위를 하고, 채용되지 않아야 할 자를 채용하고, 채용되어야 하는 자를 채용하지 않은 사안이다). 다만, 공동하여 고의로 불법행위를 한 사안에 관한 사례 판단인 점에 유의할 필요가 있을 것이다.

# 제5장  국가배상법 2조

## 제1절  개설

### 제1관  국가배상법 2조의 의의

제2차 세계대전 전에 국가 또는 공공단체에 의한 비권력적 행정에 관해서는 민법상의 배상책임이 긍정되고 있었다. 그러나 그 범위는 반드시 명확하지는 않았다. 그래서 비권력적 행정의 분야에도 국가배상책임이 성립하는 점을 확인함과 동시에 그 적용 관계를 명확히 할 필요성이 생겼다.

그래서 국가배상법 2조에서 국가 또는 공공단체가 행정 목적으로 관리·사용하고 있는 공물 또는 행정재산(같은 조에서 말하는 영조물)의 설치·관리상 하자로 인하여 타인에게 손해가 발생한 때에는 같은 조에 근거하여 국가 또는 공공단체가 손해배상책임을 진다고 정했다.

국가 행정재산의 종류에 관해서는 국유재산법(1948法73号) 3조2항에 규정이 있다. 행정재산 이외의 재산이 보통재산이다(국유재산법 3조3항). 또한, 지방자치법(1947法67) 238조4항은 '행정재산이란 지방자치단체에서 공용 또는 공공용에 제공하거나 제공을 결정한 재산을 말한다'라고 규정하고 있다.

## 제2관  민법 717조와의 대비

우선, 첫째 국가배상법 2조1항에 규정되는 '영조물'의 개념은 '토지공작물'의 개념보다도 넓다(→ 영조물). 둘째, 국가배상법 2조1항에는 민법 717조와 같이 일정한 경우에 점유자를 면책하는 조항은 없다. 셋째, 영조물의 설치·관리에 관하여 복수의 국가 또는 공공단체가 관계할 때는 국가배상법 3조에 국민의 출소 부담을 경감하는 규정이 있다.

이와 같이, 제도로서도 국가배상법 2조1항은 민법보다도 구제의 범위를 확장하고 있다. 즉, ( i ) 위험책임 법리에 근거하여 일반규정(국가배상법 1조1항, 민법 715조·709조)에 따르는 것보다 두텁게 구제되는 범위는 넓고, 또한 ( ii ) 피고 선정상의 부담은 경감되고 있다. 또한, 동일하게 위험책임의 법리에 근거하는 민법 717조와 구제의 이론상 구조에 차이는 없지만, 국가배상법 2조에 관해서는 이하에 말하는 바와 같이 같은 조에 특유의 요건론이 전개되고 있다.

## 제3관  국가배상법 2조의 적용 범위

### (1) 영조물

원래, 영조물은 행정작용법의 분야에서 사용되는 개념이다. 즉, 행정작용법상의 영조물이란 공적 목적을 위하여 설치된 인적·물적 수단의 종합체를 가리킨다. 예로서는 도서관, 병원 등이 있다.

이에 비하여, 국가배상법 2조1항에서는 영조물이란 '공물'(이 시설들의 물적 부분인 유체물)을 가리키는 것으로 해석되고 있다. 전형적으로는 인공공물인 도로, 교량 등과, 자연공물인 하천, 호소, 해변 등이 이에 해당하게 된다. 또한, 영조물에는 부동산뿐만 아니라 동산도 포함된다. 공용 자동차, 교육기구로서의 전기 대패, 권총 등이 그 예이다.

또한, 국가 또는 지방자치단체의 보통재산에서 설치·관리의 하자로 발생한 손해에 관해서는 민법 717조가 적용된다(→ 국가배상법 2조의 의의).

### (2) 공공단체

공공단체에는 지방자치단체 외에 독립행정법인 등의 특별 행정주체도 포함된다. 또한, 공공단체에 해당하지 않는 법인이 설치·관리하는 재산에 관해서는 민법 717조가 적용된다.

## 제2절  설치·관리의 하자(개설)

### 제1관  개설

### (1) 하자의 정의

판례에 근거한다면 하자란 영조물이 통상 가져야 하는 안전성이 결여되고, 타인에게 위해를 미칠 위험성이 있는 상태를 말하고, 이러한 하자의 존재 여부에 관해서는 해당 영조물의 구조, 용법, 장소적 환경 및 이용 상황 등 여러 사정을 종합 고려하여 구체적 개별적으로 판단해야 한다고 생각된다.

오사카 국제공항 야간비행 금지 등 청구 사건 상고심 판결(最大判1981年12月16日民集35卷10号1369頁), 손해배상청구 사건 상고심 판결[最判1984年1月26日民集38卷2号53頁(다이토 수해 소송 상고심 판결)] 등이 이러한 하자의 일반적 정의를 판시하고 있다.

### (2) 객관적 이해와 주관적 이해

이러한 '하자'의 본질에 관해서는 학설상 크게 나누어 물건의 객관적 성상(性狀)에 착안하는 견해(객관적 이해)와 설치·관리자의 안전관리 의무 위반에 착안하는 견해(주관적 이해)가 대립하고 있다.

위에서 말한 바와 같이, 객관적 이해란 영조물의 안전성이 결여되어 있다는 객관적인 상태에 착안하여 책임을 추궁하는 것이다. 이 견해는 영조물이라는 본래 위험성이 내재하는 물건을 설치·관리하는 관리자에게는 통상의 과실책임보다도 엄격하게 무과실책임 법리에 근거하여 책임을 묻는다고 하는 것이고, 국가배상법 2조1항은 무과실책임을 규정한 것으로 이해한다.

이에 대하여, 주관적으로 이해하는 견해는 영조물의 하자는 설치·관리자가 안전관리 의무에 위배된 결과로써 발생하는 상태라고 생각하고, 국가배상법 1조1항과 함께 행위자의 주관적인 책임에 착안한 규정이라고 생각한다. 다만, 위험책임의 법리로부터 국가배상법 1조1항에서 통상 요구되는 예견가능성, 결과회피 의무보다도 높은 수준의 안전 확보 의무가 부과되는 점에 국가배상법 1조1항과 대비해서 독자적인 의의가 있다고 이해한다.

또한, 이 견해 이외에도 설치의 측면에 관해서는 객관적인 판단이 필요하고, 관리의 측면에 관해서는 주관적인 판단이 필요하게 된다고 하여 절충적인 견해를 취하는 자도 있다.

## 제2관  판례의 경향

최근 최고재판소의 판단 중에는 주관적인 이해에 가까운 것이 늘어났다. 즉, 최근 최고재판소의 판결에서는 "손해가 발생한 상황에서 설치·관리자로서 손해 발생에 관한 예견가능성이 있고, 또한 결과회피의 가능성을 고려하여 회피 의무에 대한 위반이 있었다고 인정되는 것이 '하자'의 본질이고, 또한 그때에는 위험책임 법리에 근거하여 통상보다 높은 수준에서 예견가능성과 그에 근거하는 결과회피 의무가 요구된다."라는 입장에서 국가배상법 2조1항을 해석했다고 이해해야 하는 것이 많다. 이하, 구체적인 판례의 전개를 보기로 한다.

## 제3절  설치·관리의 하자(도로)

### 제1관  고치(高知) 낙석 사건

우선, 도로에 관한 판례의 전개를 본다. 도로 분야에서 국가배상법 2조1항의 선구적 판단을 제시한 것으로 손해배상청구 사건 상고심 판결(最判1970年8月20日民集24巻9号1268頁)이 있다. 이 판결에서 최고재판소는 국가배상법 2조1항에 관하여 ( ⅰ ) 하자('통상 가져야 하는 안전성의 결여), ( ⅱ ) 무과실책임, ( ⅲ ) 예산 항변(예산상의 조치가 불가능하다는 항변)의 배척이라는 3가지의 해석을 제시했다. 그래서 이 판결에서 최고재판소는 객관적인 이해로써 도로의 설치·관리에 관한 하자를 파악했다고 학설은 해석하고 있다. 다만, 최고재판소도 ( ⅳ ) 천재 등의 불가항력으로 인한 손해는 예외라고 하고 있다.

위의 판결은 국도의 낙석 사고로 인한 손해에 관하여 국가배상청구소송이 국가를 피고로 하여 제기된 사안에 관한 것이다. 이 판결에서 최고재판소는 영조물의 설치 또는 관리의 하자란 ( ⅰ ) 영조물이 통상 가져야 하는 안전성이 결여된 것을 말하고, ( ⅱ ) 국가 또는 공공단체의 배상책임에 관해서는 과실의 존재를 필요로 하지 않는다고 판단했다. 또한, ( ⅲ ) 불가항력이나 회피가능성이 없는 경우는 별도로 하고, ( ⅳ ) 대책의 비용이 많이 필요한 것은 배상책임을 면하는 이유가 되지 않는다고 했다.

### 제2관  그 후의 재판례

그러나 그 후의 재판례 중에는 물적 안전성의 결여만을 책임의 관점으로 하지 않고, 도로

관리자가 통상 다 해야 하는 안전대책을 했는지라는 관점에서 책임의 유무를 판단하는 것이 나타났다. 이는 모두 국가배상법 2조1항의 주관적인 이해나 절충설적인 이해에 유력한 근거를 제공하는 것으로 생각되고 있다.

### (1) 손해배상청구 사건 상고심 판결(고장 트럭 방치 사건)

손해배상청구 사건 상고심 판결(最判1975年7月25日民集29卷6号1136頁)은 고장 트럭이 노상에 방치되어 그것이 87시간 후에 주행 차량과 트럭의 충돌사고가 발생한 사안에 관한 것이다. 도로 그 자체는 안전한 상태에 있고, 사고의 직접 원인은 제삼자가 방치한 트럭에 있었음에도 최고재판소는 설치·관리의 하자를 인정했다.

이 판결에서 최고재판소는 ( i ) 도로관리자에 의한 도로 감시의 체제에 불비가 있었기 때문에 고장 난 차의 방치가 파악되지 않았던 점, 그 결과 (ii) 바리케이드나 편도의 일시 통행금지 등의 안전대책은 취해지지 않은 점 등을 지적하고 안전관리 체제에 문제가 있었다고 하여 책임을 긍정했다.

### (2) 손해배상청구 사건 상고심 판결(안전표지판 등 손괴 사건)

손해배상청구 사건 상고심 판결(最判1975年6月26日民集29卷6号851頁)은 도로공사 현장에 설치된 공사표지판 등이 제삼자의 차에 의해 쓰러뜨려진 직후에 사고가 발생한 사안에서 사고로 사망한 사람의 유족이 국가배상청구소송을 제기한 사안에 관한 판단이다. 최고재판소가 ( i ) 도로공사 현장 그 자체의 안전성에는 결여가 있었지만, (ii) 도로관리자가 시행한 안전대책에 주목한 점, (iii) 제삼자의 행위로 인하여 대책이 의미를 상실한 후 바로 안전대책을 다시 실시하는 것에 기대가능성이 있었는지를 판단하고 있는 점에 이 판결의 특징이 있다.

이 판결에서 최고재판소는 ( i ) 공사표지판, 바리케이드, 적색등 표지 등이 쓰러진 채이었던 점에서 도로의 안전성에는 결여가 있었다고 하면서도, (ii) 야간이고 사고 발생 직전에 다른 차로 인하여 야기된 것인 점에서 (iii) 지체 없이 원상으로 회복하는 것은 불가능했다고 인정하여 하자의 존재를 부정했다.

또한, 최고재판소의 판단은 아니나, 고등재판소의 판결 중에는 도로에서 설치·관리의 하자에 관하여 주관적인 이해에서 판단을 내린 예가 있다. 또한, 도로의 설치·관리의 하자와 관련되는 판단기준을 생각하는 데에도 이 판결들은 중요성을 가진다고 생각되므로 여기에 소개한다.

### (3) 손해배상청구 항소, 부대항소 사건 판결[히다가와(飛驒川) 버스 추락 사건]

손해배상청구 항소, 부대항소 사건 판결(名古屋高判1974年11月20日判時761号18頁)은 가파르고 험준한 산길에서 산사태가 발생한 것에 기인한 버스 추락 사고와 관련되는 국가배상 청구 사건에 관한 것이다. 이 판결에서 고등재판소는 도로의 시설 대책과 교통차단, 피난 대책의 관점에서 책임의 유무를 검토하고, 전자의 관점에서는 불가항력을 긍정했지만, 후자의 관점에서는 관리의 하자를 인정했다.

### (4) 손해배상청구 항소, 부대항소, 원상회복 등 신청 사건 판결[도메(東名) 고속도로 터널 사고]

이 판결은 도메 고속도로의 대형 터널에서 차량의 추돌사고가 발생한 후에 연소(延燒)로 인하여 다수의 후속  차량에 피해가 발생한 사안에 관한 것이다. 손해배상청구 항소, 부대항소, 원상회복 등 신청 사건 판결(東京高判1993年6月24日判時1462号46頁)에서 고등재판소는 초기 소화 대책 설비의 미비, 소방서에 대한 정보 제공 체제의 미비, 후속 차량에 대한 정보제공 설비의 결여 등 체제의 미비를 지적하고, 대형 터널에서 관리책임을 긍정했다.


# 제4절  설치·관리의 하자(하천)

## 제1관  다이토(大東) 수해 소송

### (1) 다이토 수해 소송 최고재판소 판결

도로 사고에 관하여 재판소가 비교적 넓게 책임을 인정하는 판단을 제시해 온 것에 영향을 받아 하천 수해에 대해서도 손해배상을 구하는 움직임이 많아지게 되었다. 이에 대하여, 당시 하급심의 판결은 도로와 관련되는 사건과 마찬가지로 적극적으로 배상 청구를 인정했다. 그러나 최고재판소는 다이토 수해 소송 상고심 판결에서 도로에 비하여 수해 소송에서 국가 등의 책임을 한정하는 판단을 제시했다. 이것이 손해배상청구 사건 상고심 판결(最判1984年 1月26日民集38卷2号53頁)이다.

### (2) 판결의 개요

이 판결에서 최고재판소는 인공공물과 자연공물을 범주화로 대비한 후에 자연공물에는 내재적인 위험성이 따르는 점에서 하천의 안전대책에는 각종의 제약 사정이 있다고 지적하여 수해에 관해서는 예외적인 경우에만 국가배상책임이 성립한다고 판단했다.

또한, 최고재판소는 하천관리의 하자 유무에 관해서는 일반적으로 과거에 발생한 수해의 규모, 발생의 빈도, 발생원인, 피해의 성질, 강우 상황, 지역의 지형 그 밖의 자연조건, 토지의 이용 상황 그 밖의 사회적 조건, 보강공사가 필요한 긴급성의 유무 및 그 정도 등 여러 사정을 종합적으로 고려하여 하천 관리상의 제약 아래에서 같은 종류, 같은 규모 하천의 일반적인 관리 수준 및 사회통념에 비추어 시인할 수 있는 안전성을 갖추고 있다고 인정되는지를 기준으로 하여 판단해야 한다고 했다.

이와 관련하여, 이 판결은 다음과 같은 하천의 범람에 관련되는 사안에 관한 것이다. 즉, (ⅰ) 범람이 발생한 하천[다니타가와(谷田川)]은 택지화에 따라 범람의 위험성이 현저히 나타났기 때문에 보강공사 계획이 정해진 1급 하천 수계의 지류이었다. (ⅱ) 본류[네야가와(寢屋川)]에는 보강공사가 진행되었지만, 지류에는 보강공사가 완료되지 못했다. (ⅲ) 범람한 하천은, 우선적으로 순차 정비되어 갈 하류 지역 및 도시환경정비의 필요성에서 먼저 정비된 상류 지역의 일부에서는 보강공사는 완료되었지만, 도시화의 진전과 퇴거 등의 문제로 일부 중류 지역에 좁은 하천 폭의 미공사 부분이 남아 있고, 또한 해당 부분은 상류에서 하류로 하천 폭이 좁아진 상태에 있었다. (ⅳ) 범람은 그 부분을 원인으로 발생했다(참고도를 참조). 이러한 사안에 관하여 최고재판소는 해당 부분을 다른 곳에 우선하여 실시해야 하는 특별한 사정이 있었는지 등을 심리하게 하도록 사건을 고등재판소에 환송했다.

【다니타가와의 유수로】

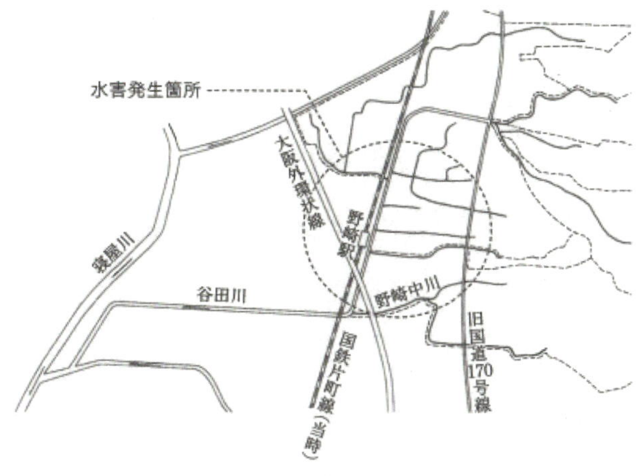


【범람의 장소】

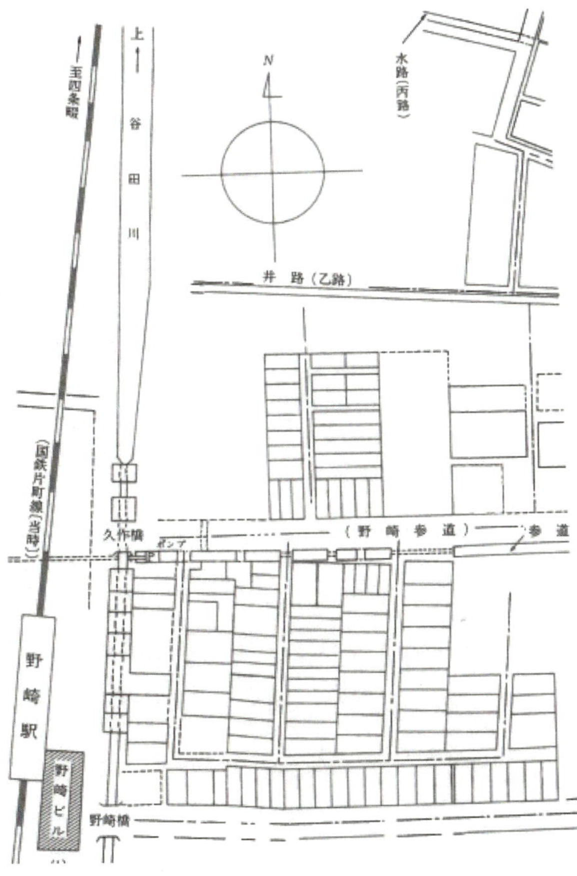


[위의 그림은 모두 民集38卷2号189頁以下에 게재한 것을 기초로 작성했다.]

## 제2관 다마가와(多摩川) 수해 소송

### (1) 학설의 비판

최고재판소의 위 판결은 공사가 완료되지 못한 근교의 하천에 관한 것이다. 그래서 학설상은 최고재판소가 제시한 일반론과 같이 인공공물과 자연공물을 일률적으로 구별할 것이 아니라 하천이어도 도시형 하천(공사 완료 하천)과 전원형 하천(공사 미완료 하천), 피해가 있어도 범람형 수해(계획 강우량을 넘는 강우로 제방 등을 넘는 수해)와 제방 파괴형 수해(계획 강수량 이하의 강수에서 제방이 파손된 경우의 수해)로 구별해야 한다는 설이 유력해졌다.

### (2) 다마가와 수해 소송 최고재판소 판결

그래서 최고재판소도 공사가 완료되고, 도시형인 다마가와의 수해 사고에 관해서는 다른 판단 구조가 사용되는 것을 인정했다. 즉, 손해배상청구 상고, 부대상고 사건(最判1990年12月13日民集44卷9号1186頁)에서 최고재판소는 다마가와의 하상도로에 설치된 농업용 취수보의 설계상 결함을 원인으로 수해가 발생했다고 하여 소송이 제기된 사안에 관하여 손해배상청구를 부정한 고등재판소의 판결을 파기하고, 환송하는 판단을 내렸다.

이 보는 농업용수를 하천의 오른편으로 빨아들이기 위하여 설치된 것이나, ( i ) 강물을 보로 유도하는 하천 좌측의 작은 제방에 보가 끼워진 구조로 되어 있었다. 또한, ( ii ) 보의 높이는 필요 이상으로 높고, ( iii ) 보가 가동하는 부분의 보 본체에서 차지하는 비율을 개선할 필요가 있다는 등의 문제가 있었다. 나아가, 이 점들은 하천 공학의 발전으로 보의 설치 후이지만 수해 발생 전의 시점에 확인되어 있었다. 그리고 작은 제방의 훼손으로 발생한 보의 우회 물 흐름 때문에 하천 좌측의 본 제방도 훼손되어 수해가 발생했다. 이러한 사안에 관하여 최고재판소는 ( i ) 취수보(허가 공작물)가 하천에 설치된 후에 하자가 새로 인식된 경우, ( ii ) 대책에 일정한 제약은 있지만, ( iii ) 제약의 정도는 통상은 상당히 작다고 판단했다[환송 후의 고등재판소 판결(東京高判1992年12月17日判時1453号35頁)은 원고의 배상청구를 인용했다(확정)].

【다마가와의 붕괴 장소】

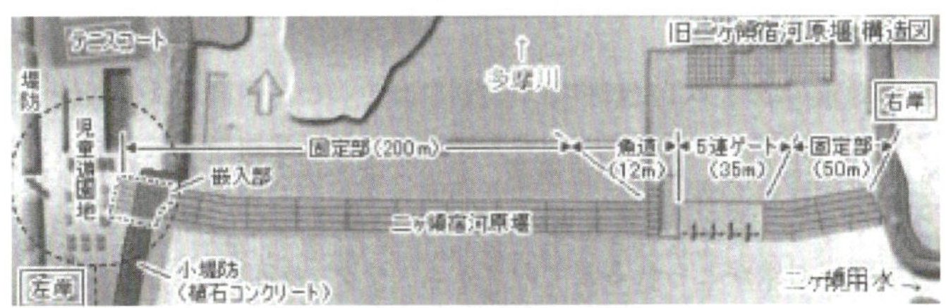

【붕괴 장소】

[국토교통성 간토지방정비국의 홈페이지에 게재되어 있던 그림을 기초로 작성했다.]

## 제3관  그 후의 판례

다만, 다마가와 수해 소송 최고재판소 판결 후의 최고재판소 재판례는 공사 완료, 공사 전, 범람형, 제방형의 구별을 엄밀하게는 인정하지 않고 있다. 또한, 그 후의 수해 소송에 관련되는 재판례에서 국가의 책임을 긍정한 것은 없고, 최고재판소의 수해 소송에 대한 자세는 여전히 엄격하다고 이해되고 있다.

손해배상청구, 가집행금 반환청구 사건 상고심 판결(1994年10月27日判時1514号28頁)은 계획 고수위를 넘지 않는 수위에 있었음에도 하천 우측 제방의 붕괴로 수해가 생긴 사안에 관한 판단이다. 이 판결에서 최고재판소는 ( i ) 제방의 기초지반에 특별한 지질 조건이 존재하고, 이것이 원인이 되어 제방이 붕괴하였다고 원고는 주장하지만, 그러한 특별한 지질 조건의 존재는 증명되지 않는 점, ( ii ) 만약 원고 주장과 같은 지질 조건의 원인으로 붕괴가 발생했다고 하여도 기초지반을 제외하는 제방 본체 부분에 결함은 존재하지 않기 때문에, 제방 건설, 수리와 정비, 관리 등의 면에서 불합리한 점이 있었다고는 인정되지 않는 점, ( iii ) 제방의 기초지반의 모든 부분에 대하여 안전성의 유무를 조사하여 대책을 취하는 것은 특별한 사정이 없으면 기술적·재정적으로 불가능한 점을 지적하고, 설치·관리의 하자를 인정하지 않았다.

또한, 예를 들면 댐 조작의 실수에 관해서는 댐 관리의 하자로서 독자적으로 검토하고 책임이 긍정될 여지는 있다[→ 1조와 2조의 관계, 양 조문의 보완적 관계(제6절)].

## 제5절  설치 · 관리의 하자(기타)

### 제1관  대책의 시차

'하자'의 인정 시 결과회피 의무, 안전대책 의무의 관점에서 재판소가 판단을 내리게 되면 대책 실시의 필요성이 인식된(인식되어야 하는) 시점에서 실제로 대책이 취해질 때까지의 시간차는 어느 정도까지 허용되는지가 중요하게 된다.

이 점이 문제가 된 사안으로서는 손해배상청구 사건 상고심 판결(最判1986年3月25日民集40卷2号472頁)이 있다. 이 판결에서 최고재판소는 새로 개발되어 보급된 시각장애인용 점자 블록을 역의 플랫폼에 설치할 의무에 관하여 상당히 장기에 걸친 시차를 인정했다.

이 판결은 구 국철 역의 섬 형태의 플랫폼(양측에 선로가 있는 플랫폼)에서 시각에 장애가 있는 승객이 노선에 추락한 사고에 관하여 장애인용 점자 블록을 설치하지 않은 것이 원인이라고 하여 국가배상청구 소송이 제기된 사안에 관한 것이다. 이 판결에서 최고재판소는 점자 블록의 보급 정도 등으로 보아 사고 발생 시까지 사고가 발생한 역에 점자 블록을 설치할 의무가 일본 국유철도(당시)에 있었는지를 더 심사할 필요가 있다고 하여 청구를 인용한 고등재판소의 판결을 파기하여 환송했다.

장기에 걸친 시간차를 인정한 점에서 이 판결은 대형 터널의 화재 사고에 관한 東京高判1993年6月24日判時1462号46頁[→ 설치 · 관리의 하자(도로), 그 후의 재판례(제3절)], 더욱이 다마가와 수해 소송-最判1990年12月13日民集44卷9号1186頁[→ 설치 · 관리의 하자(하천), 다마가와 수해 소송(제4절)]이 위험의 존재, 유효한 안전대책의 존재가 인정된 후에 대책을 취할 때까지의 시간차를 비교적 짧게만 인정한 점과 대조적이라고 생각되고 있다.

## 제2관  본래의 사용법

### (1) 본래의 사용법과 다른 사용

본래의 사용법과 다른 사용으로 발생한 손해에 관하여 영조물 관리자의 책임을 부정한 판례가 있다.

　손해배상청구 사건 상고심 판결(最判1993年3月30日民集47卷4号3226頁)은 테니스 코트의 심판대에 유아가 위험하게 올라가 심판대가 쓰러진 것으로 인한 사망사고에 관한 판단이다. 이 판결에서 최고재판소는 예상을 넘는 위험한 이용이 있었다고 하여 책임을 부정했다.

### (2) 사용 제공 관련 하자

본래의 용도에 따른 이용으로 이용자에게는 손해가 발생하지 않지만, 이용자의 행위로 제삼자에게 손해가 발생한 사례는 많다. 공항 소음의 사례에서는 공항 소음 피해에 관한 오사카 국제공항 야간 비행 금지 등 청구 사건 상고심 판결(最大1981判12年16月日民集35卷10号1369頁)로 대표되는 것처럼 금지 청구는 각하하고, 손해배상은 과거분에 관하여 인용하는 판단이 계속되고 있다. 도로 공해에 관해서도 과거분의 손해배상을 인용했지만, 금지 청구는 기각한 사례가 있다.

　오사카 공항 소송 상고심 판결(最大1981判12年16月日民集35卷10号1369頁)은 국영 공항에서는 항공 행정권과 공항 관리권이 불가분 일체라는 논리를 사용하여 민사소송에서 금지 청구를 각하했지만, 과거분의 손해배상청구를 일부 인용했다[→ 행정법의 의의, 수권과 통제의 법체계, 학설·판례의 역할(제1편 제1부 제2장 제1절)].

　또한, 국도 43호, 한신(阪神) 고속도로 소음 배기가스 규제 등 청구 사건 상고심 판결(最判1995年7月7日民集49卷7号1870頁)은 도로의 설치·관리에 하자가 있다고 하여 손해배상청구를 인용한 같은 항소 사건, 부대항소 사건(大阪高判1992年2月20日民集49卷7号2409頁)에 대한 국가 측의 상고를 기각했다. 또한, 같은 사건 상고심 판결(最判2005年7月7日民

集49卷7号2599頁)은 피해가 생활방해에 그치고, 다른 한편에서 도로가 많은 편익을 제공하고 있는 점에 비추어 보면 금지를 인용하지 않은 고등재판소 판결의 판단은 정당하다고 하여 주민 측의 상고를 기각했다.

# 제6절  국가배상법 1조와 2조의 관계

## (1) 1조와 2조의 중복

국가배상법 1조1항과 같은 법 2조1항이 중복하여 적용되는 것을 상정할 수 있는 경우는 많다. 예를 들면, 강의 수량 증가 사고(댐 조작 등), 학교시설에서 사고, 권총의 폭발 사고는 그 예이다. 도로 사고에서도 도로법(1952法180)에 근거하는 도로 폐쇄 권한의 불행사와 설치·관리의 하자란 중복하여 손해배상의 근거가 될 수 있다.

덧붙여서, 국가배상법 2조1항에 관하여 주관적인 이해가 정착하고, 양 규정의 책임의 본질론이 접근해 오면, 양 규정 적용의 관점도 유사해진다. 이렇게 적용이 중복되는 영역에서 양 규정의 차이는 2조1항이 적용될 때는 위험책임 법리에 근거하여 국가 또는 공공단체의 엄격한 손해배상책임이 인정되는 점이다.

## (2) 양 조문의 보완적 관계

그래서 많은 학설은 중첩적 적용이 문제가 되는 경우에서 1조1항에 근거하여 청구할지, 2조1항에 따라 청구할지에 관해서는 원고의 선택에 맡겨도 좋다고 주장한다. 그때, 2조의 적용 가능성이 있는 사례에서 굳이 1조를 선택했다고 하더라도 원고가 선택한 결과이므로 부적법하다고 해서는 안 된다고 해석되고 있다.

이 점에 관하여, 예를 들면 댐 하류 유역 범람의 사안에서는 수량을 증가시킨 댐 방류의 방법에서 판단 실수가 국가배상법 1조1항에 따라 책임이 물어질 가능성은 있다. 또한, 하천이나 도로 등의 설치·관리는 하천법(1964法167), 도로법 등의 공물 관리법상의 권한으로 이루어지는 것에 비하여, 예를 들면 하천에서 폐기물의 부적절 처리나 불법투기를 원인으로 한 수질의 악화나 범람 등에 관해서는 폐기물처리법[폐기물의 처리 및 청소에 관한 법률(1970法137)]상의 일반폐기물의 수집·운반 의무나 규제 권한 행사가 문제가 된다. 이러한 사안에 관해서는 국가배상법 1조1항에 따른 손해배상청구의 구성이 적합한 사례라고 말할 수 있다. 국가배상법 1조1항에 근거하는 청구를 할지, 같은 법 2조1항에 따른 청구를 할지, 또는 모두 청구할지, 그리고 이 경우들에서 주장·입증을 어떻게 구성할지에 관해서는 사안에 따른 검토가 필요할 것이다.

## 제7절 구상 규정

국가배상법 2조2항에는 설치·관리의 하자로 인한 손해에 관하여 다른 원인자가 존재할 때 구상을 가능하게 하는 규정이 있다. 다만, 같은 항의 구상에 관해서는 다른 원인자의 행위에 불법행위책임이 성립하는 것이 전제이다.

# 제6장 국가배상법 3조 등

## 제1절 비용부담자

### 제1관 국가배상법 3조

#### (1) 국가배상의 청구 상대방

① 국가배상법 1조1항의 경우

국가배상법 1조1항의 경우 공무원의 행위로 인하여 손해를 입은 자가 국가배상을 청구할 때 복수의 청구 상대방이 생각될 수 있는 사례는 있다. 예를 들면, 불법행위를 한 공무원에 관하여 감독 권한을 가지는 자와 인건비를 부담하는 자 등이 다른 경우가 있다. 시(市)·정(町)·촌(村)립 공립학교의 교육공무원에 관해서는 시·정·촌 교육위원회가 감독 권한을 보유하고, 도(都)·도(道)·부(府)·현(県) 교육위원회가 임면 등을 한다. 또한, 급여는 도·도·부·현이 부담하고, 또한 그 실제 지출액의 3분의 1을 국가가 부담한다.

이상에 관하여, 참조, 지방교육행정의 조직 및 운영에 관한 법률(1956法162) 37조(임명)·40조(임용)·43조(직무의 감독), 시·정·촌립 학교 직원 급여 부담법(1948法135) 1조·2조, 의무교육비 국고부담법(1952法303) 2조.

② 국가배상법 2조1항의 경우

다음은 국가배상법 2조1항의 경우이다. 하천·도로 등에 관하여 도로관리자와 비용부담자가 다른 경우가 있다. 예를 들면, 국도에 관해서는 도로법(1952法180)에 따라 설치, 유지·수선이나 비용 부담 등에 관하여 기준이 정해져 있다. 우선, ( i ) 신설 또는 개축은 원칙적으로 국토교통대신이 하지만, 공사 규모가 작은 경우 등에는 도·도·부·현이 한다. 다음으로, ( ii ) 유지, 수선 등에 관해서는 정령으로 지정하는 구간('지정 구간') 내는 국토교통대신이 하고, 다른 부분은 도·도·부·현이 한다. 또한, ( iii ) 비용에 관해서는 (α) 국토교통대신이 신설·개축을 하는 경우는 국가가 3분의 2, 도·도·부·현이 3분의 1을 부담하고, (β) 도·도·부·현이 신설·개축을 하는 경우는 국가 또는 도·도·부·현이 각 2분의 1을 부담하는 등의 기준이 있다[참조, 도로법 12조(신설·개축)·13조(유지·수선)·50조1항 이하(비용 부담)].

또한, 하천법(1964法167)상 우선, ( i ) 1급 하천의 관리는 원칙적으로 국토교통대신이 하지만, 국토교통대신이 지정하는 구간('지정 구간') 내에서는 국토교통대신의 권한에 속하는 사무 일부를 도·도·부·현 지사가 하는 것으로 할 수 있는 등의 기준도 있다(지정은 도로의 경우와는 반대의 효과를 가진다). ( ii ) 비용부담에 관해서는 1급 하천에 관해서는 (α) 지정 구간 외의 관리에 관하여 국가가 부담하지만, 공사 등의 성격에 따라 101분의 3부터 2분의 1까지의 소정의 비율을 도·도·부·현이 부담하고, (β) 지정 구간 내의 관리에 관해서는 도·도·부·현이 부담하지만, 공사 등의 성격에 따라 3분의 2부터 2분의 1까지의 소정의 비율을 국가가 부감하는 등의 기준도 있다[참조, 하천법 9조(1급 하천의 관리), 10조(2급 하천의 관리), 59조(비용 부담의 원칙), 60조(1급 하천의 비용 부담), 62조(2급 하천의 비용 부담) 등].

이러한 경우에서 국가배상청구의 상대방에 관하여 엄격한 기준을 두면 피해를 입은 국민은 소송 제기에 관하여 무거운 부담을 지게 된다.

### (2) 국가배상법 3조의 의의

이상의 점에서 국가배상법 3조는 공무원에 관하여 감독 권한을 가지는 자나 설치·관리에 관하여 권한을 가지고 있는 자와 함께 공무원의 인건비나 설치·관리의 비용을 부담하고 있는 자에 대해서도 손해배상을 청구하는 것은 가능하다는 취지를 명확히 했다. 이와 같이 피고 선택의 부담을 경감하는 것에 같은 조의 목적이 있다.

## 제2관  국가배상법 3조의 해석

### (1) 국고보조금

국가배상법 3조에 말하는 비용 부담의 개념에 법령상 국가에 부담 의무가 있는 국고부담금이 포함되는 점에는 다툼이 없다. 한편, 부담금뿐만 아니라 국가가 정책적인 관점에서 예산상의 조치로 지출하는 보조금 등도 포함되는지가 문제가 된다[이상에 관하여, → 지방재정법 10조 내지 11조(부담금)·16조(보조금)]. 이 점에 관하여 최고재판소의 판결 중에는 보조금 적정화법[보조금 등과 관련되는 예산 집행의 적정화에 관한 법률(1955法179)]에 근거하여 보조금 지출자가 사업 운영의 감독 권한을 가지는 점(같은 법 12조 이하) 등에 착안하여 비용부담자로서의 국가 책임을 인정한 것이 있다.

손해배상청구 사건 상고심 판결(最判1975年11月28日民集29卷10号1754頁)은 현(県)이 설치·운영하고 있는 자연공원 내의 산책길에서 보행자가 발을 잘못 디뎌 추락한 사고에 관하여 국가에 대해서도 국가배상청구소송이 제기된 사안에 관한 것이다. 이 판결에서 최고재판소는 산책길 등의 정비에 대하여 국가의 보조금이 지출되고 있는 점에 관하여, 법령상의 부담 의무가 없는 자라도 (ⅰ) 설치·관리자와 동등하거나 이에 가까운 경제적 보조를 하고, (ⅱ) 실질적으로 사업을 공동으로 집행하며, (ⅲ) 법령상 설치자에 대하여 위험방지의 조치를 청구할 수 있는 자는 국가배상법 3조1항의 비용부담자에 해당한다고 판단했다.

또한, 이 판결에 관해서는 (ⅱ)의 사업의 공동집행의 요건을 중시하는 견해가 있다. 그러나 국립공원의 현수교에서 발생한 와이어 절단 사고에 관한 사안에 관하여 국가의 비용

부담자 해당성을 부정한 최고재판소 판결(最判1989年10月26日民集43巻9号999頁)은 주로 (iii)의 요건에 근거한 판단을 제시하고, (ii)의 요건을 언급하지 않았다.

## (2) 내부의 구상관계

국가배상법 3조2항은 '손해를 배상한 자는 내부 관계에서 그 손해를 배상할 책임이 있는 자에 대하여 구상권을 가진다.'라고 규정한다. 피해자 구제의 편의에서 복수의 국가 또는 공공단체에 대하여 국가배상청구가 가능하므로 청구를 받은 자가 배상금을 지급한 후에 국가·공공단체 간에서 부담 비율을 어떻게 해석할지가 문제가 된다. 이 점에 관해서는, 관리책임자설, 기여도설, 비용부담자설 등이 있고, 이 중에서 투입한 비용(적극적인 비용)과 손해(소극적 비용)를 일치시키는 견해(비용부담자설)가 유력했다.

이 점에 관하여, 최고재판소는 비용 부담에 관한 법령의 취지에 비추어 '해당 사무를 처리하기 위하여 필요한 비용을 부담하는 자'가 배상비용을 부담한다고 판단했다. 다만, 판결에서 말하는 자는 국가배상법 3조1항의 '비용을 부담하는 자'(공무원의 인건비 등의 부담자, 영조물의 설치, 관리 비용의 부담자)와는 해당 범위를 달리한다.

구상금청구 사건 상고심 판결(最判2009年10月23日民集63巻8号1849頁)은 시·정·촌립 중학교 교사의 행위와 관련되는 손해배상금을 지급한 도·도·부·현(급여부담자)이 시·정·촌에 전액의 구상을 요구한 사안에 관한 것이다. 이 판결에서 최고재판소는 우선 (i) 국가배상법에 근거하는 배상 청구의 비용은 국가·공공단체의 사무경비에 포함되기 때문에 경비의 부담과 관련되는 법령은 손해배상 비용의 부담에 관해서도 정한 것이라는 일반적 판단을 제시했다. 또한, 최고재판소는 (ii) 학교교육법(1947法26)은 특별한 규정이 있는 경우를 제외하고 학교 설치자가 학교의 경비를 부담한다고 정하고(학교교육법 5조), 지방재정법(1948法109)은 9조 단서 소정의 경비를 제외하고 지방자치단체의 사무와 관련되는 비용은 해당 단체가 부담한다고 정하고 있는 점(지방재정법 9조), (iii) 시·정·촌립 학교 교직원 급여 부담법(1948法135)은 시·정·촌립 중학교 교사의 급여 등을 도·도·부·현의 부담으로 규정하지만, 그 이외의 비용 부담에 관한 규정은 없는 점

(시·정·촌립 학교 교직원 급여 부담법 1조 등)을 지적하고, 학교 설치자인 시·정·촌이 배상비용의 전액을 부담해야 한다고 판단했다.

이 견해를 지정 확인·검사기관과 건축주사가 속하는 지방자치단체 양쪽 또는 어느 하나가 국가배상청구소송의 피고가 된 경우에 구상관계에 적용한다면, 지정 확인검사기관이 내부적으로는 전액 부담 의무를 진다고 해석되게 될 것이다. 지방자치단체는 피고로서의 응소 의무와 지정 확인검사기관이 파산한 때의 궁극적인 부담 의무를 지게 된다[→ 공권력의 행사와 공무원, 공권력의 행사, 구체적인 예, 지정 확인검사기관(제2장 제2절 제1관). 더 참조, 행정법의 기초이론, 공공과 민간의 역할 분담, 역할 분담의 명확화(제1편 제1부 제1장 제4절 제2관)].

## 제2절  민법·특별법의 적용과 상호주의

### 제1관  국가배상법 4조

#### (1) 1조·2조의 적용 영역

국가배상법 4조에는 2가지의 의의가 있다. 우선, 국가배상법 1조·2조가 적용되는 영역에 관하여 국가배상법 1조·2조의 규정 이외는 민법의 다른 규정이 적용된다는 취지를 국가배상법 4조는 정하고 있다. 이러한 민법의 규정으로서는 예를 들면, 509조·710조·711조·713조·722조·724조 등을 생각할 수 있다.

이와 관련하여, 명예훼손 등에 관하여 '명예를 회복하는 데에 적절한 처분'을 통한 구제를 인정하는 민법 723조에 관해서는 공권력의 행사를 요구하는 기능을 동반하는 경우가 있으므로 적용을 부정적으로 해석하는 견해도 있다. 그러나 처분의 의무이행판결과 동등한 결과를 초래하는 경우는 별도로 하고, 민법 723조에 따른 구제를 부정해야 하는 이유는 없을 것이다.

민법 719조(공동불법행위)의 적용 가능성에 관해서는 논의가 있다. 이 점에 관하여, 우선, 약해(藥害)·공해 사건 등에서 국가의 규제 권한 불행사의 사안에서는 가해 기업 간에 공동불법행위 규정의 적용은 없게 된다(불법행위의 경합). 다만, 권한 불행사와 관련되는 배상의 대상이 되는 국가의 채무와 기업의 채무에 관하여 피해자 구제의 관점에 비추어 손해의 전부 또는 일부에 관하여 연대채무의 관계에 서는 데에 그친다고 해석된다.

한편, 국가가 관리하는 국도로 인한 소음 등과 다른 공공단체(공단·지방자치단체 등)가 관리하는 도로의 소음의 중첩이 문제가 되는 사안 등에서는 국가와 다른 공공단체 간에 공동불법행위가 성립한다고 판단된 경우도 있다[국도 43호 한신 고속도로 소음 배기가스 규제 등 청구 사건 상고심 판결(最判1995年7月7日民集49巻7号1870頁). 공동불법행위의 성립을 인정한 항소심 판결(大阪高判1992年2月20日民集49巻7号2409頁)에 대한 피고들의 상고를 기각).

## (2) 1조·2조의 적용이 없는 영역

또한, 국가배상법 4조에는 국가배상법 1조·2조의 적용이 없는 영역에서 국가 또는 공공단체에 대한 손해배상청구에 관하여 민법이 적용되는 취지를 명확히 하는 의의도 인정된다.

## (3) 민법의 부속 법령

국가배상법 4조에서 말하는 '민법'에 민법의 부속 법령, 예를 들면, 실화책임법[실화의 책임에 관한 법률(1899法40)]을 포함하는지가 문제가 된 사례가 있다. 손해배상청구 사건 상고심 판결(最判1978年7月17日民集32巻5号1000頁)은 소방사의 소화 작업이 불충분하여 다시 화재가 발생한 사안에 관한 판단이다. 이 판결에서, 최고재판소는 소화 활동에 관하여 같은 법의 적용을 인정하고, 소방사에게 고의 또는 중과실이 있는 경우에만 국가배상책임이 긍정된다고 판단했다. 다만, 소방사의 직무는 소화 작업 그 자체이기 때문에 이러한 사례에 관해서까지 통상인을 상정하여 실화와 관련되는 책임을 한정하는 실화책임법의 적용을 인정하는 것은 의문이라고 지적하는 학설은 많다.

## 제2관  국가배상법 5조

국가배상법 5조는 민법 및 국가배상법 이외에 특별한 법률이 있으면, 그것이 적용되는 것을 확인적으로 규정한 것이다. 특별법으로서는 우선 ( i ) 무과실책임과 관련되는 규정이 있고, 국세징수법(1959法147) 112조2항, 소방법(1948法186) 6조3항 등은 그 예이다[→ 무과실책임 규정(제7장 제2절)]. 또한, ( ii ) 국가 등에 의한 각종 급여의 지급과 손해배상금의 이중지급을 회피하는 관점에서 국가배상법·민법에 근거하는 손해배상청구권과의 조정에 관한 규정이 있다. 구체적으로는 (α) 법령상의 급부금을 지급한 경우에 손해배상의 책임을 그 한도에서 면한다고 하는 규정(국가공무원 재해보상법 5조1항 등) 외에, (β) 급부 대상자가 손해배상금을 수령한 경우에는 급부를 하지 않고, 이미 급부를 받았으면 반환을 명하는 규정(예방접종법 18조1항·2항)이 있다.

## 제3관  국가배상법 6조

### (1) 상호주의

국가배상법 6조는 외국인이 피해자인 경우에 상호 보증이 있는 때에만 국가배상법에 근거하여 구제됨을 규정하고 있다.

### (2) 상호주의의 해석

다만, 상대국의 국가배상제도에 따른 구제에 관하여 국가배상법상 구제의 범위와의 정합성을 어디까지 엄밀하게 요구해야 할지에 관해서는 견해에 차이가 있다. 이 점에 관하여, 엄밀한 정합성을 요구해서는 안 된다고 하는 견해가 타당할 것이다. 또한, 상호 보증이 불법행위 시에 성립해야 하는지, 아니면 판결 시에 성립해야 하는지에 관해서도 다툼이 있다(宇賀·Ⅱ522頁以下).

# 제7장  국가보상의 한계

## 제1절  개설

### (1) 국가보상의 한계

공무원의 행위가 위법이지만 무과실인 사안에서의 손해, 영조물의 설치·관리에는 하자 없음에도 불구하고 발생한 손해와 같이 국가배상법을 통한 구제가 곤란한 사례는 있다. 또한, 그 손해에 관하여 손실보상의 적용이 어려운 사안도 많다. 이러한 손해와 관련되는 사안은 국가보상의 틈이라고 불리고 있고, 법률의 해석이나 입법을 통한 구제가 논의되고 있다.

### (2) 구체적인 예

구체적으로는 예방접종의 부작용에 따른 상해의 사례(→ 제3절), 순찰차 추적 사고의 사례, 공무상 재해, 전쟁 피해 등에 관하여 논의가 있다.

순찰차 추적 사고에 관해서는 손해배상청구 사건 상고심 판결(最判1986年2月27日民集40卷1号124頁)이 있다. 이 판결은 교통 법규 위반을 이유로 하는 직무질문을 받기 전에 성명을 말하지 않은 채 심야의 편도 2차선 도로를 시속 100킬로미터 이상으로 도주한 자가 편도 1차선 도로에서 신호를 무시하여 교통사고를 일으킨 사건에 관한 것이다. 피해자의 국가배상 청구에 대하여 최고재판소는 해당 상황에서 추적이 위법하다고 하려면 추적이 직무 목적을 수행하는 데에 불필요한지, 도주의 모습과 도로 교통상황 등으로부터 예측되는 피해 발생의 구체적 위험성의 유무 및 내용에 비추어 추적의 개시·계속이나 추적의 방법이 상당하지 못한 점이 필요하다고 판단했다(청구 기각).

이 사건에서 차량번호는 확인되어 있고, 검문 배치는 되어 있었지만, 도난 차량의 가능성은 있었다. 또한, 구부러진 편도 1차선 도로에 들어간 시점부터 순찰차는 감속 주행을 하고 있었다. 이상의 점에서 최고재판소는 추적의 필요성은 있고, 방법도 상당했다고 판단했다.

순찰차에 의한 추적의 경우, 사고의 구체적 위험성이 인식되지 않는 때라고 하더라도 위험

운전을 하는 도주 차량이 제삼자에게 손해를 입힐 가능성은 배제할 수 없다. 그래서 보상 입법으로 해결하는 것이 적절하다고 하는 이 판결의 조사관 해설(最高裁判所判例解説民事編, 1986年度104頁注7)이 있는 외에, 근거 법령과의 관계에서 추적은 적법하다고 해석할 수 있어도, 피해를 본 제삼자와의 관계에서 위법으로 해석할 여지는 있다고 생각하는 사람도 있다(遠藤·国家補償法上172頁).

## 제2절  무과실책임 규정

### (1) 해석에 의한 구제

민사의 불법행위법과 마찬가지로 국가배상법의 영역에서는 과실책임주의를 전제로 하면서도 과실의 객관화, 과실의 추정 등의 법률해석을 통하여 구제의 확대가 도모되었다. 그러나 해석을 통한 구제의 확대에는 한계는 있다.

### (2) 무과실책임 규정

그래서 개별 사정을 고려하여, 국가 또는 공공단체의 무과실책임을 정한 입법례가 있다. 예를 들면, 국세징수법(1959法147)에서는 체납처분과 관련되는 국민의 신뢰를 확보하는 관점에서, 체납재산의 매각 후에 매각결정의 취소가 있었던 경우에도, 선의의 매수인에게는 대항할 수 없다고 한다(국세징수법 112조1항). 한편, 그에 따라 손해를 입은 원래 소유자에 대해서는 매각결정의 위법에 관한 국세 직원의 고의·과실을 문제로 삼지 않고 손실을 보상하는 규정을 두고 있다(국세징수법 112조2항).

또한, 소방법(1948法186)에서도 화재 예방 및 확대 방지의 필요성의 관점에서 건물의 수리, 이전, 제거 등의 명령을 건물소유자 등이 받은 경우에 (ⅰ) 명령을 취소하는 판결이 있었던 때, (ⅱ) 건물 등의 위치, 구조, 설비 등이 법령 등에 위반되지 않은 때에 무과실로 배상하는 규정을 두고 있다(같은 법 6조2항·3항). 긴급성 등이 인정되는 소방 행정에 동반하여 발생하는 국민의 불이익에 관해서는 널리 구제하는 취지에 근거하는 것이라고 할 것이다.

# 제3절  예방접종 사고

## (1) 행정상의 구제 제도

예방접종으로 인한 부작용 피해에 관해서는 예방접종법(1948法68)에 근거하여 예방접종 부작용의 구제 제도가 마련되어 있다(예방접종법 15조 이하). 이 제도에 근거하는 급부금에 관해서는 ( i ) 감염증 만연의 방지를 목적으로 예방접종이 법률에 근거하여 실시되는 것인 점, ( ii ) 보호자 등에 대하여 접종이 장려되는 것인 점 등에 비추어, 일반의 의약품 사용에 따르는 부작용 피해를 구제하기 위한 의약품 부작용 피해 구제 제도보다 급부 금액 등이 크지만, 손해배상금에 비하면 낮은 수준에 있다.

> 의약품 부작용 피해 구제 제도는 독립행정법인 의약품 의료기기 종합기구법(2002法192) 16조 이하에 근거하여, 독립행정법인 의약품 의료기기 종합기구가 실시하는 것이고, 의약품 등의 제조판매업자로부터의 분담금, 사무비에 대한 국가의 보조금 등으로 운영되고 있다. 신속한 피해의 구제를 목적으로 하는 행정상의 제도이나, 불법행위책임에 근거하는 것이 아니기 때문에 급부금의 수준은 손해배상금에 비하여 낮은 금액에 그치고 있다.

이와 관련하여, 1994년의 같은 법 개정(同法51) 전에는 법에 정해진 예방접종은 의무 접종이고, 대상 연령인 아동의 보호자 등의 의무와 위반 시의 벌칙이 규정되어 있었다. 그러나 한편으로 현재의 의료 수준에서도 낮은 확률이기는 하나 부작용 피해의 발생을 배제할 수 없다('악마의 복권').

## (2) 해석 등을 통한 구제

그래서 지금까지의 재판례에서, 재판소는 예방접종을 담당한 의사에게 고도의 주의의무를 인정하고[문진 등에 의한 금기자(禁忌者)의 배제 의무], 부작용이 발생한 경우에 관하여 과실을 추인하는 등의 해석을 활용하여 구제를 도모해 왔다.

> 손해배상청구 사건 상고심 판결(最判1991年4月19日民集45卷4号367頁)은 위의 예방접종

법 개정 전의 사업에 관한 판단이다. 같은 판결에서, 최고재판소는 ( i ) 천연두의 예방접종으로 심각한 후유증이 발생한 경우에는 ( ii ) (α) 예방접종 실시규칙에서 정하는 금기자를 식별하기 위한 문진을 다했으나, 금기자에 해당하는 사유를 발견할 수 없었던 점, (β) 피접종자가 후유장애가 발생하기 쉬운 개인적 원인을 가지고 있었던 점 등의 특별한 사정이 없으면 피접종자는 금기자에 해당하지 않았다고 추정해야 한다고 판단했다.

더욱이, 역대 후생대신(당시)이 부작용의 발생을 회피하도록 조치할 의무를 게을리했다고 인정한 재판례도 있다[→ 1조의 성격, 대위책임과 자기책임, 판례의 동향(제2장 제1절)].

다만, 법률의 해석을 통한 구제에는 한계가 있다고 하여 헌법 29조3항의 유추 적용을 주장하는 견해도 유력하다(손실보상설). 이 견해는 ( i ) 재산권에 대한 보상을 인정하는 이상은 생명·신체 침해에 대한 보상은 당연히 인정되어야 하는 점, ( ii ) 유추의 근거에 관해서는 생명·신체에 대한 침해를 적법으로 인정하는 것에서 구할 것이 아니라 특별희생의 관점에 서서 공평 부담을 도모하는 점에서 찾아내야 한다고 하는 것이다. 다만, 생명·신체 침해에 대하여 손실보상의 법리를 적용하는 것에 대한 의문도 유력하고, 재판례의 대세로 되어 있지는 않다.

이와 관련하여, 예방접종법의 1994년 개정으로 현재 예방접종은 권장 접종으로서 시·정·촌장 또는 도·도·부·현 지사가 실시하고, 실시자는 대상자에게 행정지도를 하는 것에 지나지 않는 것으로 정리되어 있다(또한, 권장의 대상이 되지 않는 예방접종도 있다. 그리고 법정 예방접종은 공적 부담의 대상이나, 실비가 징수되는 경우도 있다. 예방접종법 25조 이하).

# 제4절　위험 상태 책임

## (1) 위험 상태의 창출

일정한 위험 상태를 국가 등이 만들어냈다고 인정되는 경우에, 그 위험 상태에서 발생한 손해에 관해서는 무과실책임으로 구제를 인정하는 입법례가 있다. 구체적으로는 국가공무원 재해보상법(1951法191. 같은 법 1조 이하), 경찰관의 직무에 협력 원조한 자의 재해급부에 관한 법률(1952法245. 같은 법 2조), 일본국에 주둔하는 미합중국 군대 등의 행위로 인한 특별 손실의 보상에 관한 법률(1953法246. 같은 법 1조 이하) 등이 있다. 이 입법들에서는 개별적인 활동으로 인한 것이 아니라 광범위한 위험 상태를 국가 등이 만들어낸 것에 대한 책임이 특히 무겁게 평가되고 있다.

### (2) 사회구호와의 결합

국가 등이 위험 상태를 만들어낸 경우에도 전쟁 피해와 같이 광범위하게 국민 일반에 피해가 발생한 경우를 대상으로 구제 입법을 제정하는 것에는 입법정책적으로 보아 곤란한 면이 있다(다만, 전쟁 피해 구제와 관련되는 입법 의무가 국회에 있었는지가 다투어진 예는 있다).

다만, 사회 원호적인 관점도 포함하여 건강의 관리에 필요한 비용의 지급, 의료비의 전액 부담 등을 내용으로 하는 구제 조치가 입법된 예로서 원자폭탄 피폭자에 대한 원호에 관한 법률(1994法117)이 있다. 이 법률은 원자폭탄의 방사선에 기인하는 건강 피해가 ( i ) 원자폭탄으로 초래된 것이고, 또한 ( ii ) 장기간 심각한 질병을 초래할 우려가 있다는 다른 전쟁 피해와 다른 특수성을 고려한 입법이라고 해석되고 있다.

# 제4편

# 행정구제법(행정쟁송법)

# 제1부 개론

　본편에서는 행정쟁송에 관하여 해설한다. 우선, 제2부에서 제5부까지 행정소송제도를 다룬다. 행정소송제도에 관해서는 일반법인 행정사건소송법(1962法139)이 있고, 거기에 규정된 소송유형은 여러 가지에 걸친다. 또한, 판례의 축적도 풍부하다. 그래서 설명을 4가지로 나누어 제2부에서 행정소송의 개론을, 제3부에서 전통적이고 핵심적인 행정소송의 소송유형인 취소소송의 소송요건을, 제4부에서 취소소송의 심리 절차, 판결의 효력 등에 관하여 해설한다. 제5부에서는 (ⅰ) 취소소송 이외의 항고소송, (ⅱ) 당사자소송, (ⅲ) 민중소송·기관소송, 그리고 (ⅳ) 가구제의 문제를 다룬다.

　제6부에서는 비정규의 권리구제 신청제도인 고충처리 등과 행정에 대한 정규의 권리구제 신청제도인 행정불복심사에 관하여 해설하기로 한다.

# 제2부  행정소송(개론)

## 제1장  행정소송과 사법(司法)

### 제1절  행정소송

#### 제1관  행정소송의 개념

##### (1) 행정소송의 개념

행정소송이란 위법한 행정작용으로 권리·이익을 침해받은 국민의 구제를 도모하기 위하여 재판을 통하여 위법한 행정작용을 시정하는 제도이다. 이 제도는 위법한 행정으로 침해된 국민의 권리·이익을, 금전을 중심으로 보전(補塡)하는 국가배상제도와 상호 보완적인 역할을 함으로써 적절한 권리구제를 국민에게 보장하는 것이다.

##### (2) 주관소송과 객관소송

또한, 일본의 현행 행정소송제도 중에는 객관적인 법질서(독일어: objectives Recht=법)의 유지를 위하여 국민의 권리·이익(독일어: subjectives Recht=권리)의 구제와는 관계없이 행정작용의 적법성을 담보하는 것을 목적으로 창설된 소송(객관소송) 제도가 있다. 이 제도는 국민 등의 권리·이익의 구제를 목적으로 하는 주관소송 제도와 구별되어 있다(행소법 42조).

#### 제2관  행정소송과 다른 구제 제도

##### (1) 행정불복신청

행정구제 제도에는 행정소송제도 외에 행정불복신청, 고충처리 제도가 있다. 행정불복신청은 ( i ) 행정기관이 자기 감독권의 발동으로서, ( ii ) 행정 운영의 적정 확보와 동시에 국민의 권리·이익의 구제를 목적으로 하는 제도이다. 행정소송에 비하여 간이·신속한 절차가 채택되어 있기 때문에 행정소송을 정식의 쟁송이라고 부르는 것에 대하여 약식의 쟁송이라고 부르는 경우가 있다. 일본에는 행정불복신청에 관한 통칙적인 법률로서 행정불복심사법(2014法68)이 있다.

### (2) 고충처리

행정불복신청 제도보다도 더 간이·신속한 수단으로서 고충처리 제도가 있다. 국민의 요구·불만 전반에 응답하는 절차이지만, 쟁송 절차가 아니기 때문에 응답의무는 반드시 부과되지는 않고, 또한 구속적인 판단을 내리는 것도 예정되어 있지 않다.


## 제2절  행정소송제도의 연혁

### 제1관   제2차 세계대전 전의 행정소송 제도

#### (1) 행정재판소

제2차 세계대전 전의 일본에서는 소송제도에 관하여 공법에 관한 사건은 행정재판소가 관할하고, 민사·형사법에 관한 사건은 사법(司法)재판소가 관할하는 이원적 재판시스템이 채택되어 있었다. 즉, 메이지 헌법 61조는 '행정관청의 위법한 처분으로 인하여 권리를 침해받았다고 하는 소송으로서 따로 법률로 행정재판소의 관할에 속한다고 정해진 것은 사법재판소에서 수리하지 아니한다.'라고 규정하고, 이에 따라 행정재판법(1890法48)에 근거하여 행정재판소가 설치되었다.

#### (2) 행정재판 제도의 특징

제2차 세계대전 전의 행정재판 제도의 특색은 다음과 같다.

( i ) 행정재판소는 전국에 하나, 도쿄에 설치되어 제1심이면서 최종심이었다. ( ii ) 행정재판소의 장관과 평정관은 30세 이상이고 5년 이상 고등행정관의 직 또는 재판관의 직에 재직한 자가 임명되었다. 다만, 고등행정관 출신자의 비율은 높았다. ( iii ) 심리에 관해서는 서면심리에 무게를 두고, 직권주의적으로 운용되었다. ( iv ) 행정불복신청과의 관계에 관해서는 현재의 행정불복신청 제도의 전신인 소원(訴願)의 전치주의가 채용되어 있었다. ( v ) 행정

재판소에 대한 출소에 관해서는 열기주의가 채택되어 있었다. 구체적으로는 '조세체납처분에 관한 사건' 등의 5가지의 사항이 법률에 한정적으로 열거되어 있었다['행정청의 위법처분에 관한 행정재판의 건'(1891法106)].

소원전치주의란 제2차 세계대전 전의 행정재판 제도의 특징 중 하나이고, 법령의 규정에 따라 소원할 수 있을 때는 그 소원을 거친 후가 아니면 출소가 인정되지 않는다고 하는 원칙이다.

### (3) 행정재판 제도의 폐해

행정재판소 제도도 재판절차로서 절차가 정비되어 재판관의 독립이 충분히 배려되면 행정재판관의 전문적인 식견·경험을 활용하여 국민의 권리·이익 구제의 열매를 맺을 수 있다. 그러나 제2차 세계대전 전의 행정재판 제도는 행정재판소의 부정적 측면이 두드러져 있었다.

## 제2관  제2차 세계대전 후의 제도 개혁

### (1) 헌법 76조

일본국헌법은 폐해가 많다는 지적이 있었던 행정재판소를 폐지하고, 행정활동의 위법을 다투는 재판 안건을 모두 사법재판소가 담당하는 것으로 했다. 우선, 헌법 76조1항은 '모든 사법권은 최고재판소 및 법률로 정하는 바에 따라 설치하는 하급 재판소에 속한다.'라고 규정하고, 같은 조 2항은 '특별재판소는 이를 설치할 수 없다. 행정기관은 종심(終審)으로서 재판을 할 수 없다.'라고 정했다.

### (2) 행정사건소송 특례법의 제정

① 응급조치법

일본국헌법 아래에서도 일본은 미국과 같은 행정사건과 민사사건을 구별하지 않는 제도를 채용하지 않았다. 그 후, 행정소송 안건의 특수성을 고려한 소송절차를 정비하는 형태로 순차 행정소송제도의 개정이 이루어져 왔다.

우선 1947년에 일본국헌법의 시행에 따른 민사소송법의 응급적 조치에 관한 법률(同法75)이 제정되었다. 이 법률은 행정소송을 민사소송과 동일하게 취급하는 것을 원칙으로 하면서, 행정처분의 취소 또는 변경을 구하는 소송에 관하여 출소기간을 정하는 규정을 두는 것이었다.

② 히라노(平野) 사건

1948년에 ( i ) 당시의 농림대신이 제2차 세계대전 전의 전쟁 협력 활동을 이유로 파면된 후에 공직 추방 처분의 대상이 되었던 사건에 관하여, 도쿄지방재판소가 민사 가처분(지위의 보전) 청구를 인정한 것에 대하여, (ii) 당시의 점령군 총사령부(GHQ)의 개입으로 가처분 결정이 취소되는 사건이 발생했다(히라노 사건). 이를 계기로, 정부에서 입안 준비 중이었던 제도 개정의 법안이 급거 국회에 제출되어 제정되게 되었다.

③ 행정사건소송 특례법

이 행정사건소송 특례법(1948法81. 이하, '행특법'이라 한다)은 12개 조이나, 처분의 취소 또는 변경을 구하는 소송에 관하여 ( i ) 출소기간, (ii) 소원전치주의, (iii) 직권증거조사, (iv) 처분에 관한 집행 부정지 원칙과 민사 가처분의 배제, 내각총리대신의 이의, ( v ) 사정판결 등의 규정이 포함되어 있었다.

직권증거조사란 소송으로 쟁점이 되는 사항에 관하여 당사자의 증거조사에 관한 신청이 없는 경우에도 재판소가 직권으로 증거조사를 하는 제도이다.

집행정지란 소송이 제기되었을 때 가구제로서 처분의 절차, 효력, 집행을 정지하는 제도이지만, 행특법은 ( i ) 원칙적으로 집행의 정지를 인정하지 않고, '보상할 수 없는 손해를 피하기 위해 긴급한 필요가 있다고 인정하는 때'에만 이를 인정했다. 또한, (ii) 내각총리대신이 이의를 제기한 때에는 그러하지 아니하다고 규정했다. 더욱이, (iii) 행정청의 처분에 관하여 가처분에 관한 민사소송법의 규정을 적용하지 않는다고 하고 있었다.

사정판결이란 처분이 위법한 때에도 처분을 취소하는 것이 공공의 복지에 적합하지 않다고 인정하는 때에는 재판소가 청구를 기각할 수 있도록 하는 제도이다.

## 제3관  행정사건소송법의 제정과 개정

### (1) 행정사건소송법의 제정

행특법에 관해서는 조문의 수가 적었던 점도 있고, 제도의 운용 시 해석상의 의문이 다수 생기게 되었다. 그래서 1962년에 같은 법은 폐지되고, 행정사건소송법(同法139)이 제정되었다. 당초 45개 조(현재는 51개 조)로 구성된 같은 법의 특징으로서는 다음의 점을 지적할 수 있다.

### (2) 행정사건소송법의 특징

① 소송형식의 정비

（ⅰ）행정사건소송으로서 항고소송, 당사자소송, 민중소송, 기관소송을 정했다. （ⅱ）항고소송에 관하여 행정처분의 무효 등 확인의 소, 부작위의 위법확인의 소를 추가하고, （ⅲ）쟁점소송(처분의 효력 등을 쟁점으로 하는 민사소송)과 관련되는 규정을 두었다.

② 소송요건의 정비

（ⅰ）취소소송의 출소기간을 처분이 있었던 것을 안 날부터 3개월로 함(6개월에서 단축)과 동시에, （ⅱ）소원전치주의를 폐지하고 법률에 특별한 규정이 있는 경우에 심사청구 전치를 인정했다.

③ 각종 규정의 정비

（ⅰ）취소판결의 제삼자에 대한 효력 제도 등을 정하고, （ⅱ）집행정지 제도 등의 규정을 정비했다.

### (3) 행정사건소송법에 대한 비판

행정사건소송법에 대해서는 시행 후 （ⅰ）항고소송의 소송요건이 좁고, （ⅱ）행정처분 이외의 행정활동에 관하여 소송절차가 없는 등의 비판이 생기게 되었다. 특히, 고도성장기를 거쳐 환경소송 등과 같은 행정 시책의 당부를 다투는 현대형 소송이 등장하게 되어 같은 법을 개정할 필요가 있다는 목소리는 유력해졌다. 사법제도를 개혁하는 중에 '법의 지배의 이념'을 강조하여 행정소송제도의 종합적 다각적인 검토를 요구하는 사법제도 개혁심의회의 의견서(2001년 6월12일)가 제출되었으므로 같은 법의 개정 작업은 본격화하게 되었다.

### (4) 행정사건소송법의 개정

① 행정사건소송법의 개정

정부의 사법제도개혁 추진본부 안에 행정소송검토회가 설치되어, 그 작업 결과를 고려하여 행정사건소송법의 일부를 개정하는 법률(2004法84)이 제정되었다.

② 개정의 특징

개정의 특징은 이하의 4가지로 정리할 수 있다.

(a) 구제 범위의 확대

(ⅰ) 취소소송의 원고적격을 확장하는 방향으로 규정이 정비되었다. (ⅱ) 항고소송에 의무이행소송과 예방적 금지소송이 새로 법정되었다. (ⅲ) 처분 이외의 행정활동에 대한 소송절차로서 공법상의 법률관계에 관한 소송(당사자소송)의 이용을 촉진하는 취지에서 '공법상의 법률관계에 관한 확인의 소'가 당사자소송의 예로서 명시되었다.

(b) 제도의 편리성 등의 향상

행정소송제도를 알기 쉽고 이용하기 쉽게 하기 위한 정비가 이루어졌다. (ⅰ) 항고소송의 피고적격을 행정청에서 행정청이 귀속하는 국가 또는 공공단체로 변경하여 민사소송 등과 피고적격이 같아졌다. (ⅱ) 항고소송의 제1심 관할 재판소에 특정 관할 재판소 제도를 두어 소송제기의 편의를 도모했다. (ⅲ) 출소기간을 3개월에서 6개월로 연장하는 등의 조치를 했다. (ⅳ) 취소소송의 피고, 출소기간 등의 고지를 처분청에 의무화했다.


특정 관할 재판소란 원고의 보통재판적 소재지를 관할하는 고등재판소의 소재지를 관할하는 지방재판소를 가리킨다. 이에 따라 국가의 대신(大臣)이나 독립행정법인의 처분 등에 관하여 도쿄지방재판소가 아니라 삿포로·후쿠오카 등의 지방재판소에도 출소할 수 있게 되었다.


(c) 심리의 충실·촉진

처분 등에 관한 자료가 피고 측에 편재해 있는 점을 고려하여 민사소송법상 석명처분의 특칙으로서 재판소는 처분의 이유를 밝히는 자료나 재결 기록의 송부를 행정기관에 요구할 수 있도록 하는 규정이 마련되었다.

(d) 가구제의 정비

가구제 제도를 충실하게 정비했다. (ⅰ) 집행정지의 요건이 '보상할 수 없는 손해'에서 '중대한 손해'로 완화되었다. (ⅱ) 의무이행소송, 예방적 금지소송의 창설에 따라 가구제 제도로서 임시 의무이행, 임시 예방적 금지의 제도가 마련되었다.


## 제3절  행정통제와 사법

### 제1관  사법권의 행사

#### (1) 사법권의 개념

① 재판소법 3조1항

일본국헌법에서 행정소송은 사법(司法) 작용에 속하고, 민사소송의 특례적인 제도로서 자리매김하고 있다. 따라서 행정소송의 제기 시에는 다른 민사소송과 마찬가지로 다음과 같은 기준이 적용된다. 우선, 사법권의 본질을 고려하여 재판소법(1947法59)이 '재판소는 일본국헌법에 특별한 규정이 있는 경우를 제외하고 일체의 법률상의 쟁송을 재판하고, 그 밖의 법률에서 특히 정하는 권한을 가진다.'(재판소법 3조1항)라고 규정하고 있다.

② 법률상의 쟁송

같은 법에서 말하는 '법률상의 쟁송'이란 (ⅰ) 당사자 간의 구체적인 권리·의무 내지 법률관계의 존재 여부에 관한 분쟁이고(사건성), 또한 (ⅱ) 그것이 법령의 적용으로 종국적으로 해결할 수 있는 것(법적 사항)을 말한다.

최고재판소도 국가시험 합격 변경 또는 손해배상청구 사건 상고심 판결(最判1966年2月8日民集20卷2号196頁) 등에서 같은 견해를 제시하고 있다.

국가시험 합격 변경 또는 손해배상청구 사건 상고심 판결(最判1966年2月8日民集20卷2号196頁)은 구 기술사법에 근거하는 기술사 시험에서 불합격된 자가 출소한 사안에 관한 것이다. 이 판결에서 법률상의 쟁송이란 법령을 적용하여 해결할 수 있는 권리·의무에 관한 당사자 간의 분쟁을 말한다고 판단하고, 소가 각하된 원고의 상고를 기각했다.

## (2) 행정상의 분쟁과 사법

### ① 객관소송

법률상의 분쟁에 해당하지 않는 분쟁은 행정상의 분쟁에서도 특별한 법률의 규정이 없으면 사법권의 판단 대상 밖에 놓인다. 또한, 법률상의 쟁송에 해당하지 않는 행정상의 분쟁에 관하여 특별한 법률의 규정에 따라 심리의 대상으로 하는 것이 특별히 인정되는 소송유형을 학설상은 객관소송이라고 부르고 있다[→ 행정소송, 행정소송의 개념, 주관소송과 객관소송(제1부)]. 행정사건소송법은 이러한 소송으로서 민중소송, 기관소송을 두고 있다(행소법 5조·6조·42조). 이와 관련하여, 행정상의 분쟁에 대하여 법률상의 소송에 해당하지 않는다고 판단한 재판례에는 다음과 같은 것이 있다.

### ② 구체적인 분쟁에서 벗어난 청구

구체적인 분쟁과 관계없이 추상적인 법률·명령 등의 합헌성의 판단을 재판소에 구하는 소는 법률상의 쟁송성이 결여된 것으로서 특별한 법령의 규정이 없으면 부적법한 것이 된다. 이 점에 관한 최고재판소의 판단으로서는 일본국헌법에 위반되는 행정처분 취소청구 사건 상고심 판결(最大判1952年10月8日民集6卷9号783頁)이 있다.

이 판결은 경찰 예비대의 창설이 헌법 위반이라고 생각한 정당의 위원장이 최고재판소에 제기한 소송에 관한 것이다. 이 판결에서 최고재판소는 구체적인 쟁송 사건이 제기되어 있지 않음에도 불구하고 헌법 등의 해석과 관련 논쟁에 관하여 추상적인 판단을 내릴 권한은 없다고 판단하여 소를 각하했다.

### ③ 행정상 의무의 이행을 구하는 청구

다카라즈카(宝塚) 파친코점 등 건축제한조례 사건 상고심 판결(最判2002年7月9日民集56卷6号1134頁)에서 최고재판소는 (ⅰ) 국가 또는 지방자치단체가 재산권의 주체로서 재산상

의 권리·이익의 보호 구제를 구하여 출소하는 경우는 별론으로 하고, (ⅱ) 국가 또는 지방자
치단체가 오로지 행정권의 주체로서 국민에 대하여 행정상 의무의 이행을 구하는 소송은 법
률상의 쟁송에 해당하지 않는다고 판단했다[→ 민사집행의 이용가능성, 다카라즈카시 파친
코점 등 제한조례 사건(제2편 제6부 제2장 제5절)].

## 제2관  특수한 분쟁의 유형

### (1) 통치행위

① 통치행위론

국가 존립의 기초에 관계하는 고도의 정치성을 가지는 행위에 관해서는 직접 국민에 대하
여 책임지는 구조를 가지지 않는 재판소가 아니라 민주적 정당성이 높은 국회, 내각이 판단
을 내리고, 그 결과를 포함하여 직접 국민에 대하여 책임져야 한다고 생각된다. '통치행위'의
논의이다. 최고재판소의 판결 중에도 통치행위의 이론에 근거하여 문제가 된 국가 행위의
합헌성에 관한 판단을 회피한 것이 있다.

② 스나가와(砂川) 소송 상고심 판결

일본국과 미합중국 간의 안전보장조약 제3조에 근거하는 행정협정에 수반하는 형사특별
법 위반 피고사건 상고심 판결(最大判1959年12月16日刑集13卷13号3225頁)에서 최고재판
소는 미일안보조약의 합헌성에 관한 판단은 사법재판소의 심사에는 원칙적으로 적합하지
않은 성질의 것이고, 일견 극히 명백히 위헌·무효라고 인정되지 않으면 재판소의 사법심사
권의 범위 밖에 있다고 판단했다.

스나가와 상고심 판결은 안보조약에 근거하는 미군기지의 확장공사에 반대하여 같은 기
지의 부지 내에 출입한 자가 안보조약에 근거하는 행정협정에 수반하는 형사특별법(약칭.
당시)에 근거하여 기소된 사건에 관한 것이다. 안보조약이 위헌이라고 판단한 도쿄지방재
판소의 판결(東京地判1959年3月30日刑集13卷13号3305頁)에 대하여 검찰관이 한 비약상
고에 대하여 최고재판소는 위의 판단을 제시하고 사건을 도쿄지방재판소에 환송했다.

③ 도마베치(苫米地) 소송 상고심 판결

중의원 의원 자격 확인 및 세비 청구 사건 상고심 판결[最大判1969年6月8日民集14卷7号 1206頁(도마베치 소송 상고심 판결)]은 내각총리대신에 의한 중의원의 해산 행위가 무효인 것을 주장하여 의원 자격의 확인 등의 소가 제기된 사안에 관한 것이다. 이 판결에서 최고재 판소는 중의원의 해산은 정치성이 높은 국가 통치의 기본에 관한 행위이고, 그 행위의 법률 상 유효·무효를 심사하는 것은 사법재판소의 권한 밖에 있다고 판단했다.

도마베치 소송 상고심 판결은 헌법 7조3호에 근거하여 중의원이 해산되었기 때문에 중의 원 의원의 자격을 상실한 자가 의원의 자격 확인과 임기 만료까지의 세비를 청구한 사건에 관하여 제시된 것이다. 본문에 소개한 판단은 헌법 7조3호만을 근거로 하는 해산은 위헌이 라고 주장된 점과 관련하여 기술되고 있다.


## (2) 부분사회의 자율

① 부분사회론

종교단체, 정당, 대학 등과 같이 그 자율이 헌법상으로도 존중되어야 한다고 판단되는 단 체나 조직에 관하여 그 내부의 분쟁은 단체나 조직의 자주적, 자율적인 해결에 맡겨져야 한 다는 판단을 제시한 최고재판소의 재판례가 있다.

② 국립대학의 학점 인정

행정상의 분쟁으로서 문제가 된 사례로서는 학점 불인정 등 위법 확인청구 사건 상고심 판 결(1977年3月15日民集31卷2号234頁)이 있다. 이 판결에서 최고재판소는 국립대학에서 학 위의 수여를 둘러싸고 제기된 분쟁에 관하여 단체나 조직 내의 자주적, 자율적인 해결에 맡 겨져야 한다고 판단했다.

학점 불인정 등 위법 확인청구 상고심 판결(最判1977年3月15日民集31卷2号234頁)은 국 가행정조직법(1948法120)상의 시설 등 기관(같은 법 8조의2)에 국립대학이 해당하는 점에 서 학점 수여 등의 결정이 행정처분으로서 이해되고 있었던 법제도에서의 판단이다. 수업

담당 정지 조치를 받고 있었던 교수의 수업을 받고 시험을 본 학생이 제기한 학점 수여·불수여 결정의 부작위 위법확인청구 등의 소에 관하여 이 판결은 자율적인 법규범을 가지는 특수한 부분사회에서 법률상의 분쟁은 일반시민법 질서와 직접적 관계를 맺지 않는 내부적인 문제에 그치는 범위에서 자주적, 자율적인 해결에 맡겨져야 하고, 재판소에 의한 사법심사의 대상이 되지 않는다고 판단했다.

③ 자율의 한계

대학에 의한 졸업 인정, 지방의회에 의한 의원의 제명 등 부분사회 그 자체로부터의 이탈을 인정하고, 배제하는 처분에 관해서는 재판소는 재량적인 판단의 여지가 인정되지만, 사법심사의 대상이 된다고 해석해 왔다(의원제명 처분에 관하여 最判1952年12月4日行集3卷11号2335頁, 最大判1960年3月9日民集14卷3号355頁 등을 참조).

더욱이, 최고재판소는 지방의회에 의한 의원 징벌 처분에 관한 과거의 대법정 판결(最大判1960年10月19日民集14卷12号2633頁)을 변경하고, 지방의회의 의원에 대한 출석정지 징벌의 가부는 사법심사의 대상이 된다고 판단했다(最大判2020年11月25日民集74卷8号2229頁).

최고재판소는 ( ⅰ ) 의원은 헌법상의 주민자치의 원칙에 근거하여 지방자치법(1947法67) 소정의 사항에 관하여 의사(議事)와 의결에 참여하는 등의 책무가 있는 점, ( ⅱ ) 출석정지에 따라 의원은 핵심적 활동을 할 수 없고, 주민으로부터 맡겨진 책무를 완수할 수 없게 되는 점 등을 지적하고 있다.

## 제3관  행정재량·입법재량

행정소송은 소송을 통하여 사법권이 행정권이나 입법권을 통제하는 제도인 점에서 행정재량이나 입법재량의 문제가 생긴다[행정재량에 관하여 → 행정재량과 그 재판상 통제(제2편 제3부 제5장 제2절)].

# 제2장 행정사건소송

## 제1절 개설

### 제1관 행정사건소송

#### (1) 행정사건소송법의 규정

'행정소송'의 개념은 학문상의 것이고, 행정사건소송법상의 용어는 아니다. 행정사건소송법에는 '행정사건소송'이라는 용어가 사용되고 있다. 구체적으로는 행정사건소송법은 '이 법률에서 「행정사건소송」이란 항고소송, 당사자소송, 민중소송 및 기관소송을 말한다'라고 규정한다(행소법 2조).

#### (2) 행정사건소송의 의의

행정사건소송법 2조는 '행정사건소송'에 관한 더 상세한 정의를 두고 있지 않다. 항고소송(행소법 3조1항), 당사자소송(실질적 당사자소송. 같은 법 4조)의 정의로부터는 이 소송형식들이 행정사건소송법의 제정 당시에 유력했던 학설(3분설)에 입각한 것이었다는 점이 엿보인다. 그러나 이 3분설은 실무·학설에 대하여 이미 영향력을 상실했고, 현시점에서 같은 학설을 전제로 행정사건소송의 개념을 이해할 필요는 없다. 어떠한 소송이 행정사건소송법이 정하는 어떤 소송유형에 해당하는지에 관해서는 개개의 소송유형에 관한 해석론을 쌓아 올리는 태도가 적절하다고 생각된다.

행정상의 법률관계에 관한 3분설이란 행정이 일방 당사자가 되는 법률관계, 즉 행정상의 법률관계에 관하여 (ⅰ) 행정청이 공권력을 행사하는 중에 형성된 법률관계(권력관계)와 (ⅱ) 공익상의 관점에서 마련된 특칙을 포함한 법령에 근거하여 행정과 그 밖의 주체 간에 형성된 법률관계(공법상의 관리관계)가 행정에 특유한 법률관계(공법관계)이고, (ⅲ) 오로지 사법이 적용되는 법률관계는 행정을 일방 당사자로 하는 것이어도 사법관계이고 공법관계는 아니라고 하는 견해를 가리킨다. 이러한 견해에 대해서는 (ⅰ) 권력관계의 본질은 공권력이 우위에 있고, 관리관계의 본질은 공익이 우위에 있다고 생각한 점, (ⅱ) 사법이 적용되는 관계에 관해서도 특유한 공법상의 구속이 있는 점을 경시한 점이 비판된다. 또한 3분설의 기준이 획일적으로 적용된다고 생각한 점에 대해서도 비판되고 있다[→ 행정법의 체계(제1편 제1부 제2장 제2절)].

## 제2관  유형론의 의의

### (1) 민중소송과 기관소송

우선, 행정사건소송 중 민중소송과 기관소송은 특별한 법률에 따라 개별적으로 창설되는 것이므로 어느 소송이 행정사건소송에 속하는지에 관하여 해석상의 의문이 생기는 것은 원칙적으로는 없다.

### (2) 항고소송과 민사소송·당사자소송

행정사건소송법의 개정 전에는 (ⅰ) 항고소송에 관해서는 행정청이 피고가 되고, (ⅱ) 어느 행위가 처분으로 해석되면 취소소송의 배타적(우선적) 관할이 원칙적으로 미치는 점에서 민사소송의 제기는 허용되지 않게 되는 등 항고소송과 그 밖의 소송의 선택은 제기하는 소송이 적법해지는지에 특히 중요한 의의가 있었다. 특히, 취소소송에는 출소기간 제한의 규정(행소법 14조)이나 심사청구 전치의 특례를 인정하는 규정(같은 법 8조1항 단서) 등 소송 정책상의 관점에서 원고에게 불리한 규정을 두고 있으므로 취소소송을 제기해야 할 때에 이 불리한 규정들의 적용이 회피되는 민사소송은 제기할 수 없다고 해석되는 경우는 많다.

다만, 행정사건소송법의 개정 후는 항고소송의 피고적격은 그 밖의 소송과 마찬가지로 처분청이 소속하는 국가 또는 공공단체로 변경되었기 때문에 소의 변경 등의 절차를 밟는 것이 가능하게 되고, 소송제기에서 소송형식 선택의 잘못을 정정하는 것은 이전보다는 쉽게 되었다. 그러나 여전히 취소소송의 배타적(우선적) 관할 등의 제도의 적용은 있기 때문에 어떠한 행정활동이 항고소송의 대상이 되는 처분에 해당하는지는 행정사건소송법상의 중요한 해석 문제이다. 다만, 항고소송에 관해서는 행정사건소송법 3조1항에 '행정청의 공권력 행사에 관한 불복의 소송'이라는 정의가 있으므로 어느 소송사건이 항고소송인지는 행정사건소송법 3

조1항의 해석 문제로서 처리되게 된다.

### (3) 당사자소송과 민사소송

다음으로 항고소송에 해당하지 않는다고 해석되는 소송사건에 관하여 당사자소송의 '공법상의 법률관계에 관한 소송'(실질적 당사자소송. 같은 법 4조)에 해당하는지가 민사소송과의 관계에서 문제가 된다. 또한, 이 점에 관하여 판례·학설에서 확정적인 견해는 없다. 그러나 어느 소송이 공법상의 당사자소송에 해당하지 않는다고 판단된 경우에도 해당 소송에 법률상의 쟁송성이 인정되는 범위에서는 민사소송의 제기는 가능하다. 또한, 공법상의 당사자소송에는 소송절차에 관하여 약간의 특칙이 규정되어 있지만, 민사소송과 소송절차상 본질적인 차이는 없다고 해석되고 있다.

> 행정사건소송법 4조의 공법상의 당사자소송에 해당하는 소송에 관해서는 ( i ) 같은 법 41조의 규정의 적용이 있다[행정청 등의 소송참가(23조), 직권증거조사(24조), 취소판결의 구속력(33조1항) 등의 준용]. 또한, ( ii ) 재판관할에 관하여 '행정사건소송과 관련되는 청구'(재판소법 33조1항1호 괄호)로서 간이재판소의 사물관할에서 제외되어 지방재판소가 제1심이 된다.

다만, 행정사건소송법의 개정에 따라 공법상의 당사자소송에는 행정처분 이외의 행정활동에 관한 분쟁의 해결 수단이 될 것이 기대되고 있다. 그러한 이상 행정사건소송법 4조에서 말하는 '공법상의 법률관계에 관한 소송'은 무엇인지에 관하여 학설의 전개를 고려하여 재판례가 축적되어 갈 것이 기대된다.

## 제2절  행정사건소송의 유형(1)

### 제1관  주관소송과 객관소송

행정사건소송법은 행정사건소송의 유형으로서 항고소송(행소법 3조), 당사자소송(행소법

4조), 민중소송(행소법 5조), 기관소송(행소법 6조)을 정한다. 그중에서 항고소송, 당사자소송은 주관소송에 해당하고, 민중소송, 기관소송이 객관소송에 해당한다[→ 행정소송, 행정소송의 개념, 주관소송과 객관소송(제1장 제1절)].

## 제2관  항고소송

### (1) 항고소송의 개념

행정소송의 고전적이고 핵심적인 유형으로서 항고소송이 있다. 행정사건소송법은 '항고소송이란 행정청의 공권력 행사에 관한 불복의 소송을 말한다.'라고 규정한다(행소법 3조1항). 여기서 '행정청의 공권력 행사'란 무엇을 가리키는지가 문제가 되나, 행정작용법상의 '행정행위' 개념의 요소로서도 '(행정청에 의한) 공권력의 행사'(규율력의 존재)가 언급되어 왔다[→ 행정행위의 규율력(제2편 제3부 제1장 제1절)].

따라서 행정행위의 취소, 무효·부존재의 확인, 의무이행, 예방적 금지 등을 구하는 소송이 항고소송에 해당하는 점에 관하여 판례·학설상 다툼은 없으나, 그 이외의 어떤 행위가 항고소송의 대상이 되는지에 관해서는 다양한 견해가 있다[→ 처분성(제3부 제2장)].

## 【행정을 피고로 하는 소송의 유형】

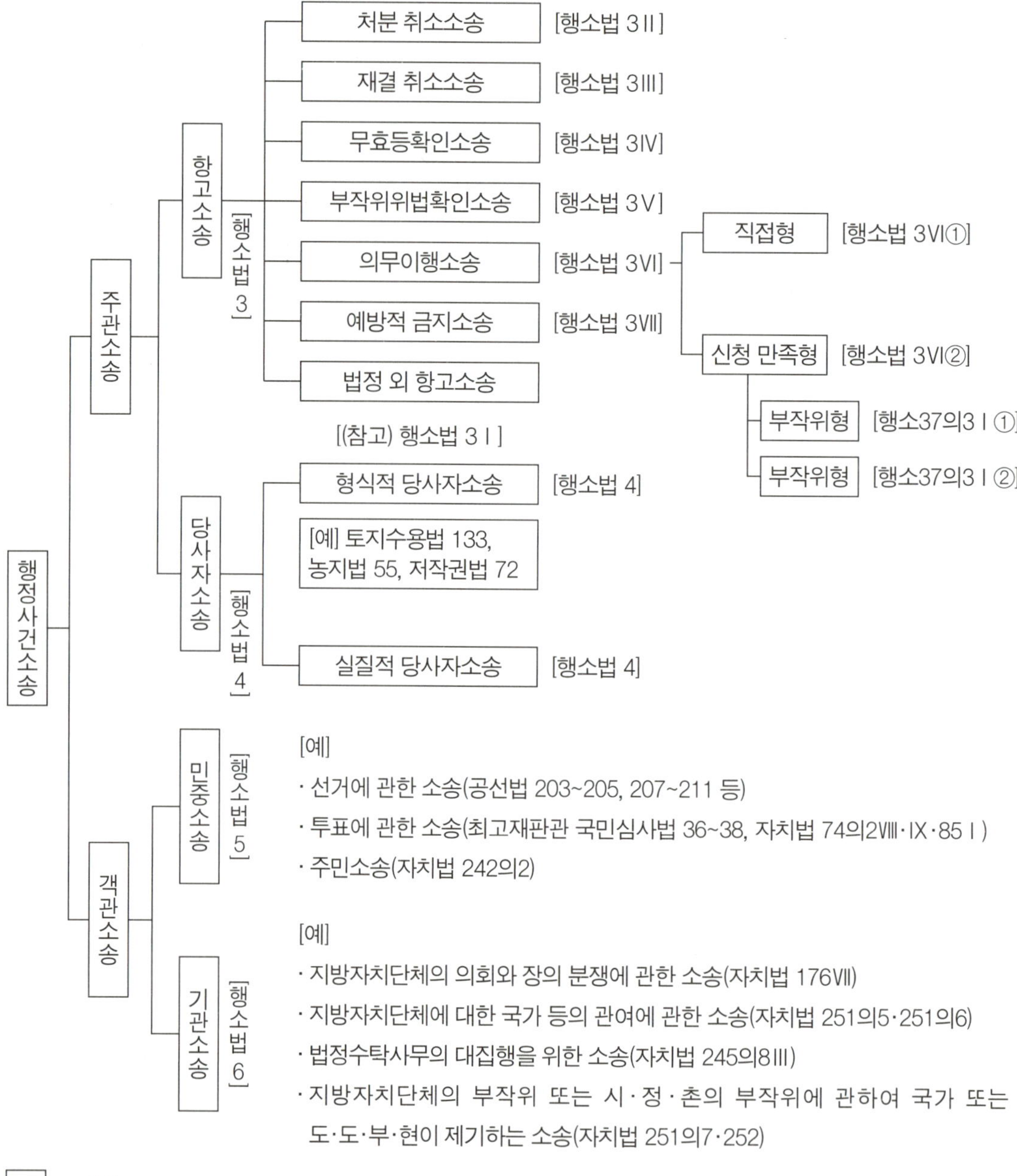

### (2) 법정항고소송

행정사건소송법은 제정 당시, 항고소송의 유형으로서 처분(재결) 취소소송, 무효등확인소송, 부작위의 위법확인소송을 법정하고 있었다. 그리고 행정사건소송법의 개정 전에 재판소는 위에서 말한 것 외의 항고소송의 유형은 관념할 수 있는 점을 인정하면서도 그 요건을 엄격하게 한정하는 견해를 관철하고 있었다. 그래서 개정 행정사건소송법은 의무이행소송, 예방적 금지소송을 새로 항고소송으로서 법정했다.

① 처분(재결) 취소의 소

행정사건소송법에 따르면 처분의 취소소송이란 '행정청의 처분, 그 밖에 공권력의 행위에 해당하는 행위(다음 항에 규정하는 재결, 결정 그 밖의 행위를 제외한다. 이하, 「처분」이라 한다)의 취소를 구하는 소송'을 말한다(행소법 3조2항). 한편, 행정사건소송법은 심사청구 그 밖의 불복신청(이하 '심사청구'라 한다)에 대한 행정청의 재결, 결정, 그 밖의 행위(이하 '재결'이라 한다)의 취소를 구하는 소송을 재결 취소의 소라고 부르고(행소법 3조3항), 2가지의 소송을 구별하고 있다.

이는 처분에 대한 행정불복신청을 거친 후에 소송이 제기되었을 때에 불복신청의 대상이 된 처분(원처분)의 위법을 어느 소송에서 제기해야 하는지에 관한 명확한 기준을 정하기 위해(행소법 10조2항), 정의 규정에서 구별해 놓을 필요가 있었기 때문이다[→ 원처분주의(제4부 제2장 제2부)].

② 무효등확인의 소

행정사건소송법에 따르면 무효등확인의 소란 '처분이나 재결의 존재 여부 또는 그 효력 유무의 확인을 구하는 소'를 말한다(행소법 3조4항). 처분의 무효 및 부존재라는 실체법상 주장의 절차로서 상정된 소송 형태이다[→ 행정행위의 취소와 무효(제2편 제3부 제2장 제3절)].

③ 부작위의 위법확인의 소

행정사건소송법은 부작위의 위법확인의 소를 '행정청이 법령에 근거하는 신청에 대하여 상당한 기간 내에 어떠한 처분 또는 재결을 해야 함에도 불구하고 이를 하지 않는 것에 관한 위법의 확인을 구하는 소송'이라고 정의하고 있다(행소법 3조5항).

④ 의무이행의 소

의무이행소송이란 행정사건소송법에 따르면 일정한 경우에 '행정청이 그 처분 또는 재결을 해야 하는 취지를 명할 것을 구하는 소송'을 말한다. 신청을 거치지 않고 직접 의무이행을 구하는 소송(행소법 3조6항1호)과 신청 또는 심사청구를 거친 후에 신청 또는 심사청구의 대상이 된 처분 또는 재결을 구하는 소송(같은 항 2호)이 있다.

⑤ 예방적 금지의 소

예방적 금지의 소란 행정사건소송법에 따르면 '행정청이 일정한 처분 또는 재결을 해서는 안 됨에도 불구하고 이것이 행해지려고 하고 있는 경우에 행정청이 그 처분 또는 재결을 해서는 안 된다는 취지를 명할 것을 구하는 소송'을 말한다(행소법 3조7항).

## 제3관  법정 외 항고소송

법정 외 항고소송은 행정사건소송법에 소송유형의 정의가 없는 항고소송유형을 총칭하는 개념이다. 행정사건소송법의 개정 전에는 의무이행소송이나 예방적 금지소송이 명문화되어 있지 않았기 때문에 법정 외 항고소송에 관한 논의는 활발했다. 다만, 이것들이 법정화되었기 때문에 법정 외 항고소송의 소송유형을 논할 의의는 이전과 비교하면 작아지게 되었다[→ 법정 외 항고소송(제5부 제2장 제5절)].

# 제3절  행정사건소송의 유형(2)

## 제1관  당사자소송

### (1) 정의

행정사건소송법 4조는 ( i ) 법률에 특별한 규정이 있는 형식적 당사자소송과 ( ii ) 공법상의 법률관계에 관한 확인의 소, 그 밖의 공법상의 법률관계에 관한 소송인 실질적 당사자소송을 당사자소송으로 정의하고 있다.

### (2) 형식적 당사자소송

형식적 당사자소송이란 '당사자 간의 법률관계를 확인하거나 형성하는 처분 또는 재결에 관한 소송으로서 법령의 규정에 따라 그 법률관계의 당사자의 일방을 피고로 하는 것'을 말한다. 구체적으로는 토지수용법상의 손실보상의 소(토지수용법 133조)가 그 예이다. 이 소송은 본질적으로는 토지수용위원회의 손실보상금액의 결정에 대한 불복의 소송(항고소송)이지만, 손실보상금액을 둘러싼 소송이기 때문에 형식상 당사자소송으로서 정리된 것이다. 같은 종류의 소는 농지법(1952法229) 55조, 저작권법(1970法48) 72조 등에도 예가 있다[→ 손실보상과 소송, 토지수용법 등의 경우(제3편 제2부 제5장 제2절)].

### (3) 실질적 당사자소송

'공법상의 법률관계에 관한 확인의 소, 그 밖의 공법상의 법률관계에 관한 소송'인 실질적 당사자소송에 관해서는 민사소송과의 구별에서 논의가 있다[→ 개설, 유형론의 의의, 당사자소송과 민사소송(제1절)]. 행정사건소송법 개정 전의 재판례에서 실질적 당사자소송에 해당한다고 판단된 소송으로서는 공무원의 퇴직수당 지급 청구 소송, 헌법 29조3항에 근거하는 손실보상청구소송, 국적의 확인을 구하는 소송 등이 있다[개정 후의 예에 관하여 → 실질적 당사자소송(제5부 제3장 제2절)].


## 제2관  민중소송과 기관소송


### (1) 민중소송

#### ① 정의

민중소송과 기관소송은 객관소송으로 구분되는 행정소송 유형이다. 그중에서 우선 민중소송에 관하여 행정사건소송법은 '국가 또는 공공단체 기관의 법규에 적합하지 아니한 행위의 시정을 구하는 소송으로 선거인 자격, 그 밖의 자기의 법률상의 이익과 관계없는 자격으로 제기하는 것'으로 정의했다(행소법 5조).

#### ② 구체적인 예

민중소송을 규정하는 법률로서는 ( i ) 선거에 관한 소송(공선법 203조~205조, 207조~211

조, 25조 등), ( ii ) 투표 등에 관한 소송(최고재판관 국민심사법 36조~38조, 자치법 74조의2 제8항·9항·85조1항 등), ( iii ) 주민소송(자치법 242조의2) 등이 있다.

법률에 따라 민중소송의 제기가 인정되는 분쟁 중에는 법률상의 쟁송성을 가지는 분쟁이 포함되는 사례도 있다(선거소송 중에서 당선인 지위의 소 등이 이에 해당한다). 이러한 경우에 민중소송을 이용하지 않고, 주관소송인 항고소송이나 공법상의 당사자소송을 제기하는 것이 허용되는지는 이론상으로는 문제가 된다. 만약 이러한 소송이 제기된 경우에는 민중소송을 정하는 법률이 이 소송들의 제기를 허용하지 않는 취지인지에 관하여 근거 법령을 개별적으로 해석해 가게 될 것이다(출소기간 제한의 규정이나 선거관리위원회 등에 대한 불복신청 전치의 규정의 취지 등을 고려하게 된다).

### (2) 기관소송

#### ① 정의

기관소송이란 행정사건소송법에 따르면 '국가 또는 공공단체의 기관 상호 간에 권한의 전부 또는 그 행사에 관한 분쟁에 관한 소송'을 말한다(행소법 6조).

#### ② 구체적인 예

기관소송을 규정하는 법률로서는 ( i ) 지방자치단체의 의회와 장의 분쟁에 관한 소송(자치법 176조7항), 지방자치단체에 대한 국가 등의 관여에 관한 소송(자치법 251조의5·251조의6), ( ii ) 법정수탁사무의 대집행을 위한 소송(자치법 245조의8제3항), ( iii ) 지방자치단체의 부작위 또는 시·정·촌의 부작위에 관하여 국가 또는 도·도·부·현이 제기하는 소송(자치법 251조의7·252조) 등이 있다.

## 제3관  행정주체를 피고로 하는 민사소송

행정사건소송에 해당하지 않지만, 행정주체를 피고로 하는 소송이 민사소송으로서 제기되는 경우가 있다. 다만, 이러한 민사소송과 실질적 당사자소송의 구별에 관해서는 다양한 견해가 있는 점은 이미 말했다. 지금까지의 재판례에서 민사소송에 해당한다고 판단된 소송으로서는 ( i ) 국가배상청구소송 외에[→ 국가배상법 1조-그 밖의 문제, 소송법상의 문제(제3편 제3부 제4장 제2절)], ( ii ) 행정주체의 공공사업 등에 대하여 제기된 인격권에 근거하는 예방, 방해제거, 예방적 금지 청구소송, ( iii ) 급부 행정계약 등에 근거하는 채권 이행의 청구소송 등이 있다.

　민사소송법에서는 급부소송, 확인소송, 형성소송의 구별이 있다. 이러한 민사소송법상의 분류와 행정사건소송의 분류는 관점을 달리하므로 상호 배타적이지 않다. 그래서 행정사건소송의 소송유형은 급부소송, 형성소송, 확인소송 중 어느 하나로 분류할 수 있다고 생각되고 있다. 예를 들면, 취소소송에 관해서는 확인소송설도 유력하지만, 형성소송으로 분류된다는 견해가 판례·학설상으로는 유력하다. 실질적 당사자소송은 청구 내용에 따라 급부소송 또는 확인소송으로 분류된다.

# 제4절  행정사건과 민사사건

## 제1관  행정사건과 민사소송

이미 말한 바와 같이, 행정사건소송과 민사소송의 구별이라는 관점에서는 ( i ) 취소소송의 배타적(우선적) 관할이 적용되는 처분이란 어떠한 범위의 것인지, ( ii ) 실질적 당사자소송과 민사소송이란 어떻게 구별되는지 등에서 행정사건소송법의 해석문제가 생기고 있다[→ 개설, 유형론의 의의(제1절)].

## 제2관  오사카공항 소송 상고심 판결

### (1) '포괄적 공권력'의 개념

공권력의 행사와 관련되는 분쟁에 관하여 항고소송을 제기해야 하고, 민사소송을 제기해도 그러한 소송은 부적법하다는 견해는 있을 수 있다. 다만, 그것은 취소소송의 전형적인 대상인 처분을 대상으로 하는 취소소송과 실질적으로 동일한 내용을 청구하는 민사소송(예를 들면, 영업허가 취소소송과 영업자격 확인소송) 등과 같이 행정사건소송법의 입법취지 등에 비추어 민사소송을 배제하는 효과에 관하여 명확한 근거를 가지고 이유를 제시할 수 있는 경우가 상정되어 있었다.

이에 비하여, 오사카 국제공항 야간비행 금지 등 청구 사건 상고심 판결[最大判1981年12月16日民集35卷10号1369頁(오사카공항 소송 상고심 판결)]은 기간(基幹) 국영공항이었던 오사카 국제공항(이타미공항)에서 이른 아침과 심야의 사용 금지를 주변 주민이 요구한 것에 대하여 이러한 사안에 관해서는 민사 금지소송을 제기할 수 없다고 판단했다[→ 행정법의 의의, 수권과 통제의 법체계, 학설·판례의 역할(제1편 제1부 제2장 제1절)].

### (2) 판결의 문제점

취소소송 등과 달리 소송요건에 엄격한 구속이 없는 민사 금지소송을 배제하는 법적인 결론을 최고재판소가 항공 행정권과 공항 관리권 불가분의 일체성이라는 실정법상 명문의 근거가 박약한 논리와 '포괄적 공권력'의 개념을 사용하여 도출한 것에 대해서는 학설상 강한 비판이 있다.

### (3) 행정소송을 통한 구제

다만, 국영공항 주변의 소음을 둘러싼 분쟁에 관해서는 행정사건소송법의 개정에 따라 소음을 경감하는 행정권한의 발동을 의무화하는 행정소송을 주변 주민이 제기하는 것은 가능하게 되었기 때문에 행정소송을 통한 구제는 주어져 있다고 하는 견해가 유력하다.

공공용 비행장 주변에서의 항공기 소음으로 인한 장애의 방지 등에 관한 법률(1967法110)은 국토교통대신이 공공용 비행장 주변의 항공기 소음을 방지하거나 경감하기 위하여 항공기 이착륙의 경로·시간, 그 밖의 항행 방법을 고시로 지정할 수 있다고 정하고 있다(같은 법 3조).

# 제3관  아쓰기(厚木) 기지 소송 최고재판소 판결

## (1) 아쓰기 기지 소송 최고재판소 판결(1993년 판결)

오사카공항 소송 상고심 판결에 이어서 최고재판소는 항공기 이착륙 금지 등 청구 사건 상고심 판결[最判1993年2月25日民集47卷2号643頁(아쓰기 기지 소송 최고재 판결, 1993년 판결)]에서 자위대 기지의 소음 금지소송에 관하여 자위대기(自衛隊機)의 운항에 관한 방위청 장관(당시)의 자위대법(1954法165)에 근거하는 지휘·명령권을 근거로 하여 민사 금지소송은 부적법하다고 판단했다.

아쓰기 기지 소송 최고재판소 판결(1993년 판결)은 미군과 자위대가 공동으로 사용하고 있던 아쓰기 기지에 관하여 항공기 이·착륙의 금지 등을 구하는 소가 제기된 사안에 관한 것이다. 이 판결에서 최고재판소는 (ⅰ) 미합중국 군대가 사용하는 항공기의 이·착륙에 관한 청구는 조약상의 문제라고 하여 부적법하다고 하고, (ⅱ) 자위대기에 관해서도 (α) 자위대법상 자위대기 운항의 특수성에 따라 소음의 방지 등을 위한 권한이 방위청 장관에 부여된 점을 지적하고, (β) 권한의 행사에 따라서는 필연적으로 수반되는 소음 등에서는 주변 주민의 수인을 의무화하는 것이기 때문에 자위대기의 운항과 관련되는 방위청 장관의 권한 행사는 주변 주민과의 관계에서는 공권력의 행사에 해당한다고 판단했다.

## (2) 아쓰기 기지 소송 최고재판소 판결(2016년 판결)

위의 최고재판소의 판단에 관해서도 자위대 내부의 지휘·명령 관계에 관하여 기지 주변 주민과의 사이에서는 '공권력의 행사'가 된다고 판단하고 있는 점 등에 대하여 학설의 비판은 강하다.

다만, 이 점에 관하여 아쓰기 기지 제4차 소송에 관한 각 항공기 운행 금지 등 청구 사건 상고심 판결(最判2016年12月8日民集70卷8号1833頁)이 주목할 만한 판단을 제시했다. 이 판결은 1993년 판결의 판단[자위대기(自衛隊機)의 운항과 관련되는 방위청 장관(현재는 방위 대신)의 권한 행사는 공권력의 행사에 해당하는 판단)]을 전제로 하여 자위대기의 운항 금지를 구하는 원고의 청구를 예방적 금지소송[그 대상은 '행정청의 처분, 그 밖의 공권력의 행사'(행소법 3조2항)이다]으로 해석한 후에 같은 소송의 소송요건, 특히 행소법 37조의4제1항의 '중대한 손해를 생기게 할 우려'를 충족한다고 판단한 원심(東京高判2015年7月30日民集70卷8号2037頁)과 관련되는 것이고, 최고재판소는 예방적 금지소송의 요건 해당성을 긍정하여 본안의 심리를 했다[원심의 판단을 파기·자판, 청구기각. '중대한 손해' 요건에 관하여, → 예방적 금지소송, 소송요건, 중대한 손해 등(제5부 제2장 제4절 제2관)]. 이상의 점에 비추어 보면, 자위대기의 운항으로 인하여 발생하는 소음피해 구제의 기준으로서는 자위대기의 운항과 관련되는 방위대신의 권한 행사에 대한 예방적 금지소송이 선택되어야 한다는 판단이 정해졌다고 보아야 할 것이다.

# 제3부  취소소송(소송요건)

## 제1장  총론

### 제1절  개설

제2부에서 행정소송의 총론적인 사항에 관하여 해설했다. 이어서 제3부에서는 행정소송 중에서도 전통적으로 인정되어 온 소송 형태이면서 항고소송의 핵심적인 위치를 차지하고 있는 (처분)취소소송에 관하여 우선 소송요건을 설명한다. 제2장부터 제4장에서는 취소소송의 소송요건 중 '소의 이익'에 관한 3요건에 관하여, 제5장에서는 그 밖의 소송요건에 관하여 각각 다루기로 한다.

### 제2절  취소소송과 소의 이익

#### (1) 취소소송과 소의 이익

취소소송을 포함하는 항고소송은 주관소송이고, 법률상의 쟁송성을 가지는 분쟁을 대상으로 한다. 이 점에서 취소소송의 소송요건(소송의 제기 그 자체가 적법하게 되어 본안심리를 하기 위한 요건) 중에서는 '소의 이익'의 유무라는 관점에서 마련된 것이다.

#### (2) 취소소송의 3요건

'소의 이익'이라는 관점에서 취소소송에는 ( i ) 행정에 의한 행위가 관계법령상 정형적으로 취소소송의 대상이 되는지(처분성), ( ii ) 취소소송을 제기하고 있는 원고가 취소소송으로 구제를 받기에 충분한 이해관계를 가지는지(원고적격), ( iii ) 취소소송의 대상이 된 분쟁이 취소소송의 종국판결을 통한 해결에 적합한 성질을 가지는지(협의의 소의 이익)의 3가지 관점에서 소송요건이 마련되어 있다. 이하에서는 처분, 원고적격, 협의의 소의 이익 순으로 설명한다.

# 제2장 처분성

## 제1절 개설

### 제1관 정의

행정사건소송법은 '처분의 취소의 소'란 행정청의 처분 그 밖의 공권력의 행사에 해당하는 행위…의 취소를 구하는 소송을 말한다고 정의하고 있다(행소법 3조2항). 그리고 최고재의 판례에 따르면 처분이란 공권력의 주체인 국가 또는 공공단체의 행위 중 그 행위로 직접 국민의 권리·의무를 형성하거나 그 범위를 확정하는 것이 법률상 인정되는 것을 말한다(쓰레기 소각장 설치조례 무효확인등청구 사건 상고심 판결, 最判1964年10月29日民集18卷8号1809頁). 전통적인 학설도 이 정의를 지지하고 있다[→ 행정행위의 규율력(제2편 제3부 제1장 제1절)].

쓰레기 소각장 설치조례 무효확인등청구 사건 상고심 판결(最判1964年10月29日民集18卷8号1809頁)은 도쿄도가 쓰레기 소각장을 건설하려고 했던 것에 대하여 이에 반대하는 부근 주민이 도의회에서 도시계획안의 제출·가결, 계획안의 공보에 기재, 건축회사와 시의 도급계약의 체결이라는 일련의 행위를 하나의 행정처분이라고 하여 취소소송을 제기한 사안에 관한 것이다. 이 판결에서 최고재판소는 도의회에의 계획안의 제출 행위는 내부절차에 지나지 않고 도급계약의 체결은 사법상의 계약이므로 이 일련의 행위는 처분에 해당하지 않는다고 판단했다.

### 제2관 판례의 정의와 '행정행위'

#### (1) 처분성의 3요소

위의 최고재판소의 판례에 따르면 어떤 행정의 행위가 행정청의 처분이라고 하기 위해서는

( i ) 공권력의 주체에 의한 행위: 행정청에 의한 행위일 것

( ii ) 행정청의 행위가 공권력성을 가지는 것일 것

( iii ) 그 행위에 따라 직접 국민의 권리·의무가 형성되거나 그 범위가 확정될 것이 법률상 인정될 것(법률의 근거, 정형성, 규율력)

이상의 3가지 요건을 충족해야 한다.

( i )의 요건에 관하여 법령상 사인에게 행정처분의 발동권한이 주어져 있는 경우, 이 요건은 충족하고 있다고 해석된다[예를 들면 변호사법(1949法205)은 변호사회·일본변호사회연합회의 변호사에 대한 징계를 처분이라고 규정하고 있다. 같은 법의 징계에 관하여 변호사법 56조·60조·61조 등]

또한, (iii)의 요건에 관하여 처분성이 긍정되기 위해서는 개개의 사안의 특수성에 좌우되지 않고 해당 행위에 법령상의 효과로서 직접 국민의 권리·의무를 형성하거나 그 범위를 확정하는 효과, 즉 규율력이 인정될 필요가 있다. 위에서 말한 '정형성'이란 그 취지를 표현한 것이다.

## (2) 행정처분과 행정행위

행정활동(작용)법상 행정행위란 사인의 권리의무관계를 설정 또는 변경하면서 설정 또는 변경을 법률에 근거하여 일방적으로 행하는 것 중에서 법률의 구체적인 집행으로서 행해지는 것을 가리킨다고 생각되어 왔다.

그 때문에 전형적인 행정행위는 행정처분에 해당한다. 법령에 근거하는 명령이나 금지, 허가·특허·인가 등과 그 취소·철회가 행정처분으로서 취소소송의 대상이 되는 것에 관하여 판례·학설상 이견은 없다.

다른 한편, 고시 등의 형태로 행해지는 일반처분, 법적 구속력 있는 계획은 전형적인 행정행위에 포함되지 않았다는 점에서 이 행위들에 처분성을 인정하는 것에 소극적인 입장을 취하는 견해도 있었다. 그러나 그중에는 법령의 구조에 따라 행정처분에 해당하는 것이 있다는 것이 최고재판소의 판례에서 인정되게 되었다[→ 횡단적인 분석의 의의, 행정행위와 행

정처분(제2편 제2부 제1장 제1부)].

따라서 현재는 인허가나 명령 등의 정형적인 행정행위에 해당하지 않는 것에 관해서도 법령의 구조적 측면에서 해당 행위가 위의 요건을 충족하는지라는 관점에서 개별 구체적인 판단을 거듭하는 작업이 중요해지고 있다.

## 제3관  형식적 행정처분론

### (1) 형식적 행정처분론

전형적인 행정행위에 해당하지 않는 행위이어도 취소소송을 통한 구제를 부여하는 것이 가능하고 적절하다고 생각되는 것에 관하여, 실질적인 의미에서는 행정처분이 아니어도 형식적으로 행정처분으로 취급하여 처분성을 긍정해야 한다고 하는 형식적 행정처분론이 과거에는 학설상 유력했다(原田·要論386項以下, 兼子·総論228項以下).

이 입장은 구제 본위의 관점에 서서 행정처분으로서의 실질을 가지지 않는 행위에 처분성을 인정하는 것이기 때문에 사인에게는 불리한 효과, 구체적으로는 취소소송의 배타적(우선적) 관할, 혹은 취소소송의 출소기간의 제한은 생기지 않는다고 주장함으로써 행정처분의 범위를 일부의 행정계획, 계약과 행정지도 등에도 확장하는 것을 통하여 재판상 구제의 확장을 지향하려고 하는 것이었다.

### (2) 형식적 행정처분론의 평가

그러나 출소기간 제한의 효과를 획일적으로 제외하는 것은 이를 정한 행정사건소송법의 취지에 반할 우려가 있다(행소법 14조). 또한, 취소소송의 배타적(우선적) 관할은 일률적으로 미치지 않는다고 하는 것도 취소소송의 제도를 마련한 소송정책에 반하게 된다[→ 취소소송의 배타적(우선적) 관할(제2편 제3부 제2장 제1절)]. 또한, 행정계약이나 행정지도와 같이 법률상의 근거가 없는 것은 말할 것도 없고 법정된 것이어도 공권력 행사의 요소가 없는 행정의 활동에 대하여 법령상의 실마리 없이 처분성을 인정하는 것은 곤란할 것이다.

더 말하면, 행정사건소송법의 개정을 계기로 하여 행정처분에 해당하지 않는 행정의 행위에 관해서도 재판상의 구제에 적합한 법적 분쟁이 해당 행위를 둘러싸고 생긴 경우에는 공법상의 당사자소송을 통한 구제가 주어지게 되어 있다[→ 실질적 당사자소송(제5부 제3장 제2절)]. 행정소송을 통한 재판상 구제의 충실은 '행정처분의 확장'이라는 수단만으로 이루어지는 것은 아니라는 점에 유의할 필요가 있다.

### (3) 처분성과 관련되는 법령해석

이상의 점을 고려하면 (ⅰ) 행정처분에 관한 판례의 정의를 고려하면서, (ⅱ) 취소소송의 제기가 인정되는 것의 구제 확장적 효과(처분성이 긍정되면 해당 행위 유형은 일률적으로 취소소송의 대상이 된다)와 출소기간의 제한이나 취소소송의 배타적(우선적) 관할이 미치는 구제 제한적 효과(출소기간 제한, 민사소송 등의 제기의 제한)를 고려하여, (ⅲ) 법령 구조의 분석을 통하여 처분성이 인정되는 행정활동의 범위를 확정하는 해석방법이 적절할 것이다. 다만, 재판상의 구제를 충실하게 하는 관점에서는 법령의 합리적인 해석을 통하여 (ⅰ) 취소소송의 배타적(우선적) 관할의 제한이 미치지 않는 것으로 하거나, (ⅱ) 위법성의 승계를 승인하여 처분성이 긍정되는 행위에 계속되는 행정처분의 단계에서도 선행행위의 위법성의 주장을 인정하는 등의 결론을 도출하는 것은 가능할 것이다. 최고재판소의 재판례 중에도 그러한 해석방법을 채용한 것이 있다.

처분 취소청구 사건 상고심 판결(最判2005年4月14日民集59卷3号491頁)은 등록면허세를 과다하게 납부했다고 생각한 사람이 등록면허세법(1967法35) 31조의2항에 근거하여 과다하게 납부된 세액을 세무서장에게 통지해야 한다는 취지로 등기기관에 청구한바, 등기기관이 해당 통지를 거부한 사안에 관한 판단이다[청구할 수 있는 기간은 등기를 받은 날부터 1년 이내이다(당시)]. 거부하는 취지의 통지에 대한 취소소송이 제기된 사안에 관하여 최고재판소는 (ⅰ) 거부통지는 행정처분에 해당한다고 해석함과 아울러, (ⅱ) 위 법령의 구조는 신속한 환부의 절차를 이용할 수 있는 지위를 납세자에게 보장하고 있는 점에 비추어 보면 청구기간이 경과한 후에도 납세자는 환부금 반환청구의 소송을 제기할 수 있다고 판단했다.

## 제2절 공권력의 행사

### 제1관 공권력의 행사

행정사건소송법에서 말하는 '공권력의 행사'(행소법 3조2항)란 법령에 근거하여 행정청이 일방적으로 권리의무관계를 형성하거나 변동하게 하는 행위를 가리킨다[→ 행정행위의 규율력(제2편 제3부 제1장 제1절)]. 또한, 공권력의 행사는 사람의 수용이나 물건의 유치와 같이 물리적인 실력(유형력)의 행사를 가리킬 때도 사용된다(참조, 2014년 개정 전의 구 행정불복심사법 2조1항).

> 유형력에 의한 공권력 행사의 예로서는 정신보건 및 정신장애인 복지에 관한 법률(1950法123)의 입원조치(정신보건법 29조1항), 관세법(1954法61)상의 여객 등의 휴대품의 유치(관세법 86조1항)가 있다.

따라서 공권력 행사의 요소가 없는 행위, 예를 들면, 계약체결행위 등의 행정과 사인의 합의에 근거하여 행해지는 행위에 관해서는 처분성은 부정된다.

### 제2관 권력적 행위형식의 법정(法定)

행정과 사인의 합의로 형성되고 변동되는 관계에서도 법률에 근거하여 일방적으로 권리의무관계의 형성, 변동을 생기게 하는 권한을 행정에 부여하는 경우는 있다. 예를 들면, 보조금 등과 관련되는 예산 집행의 적정화에 관한 법률[보조금 적정화법(1955法179)]에 근거하는 보조금의 교부결정은 보조금의 교부가 '결정'으로 하게 되어 있는 관계상 행정처분이라고 해석되고 있다(같은 법 6조1항).

또한, 법령 중에는 특정한 행위에 관하여 특히 행정불복신청을 할 수 있는 취지를 규정하고 있는 예도 있다. 같은 행정쟁송제도에 의한 구제의 대상이 되는 것이 인정되는 이상, 취소소송과의 관계에서도 그 행위는 처분성이 인정된다고 해석할 수 있을 것이다.

이 점에 관해서는 공탁금 회수 청구의 각하처분 취소청구 사건 상고심 판결(最大判1970年7月15日民集24卷7号771頁)을 참조하기를 바란다.

더욱이, 이러한 법령에 근거하는 처분성의 부여에 관하여 최근 최고재판소는 법령을 유연하게 해석하여 처분성이 부여되는 범위를 확장하는 판단을 내리고 있다.

산재 취학 원호비 부지급처분 취소청구 사건 상고심 판결(最判2013年9月4日判時1841号89頁)은 노동자 재해보상보험법(1947法50)에 근거하여 유족보상연금에 부수하여 지급되는 산재 취학 원호비의 지급이 거부된 원고가 거부결정의 취소소송을 제기한 사안에 관한 것이다. 이 판결에서 최고재판소는 같은 법의 체계에서는 원호비의 지급은 보험급부를 보완하는 노동복지사업으로서 보험급부와 유사한 절차에 따라 지급된다고 해석하여 보험급부와 함께 처분성을 긍정했다.

## 제3절  권리 · 의무 관계의 형성, 변동(1)

### 제1관  내부행위의 제외

문제가 되는 행위의 효과가 행정 내부에 그치고, 국민의 권리·의무의 형성, 변동을 직접 초래하는 것이 아닌 경우에는 행정처분으로서 취소소송의 대상으로 할 수 없다. 묘지, 매장 등에 관한 법률(1948法48)이 규정하는 '정당한 이유'의 해석에 관하여 후생성(당시)의 부장이 도·도·부·현의 부·국장 앞으로 발송한 통달(당시의 기관위임사무에 관한 것)의 취소소송에 관한 상고심 판결에서 최고재판소는 처분성을 부정하면서 통달의 효과는 행정 내부에 그치고 국민의 권리의무관계를 직접 규율하는 것이 아니라는 이유를 제시했다[법률해석지정통달 취소청구 사건 상고심 판결(最判1968年12月24日民集22卷13号3147頁). 사안의 상세에 관하여 → 행정규칙, 행정규칙의 분류, 행정 내부규정(제2편 제5부 제2장 제3절)].

## 제2관  권리·의무의 규율

### (1) 법률상의 효과

국민의 '권리·의무'를 형성하거나 그 범위를 구체적으로 확정하는 행위라고 인정되기 위해서는 해당 행위가 법률상의 효과를 가질 것이 필요하다. 예를 들면, 구 해난심판법에 근거한 해난심판청의 원인해명재결은 해난의 재발 방지 등에 도움을 주기 위해 행해지는 것이어서 재결에서 해난의 원인에 관여했다고 판단된 자에게 의무를 부과하고 권리의 행사를 방해하는 것은 아니다. 이 점에 착안하여 재결 취소청구 사건 상고심 판결(最大判1961年3月15日民集15卷3号467頁)에서 최고재판소는 심판관에 의하여 신중한 절차를 거쳐 내려진 재결은 해난과 관계가 있는 손해배상청구의 소송 등에서 사실상 존중된다는 관계에 있다고 하면서도 행정처분이라고는 말할 수 없다고 하였다.

이 판결은 해난심판의 제2심인 고등해난심판청의 원인해명재결에서 해난의 원인으로서 충돌을 일으킨 선박의 수리 공사의 시행 불량을 지적받은 조선회사가 해난심판의 절차에 관여할 기회 없이 자기의 업무상의 과실이 원인이라고 판단된 점에 불복하여 제기한 취소소송에 관하여 제시된 판단이다. 또한, 절차적인 관여 없이 해난의 원인에 관여했다고 재결에서 인정된 자에게는 국가배상청구 등을 통한 재판상의 구제가 적절한 형태로 주어져야 할 것이다.

또한, 같은 관점에서 최고재판소의 판결에서 처분성이 부정된 사안으로서는 도시계획법(1968法100)에 근거하는 공공시설 관리자의 동의에 관한 부작위의 위법확인청구 상고 사건, 같은 부대상고 사건(最判1995年3月23日民集49卷3号1006頁)이 있다.

도시계획법상 공공 관리시설 관리자의 동의를 얻는 것이 개발행위 허가의 요건이 되어 있으므로 동의가 없는 자는 개발행위의 신청을 해도 불허가가 된다(같은 법 32조1항). 이러한 구조에서도 최고재판소는 동의의 거부로 개발행위를 하려고 하는 자의 권리, 법적 지위는 침해된다고 할 수 없다고 하여 처분성을 부정했다. 공공시설의 관리자가 사인인 경우는 있고, 그때에는 부동의를 다툴 수 없는 점에서 개발행위의 실시를 요구할 권리는 없다고 최고재판소는 생각한 것이라고 말할 수 있을 것이다.

## (2) 법적 효과의 직접성

법령의 개별적인 집행행위인 전형적인 행정행위에서는 그 효과는 개별적·구체적으로 생기기 때문에 직접 국민의 권리·의무를 형성하거나 그 범위를 확정하는 것은 이견 없이 인정된다. 이에 비하여, 법률상의 효과를 생기게 하는 것이어도 그것이 일반적·추상적인 것에 그치는 경우에는 그것이 법률상의 효과를 직접 생기게 하는 것인지에 관하여 검토가 필요하다.

우선, 법령·조례의 제정·개폐의 행위에 관해서는 '행정청이 법의 집행으로서 하는 행정처분과 실질적으로 동일시할 수' 없으면, 권리·의무 관계를 직접 규율하는 효과를 가지지 않는 것으로서 처분성이 부정된다. 이러한 취지를 제시한 것으로서는 급수조례 무효확인 등 청구 사건 상고심 판결(最判2006年7月14日民集60卷6号2369頁)이 있다[사안의 상세에 관하여는 → 급부 행정계약, 급부 행정계약의 통제, 평등 대우의 원칙(제2편 제4부 제3장 제3절)].

이 판결에서 최고재판소는 정영(町營) 간이수도사업의 수도요금을 정하는 조례에 관하여 조례의 개정은 요금을 일반적으로 개정하는 것이기 때문에 행정처분은 아니라고 판단했다. 다만, 본 건에서 원고는 개정조례의 무효를 전제로 하여 차액의 미납금의 채무부존재확인, 완납 요금의 부당이익반환청구 등의 소를 제기하였고, 최고재판소는 청구를 인용한 원심 판결이 결론으로서는 정당하다고 하고 있다. 이 사례에서 적절한 재판상의 구제는 부여된 것이라고 말할 수 있을 것이다.

이에 비하여, 조례에 정해진 어린이집을 폐지하는 것을 내용으로 하는 요코하마시 보육조례의 개정조례에 관하여 요코하마 시립어린이집 폐지처분 취소청구 사건 상고심 판결(最判

2009年11月26日民集63卷9号2124頁)은 아동복지법(1947法164. 당시의 조문)상 어린이집에 현재 다니고 있는 아동과 그 보호자에게는 그 어린이집에 다니는 법적 지위가 보장되고 있고, 개정조례는 그 법적 지위를 직접 변동하게 하는 것이라고 하여 처분성을 긍정했다.

이 판결에 관해서는 지방자치법(1947法67)상 공공시설의 설치·개폐는 조례로 정한다고 규정되어 있는(지방자치법 244조의2제1항) 것과의 관계상 어린이집의 설치와 폐지에 관하여 조례 형식이 취해져 있는 것에 지나지 않고 개별 시설의 설치와 폐지는 그 성질에 비추어 행정처분의 성격을 가진다고 하는 견해가 있다.

## 제4절 권리·의무 관계의 형성, 변동(2)

### 제1관 통지 등, 대물처분, 쟁송의 성숙성

이상이 처분성의 유무와 관련되는 기본적인 판단의 틀이다. 그리고 최고재판소의 판례는 유연한 법령의 해석을 전개하여 법령의 구조 속에서 국민의 권리·의무 관계가 형성되고 변동이 생기는 것을 널리 인정하게 되었다. 여기서는 법령에 근거하는 통지 등, 대물처분, 분쟁의 성숙성이라는 관점을 다룬다.

### 제2관 법령에 근거한 통지 등

#### (1) 통지의 법적 효과

법령에 근거하는 것이어도 일정한 사실관계에 관한 행정의 인식, 판단을 통지·전달하는 데에 그치는 행위에 관해서는 처분성은 인정되지 않는다. 그러나 법령의 구조 속에서 통지 등에 일정한 법적 효과가 결부된 경우는 처분성이 긍정된다.

대표적인 판단으로서 수입금제품(輸入禁制品) 해당 통지 처분 등 취소청구 사건 상고심 판결(最大判1984年12月12日民集38巻12号1308頁)이 있다. 이 판결에서 최고재판소는 관세정률법(1910法54. 당시의 조문)에 근거하여 수입신고의 대상이 되는 화물이 수입금제품에 해당한다는 취지의 세관장 통지가 수입신고인에게 행해진 사안에서 수입신고인은 화물을 적법하게 인수하고 배달·교부를 받을 수 없게 된다고 하여 통지에 처분성을 인정했다.

### (2) 병원개설 중지 권고 사건 상고심 판결

법령의 구조 속에서 통지·권고와 법률상의 효과와의 결부를 유연하게 해석하여 통지·권고에 처분성을 인정한 판례가 있다. 대표적인 것이 의료법(1948法205)상 병원개설 중지의 권고가 행해진 경우 건강보험법(1922法70)상의 보험의료기관의 지정이 거부되는 취급을 받는 것을 중시하여 개설 중지 권고의 처분성을 긍정한 권고 취소 등 청구 사건 상고심 판결[最判2005年7月15日民集59巻6号1661頁(병원개설 중지 권고 사건 상고심 판결)]이다.

이 판결의 사안에서 병원개설 중지의 권고는 현(県)지역의료계획에 규정되어 있는 지역의료기관의 필요 병상수가 이미 달성된 것을 이유로 하는 것이고, 의료법상은 권고에 그치는 것이었다. 그러나 판결에서 최고재판소는 (ⅰ) 권고가 행해지면 건강보험법상으로는 보험의료기관으로서 부적합하다고 인정되어 보험의료기관으로 지정을 받지 못하게 되는 점, (ⅱ) 일본의 모든 국민이 가입하는 보험제도에서는 지정을 받을 수 없는 의료기관은 병원개설을 사실상 단념하지 않을 수 없는 점을 지적하여 권고의 처분성을 긍정했다.

## 제3관  대물처분

### (1) 대물처분의 정의

행위가 특정 범위의 자에게 향해진 것이 아니어도 특정한 물건에 향해진 것으로서 그 물건과의 관계에서 일정 범위의 자의 권리·의무 관계를 규율하는 효과가 인정되는 유형이 있다. 이는 일반적으로 대물처분으로 불린다. 예를 들면, 건축기준법(1950法201)상 주택지의 거주환경의 향상 등을 목적으로 하여 특정의 시가지 구획에 관하여 벽면선을 지정하는 권한이 행정에 부여되어 있고, 벽면선이 지정되면 지정 구획 내에 있는 토지, 건물의 소유자는 건축물의 벽과 담 등의 건축에 관하여 구체적인 제한을 받는다(건축기준법 46조·47조). 그래서 판례·학설상 벽면선의 지정은 행정처분이라는 견해가 유력하다.

　　벽면선의 지정을 처분으로 하는 판단을 직접 제시하는 것은 아니지만, 처분성이 있는 점을 전제로 하여 판단을 내린 것으로 해석되는 판결로서 벽면선 지정처분 취소 등 청구 사건 상고심 판결(最判1986年6月19日判時1206号21頁)이 있다(사안의 상세는 생략한다).

### (2) 의제 도로 판정 사건 상고심 판결

대물처분이 고시로 일반적·추상적으로 행해지는 경우에 관하여 의제 도로 판정처분 취소 등 청구 사건 상고심 판결[最判2002年1月17日民集56巻1号1頁(의제 도로 판정 사건 상고심 판결)]은 법률상의 효과가 지정과 함께 구체적으로 발생하는 것으로 행정처분이라고 했다.

　　이 판결은 일괄 지정방식에 의한 의제 도로의 지정에 관하여 자기 소유지 내에 있는 도로는 이 지정에 해당하지 않는다고 하여 처분부존재확인소송을 토지소유자가 제기한 사안에 관한 것이다. 덧붙여서 도로지정이란 (ⅰ) 건축기준법상의 도로(건축기준법 42조1항)에 해당하지 않는 길이어도, (ⅱ) 건축기준법 제3장의 적용 시에 건축물이 나란히 서 있는 폭 4m 미만의 도로 중에서, 행정청이 지정한 것은 같은 법상의 도로로 의제하는 제도이다. 이는 (ⅰ) 도시계획정비법상 폭 등에 문제가 있는 도로에 관하여 일정한 것에 한정하여 도로로 의제하고, (ⅱ) 도로에 접하는 부지 내의 건축물을 적법한 것으로 취급함과 동시에 (ⅲ) 건물의 증개축 등을 할 때 법정의 도로 폭의 확보를 요구하는 제도이다. 또한 (ⅳ) 지정방식으로서 도로를 개별적으로 지정하는 방식과 추상적인 기준을 가지고 지정하는 일괄지정의 방식이 실무상 행해져 왔다. 이 판결에서 최고재판소는 일괄지정방식도 적법하다고 판단한 후에 일괄지정으로 도로부지 내의 건축행위의 금지와 증개축 시의 제한 등 법률상의 효과가 구체적으로 발생한다고 판단했다.

## 제4관  분쟁의 성숙성

### (1) 단계적인 행정결정

행정과정 중에는 일반적·추상적인 결정부터 단계를 거쳐 구체적인 결정이 행해지는 것이 법령상 예정된 것이 있다. 이 경우 최종적인 행정결정이 행해진 후부터는 기성사실이 형성되는 등의 이유로 적절한 재판상의 구제가 어려워지는 경우가 있다. 그리고 이러한 경우에 관하여 최종적인 처분이 행해지기 전의 중간적인 행위의 단계에서 처분성을 인정하여 구제의 기회를 줄 필요는 없는지에 관하여 판례·학설상 논의되었다.

### (2) 최고재판소 판례의 변경

최고재판소는 처음에는 단계적 행정결정의 구조에서 중간단계의 행위, 구체적으로는 토지구획정리사업계획결정에 관하여 구체적인 규율, 소의 성숙성이 결여된 것으로서 처분성을 부정했다[구획정리사업설계 등 무효확인청구 사건 상고심 판결(最大判1966年2月23日民集20卷2号271頁). 다만, 법령의 유연한 해석을 통하여 법률상 효과의 존재를 인정하는 입장이 유력해지는 중에 최고재판소는 행정처분 취소청구 사건 상고심 판결(最大判2008年9月10日民集62卷8号2009頁)에서 위 판단을 수정했다. 구체적으로는 토지구획정비법(1954法119)의 구조에서는 토지구획정리사업계획결정의 단계에서 시행 구역 내의 토지소유자는 장래 어느 정도의 구체성이 있는 계획을 전제로 한 환지처분을 받아야 하는 지위에 서게 되고, 또한 실효적 구제를 확보하는 관점에서 계획결정의 단계에서 처분성을 긍정하여 재판상 구제를 인정해야 한다는 판단이 제시되었다[→ 행정계획의 실효적 통제, 행정계획과 재판(제2편 제5부 제3장 제2절)].

　　토지구획정리법상으로는 어느 정도의 구체성을 가진 사업계획의 결정, 결정의 고시 후에 사업이 실시된다. 즉, 계획에 따라 사업이 실시되어 사업이 진척된 구역부터 혹은 일괄하여 환지처분 등이 행해지고, 시행 전의 토지소유권 등은 지정된 환지의 소유권 등으로 변환된다. 이상의 구조를 전제로 하여 최고재판소는 (ⅰ) 사업계획의 결정에 수반되는 구획형질의 변경 금지 등의 규제를 고려하면 토지구획정리사업계획결정의 시점에서 토지소유권 등은 규제를 수반하는 토지구획정리사업의 절차에 따라 환지처분을 받아야 하는 지위에 서게 된다고 판단했다. 또한, 최고재판소는 (ⅱ) 환지처분 취소소송의 시점에서는 사업은 진척되어 있는 점과 사업의 진척을 이유로 사정판결이 행해질 가능성이 있는 점을 지적하고, 실효적 구제를 도모하기 위해서는 사업계획결정의 취소소송을 인정하는 것이 합리적이라고 판단했다.

### (3) 최고재판소 판결의 적용범위

토지구획정리사업계획은 계획 후에 구체적으로 환지처분이 행해지는 것을 예정하고 있는 점에서 비완결형의 계획으로 분류되는 것이다. 후속처분이 행해지는 점을 당연히는 예정하고 있지 않은 유형의 계획, 즉, 완결형의 계획에 관해서는 위 최고재판소의 판단구조는 직접적으로는 적용되지 않는다[→ 행정계획의 실체적 통제, 행정계획과 재판, 최고재판소의 판례변경(제2편 제5부 제3장 제2절)].

## 제5절  정리

### (1) 개정 행정사건소송법하의 해석

개정된 행정사건소송법은 처분성을 인정받지 못하는 행정활동이 일으키는 분쟁을 해결하는 절차로서 공법상의 법률관계에 관한 소송(실질적 당사자 소송)을 활용해야 한다는 메시지를 보냈다. 이를 받아 최근의 재판례에서는 당사자소송을 활용하여 재판상의 구제를 인정하는 사례가 급증해 왔다[→ 실질적 당사자소송(제5부 제3장 제2절)].

### (2) 원고적격과 연동

같은 취소소송의 소송요건인 원고적격에 관해서는 법령의 유연한 해석을 요구하는 규정으로서 행정사건소송법 9조2항이 신설되었다. 따라서 처분성에 관해서도 같은 유연한 법령해석으로 요건의 확장을 도모하는 경향은 앞으로도 계속될 것으로 생각된다.

### (3) 처분에 수반하는 효과

처분성이 확장적으로 긍정된 행위에서는 취소소송의 배타적(우선적) 관할, 위법성 승계의 가부 등에 관한 해석문제가 생긴다. 처분성을 인정하는 이상, 이 효과들이 부수하는 것은 원칙적으로 부정해서는 안 된다. 다만, 이 제약들에 관하여 개별 법령의 구조에 착안하여 법령해석을 통하여 취소소송이 배타적(우선적) 관할의 예외를 인정하고, 위법성의 승계를 유연하게 인정하는 등의 귀결을 끌어내는 것은 허용되는 것으로 생각한다.


# 제3장 취소소송의 요건(원고적격)

## 제1절 개론

### 제1관 원고적격의 의의

행정상의 분쟁을 일으킨 행정상의 행위가 정형적인 형태로 처분에 해당하는 것이어도 나아가 취소소송을 현재 제기한 자가 취소소송을 통하여 재판상의 구제를 받는 것에 정당한 이익·자격을 가진 자일 필요가 있다. 이 관점에서 마련된 소송요건을 취소소송의 원고적격이라고 한다.

### 제2관 행정사건소송법 9조1항

#### (1) 행정사건소송법 9조1항

취소소송의 원고적격에 관하여 행정사건소송법은 처분 취소의 소 및 재결 취소의 소는 처분·재결의 취소를 구하는 것에 관하여 법률상의 이익을 가지는 자에 한정하여 제기할 수 있다고 규정하고, '법률상의 이익'의 존재를 요건으로 했다(행소법 9조1항).

이 점에서 불이익처분의 수신인은 처분의 법률상의 효과로서 직접 권리를 침해당하거나 의무를 부과받기 때문에 처분의 취소를 구할 법률상의 이익을 가진다. 또한, 법령에 근거하는 신청에 대한 거부처분의 수신인도 자기에 대하여 어떠한 이익을 부여하는 처분을 구하는 신청상의 이익이 부인된(행정절차법 2조3호) 것으로 해석되는 점에서 거부처분의 취소를 구할 법률상의 이익이 긍정된다.

### (2) 제삼자의 원고적격

이에 비하여, 처분의 수신인, 행정사건소송법에서 처분의 '상대방'(행정사건소송법 9조2항·46조. 이하 '상대방'이라 한다) 이외의 자가 처분의 취소를 구하는 '법률상의 이익'을 가지는지, 즉, 처분의 상대방 이외 제삼자의 원고적격을 둘러싸고 '법률상 보호된 이익'설과 '재판상의 보호할 만한 가치가 있는 이익'설의 두 견해가 대립해 왔다.

## 제2절  판례·학설의 전개

## 제1관  법률상 보호된 이익설

### (1) 법률상 보호된 이익설

우선, 법률상 보호된 이익설은 ( i ) 행정처분의 근거 법령(=처분과 관련되는 권한을 행정청에 부여하는 규정과 그 요건을 정하는 규정)이, ( ii ) 특정된 범위의 개인의 권리·이익을 보호하는 것을 목적으로 하여, (iii) 행정권의 행사에 제약을 부과하고 있는 경우에 보호의 대상이 된 권리·이익의 귀속 주체가 해당 처분의 취소를 구할 법률상의 이익을 가진다고 해석한다.

이 학설은 일반적으로는 ( i ) 처분으로 개개인의 구체적인 불이익이 발생하고 있을 것(권리침해 요건), ( ii ) 법령이 그러한 개개인의 이익을 보호되어야 하는 것으로 평가하고 있을 것(권리보호 요건)에 추가하여 (iii) 법령이 그러한 개개인의 이익을 공중 일반의 이익과 구별하여 보호되어야 하는 것으로 평가하고 있을 것(개별적 보호 요건)을 요구하고 있다고 생각된다[(iii)의 요건은 필요 없다고 해석하는 학설도 있다].

### (2) 재판상 보호할 가치가 있는 이익설

이에 비하여, 재판상 보호할 가치가 있는 이익설은 처분이 행해짐으로써 재판상의 구제를 통한 보호할 가치가 있는 실질적인 불이익을 받거나 받을 우려가 있는 자는 처분의 취소를 구할 원고적격을 가진다고 해석한다.

예를 들면, 위법하게 행해진 인허가 처분의 상대방이 해당 인허가로 인정된 활동(특정 시설의 설치·조업, 영업활동 등)을 함으로 인하여, 처분이 행해지지 않았던 경우에는 일어나지 않을 불이익이 상대방 이외의 제삼자(시설의 주변 주민, 기존의 경업자 등)에게 발생하는 경우에는 그 제삼자에게 원고적격이 인정된다고 하는 견해이다. 바꾸어 말하면, 법률상 보호된 이익설의 설명에서 말한 3요건 중 권리침해요건의 충족으로 원고적격을 긍정하려는 것이다(이 경우 침해 정도의 중대성 등에 따라 요건 해당성이 정해지게 된다).

## 제2관  법 개정 전의 판례·학설

### (1) 판례의 입장

① 주스 부당표시 소송 상고심 판결

최고재판소를 비롯하여 재판례는 일관되게 법률상 보호된 이익설을 채용해 왔다. 행정사건소송법 9조1항(제정 당시는 9조)의 문언에 충실할 뿐만 아니라 입법 당시의 통설적 견해가 이 견해를 채용하고 있었고, 같은 규정은 이를 고려하여 입법되었다고 생각되고 있었기 때문이다.

이 취지를 명확히 제시한 최고재판소의 판결로서 행정불복신청의 이익에 관한 심결(審決) 취소청구 사건 상고심 판결[最判1978年3月14日民集32卷2号211頁(주스 부당표시 소송 상고심  판결)]이 있다. 이 판결은 부당경품류 및 부당표시방지법(1962法134)상의 불복신청의 이익이 쟁점이 된 사안에 관한 것이다. 이 판결에서 최고재판소는 ( i ) 같은 법의 불복신청의 이익은 일반 행정불복신청과 마찬가지로 불복신청을 하는 법률상의 이익을 말한다고 한 다음에, ( ii ) 법률상의 이익이란 행정법규가 권리주체의 개인적 이익을 보호할 것을 목적으로 행정권의 행사에 제약을 부과함으로써 보장되고 있는 이익이어서, ( iii ) 행정법규가 다른 목적, 특히 공익의 실현을 목적으로 행정권의 행사에 제약을 부과하고 있는 결과로써 일정한 자가 받는 반사적 이익과는 구별된다고 했다.

재판상 구제에 비하여 간이·신속한 구제를 목적으로 하는 행정불복신청의 성격에 비추어 불복신청의 이익은 행정사건소송법의 원고적격보다 좁다고는 생각되지 않기 때문에 이 취지는 행정사건소송법 9조1항에도 타당하다.

위 최고재 판결의 판단을 행정사건소송법상의 법률상의 이익과 관련되는 판단에도 타당하다는 입장에서 인용하고 따르는 것으로서 니가타-고마쓰-서울 간의 정기항공운송사업 면허처분 취소청구 사건 상고심 판결(最判1989年2月17日民集43卷2号56頁), 원자로 설치허가처분 무효확인등 청구 사건 상고심 판결(最判1992年9月22日民集46卷6号571頁)이 있다.

② 법률상 보호된 이익설의 평가

법률상 보호된 이익설에 관해서는 처분의 근거 법규의 해석을 통하여 원고적격의 유무가 판단되기 때문에 (ⅰ) 재판관의 자의적 운용을 방지함과 동시에 (ⅱ) 원고적격의 유무에 관한 예견가능성을 확보할 수 있는 점, 다시 말하면 재판의 안정과 관계인의 권리·의무의 법적 안정을 도모할 수 있다는 이점도 있다고 해석되고 있다.

그러나 초기의 재판례 중에는 처분의 근거 법규를 엄격하게 해석하고, 근거 법규의 문언에만 착안하여 법령의 취지·목적 등을 고려한 유연한 해석으로 원고적격을 확장하는 데에 소극적인 판단이 눈에 띄었다. 또한, (ⅰ) 과거의 행정법규가 처분의 상대방 이외의 제삼자의 이익을 보호하는 취지를 명시하는 것에 소극적이고, (ⅱ) 특히, 소비자의 이익, 환경이익 등의 집단적 이익을 개개인의 이익으로서 보호하는 체계를 마련하는 데에까지는 이르지 못했던 점도 있어서 위 재판례는 행정상의 분쟁에 관하여 실효적인 재판상의 구제를 요구하는 학설 등의 비판을 받게 되었다.

**(2) 비판설의 등장**

그래서 학설상 유력하게 된 것이 재판상 보호할 가치가 있는 이익설이다. 이 학설은 처분으로 받은 이익 침해의 정도가 중대한 경우에 이익침해를 받는(받을 우려가 있는) 자에게 원고적격을 인정하고, 행정소송이 가지는 행정통제 기능을 적극적으로 발휘하게 하는 것이었다(原田·要論392頁以下). 다만, 이 학설에 대해서는 (ⅰ) 행정사건소송법 9조(당시)의 문언에 적합하지 않고, (ⅱ) 판단의 기준이 불명확하여 재판관에 의한 자의적 해석의 여지가 있는 등의 우려가 제시되고 있다.

### (3) 행정사건소송법의 개정

#### ① 재판례의 전개

이에 비하여, 최고재판소를 비롯한 재판례는 법률상 보호된 이익설에 서면서도 유연한 법령해석을 전개하여 원고적격의 존재를 넓게 인정하게 되었다.

즉, 최고재판소의 재판례 중에 (ⅰ) 법령을 해석할 때는 처분의 근거 규정의 문언에만 의존하지 않고 법령의 취지·목적을 고려하여 해석해야 한다고 하는 것이 등장했다. 또한, (ⅱ) 처분의 근거 법령에 취지·목적을 같이 하는 관련 법령이 있는 경우에는 관련 법령을 고려하여 원고적격의 유무를 해석할 것, (ⅲ) 법령을 해석할 때는 처분에서 고려되어야 하는 이익에 관하여 이익의 성질 등을 고려함과 동시에, (ⅳ) 처분 또는 재결이 근거가 되는 법령에 반하여 행해진 경우에 침해되게 되는 이익의 내용 및 성질과 이것이 침해되는 상태 및 정도를 고려해야 한다고 하는 판단이 등장했다.

특히, (ⅲ)·(ⅳ)는 재판상 보호할 가치가 있는 이익설이 원고적격의 유무를 판단하는 기준으로서 주장해 온 관점이고, 최고재판소의 재판례는 이들을 '법률상 보호된 이익'의 유무를 법령에 비추어 판단하는 때의 기준으로 받아들였다.

#### ② 행정사건소송법의 개정

이 점을 고려하여 행정사건소송법의 개정 시에 같은 법 9조에 새로 2항이 신설되어 법률상 보호된 이익설을 고려하면서 원고가 원고적격을 가지고 있는지를 재판소가 판단할 때 고려해야 하는 사항으로서 위 4가지를 법령해석의 고려사항으로서 명시하는 조치가 이루어졌다. 원고적격과 관련되는 판단을 재판관이 할 때 원고적격을 유연하게 해석할 여지가 없는지를 위 4가지 모두에 관하여 고려·검토할 것을 재판관에게 요구함으로써 원고적격이 긍정되는 범위를 확대하려고 한 것이다(小林·行政事件訴訟法213頁). 현재, 개정 후의 최고재판소의 재판례 중에는 개정 전의 판단을 변경하여 제삼자의 원고적격을 긍정한 대법정(大法廷) 판결도 있다.

# 제3절  행정사건소송법의 개정

## 제1관  법률의 취지·목적

### (1) 법의 취지·목적

이하에서는 우선, 행정사건소송법 9조2항이 신설될 때 참고가 된 최고재판소의 재판례를 소개하고, 같은 법 9조2항의 의의를 확인하기로 한다.

### (2) 다테(伊達) 화력발전소 소송 상고심 판결

같은 항은 첫째, 원고적격의 유무를 판단할 때는 처분·재결의 근거가 되는 법령의 문언에만 의존하지 않고 법령의 취지 및 목적을 고려한다고 규정하고 있다.

공유수면 매립면허처분 등 취소청구 사건 상고심 판결[最判1985年12月17日判時1179号56頁(다테 화력발전소 소송 상고심 판결)]은 결론적으로 원고적격을 부정했지만, 처분의 근거 법령에 따른 행정권 행사의 제약은 명문 규정에 따른 제약으로 한정되지 않고 법률의 합리적 해석으로 당연히 도출되는 제약도 포함한다는 판단을 제시했다. 위의 문언은 이 판단을 고려한 것이다.

덧붙여서, 이 판결은 공유수면 매립법(1921法57. 당시의 조문)에 근거하는 공유수면 매립면허에 관한 판단이다. 다만, 환경영향평가법(1997法81)의 제정에 따라 일정 규모 이상의 공유수면 매립사업에 환경영향평가가 실시되게 되었으므로 사업으로 인한 수질오염과 어획량의 감소 등에 관하여 어업자 등에게 원고적격이 긍정될 가능성은 높다.

## 제2관  관련 법규

### (1) 관련 규정

다음으로 행정사건소송법 9조2항은 법령의 취지 및 목적을 고려할 때 법령과 목적을 공통으로 하는 관련 법령이 있는 때에는 그 취지·목적을 참작해야 한다고 한다.

### (2) 니가타(新潟)공항소송 상고심 판결

이 점에 관해서는 니가타-고마쓰(小松)-서울 간의 정기항공운송사업 면허처분 취소청구 상고심 판결[最判1989年2月17日民集43卷2号56頁(니가타공항 소송 상고심 판결)]이 있다. 이 판결은 항공법(1952法231)에 규정된 운수대신(당시. 이하 같다)의 정기항공운송사업 면허(당시)에 관하여 주변 주민의 원고적격 유무가 문제가 된 사안에 관한 것이다. 이 판결에서 최고재판소는 면허의 근거 규정에만 착안하지 않고, 공공용 비행장 주변에서 항공기 소음으로 인한 장애의 방지 등에 관한 법률(1967法110)에 근거하는 운수대신의 규제권한의 존재를 고려하여 항공기 소음으로 현저한 장애를 받지 않을 공항 주변 주민의 이익은 법률상 보호된 것이라고 하는 판단을 제시했다. 행정사건소송법 9조2항의 문언은 이 판결을 고려한 것이다(또한, 제4관도 참조).

공공용 비행장 주변에서 항공기 소음으로 인한 장애의 방지 등에 관한 법률 3조는 항공기 소음의 저감을 위하여 운수대신에게 항공기의 항행방법 등의 지정 권한을 인정한 규정이다. 최고재판소는 같은 법이 제정된 때에 항공법의 목적규정 중에 항공기의 항행에 수반하는 장애의 방지가 포함된 경위 등을 고려하여 같은 법을 항공법의 관련 규정이라고 인정했다. 또한, 최고재판소는 위 권한이 운수대신의 권한으로 규정되어 있는 점에서 정기항공운송사업의 인가에 관해서도 소음의 방지 등을 고려하여 권한을 행사할 것이 요구되고 있다는 판단을 제시했다.

## 제3관  이익의 내용·성질

### (1) 이익의 내용·성질

행정사건소송법 9조2항은 셋째로 법률상의 이익의 유무를 판단할 때 처분에서 고려되어야 하는 이익의 내용 및 성질을 고려한다고 규정하고 있다.

### (2) 몬주(もんじゅ)소송 상고심 판결

이 문언이 규정될 때 참고가 된 최고재판소의 판례가 원자로 설치허가처분 무효확인 등 청구 사건 상고심 판결[最判1992年9月22日民集46卷6号571頁(몬주소송 상고심 판결)]이다. 이 판결에서 최고재판소는 원고적격의 판단을 할 때 행정법규의 취지·목적, 행정법규가 해당 처분을 통하여 보호하려는 이익의 내용·성질 등을 고려하여 법령을 해석해야 한다는 판단을 제시했다. 또한, 결론적으로 원자로시설에서 약 58km 떨어진 지점에 거주하는 주민에게 원고적격을 긍정했다.

이 몬주소송 상고심 판결은 고속증식로 '몬주'와 관련되는 원자로 설치허가처분에 대하여 주변 주민이 무효확인소송을 제기한 사안에 관한 것이다. 이 판결에서 최고재판소는 원자로 등 규제법[핵원료물질, 핵연료물질 및 원자로의 규제에 관한 법률(1957法166). 당시의 조문]의 허가요건(원자력 시설의 위치, 구조 및 설비가 재해의 방지상 지장이 없을 것 등)의 취지·목적의 해석에 관하여 ( i ) 규제의 심사에 과오, 흠결이 있었던 경우에 특정 범위의 주민이 생명·신체 등에 직접적이고 중대한 피해의 발생이 예상될 때에는, ( ii ) 이 규제는 공중의 생명, 신체의 안전, 환경이익을 일반적 공익으로서 보호하는 데에 그치지 않고, (iii) 심사에 과오, 흠결이 있는 경우에 발생할 재해 등으로 직접적이고 중대한 피해를 받을 것이 예상되는 범위에 있는 주민의 생명, 신체 등은 개개인의 개별적 이익으로서 보호되고 있다고 판단하여 주변 주민의 원고적격을 긍정했다.

## 제4관 침해되는 모습과 정도

### (1) 침해되는 모습과 정도

행정사건소송법 9조2항은 마지막으로 이익의 내용 및 성질을 고려할 때에는 처분 또는 재결이 근거가 되는 법령에 반하여 행해진 경우에 침해되게 되는 이익의 내용 및 성질과 침해되는 모습 및 정도도 고려한다고 규정한다.

### (2) 몬주소송 상고심 판결

위 몬주소송 상고심 판결(最判1992年9月22日民集46卷6号571頁)은 주변 주민의 원고적격을 긍정할 때 근거 법령인 원자로 등 규제법이 허가요건(재해방지요건 등)에 관한 심사에 과오, 흠결이 있었던 경우에는 중대한 원자로사고가 일어날 가능성이 있고, 사고가 일어난 때에는 원자로시설에 가까운 주민 정도의 생명, 신체 등에 직접적이고 중대한 피해를 받을 것으로 예상된다고 했다.

또한, 니가타공항 소송 상고심 판결(最判1989年2月17日民集43卷2号56頁)은 항공기 소음으로 인한 피해는 주변 주민에 한정되고, 장애의 정도는 거주지가 이착륙 경로에 접근함에 따라 증대한다고 한 후에 비행기의 운항이 초래하는 사회적 효용을 고려한다면 소음으로 인한 장애가 현저한 정도에 이른 때에 방지·경감을 요구하는 법적 수단에 호소하는 것을 허용할 수 있는 이익침해가 발생한다고도 판단했다.

# 제4절  법령해석의 관점

## 제1관  개설

행정사건소송법 9조2항은 원고적격의 유무를 판단할 때의 고려요소를 명시한 점에 의의가 있다. 따라서 원고적격과 관련되는 법령해석에서는 법령의 취지·목적 및 문제가 되는 이익의 법적 평가를 고려한 종합적 판단에 의하게 된다. 이하, 법령의 취지·목적 및 문제가 되는 이익의 법적 평가와 관련되는 관점에 관하여 보기로 한다.

## 제2관  제삼자 보호의 절차

### (1) 제삼자 보호절차

특정 범위의 개인을 행정절차에 관여하게 하는 규정이 처분의 근거 법령에 있는 경우 그 규정은 특정 개인이 가지는 이익을 보호하는 취지에서 마련된 것이라고 해석할 여지가 있다. 예를 들면, 처분의 근거 법령이 특정 제삼자의 동의를 요건으로 하거나 처분을 할 때 특정의 제삼자에 대하여 의견청취, 이의신청의 기회가 보장되고 있는 등의 사례가 이에 해당한다.

### (2) 나가누마(長沼) 나이키 기지 소송 상고심 판결

예를 들면, 보안림 해제처분 취소청구 사건 상고심 판결(最判1982年9月9日民集36卷9号

1679頁)은 삼림법(1952法249)에 규정된 보안림 지정해제처분에 관하여 홍수·가뭄의 우려를 주장하여 주변 주민이 취소소송을 제기한 사안에 관한 것이다. 이 판결에서 최고재판소는 (ⅰ) 구법 당시에 '직접 이해관계를 가지는 자'에게 소원 및 행정소송의 제기가 인정된 경위와 함께, (ⅱ) '직접 이해관계를 가지는 자'에게 보안림 지정의 신청권을 부여하고 있는 점, (ⅲ) 해제처분 시에 '직접 이해관계를 가지는 자'에게 의견서의 제출 등의 참가 기회가 인정되는 점을 근거로 하여 원고적격을 긍정했다[(ⅱ)에 관하여 삼림법 27조1항을, (ⅲ)에 관하여 같은 법 29조·30조.32조를 참조하기 바란다].

## 제3관  규제의 범위·기준의 특정

### (1) 범위·기준의 구체성

법령상 규제대상의 범위와 규제기준이 구체적임에 따라 (ⅰ) 특정 개인이 다른 사람과 구별될 정도로 규제로 인한 이익을 향유할 수 있는 것이 객관적으로 보이고, (ⅱ) 향유하는 이익에 구체성이 인정되는 때에는 그 규제는 특정 범위의 개인의 개별·구체적인 이익의 보호도 목적으로 하고 있다고 해석된다.

예를 들면, 영업시설에 관하여 특정 시설 등으로부터 거리에 착안하여 제한이 부과되고 있는 경우에는 제한에 반하여 허가가 행해진 점에 관하여 시설의 경영자 등에게 원고적격이 인정될 가능성은 높다.

### (2) 거리제한 규정

① 공중목욕장 영업허가 무효확인청구 사건 상고심 판결

공중목욕장법(1948法139)은 공중목욕장의 배치가 적정하지 않는 등의 경우에는 시설을 허가하지 않을 수 있다는 요건을 정하고, 기준은 도·도부·현의 조례로 정한다고 하고 있다(공중목욕장법 2조2항·3항). 그리고 같은 법의 시행조례는 조례에 정한 각 시설과의 최단거리를 허가기준으로 하고 있었다. 이러한 구조에서 공중목욕장 영업허가 무효확인청구 사건 상고심 판결(最判1962年1月19日民集16卷1号57頁)에서 최고재판소는 공중목욕장법 및 시행조례는 (ⅰ) 국민보건 및 환경위생이라는 공공의 복지를 보호함과 동시에 (ⅱ) 불필요한 경쟁으로 인한 경영의 불합리화, 난립의 방지도 의도하는 것이기 때문에 (iii) 기존 업자에 관해서는 허가제도로 영업상의 이익이 보호된다고 하여 원고적격을 인정했다.

　② 풍속영업허가 취소청구 사건 상고심 판결

　풍속영업허가 취소청구 사건 상고심 판결(最判1994年9月27日判時1518号10頁)은 풍속영업 등의 규제 및 업무의 적정화 등에 관한 법률[풍속영업법(1948法122)]에 근거하는 풍속영업의 허가에 관하여 같은 법 시행령의 기준에 따라 정해진 현의 조례가 설치금지구역으로서 상업지역에서는 도서관과 아동복지시설, 병원, 진단소의 주변 30m 이내의 지역을 지정한 사안에 관한 판단이다(풍속영업법 4조2항2호 등). 최고재판소는 이 법령 등은 진료소 등 시설의 설치자에 관하여 선량하고 평온한 환경에서 원활하게 업무를 운영한다는 이익도 보호하고 있는 것으로 해석된다고 판단했다.

　이에 비하여, 풍속영업 허가처분 취소청구 사건 상고심 판결(最判1998年12月17日民集52巻9号1821頁)은 시설에 착안하는 규정이 아니라 '주거지가 다수 모여 있고, 주거 이외의 용도에 제공되는 토지가 적은 지역'으로 하고 있는 시행령의 다른 규정(시행령 6조1호가목)에 관하여 도시계획법(1968法100)상의 제1종 주거전용지역 등이 시행조례에 따라 지정된 사안에 관한 판단이다. 이 판결에서 최고재판소는 위 법령의 취지는 해당 지역에 거주하는 주민의 개별적 이익을 보호하려는 취지가 아니라고 판단했다. 다만, 행정사건소송법 개정 전의 것이고, 최고재판소의 새로운 판단이 주목된다.

## 제4관  이익의 내용 · 성질

### (1) 생명 · 신체의 이익

　행정사건소송법 9조2항은 원고적격으로 문제가 되는 이익의 내용, 성질을 고려함과 동시에 처분 또는 재결이 그 근거가 되는 법령을 위반하여 행해짐에 따라 침해되는 이익의 내용 및 성질과 침해되는 모습 및 정도를 고려한다고 규정하고 있다.

　우선, 주변 주민의 생명, 신체의 안전 등에 대하여 직접적이고 중대한 피해를 초래할 우려가 있는 위험성이 내재하는 시설의 설치허가나 개발행위의 허가 등에 관해서는 처분의 근거 법령이 안전성 등에 관하여 일반적·추상적인 형태로 허가 요건을 규정하고 있는 경우이어도 규정의 취지·목적과 결합하여 생명, 신체의 안전 등의 이익을 공익에 흡수하여 해소할 수 없는 것으로서 개별·구체적으로 보호하는 취지도 포함한다고 해석되는 경향이 있다. 그 전형적인 예는 몬주소송 상고심 판결[→ 행소법의 개정, 이익의 내용·성질(제3절)]이다.

그중에도 산림개발허가를 다투는 주변 주민에 관하여 원고적격을 긍정한 산림개발행위 허가처분 취소청구 사건 상고심 판결(最判2001年3月13日民集55卷2号283頁)이 있다(토사의 유실·붕괴, 수해 발생 등의 우려).

또한, 환경이 악화하는 중에 건강에 대한 영향이 우려될 때는 원고적격이 긍정되게 되었다. 행정사건소송법 개정 전의 판단이기는 하나, 건축기준법 59조의2제1항에 근거한 허가처분 취소청구 사건(最判2002年3月28日民集56卷3号613頁)에서 최고재판소는 건축기준법(1950法201)상의 종합설계허가에 관하여, 허가건축물로 인하여 일조가 방해되는 주변의 건축물에 거주하는 사람의 건강 이익은 개개인의 이익으로서도 보호된다고 판단했다.

종합설계허가는 (ⅰ) 건축기준법상 용적률의 제한, 높이 제한의 특례로서, (ⅱ) 넓은 부지가 있고 부지 내에 공지(空地)가 있는 건축물에 관하여, (ⅲ) 안전, 방화 등의 지장이 없는 등의 요건을 충족하는 범위에서 제한을 완화하는 제도이다. 최고재판소는 (ⅰ) 건축기준법은 국민의 생명, 건강 및 재산의 보호를 목적으로 하는 점, (ⅱ) 같은 법의 용적률 제한과 높이 제한의 취지·목적도 같은 점, (ⅲ) 종합설계허가는 제한의 완화를 인정하는 한편, 공간을 확보함으로써 쾌적한 거주환경을 확보함과 동시에 건축물의 붕괴, 화재로 인하여 건축물과 거주자에게 중대한 피해가 미치지 않는지를 심사하는 제도인 점을 지적하고, 주변 주민의 일조와 관련되는 이익은 개별적 이익으로서 보호된다고 판단했다.

## (2) 재산권

원고가 주장하는 이익이 재산권적 성격을 가지는 데에 그치는 경우에는 재판소는 법령의 취지·목적, 법의 문언만으로 원고적격의 유무를 판단하는 경향이 있다. 다만, 법령의 취지·목적, 법의 문언해석은 상당히 유연하게 행해지고 있다.

화재 등 연소의 우려를 주장하여 건물의 소유자가 취소소송을 제기한 사건에 관하여 건축기준법에 근거한 허가처분취소, 건축확인처분 취소청구 사건 상고심 판결(最判2002年1月22日民集56卷1号46頁)은 종합설계허가의 제도는 건축물의 붕괴, 화재 등으로 인한 피해가 직접적으로 미치는 것이 예상되는 일정 범위의 주변 지역에 있는 건축물에 관하여 건축물의 소유자 등의 이익을 개개인의 개별적 이익으로서 보호하고 있다고 판단했다.

## (3) 경업자의 이익(영업상의 이익)

인허가를 취득한 사람과의 사이에서 경쟁 관계에 있는 자의 이익(영업상의 이익)에 관하여 종래의 재판소는 시장경쟁에 대한 규제를 통하여 보호되는 이익은 공익이어서 거리 제한 규정 등 특별한 방법으로 규제가 되고 있지 않으면 규제 입법은 그 이익을 개개인의 이익으로써 보호하는 취지를 포함하지 않는다고 해석해 왔다. 다만, 행정사건소송법 개정 후의 최고재판소의 판단 중에는 법령이 채택하고 있는 규제 수단 각각의 특징에 착안하여 유연한 법령해석을 통하여 경업자의 이익은 개개인의 이익으로 보호된다고 해석하게 되었다[→ 개정법에서의 재판례(제5절)].

## (4) 그 밖의 생활이익·환경이익, 철도 등의 이용자의 이익

그 밖의 생활·환경이익, 철도 등의 이용자의 이익에 관해서는 다음 절에서 검토한다.

# 제5절  개정법에서의 재판례

행정사건소송법의 개정 후에는 개정 후의 같은 법 9조2항의 취지를 고려하여 원고적격을 개정 전보다 확장하여 인정하는 최고재판소 등의 판단이 나타나고 있다. 이하 중요한 것을 보기로 한다.

## 제1관  환경이익 · 생활이익

### (1) 오다큐(小田急) 고가(高架)소송 상고심 판결

행정사건소송법의 개정 직후에 개정 후의 같은 법 9조2항을 고려하여 철도 주변 주민의 철도소음 방지와 관련된 이익은 법률상 보호된 이익에 해당한다고 판단하여 판례를 변경한 최고재판소 대법정의 판단이 제시되었다. 즉, 오다큐 연립입체교차사업 인가처분 취소청구 사건 상고심 판결(最大判2005年12月7日民集59卷10号2645頁)은 철도의 연립입체교차화를 내용으로 하는 도시계획사업(철도사업)의 인가에 관하여 소음 등과 관련되는 환경 이익이 침해될 우려를 주장하여 주변 주민(사업인가의 부지 내에 토지소유권 등을 가지고 있지 않은 사람)이 취소소송을 제기한 사안에 관한 것이다.

오다큐 연립입체교차사업 인가처분 취소청구 사건 상고심 판결(最大判2005年12月7日民集59卷10号2645頁)에서 최고재판소는 ( i ) 건강하고 문화적인 도시 생활의 확보도 도시계획법은 목적으로 하는 점, (ii) (α) 같은 법은 공해방지계획이 정해진 때에는 그 계획에 도시계획은 적합해야 한다고 하고 있는 점, 도시시설은 양호한 도시환경을 유지해야 하는 점, 계획안의 수립 시 주민의 의견을 반영하는 절차를 정하고 있는 점, (β) 공해방지 등을 목적으로 하여 도쿄도 환경영향평가조례가 제정된 점, (iii) 도시계획법 및 위 관계 법령을 위반하여 사업인가가 행해진 경우 소음 · 진동 등의 피해를 직접적으로 받는 것은 사업지의 주변 주민에 한정되어 피해의 정도는 거주지가 사업지에 접근함에 따라 증대하는 것으로 생각되는 점을 지적한다. 이러한 법령해석에 근거하여 최고재판소는 사업지의 주변 주민 중 건강 또는 생활환경과 관련되는 현저한 피해를 직접적으로 받을 우려가 있는 사람은 사업인가의 취소를 구할 때 법률상의 이익을 가진다고 판단했다.

### (2) 오사카 새틀라이트 소송 상고심 판결

장외 차권(車券)발매시설 설치허가 취소청구 사건 상고심 판결[最判2009年10月15日民集 63卷8号1711頁(오사카 새틀라이트 소송 상고심 판결)]에서 최고재판소는 시설 주변에서 의료시설을 개설하고 있는 자는 원고적격이 긍정될 여지는 있다고 판단했지만, 교통, 풍기, 교육 등의 생활환경 악화의 우려를 주장하는 주변 주민에게는 원고적격을 부정했다.

다만, 이 사건에 관해서는 다음과 같은 법령상의 특색이 있다. 즉, 처분의 근거 법령인 자전거 경기법(1948法209) 4조2항(당시의 조문. 이하 같다)에서는 시설의 위치, 구조 및 설비에 관한 기준은 같은 법 시행규칙에 위임되어 있고, 같은 법 시행규칙에는 (ⅰ) 교육시설과 의료시설(의료시설 등)로부터 상당한 거리를 두고, 교육·보건위생상 현저한 장애를 초래할 우려가 없을 것(위치 기준), (ⅱ) 시설의 규모, 구조 및 설비와 배치가 주변 환경과 조화될 것(주변 환경 조화 기준)이 허가 요건으로 규정되어 있었다. 다만, 후자에서는 공익적 관점에 근거한 규제로부터 일보 나아가 주변 주민의 생활이익을 개별·구체적인 이익으로서 보호하는 취지를 엿보게 하는 실체 및 절차 규정이 없었다[자전거 경기법 시행규칙(2002省令97) 14조1항·2항. 당시].

자전거 경기법 시행규칙에는 설치 허가신청서에 부지 주변으로부터 1,000m 이내의 지역에 있는 의료시설 등의 위치·명칭을 기재한 조감도, 교통의 상황도 등의 첨부를 요구하는 규정이 있었다. 다만, 1,000m는 개별적 이익을 보호하는 취지로 해석하기 위해서는 너무 광범위하다. 또한, 풍기, 교육상의 악영향이라는 주관적 평가가 강한 이익에 관해서는 이를 보호하는 취지를 엿보게 하는 명확한 법령상의 실마리가 필요할 것이다(추가로, 高橋·行政法入門427頁 이하를 참조).

### (3) 소결

위 판결을 고려한다면 생명·신체·건강에 대한 직접적인 영향을 인정할 수 없는 생활·환경 이익의 보전에 관해서는 특정인의 이익을 개별적 이익으로 보호하는 취지를 알아볼 수 있는 실체 규정, 절차 규정의 존재 여부로 원고적격의 유무가 판단되는 것으로 해석된다. 예를 들면, 경관법(2004法110)상의 경관계획의 수립과 계획에 근거한 행위 규제, 주민의 의견반영의 구조(공청회의 개최, 계획의 수립·변경과 관련되는 주민 제안 등), 환경영향평가법·환경영향조례와 같은 환경 이익 보호의 제도·절차 등이 해석의 실마리가 될 것이다[→ 행정계획의 절차적 통제, 최근의 입법례, 환경영향평가 절차(제2편 제5부 제3장 제3절)].

이 점과 관련하여 최고재판소는 납골당 경영허가처분 취소, 납골당 경영변경허가처분 취소청구 사건 상고심 판결(最判2023年5月9裁判所website)에서 납골당으로부터 100m 이내에 거주하는 사람의 원고적격을 긍정했다. 묘지, 매장 등에 관한 법률(1948法48)에 근거하여 시가 정한 시행세칙(시의 규칙)에서 주변 주민의 개별적 이익을 보호하는 취지를 알아볼 수 있는 문언이 사용되고 있는 점에 착안한 것이나, 지금까지의 필자의 견해에 부합하는 것이어서 평가할 만하다고 할 것이다.

　　묘지, 매장 등에 관한 법률에 근거하여 제정된 시의 시행세칙은 묘지 등의 허가 요건으로서 '신청의 대상이 되는 묘지 등의 소재지가 학교, 병원 및 주택의 부지로부터 대략 300m 이내의 장소에 있는 때에는 해당 허가를 하지 아니하다'라고 규정하면서 단서에서 '시장이 해당 묘지 등의 주변 생활환경을 현저히 해칠 우려가 없다고 인정하는 때에는 그러하지 아니하다'라고 규정하고 있었다.

　　사적지정을 받은 문화재를 이용할 이익에 관해서는 행정사건소송법 개정 전의 것이기는 하나, 사적지정 해제처분 취소청구 사건 상고심 판결(最判1989年6月20日判時1334号201頁)이 있다. 이 판결은 현(県)의 문화재보호조례에 근거한 유적의 사적 지정 해제처분에 관하여 해당 유적의 보존 활동에 종사해 온 연구자 등이 취소소송을 제기한 사안에 관한 것이다. 이 판결에서 최고재판소는 연구자와 일반 국민과의 사이에 이익의 차이를 인정하는 것은 곤란하다고 하여 원고적격을 부정했다. 행정사건소송법 개정 후에도 보호의 취지를 엿보게 하는 법률상의 특별한 규정이 없으면 원고적격을 가지는 자의 존재를 인정하는 것은 곤란할 것이다.

## 제2관  경업자(경제적 이익)

### (1) 경제적 규제

시장경제에 대한 규제에는 시장의 질서, 공정한 경쟁을 확보할 것 등을 목적으로 하는 경제적 규제와 위법·부당한 영업활동 등으로 소비자, 서비스 이용자에게 불이익이 생기는 것을 억제하기 위한 사회적 규제로 구별된다(어디에 속하는지 명확히 구별되지 않는 규제도 있다).

시장의 질서, 공정한 경쟁의 확보를 목적으로 하는 경제적 규제에 관해서는 지금까지 규제의 목적은 공익의 보호에 있고, 규제를 통하여 개개의 사업자가 누리는 이익은 규제에서 파생되는 반사적인 성격의 것에 지나지 않는다고 하는 것이 일반적인 생각이었다.

그러나 행정사건소송법 개정 후에 유연한 법령해석을 통하여 경업자·기존업자의 이익은 법률상 보호된 이익이라고 해석하는 재판소의 판단이 계속되고 있다.

### (2) 심결 취소 등 청구 사건 제1심 판결(JASRAC사건 제1심 판결)

심결 취소 등 청구 사건 제1심 판결[東京高判2013年11月1日判時2206号37頁(JASRAC사건 제1심 판결)]은 ( ⅰ) 독점금지법[사적 독점의 금지 및 공정거래의 확보에 관한 법률(1947 法54)] 2조5항에서 정하는 배제형 사적 독점을 행하여 같은 법 3조에 위반된다고 하여 음악 저작권 관리 사업자에 대하여 공정거래위원회(공정위)의 배제조치명령이 행해진바, ( ⅱ) 해당 사업자의 청구에 근거한 심판의 결과, 명령을 취소하는 공정위의 심판이 행해졌기 때문에 ( ⅲ) 해당 사업자와 경쟁관계에 있는 사업자로부터 심판결정의 취소소송이 제기된 사안에 관한 판단이다. 이 판결에서 고등재판소는 ( ⅰ) 독점금지법은 경업자를 포함하는 이해관계자 등에 대하여 심판절차에서 각종의 권리와 무과실 손해배상의 청구권을 인정하고 있는 점 등에 추가하여 ( ⅱ) 사적 독점 등이 있었음에도 배제조치명령이 취소된 경우에는 일정 범위의 경업자 등에게는 개별적 이익으로서의 업무상 이익의 저해와 저해의 우려가 생기는 점 등을 지적하여 경업자의 원고적격을 긍정했다.

법령상 해석의 실마리로서 고등재판소는 ( ⅰ) 입법목적을 실현하기 위하여 독점금지법이 배제조치명령 등의 제도를 두고 있는 점, (ⅱ) (α) 피해자에 대한 무과실 손해배상의 제도(독점금지법 25조·26조), (β) 심판절차 개시 후에 이해관계인에 대한 사건기록부 복사의 절차[독점금지법 70조의15(당시. 현재는 심판절차의 폐지에 따라 삭제)], (γ) 손해배상청구소송에서 공정위에 대한 손해액의 의견 요구제도(독점금지법 84조)가 있는 점 등을 들었다.


또한, 이 판결의 상고사건에서 공정거래위원회의 상고를 기각하고(最決2015年4月14日公取審決集62卷号393頁), 원고적격과 관련되는 상고 수리 신청에 관하여 불수리의 결정을 하였다(最決2015年4月14日公取審決集62卷号395頁).

### (3) 일반폐기물처리업 허가취소 등, 손해배상청구 사건 상고심 판결

일반폐기물처리업 허가취소 등, 손해배상청구 사건 상고심 판결(最判2014年1月28日民集68卷1号49頁)은 폐기물의 처리 및 청소에 관한 법률[청소법(1970法137) 7조1항(당시의 조문. 이하 같다)]에 근거하여 일반폐기물의 수집운반업의 허가를 취득하여 그 갱신을 받아온 사업자가 허가 대상 지역에서 경업자에게 행해진 수집운반업의 허가처분 등에 대한 취소소송을 제기한 사안에 관한 것이다.

이 판결에서 최고재판소는 (ⅰ) 법령상 일반폐기물과 관련되는 사업허가에 관해서는 시·정·촌이 정하는 일반폐기물 처리계획에 적합할 것을 요구함으로써 특정 구역 내에서 허가업자의 난립 등을 방지하기 위한 수급 조정이 도모되고 있는 점(폐기물법 7조5항2호·10항2호), (ⅱ) 원칙적으로 시·정·촌이 해야 하는 일반폐기물 처리 사업 등은 자유경쟁에 맡겨져야 하는 성질이 아닌 점(폐기물법 4조1항·6조1항·7조5항1호·10항1호 등), (ⅲ) 수급의 균형 등과 관련되는 적정한 배려가 없이 허가가 행해졌을 때 경영의 악화 등으로 인한 위생·환경의 악화, 건강과 생활환경에 대한 피해 등이 발생할 우려가 있는 점 등을 지적하여 기존 사업자의 원고적격을 긍정했다.


이 판결에서 최고재판소는 위 규제는 구역 내에서 위생과 환경을 유지하는 데에 기초가 되는 것으로서 허가 사업과 관련되는 영업상의 이익을 개개의 기존 허가업자의 개별적 이익으로서도 보호하고 있다고 판단했다. 상당히 유연한 판단이라고 할 것이다.

## 제3관  철도 등의 이용자(사회적 규제)

### (1) 사회적 규제

부당한 사업자의 활동으로 인하여 일반 소비자 등이 받을 불이익을 방지하기 위한 사회적 규제 등에 관해서도 국민 일반이 누리는 성격의 것이고, 특정인의 개별적 이익을 보호하는 것으로는 해석되지 않는 것이 일반적이다. 주스 부당표시 사건 상고심 판결에서도 문제가 된 것은 부당표시된 상품의 유통이 방지된다는 소비자 일반의 이익이었다.

### (2) 킨테츠(近鉄)특급 소송 상고심 판결

행정사건소송법 개정 전의 것으로서 킨테츠특급 요금인가처분 취소 등 청구 사건 상고심 판결(最判1989年4月13日判時1313号121頁)이 있다. 이 판결에서 최고재판소는 지방철도법[폐지. 현재는 철도사업법(1986法92)]에 근거한 특급요금 개정(인상)의 인가에 관하여 철도 이용자의 원고적격을 부정했다.

### (3) 현행법에서 판단

이에 대하여, ( i ) 현행 철도사업법의 목적 규정에는 '철도 등의 이용자 이익의 보호'가 규정되어 있는 점, ( ii ) 규제 완화로 신고제로 변경되기 전의 허가 요건, 나아가 현행의 절차 규정에 이해관계자를 배려하는 취지의 규정이 있는 점, ( iii ) 이용가능성이 추상적으로 인정되는 데에 지나지 않는 국민 일반과 현재 통근·통학을 위하여 매일 이용하고 있는 사람과는 명확히 구별되는 점, ( iv ) 통근·통학 정기권의 구매자가 받는 불이익은 구체적이고 정도가 큰 점 등에 비추어 통근·통학 이용자에게 원고적격을 인정하는 재판례가 나타나고 있다.

하급심으로서 '매일 일이나 학업 등을 하기 위한 통근과 통학 등의 수단으로서 철도를 반복 계속하여 일상적으로 이용하는 사람'의 원고적격을 긍정한 東京地判2013年3月26日判時2209号79頁, 그 항소심 판결(東京高判2014年219日訟月60巻6号1367頁)이 있다. 또한, 最決2015年4月21日(판례집 미등재)은 청구가 기각된 원고 측의 상고, 상고 수리 신청에 대하여 기각, 불수리의 판단을 내렸다.

# 제4장  협의의 소의 이익

## 제1절  개론

### (1) 협의의 소의 이익

원고적격은 특정한 자가 취소소송을 수행할 정당한 자격을 가지는지라는 관점에서 설정된 소송요건이다.  이에 비하여, 협의의 소의 이익은 종국판결로써 해결하기에 적합한 실질이 분쟁에 있는지 객관적 관점에서 소의 이익의 유무를 문제로 삼고 있다.

처분에 대하여 원고적격을 가지는 자가 취소소송을 제기하는 경우 처분의 취소에 관하여 법률상의 이익을 가지고 있는 점에서 협의의 소의 이익도 긍정된다. 그래서 협의의 소의 이익의 문제는 통상은 소의 제기의 시점에서 협의의 소의 이익이 존재하고 있음에도 불구하고 시간의 경과, 법령의 개정 등을 통하여 그것이 소멸했는지라는 형태로 문제가 된다.

### (2) 사정의 변화에 의하지 않는 경우

다만, 처분의 성격상 그 성립 시에 협의의 소의 이익의 문제로서 구제되는 이익의 유무가 문제가 되는 사례도 있다.  예를 들면 공무원의 전임(轉任) 처분에 관해서는 근무지 등의 변경은 구제해야 하는 이익이라고는 생각되지 않고 있다.  또한, 자동차 운전면허증의 변경에서 우량운전자로서의 대우 등에 관하여 신청자가 취소소송을 제기한 때에도 그 사람에게 취소를 구할 이익은 인정되는지가 문제가 된다.

### (3) 서술의 순서

이하 ( i ) 피구제 이익의 존재 여부, ( ii ) 법령의 개폐 등, ( iii ) 기간의 경과 등으로 인한 처분의 실효 등, ( iv ) 부수적인 효과의 존재 등의 유형별로 소의 이익의 존재 여부를 검토하고, 마지막으로 ( v ) 행정사건소송법 개정 후에 최고재판소 재판례의 동향을 보기로 한다.

## 제2절  피구제 이익의 존재 여부

### 제1관  공무원의 전임처분 등

행정의 활동에 처분성이 인정되는 경우에도 취소판결을 통하여 구제를 받아야 하는 불이익을 해당 처분이 원고에게 초래하지 않는 때에는 협의의 소의 이익은 인정되지 않는다.

예를 들면, 공무원의 전임처분에 관해서는 봉급, 근무장소, 근무내용 등에 관해 구체적인 불이익이 인정되는 경우가 아니라면 처분의 취소를 구할 소의 이익은 없다(最判1986年10月23日判時1219号127頁).

### 제2관  신청 인용처분

인허가 등의 신청이 인용된 경우에도 내용의 일부에 불만이 있는 신청인에게 처분 취소소송의 소의 이익은 인정되는지가 문제가 된다[→ 행정행위, 그 밖의 여러 문제, 그 밖의 논의, 부관(제2편 제3부 제6장 제3절)]. 우선, 출입국관리 및 난민인정법(1951슈319)에 근거한 재류기간의 갱신처분에 관하여 신청서에 기입한 '새로 희망하는 재류기간'보다도 짧은 재류기간의 갱신밖에 인정되지 않는 경우에 관하여 최고재판소는 협의의 소의 이익을 부정했다(最判1996年2月22日判時1562号39頁).  최고재판소는 외국인에 대해서는 일본에 머물 권리가 당연히 보장되는 것은 아니고, 이 사건에 관한 법령의 규정에서도 특정 기간의 재류를 인정하는 제도는 채택되어 있지 않다는 판단을 제시했다.

한편, 행정사건소송법의 개정 후 최고재판소는 운전면허증 교부 등 청구 사건 상고심 판결(最判2009年2月27日民集63巻2号299頁)에서 운전면허처분 시에 우량운전면허자로 되지 못한 신청인에 관하여 갱신처분 취소소송의 소의 이익을 인정했다[→ 최근의 재판례, 운전면허증 교부 등 청구 사건 상고심 판결(제6절)].

# 제3절 법령의 개폐 등

## 제1관 법령의 개폐

근거 법령이 변경되었기 때문에 원고에게 불이익을 주는 처분의 존재 근거 등이 상실되어 소의 이익이 소멸하는 경우가 있다. 전형적으로는 처분제도가 폐지된 경우이다.

소의 이익의 소멸을 인정한 예로서 행정처분 취소청구 사건 상고심 판결[最判1966年11月15日民集20卷9号1792頁(보험의사 지정제도의 폐지와 보험의사 지정취소 처분 취소소송)]이 있다.

처분제도 그 자체가 폐지에 이르지 않는 경우에도 법령의 변화 등으로 회복해야 하는 법적 이익은 소멸하거나 회복 불능이 되는 사례가 있다. 검정처분 취소청구 사건 상고심 판결(最判1982年4月8日民集36卷4号594頁)은 학습지도요령이 전면적으로 개정(改正)되는 때에는 개정 전의 학습지도요령으로 합격한 교과서의 개정(改訂) 검정을 하지 않도록 되어 있는 제도에서 교과서용 도서검정 불합격처분이 행해진 사안에 관한 것이다. 이 판결에서 최고재판소는 학습지도요령의 전면 개정 후에는 검정 불합격처분을 구할 소의 이익은 상실된다고 판단했다.

## 제2관 처분의 취소·변경

### (1) 변경처분의 문제

행정처분의 전부 또는 일부가 처분청 등에 의해 취소된 경우 취소된 부분에 관해서는 취소를 구할 소의 이익은 소멸한다. 다만, 처분 변경의 경우에 협의의 소의 이익의 귀추에 관해서는 변경처분의 성격 등에 비추어 신중한 검토가 필요하다.

### (2) 증액재경정, 감액재경정, 수정재결

처분의 변경과 관련되는 최고재판소의 판단으로서는 다음과 같은 것이 있다. 예를 들면,

증액재경정이 된 경우 당초의 경정은 증액 재경정에 흡수되어 그 외형이 소멸하기 때문에 당초의 경정의 취소를 구할 소의 이익은 소멸한다[소득세 등 경정결정 취소청구 사건 상고심 판결(最判1980年11月20日判時1001号31頁)].

이러한 경우 원고는 증액재경정처분 취소소송으로 소를 변경하는 등의 절차를 하게 된다[행정사건소송법 19조1항에 근거한 관련 청구와 관련되는 소의 추가적 병합과 구소(舊訴)의 취하, 행정사건소송법 19조2항, 민사소송법 143조에 근거한 소의 변경].

이에 비하여, 감액재경정이 된 경우에는 이에 따라 세액의 일부취소가 행해진 당초의 경정은 그 한도에서 존재하는 것이기 때문에 그 한도에서 당초 변경처분의 취소를 구할 이익이 있다[소득세 경정처분 취소청구 사건 상고심 판결(最判1981年4月24日民集35卷3号672頁)].
징계처분에 대한 공평심사를 거쳐 행해진 인사원의 수정재결은 징계권자의 징계권 발동을 승인하여 징계처분의 존재를 전제로 하여 처분내용을 변경(경감)하는 것에 지나지 않기 때문에 수정재결이 행해져도 징계처분의 취소를 구할 소의 이익은 소멸하지 않는다[징계처분 취소청구 사건 상고심 판결(最判1987年4月21日民集41卷3号309頁)].

인사원의 수정재결 후 수정재결을 한 인사원의 심리자료에 관해서는 행정사건소송법 개정 후에 창설된 같은 법 23조의2(석명처분의 특칙) 제2항에 따라 재판관은 석명처분으로서 자료의 제출을 요구할 수 있다.

### (3) 다른 형태의 소멸

위에서 말한 것 이외의 형태로 회복되어야 하는 지위 등이 소멸하는 예도 있다. 예를 들면, 재입국 불허가처분 취소 등 청구 사건 상고심 판결(最判1998年4月10日民集52卷3号677頁)은 재입국 허가신청의 불허가처분에 대하여 취소소송을 제기한 외국인이 재입국 허가를 받지 않은 채 일본에서 출국한 사안에 관한 것이다. 이 판결에서 최고재판소는 취소판결을 받아도 회복할 수 있는 이익은 없다고 하여 소의 이익의 소멸을 인정했다.

최고재판소는 ( i ) 재입국 허가의 제도는 일본에 재류하는 외국인의 재류자격을 출국 시에도 존속하게 하여 다시 같은 자격으로 입국하는 것을 인정하는 것이어서, ( ii ) 이 제도는 새로 재류자격을 부여하는 것은 아니라고 하고, ( iii ) 재입국 허가를 받지 않고 출국한 외국인은 재류자격을 상실한다고 판단했다.

또한, 개정 후의 행정사건소송법에서는 이와 같은 경우 원고는 재입국 허가의 의무이행 소송을 제기하고, 임시 의무이행 결정을 받아 출국하는 것으로써 소의 이익의 존속을 도모할 수 있다[→ 임시 의무이행, 임시 예방적 금지(제5부 제5장 제3절)].

## (4) 다른 형태의 불이익 회복

처분의 취소·철회 이외의 수단으로도 취소판결을 통하여 제거되어야 하는 불이익상태가 소멸하는 경우는 있다. 예를 들면, 보안림 해제처분 취소청구 사건 상고심 판결(最判1982年9月9日民集36卷9号1679頁)은 삼림법상 보안림의 지정 해제처분에 관하여 가뭄·홍수의 우려를 이유로 주변 주민의 원고적격이 인정된 사안에서 대체시설의 완성으로 소의 이익이 소멸했다고 판단했다.

또한, 교제비 등 비공개결정처분 취소청구 사건 상고심 판결(最判2002年2月28日民集56卷2号467頁)은 공문서공개조례에 근거한 공개거부처분 취소소송의 심리 중에 대상 공문서가 피고로부터 서증으로서 공개되었기 때문에 소의 이익의 소멸이 문제가 된 사안에 관한 것이다. 이 판결에서 최고재판소는 공개조례는 공문서의 내용을 알게 하는 것만이 아니라 소정의 절차를 이용하여 공문서의 공개를 받을 이익을 주민에게 보장하고 있다고 하면서 소의 이익은 존속한다고 판단했다.

# 제4절 기간의 경과 등

## 제1관 기간의 경과 등

### (1) 기한의 도래 등

법령에서 기간의 경과, 처분의 실효 등 사정의 변화로 소의 이익이 소멸하는 경우도 있다. 기한의 도래, 조건의 성취로 인한 처분의 실효는 그 예이다.

소의 이익의 소멸을 인정한 것으로서 행정처분 취소청구 사건 상고심 판결[最判1980年1月25日判時1008号136頁, 택지건물거래업법(1952法176)에 근거한 기한부의 택지건물거래업의 업무정지처분]이 있다.

### (2) 갱신 등의 예외

( ⅰ ) 기한이 도래한 후에 처분의 갱신이 예정되는 경우에 소의 이익은 상실된 것으로 형식적으로 취급할 수는 없고(운전면허의 갱신 등), 또한 ( ⅱ ) 처분의 효과가 소멸했다고 하더라도 판결을 받을 법률상의 이익은 부수적으로 남는지가 쟁점이 되는 경우도 있다[→ 부수적 효과(제5절)].

### (3) 피구제 이익의 소멸

위의 예는 처분의 효과가 소멸한 유형에 속하는 것이나, 기간의 경과와 동시에 피구제 이익은 소멸한 것으로 판단되는 경우도 있다.

소의 이익의 소멸을 인정한 것으로서 부작위의 위법확인청구 사건 상고심 판결[最判1970年10月16日民集24巻11号1512頁, 재입국허가신청거부처분 취소소송에 관하여 출국 목적의 회의 등이 종료한 경우]이 있다.

## 제2관  처분의 집행, 공사의 완료

### (1) 처분의 집행

행정처분이 집행으로 목적을 달성하는 성격의 것인 경우에서는 집행으로 처분의 효과가 소멸하기 때문에 취소판결로 회복되는 이익은 소멸한다.

### (2) 공사의 완료

건축기준법의 건축확인 제도는 법제도상 확인을 받으면 적법하게 건축할 수 있다는 효과를 가지는 데에 머물고, 그 효과는 공사의 완료로 소멸한다. 이 점에 착안하여 건축기준법에 의한 확인처분 취소청구 사건 상고심 판결(最判1984年10月26日民集38巻10号1169頁)은 건축확인처분 취소소송의 소의 이익은 공사의 완료와 동시에 상실된다고 판단했다. 이와 관련하여 건축기준법상은 공사의 완료 후에 검사완료증 교부의 제도가 마련되어 있고, 나아가 위반 건축물에 관하여 제거명령 등의 제도가 있다. 그러나 이 규제들에서는 건축확인 신청의 내용에 따른 건축물인지가 문제가 되는 것이 아니라 건축물이 건축 관련 법령에 적합한지가 다시 심사되는 점에서 최고재판소의 판단은 타당한 것이라고 할 수 있을 것이다.

또한, 이 경우에 관하여 행정사건소송법에 따르면 손해배상청구소송으로 소의 변경이 가능하다(행소법 21조). 한편, 위법건축 상태의 출현을 예방하거나 해소하기 위해서는 원고는 우선 건축확인 취소소송에서 집행정지의 신청을 하는 것이 중요하다. 집행정지가 인정되지 않고 공사가 완료될 우려가 있거나 완료된 경우는 ( i ) 검사증 교부처분의 예방적 금지소송, ( ii ) 시정명령 등의 의무이행소송의 추가적 병합, 소의 변경 등을 생각할 수 있을 것이다(행정사건소송법 38조에 따라 같은 법 19조의 의무이행소송, 예방적 금지소송에 준용). 그 밖에 민사 예방적 금지소송(나아가 철거청구, 건축공사 금지의 가처분)의 수단도 생각해야 한다.

개발허가처분 등 취소청구 사건 상고심 판결(最判1993年9月10日民集47巻7号4955頁)에서 최고재판소는 도시계획법(1968法100) 29조에 근거한 개발행위의 허가에 관하여 개발행위의 공사가 완료된 때에 소의 이익은 소멸한다고 판단했다. 다만, 이 판단에 관해서는 도시계획법상 ( i ) 개발허가를 받은 사항의 변경에는 변경허가가 필요한 점(도시계획법 35조의2), (ⅱ) 공사 완료 시의 검사대상은 공사내용의 개발허가에 대한 적합성인 점(도시계획법 36조), (ⅲ) 개발허가를 받은 토지에서는 허가를 받은 예정 건축물과 특정의 건축물을 제외하고 건축물의 건축은 금지되는 점(용도구역 등과 관련되는 예외는 있다. 도시계획법 42조), (ⅳ) 예정 건축물의 용도 등, 개발허가의 내용은 개발등록부에 등록되어 공중의 열람에 제공되고, 사본의 교부도 인정되는 점(도시계획법 47조) 등에 비추어 반대설이 유력하다.

또한, 최고재판소(最判2015年12月14日民集69卷8号2024頁)는 시가화조정구역 내의 개발허가의 고유의 효과에 착안하여 소의 이익의 존속을 인정했다. 이 판결은 시가화조정구역에서는 원칙적으로서 허가를 받지 않은 건축물의 건축 등이 제한되지만 개발허가가 행해져 검사증을 받아 공사 완료의 공고가 되면 개발허가에 기재된 예정 건축물 등의 건축 등은 가능해지는 점에 착안한 것이다(도시계획법 43조1항, 42조1항). 다만, 본서의 입장에서는 시가화조정구역 여부와 관계없이 개발허가에 관해서는 소의 이익의 존속이 인정되어야 한다.

# 제5절  부수적인 효과

## 제1관  행정사건소송법 9조1항 괄호

처분의 주된 효과가 소멸한 경우에도 처분에 부수하는 법적인 효과가 존속하고 있는 때가 있다. 예를 들면, 지방의회의 의원제명 처분의 효과는 임기의 도래, 의회의 해산으로 상실되지만, 의원의 보수청구권은 존속하기 때문에 협의의 소의 이익은 상실되지 않는다. 행정사건소송법 9조1항 괄호는 그 취지를 확인한 것이다.

## 제2관  다른 구체적인 예

### (1) 후행처분의 요건으로 흡수

또한, 법령에서 불이익처분이 행해진 사실을 장래 행해질 가능성이 있는 별도 처분의 요건, 가중요건으로 규정하는 경우가 있다. 예를 들면, 도로교통법(1960法105)은 교통위반 단속 시 면허정지처분 등의 전력을 이후의 면허취소·정지처분의 요건에 규정하는 한편, 처분을 받은 자가 처분 후에 1년간 무위반, 무사고인 경우에는 처분의 전력은 없는 것으로 취급하고 있다. 이 점에 착안하여 심사청구 기각처분 취소, 운전면허 정지처분 취소청구 사건 상고심 판결(最判1980年11月25日民集34巻6号781頁)에서 최고재판소는 처분 후의 1년간에 관해서는 면허정지처분 취소소송의 소의 이익의 존속을 인정하면서 그 이후는 소의 이익은 소멸한다고 판단했다.

　국외 퇴거 강제 명령서 발부처분 취소청구 사건 상고심 판결(最判1996年7月12日訟月43巻9号2339頁)에서 최고재판소는 퇴거 강제 명령서의 송환 부분이 집행된 사안에 관하여 퇴거 후 1년간(당시) 그 사람은 일본으로의 입국이 거부되는 제도이었던 점을 이유로 그 기간에 한정하여 소의 이익은 존속한다고 판단했다.

## (2) 선행처분과 후행처분

### ① 후행처분에 의한 선행처분의 실효

일련의 행정과정에서 후행처분이 행해져 이로써 선행처분이 실효되는 경우에는 후행처분의 실시로 선행처분 취소소송의 소의 이익은 소멸한다.

　소의 이익의 소멸을 인정한 예로서 가환지(假換地) 지정처분 취소청구 사건 상고심 판결(最判1973年2月2日集民108号153頁)이 있다(환지처분 전에 잠정적으로 행해지는 가환지처분에 관하여 환지처분의 공고로 가환지 처분은 실효된다고 판단되었다).

### ② 선행처분의 유효성과 후행처분

이에 비하여, 선행처분이 유효하게 존재하는 것을 전제로 하여 일련의 처분이 거듭 행해지는 법률상의 구조에서는 선행처분이 취소되면 이를 전제로 행해진 후행처분 등의 절차 및 효력에 영향이 생긴다고 해석된다.

## ⑶ 처분의 실효로 생기는 법적 효과

처분의 실효, 효력의 소멸에 관하여 법령이 특별히 법적인 효과를 부여하고 있는 경우에는 처분이 실효되어도 소의 이익은 존속한다. 예를 들면, 공유수면매립 면허에 관해서는 면허의 실효 시에 사업자에게 원상회복의무를 부과하는 규정[공유수면매립법(1921法35)]이 있기 때문에 매립공사 완료 후에도 소의 이익의 존속이 인정된다.

# 제6절  최근의 재판례

## 제1관  원고적격과 공통성

협의의 소의 이익은 어떤 처분이 특정한 자와의 관계에서 취소판결로 해결하기에 적합한 구체적 분쟁이 존재하는지라는 관점에서 소의 이익의 존재 여부를 판단하는 요건이다. 그래서 이러한 협의의 소의 이익에 관해서는 원고적격과 마찬가지로 유연하게 법령을 해석하여 그 존재를 긍정하는 최고재판소의 재판례가 나타나고 있다.

## 제2관  토지개량사업 시행인가처분 취소청구 사건 상고심 판결

토지개량사업 시행인가처분 취소청구 사건 상고심 판결[最判1992年1月24日民集46巻1号54頁, → 부수적인 효과, 다른 구체적인 예, 선행처분과 후행처분(제5절)]은 시행인가처분에 근거한 토지개량사업의 공사가 완료된 경우에도 (ⅰ) 후속의 환지처분 등은 시행인가처분이 유효한 것을 전제로 행해진 점, (ⅱ) 공사·환지처분이 완료되어 원상회복은 사회통념상 불가능하게 되어도, 이러한 사정은 행정사건소송법 31조(사정판결)의 적용 시 고려되어야 하는 점을 지적하고, 공사완료·환지처분 후에도 소의 이익의 존속을 인정했다.

## 제3관　운전면허증 교부 등 청구 사건 상고심 판결

행정사건소송법 개정 후의 판결로서 운전면허증 교부 등 청구 사건 상고심 판결(最判2009年2月27日民集63卷2号299頁)이 있다. 이 판결은 면허갱신 시 우량운전자의 취급을 받지 못한 신청자가 면허갱신처분의 취소소송을 제기한 사안에 관한 것이다. 이 판결에서 최고재판소는 (ⅰ) 도로교통법(1960法105) 등의 법령이 우량운전자를 정책적으로 우대해 온 입법경위가 있는 점, (ⅱ) 제도 개정으로 운전면허의 갱신기간에 관해서는 일반 운전면허자와 차이가 없어졌지만, (ⅲ) 갱신의 절차와 수수료에서 약간의 차이가 남아 있는 점을 지적하고, '우량운전자라는 취지로 기재되어 있는 면허증을 교부하여 행한 면허증의 갱신처분을 받을' 지위는 도로교통법 등에 의하여 보호되고 있다고 하면서 면허갱신처분의 취소를 구할 소의 이익을 인정했다[→ 피구제 이익의 존재 여부, 신청인용처분(제2절)].

## 제4관　영업정지처분 취소청구 사건 상고심 판결

영업정지처분 취소청구 사건 상고심 판결(最判2015年3月3日民集69卷2号143頁)은 행정절차법(1993法88) 12조의 규정에 근거하여 설정되어 공고된 재량기준의 성격을 가지는 처분기준의 구속력에 관하여 (ⅰ) 재량권의 행사에서 공정하고 평등한 대우의 요청, (ⅱ) 기준의 내용에 대한 상대방의 신뢰를 보호할 필요성 등의 관점을 들면서 처분기준의 규정과 다른 처분을 하는 것을 상당하다고 인정해야 하는 특단의 사정이 없으면 기준과 다른 처분은 재량권의 범위의 일탈 또는 남용에 해당하게 된다고 판단했다[사업 및 판결의 상세에 관하여, → 행정규칙, 행정규칙의 효력과 재판, 행정규칙과 후속 처분, 적법한 행정규칙과 후속 처분(제2편 제5부 제2장 제3절)]. 또한, 처분기준에 과거 3년 이내에 영업정지를 받은 자의 처분 경력을 영업정지기간의 양정에 구체적으로 반영하게 하는 취지의 규정이 있는 점을 이유로 영업정지명령 취소소송에 관하여 소의 이익의 존속을 인정했다.

이 판결은 행정절차법 12조에 근거하여 설정되어 공고된 처분기준에 관하여 특별한 사정이 없으면 기준에 따라 처분을 해야 한다는 취지, 행정청을 구속하는 법적 효과를 인정한 것이다. 또한, 지금까지의 최고재판소의 판결에서는 후속처분의 처리에 관하여 법령에서 구속력 있는 규정을 둔 사안이었던 것에 비하여, 이 판결은 행정절차법 12조1항에 근거하여 정해진 것이라고는 하지만 행정규칙에 있는 후속처분과 관련되는 규정을 소의 이익의 존속 근거로 하고 있다. 이 점에서 이 판결도 협의의 소의 이익의 존속을 유연하게 인정한 재판례의 하나로 평가할 수 있을 것이다.

# 제5장 다른 소송요건 등

## 제1절 개설

취소소송에 관해서는 처분성, 원고적격, 협의의 소의 이익의 3요건 외에 ( i ) 피고적격, ( ii ) 재판관할, ( iii ) 불복신청 전치, ( iv ) 출소기간, ( v ) 소장 등의 요건이 있다. 이하 ( i )부터 ( iv )까지에 관하여 차례대로 설명을 하기로 한다(소장에 관하여, → 행소법 11조4항). 마지막으로 고지의 제도 등에 관하여 해설한다.

## 제2절 피고적격

### (1) 원칙

취소소송의 피고는 원칙적으로 처분 또는 재결을 한 행정청이 소속하는 행정주체(국가 또는 공공단체)이다(행소법 11조1항 본문). 행정사건소송법 개정 전까지는 항고소송의 피고는 원칙적으로 행정청이었다. 피고적격이 변경된 이유는 ( i ) 취소소송의 경우에는 피고 행정청의 특정이 원고로서는 곤란하고, ( ii ) 민사소송, 공법상 당사사소송의 피고는 행정주체이기 때문에 민사소송, 공법상 당사자소송과 취소소송(항고소송) 간의 소의 변경이 곤란했기 때문이다.

## (2) 예외

다만, 피고적격에 관해서는 ( i ) 처분청의 권한이 다른 행정청에 승계된 때(승계받는 행정청이 속하는 국가 또는 공공단체가 피고가 된다. 행소법 11조1항 괄호), ( ii ) 처분청 등이 국가·공공단체에 속하지 않는 경우(지정법인 등의 처분, 행정청이 피고가 된다. 행소법 11조2항), ( iii ) 행정사건소송법 11조1항·2항에 따라 피고로 해야 하는 자가 정해져 있지 않은 경우(처분청 등이 폐지된 경우. 처분 또는 재결과 관련되는 사무가 귀속하는 국가 또는 공공단체가 피고가 된다. 행정소송법 11조3항) 등, 예외규정이 마련되어 있다.

나아가 '특별한 규정'이 다른 법령에 있는 경우에는 이에 따른다(특허무효심판의 심결 등의 취소소송의 피고는 특허청 장관이다. 특허법 179조 본문).

## (3) 처분청 등의 역할

국가 또는 공공단체를 피고로 하는 취소소송에서 처분 또는 재결을 한 행정청은 재판상의 일체의 행위를 할 권한을 가진다(행정소송법 11조6항). 처분청 등이 책임을 지고 소송수행을 하는 것을 확보하는 것이 그 목적이다. 이와 관련하여 국가에 속하는 행정청이 한 처분 등에 대한 취소소송을 포함하여 국가의 이해관계가 있는 소송에 관하여 규율하는 것으로서 국가의 이해관계가 있는 소송에 관한 법무대신의 권한 등에 관한 법률(1954法194)이 있다. 같은 법에는 ( i ) 국가를 당사자·참가인으로 하는 소송은 법무대신이 국가를 대표하고(법무대신권한법 1조), ( ii ) 법무대신은 법무성의 직원 중에서 지정하는 사람, 행정청의 직원 중에서 지정하는 사람에게 소송을 하게 할 수 있다는(법무대신권한법 2조1항, 법무대신권한법 2조2항 전단) 등의 규정을 두고 있다(상세는 법무대신권한법).

# 제3절  재판관할

## 제1관  개설

재판관할이란 사건을 관할하는 재판소와 관련되는 규정이다. 행정사건에도 민사사건과 마찬가지로 직분관할·사물관할·토지관할 모두가 갖추어진 재판소가 관할한다.

### (1) 직분관할

직분관할이란 재판권의 내용에 착안하여 관할을 정하는 구별이다. 행정사건에 관해서는 제1심이 도쿄고등재판소의 전속관할로 되어 있는 경우가 있다[공해 등 조정위원회의 재정(裁定) 등에 관한 소송. 광업 등과 관련되는 토지이용의 조정절차 등에 관한 법률(1950法292) 57조]. 전속관할이기 때문에 민소법상의 합의관할, 응소관할, 이송 등의 규정은 적용되지 않는다(참조, 민소법 11조, 12조, 17조~19조, 20조1항).

### (2) 사물관할

사물관할이란 사건의 내용을 기준으로 정하는 것이고, 지방재판소와 간이재판소 중에서 제1심의 재판관할은 사물관할에 의하여 배분된다. 행정사건소송의 사물관할은 특별법의 규정이 있는 경우 이외는 소가(訴價)와 관계없이 지방재판소의 관할로 되어 있다(재판소법 24조1항·33조1항1호).

### (3) 토지관할

① 개념

소재지를 달리하는 동종의 재판소 간에서 지역적인 재판권 행사의 분담을 토지관할이라고 한다. 토지관할의 결정요소는 재판소의 관할구역과 사건의 재판적의 2가지가 있다. 재판소는 관할구역 내에 재판적이 있는 사건을 관할한다.

② 행정사건소송법 12조1항

행정사건소송법에 따르면 취소소송에 관하여 토지관할을 가지는 것은 피고의 보통재판적(당사자의 주소 등으로 사건의 종류와 관계없이 정해지는 재판적)의 소재지를 관할하는 재판소 또는 행정청의 소재지를 관할하는 재판소이다(행소법 12조1항).

③ 예외

다만, (ⅰ) 토지의 수용, 광업권의 설정 등, 부동산 또는 특정의 장소와 관련되는 처분 또는 재결의 경우(행소법 12조2항), (ⅱ) 처분 또는 재결에 관하여 사안을 처리한 하급 행정기관이 있는 경우(행소법 12조3항)에 관하여 예외규정이 있다[(ⅰ)에서는 부동산 등의 소재지의 재판소에, (ⅱ)에서는 하급 행정기관의 소재지의 재판소에 제소할 수 있다].

이와 관련하여 (ⅱ)에서 말하는 '하급 행정기관'은 법령의 집행 중에 실제로 사안을 처리한 조직을 말하고, 행정조직 규정에 근거한 내부적인 조직과 법령상의 사무위탁에 근거하여 사무처리를 한 특수법인 등의 내부적인 조직도 이에 해당한다.

후자의 사례와 관련되는 판단으로서 이송결정에 대한 항고기각결정에 대한 허가항고심 결정(最決2014年9月25日民集68巻7号781頁)이 있다[일본연금기구법(2007法109)에 근거하여 일본연금기구가 연금재정(裁定)에 관한 사무를 처리할 때 같은 기구의 내부조직인 사무 센터가 처리를 맡은 사례].

## 제2관  특정 관할 재판적

### (1) 개설

위의 예외 이외에 특정 관할 재판적의 제도가 있다. 이는 (ⅰ) 국가, (ⅱ) 독립행정법인통칙법(1999法103)에 규정하는 독립행정법인, (ⅲ) 행정사건소송법의 별표에 규정하는 법인을 피고로 하는 취소소송에 관하여 원고의 보통재판적의 소재지를 관할하는 고등재판소의 소재지를 관할하는 지방재판소('특정 관할 재판소'라 한다)에도 관할을 인정하는 것이다(행소법 12조4항). 덧붙여서, 특정 관할 재판적은 임의관할이다. 이 특정 관할 재판소 제도는 행정사건소송법 개정 시에 창설되었다.

### (2) 이송의 특칙

특정관할재판소에 취소소송이 제기된 경우에 관하여 이송의 특칙이 있다(행소법 12조5항).

# 제4절  불복신청 전치

## (1) 자유선택주의와 심사청구 전치

행정사건소송법은 취소소송과 행정불복신청의 관계에 관하여 바로 소송의 제기를 인정하는 자유선택주의를 채용하고 있다(행소법 8조1항 본문).

이 경우 심사청구와 취소소송이 동시에 계속하는 때에는 재판소는 일정 기간 소송절차를 중지할 수 있다(행소법 8조3항).

## (2) 심사청구 전치와 예외

위의 원칙에도 불구하고 법령에 심사청구 전치의 특칙이 있는 경우에는 이에 따른다(행소법 8조2항 단서). 다만, 심사청구 전치의 적용을 받는 경우에도 다음의 경우에는 직접 재판소에 취소소송을 제기하는 것을 인정할 수 있다(행소법 8조2항). 즉, (ⅰ) 심사청구가 있은 날부터 3개월이 경과해도 재결이 없는 때(1호), (ⅱ) 처분 등에 따라 생기는 현저한 손해를 피하기 위해 긴급한 필요가 있는 때(2호), (ⅲ) 그밖에 재결을 거치지 않은 것에 관하여 정당한 이유가 있는 때(3호)이다.

## (3) 행심법 개정에 따른 전치의 정리

행정불복심사법의 전면 개정(2014法68)과 동시에 심사청구 전치 제도의 재검토가 이루어졌다. 이의신청과 심사청구의 이중의 불복신청의 전치를 요구하고 있던 국세통칙법(1962法68)이 개정되어 전치는 단일화되는(같은 법 115조1항의 개정) 등, 심사청구 전치가 폐지·감축되었다. 다만, 생활보호법(1950法144), 국세통칙법(1962法66) 등의 처분과 같이 대량 반복적으로 행해지고 전문적인 식견이 필요한 것에 관해서는 존치되어 있다(생활보호법 69조, 통칙 115조1항).

## 제5절  출소기간

### (1) 행정사건소송법 14조1항·2항

취소소송은 처분 또는 재결이 있었던 것을 안 날부터 6개월이 경과한 때에는 제기할 수 없다(행소법 14조1항 본문. 주관적 출소기간). 또한, 취소소송은 처분 또는 재결의 날부터 1년이 경과한 때에는 제기할 수 없다(행소법 14조2항 본문. 객관적 출소기간). 다만, 주관적 출소기간, 객관적 출소기간의 어느 것에 관해서도 '정당한 이유가 있는' 때에는 그렇지 않다(행소법 14조1항 단서, 14조2항 단서).

### (2) 행정사건소송법 14조3항

( i ) 처분·재결에 관하여 심사청구를 할 수 있는 경우 또는 ( ii ) 행정청이 잘못하여 심사청구를 할 수 있다는 취지를 고지한 경우로서 원고가 심사청구를 한 경우에 관해서는 심사청구와의 관계에서 예외규정이 마련되어 있다.

이 경우에는 주관적 출소기간, 객관적 출소기간 모두 기산일은 심사청구에 대한 재결이 있었던 것을 안 날이 된다(행소법 14조3항 본문). 다만, '정당한 이유가 있는' 때에는 그렇지 않다(행소법 14조3항 단서).

### (3) 정당한 이유

위의 '정당한 이유'의 유무에 관해서는 출소의 장애가 해소된 후 지체 없이 소의 제기가 있었는지도 포함하여 판단된다. 정당한 이유는 민사소송법 97조1항의 '책임으로 돌릴 수 없는 사유'(천재, 인위적 통신·교통수단의 두절·지연 등)보다는 넓은 개념이라고 해석되고 있다.

## 제6절  고지, 피고 지정을 잘못한 경우의 구제

지금까지 말한 바와 같이 취소소송의 소송요건은 복잡하다. 그래서 행정사건소송법 개정으로 행정불복심사법의 예에 따라 취소소송이 가능한 처분 또는 재결을 서면으로 하는 경우 행정청에 고지를 의무화하게 되었다. 고지의 내용은 ( i ) 피고, ( ii ) 출소기간, ( iii ) 심사청구 전치의 경우는 그 취지이다(행소법 46조1항).

재결주의가 채용된 경우 및 형식적 당사자소송의 대상이 되는 처분 등의 경우에도 고지 의무가 있다[행소법 46조2항·3항, 재결주의→원처분주의, 재결주의(제4부 제2장 제2절)].

고의 또는 중대한 과실에 의하지 않고 피고를 잘못 지정한 경우에 관해서는 행정사건소송법에 규정이 있다(행소법 15조. 같은 조 1항에서 재판소는 결정으로 변경을 허용할 수 있다고 하고 있다).

# 제4부  취소소송의 심리와 종결

## 제1장  취소소송의 심리(1)

### 제1절  심리의 원칙

#### (1) 직권주의적 규정

취소소송도 민사소송의 한 유형이므로 (ⅰ) 처분권주의, (ⅱ) 변론주의, (ⅲ) 직권진행주의의 적용을 받는다. 다만, 행정청의 공익 판단과 관련되는 소송인 점에 비추어 행정사건소송법은 취소소송의 심리에 관하여 직권주의적인 규정을 일부 채용했다[직권증거조사(행소법 24조), 석명처분의 특칙(행소법 23조의2)].

#### (2) 직권증거조사, 석명처분의 특칙

직권증거조사는 재판소가 필요하다고 인정하는 때에는 직권으로 증거조사를 할 수 있다는 것이다(행소법 24조). 다만, 쟁점 외의 사항과 관련되는 직권탐지는 변론주의의 범위를 넘는 것이기 때문에 인정되지 않는다.

석명처분의 특칙은 처분에 관한 자료 등이 행정청에 편재되어 있는 것을 고려하여 민사소송법에 정하는 석명처분(민소법 151조)의 특칙으로서 마련된 것이다(행소법 23조의2). 행정사건소송법 23조의2제1항은 심사청구와 관련되는 사건기록 이외의 자료의 제출 또는 송부 촉탁을 요구하는 경우와 관련되는 규정이고, 같은 조 2항은 심사청구와 관련되는 사건기록의 제출 또는 송부 촉탁을 요구하는 경우에 관한 것이다.

이와 관련하여 같은 조 2항에서는 소송관계를 명료하게 하기 위해 '필요하다고 인정하는 때'라는 요건(행소법 23조의2제1항)은 없다. 이는 심사청구와 관련되는 사건기록은 사안의 쟁점 정리에서 일반적으로 유용하고 필요성이 높다고 생각되기 때문이다.

# 제2절 소송물

취소소송은 취소판결로 처분의 효력을 소급적으로 소멸하게 하는 형성적인 기능을 가지는 점에서 형성소송이라고 해석되고 있다. 민사소송에서는 형성소송의 소송물은 실체법에 열거된 개개의 형성요건이라고 이해되고 있다. 이에 비하여, 취소소송에 관해서는 행정처분의 위법(처분의 근거 법령에 규정된 처분 요건의 불충족 등)이 형성 요건이라는 점에서 취소소송의 소송물은 '행정처분의 위법성 일반'이라고 해석되고 있다.

징계처분 취소청구 사건 상고심 판결(最判1974年7月19日民集28卷5号897頁)에서 최고재판소는 공무원(당시의 현업공무원)의 징계처분 취소소송에서 법령에 따른 특별한 제약이 미치는 경우는 별론으로 하고 처분의 모든 하자를 다툴 수 있다고 판단했다. 그다음으로 심사청구 전치의 규정 취지를 고려하여 인사원의 공평심사의 대상이 되는 부당노동행위 이외의 위법 사유를 다투기 위해서는 인사원의 공평심사를 거칠 필요가 있지만, 부당노동행위를 이유로 하는 경우에는 이를 거치지 않아도 재판소는 이를 심사할 수 있다고 판단했다.

# 제3절 주장·입증책임

## 제1관 개설

주장·입증책임이란 법령 적용의 전제로서 필요한 사실의 존재 여부에 관하여 재판소가 심증을 형성할 수 없는 때에 그 법령 적용에 근거한 법률효과가 발생하지 않는 것으로 되는 당사자의 부담을 말한다. 증명책임은 법률효과의 발생요건인 주요사실에 관하여 성립하고, 간접사실이나 보조사실, 경험칙이나 법규에 관하여 증명책임을 생각할 여지는 없다.

주요사실의 주장·입증책임의 분배에 관해서는 여러 학설이 있고, 통설은 형성되어 있지 않다. 또한, 행정처분의 요건에는 평가적인 요소를 포함하는 것(민사상의 일반조항에 가까운 것)이 많으며, 주요사실과 간접사실을 구별하는 것은 곤란한 경우가 많다는 견해도 있다.

## 제2관  학설

주장·입증책임에는 (ⅰ) 법률요건분류설(민사소송의 규범요건분류설을 행정법규에 적용하는 설), (ⅱ) 실질설(불이익처분, 수익적 처분 등으로 나누는 설), (ⅲ) 개별구체설(당사자의 공평, 사안의 성질, 사물에 관한 입증의 난이 등을 종합적으로 판단하는 설), (ⅳ) 조사의무설(피고 측이 처분을 적법하게 하는 주요사실의 존재에 관하여 조사의무를 지고, 그 의무의 범위에서 주장·입증책임이 있다고 하는 설) 등으로 나누어진다.

그 밖에, 법치행정의 원칙에서 입증책임은 피고가 기본적으로 진다는 피고설도 있다.

한편, 재판례는 실질설에 서면서 법률요건분류설 등의 관점도 도입하여 법률요건의 해석을 하여 주장·입증책임을 정하고 있다고 해석되고 있다[南(原編著)·高橋ほか·条解行訴272頁以下(鶴岡稔彦), 小早川=青柳·論点体系(2)501頁以下(貝阿彌亮)].

## 제3관  구체적인 예

### (1) 과세처분

소득세의 부과결정처분에 관하여 소득의 존재 및 그 금액에 관하여 결정청이 입증책임을 진다고 한 최고재판소의 판단이 있다.

참조, 소득세결정 취소청구 사건 상고심 판결(最判1963年3月3日訟月9巻5号668頁).

한편, 납세자가 제시해야 하는 자료의 부존재, 부족을 이유로 하여 추계과세에 의한 과세가 행해진 것에 대하여 납세자는 실소득액으로 반증하려는 사안에 관하여 납세자가 추계과세의 합리성을 부정하여 실금액으로 반증하려고 하는 행위는 피고의 항변에 대한 반증이 아니라 스스로 주장·입증책임을 지는 바의 재항변이고 수입 및 경비의 실금액을 주장·입증할 필요가 있다고 판단한 고등재판소의 판결도 있다.


참조, 소득세 경정처분 등 취소청구 사건 항소심 판결(東京高判1994年3月30日行集45巻3
号857頁).


## (2) 생활보호 등의 처분

헌법 25조에서 정하는 최저한도의 생활을 보장하는 급부에 관해서는 신청 거부의 요건 해
당성은 행정청에 주장·입증책임이 있다는 학설은 많다. 한편, 생활보호비의 급부와 보험급
부 등을 구별하는 설도 있고, 나아가 수입 등의 파악은 곤란한 점 등을 이유로 원고에게 주
장·입증책임이 있다는 견해도 실무에는 있다.

## (3) 재량처분·무효원인

행정사건소송법 30조는 재량권의 범위를 넘거나 그 남용이 있는 경우에 한정하여 처분을
취소할 수 있다고 규정하고 있는 점에서 재량권의 일탈이나 남용의 기초가 되는 사실은 원고
가 주장·입증책임을 지는 것으로 생각되고 있다.


무효확인소송에 관하여 그 취지를 말한 것으로서 원야(原野) 매도처분 무효확인청구 사
건 상고심 판결(最判1967年4月7日民集21巻3号572頁)이 있다.


## 제4관  입증의 필요

최근, 주장·입증책임과는 별개로 증거에 대한 근접도, 공평성의 관점에서 주장·입증책임
이 없는 측에 증거제출책임을 부과하는 생각이 주장되고 있다. 이 점에 관하여 이카타발전
소 원자로 설치허가처분 취소청구 사건 상고심 판결[最判1992年10月29日民集46巻7号1174
頁(이카타원자력발전소송 상고심 판결)]에서 최고재판소는 ( i ) 행정부가 한 판단에 불합리
한 점이 있는 것의 주장·입증책임은 원고가 지지만, ( ii ) 자료를 모두 행정청이 보유하고 있
는 점 등을 고려하면 행정청에게 소송의 초기에 그 판단에 불합리한 점이 없다는 것을 상당

한 근거, 자료에 기초하여 주장·입증할 필요가 있고, (ⅲ) 주장·입증이 다 되지 못한 경우에는 불합리한 점이 있는 것이 사실상 추인된다고 판단했다.

이와 관련하여 석명처분의 특칙(제23조의2) 규정은 이 판결을 참고로 한 것이다.

## 제4절  문서제출의무

### (1) 취소소송과 문서제출의무

취소소송에서도 민사소송법 220조 이하에서 정하는 문서제출의무, 문서제출명령 제도가 적용된다. 해당 문서가 거증자의 이익을 위하여 작성되거나 거증자와 문서의 소지자 간의 법률관계에 관하여 작성된 경우(민소법 220조3호)에는 원칙적으로 문서의 소지자(피고행정청을 포함한다)는 그 제출을 거절할 수 없다(민소법 220조).

### (2) 행정청이 보유하는 문서

문서제출의무를 정하는 민사소송법 220조는 (ⅰ) 공무원의 직업상 비밀에 관한 문서로서 제출로 인하여 공공의 이익을 해하거나 공무의 수행에 현저한 지장이 생길 우려가 있는 것에 관하여 문서제출의무를 면제한다(같은 조 4호나목). 한편, (ⅱ) 국가·공공단체가 소지하고 공무원이 조직적으로 활용하는 문서는 오로지 문서 소지자의 이용에 제공하기 위한 문서에는 해당하지 않는다(같은 호 라목 괄호). 이 규정들은 행정기관 정보공개법[행정기관이 보유하는 정보의 공개에 관한 법률(1999法42)]에서 정하는 정보공개의 취지, 비공개사유를 고려하여 정해진 것이다. 그리고 (ⅰ) 정보공개와 문서제출의무, 문서제출명령과의 차이, (ⅱ) 법률 문언의 차이 등을 고려하면 문서제출의무와 관련되는 판단에서는 '우려'의 존재와 관련되는 경험칙은 정보공개보다도 엄격하다고 해석된다.

참조, 문서제출명령에 대한 항고심의 변경결정에 대한 허가 항고사건(最決2005年10月14日民集59卷8号2265頁) 등

### (3) 정보공개소송과의 관계

정보공개 비공개결정처분의 취소소송에서 문서제출명령을 이용하여 대상문서의 제시를 구할 수는 없다.

참조, 검증물제시명령신청 일부제시결정에 대한 허가 항고사건(最決2009年1月15日民集 63卷1号46頁).

# 제5절  위법 판단의 기준시

## 제1관  개설

### (1) 문제의 소재

취소소송은 행정처분의 위법성 일반을 소송물로 한다. 따라서 처분의 위법성의 인정에 관하여 기본적으로는 처분 시의 법령·사실 상태에 비추어 판단이 행해진다.

다만, 취소소송의 제기부터 구두변론이 종결하기까지의 사이 법령이 개폐되거나 사실 상태가 변동하는 경우도 있고 이 경우에 어느 시점의 법령, 사실 상태를 기준으로 해야 하는지가 문제가 된다(보다 정확하게 표현하면 취소소송의 위법 판단의 기준시는 재판소는 처분 시부터 재판 시까지 생긴 법령 및 사실 상태의 변화를 본안심리의 기준으로 해야 하는지의 문제이다).

### (2) 처분시설과 판결시설

처분 취소소송의 성격에 비추어 취소소송의 대상이 되는 처분이 행해진 시점에서의 법령·사실 상태가 위법성의 판단기준이 된다고 하는 처분시설이 다수설이다.

다만, 재판의 판결이 처분 후부터 일정한 기간이 경과하여 행해지는 것인 이상, 처분시설이 미치는 범위는 자연스럽게 한정되게 된다. 예를 들면, 다수설에서도 처분 후에 절차적 하자 등은 치유될 수 있는 점을 인정한다. 그래서 판결시(구두변론종결시)를 기준으로 해야 한다고 하는 견해도 유력하고, 최근에는 처분시설을 기본으로 하면서 원고의 구제나 분쟁의 1회적 해결의 관점에서 판결시를 기준시로 하는 것도 인정해야 한다고 하는 종합판단설도 나타나고 있다[南(原編著)·高橋ほか·条解行訴256頁以下(深澤龍一郎), 小早川=青柳·論点体系(2)334頁以下(佐野義孝)].

다만, 재판소는 처분시설을 전제로 하는 위법 기준시의 논의가 미치는 범위를 한정하여 유연한 해결을 도모하게 되었다. 또한, 개정된 행정사건소송법에서는 처분시설을 전제로 하면서도 처분 후의 사정을 고려하여 처분 취소소송에 관련 청구로서의 의무이행소송과 예방적 금지소송을 추가적으로 병합제기하는 것 등으로 원고의 구제를 도모할 수 있는 경우가 있는 점에 유의해야 할 것이다[高橋·行政法入門500頁以下. 同466頁以下参照. 나아가, → 다른 행정소송 등, 의무이행소송(2), 취소소송 규정의 준용 등(제5부 제2장 제3절 제4관)].

## 제2관  재판례

### (1) 최고재판소의 판결

농지매수처분 취소청구 사건 상고심 판결(最判1952年1月25日民集6巻1号22頁)에서 최고재판소는 처분시설을 채용하고, 근거 법령(자작농 창설 특별조치법 부칙 2항)이 처분 후에 삭제되어 처분은 위법하다고 주장한 원고의 청구를 배척했다. 다만, 사안에 따라 판결시설을 채용하는 것을 허용하지 않는다는 취지인지는 명확하지 않다.

### (2) 경험칙의 변화

위법 판단의 기준시를 처분시로 하는 것과 지식의 발전에 따른 경험칙의 변화를 부정하는 것은 다른 것이라고 해석되고 있다(안전규제와 관련되는 사고 예측의 변화 등). 처분 후에 사실의 인식이 변한 경우 처분시의 간접사실로부터 주요사실을 인정할 때 적용되는 경험칙이 변화한 것으로서 재판관은 처분의 적부의 판단에 새로운 인식을 활용할 수 있다.

이카타원자력발전소송 상고심 판결[→ 주장·입증책임, 입증의 필요(제3절)]에서 최고재판소는 전문기술적 판단의 적부를 재판소가 판단할 때는 구두변론 종결시까지의 과학기술적 지식의 변화를 고려할 수 있다는 입장을 제시했다고 해석되고 있다(最高裁判所判例解説民事編·1992年度423頁).

# 제2장  취소소송의 심리(2)

이하에서는 취소소송의 심리에 관하여 취소소송에 고유한 제도와 논의를 다룬다. (ⅰ) 주장 제한, (ⅱ) 원처분주의, (ⅲ) 이유의 추가·교체이다.

## 제1절  주장 제한

### 제1관  행정사건소송법 10조1항

취소소송의 소송물은 처분의 위법성 일반이기 때문에 원고는 처분에 관한 일체의 위법 사유를 주장할 수 있는 것이 원칙이다. 그러나 취소소송은 주관소송인 점에 비추어 처분의 위법을 이유로 하여 원고가 취소를 구하는 것에 관하여 위법 사유의 주장에 일정한 제약이 마련되어 있다. 즉, 행정사건소송법은 원고는 자기의 법률상의 이익과 관계없는 위법을 이유로 하여 취소를 구할 수 없다고 규정하고 있다(행소법 10조1항).

행정사건소송법 10조1항은 본안심리와 관련되는 규정이기 때문에 원고적격을 가지는 자가 같은 항에 위반되는 주장에 근거하여 취소를 구한 경우 주장은 부당하게 되어 청구는 기각된다.

또한, 불이익처분의 상대방, 신청거부처분의 신청인 등에 관해서는 처분의 근거요건이 이 자들의 권리·이익을 보호하고 있는 것으로 해석된다. 그 때문에 행정사건소송법 10조1항의 적용에서는 처분의 상대방 이외의 제삼자가 평등원칙, 비례원칙, 신의칙 등의 위반 외에 자기의 원고적격에 근거가 되는 규범(개별적 보호요건) 이외의 규범의 위반을 주장할 수 있는지라는 형태로 문제가 된다.

## 제2관  구체적인 예

### (1) 니가타공항소송 상고심 판결

니가타공항소송 상고심 판결(最判1989年2月17日民集43卷2号56頁)[→ 행소법의 개정, 관련 법규, 니가타공항소송 상고심 판결(제3부 제3장 제3절)]은 항공법(1952法231)의 소음방지와 관련되는 규정에 착안하여 주변 주민의 원고적격을 인정하는 한편, 원고가 주장하는 위법 사유는 소음방지와 관련되는 원고의 이익과 관계가 없다고 판단했다.

원고는 면허를 받을 노선 이용객의 대부분이 유흥목적의 단체 관광객인 점에서 '공중의 이용에 적합할 것'이라는 기준에 적합하지 않은 점 등을 주장했다.

### (2) 몬주소송 상고심 판결

몬주소송 상고심 판결(最判1992年9月22日民集46卷6号571頁)[→ 주장·입증책임, 입증의 필요(제1장 제3절)]은 원자로 등 규제법[핵원료물질, 핵연료물질 및 원자로의 규제에 관한 법률(1957法166). 당시의 조문]에서 처분요건 중 (설치자의) 기술적 능력 및 재해의 방지와 관련되는 것은 주변 주민의 원고적격의 기초가 되는 규정이라고 했다. 한편으로는 평화적 이용 및 계획적 이용과 관련되는 요건에 관한 위법에 관해서는 그 판결 내용에 비추어 보면, 생명·신체의 위험에서 보호되는 원고의 이익과는 관계가 없다고 판단한 것으로 해석된다.

다만, 설치자에게 재정적 능력이 있을 것을 요구하는 요건에 관해서는 같은 요건에 대한 위반은 생명·신체에 대한 위험에 연결되는 가능성을 배제할 수 없다고 하는 견해도 유력하다.

## 제2절  원처분주의

### 제1관  개설

#### (1) 문제의 소재

행정불복심사법상의 심사청구에 대한 재결 등을 거친 후에 취소소송이 제기되는 경우 원고로서는 불복의 대상인 당초의 처분(원처분)과 처분에 대한 원고의 불복신청을 기각한 처분(일부 기각을 포함한다)이 불복의 대상이 된다. 어느 처분을 대상으로 취소소송을 제기해야 하는지와 관련되는 규율이 없었던 행정사건소송특례법에서는 학설의 대립과 재판 실무의 혼란이 있었다. 그래서 행정사건소송법은 취소소송에 관하여 처분 취소소송과 재결 취소소송을 구별한 후에 양자의 관계를 정리하는 규정을 두었다. 이것이 같은 법 10조2항이다.

#### (2) 행정사건소송법 10조2항

행정사건소송법에 따르면 처분 취소의 소와 재결 취소의 소가 제기되는 경우에 재결 취소의 소에서는 원처분 취소소송에서 주장할 수 있는 위법(원처분의 위법)을 주장하는 것은 허용되지 않는다. 역으로 말하면, 재결 고유의 하자를 주장하는 것만이 허용된다(행소법 10조2항). 재결 고유의 하자란 재결과 관련되는 위법 사유 중 원처분이 적법하다고 한 판단에 관한 부분을 제외한 것이고, ( i ) 재결 주체의 하자, ( ii ) 재결 절차의 하자, ( iii ) 재결 형식의 하자 등이 포함된다.

### 제2관  원처분주의의 범위

행정사건소송법 10조2항은 그 적용대상이 되는 '재결'을 '그 처분에 관한 심사청구를 기각한 재결'이라고 규정하고 있다. 그래서 심사청구를 기각한 재결이란 어느 범위의 것을 가리키는지가 문제가 된다. 이 점에 관하여 징계처분 취소청구 사건 상고심 판결(最判1987年4月21日民集41卷3号309頁)에서 최고재판소는 처분사유를 유지하여 처분의 양정을 변경하는 인사원의 수정재결에 관하여 수정재결은 원처분을 한 징계권자의 징계권의 발동에 관한 의사결정을 승인한 후에 원처분의 법률효과의 내용을 일정한 한도의 것으로 변경하는 것에 지나지 않는다고 판단하고 원처분주의 적용을 인정했다[→ 법령의 개폐 등, 처분의 취소·변경 등, 증액경정·감액경정·수정재결(제3부 제4장 제3절)].

이 판결에 대해서는 인사원 등의 독립기관 등에 대하여 그 판단의 기초가 된 자료의 재판소로 제출을 요구하는 점에서 문제가 있다는 등의 지적이 있었다. 그래서 행정사건소송법 개정으로 신설된 같은 법 23조의2제2항은 이 경우에 재판소가 자료의 제출을 요구하는 절차를 도입했다[→ 심리의 원칙, 직권증거조사, 석명처분의 특칙(제1장 제1절)].

## 제3관  재결주의

원처분주의의 예외로서 재결주의를 채용하면서 원처분 취소소송의 제기를 허용하지 않고, 재결 취소의 소만을 인정하는 법률이 있다. 이 경우에는 재결 취소의 소에 재결 고유의 하자는 물론 원처분의 위법도 주장할 수 있다.

재결주의의 예로서는 전파법(1950法131) 96조의2가 있다(총무대신의 처분에 관해서는 해당 처분에 관한 심사청구에 대한 재결 취소소송만이 인정된다).

# 제3절  처분 이유의 추가·교체

## 제1관  문제의 소재

취소소송의 소송물은 처분의 위법성 일반으로 여겨지고 있다. 이러한 소송물 이론 관계에서 취소소송의 심리 중에 행정 측이 처분 시에는 고려하지 않은 새로운 사실상 및 법률상의 근거를 처분의 위법성의 기초가 되는 사유로서 소송에서 교환적 또는 추가적으로 주장하는 것은 제한되는지가 문제가 된다.

## 제2관  판례·통설

취소소송의 소송물은 처분의 위법성 일반이고, 행정사건소송법은 취소소송에서 피고의 주장 제한에 관하여 특별한 규정을 두고 있지 않다. 그래서 판례·통설은 취소소송에서 피고는 처분 시의 특정 사실과 근거 법령의 해석·적용에 구속되지 않고 소송물의 범위 내에서 객관적으로 존재한 일체의 사실상 및 법률상의 근거를 주장할 수 있다고 해석하고 있다.

면허기간갱신 불허가처분 취소청구 사건 상고심 판결(最大判1978年9月19日判時911号99頁)에서 최고재판소는 신청거부처분에서 이유의 교체를 인정했다.

## 제3관  추가·교체의 제한

다만, 재판례·통설도 이유의 추가·교체는 제한될 수 있는 점을 인정한다.

### (1) 처분의 동일성

① 제재적 불이익처분

처분 이유를 교체함으로써 당초의 처분과는 동일성이 상실될 때는 교체는 허용되지 않는다. 법에서 정하는 위반 사실의 존재 등에 착안하여 행해지는 징계처분에 관해서는 처분 이유가 다르면 처분의 동일성은 상실된다고 해석되는 경우가 많다. 행정처분 취소청구 사건 상고심 판결(最判42年4月21日集民87号237頁)은 구 법인세법에 근거한 성실납세 신고 승인 취소처분에 관하여 근거·요건이 다른 처분은 별개의 것이라고 판단했다.

이 판결은 성실납세 신고의 승인의 취소가 당초는 구 법인세법 25조8항3호(장부의 부실 기재)를 이유로 하여 행해진 것임에 대하여 심사청구에서 이유가, 같은 항 1호(장부의 형식 및 기재의 불비)로 교체된 사안에 관한 것이다. 또한, 유사한 입장을 취한 후에 징계처분의 설명서 기재의 처분사유와 밀접한 관련성이 있는 사유의 추가 주장은 허용된다고 판단한 것으로서 징계처분 취소청구 사건 상고심 판결(最判1984年12月18日判自11号45頁)이 있다.

② 신청 각하 처분과 신청 기각 처분

신청을 거부할 때 행정청이 신청의 각하사유에 해당함을 이유로 하여 신청의 본안요건 해당성에 관하여 판단을 제시하지 않은 경우에 신청이 본안요건에 해당하지 않는다는 주장을 행정청은 추가하고 교체할 수 있는지라는 문제가 있다.

산재보험 부지급 취소청구 사건 상고심 판결(最判1993年2月16日民集47卷2号473頁)은 신청된 안건에 관해서는 노동자 재해보상보험법(1947法50)의 적용이 없다는 이유로 행해진 산재보험급부 부지급처분에 대하여 취소소송이 제기된 사안에 관한 것이다. 이 판결에서 최고재판소는 같은 법이 적용되지 않는다는 판단을 대신하여 행정청이 같은 법에서 정하는 처분요건의 충족성을 부정하는 주장을 추가하는 것은 허용되지 않는다고 판단했다고 해석되고 있다.


이 사건에서 처분청은 당초 노동자 재해보상보험법의 적용 전에 노동에 종사한 것으로 인한 질병의 증상 발현에 관하여 같은 법은 급부의 대상으로 하고 있지 않다는 해석에 근거하여 신청거부처분을 했다. 제1심에서 이 해석이 부정되었기 때문에 문제가 된 질병의 증상 발현은 업무에 기인한 것은 아니라는 주장을 행정이 추가하려고 한바, 원심(大阪高判1998年10月19日民集47卷2号552頁)은 추가 주장에 관하여 판단하지 않고 위 행정청의 해석을 부정하여 처분을 취소했다. 피고의 상고에 대하여 최고재판소는 본문에 소개한 판단을 제시하고 이를 기각했다.


## (2) 이유의 제시

① 문제의 소재

이유의 제시는 행정청의 판단을 신중하게 하여 그 자의를 배제하고 처분의 상대방에게 불복신청의 편의를 주는 취지로 행해지는 것이다. 그래서 처분 이유를 취소소송에서 추가적으로 주장하는 것은 이유 제시의 취지에 반하는지가 문제가 된다(이유의 제시가 없거나 불충분 등으로 하자가 있는 때에 처분 후에 하자를 치유하는 이유의 추완은 인정되지 않는 점에 이견은 없다).

② 최고재판소의 판결

　(a) 법인세 경정처분 취소청구 사건 상고심 판결

　법인세 경정처분 취소청구 사건 상고심 판결(最判1981年7月14日民集35卷5号901頁)은 성실납세 신고와 관련되는 경정처분에서 처분통지서에 부기된 경정 이유와 다른 이유를 행정청은 추가할 수 있는지가 문제가 된 사안에 관한 것이다. 이 판결에서 최고재판소는 경정의 이유와 다른 어떠한 사실을 주장할 수 있다고 해석해야 하는지는 별론으로 하고 해당 사안에서 추가 주장은 허용된다고 판시했다.

　(b) 공문서 일부 공개 거부처분 취소청구 사건 상고심 판결

　공문서 일부 공개 거부처분 취소청구 사건 상고심 판결(最判1999年11月19日民集53卷8号1862頁)에서도 최고재판소는 비공개처분의 이유에 관하여 처분 시에 제시된 정보공개조례의 조항(쟁송의 방침에 관한 정보)과는 다른 조항(의사 형성 과정과 관련되는 정보)과 관련되는 주장을 추가하는 것도 허용된다고 판단했다.

③ 긍정설

　학설상 ( i ) 이유 제시의 취지는 이유를 제시하게 하는 것으로 담보되는 점, ( ii ) 재판에 의한 분쟁의 일회적 해결이 원고에게도 이익이 되는 점 등을 이유로 처분청의 이유의 추가·교체를 긍정하는 견해가 유력하다.

　　취소소송의 소송물을 처분의 위법성 일반으로 해석하는 견해는 분쟁의 일회적 해결의 필요성을 중시한다. 또한, 이유의 교체 등을 허용하지 않으면 주장을 봉쇄당한 다른 이유로 패소 후에 처분청이 동일 내용의 재처분을 할 가능성이 있는 점에서 원고에게 불이익한 결과가 생길 우려가 있다는 지적이 있다.

④ 부정설

　이에 대하여, 이유의 추가·교체를 인정하는 것을 배제하면 행정청은 안이하게 이유를 기재하는 것이 허용되어 이유 제시의 취지는 관철되지 않는다고 하는 견해도 유력하다.

⑤ 행정사건소송법 개정 후의 해석

행정사건소송법 개정으로 신설된 신청 만족형 의무이행소송에서는 원고는 처분 취소소송·무효확인소송, 부작위위법확인소송을 병합제기해야 하고, 재판소는 원칙적으로 변론 및 재판을 분리해서는 안 된다[행소법 37조의3제3항·4항. 같은 조 6항의 예외는 있다 → 의무이행소송(2), 소송요건 등, 병합제기(제5부 제3절)]. 이 규정들은 신청 거부처분 취소소송에서 이유의 교체가 원칙적으로 인정된다는 것을 전제로 하고 있다. 따라서 행정사건소송법 개정 후는 이유의 교체는 원칙적으로 용인되는 것을 전제로 하면서 어떤 경우에 제한되는지를 검토할 필요가 있다(高橋·行政法入門515頁).

예를 들면, 청문절차에서 심리의 범위는 청문의 통지서에 기재된 범위에 한정되고 처분사유도 같아서 다른 사실에 근거하여 처분하려고 하기 위해서는 새로 청문절차를 실시할 필요가 있다. 그래서 청문절차를 거친 처분 이유의 추가·교체는 허용되지 않는다는 학설이 있다(塩野·行政法Ⅱ187頁).

# 제3장  복잡한 소송형태

## 제1절  소의 병합·변경 등

### 제1관  개설

민사소송과 마찬가지로 행정소송에서도 상호 관련되는 청구에 관하여 당사자·재판소의 부담을 경감하고, 심리의 중복, 재판의 저촉을 회피하는 등의 관점에서 소의 병합, 변경 등을 인정할 필요가 있다. (ⅰ) 취소소송 등의 항고소송에서는 민사소송과 다른 소송절차가 채용되어 (ⅱ) 행정사건소송법의 개정 전, 항고소송의 피고적격은 민사소송과 달랐다. 또한, (ⅲ) 취소소송 등의 행정소송의 경우, 관계자의 범위가 넓고 공익에 대한 영향도 크므로 관련되는 청구의 병합 등을 인정하여 심리의 촉진을 도모할 필요성은 높다.

그래서 행정사건소송법은 관련 청구의 개념을 마련하여 (ⅰ) 소의 제기 시부터의 병합(원시적 병합)으로서 (α) 소의 객관적 병합(행소법 16조), (β) 공동소송(행소법 17조. 주관적 병합)을, (ⅱ) 소의 계속 후의 병합(추가적 병합)으로서 (α) 제삼자에 의한 추가적 병합(행소법 18조. 주관적 병합만), (β) 원고에 의한 추가적 병합(행소법 19조1항·20조. 객관적 병합 및 주관적 병합)을 인정하고 있다.

## 제2관  관련 청구

행정사건소송법은 소의 병합 등의 전제로서 관련 청구와 관련되는 소송을 취소소송이 계속하는 재판소에 이송하는 규정을 두고 있다(13조. 어느 소송이 고등재판소에 계속하는 경우는 그렇지 않다). 취소소송의 관련 청구란 다음과 같은 청구이다. (ⅰ) 처분·재결과 관련되는 원상회복·손해배상의 청구(1호), (ⅱ) 하나의 절차를 구성하는 다른 처분의 취소청구(2호), (ⅲ) 처분과 관련되는 재결의 취소청구(3호), (ⅳ) 재결과 관련되는 처분의 취소청구(4호), (ⅴ) 처분·재결의 취소를 구하는 다른 청구(5호), (ⅵ) 그 밖에 처분·재결의 취소의 청구와 관련되는 청구(6호).

(ⅵ)의 예로서는 부작위위법확인소송과 신청거부처분 취소소송이 있다. 또한, 동일인이 소유하고 일체로 사용한 동일 부지 내의 복수의 건물에 관하여 고정자산 과세대장 등록결정의 심사 신청의 기각결정이 개별적으로 행해진 사안에서 관련 청구로서 병합을 인정한 최고재판소의 결정이 있다[소장 일부각하명령에 대한 항고기각결정에 대한 허가항고사건(最判2005年3月29日民集59卷2号477頁)].

## 제3관  병합, 변경 등

### (1) 원시적 병합

행정사건소송법은 (ⅰ) 취소소송에 관련 청구를 병합할 수 있고(객관적 병합, 행소법 16조1항. 취소소송의 제1심 재판소가 고등재판소인 때에 피고의 동의를 요구하는 규정이 있다.

같은 조 2항), (ⅱ) 여러 명의 청구 또는 여러 명에 대한 청구가 취소소송과 관련되는 관련 청구인 경우에 공동소송인으로서 소를 제기하거나 제기당할 수 있음(공동소송, 행소법 17조1항. 같은 조 2항은 행소법 16조2항을 준용한다)을 정하고 있다.

### (2) 추가적 병합

행정사건소송법은 (ⅰ) 제삼자가 취소소송의 구두변론 종결에 이르기까지 소송의 당사자 일방을 피고로 하여 관련 청구와 관련되는 소를 병합하여 제기할 수 있고(행소법 18조 전단), (ⅱ) 원고가 취소소송의 구두변론 종결에 이르기까지 관련 청구와 관련되는 소를 병합하여 제기할 수 있으며(행소법 19조1항 전단), (ⅲ) 위 어느 경우에도 취소소송이 고등재판소에 계속하는 경우에는 피고의 동의가 필요한 점(행소법 18조1항 후단, 19조1항 전단, 16조2항)을 정하고 있다.

행정사건소송법 20조는 재결 취소소송에 재결의 대상이 된 원처분의 취소소송을 병합하는 경우에 피고의 동의를 필요로 하는 예외규정을 적용하지 않는다는 점 등을 규정하는 특칙이 있다.

또한, 원고에 의한 관련 청구의 추가적 병합의 규정에도 불구하고 원고는 민사소송법의 규정에 근거하여 소를 변경할 수 있다(행소법 19조2항. 민소법 143조). 민사소송법의 소의 변경에는 당초의 소가 적법하고 병합의 대상을 관련 청구에 한정하는 등의 제약은 없는 점 등 독자적인 의의가 있다[南(原編著)·高橋ほか·条解行訴499頁(市村陽典)].

### (3) 손해배상청구 등으로 변경

취소소송의 계속 중 기간의 도래 등으로 협의의 소의 이익이 소멸하는 경우가 있다. 행정사건소송법은 이 경우를 상정한 규정을 두고 있다. 즉, 재판소는 (ⅰ) 처분·재결과 관련되는 사무가 귀속하는 국가·공공단체에 대한 손해배상 그 밖의 청구로 변경하는 것이 상당하다고 인정되는 경우, (ⅱ) 청구의 기초에 변경이 없는 범위에서, (ⅲ) 구두변론의 종결까지, (ⅳ) 원고의 신청으로 취소소송을 위 소송으로 변경할 수 있다(행소법 21조1항).

소의 변경 허가결정에 대한 항고기각결정에 대한 허가항고사건결정(最決2005年6月24日 判時1904号69頁)은 지정확인검사기관에 의한 건축확인처분의 취소소송을 해당 사무가 귀속하는 시에 대한 국가배상청구소송으로 소의 변경을 인정했다[→ 공공과 민간의 역할 분담, 역할 분담의 명확화(제1편 제1부 제1장 제4절)].

## 제2절  참가

### 제1관  소송참가

행정사건소송법에서는 제삼자 외에 피고에 속하는 행정청 이외의 행정청의 참가를 요구할 필요성이 있다(제삼자에 의한 청구의 추가적 병합은 소송참가와 유사하다). 민사소송법상 제삼자의 소송참가로서 보조참가(민소법 42조), 독립당사자참가(민소법 47조), 공동소송참가(민소법 52조)의 규정이 있고, 공동소송적 보조참가도 인정된다. 그리고 행정사건소송법은 이 규정들과는 별도로 취소소송에 관하여 제삼자의 소송참가, 행정청의 소송참가와 관련되는 규정을 두고 있다.

### 제2관  제삼자의 참가

#### (1) 행정사건소송법 22조

행정사건소송법에 따르면 재판소는 소송의 결과에 따라 권리가 침해되는 제삼자가 있는 때에는 당사자·제삼자의 신청에 따라 또는 직권으로 제삼자를 소송에 참가하게 하는 결정을 할 수 있다(행소법 22조1항). 또한, 제삼자의 의견청취, 신청각하의 결정에 대한 제삼자의 즉시항고 등의 규정이 마련되어 있다(행소법 22조2항 이하).

위의 제도는 제삼자의 소송절차상의 권리를 보장하기 위한 것이고, 이 제삼자들에게는 판결의 형성력으로 영향을 받는 자(자기에 대한 인허가처분 등이 취소되게 되는 자 등) 뿐만 아니라 판결의 구속력으로 영향을 받는 자도 포함된다[→ 판결의 효력(2), 구속력의 내용, 부정합 처분의 취소의무(제4장 제4절)]. 또한, 민사소송법상의 보조참가도 방해되지 않는다고 해석되고 있다.

## ⑵ 참가의 효력 등

행정사건소송법에 근거한 재판소의 참가결정에 따라 제삼자는 참가인으로서의 지위를 취득한다. 이 경우 민사소송법의 규정에 따라 필요적 공동소송에서 공동소송인과 관련되는 규정이 적용된다(행소법 22조4항, 민소법 40조1항~3항). 다만, 당사자에 대하여 독자적인 청구를 가지지 못하기 때문에 공동소송적 보조참가인의 지위와 유사한 것이라고 해석되고 있다.

또한, 행정사건소송법 22조의 참가의 이익을 가지는 자가 민사소송법 42조의 보조참가를 선택한 경우에도 보조참가의 신청은 적법하다고[小早川=青柳・論点体系(2)232頁(福渡裕貴)] 해석되고 있다. 허가항고심결정(最決2003年1月24日集民209号59頁)은 폐기물처리법[폐기물의 처리 및 청소에 관한 법률(1970法137)]상의 산업폐기물의 관리형 최종처분장의 설치불허가 취소소송에 관하여 주변 주민이 민사소송법 42조의 보조참가를 신청한 사안에 관한 판단이다. 최고재판소는 (ⅰ) 관리형 최종처분장 주변에 거주하고, 시설에서 유해물질이 배출된 경우에 직접적이고 중대한 피해를 받을 것이 예상되는 범위의 주민의 생명, 신체의 안전 등은 법률상 보호된 이익이라고 해석한 후에 (ⅱ) 요건 해당성을 소명한 자는 민사소송법 42조에서 말하는 '소송의 결과에 관하여 이해관계를 가지는 제삼자'에 해당한다고 판단했다.

또한, 취소판결의 제삼자에 대한 효력과 제삼자의 참가에 관한 명문의 규정은 없었던 행정사건소송특례법 아래에서 취소소송에 민사소송법상의 보조참가를 한 자는 공동소송적 보조참가인의 지위에 있다고 하는 판단이 있었다(最判1965年6月24日民集19巻4号1001頁. 취소판결에 제삼자에 대한 효력이 있고, 판결의 효력은 해당자에게도 미친다고 하는 것이 그 이유이다). 그래서 이 판단은 현행법 아래에서 행정사건소송법 22조의 참가가 아니라 민사소송법 42조의 보조참가를 선택한 자에게도 미치는지에 관하여 논의가 있다. 이 점과 관련하여 폐기물처분장 설치허가에 대하여 주위적으로 취소소송을 예비적으로 허가의 취소(철회)의 의무이행소송이 제기된 사안에서 예비적 청구의 의무이행소송에 관하여 1심 패소가 된 피고 현(県)의 지사가 항소를 취하한 것에 대하여 민사소송법상의 보조참가인인 점을 명시하여 참가한 허가사업자가 동의하지 않고 다툰 사안에서 해당자는 보조참가인의 지위에 그친다고 판단한 판결(仙台高判2013年1月24日判時2186号21頁)이 있다[최고재판소도 상고불수리·상고기각의 판단을 제시했다(판례집 미등재)]. 의무이행판결에는 제삼자에 대한 효력의 규정은 없지만, 현의 지사에게 허가취소(철회)의 의무이행의 구속력은 미친다. 덧붙여서 제삼자에 대한 효력이 미치는 사안이어도 행정사건소송법에 명문의 규정이 있는 참가의 형태를 굳이 선택하지 않은 자에 대해서는 민사소송법에 명문의 규정이 없이 판례상 인정되어 온 공동소송적 보조참가인의 지위를 인정할 필요는 없을 것이다.

### (3) 제삼자 재심의 소

또한, 자기의 책임으로 돌릴 수 없는 이유로 소송에 참가할 수 없었던 자는 제삼자 재심의 소를 제기할 수 있다(행소법 34조).

## 제3관　행정청의 소송참가

행정사건소송법에 따르면 재판소는 다른 행정청을 소송에 참가하게 할 필요가 있다고 인정하는 때에는 당사자, 다른 행정청의 신청으로 또는 직권으로 그 행정청을 참가하게 하는 결정을 할 수 있다(행소법 23조1항). 또는 행정청의 참가에 관해서는 의견청취와 관련되는 규정(행소법 23조2항), 참가 행정청에 관하여 민사소송법의 보조참가인의 규정을 준용하는 규정(행소법 23조3항, 민소법 45조1항·2항)이 있다.

# 제4장 소송의 종료

## 제1절 개론

취소소송은 종국판결로 종료한다. 행정사건소송법은 판결에 관하여 (ⅰ) 사정판결(행소법 31조), (ⅱ) 취소판결의 제삼자에 대한 효력(행소법 32조), (ⅲ) 취소판결의 구속력(행소법 33조)의 규정을 두고 그 밖의 것은 '민사소송의 예에 따른다.'(행소법 7조)라고 규정하고 있다.

## 제2절 판결의 종류

### 제1관 사정판결

#### (1) 개설

민사소송상의 판결은 각하, 기각, 인용의 3종류이고, 취소소송의 판결도 마찬가지이다. 다만, 기각의 특별한 형태로서 사정판결이 규정되어 있다(행소법 31조).

#### (2) 입법의 취지

처분이 행해진 후에는 처분을 전제로 하여 각종의 사실이 쌓여진다. 그래서 취소판결에서 처분을 취소하는 것은 사회경제적으로 보아 현저히 곤란하거나 불가능해지는 경우가 있다. 그래서 사정판결의 제도가 마련되어 있다.

### 제2관 제도의 개요

#### (1) 기각의 판결

행정사건소송법에 따르면 (ⅰ) 처분·재결이 위법하나, (ⅱ) 취소하는 것으로 인하여 공익에 현저한 장애를 생기게 하는 경우에, (ⅲ) 원고의 손해의 정도, 손해의 배상, 방지의 정도 및 방법 그 밖의 일체의 사정을 고려한 후에 취소하는 것이 공공의 복지에 적합하지 않다고 인정하는 때에는, (iv) 재판소는 청구를 기각할 수 있다(행소법 31조1항 전단).

### (2) 위법선언판결

　재판소는 사정판결로 청구를 기각할 때에도 판결주문에서 처분 또는 재결이 위법하다는 것을 선언해야 한다(행소법 31조1항 후단). 다만, 재판소는 상당하다고 인정하는 때에는 종국판결 전에 판결로 처분·재결이 위법하다는 것을 선언할 수 있다(중간 위법선언판결. 행소법 31조2항). 또한, 위법선언판결에 관하여, ( i ) 사정판결은 원고의 원상회복의 권리를 공익을 위하여 제한하기 때문에 손실보상청구권이 부여된다고 하는 손실보상설, ( ii ) 조문상의 문언을 중시하는 손해배상설, ( iii ) 2개의 청구를 원고는 선택할 수 있다고 하는 설이 있다.


## 제3관　사정판결과 소의 이익

　토지개량사업 시행인가처분 취소청구 사건 상고심 판결(最判1992年1月24日民集46巻1号54頁)에서 최고재판소는 사회통념상 원상회복이 곤란하거나 불가능하다고 하여도 법률상의 효과가 존속하는 범위에서는 취소소송의 소의 이익은 상실되지 않는다고 판단했다[→ 협의의 소의 이익, 최근의 재판례(제3부 제4장 제6절)].


# 제3절　판결의 효력(1)

## 제1관　취소판결의 효력

　민사소송상 판결에는 청구의 종류에 따라 기판력, 집행력, 형성력이 인정된다. 이 중 처분 취소판결에 집행력은 부여되어 있지 않다. 취소소송의 종국판결에 관해서는 기판력, 형성력, 그리고 행정사건소송법에 규정되어 있는 취소판결의 제삼자에 대한 효력(행소법 32조) 및 구속력(행소법 33조)이 고찰의 대상이 된다.

## 제2관  기판력

### (1) 정의

취소소송의 종국판결이 확정되면 판결은 기판력을 가진다(행소법 7조, 민소법 114조1항). 판결이 확정된 경우 분쟁 당사자 및 재판소는 기판력에 의하여 소송의 대상이 된 동일 사항에 관하여 다른 주장·판단을 할 수 없게 된다.

### (2) 기판력의 범위

기판력이 미치는 주관적 범위는 당사자 및 이와 동일시할 수 있는 자에 한정된다(행소법 7조, 민소법 115조). 다음으로 취소소송 판결의 기판력은 객관적 범위로서 취소소송에서 공격방어의 대상이 된 위법 사유에 그치지 않고 소송물인 위법성 일반에 관하여 생긴다.

취소소송의 판결로 처분의 위법·적법이 기판력으로 확정되기 때문에 해당 판결의 기판력은 국가배상소송에 미친다. 다만, 예를 들면 국가배상청구소송에서 직무행위 기준설이 채용되는 경우에는 취소판결로 처분의 위법성이 확정되어도 직무상 의무 위반의 존재 여부는 별도로 판단되게 된다.

## 제3관  형성력

### (1) 형성력

처분 또는 재결을 취소하는 판결(취소판결)이 확정되면 해당 처분 또는 재결은 소급하여 효력을 상실하고 처음부터 행해지지 않았던 것과 동일한 상태가 된다.

### (2) 제삼자에 대한 효력

① 입법의 취지

취소판결의 효력에 관하여 행정사건소송법은 제삼자에 대한 효력을 가진다고 규정한다(행소법 32조1항). 그 취지는 ( i ) 행정처분과 관련되는 법률관계를 획일적으로 처리하고, ( ii ) 취소판결에 실효성을 부여하게 되는 것에 있다고 설명되고 있다. 또한, 취소판결의 제삼자에 대한 효력과 관련하여 행정사건소송법은 ( i ) 소송의 결과에 따라 권리가 침해되는 제삼자는 취소소송에 참가할 수 있고(행소법 22조1항), ( ii ) 그자가 자기의 책임으로 돌릴 수 없는 이유로 인하여 소송에 참가할 수 없었기 때문에 판결에 영향을 미칠만한 공격 또는 방어의 방법을 제출할 수 없었던 경우에는 재심의 소를 제기할 수 있다(행소법 34조)라고 규정하고 있다[→ 참가, 제삼자의 참가(제3장 제2절)].

② 제삼자의 범위

원고와 대립관계에 있는 제삼자(이해상반관계인)가 여기에서 말하는 제삼자에 해당하는 것에 다툼은 없다(농지매수처분 취소소송에서 매수농지의 매도를 받은 자 등). 한편, 원고와 이익을 공통으로 하는 제삼자에 관해서는 제삼자효를 부정하는 상대적 효력설과 긍정하는 절대적 효력설이 대립하고 있다. ( i ) 분쟁을 획일적으로 해결할 필요성이 있는 점, ( ii ) 문제가 생기는 경우에는 입법자 등이 해결할 것이 기대되는 점 등에 비추어 학설상은 절대적 효력설이 유력하다.


요코하마시립어린이집 폐지처분 취소청구 사건 상고심 판결(最判2009年11月26日民集63卷9号2124頁)은 어린이집 폐지조례의 처분성을 인정한 판단이다[→ 취소소송(소송요건), 권리·의무 관계의 형성, 변동(1), 권리·의무의 규율, 법적 효과의 직접성(제3부 제2장 제4절 제2관)]. 그때 최고재판소는 당사자소송·민사소송의 승소판결 등은 원고인 아동·보호자와 시·정·촌 사이에 효력이 발생하는 것에 지나지 않고, 어린이집의 존속에 관하여 시·정·촌의 대응에 곤란을 초래하게 되는 점에서 취소판결 등에 제삼자효가 있는 취소소송에서 조례 제정행위의 적법성을 다툴 수 있다고 하는 것에 합리성이 있다는 판단을 제시했다. 이와 관련하여 어린이집에 다니는 아동과 보호자이어도 민영화를 환영하는 자, 나아가 민영화된 시설의 설치자에 대하여 제삼자효는 불리하게 작용한다. 그리고 절대효·상대효의 논의는 요금 인상의 고시 등, 이해관계가 일치하는 다수 당사자와 관련되는 경우를 상정한 것인 점에서 논의의 상황은 다른 점에 유의할 필요가 있다.

# 제4절  판결의 효력(2)

## 제1관  행정사건소송법 33조

행정상의 분쟁에서 문제가 된 처분 또는 재결의 효력을 상실하게 한 것만으로는 분쟁의 해결에 도움이 되지 않는 경우가 있다. 그래서 행정사건소송법은 처분 또는 재결을 위법하다고 한 판결의 판단 내용을 존중하여 그 사건에 관하여 판결의 취지에 따라 행동해야 하는 것을 행정 측에 의무화하는 효과를 취소판결에 부여했다. 행정사건소송법 33조1항 내지 3항에 따르면 취소판결에 따라 행정청(처분 또는 재결을 한 행정청 그 밖의 관계 행정청)은 판결의 판단 내용을 존중하고, 수인하며, 그 사건에 관해서는 판결의 취지에 따라 행동해야 하는 구속을 받는다.

구속력에 관해서는 취소소송에 따른 구제의 실효성을 기하기 위해 행정사건소송법이 인정한 특수한 효력이라고 하는 견해가 통설이다. 다만, 기판력설도 있다.

## 제2관  구속력의 내용

### (1) 구속력의 내용

다만, 구속력이 어디까지의 내용을 포함하는지에 관하여 학설은 나누어져 있고, 판례도 명확한 판단을 제시하고 있지 않다. 구체적으로는 ( i ) 반복금지효, ( ii ) 부정합 처분의 취소, (iii) 원상회복의 논의가 있다. 이하 논의 내용을 간단히 소개한다.

### (2) 반복금지효

① 반복금지의 범위

첫째, 판례·통설에 따르면 취소판결이 확정된 때 행정청은 동일한 사정에서 동일한 이유로 동일인에 대하여 동일 내용의 처분을 해서는 안 된다는 구속을 받는다.

둘째, 취소판결의 구속력은 주문뿐만 아니라 주문과 일체가 된 이유 중의 판단에도 미친다. 한편, 판결 이유 중에 판단되지 않은 사정뿐만 아니라 이유 중의 방론과 간접사실의 인정

판단에는 구속력이 미치지 않고, 이러한 사정 등을 이유로 동일 내용의 처분을 하는 것은 구속력에 반하지 않는다. 구속력은 그 성격상 취소소송의 대상이 되는 처분에 행정청의 재량이 인정되는 경우에 중요한 의미를 가진다.

셋째, 취소판결의 구속력은 '처분 또는 재결을 한 행정청'뿐만 아니라 '그 밖의 관계 행정청'에도 미친다(행소법 33조1항).

또한, 이유의 추가·교체를 인정하는 것의 반면으로서 취소판결의 기판력에 의하여 동일 사정에서 다른 이유를 포함하여 동일 내용의 처분을 하는 것이 금지된다는 설이 있다(塩野·行政法Ⅱ202頁). 행정 측에 이유의 교체를 인정하는 구조에서는 다른 이유에 의한 동일 처분이 제한된다고 해석되어야 하지만, 그 근거는 비례원칙이나 신의칙에 구해야 할 것이다[비례원칙을 근거로 하는 것으로 高橋·手続法430頁을, 신의칙을 근거로 하는 학설로서 南(原編著)·高橋ほか·条解行訴743頁以下(興津征雄)를 들 수 있다].

② 신청 각하, 기각의 처분

행정사건소송법은 신청을 각하·기각한 처분 및 심사청구를 각하, 기각한 재결이 판결로 취소된 경우에 관하여 위의 취지를 확인적으로 규정하고 있다(행소법 33조2항).

③ 절차적 하자를 이유로 취소된 경우

또한, 같은 법은 신청에 근거하여 한 처분 또는 심사청구를 인용한 재결이 절차에 위법이 있는 점을 이유로 취소된 경우에 관하여 같은 취지를 규정하고 있다(행소법 33조3항).

다른 이유로 처분 등의 반복금지효를 구속력이 포함한다고 하는 설에서는 행정사건소송법 33조2항·3항은 행정사건소송법이 인정한 같은 조 1항의 예외라고 해석하게 된다.

## (3) 부정합 처분의 취소의무

행정상의 법률관계에서는 복수의 처분이 개재하기 때문에 처분의 취소가 다른 처분과 모순·저촉되게 되는 경우가 많다. 그래서 행정사건소송법 33조1항은 구제의 실효성을 기하기 위해 부정합 처분을 취소하는 행위의무를 행정청에 부과하고 있다고 해석되고 있다(농지매수계획과 농지매수처분, 토지수용법상의 사업인정과 수용재결에서 선행처분이 취소된 경우, 후행처분의 취소가 의무화된다).

경업관계와 같이 동일 지위를 복수의 신청인이 다투는 경우에 신청거부처분을 받은 자가 취소소송을 제기하고 취소판결을 받은 때에는 판결의 구속력에 따라 제삼자의 사안에 관해서도 행정청에 재심사가 의무화된다. 텔레비전 방송국의 개설에 관한 예비면허처분, 같은 면허신청기각처분 등 취소청구 사건 상고심 판결(最判1968年12月24日民集22巻13号3254頁)에서 최고재판소는 면허거부처분 취소소송 등은 부적법하다는 피고의 상고에 대하여 취소판결의 구속력으로부터 소의 이익은 인정된다고 하였다(또한, 부정합처분의 취소의무에 관하여 취소판결의 형성력으로 설명하는 학설도 있다).

최고재판소는 구속력으로 인하여 발생하는 의무는 행정청이 법령상의 권한을 가지는 범위에 한정된다고 하였다(最判2021年6月24日民集75巻7号3214頁). 다만, 이 판결은 상속재산 중의 주식에 관한 과세청의 평가는 과대하다고 하여 증액경정처분이 재판소에 의하여 취소된 후에 상속세법(1950法73) 32조1항에서 정하는 경정의 청구에서 판결의 인정에 따르면 신고 시의 주식평가는 과대하게 되는 점을 이유로 신고상속세액에서의 감액이 인정되는지가 다투어진 사안에 관한 것이다. 최고재판소는 신고로 확정된 상속세액의 산정기초가 된 개개의 재산가격의 평가 오류를 이유로 상속세법 32조1호의 경정청구 등을 하는 것을 같은 법은 예정하고 있지 않고, 과세청도 국세통칙법 소정의 경정의 제척기간이 경과한 후에는 위의 평가 오류를 시정할 수 없다고 판단했다. 신고세액, 경정의 청구와 경정의 제척기간, (상속세의) 총액주의를 같은 판결은 전제로 하고 있는 점에 유의할 필요가 있다.

### (4) 원상회복의무

또한, 처분에 근거하여 사실상의 조치가 취해지고 있는 경우에는 구속력에 따라 행정청은 사실 상태를 원상으로 회복해야 할 의무를 지는 경우도 있다. 다만, 일반적으로 원상회복의무는 처분의 실효로 실체법에서 원상회복의무가 부과됨으로써 발생한다고 해석되고 있다

[공유수면매립법(1921法57) 제35조에 근거하는 원상회복의무가 그 예이다].

## 제5절 화해

### (1) 소송상의 화해

소송상의 화해에 관해서는 민사소송의 예에 따른다(행소법 7조). 다만, (ⅰ) 행정주체가 원고와의 사이에서 계쟁의 행정처분을 취소하거나 변경하는 처분을 하는 것, (ⅱ) 더 유리한 처분(재처분)을 원고에게 하는 것 등을 합의하는 재판상의 화해에 관해서는 부정적인 견해가 많다. 행정청은 법령에 근거하여 처분을 하기 때문에 재판상의 화해의 이행으로서 처분을 하는 것은 처분의 본질에 반한다고 해석되고 있다.

### (2) 사실상의 화해

이상의 점에서 실무상 재판상의 화해가 아니라 사실상의 화해가 사용된다. 사실상의 화해는 재판 외에서 행해지고, 행정청이 계쟁처분을 직권으로 취소하고 원고가 소를 취하함으로써 분쟁은 종결한다.

# 제5부  다른 행정소송 등

## 제1장  무효등확인소송, 부작위의 위법확인소송

### 제1절  무효등확인소송

#### 제1관  개설

**(1) 무효등확인의 소**

무효등확인의 소란 처분 또는 재결의 존재·부존재 또는 유효·무효의 확인을 구하는 소송이다(행소법 3조4항). 무효등확인소송 중 전형적인 것은 처분의 무효확인소송이다. 이 소송은 출소기간 경과 후에도(불복신청 전치의 요건을 충족하지 못해도) 처분의 효력을 부정하지 않을 수 없는 정도의 현저한 하자가 있는 것을 이유로, 국민에게 불이익을 초래하고 있는 처분의 무효를 확인하거나 처분의 부존재를 인정하여 국민의 법적 지위가 침해될 우려와 불안을 제거하기 위한 소송이다.

**(2) 일반처분 등의 경우**

또한, 일반처분의 경우 처분의 존재 그 자체를 다투지 않고도 자기와의 관계에서 처분의 효력이 미치지 않는다는 것, 즉, 자신과의 관계에서 처분의 부존재를 다투는 경우가 있고, 이 청구도 처분의 무효등확인소송을 통하여 행해지는 것이 인정되고 있다.

의제 도로 판정처분 무효확인청구 사건 상고심 판결(最判2002年1月17日民集56巻1号1頁)은 건축기준법(1950法201) 42조2항에 근거하는 의제 도로의 일괄지정의 처분성이 쟁점이 된 사안에 관한 것이다. 이 사안에서 원고는 의제 도로 지정처분의 위법성을 주장하는 것이 아니라 문제가 된 도로는 의제 지정의 요건에 해당하지 않는다는 취지의 주장을 했다[→ 권리·의무 관계의 형성, 변동(2) 대물처분(제3부 제2장 제4절)].

## 제2관  무효등확인소송과 민사소송 · 당사자소송

### (1) 현재의 법률관계에 관한 소송

무효등확인소송에는 취소소송과 같은 배타적(우선적) 관할의 원칙의 적용은 없다. 그래서 국민은 처분의 무효등을 전제로 하는 현재의 법률관계에 관한 소송에서 선결문제로서 처분의 무효를 주장할 수 있다. 또한, 현재의 법률관계에 관한 소송이 무효등확인소송보다도 분쟁의 해결수단으로서 직접적인 경우는 많다. 현재의 법률관계에 관한 소송으로서는 (ⅰ) 농지매수처분의 무효를 이유로 매도처분의 상대방을 피고로 하여 제기된 소유권 확인, 토지명도청구소송(민사의 쟁점소송. 행소법 45조), (ⅱ) 과세처분의 무효를 전제로 하는 오납금의 부당이득반환청구소송(실질적 당사자소송. 행소법 4조) 등이 있다.

### (2) 행정사건소송법 36조

무효등확인소송은 과거의 법률관계에 관한 확인소송이다. 민사소송법에서는 과거의 법률관계에 관한 확인의 소에 관하여 법률관계가 변동할 가능성이 있기 때문에 분쟁의 해결로서 적절하다고 인정되는 경우(유언의 무효확인소송 등)에 한정하여 인정된다는 견해가 유력했다. 덧붙여서, 무효확인소송은 행정사건소송특례법에서 판례의 축적으로 인정되어 온 경위도 있고, 행정사건소송법의 제정 시에 무효확인소송은 쟁점소송, 공법상의 당사자소송과의 관계에서 보충성이 있는 것으로 규정되었다. 이것이 행정사건소송법 36조이다(→ 행소법 36조).


## 제3관  소송요건

### (1) 행정사건소송법 36조

행정사건소송법의 입법자는 현재의 법률관계에 관한 소송인 쟁점소송, 공법상 당사자소송과의 관계에서 보충성이 있는 것으로서 무효등확인소송을 규정했다. 즉, 무효등확인의 소는 (ⅰ) 처분 또는 재결에 계속되는 처분으로 손해를 입을 우려가 있는 자(적극요건 ①), (ⅱ) 그 처분 또는 재결의 무효 등의 확인을 구하는 것에 관하여 법률상의 이익을 가지는 자(적극요건 ②)로, (ⅲ) 처분 또는 재결의 존재 여부 또는 그 효력의 유무를 전제로 하는 현재의 법률관계에 관한 소로써 목적을 달성할 수 없는 것에 한정하여(소극요건) 제기할 수 있다(행소법 36조).

## (2) 법률상의 이익

행정사건소송법 36조는 주관소송인 무효등확인소송의 원고적격에 관하여 처분·재결의 무효확인을 구하는 것에 관하여 '법률상의 이익'을 가질 것을 요구하고 있다. '법률상의 이익'에 관한 해석은 취소소송의 원고적격에 관한 9조와 같다.

참조, 몬주소송 상고심 판결(最判2022年9月22日民集46卷6号571頁)[→ 행소법의 개정, 이익의 내용·성질, 몬주소송 상고심 판결(제3부 제3장 제3절)].

## (3) 일원설과 이원설

과세처분과 체납처분과 같이 행정과정에서 복수의 처분이 존재하고, 후행처분이 선행처분을 기초로 하여 행해지는 경우, 후행처분으로 불이익을 받을 우려가 있는 자가 선행처분의 무효등확인소송을 제기하여 승소판결을 받는다면 후행처분을 못하게 할 수 있다. 이와 같이, 처분의 무효등확인소송은 예방소송적인 기능을 가지는 경우가 있고, 행정사건소송법 36조도 처분 또는 재결에 계속되는 처분으로 손해를 입을 우려가 있는 자에 관하여 무효등확인소송의 원고적격을 인정하고 있다.

다만, 행정사건소송법 36조의 문언상으로는 이러한 예방소송적 기능이 인정되는 자, 즉 적극요건 ①을 충족하는 자에 대해서도 현재의 법률관계에 관한 소송과의 관계에서 보충성을 요구하는 소극요건이 미치는 것처럼 읽힌다.

그래서 우선 문언을 중시하여 적극요건 ①, 적극요건 ②의 어느 하나에 해당하는 경우에 관해서도 행정사건소송법 36조에서 정하는 소극요건을 충족할 필요가 있다고 하는 일원설이 주장되었다. 한편, 처분을 직접 다투는 무효등확인소송의 기능을 중시하는 입장에서 적극요건 ①을 충족하는 자가 제기하는 예방소송과 적극요건 ② 및 소극요건을 충족하는 자가 제기하는 보충적 소송이 인정된다고 주장하는 이원설도 주장되고 있다. 이원설은 ( i ) 예방소송이 상정되는 경우는 무효등확인소송이 기능하는 전형적인 예인 점, ( ii ) 입법과정에서는 이원설의 관점에서 무효등확인소송의 원고적격이 검토되었던 점을 논거로 하고 있다.

이 점에 관하여, 예방소송이 상정하는 분쟁유형에 관하여 무효등확인소송을 인정하는 것에는 합리적인 이유가 있다고 하는 점에 관해서는 학설상 이견은 없다. 일원설을 취하는 경우에도 적극요건 ①을 충족하는 경우에는 당연히 소극요건은 충족된다고 해석함으로써 이원설과 같은 결론을 도출하는 사람도 있다. 최고재판소의 재판례 중에도 과세처분을 받았음에도 불구하고 처분과 관련되는 조세를 납부하지 않은 자에 관하여 체납처분을 받을 우려가 있다고 하여 과세처분의 무효등확인소송을 구할 소의 이익을 인정한 것이 있다.

참조, 소득세경정처분등 취소청구 사건 상고심 판결(最判1976年4月27日民集30巻3号384頁).

### (4) '목적을 달성할 수 없는 것'의 요건

① 환원불능설과 목적달성불능설

'현재의 법률관계에 관한 소로써 목적을 달성할 수 없다'라는 보충성 요건의 해석에 관해서도 대립이 있다. 즉, 같은 조의 문언을 엄격하게 해석하여 무효등확인소송이 적법해지는 경우는 분쟁이 행정처분의 무효를 전제로 하는 현재의 법률관계에 관한 소로 환원할 수 없는 것에 한정된다고 하는 입장이 있다. 이는 일반적으로 환원불능설이라고 불리고 있다. 이에 대하여, 무효등확인소송의 기능을 중시하는 입장은 현재의 법률관계에 관한 소에 분쟁을 환원할 수 있는 때이어도 (ⅰ) 무효등확인소송에서는 가구제 제도가 정비되어 있는 점, (ⅱ) 무효등확인판결에 관하여 구속력 규정이 준용되는 점(행소법 38조)을 고려하면 현재의 법률관계에 관한 소(訴)로는 목적을 달성할 수 없는 때에는 무효등확인소송의 원고적격을 인정해야 한다고 주장한다. 그래서 이 입장은 목적달성불능설이라고 불리고 있다.

② 최고재판소의 판결

이와 같이, 환원불능설에서는 무효등확인소송이 인정되는 경우는 상당히 한정되게 되는 한편, 목적달성불능설에 따르면 무효등확인소송의 보충성 요건으로 소가 부적법해지는 경우는 거의 상정할 수 없게 된다. 그래서 판례는 행정처분의 무효등을 확인하는 것이 현존하는 분쟁의 근본적인 해결을 위하여 적절하고 필요하다고 인정되는 경우에는 분쟁의 무효등확인소송은 인정된다고 하여 개별·구체적으로 판단하는 접근을 채용하고 있다.

(a) 환지무효확인청구 사건 상고심 판결

환지무효확인청구 사건 상고심 판결(最判1987年4月17日民集41巻3号286頁)에서 최고재판소는 분쟁의 실태에 비추어 보면, 토지개량법(1949法195)에 근거한 환지처분의 무효를 전제로 하여 환지처분 전의 토지의 소유권확인을 구하는 소는 분쟁해결수단으로서 적절한 것으로 말할 수 없고, 환지처분의 무효확인을 구하는 소가 보다 직접적이고 적절한 소송형태라고 하여 무효확인소송의 원고적격을 긍정했다.

이 사안에서 원고는 환지처분 전에 소유하고 있던 토지(종전지)와 환지처분으로 새로 소유한 토지(환지)를 비교하면 토지개량법 53조1항2호에서 정하는 환지대응원칙에 위반된다고 주장했다(환지대응원칙이란 종전지와 환지가 용도, 지적, 형질, 수리 등의 자연적 조건, 이용조건에 관하여 종합적으로 비추어 대응할 것을 요구하는 원칙이다). 이 판결에서 최고재판소는 ( i ) 환지처분은 상호 연쇄적으로 서로 관련되어 있고, 이를 둘러싼 분쟁을 사인 간의 법률관계에 관한 개별 소로 해결하는 것은 적당하지 않는 점, ( ii ) 환지대응원칙 위반을 주장하는 원고는 보다 유리한 환지의 교부를 요구하고 있고, 종전지의 권리의 보전을 요구하고 있는 것이 아니기 때문에 종전지의 소유권확인소송 등과 같은 현재의 법률관계에 관한 소는 분쟁을 해결하기 위한 쟁송형태로서 적절한 것은 아니라고 하였다.

(b) 몬주소송 상고심 판결

몬주소송 상고심 판결(最判1992年9月22日民集46巻6号1090頁)은 ( i ) 인격권 등에 근거하여 금지를 구하는 민사소송은 원자로설치허가처분의 유효·무효를 전제로 하는 소가 아니고, ( ii ) 처분의 무효를 전제로 하는 당사자소송 또는 민사소송과 비교할 때 처분의 무효확인소송이 보다 직접적이고 적절한 분쟁이라고 하고 원자로설치허가처분 무효확인소송의 소의 이익을 긍정했다.

## 제4관  취소소송 규정의 준용 등

### (1) 행정사건소송법 38조

행정사건소송법은 출소기간(행소법 14조), 심사청구 전치(행소법 8조1항 단서) 등을 제외하고 취소소송 규정의 대부분을 무효등확인소송에 준용한다(행소법 38조1항. 이하 특별한 설명이 없는 때에는 같은 항의 규정에 따른 준용이다).

구체적으로는 (ⅰ) 피고적격·재판관할(행소법 11조·12조), (ⅱ) 관련 청구와 관련되는 규정(행소법 13조·16조~19조), (ⅲ) 참가 등(행소법 22조·23조·34조)·손해배상청구 등으로 소의 변경(행소법 21조), (ⅳ) 구속력·소송비용 재판의 효력(행소법 33조·35조)이다(추가 참조, 행소법 38조2항·10조2항·20조).

### (2) 학설·판례

행정사건소송법은 무효등확인소송에 관하여 사정판결(행소법 31조), 취소판결의 제삼자에 대한 효력(행소법 32조1항)의 준용을 인정하지 않는다(행소법 38조1항~3항). 이 점에 관하여 학설상은 해석으로 준용을 인정해야 한다고 하는 설도 있다. 무효확인소송의 규정이 없고, 취소판결의 제삼자에 대한 효력 규정도 두고 있지 않았던 행정사건소송특례법에서 무효확인판결의 제삼자에 대한 효력을 인정한 판결이 있다[토지소유권보존등기 말소등기절차 등청구 상고심 판결(最判1967年3月14日民集21巻2号312頁)]. 다만, 무효등확인판결에 관하여 취소판결의 제삼자에 대한 효력의 준용규정을 두지 않은 행정사건소송법에서 제삼자에 대한 효력을 긍정해야 하는지에 관해서는 논의가 나누어져 있다.

또한, 무효등확인소송에서 무효사유의 주장·입증책임은 원고가 진다고 하는 것이 최고재판소의 판례이다[원야매도처분 무효확인청구 사건 상고심 판결(最判1967年4月7日民集21巻3号572頁)→주장·입증책임, 구체적인 예, 재량처분·무효원인(제4부 제1장 제3절)].

# 제2절 부작위의 위법확인소송

## 제1관 개설

신청응답의무의 불이행은 제2차 세계대전 전부터 보인 현상이다. 그래서 행정사건소송법은 부작위의 위법확인소송을 법정항고소송으로 규정하고 있다(행소법 3조5항).

## 제2관 소송요건(개설)

### (1) 확인의 대상, 원고적격

부작위의 위법확인의 대상이 되는 것은 법령에 근거한 신청에 대한 응답의 부존재의 위법성이다(행소법 3조5항). 부작위의 위법확인소송은 처분 또는 재결을 신청을 한 자만이 제기할 수 있다(행소법 37조).

법령상 신청권을 가지는 자라도 실제로 신청을 하고 있지 않으면 원고적격은 인정되지 않는다. 또한, 부작위의 위법확인소송은 법령상의 신청권을 가지는 자의 구제소송이기 때문에 법령에 근거한 신청권의 존재는 소송요건이다(본안 승소요건이라고 하는 견해도 있다).

부작위의 위법확인 등 청구 사건 상고심 판결(最判1972年11月16日民集26卷9号1573頁)은 독점금지법[사적 독점의 금지 및 공정거래의 확보에 관한 법률(1947法54)] 45조1항에 근거하는 위반사실의 보고·조치요구가 행해지고 응답이 없었던 사안에 관한 것이다. 이 판결에서 최고재판소는 ( ⅰ ) 법의 목적은 일반 소비자 등의 이익의 보호에 있고, ( ⅱ ) 보고자에게는 그 후의 절차에 관여할 수 있는 지위는 없는 점 등을 이유로 보고·조치요구에 응답의무는 없다고 한 도쿄고등재판소(東京高判1967年10月25日民集26卷9号1598頁)의 판단은 정당하다고 하였다.

또한, '법령에 근거한 신청'이란 법령상 신청을 할 수 있다는 취지의 명문 규정이 있는 경우

에 한정되지 않고, 법령의 해석상 특정한 자에게 신청권이 인정되는 경우를 포함한다(법령
은 법률에 한정되지 않고 조례·규칙 등을 포함한다).

### (2) 협의의 소의 이익

부작위의 위법확인소송의 계속 중에 행정청이 신청에 대한 응답처분을 하고, 부작위상태
가 해소된 때에는 소의 이익은 소멸한다. 일정한 기간이 경과한 때에는 신청은 인용, 각하 또
는 기각된 것으로 보는 취지의 규정이 있는 경우도 기간 경과 후에 소의 이익은 소멸한다[참
조, 생활보호법 24조7항(간주각하규정)].


## 제3관  본안 승소요건

부작위의 위법확인소송의 본안 승소요건은 행정청이 신청에 대하여 '상당한 기간' 내에 처
분 또는 재결을 하지 않는 경우이다. 상당한 기간은 행정청이 그 처분을 하는 것에 '통상 필
요한 기간'을 말한다. 따라서 상당한 기간이 경과한 후에도 행정청에 정당한 이유가 있는 경
우에는 위법이라고 말할 수 없다.

행정절차법(1993法88) 6조에서 정하는 표준처리기간이 지났는지는 '상당한 기간'의 경과
와는 당연히는 일치하지 않는다. 그러나 표준처리기간은 재판소가 '상당한 기간'을 판단할
때 중요한 참고자료가 된다. 이상의 점에서 '상당한 기간'의 경과에 관해서는 원고에게 주
장·입증책임이 있는 한편, 표준처리기간이 경과한 경우, '상당한 기간'이 경과하지 않은 것
에 관해서는 행정청이 주장·입증할 필요가 있다고 해석된다.


## 제4관  취소소송 규정의 준용 등

### (1) 준용규정

행정사건소송법은 무효확인소송·부작위위법확인소송을 포함하여, 항고소송 일반에 준용
되는 취소소송 규정을 명시하고 있다(행소법 38조1항). 구체적으로는 ( i ) 피고적격·재판
관할(행소법 11조·12조), ( ii ) 관련 청구와 관련되는 규정(행소법 13조·16조~19조), ( iii )

참가 등(행소법 22조·23조·34조), 손해배상청구 등으로 소의 변경(행소법 21조), (ⅳ) 직권 증거조사(행소법 24조), (ⅴ) 구속력·소송비용 재판의 효력(행소법 33조·35조)이다.

부작위에 관하여 출소기간 제한을 두는 것은 곤란하고 원고에게 가혹하다는 점에서 출소기간에 관한 규정은 준용되지 않는다. 또한, 석명처분의 특칙도 처분·재결이 없는 사안에 관한 준용은 곤란하다(행소법 38조1항·23조의2). 한편, 행정사건소송법은 부작위의 위법확인소송에 관하여 자유선택주의, 심사청구 전치의 특례를 정하는 규정, 원처분주의 규정의 준용을 인정한다(행소법 38조4항·8조·10조2항).

다만, 현행법상 부작위에 대한 불복신청에 관하여 전치를 정한 규정은 없다.

## (2) 기타

부작위의 위법확인소송은 부작위의 위법을 확인함으로써 현재의 위법상태를 시정하는 것을 목적으로 하기 때문에 위법판단의 기준시는 판결시이다. 또한, 가구제에 관한 규정은 없다.

# 제2장  의무이행소송, 예방적 금지소송 등

## 제1절  개론

### (1) 개정 전의 상황

행정사건소송법 개정 전에 의무이행소송과 예방적 금지소송 등의 법정 외 항고소송에 관해서는 이론상 생각할 수 있다고 여겨지고 있었지만 부정설도 유력하고, 재판례에서도 실제로 적법하다고 인정하여 본안심리에 들어간 예는 거의 없었다.

다만, 예방적 금지소송에 관해서는 근무평정실시요령 등의 의무부존재확인청구 상고심 판결(最判1972年11月30日民集26卷9号1746頁)과 같이 예방적 부작위소송의 실질을 가지는 의무부존재확인소송에 관하여 '사전 구제를 인정하지 않는 것을 현저히 부당하게 하는 특단의 사정'을 요건으로서 허용되는 가능성을 시사하는 판단도 있었다.

이러한 판례의 경향을 근거로 하여 개정 전의 행정사건소송법에서 법정 항고소송만으로는 적절한 구제를 국민에게 제공할 수 없다는 견해가 학설상 점차 유력해졌다.

### (2) 의무이행소송, 예방적 금지소송의 신설

그래서 행정사건소송법의 개정으로 새로 의무이행소송과 예방적 금지소송이 법정되었다. 다만, 의무이행소송에 관해서는 ① 신청에 대하여 거부처분 또는 응답의무의 불이행이 있는 경우, ② 그 이외의 경우(상반 이해관계인이 자기의 이익을 보호하는 처분의 발동을 요구하는 경우, 그 밖의 신청권이 법정되어 있지 않은 경우)에서는 분쟁의 형태 및 대응하는 재판절차 등은 다르다는 관점에서 2가지의 유형의 의무이행소송이 정해져 있다[신청 만족형(행소법 3조6항2호)과 직접형(같은 항 1호)이다].

### (3) 법정 외 항고소송

의무이행소송, 예방적 금지소송이 법정된 후 법정 외 항고소송(무명 항고소송)을 인정할 여지는 있는지가 논의되고 있다.

이하, 의무이행소송, 예방적 금지소송, 법정 외 항고소송 순으로 해설한다.

## 제2절  의무이행소송(1)

### 제1관  직접형 의무이행소송

행정사건소송법은 전술한 2가지 유형의 의무이행소송 중에서 우선 신청권이 없는 자가 의무이행판결을 구하는 직접형 의무이행소송을 정하고 있다(행소법 3조6항1호). 직접형 의무이행소송이 상정하는 분쟁유형으로서는 (ⅰ) 규제로 본래 보호되어야 하는 제삼자가 규제권한의 발동을 구하는 경우와 함께 (ⅱ) 처분의 발동에 관한 신청권이 부여되지 않은 처분의 상대방이 제기하는 경우가 상정된다.

예를 들면, 복지시설 입주에 관하여 직권에 의한 입소가 규정되어 있는 경우가 (ⅱ)의 경우에 해당한다[→ 처분절차-총칙적 규정, 정의규정, 처분절차-2가지의 유형(제2편 제3부 제3장 제2절)].

## 제2관  소송요건

### (1) 원고적격

행정사건소송법에 따르면 직접형 의무이행소송은 (ⅰ) 일정한 처분이 행해지지 않음으로써 중대한 손해가 발생할 우려가 있고(중대성), (ⅱ) 그 손해를 피하기 위해 달리 적당한 방법이 없는 때(보충성)에 한정하여 제기할 수 있다(행소법 37조의2제1항). 또한, (ⅲ) 행정청이 일정한 처분을 해야 하는 취지를 명하는 것을 구하는 데에 법률상의 이익을 가지는 자에 한정하여 제기할 수 있다(같은 조 3항). '법률상의 이익'에 관해서는 같은 법 9조2항이 준용된다(행소법 37조의2제4항).

### (2) 처분의 특정

#### ① 일정한 처분

특정한 결과를 실현하는 수단으로서 다양한 방법이 상정되고, 어떤 처분을 구하는 소인지가 특정할 수 없는 소는 '일정한 처분'을 해야 하는 취지를 명하는 소송이라고는 말할 수 없기 때문에 적법한 소라고는 말할 수 없다. 따라서 행정청이 해야 하는 취지를 명하는 것을 구하는 '일정한 처분'이라는 형태로 청구의 대상을 특정할 필요가 있다(행소법 3조6항1호).

#### ② 특정의 정도

'일정한 처분'에 관해서는 요건 해당성을 재판소가 판단할 수 있을 정도로 특정될 필요가 있고, 그것으로 충분하다. 예를 들면, 근거 법령에서 복수의 선택지가 정해져 있는 경우(효과재량이 인정되어 있는 경우)에 근거 법령에서 정하는 범위 내에서 일정 범위의 처분의 의무이행을 구하는 소는 특정성을 충족한다.

건축기준법(1950法201) 9조1항에 근거하는 제거명령, 이전명령, 개선명령 등을 합쳐서

‘일정한 처분’으로 파악하고, 의무이행의 대상으로 하는 것은 허용된다.

또한, 처분의 상대방에 대한 고지·청문 등의 절차가 처분요건으로 되어 있는 경우에 절차의 이행 없이 의무이행판결을 하는 것이 특정성의 요건에 반하지 않는지가 문제가 된다. 고지·청문 등이 없는 것을 이유로 의무이행소송을 모두 기각하는 것은 의무이행소송을 법정한 취지에 반한다. 그래서 처분의 상대방에 대한 소송고지와 제삼자의 소송참가(행소법 22조)에 의하여 고지·청문절차를 대체할 수 있고, 소송절차상 이 절차들이 취해진 경우에 의무이행판결을 할 수 있다고 해석하는 견해가 제시되어 있다.

### (3) 중대한 손해가 발생할 우려

#### ① 입법 취지

행정사건소송법의 입법자는 직접형 의무이행소송에 관하여 의무이행판결을 부여하는 것은 처분을 구하는 법령상의 신청권이 없는 자에게 신청권을 인정하는 것과 같은 결과를 초래하게 되는 점을 고려하여 의무이행판결에 의한 구제의 필요성이 높은 경우에 한정하여 소송의 제기를 인정하기로 했다. 원고적격을 가지는 자에게 일정한 처분이 행해지지 않음으로써 중대한 손해가 발생할 우려가 있는 것이 직접형 의무이행소송의 소송요건으로 된 것은 이러한 입법자의 판단에 근거한 것이다(행소법 37조의2제1항).

‘중대한 손해’는 ‘보상할 수 없는 손해’(임시 의무이행, 임시 예방적 금지의 요건의 하나), ‘회복이 곤란한 손해’(행정사건소송법 개정 전의 취소소송에서 집행정지 요건의 하나)와 비교하여 완화된 문언이다. 따라서 반드시 회복이 곤란한 손해에 해당하지 않는 경우에도 구체적인 상황에서 손해회복의 곤란한 정도를 고려하고 손해의 성질 및 정도와 처분의 내용 및 성질도 고려하여 손해가 중대하다고 인정되면 충분하다(행소법 37조의2제2항).

#### ② 재판례

##### (a) 생명, 신체에 대한 불이익

행정청에 의한 권한 불행사로 생명·신체에 대한 불이익이 발생할 우려가 있다고 주장되는 경우에는 긍정된 예는 많다. 조치명령처분 등의 의무이행청구 항소사건(福岡高判2011年2月7日判時2122号45頁)은 폐기물처리법[폐기물의 처리 및 청소에 관한 법률(1970法137)]에 규정된 조치명령(폐기물청소법 19조의5제1항) 등의 불행사에 관하여 산업폐기물 처리기준에 적합하지 않게 산업폐기물이 처리되어 음용에 제공되고 있는 지하수를 납 등으로 오염시킬 우려가 있다고 하여 의무이행소송이 제기된 사안에 관한 것이다. 이 판결에서 고등재판소는 소송을 적법하다고 하였다(본안도 인용). 또한, 최고재판소[最決2012年7月3日(판례집 미등재)]는 피고의 상고, 상고수리 신청을 기각·불수리했다.

(b) 철도의 통근·통학 이용자

요금규제 제도를 두고 있는 철도사업법(1986法92)상의 규제권한에 관하여 매일 통근·통학의 수단으로서 반복 계속적으로 철도를 이용하고 있는 자가 의무이행소송을 제기한 사안에 관하여 철도운임 변경명령 등, 추가적 병합신청 항소심 판결(東京高判2014年2月19日訟月60卷6号1367頁)은 '중대한 손해가 발생할 우려'를 인정했다.

철도사업법은 여객운임의 변경명령, 여객운임 상한의 변경명령의 권한을 국토교통대신에게 부여하고 있다(철도사업법 16조5항1호·23조1항1호). 이 판결에서 고등재판소는 의무이행소송을 위법하다고 하여 본안심리에 들어갔다. 또한, 최고재판소[最決2015年4月21日(판례집 미등록)]은 피고의 상고·상고수리신청에 대하여 상고기각·상고불수리의 판단을 제시했다[이 사건에 관하여, → 개정법에서의 재판례, 철도 등의 이용자(사회적 규제)(제3부 제3장 제5절)].

## (4) 손해를 피하기 위해 달리 적당한 방법이 없는 때

직접형 의무소송이행은 다양한 소송과의 관계에서 보충적인 관계에 선다. 에를 들면, (ⅰ) 원고에 신청권이 부여되고 신청 만족형 의무이행소송을 제기할 수 있는 때에는 달리 적당한 방법이 있다. 또한, (ⅱ) (α) 세법에서 경정청구의 제도(국세통칙법 23조 등)와 같이 다른 법령상의 수단이 있는 경우, (β) 경정처분과 같이 처분이 분리가능하고 취소소송을 통하여 목적을 달성할 수 있는 경우에는 직접형 의무이행소송은 부적법하게 된다. 한편, (ⅲ) 위법건축의 시정명령 등의 경우에서는 위법건축주에 대한 민사소송의 제기도 생각할 수 있으나, 이로써 직접형 의무이행소송이 부적법하다고는 해석되지 않는다.

## 제3관  본안 승소요건 등

직접형 의무이행소송의 본안 승소요건은 의무이행의 소의 대상이 되는 처분에 관하여 행정청이 그 처분을 해야 하는 것이 그 처분의 근거가 되는 법령의 규정에서 명확하다고 인정되거나(기속처분의 경우) 행정청이 그 처분을 하지 않는 것이 그 재량권의 범위를 넘거나 그 남용이 된다고 인정되는 때(재량처분의 경우)이다(행소법 37조의2제5항). 판결의 내용은 일정한 처분을 해야 하는 취지를 행정청에 명하는 것이다(급부판결).

## 제4관  취소소송 규정의 준용 등

### (1) 준용규정

취소소송과 관련되는 여러 규정 중 의무이행소송에 관해서는 직접형, 신청 만족형의 구별 없이 취소소송 이외의 항고소송에 공통하여 준용되는 규정만이 준용된다[행소법 38조1항→ 부작위의 위법확인소송, 취소소송 규정의 준용 등, 준용규정(제1장 제2절)].

### (2) 기타

판결의 기준시는 의무이행소송의 성격상 구두변론 종결시로 해석되고 있다. 또한 가구제로서 임시 의무이행이 있다. 또한, 학설상 제삼자에 대한 효력(행소법 32조1항)의 준용이 없는 점이 논의되고 있다. 그래서 의무이행소송의 분쟁해결기능을 작용하게 하기 위해 제삼자의 소송참가(행소법 22조) 또는 소송고지(민소법 53조)를 활용하여 제삼자를 의무이행소송으로 끌어들이는 것이 매우 중요하게 여겨지고 있다.

## 제3절  의무이행소송(2)

### 제1관  개요

신청 만족형 의무이행소송은 신청권이 행사된 경우에 신청에 대한 응답의 부작위, 위법한 거부처분이 있는 경우를 상정하여 마련된 소송형식이다. 그래서 이러한 분쟁유형에 특화된 소송요건이 마련되어 있다(행소법 37조의3제1항).

또한, 신청 만족형 의무이행소송을 이용하는 예는 많다. 유명한 예로서는 미나마타병 인정신청 기각처분에 대하여 취소소송 및 미나마타병 인정 의무이행소송이 제기된 사안(最判2013年4月16日民集67巻4号1115頁·判時2188号42頁)이 있다. 이 중 判時2188号42頁에 게재된 판결은 의무이행의 청구를 인용한 원판결에 대한 피고의 상고를 기각했다. 그 외에도 기관절개수술을 받아 삽관을 장착하고 있는 아동의 보호자에 의한 어린이집 입소 신청에 관하여 불승낙처분이 행해진 것에 대하여 취소소송 및 입소 승낙의 의무이행소송이 제기된 사안[어린이집 입소 승낙의무이행 등 청구 사건(東京地判2006年10月25日判時1956号62頁. 의무이행의 청구를 인용)] 등이 있다.

## 제2관  소송요건 등

### (1) 소의 이익

신청 만족형 의무이행소송의 소송요건은 (ⅰ) 법령에 근거한 신청 또는 심사청구에 대하여 상당한 기간 내에 어떤 처분 또는 재결이 행해지지 않을 것(부작위형의 소송. 행소법 37조의3제1항1호), 또는 (ⅱ) 법령에 근거한 신청 또는 심사청구를 각하하거나 기각하는 취지의 처분 또는 재결이 행해진 경우에 해당 처분 또는 재결이 취소되어야 하는 것이거나 무효 또는 부존재일 것(거부처분형 소송. 같은 조 1항2호)이다. 이와 같이, (ⅰ) 신청에 관하여 위법한 부작위가 있을 것 또는 (ⅱ) 신청에 관하여 위법 또는 무효의 거부처분이 있을 것이 소송요건으로 되어 있다.

### (2) 원고적격

신청 만족형 의무이행소송의 원고적격이 있는 자는 법령에 근거한 신청 또는 심사청구를 한 자이다(행소법 37조의3제2항. 부작위의 위법확인소송과 유사한 취급이다).

## (3) 병합제기

### ① 입법의 취지

행정사건소송법에 따르면 신청 만족형 의무이행소송에서는 ( i ) 부작위형 소송의 경우에는 처분 또는 재결의 부작위 위법확인의 소를, ( ii ) 거부처분형 소송의 경우에는 처분 또는 재결의 취소소송 또는 무효등확인소송을 각각 병합제기해야 한다(제37조의3제3항).

신청 만족형 의무이행소송에서는 ( i ) 부작위 위법확인의 소의 청구, ( ii ) 취소소송 또는 무효등확인의 소의 청구에 이유가 있는 것이 의무이행소송에 의한 구제의 필요성의 근거가 되는 사실이 되고, 의무이행판결의 본안 승소요건으로도 된다. 이러한 관점에 서서 위에서 말한 소의 병합제기가 의무화된다. 또한, 이와 같이 병합제기를 요구하는 것에는 신청에 대한 부작위 또는 거부처분이라는 동일한 분쟁과 관련되는 복수의 소송에 관하여 재판소 간의 판단이 달라지는 사태를 회피하는 의미도 있다.

### ② 심리의 특칙

부작위 위법확인의 소, 취소의 소, 무효등확인의 소(이하, 본 항에서 '취소의 소 등'으로 총칭한다)의 당부에 관한 판단은 의무이행의 소의 요건에 대한 판단에 관계하기 때문에 신청 만족형 의무이행소송과 취소의 소 등의 변론 및 재판은 분리하면 안 된다(행소법 37조의3제4항).

또한, 재판소는 취소의 소 등에 관해서만 종국판결을 하는 것이 보다 신속한 쟁송의 해결에 이바지한다고 인정되는 때에는 이 소들에 관해서만 종국판결을 할 수 있다(같은 조 6항 전단). 이 경우 재판소는 당사자의 의견을 들어 의무이행소송의 소송절차를 중단할 수 있다(같은 항 후단). '보다 신속한 쟁송의 해결에 이바지한다고 인정하는 때'에 해당하는지에 관해서는 재판소가 개별 사안마다 ( i ) 심리의 곤란성과 진행상황 등에 비추어 의무이행의 판결까지 추가로 어느 정도의 기간이 필요하다고 예상되는지, ( ii ) 일부판결로 종국적인 분쟁해결이 이루어질 가능성이 높은지, ( iii ) 당사자의 의사 등을 종합적으로 고려하여 판단한다.

## (4) 재결의 의무이행소송

재결의 의무이행소송에 관해서는 원처분을 대상으로 하는 취소소송 또는 무효확인소송을 제기할 수 없는 때(재결주의)에만 제기할 수 있다(행소법 37조의3제7항). 원처분의 취소소송 등을 제기할 수 있는 경우에는 원처분 취소의 재결을 의무화하는 것을 통하여 구제할 필요는 없다는 생각에 근거하는 것이다.


## 제3관  본안 승소요건 등


신청 만족형 의무이행소송의 본안 승소요건은 다음의 2가지이다. 우선, (ⅰ) 병합제기되는 취소의 소 등에 이유가 있다고 인정되는 경우이다. 다음이 (ⅱ) (α) 행정청이 처분을 해야 하는 것이 그 처분의 근거가 되는 법령의 규정에서 명확하다고 인정되는 경우(기속처분의 경우), 또는, (β) 행정청이 그 처분을 하지 않는 것이 그 재량권의 범위를 넘거나 그 남용이 된다고 인정되는 경우(재량처분의 경우)이다(행소법 37조의3제5항). 또한, 신청 만족형 의무이행소송 중 거부처분형에서 신청에 관하여 위법 또는 무효의 거부처분이 있었을 것을 소송요건으로 하는 관계상 취소소송·무효확인소송에 이유가 없다고 인정되는 때에는 소송요건은 충족되지 않는다고 하여 각하되게 된다(각하판결이 되는 것을 지적하는 것으로서 참조, 高木·行政法333頁. 다만, 소송요건과는 다른 본안 승소요건으로서 독자의 의미는 있을 것이다).


## 제4관  취소소송 규정의 준용 등


### (1) 준용규정 등

취소소송과 관련되는 여러 규정 중 의무이행소송에 관해서는 직접형, 신청 만족형의 구별 없이 취소소송 이외의 항고소송에 공통하는 준용규정만이 준용된다[행소법 38조1항→ 부작위의 위법확인소송, 취소소송 규정의 준용 등, 준용규정(제1장 제2절)].

### (2) 판결의 기준시

판결의 기준시는 행정청에 처분을 의무화하는 것을 내용으로 하는 판결의 성격상 민사소송의 원칙에 따라 구두변론 종결시라고 해석된다. 다만, 신청 만족형 의무이행소송에 관해서는 병합제기된 취소소송·무효등확인소송의 판결의 기준시와의 관계에서 논의가 있다. 다만, 이 점에 관해서는 취소소송의 기준시에 관한 논의는 정확하게는 처분 후에 발생한 법령·사실상태의 변화를 재판소는 본안판결의 기초로 할 수 있는지의 문제라고 정리한다면 논의되고 있는 각종 사례는 기본적으로는 실체법의 문제로서 처리되어야 할 것이다[→ 위법판단의 기준시(제4부 제1장 제5절). 상세에 관하여 高橋·行政法入門461頁 이하를 참조. 같은 의견, 南(原編著)·高橋ほか·条解行訴880頁(川神裕)].

예를 들면, (1) 처분 시에 처분은 위법했지만, 처분 후에 법령·사실상태가 원고에게 불이익하게 변화한 사례에서는 실체법이 변화 전에 이미 발생한 지위·권리를 보장하고 있는 취지이면 재판소는 의무이행의 판결을 내릴 수 있다(예: 기존의 면허 보유자에게 갱신이 예정되는 구조에서 영업면허기준의 엄격화 → 면허의 의무이행, 생활보호기준의 처분 후 감액 → 감액 전까지의 보호비 급부의 의무화). 이에 비하여, (ii) 처분시에 처분은 적법했지만, 처분 후에 법령·사실 상태가 원고에게 유리하게 변한 경우에는 원고는 기본적으로 재신청의 절차를 취해야 할 것이다(예: 생활보호기준의 증액 등. 또한, 재신청이 불가능한 실체법상의 구조 등에서는 처분 철회를 구하는 직접형 의무이행소송의 추가적 병합과 교환적 병합 등으로 실체법상 신의칙 위반 등을 근거로 하여 예외적으로 구제되는 경우는 상정될 수 있다).

### (3) 가구제

가구제로서 임시 의무이행이 있다(행소법 37조의5제1항).


# 제4절  예방적 금지소송

## 제1관  개론

행정사건소송법 개정에서 입법자는 사후의 재판 통제(취소소송을 제기하고 집행정지를 받는 것)만으로는 충분한 구제를 얻을 수 없는 경우가 있기 때문에 국민의 권리·이익의 보다 실효적인 구제를 가능하게 하는 관점에서 예방적 금지의 소를 정했다.

## 제2관  소송요건

### (1) 일정한 처분 또는 재결

예방적 금지소송(행소법 3조7항)의 대상은 행정청의 처분 그 밖에 공권력의 행사에 해당하는 행위이다. 공권력의 행사에 해당하는 사실상의 행위(물리적인 실력 행사)로 사람의 수용, 물건의 유치 그 밖에 그 내용이 계속적 성질을 가지는 것은 '행정청의 처분 그 밖의 공권력의 행사에 해당하는 행위'에 해당하기 때문에 예방적 금지소송의 대상이 된다. 또한, 예방적 금지소송을 제기할 때는 예방적 금지의 대상이 되는 '일정한 처분'을 특정할 필요가 있다(행소법 37조의4제1항 본문). 다만, 처분의 조문상의 근거 등이 제시되어 있으면 복수의 처분의 예방적 금지를 구하는 것이어도 처분의 특정으로서 충분하게 된다(후술 (2) ③의 아쓰기 기지 소송 2016년 판결에서도 '일정한 처분'의 요건은 상당히 완화하여 해석되고 있다).

### (2) 중대한 손해 등

① '중대한 손해' 요건 등

우선, 행정청이 일정한 처분 등을 할 개연성이 있을 것이 소송요건이 된다. 처분이 행해질 것에 객관적으로 보아 상당한 정도의 개연성이 있을 것이 필요하다.

또한, 행정사건소송법의 입법자는 예방적 금지소송이 사전구제를 위한 소송이기 때문에 사전구제의 요구에 적합한 구제의 필요성이 있어야 한다는 관점에 근거하여 예방적 금지소송은 일정한 처분 또는 재결로 인하여 중대한 손해가 발생할 우려가 있는 경우에 한정하여 제기할 수 있다고 규정했다(행소법 37조의4제1항 본문).

이 '중대한 손해' 요건에 관해서는 다음과 같이 생각되고 있다. 즉, 예방적 금지소송은 사후 재판통제(취소소송을 제기하고 집행정지를 받는 것)만으로는 충분한 구제를 얻을 수 없는 경우가 있다는 점을 고려하여 국민의 권리·이익의 실효적인 구제를 가능하게 하는 관점에서 법정된 소송유형이다. 따라서 취소소송을 제기하여 집행정지를 받는 것으로 용이하게 구제를 받을 수 있는 성질의 손해는 '중대한 손해'에 해당하지 않는다. 역으로 쉽게 구제를 받을 수 없는 성질의 손해이면 '중대한 손해'에 해당한다.

② 기미가요(君が代) 소송 상고심 판결

국가(國歌) 제창의무 부존재확인 등 청구 사건 상고심 판결[最判2012年2月9日民集66卷2號183頁(기미가요 소송 상고심 판결)]에서 최고재판소는 징계처분이 반복·계속적으로 누적·가중되어 가는 사정에서는 사후적인 손해의 회복이 현저히 곤란하고, 처분 후에 취소소송 등을 제기하여 집행정지의 결정을 받는 것 등으로 용이하게 구제를 받을 수 없다고 하여 징계처분의 예방적 금지의 소에 관하여 '중대한 손해가 생길 우려'의 요건 해당성을 긍정했다.

이 판결은 도(都)교육위원회가 발한 통달(通達)에 근거하여 학교장의 직무명령에 반하여 식전(式典)에서 국기를 향하여 기립하여 국가를 제창하지 않는 교직원에 대해서는 기계적으로 처분을 누적적으로 가중한 사안에 관한 판단이다. 이 판결에서 최고재판소는 연 2회 이상 개최되는 식전을 통하여 처분이 누적·가중되는 제도에서는 처분 취소소송과 집행정지의 신청에 의한 사후적인 구제로는 불충분하다고 판단했다.

③ 아쓰기(厚木) 기지 소송(2016년 판결)

아쓰기 기지 소송(最判2016年12月8日民集70卷8號1833頁)에서 최고재판소는 자위대기(自衛隊機)의 운항과 관련되는 방위대신의 권한행사는 '처분 그 밖의 공권력의 행사에 해당하는 행위'라고 해석하고, 예방적 금지소송의 대상이 되는 것을 인정했다[→ 행정사건과 민사사건, 아쓰기 기지 소송 최고재 판결, 2016년 판결(제2부 제2장 제4부 제3관)]. 그 후 최고재판소는 '중대한 손해' 요건에 관하여 ( i ) 항공기가 내는 소음으로 받는 원고들의 정신적 고통은 경시하기 어렵고, 이착륙할 때마다 발생하여 반복·계속하여 축적되어 갈 우려가 있기 때문에, ( ii ) 사후적으로 그 위법성을 다투는 취소소송 등에 의한 구제에 맞지 않는 성격이라고 하여 요건 해당성을 긍정했다.

### (3) 보충성

예방적 금지소송에 관해서도 일정한 처분 또는 재결로 인하여 중대한 손해가 발생할 우려가 있는 경우이어도 '손해를 피하기 위해 달리 적당한 방법이 있는 때'에는 예방적 금지소송에 의한 사전구제의 필요성은 인정되지 않는 점에서 예방적 금지소송의 소를 제기할 수 없는 것으로 되었다(행소법 37조의4제1항 단서).

다만, '중대한 손해'는 처분 또는 재결로 인하여 발생하는 손해를 가리키기 때문에 이 경우에 구제로서는 처분 또는 재결을 금지하는 것이 일반적으로는 직접적이고 실효적인 방법이라고 생각된다. 그래서 '그 손해를 피하기 위해 달리 적당한 방법이 있는' 경우는 구제의 필요성이 인정되지 않는 예외적인 경우로서 단서에 규정되어 있다(주장·입증책임은 행정청에 있다).

예를 들면, 단계적인 행정처분으로서 선행처분이 행해지고 있는 때 등은 후행처분을 대상으로 하는 예방적 금지소송을 제기할 것이 요구된다.

### (4) 원고적격

예방적 금지소송은 행정청이 일정한 처분 또는 재결을 해서는 안 된다는 취지를 명하는 것을 구하는 데에 법률상의 이익을 가지는 자에 한정하여 제기할 수 있다. '법률상의 이익'의 유무의 판단에 관해서는 취소소송의 원고적격에 관한 행정사건소송법 9조2항이 준용된다(행소법 37조의4제3항·4항).


## 제3관  본안 승소요건


### (1) 본안 승소요건

예방적 금지소송의 본안 승소요건은 직접형 의무이행소송의 본안 승소요건과 같은 취지이다.

### (2) 취소소송 규정의 준용 등

① 준용규정

취소소송과 관련되는 여러 규정 중 예방적 금지소송에 관해서는 취소소송 이외의 항고소송에 공통하여 준용되는 규정만이 준용된다[행소법 38조1항 → 부작위의 위법확인소송, 취소소송 규정의 준용 등, 준용규정(제1장 제2절)].

② 기타

제삼자에 대한 효력(행소법 32조1항)의 준용은 없다. 예방적 금지소송의 분쟁 해결 기능이 합리적으로 작용하기 위해 제삼자의 소송참가(행소법 22조) 또는 소송고지(민소법 53조)를 활용하여 제삼자를 예방적 금지소송으로 끌어들이는 것이 매우 중요하게 여겨지고 있다. 또한, 가구제로서 임시 예방적 금지가 규정되어 있다(행소법 37조의5제2항). 예방적 금지소송 판결의 기준시는 구두변론 종결시이다.

## 제5절  법정 외 항고소송

### (1) 의의

행정사건소송법의 개정으로 항고소송의 새로운 소송유형으로서 의무이행소송 및 예방적 금지소송이 법정되었다. 이에 따라 개정 전에 그 허용성이 논의된 법정 외 항고소송(무명 항고소송)의 허용 여부, 소송유형, 요건 등을 논의하는 의의는 적어졌다고 말할 수 있다. 다만, 행정사건소송법 3조2항 내지 7항은 법정된 유형의 소송에만 항고소송을 한정하는 취지는 아니다.

### (2) 기지(基地) 소음소송

법정 외 항고소송으로서는 아쓰기(厚木) 기지 소송(最判1993年2月25日民集47巻2号643頁)[→ 행정사건과 민사사건, 아쓰기 기지 소송 최고재 판결(제2부 제2장 제4절)]이 판시한 포괄적인 권력적 작용[방위대신(당시는 방위청 장관)의 자위대기(自衛隊機)에 대한 지휘·감독권의 행사]에 대한 예방적 금지의 소를 무명 항고소송에 해당한다고 판단한 하급심 판결이 있었다[각 항공기 운항금지 등 청구 사건 판결(横浜地判2014年5月21日判時2277号1223頁. 청구 일부인용)]. 그러나 최고재판소는 자위대기의 운항과 관련되는 방위대신의 권한 행사는 예방적 금지소송의 대상인 '처분 그 밖의 공권력의 행사에 해당하는 행위'라고 해석한 후에 예방적 금지소송을 적법하다고 판단하고 본안심리를 하였다[청구는 기각 → 행정사건과 민사사건, 아쓰기 기지 소송 최고재판소 판결, 2016년 판결(제2부 제2장 제4절 제3관), 예방적 금지소송, 소송요건, 중대한 손해 등(제4절 제2관)].

### (3) 의무 부존재확인소송

의무 부존재확인소송이 법정 외 항고소송으로 판단된 사안이 있다. 국가 제창의무 부존재확인 등 청구 사건 상고심 판결(最判2012年2月9日民集66巻2号183頁)은 직무명령에 따르지 않을 의무의 부존재확인소송은 법정 외 항고소송으로서 병합제기된 법정 예방적 금지소송과의 관계에서 부적법하다고 판단하는 한편, 처우상의 불이익을 이유로 하는 청구에 관해서는 적법하다고 판단했다. 또한, 명령 복종의무의 부존재확인청구 사건 상고심 판결(最判2019年7月22日民集73卷3号245頁)에서 최고재판소는 방위 출동의 임무 수행 명령을 받을 우려가 있다고 하여 제기된 의무 부존재확인의 소는 법정 외 항고소송이라고 해석했다. 다만, 법정 예방적 금지소송이 제기되지 않았던 점에서 최고재판소는 '예방적 금지의 소보다도 완화된 소송요건으로 이것이 허용되는 것이라고는 해석할 수 없다'고 하면서 일정한 요건 아래 법정 외 항고소송을 적법하다고 해석할 여지를 인정한 것으로 해석된다[→ 당사자소송, 실질적 당사자소송, 확인소송의 소송요건, 방법 선택의 적절성(확인소송의 보충성)(제3장 제2절)].

# 제3장  당사자소송

## 제1절  개론

### 제1관  2가지의 당사자소송

행정사건소송법은 당사자소송으로서 (ⅰ) 당사자 간의 법률관계를 확인하거나 형성하는 처분 또는 재결에 대한 소송으로 법령의 규정에 따라 그 법률관계 당사자의 일방을 피고로 하는 것과, (ⅱ) 공법상의 법률관계에 관한 확인의 소 그 밖의 공법상의 법률관계에 관한 소송의 2가지를 규정하고 있다. 전자를 형식적 당사자소송, 후자를 실질적 당사자소송이라고 한다(행소법 4조).

### 제2관  행정소송으로서의 성격

행정사건소송법은 행정청의 공권력 행사에 해당하는 행위의 적법·위법을 다투는 항고소송과 공법상의 법률관계에 관한 당사자소송을 나란히 두어 이원적 구조를 취하고 있다. 그리고 실질적 당사자소송은 소송물이 '공법상의 법률관계'라는 점에서 민사소송과 구별된다. 실질적 당사자소송에 대하여 형식적 당사자소송은 형식적으로는 당사자소송의 형태를 취하지만, 그 내용은 보상금액 등과 관련되는 행정결정에 대한 불복의 소송이고, 실질적으로는 전형적인 행정소송인 항고소송에 속한다고 해석되고 있다.

## 제3관  입법의 경위 등

### (1) 입법 당시의 이해

행정사건소송법의 입법자는 (ⅰ) 실체법상 공법과 사법의 구별이 있는 점, (ⅱ) 공권력의 행사와 관련되는 법률관계와 공권력 행사의 요소를 가지지 않는 공법적인 특성을 가지는 법률관계가 있는 점을 전제로 항고소송과 당사자소송(실질적 당사자소송)을 구별했다. 다만, (ⅰ) 공법·사법의 이원론이 판례·학설에서 영향력을 상실한 점, (ⅱ) 당사자소송에 준용되는 절차적 규정의 중요성은 작은 점에서 당사자소송의 의의를 소극적으로 평가하는 학설이 다수가 되었다.

### (2) 행정사건소송법의 개정

한편, (ⅰ) 행정수요의 증대와 행정작용의 다양화에 따라 행정입법, 행정계획, 행정지도 등 다양한 형식의 행정활동의 비중이 증가한 점, (ⅱ) 국민의 권리구제 제도를 충실하게 할 필요가 있다는 인식도 심화된 점에서, 이 다양한 수단들에 근거하는 행정활동과 관련되는 구제의 절차를 마련하는 것이 중요하다는 견해는 점차 유력해졌다. 또한, 이 활동들은 행정청의 공권력 행사에 해당하지 않는다고 생각되는 경우가 많고, 처분성의 충족을 전제로 한 항고소송만으로는 국민의 권리·이익의 실효적인 구제를 도모하기 곤란한 경우가 생겼다.

그래서 행정사건소송법을 개정할 때 '공법상의 법률관계에 관한 확인의 소'가 당사자소송 중 하나의 유형으로 명시되었다. 공법상의 법률관계에 관한 소송에 '공법상의 법률관계에 관한 확인의 소'가 포함되는 점을 법문상 명확히 함으로써 항고소송의 대상이 되지 않는 것을 포함하는 다양한 행정활동으로 인하여 발생한 분쟁을 해결할 때, 확인소송을 활용해야 한다는 입법자의 입장이 제시되었다(행소법 4조).

# 제2절  실질적 당사자소송

## 제1관  급부소송과 확인소송

실질적 당사자소송은 '공법상의 법률관계에 관한 확인의 소 그 밖의 공법상의 법률관계에 관한 소송'을 말한다(행소법 4조). 행정사건소송법은 공법상 당사자소송의 유형을 한정하여 열거하고 있지 않기 때문에 실질적 당사자소송의 유형에는 민사소송법에서 말하는 급부소송과 확인소송이 포함된다(형성소송이 인정되기 위해서는 법률의 특별한 규정이 필요하다). 급부소송의 전형적인 예는 과세처분의 무효를 원인으로 하는 과오납금의 반환청구소송, 공무원 급여의 지급을 구하는 소송, 헌법 29조3항 등을 근거로 하여 행정주체에 대하여 하는 손실보상 청구소송이다.

## 제2관  확인소송의 소송요건

### (1) 확인의 이익(개설)

개정법은 확인소송을 명시할 때 확인소송의 대상과 확인의 이익에 관하여 특별한 규정을 두고 있지 않다. 따라서 그 적법성은 기본적으로는 민사소송에 준하여 검토된다(행소법 7조). 민사소송에서 확인의 이익은 '원고의 권리 또는 법률적 지위와 관련되는 불안이 현재 존재하고, 그 불안을 제거하는 방법으로서 원고·피고 간에 그 소송물인 권리 또는 법률관계의 존재 여부에 관해 판결하는 것이 유효하고 적절한 경우'에 인정된다. 이렇게 확인의 이익의 유무는 (ⅰ) 즉시 확정의 현실적 필요(분쟁의 성숙성), (ⅱ) 대상 선택의 적절성, (ⅲ) 방법 선택의 적절성(확인소송의 보충성)을 기준으로 하여 판정된다[高橋宏志『民事訴訟法槪論 2 版 補訂』(有斐閣·2016)79頁].

### (2) 즉시 확정의 현실적 필요(분쟁의 성숙성)

즉시 확정의 현실적 필요는 민사소송법학상 '원고의 권리 또는 법적 지위에 현재 불안이 존재할 것'으로 표현된다. 실질적 당사자소송으로서 확인소송에 관하여 최고재판소를 비롯한 재판례에서 개정 행정사건소송법의 취지를 고려하여 원고의 권리·이익의 실효적 구제를 도모할 필요가 인정될 때 분쟁의 성숙성을 유연하게 인정하는 판단을 제시하고 있다.

예를 들면, 재외 일본인 선거권 박탈 위법확인 등 청구 사건 상고심 판결(最大判2005年9月14日民集59卷7号2087頁)은 중의원의 소선거구에 한정하여 당분간 재외 일본인에게 선거권의 행사를 인정하지 않았던 공직선거법(1950法100)의 규정(당시. 같은 법 부칙 8항)이 헌법에 위반된다고 하여 재외 일본인이 다음 총선거에서 소선거구의 선거권을 가지는 것의 확인을 구하는 사안에 관한 것이다. 이 판결에서 최고재판소는 선거권이라는 권리·이익의 특성에 착안하여 확인의 이익을 긍정했다.

이 판결에서 최고재판소는 (ⅰ) 선거권은 행사할 수 없다면 의미가 없는 것인 점, (ⅱ) 침해를 당한 후에 다투는 것으로는 권리행사의 실질을 회복할 수 없는 성질의 것인 점, (ⅲ) 선거권의 중요성을 지적하고, 확인의 이익을 긍정했다.

### (3) 대상 선택의 적절성

확인의 대상은 원칙적으로 현재의 권리 또는 법률관계이어야 한다. 다만, 분쟁의 직접적이고 근본적인 해결을 위하여 적절하고 필요한 경우에는 예외가 인정된다. 또한, 행정주체에 대한 국민의 지위는 권리 또는 법률관계로 환원하기 어려운 경우가 적지 않은 점에서도 행정활동의 위법 또는 무효의 확인의 소도 배제되어서는 안 된다고 주장되고 있다(다만, 권리·의무 관계의 확인의 소가 기본이 되어야 할 것이다).

이 점에 관하여 재외 일본인 국민심사권 확인 등 청구 사건 상고심 판결(最大判2022年5月25日民集76卷4号711頁)은 최고재판소 재판관 국민심사법(1947法136. 이하 '국민심사법'이라 한다)이 재외 국민에게 최고재판소 재판관의 국민 심사와 관련되는 심사권의 행사를 인정하지 않고 있는 것은 헌법 15조1항, 79조2항·3항에 위반된다고 판단했다. 다만, 이 판단은 국민심사법의 일부 규정을 무효로 해석함으로써 같은 법이 재외국민에게 심사권을 인정하고 있다는 판단을 도출할 여지는 없고, 재외국민에게 심사권을 부여하기 위해서는 새로운 입법 조치가 필요했다는 사례에 관한 것이었다는 점에 유의할 필요가 있다.

또한, 최고재판소는 심사권을 가지는 지위의 확인청구에 관해서는 이러한 청구도 유효하고 적절한 수단이지만, 국민심사법상으로는 지위가 인정되고 있다고 해석할 수 없는 점에서 기각이 상당하다고 판단하고, 청구를 각하한 원심(東京高判最判2020年6月25日民集76巻4号887頁)에 대한 원고의 부대상고를 불이익 변경 금지의 원칙에 근거하여 배척했다.

### (4) 방법 선택의 적절성(확인소송의 보충성)

확인소송은 확인소송 이외의 분쟁 해결이 가능한 경우에는 원칙적으로 허용되지 않는다는 의미에서 보충성이 있다. 일반적으로는 일정한 불이익처분이 당연히 예측될 수 있는 경우에는 예방적 금지소송이 적합하다. 한편, 처분 이외의 형태로 불이익이 예측되는 경우 등에서는 확인소송이 적합하다고 말하게 된다.

기미가요 소송 상고심 판결[最判2012年2月9日民集66巻2号183頁→ 예방적 금지소송, 소송 요건, 기미가요 소송 상고심 판결(제2장 제4절)]에서 최고재판소는 (ⅰ) 국가(國歌) 제창 등을 의무화하는 직무명령에 따를 의무의 부존재 확인의 소에 관하여 징계처분의 예방을 목적으로 하는 것은 무명 항고소송의 성격도 가지는 점에서 처분의 예방적 금지소송과의 관계에서 보충성에 관련되는 요건을 갖추지 못하여 부적법하다고 하면서, (ⅱ) 처분 이외의 처우상 불이익(승급 등에서 불이익)을 예방하는 것을 목적으로 하는 것은 소송 선택에서 유효하고 적절하다고 하여 소의 적법성을 인정했다.


최고재판소의 이 판결에 대해서는 처분의 예방적 금지소송과의 관계에서 처분의 예방적 금지를 구할 목적으로 제기된 의무 부존재 확인소송은 법정 외 항고소송으로서 부적법하다고 한 것에 대한 비판이 있다. 동일한 분쟁에 대한 소송을 이러한 형태로 구별하여 이해하는 것은 문제라는 것이다. 다만, 처분의 예방적 금지소송을 적법한 것으로 해석하는 이상은 동일한 분쟁에 대하여 당사자소송과의 역할 분담을 명확히 할 필요가 있다. 다만, 소의 이익의 판단과 실체적 심리를 할 때 분쟁을 일체적으로 파악하여 판단하고 원고를 불리하게 취급하지 않는 것에 배려할 필요는 있을 것이다.

또한, 명령 복종의무 부존재 확인청구 사건 상고심 판결(最判2019年7月22日民集73巻3号245頁)에서도 최고재판소는 방위 출동의 임무를 수행할 명령을 받을 우려가 있다고 하여 제기된 의무 부존재 확인의 소는 법정 외 항고소송에 해당한다고 해석하고 있다[→ 실질적 당사자소송, 확인소송의 소송요건, 방법 선택의 적절성(확인소송의 보충성, 제3장 제2절 제2관)].

## 제3관　취소소송 규정의 준용 등

### (1) 취소소송 규정의 준용

행정사건소송법은 출소기간의 규정이 있는 당사자소송(현행법에서는 형식적 당사자소송에 한정된다)에 관한 규정(행소법 40조)를 두는 외에 실질적 당사자소송과 형식적 당사자소송의 구별 없이 어떤 취소소송의 규정이 당사자소송에 준용되는지에 관하여 규정하고 있다(행소법 41조).

구체적으로는 ( i ) 심리의 특칙[직권증거조사(행소법 24조), 석명처분의 특칙(행소법 23조의2)], ( ii ) 구속력(행소법 33조1항), ( iii ) 소송비용 재판의 효력(행소법 35조)이다. 또한, 석명처분 특칙의 규정은 당사자소송에서 처분 또는 재결의 이유를 명확히 하는 자료의 제출에 관하여 준용된다(행소법 41조1항).

또한, 관련 청구와 관련되는 여러 규정에 관해서도 당사자소송과 해당 소송의 관련 청구소송 간에서 이송·병합에 관하여 준용된다(행소법 41조2항. 13조, 16조~19조).

### (2) 기타

공법상의 당사자소송에 관해서는 민사 보전법(1989年法91)상의 가처분 제도가 적용된다. 다만, 처분의 효력에 직접 저촉되는 가처분은 행정사건소송법 44조에 따라 허용되지 않는다.

## 제3절　형식적 당사자소송

### 제1관　의의

형식적 당사자소송은 실질적으로는 처분 또는 재결에 대한 불복의 소송인 점에서 항고소송과 공통되는 성격을 가짐에도 불구하고 법령의 규정에 따라 당사자 간의 법률관계에 관한 소송의 형식이 취해지는 것이다(행소법 4조).

## 제2관  입법례

### (1) 손실보상 관계

토지수용법(1951法219)상의 보상금액에 관련되는 토지수용위원회의 재결과 같이 보상해야 하는 자(기업자 등)와 보상을 받을 자(토지소유자 등)의 양 당사자에 대하여 제삼자인 행정기관이 손실보상액과 관련되는 결정(또는 재정)을 내리고, 이 결정에 불복이 있는 경우에는 양 당사자 간의 법률관계를 대상으로 하는 소송으로 해결한다는 구조를 취하는 것이 있다. 보상금액에 관해서는 양 당사자 간의 재산상의 다툼이라는 실질을 가지므로 양 당사자가 다투게 하는 것이 적당하기 때문이라고 설명되고 있다[토지수용법 133조 → 손실보상과 소송, 토지수용법 등의 경우(제3편 제2부 제5장 제2절)].

### (2) 지적재산법 등

특허청 장관이 특허발명의 실시권을 둘러싼 분쟁에 재정(裁定)을 내린 때에 대가액에 불복이 있는 자는 통상실시권자 또는 특허권자 등을 피고로 하여 그 금액의 증감을 구하는 소송을 제기한다. 당사자 간의 금전상의 다툼인 점에서 당사자 간의 소송의 형식을 취한다(특허법 83조2항·92조3항·4항·93조2항. 추가로 참조, 183조·184조). 같은 종류의 소(訴)는 농지법(1952法229) 55조, 저작권법(1970法48) 72조 등에도 예가 있다[→ 손실보상과 소송, 토지수용법 등의 경우(제3편 제2부 제5장 제2절)].


## 제3관  통지·출소기간

형식적 당사자소송이 제기되었을 때 재판소는 그 처분 또는 재결한 행정청에 출소의 통지를 한다(행소법 39조). 형식적 당사자소송은 통상 법령에 출소기간의 규정이 있다(출소기간이 지난 경우의 구제 기준은 같은 법 40조에 규정되어 있다). 이상과 같이, 형식적 당사자소송의 실질은 처분 또는 재결을 다투는 항고소송이고, 판결의 구속력은 관계 행정청에 미친다(행소법 41조1항·33조1항).

## 제4관  취소소송 규정의 준용

취소소송 규정의 준용에 관하여 행정사건소송법은 출소기간의 규정이 있는 당사자소송(현행법에서는 형식적 당사자소송에 한정된다)에 관한 규정을 두는 외에 실질적 당사자소송과 같은 취급을 하고 있다[→ 실질적 당사자소송, 취소소송 규정의 준용(제2절)].

# 제4장  민중소송 · 기관소송

## 제1절  민중소송의 구체적인 예-주민소송

### 제1관  주민소송

민중소송의 개요에 관해서는 이미 말했다[→ 행정소송, 행정소송의 개념, 주관소송과 객관소송(제2부 제1장 제1절), 행정사건소송의 유형(2), 민중소송과 기관소송, 민중소송(제2부 제2장 제3절)]. 이 절에서는 이용하는 예가 많고, 판례가 축적된 주민소송의 제도에 관하여 설명하기로 한다.

### 제2관  제도의 개요

#### (1) 의의

주민소송이란 ( i ) 지방자치단체의 집행기관 · 직원에 의한 위법한 공금의 지출, 재산의 관리 등을 예방하거나 사후의 시정을 도모하고, 주민 전체의 이익을 옹호하기 위하여, ( ii ) 특히, 지방자치법(1947法67)에 따라, ( iii ) 소송의 대상 사항을 같은 법 소정의 재산 · 회계상의 위법한 행위 또는 게을리 한 사실에 한정하여, ( iv ) 해당 지방자치단체의 구성원인 주민에게 출소를 인정한 것이다. 지방자치단체 및 도(都)의 특별구의 주민은 단독으로 소송을 제기할 수 있고, '주민'에는 외국인과 법인도 포함된다.

이 제도는 미합중국의 납세자소송(taxpayers' suits)을 참고로 하여 도입된 것이다. 다만, 미국과 달리 일본에서는 민중소송으로서 정리되었다.

또한, 지방자치법은 주민소송의 전치절차로서 주민 감사청구 제도를 두고 있다. 주민 감사청구 제도도 감사청구인의 자격을 해당 지방자치단체의 주민으로 규정하고 있고(자치법 242조), 민중소송 제도이다.

## (2) 제도의 목적

주민소송 제도의 목적은 ( i ) 주민의 지방자치에 대한 참정 수단을 마련하고, ( ii ) 소송을 통하여 지방자치단체 주민 전체의 이익을 옹호하며, ( iii ) 위법한 지방 재무의 관리·운영을 사법적으로 통제하는 것에 있다고 생각되고 있다.

이 취지를 말한 최고재판소의 판결로서 아이치현(愛知県)을 대위하여 행하는 손해배상 청구 사건 상고심 판결(最判1978年3月30日民集32巻2号485頁)이 있다.

## (3) 재무회계 행위, 게을리하는 사실

주민소송의 전치절차로서 주민 감사청구에 관하여 지방자치법은 ( i ) 위법 또는 부당한 공금의 지출, 재산의 취득·관리 또는 처분, 계약의 체결·이행 또는 채무 그 밖의 의무 부담이 있다고 인정하는 때(해당 행위가 있을 것이 상당히 확실하게 예상되는 경우를 포함한다) 또는 ( ii ) 위법 또는 부당하게 공금의 재무·징수 또는 재산의 관리를 게을리하는 사실이 있다고 인정하는 때에 감사청구를 할 수 있다고 규정하고 있다. 통상 ( i )을 위법 또는 부당한 재무회계 행위라고 부르고, ( ii )를 '게을리하는 사실'이라고 부르고 있다(자치법 242조). 감사청구를 한 주민은 감사 결과 등에 불복이 있는 때 등에 위법한 재무회계 행위 또는 게을리하는 사실에 대하여 주민소송을 제기할 수 있다(같은 법 242조의2제1항).

## (4) 주민소송의 유형

주민소송에는 4가지 유형이 있다. 즉, ( i ) 집행기관 또는 직원에 대한 행위의 전부 또는 일부의 중지 청구(자치법 242조의2제1항1호. 같은 조 6항), ( ii ) 행정처분인 행위의 취소 또는 무효확인의 청구(자치법 242조의2제1항2호), ( iii ) 집행기관 또는 직원에 대한 게을리하는 사실의 위법확인의 청구(같은 항 3호), ( iv ) 지방자치단체의 집행기관 또는 직원에 대하여, 해당 직원이나 해당 행위 또는 게을리하는 사실에 관련되는 상대방에게 손해배상 또는 부당이득반환의 청구를 할 것을 요구하는 청구(같은 항 4호)이다.

지방자치법의 개정(2002年法4) 전에는 4호 청구는 지방자치단체의 주민이 ( i ) 지방자치단체를 대위하는 형태로, ( ii ) 지방자치단체의 직원 및 재무회계 행위 등의 상대방에 대하여, ( iii ) 손해배상·부당이득반환을 구하는 소송의 형식이었다(대위소송). 이에 대하여, 피고가 되는 직원 등의 응소의 부담은 과중하다는 비판이 있어 개정되었다(다음 표를 참조).

**【4호 소송의 개정】**

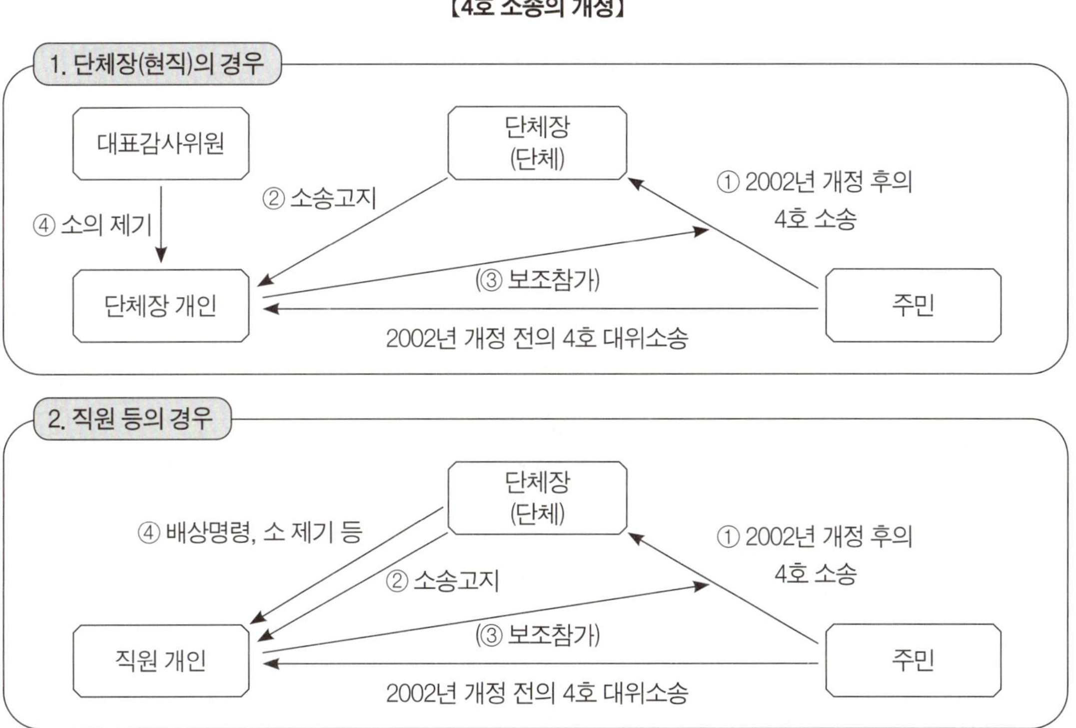

### (5) 주민소송을 이용한 예

주민소송의 대표적인 예는 지방자치단체의 재무회계 행위 등이 재무회계 법규에 위반되는지를 묻는 것이다. 나아가, 지방자치단체의 재무회계 행위 등이 지방자치법 2조14항(최소한의 경비, 최대 효과의 원칙), 같은 법 232조의2(기부·보조금의 지출에 공익성을 요구하는 규정), 지방재정법 4조1항(목적과 지출의 비례성을 요구하는 규정) 등 지방행정 운영과 관련되는 일반원칙에 위반되는지를 문제로 한 소송도 있다.

또한, 재무회계 행위에 선행하는 결정에서 정책 판단의 위법성을 다투는 유형인 것도 있다. ( i ) 정교분리 원칙을 다투는 일련의 소송은 그 전형적인 예이다. 그 외에 최고재판소는 ( ii ) 공유수면매립 사업면허가 환경보호 법령에 위반되기 때문에 매립공사에 공금을 지출하는 것은 위법하다고 하여 제기된 주민소송(1호 청구)에 관하여 면허의 적법성에 들어가 판단을 내리고 있다.

( i )에 관해서는 행정처분 취소 등 청구 사건 상고심 판결[最大判1977年7月13日民集31卷4号533頁(쓰지친사이 소송 상고심 판결)]이 ( ii )에 관해서는 매립 중지청구 사건 상고심 판결(最判1993年9月7日民集47卷7号4755頁)이 있다(오다가하마 소송 상고심 판결).

또한, 재무회계 행위에 선행하는 행위의 위법성을 다툴 때도 ( i ) 선행하는 행위의 결정을 한 자가 재무회계 행위를 한 단체장의 내부 조직으로부터 독립한 기관에 속하고 있는 사안, ( ii ) 선행하는 행위로 발생한 의무의 이행으로서 재무회계 행위가 행해진 사안 등에서는 재판소의 통제는 해당 재무회계 행위에 관하여 위법성이 있는지 등의 심리에 한정된다고 하는 최고재판소의 판단이 있다.

( i )에 관하여 손해배상청구 사건 상고심 판결(最判1992年12月15日民集46卷9号2753頁)이 있다(1일 교장 사건 상고심 판결. 교육위원회가 한 교장승격처분과 지사의 퇴직금지급 행위). 또는 ( ii )에 관해서는 最判2008年1月18日民集62卷1号1頁가 있다(토지개발공사 선행취득계약사건 상고심 판결. 토지개발공사가 시의 위탁에 근거하여 한 토지의 선행취득

시의 위탁계약과 해당 토지를 시가 토지개발공사로부터 구입할 때에 체결한 매매계약).
후자에서 최고재판소는 ( i ) 위탁계약을 무효로 해야 하는 때, ( ii ) (α) 위탁계약의 취소
권·해제권을 시가 가지는 때, (β) 위탁계약을 시가 취소할 수 있는 특수한 사정이 있는 때
에 한정하여 시의 매매계약의 체결은 위법해진다고 판단했다.


## ⑹ 손해배상책임의 일부 면제의 구조

주민소송 중 4호 청구를 둘러싸고는 지방자치단체의 장과 직원 등이 개인 자산으로 변제
할 수 없는 금액의 손해배상책임이 인정될 가능성은 있고, 거액의 손해배상책임이 인정된 재
판례도 나타난 점에서 단체장과 직원 등에게 가혹하다는 의견도 지방자치단체의 관계자 등
으로부터 제기되었다. 또한, 주민 감사청구를 하거나 주민소송에서 재판소가 손해배상책임
을 인정한 경우, 지방자치단체 의회 측에서 채권 포기의 의결을 하거나 조례를 제정하는 등
으로 단체장이나 직원 등의 책임의 면제를 도모하는 사례가 나타나고, 나아가 의결이나 조례
제정의 유효·무효가 주민소송에서 다투어지는 등의 사례도 발생했다.


대표적인 판례로서 最判2012年4月20日民集66巻6号2583頁(고베시) 등이 있다. 이 판결
에서 최고재판소는 채권 포기의 판단은 의회의 재량권에 기본적으로 위임되어 있다고 하면
서, 재무회계 행위 등의 성질, 내용, 원인, 경위 및 영향, 의결의 취지 및 경위, 청구권의 포
기 등의 영향, 주민소송의 계속 여부 등을 종합적으로 고려하여 지방자치단체의 민주적이
고 실효적인 행정 운영의 확보를 취지로 하는 지방자치법의 취지 등에 비추어 포기가 재량
권의 일탈 또는 남용에 해당한다고 판단되는 경우는 있다고 판단했다.


이상의 경위를 고려하여 지방자치법 등의 일부를 개정하는 법률(2017年54)로 우선 ( i ) 지
방자치단체의 장의 내부통제에 관한 방침의 수립(자치법 150조) 등과 관련되는 규정의 정
비를 통하여 지방자치단체의 내부통제가 강화되었다(또한, 자치법 198조의3 이하, 119조11
항·12항, 233조7항을 참조).

또한, 이 조치들과 함께 ( ii ) 청구권 포기와 관련되는 의결의 기준이 정비되고, 동시에 ( iii )

손해배상책임의 일부 면제의 기준도 도입되었다. 우선, (ⅱ)에 관해서는 지방자치단체의 의회는 주민이 감사청구를 한 후에 손해배상 또는 부당이득 반환의 청구권 등의 포기 의결을 하려는 때에는 미리 감사위원의 의견을 들어야 하고, 감사위원 의견의 결정은 합의에 의하도록 되었다(개정 후의 242조10항·11항). 다음으로, (ⅲ)에 관해서는 단체장 등이 선의이고 중대한 과실이 없는 때에 지방자치단체는 조례로 배상책임액에서 단체장 등의 직책 등을 고려하여 정령으로 정하는 기준을 참작하여 정령으로 정하는 금액 이상으로 조례로 정하는 금액을 공제하여 얻은 금액을 면제할 수 있는 취지를 정할 수 있다. 또한, 조례의 제정·개폐에 관한 의결에도 (ⅱ)와 같은 절차가 요구된다(개정 후의 243조의2).

## 제3관  주민소송의 소송요건 등

### (1) 원고적격

지방자치단체의 주민은 해당 단체의 재무회계 행위에 관한 주민소송의 원고적격을 가진다(자치법 242조의2제1항). 주민이면 국적, 나이, 자연인, 법인을 묻지 않는다. 원고가 소송 중에 주민이 아니게 된 경우에는 소는 각하된다.

### (2) 주민 감사청구의 전치

주민소송을 제기하기 위해서는 적법한 감사청구를 거쳐야 한다(자치법 242조의2제1항). 감사청구의 대상은 사법(私法)상의 행위가 많지만, 지방자치단체의 행위인 이상, 법적 안정성의 관점에서 조기에 확정하는 것이 바람직하다. 그래서 감사청구 기간은 해당 행위가 있었던 날 또는 끝난 날부터 1년으로 되어 있다[자치법 242조2항 본문. 정당한 이유가 있는 때는 예외로 되어 있다(같은 항 단서)]. 또한, 게을리하는 사실에 관련되는 감사청구에 관해서는 출소기간 제한의 적용은 없다.

### (3) 출소기간

지방자치법에서는 청구에 대한 감사위원의 대응과 감사위원의 권고를 받은 의회 등의 대응의 차이에 착안하여 4가지의 기준일을 마련하고, 각각에 관하여 해당 기준일부터 30일의 출소기간을 정하고 있다(상세에 관하여 자치법 242조의2제2항).

### (4) 공동소송 및 별소의 금지

주민소송 판결의 효력은 지방자치단체의 전체 주민에게 미치기 때문에 복수의 주민이 제기한 주민소송은 유사 필요적 공동소송이다[토지매매 무효확인청구 사건 상고심 판결(最判1983年4月1日民集37卷3号201頁)]. 또한, 주민소송이 이미 계속 중인 때에는 지방자치단체의 다른 주민은 적법한 감사청구를 거쳐도 별소로 동일한 청구를 할 수 없다(자치법 242조의2제4항).

## 제4관   소송의 종료

### (1) 판결의 효력

주민소송이 주민 전체를 위하여 제기되는 소송인 점에서 그 판결의 기판력은 권리·의무의 귀속 주체인 지방자치단체, 나아가 당사자가 된 주민 이외의 해당 지방자치단체의 전체 주민에게 미치는 것으로 해석된다[손해배상 대위청구 사건 상고심 판결(最大判1997年4月2日民集51卷4号1673頁)].

### (2) 원고 주민의 변호사 비용

주민소송의 원고가 승소(일부 승소를 포함한다)한 경우, 변호사 또는 변호사법인에 보수를 지급해야 하는 때에는 해당 지방자치단체에 보수액의 범위에서 상당하다고 인정되는 금액의 지급을 청구할 수 있다(자치법 242조의2제12항).

## 제5관   준용 규정

( i ) 처분·재결의 취소를 구하는 1호 청구에 관해서는 취소소송의 규정(행소법 9조·10조1항을 제외한다)이, ( ii ) 처분·재결의 무효의 확인을 구하는 2호 청구에 관해서는 무효등확인소송의 규정(행소법 36조를 제외한다)이, ( iii ) 3호 청구, 4호 청구에 관해서는 당사자소송의 규정(행소법 39조·40조1항을 제외한다)이 준용된다(행소법 43조).

## 제2절  기관소송의 구체적인 예

### 제1관  개설

기관소송의 객관소송으로서의 성격이나 기관소송에 관련되는 입법례에 관해서는 행정소송 제도의 처음 부분에서 설명했다[→ 행정소송, 행정소송의 개념, 주관소송과 객관소송(제2부 제2장 제1절), 행정사건소송, 행정사건소송의 종류(2), 민중소송과 기관소송, 기관소송(제2부 제2장 제3절)]. 이 절에서는 ( i ) 국가·지방 분쟁 처리와 관련되는 소송, ( ii ) 지방자치단체의 부작위에 관한 국가 등의 소에 관하여 해설한다.

### 제2관  국가의 관여, 도·도·부·현의 관여 등에 관한 소송

#### (1) 국가의 관여, 도·도·부·현의 관여

국가의 관여, 도·도·부·현의 관여에 대한 소송은 1999년의 제1차 지방분권개혁의 일환으로서 마련되었다[지방분권의 추진을 도모하기 위한 관계 법률의 정비 등에 관한 법률(1999年法87) 1조]. 제1차 지방분권개혁에서는 지방자치단체에 대한 국가, 도·도·부·현의 관여를 폐지·감축하는 기조에서 법정주의, 일반법주의, 공정·투명성 확보의 관점에서 규정을 정비하고, 국가 또는 도·도·부·현의 관여 중 국가의 행정기관이 하는 것(이하, '국가의 관여'라 한다)에 관하여 국가·지방 분쟁 처리의 제도를 마련했다(자치법 245조 이하. 도·도·부·현 기관의 관여에 관하여 자치법 251조 이하 참조).

#### (2) 국가·지방 분쟁 처리 제도

국가·지방 분쟁 처리의 제도는 다음과 같다.

① 위원회에 대한 심사의 신청

우선, 지방자치법에 따르면 지방자치단체에 대한 국가의 관여에 불복이 있는 경우 지방자치단체의 장 그 밖의 집행기관은 국가·지방 분쟁 처리위원회에 심사를 신청할 수 있다(자치법 250조의13).

관여에는 조언 또는 권고, 자료 제출의 요구, 동의, 허가·인가 또는 승인, 협의 등 외에 자치사무이면 시정의 요구·권고, 법정수탁사무이면 시정의 지시, 대집행 등이 있다.

② 소송의 제기

지방자치단체의 장 그 밖의 집행기관은 ( i ) 국가·지방 분쟁 처리위원회의 심사 결과 또는 권고에 불복이 있는 때, ( ii ) 권고를 받은 국가 행정청의 조치에 불복이 있는 때, ( iii ) 심사를 신청한 날부터 90일이 경과해도 위원회가 심사하거나 권고하지 않는 때, ( iv ) 국가의 행정청이 위원회의 권고에 따라 필요한 조치를 강구하지 않는 때에는 고등재판소에 심사 신청의 상대방이 된 국가의 행정청을 피고로 하여 위법한 관여의 취소 또는 심사의 신청에 관련되는 국가의 부작위 위법 확인을 구할 수 있다(자치법 251조의5제1항 본문).

시·정·촌장 등에 대한 도·도·부·현의 관여에 관해서는 자치 분쟁 처리위원회에 심사를 신청한다(자치법 251조의3). 그리고 심사의 결과 또는 권고 등에 불복이 있는 경우, 심사하거나 권고하지 않는 등의 경우에는 고등재판소에 심사 신청의 상대방이 된 도·도·부·현의 행정청을 피고로 하여 소송을 제기할 수 있다(자치법 251조의6).

### (3) 최근의 최고재판소 판결

국가의 관여와 관련되는 최고재판소 판결로서 지방세법(1950法226) 37조의2제2항에 근거하는 총무대신의 지정(특례 공제 대상 기부금=‘고향 납세’의 기부처의 지정)을 시(市)가 받지 못했기 때문에 시가 제소한 사안에 관한 판결(最判2020年6月30日民集74巻4号800頁)이 있다. 최고재판소는 미지정의 근거 규정인 총무성 고시(2019告示179)는 지정제도를 도입하는 법 개정 전의 실적을 이유로, 지정기간 내에 기부금의 모집을 적정하게 받을 가능성이 있는지와 관계없이, 지정하지 않는다는 것이고, 지방세법의 관련 규정 및 위임의 취지를 일탈한다고 판단했다.

## 제3관  지방자치단체의 부작위에 관한 소

### (1) 부작위에 대한 국가 등의 소

위의 소송은 국가·도·도·부·현의 관여에 관하여 지방자치단체 측에서 재판소에 제소하는 것을 인정하는 제도이다. 이에 비하여, 지방자치단체의 부작위에 대한 국가의 소송제도, 시·정·촌의 부작위에 관한 도·도·부·현의 소송제도가 있다[자치법 251조의7·252조. 지방자치법 개정(2012法72호)에 따라 창설]. 이에 따라 국가·도·도·부·현은 고등재판소에 시정의 요구 또는 지시를 받은 지방자치단체의 부작위에 관하여 부작위 중인 해당 지방자치단체의 행정청을 피고로 하여 부작위의 위법확인을 구하는 소를 제기할 수 있다.

### (2) 개요

예를 들면, 국가가 소송을 제기할 수 있는 경우는 (ⅰ) 지방자치단체의 장, 그 밖의 집행기관이 시정의 요구, 지시에 대하여 국가·지방 분쟁 처리위원회에 심사를 신청하지 않고, 시정의 요구, 지시에 따른 조치를 강구하지 않는 때, (ⅱ) 지방자치단체의 장 그 밖의 집행기관이 심사를 신청하지 않은 경우에서 (α) 국가·지방 분쟁 처리위원회가 심사의 결과, 권고를 단체장 등에게 통지한 때에 시정의 요구, 지시에 대한 소송을 제기하지 않고, 시정의 요구, 지시에 따른 조치를 하지 않는 때, (β) 국가·지방 분쟁 처리위원회가 심사를 신청한 날부터 90일이 경과해도 심사 또는 권고를 하지 않는 때에 단체장 등이 시정의 요구, 지시에 대한 소를 제기하지 않고, 시정의 요구, 지시에 다른 조치를 강구하지 않는 때이다.

### (3) 헤노코(辺野古) 연안부 매립면허 취소 사건

위법확인청구소송의 예로서는 지방자치법 251조의7제1항의 규정에 근거하는 부작위의 위법확인청구 사건 상고심 판결(最判2016年12月20日民集70卷9号2281頁)이 있다. 오키나와 방위국에 오키나와현 지사가 부여한 헤노코 연안부에 대한 공유수면 매립면허(법정수탁사무)를 새로 당선된 지사가 취소함에 따라, 국토교통대신이 취소결정의 취소를 요구하는 시정의 지시를 하고, 지사가 따르지 않았기 때문에 같은 대신이 해당 소송을 제기했다. 판결에서 최고재판소는 전 지사의 판단은 공유수면 매립법(1921法57) 4조1항1호(국토이용의 적정·합리성), 같은 항 2호(환경보전 등에 대한 배려)에 비추어 위법·부당한 점은 없고, 시정

의 지시로부터 상당한 기간이 지났다고 판단했다[2심 판결(청구인용)에 대한 현의 상고를
기각].

또한, 최고재판소는 직권취소는 처분의 부당을 이유로 할 수 있다고 했지만, 면허(수익처
분)의 취소에는 위법에 준하는 부당함이 필요하다고 한 것으로 해석된다(最高裁判所判例解
説民事編·2016年度591頁은 취소 일반에 유사한 필요성이 있어야 한다고 했으나 의문이다).

### 제4관  준용 규정

기관소송 중에서 (ⅰ) 처분·재결의 취소를 구하는 것에는 취소소송의 규정(행소법 9
조·10조1항을 제외한다)이, (ⅱ) 처분·재결의 무효 확인을 구하는 것에는 무효등확인소
송의 규정(행소법 36조를 제외한다)이 (ⅲ) 그 이외의 것에는 당사자소송의 규정(행소법 39
조·40조를 제외한다)이 준용된다(행소법 43조).

# 제5장  가구제(假救濟)

## 제1절  개론

민사소송과 마찬가지로 항고소송과 당사자소송에서도 가구제의 제도를 둘 필요가 있다.

기관소송, 민중소송에 관해서는 제도가 다양한 점에서 가구제를 일률적으로 논하기는 어
렵다. 또한, 주민소송 중 재무회계 행위의 중지를 구하는 가처분의 가부에 관해서는 논의가
있었지만, 지방자치법 개정(2002法4)으로 주민소송의 대상이 된 행위에 관한 가처분은 인
정되지 않게 되었다(자치법 242조의2제10항).

그래서 가구제의 제도에 관하여 민사소송에서는 민사보전법(1989法91)이 제정된 것에 대

응하여 항고소송의 경우 취소소송 및 무효등확인소송에 관하여 집행정지의 제도가, 의무이행소송, 예방적 금지소송에 관하여 임시 의무이행, 임시 예방적 금지의 제도가 마련되어 있다. 또한, 공법상의 당사자소송에 관해서는 민사보전법의 적용이 상정된다(다만, 처분 그 밖에 공권력의 행사에 해당하는 행사에 해당하는 행위에 관하여 직접 가처분을 구할 수는 없다. 행소법 44조).

## 제2절 집행정지

### 제1관 입법의 취지

집행정지 제도가 마련된 계기는 점령군 총사령부(GHQ)의 간접 점령 당시의 공직 추방처분에 대하여 임시 지위의 보전 신청을 지방재판소가 인정한 것에 있다[→ 행정소송제도의 연혁, 제2차 세계대전 후의 제도 개혁, 행특법의 제정(제2부 제1장 제2절)]. 이러한 경위에서 민사사건에 관해서는 민사보전법에 근거한 가처분 등의 가구제 제도가 마련되어 있는 것에 비하여, 행정사건소송법은 행정청의 처분 그 밖에 공권력의 행사에 해당하는 행위에 관해서는 민사보전법에서 규정하는 가처분을 할 수 없다고 정하고 있다(행소법 44조). 그리고 취소소송이 제기되어도 당연히는 처분의 효력 등이 정지되지 않는다고 하는 집행 부정지의 원칙을 정하는 한편(행소법 25조1항), 일정한 요건을 충족할 때는 집행정지가 인정되는 것으로 했다(행소법 25조2항).

### 제2관 절차적 요건

#### (1) 대상

집행정지의 대상이 되는 것은 '처분의 효력, 처분의 집행 또는 절차의 속행'이다(행소법 25조2항). 이 중 '절차의 속행'의 정지는 일련의 과정에서 복수의 처분이 있는 경우에 선행 처분 후에 후행 처분을 하도록 하는 때 등이 된다(토지수용에서 사업인정과 수용재결, 과세처분과 체납처분 등).

### (2) 신청의 이익

거부처분의 집행정지에 관해서는 신청인의 권리·이익의 보전 등에 도움이 되지 않기 때문에 신청의 이익이 없어 부적법하게 된다. 또한, 협의의 소의 이익이 소멸한 경우(건축확인 취소소송에서 건축물의 완성)와 같이 집행정지가 결정되어도 보전되어야 하는 이익이 소멸하였으면 신청의 이익은 인정되지 않는다.

### (3) 본소의 적법한 제기

집행정지의 신청이 적법하기 위해서는 (ⅰ) 본안소송으로서 적격성을 가지는 소송이 계속하고 있을 것, (ⅱ) 해당 소송은 소송요건을 충족하는 적법한 것일 것이 필요하다. 민사보전법상의 가처분이 본안소송의 제기·계속을 요구하지 않는 점과 다르다. 본안소송의 유형으로서는 취소소송이 전형적인 것이다(재결 취소소송에 관하여 행소법 29조).


## 제3관  실체적 요건


### (1) 중대한 손해를 피하기 위해 긴급한 필요가 있는 때(적극 요건)

① 개정의 취지

행정사건소송법은 집행정지의 요건을 (ⅰ) 중대한 손해를 피하기 위해, (ⅱ) 긴급한 필요가 있는 때라고 규정하고 있다(행소법 25조2항 본문). 행정사건소송법의 개정 전은 '회복이 곤란한 손해'라는 문언이 사용되고 있었으나, 가구제의 규정을 정비하는 취지에서 요건이 '중대한 손해'로 개정되고, 중대한 손해가 발생하는지를 판단할 때의 고려 사항을 정하는 규정이 신설되었다(행소법 25조3항).

개정 취지는 집행정지를 판단할 때 손해 회복이 곤란한 정도에만 주목하지 않고 손해의 성질 및 정도와 처분의 내용 및 성질도 고려 사항으로 하고, 개개의 사안에 따른 적절한 판단을 확보하려는 것이다.

② 구체적인 예

개정 후의 재판례로서는 변호사가 업무정지 기간 중에 기일이 지정된 것만으로 31건의 소송 안건을 수임하고 있었던 등의 사실관계에서는 업무정지 3개월의 징계처분으로 인하여 변호사에게 발생하는 사회적 신용의 저하나 업무상의 신뢰 관계의 훼손 등의 손해는 '중대한 손해'에 해당한다고 하고, 이와 같은 취지의 원심 결정의 판단을 정당하다고 시인한 최고재판소의 결정[집행정지 결정에 대한 허가 항고사건(最決2007年12月18日判時1994号21頁)이 있다.

또한, 건물의 붕괴, 화재 등으로 인한 생명, 재산 등 침해의 우려를 이유로 집행정지를 인정한 원심 결정을 인용한 최고재판소의 결정도 있다[집행정지 신청사건(最決2009年7月2日判自327号79頁).

### ⑵ 공공의 복지에 중대한 영향을 미칠 우려가 있는 때, 본안에 관하여 이유가 없다고 보이는 때(소극 요건)

행정사건소송법에서 소극 요건으로서 2가지를 든다. '본안에 관하여 이유가 없다고 보이는 때'란 본안에 관하여 원고가 주장하는 사정에 관하여 법률상 이유가 없다고 보이거나 사실관계와 관련되는 소명이 없는 때를 말한다. 이와 관련하여 집행정지가 되어 신청인이 거의 그 목적을 달성하여 종국적인 만족에 이르는 경우(예를 들면, 일시가 정해진 집단시위운동, 공공시설의 이용에 관한 허가를 취소하는 처분 등)에서는 본안판결에 준하여 본안의 이유의 유무를 어느 정도 엄밀하게 판단할 필요가 있다.

## 제4관  심리절차

집행정지의 절차는 신청인의 집행정지 신청으로 개시된다(행소법 25조2항).  집행정지는 소명에 근거하여 결정된다(행소법 25조5항).  소명은 즉시 조사할 수 있는 증거로 해야 한다(민소법 188조).

## 제5관  집행정지의 내용 및 효력 등

### (1) 내용

집행정지의 내용은 처분의 효력, 처분의 집행, 절차 속행의 정지이다(행소법 25조2항 본문). 집행정지는 신청인의 권리·이익의 보전을 위하여 인정되는 잠정적인 조치이고, 그 내용은 필요·최소한으로 제한된다. 그래서 처분 효력의 정지는 처분의 집행 또는 절차 속행의 정지로 목적을 달성할 수 있는 경우에는 할 수 없다(행소법 25조2항 단서).

### (2) 결정의 효력 등

집행정지의 결정은 형성력을 가지고, 제삼자에게 효력를 가진다(행소법 32조2항). 구속력의 규정도 집행정지의 결정에 준용된다(다만, 행소법 33조1항 한정. 행소법 33조4항). 집행정지의 신청에 관한 결정에 대해서는 즉시항고가 허용된다(행소법 25조7항. 다만, 즉시항고로 집행정지의 효력은 정지하지 않는다. 같은 조 8항). 또한, 집행정지 결정의 확정 후에 정지 이유의 소멸 그 밖의 사정변경이 발생하면 재판소는 상대방의 신청에 근거하여 집행정지의 결정을 취소할 수 있다(행소법 26조1항).

## 제6관  내각총리대신의 이의(異議)

### (1) 입법의 취지

집행정지의 결정 전후를 묻지 않고, 내각총리대신이 재판소에 이유를 붙여 이의를 하면 재판소는 집행정지를 할 수 없고, 집행정지의 결정을 한 때에는 이를 취소해야 한다(행소법 27조1항·4항·5항). 이의에는 이유를 붙여야 하고(행소법 27조2항), 이유에는 공공의 복지에 중대한 영향을 미칠 우려가 있다는 것에 관한 구체적인 사정을 제시해야 한다(행소법 27조3항). 내각총리대신은 부득이한 경우가 아니면 이의를 해서는 안 되고, 이의를 한 경우에는 다음 정기 국회에서 이를 보고해야 한다(같은 조 6항).

### (2) 합헌성에 관한 논의

내각총리대신의 이의에 관해서는 위헌설도 유력하고, 행정사건소송법의 개정 시에도 제도의 바람직한 모습이 논의되었다. 다만, 국민의 중대한 이익에 영향을 미치는 긴급사태에 대처하는 법제도 등이 없는 등의 이유로 바로 제도의 개폐에 들어가지는 못했다는 해설이 있다(塩野·Ⅱ223頁).

## 제7관　준용

행정사건소송법은 집행정지의 규정을 무효등확인소송에 대한 준용을 인정하고, 민중소송이나 기관소송에서 처분 또는 재결의 취소·무효의 확인을 구하는 것에 대한 준용을 인정하고 있다(행소법 38조3항, 43조1항·2항).

# 제3절　임시 의무이행, 임시 예방적 금지

## 제1관　개설

행정사건소송법 개정으로 의무이행소송 및 예방적 금지소송이 법제화되었다. 또한, 국민의 권리·이익의 실효적인 구제 절차의 정비를 도모하는 관점에서 (ⅰ) 의무이행소송이 제기되는 사안에서 일정한 요건을 충족하는 경우 재판소가 행정청이 처분 또는 재결을 임시로 해야 하는 취지를 명할 수 있는 임시 의무이행의 제도, (ⅱ) 예방적 금지소송이 제기되는 사안에서 일정한 요건을 충족하는 경우 재판소가 행정청이 해당 처분 또는 재결을 임시로 해서는 안 된다는 취지를 명할 수 있는 임시 예방적 금지의 제도를 창설했다.

## 제2관　요건

### (1) 절차적 요건

임시 의무이행, 임시 예방적 금지의 절차적 요건은 (ⅰ) 의무이행, 예방적 금지의 소가 제기된 경우, (ⅱ) 본안소송을 제기한 원고가, (ⅲ) 피고를 상대방으로 하여 신청할 것이다(행소법 37조의5제1항·2항).

### (2) 실체적 요건

① 보상할 수 없는 손해

(a) 요건의 해설

임시 의무이행, 임시 예방적 금지의 실체적 요건은 (ⅰ) 의무이행, 예방적 금지의 소의 대상이 되는 처분 또는 재결이 이루어지지 않아(이루어져) 발생하는 보상할 수 없는 손해를 피하기 위해, (ⅱ) 긴급한 필요가 있는 경우이다(행소법 37조의5제1항·2항). '보상할 수 없는 손해'란 '중대한 손해'보다도 손해 회복의 곤란한 정도가 현저한 경우를 가리킨다. 금전배상이 가능한 것은 모두 제외된다고 해석해서는 안 되고, 사회통념에 비추어 금전배상만으로 보상하는 것이 현저히 상당하지 않다고 인정되는 경우를 포함한다고 해석되고 있다.

(b) 구체적인 예

하급심의 재판례이지만, 호흡기에 장애가 있는 것을 이유로 하여 입소 신청을 거부당한 아동의 보호자가 제기한 어린이집 입소 승낙의 의무이행소송에서 임시 의무이행 신청에 대하여 인용을 결정한 임시 의무이행 신청사건(東京地裁2006年1月25日判時1931号10頁)이 있다.

이 결정은 (ⅰ) 본안판결의 확정을 기다려서는 신청 대상인 어린이집에서 보육을 받을 기회를 상실할 가능성이 높은 점, (ⅱ) 어린이에게 유아기에 어떠한 환경에서 어떠한 생활을 하는지는 심신의 발달 등을 위하여 중요한 사정인 점 등을 이유로 하여 임시 의무이행을 인정했다.

또한, 시가 설치하는 공공시설에서 공연하기 위한 사용허가 신청이 거부된 사안에서 임시 의무이행이 인정된 사례가 있다[임시 의무이행 신청사건(岡本地裁2007年10月15日判時1994号26頁). 공연 일시(日時) 관계로 신청한 대로 공연이 이루어졌다].

이 결정에서 재판소는 (ⅰ) 공연을 할 수 없게 되어 정신적 고통이나 기본적 자유의 침해에 대한 손해는 손해의 회복, 특히 기본적 자유에 대한 침해의 회복이라는 관점에서도 금전적 배상만으로는 시인하기 어려운 점, (ⅱ) 공연의 개최 예정일까지는 본안판결이 확정될 수 없는 점 등에서 임시 의무이행을 인정했다.

임시 예방적 금지에 관해서는 특정 지역에서 일반 승용 여객자동차운송사업의 적정화 및 활성화에 관한 특별조치법(2009法64. 당시)에 근거한 여객운임 변경명령에 관하여 임시 예방적 금지를 인정한 사례가 있다[임시 예방적 금지에 대한 항고사건(大阪高決2015年1月7日 判時2264号36頁 등)].

이 결정은 (ⅰ) 같은 법 [16조의4제1항. 조문은 당시(이하 같다)]에 근거하여 운임을 신고한 사업자에 대하여, (ⅱ) 운수국장이 신고된 운임은 운수국장이 정한 범위에 있지 않다고 하여 운수국장이 정한 범위에서 운임을 변경하여 신고하도록 요구함에 따라, (ⅲ) 같은 법에 근거한 운임 변경 명령(16조의4제3항), 시설의 사용정지 또는 사업허가의 취소(17조의3제1항) 등의 우려가 있다고 하여, 사업자가 예방적 금지소송을 제기하고 임시 예방적 금지를 구한 사안에 관한 것이다. 이 결정에서 고등재판소는 (ⅰ) 이 사안에서 운임 변경 명령이 내려질 개연성은 높은 점, (ⅱ) 변경 명령이 더 무거운 처분으로 이어질 가능성도 있는 점, (ⅲ) 벌칙이 규정되어 있는 점 등을 이유로 임시 예방적 금지를 결정했다.

② 본안에 관하여 이유가 있다고 보이는 때

'본안에 관하여 이유가 있다고 보이는 때'(행소법 37조의5제1항 · 2항)란 원고가 본안소송에 관하여 주장하는 사실관계가 법률상 의무이행판결, 예방적 금지판결의 이유가 되는 사정에 해당한다고 일단 인정되고, 그 주장하는 사실관계에 관하여 소명이 있는 경우를 가리킨다. 집행정지의 경우와는 달리 임시 의무이행, 임시 예방적 금지에서는 이 요건은 적극 요건이다(주장 · 입증책임은 신청인에게 있다).

③ 공공의 복지에 중대한 영향을 미칠 우려

임시 의무이행 또는 임시 예방적 금지는 공공의 복지에 중대한 영향을 미칠 우려가 있는 때에는 할 수 없다(소극 요건, 행소법 37조의5제3항).

## 제3관  집행정지 규정의 준용

임시 의무이행, 임시 예방적 금지는 의무이행소송, 예방적 금지소송의 제기가 있는 경우 신청에 대하여 재판소가 결정으로 명한다(행소법 37조의5제1항·2항).

임시 의무이행, 임시 예방적 금지에 관해서는 집행정지와 관련되는 규정, 구체적으로는 소명(행소법 25조5항), 결정의 절차(행소법 25조6항), 즉시항고(행소법 25조7항), 즉시항고의 효력(행소법 25조8항), 사정변경으로 인한 취소(행소법 26조), 내각총리대신의 이의(행소법 27조), 관할 재판소(행소법 28조), 관계 행정청에 대한 구속력(행소법 33조1항)의 규정이 준용된다(행소법 37조의5제4항).

또한, 즉시항고에 대한 재판이나 사정변경을 이유로 하는 취소 결정으로 임시 의무이행의 결정이 취소된 때에는 행정청은 의무이행의 결정에 근거한 처분 등을 취소해야 한다(행소법 37조의5제5항).

## 제4관  다른 소송에 대한 준용

행정사건소송법에서는 임시 의무이행, 임시 예방적 금지의 규정이 다른 행정사건소송에 준용되는 것을 예정하고 있지 않다(행소법 38조, 41조, 43조1항·2항).

## 제4절  가처분의 제한

### (1) 행정사건소송법 44조

행정사건소송법 44조에서는 행정청의 처분 그 밖의 공권력의 행사에 해당하는 행위에 관해서는 민사보전법에서 규정하는 가처분을 할 수 없다고 규정하고 있다. 행정청의 공권력 행사에 해당하는 행위에 관해서는 본안소송이 민사소송(쟁점소송 등)이든지, 행정사건소송(당사자소송 등)이든지와 관계없이 가처분에 의한 권리 보전은 인정되지 않는다.

## (2) 학설상의 논의

학설상은 무효등확인소송에 관하여 집행정지 제도의 준용이 인정되고 있는 점을 고려하여 쟁점소송·당사자소송 등에서도 같은 정도의 가구제는 인정되어야 한다고 하는 견해가 유력하다. 나아가 의무이행소송, 예방적 금지소송에 관하여 임시 의무이행, 임시 예방적 금지가 인정되고 있는 것과의 관계상 쟁점소송, 실질적 당사소송에서 같은 정도의 가구제를 인정할 필요가 있다고 하는 견해가 있다(이상에 관하여 塩野·Ⅱ237頁, 238頁). 이 견해에 대해서는 당사자소송을 제기하는 중에 처분과 관련하여 직접 발생한 불이익에 관하여 가구제를 구할 필요가 생긴 경우에는 이 소송들을 관련 청구의 소로서 제기하여 가구제를 구하는 것도 가능할 것이라는(행소법 41조2항) 지적은 있을 수 있다. 그러나 이상과 같은 수단에 의하지 않더라도 실질적으로 같은 정도의 가구제는 인정되어도 좋을 것이다.

## (3) '공권력의 행사'의 개념

'행정청의 처분 그 밖의 다른 공권력의 행사에 해당하는 행위'의 문언은 처분 취소소송의 대상이 되는 행위에도 사용되고 있다(행소법 3조2항). 따라서 양자를 동일한 것으로 보는 해석에 선다면 처분 취소소송의 대상이 되지 않는(처분성을 가지지 않는) 행정의 활동에 관하여, 민사 가처분의 배제를 규정하는 행소법 44조가 적용될 여지는 없다.

약사법 시행규칙이 같은 법의 위임 범위를 넘은 것인지가 문제가 된 사안[→ 법규명령, 위임입법의 한계-위임의 취지·목적 등, 약사법 시행규칙 사건(제2편 제5부 제2장 제2절)]의 항소심 판결에서 인터넷 판매를 할 수 있는 임시 지위를 정하는 가처분을 원고가 신청한 사건이 있었다. 이 사건에 관하여 도쿄고등재판소(東京高決2012年7月25日判時2182号49頁)는 (ⅰ) 행정사건소송법 44조에 따라, 행정청의 공권력 행사를 저해하는 조치는 형태의 여하를 불문하고 가처분을 할 수 없고, (ⅱ) 이 사건의 신청은 허가의 정지나 취소 처분의 발동을 저지하기 위한 것이므로 가처분은 인정되지 않는다고 했다. 이 해석에 따르면 정령·성령 등의 무효를 전제로 하는 공법상 당사자소송에서 가구제는 인정되지 않게 되고, 당사자소송에 의한 실효적 구제를 받는 것이 곤란해진다. 또한, 같은 조를 이렇게 넓게 해석하는 것에도 의문이 있다.

# 제6부  행정불복신청

## 제1장  개설

### (1) 행정불복신청

제6부에서는 행정소송 이외의 행정구제 제도를 다룬다. 우선, 정식의 행정쟁송인 행정소송에 비하여 간이·신속성을 중시하는 것이나, 정규의 권리보호 수단에 속하는 행정불복신청의 제도가 있다. 이 제도는 행정소송이 독립성을 보장받는 사법재판소에 의한 재판절차를 통한 구제인 점에 비하여 행정 내에 설치된 기관에 대하여 권리구제를 신청하는 제도인 점에서 다르다.

다만, 행정불복신청 제도의 일반법인 행정불복심사법은 2014년에 전면 개정되어(同法68), 행정불복신청은 권리구제 제도로서 충실하게 되었다. 또한, 개별법 중에는 공해 등 조정위원회의 토지이용 조정절차 등과 같이 특수한 행정불복신청을 두고 있는 예도 있다(행정심판).

### (2) 고충처리·옴부즈맨

행정불복신청 제도 이외에도 간이하고 신속한 구제를 지향하는 것으로서 고충처리가 있다. 고충처리는 법령상 신청에 대한 응답의무가 없고, 절차에 관해서도 상세한 규정이 없는 점에서 정규의 권리보호의 제도와 구별된다. 또한, 국가에서는 총무성 설치법(1999法91)에 근거하여 총무성이 고충의 신청에 관한 알선 등을 하는 외에도, 행정상담위원법(1966法99)에 근거하여 행정상담위원 등이 설치되어 있고, 행정고충구제추진회의도 설치되어 있다. 그 외에 개별법에서 다양한 형태의 고충처리, 권리구제 제도도 마련되어 있다.

또한, 행정고충구제추진회의는 북유럽 국가에서 발달해 온 옴부즈맨 제도 등을 참고로 하여 창설된 제도이다. 지방자치단체에도 이와 유사하게 주민 고충의 처리를 권위 있는 전문가에게 맡기고 있는 예가 있다.

### (3) 제6부의 구성

제6부에서는 제2장에서 행정불복신청의 일반법인 행정불복심사법을 해설한다. 그 후에

제3장에서 특수한 행정불복신청의 제도(행정심판)에 관하여, 제4장에서 그 밖의 행정상 구제 제도에 관하여 해설한다.


# 제2장 행정불복신청 제도

## 제1절 개설

### 제1관 제도의 의의


#### (1) 제도의 특색

행정불복신청은 행정청의 공권력 행사에 관하여 국민이 행정기관에 불복을 신청하는 절차이다. 행정소송과 비교하는 경우 행정불복신청에 관해서는 다음과 같은 장단점이 있다고 생각되고 있다.

#### (2) 장점

① 행정불복신청은 간이·신속한 구제 제도로서 그 절차가 설계되었다.

② 또한, 재판소 심판의 대상은 처분 등의 적법성의 문제에 한정되는 것에 비하여, 행정불복신청을 심리하는 행정기관은 적법·위법의 문제뿐만 아니라 행정재량의 행사가 타당한지라는 당·부당의 문제도 심리할 수 있다(국민 관점에서의 장점).

③ 행정기관은 불복신청을 계기로 행정청의 처분 등을 재검토할 기회를 부여받는다(행정기관 관점에서의 장점). 나아가 조세법 관계, 사회보장법 관계의 처분 등과 관련되는 분쟁과 같은 대량으로 행해지고 전문·기술적인 안건의 일부 사건이 행정과정에서 해결되어 재판소의 부담이 경감된다. 나아가 불복신청의 단계에서 쟁점이 정리되는 점에서 재판소의 심리부담도 경감된다(재판소 관점에서의 장점).

#### (3) 단점

① 행정불복신청의 판단기관은 행정기관이고, 재판소보다 독립기관, 제삼자 기관으로서의

성격이 약하다.

　② 심리절차의 기준이 재판과 비교하면 엄격하지 않으므로 심리의 공정이나 구제의 확실성에 문제가 있다. 한편, 제삼자 기관으로서의 성격(제삼자성)의 강화나 절차의 신중함에 중점을 두면 장점으로서의 간이·신속성이 상실된다. 행정불복신청 제도의 일반법인 행정불복심사법은 최근 전면 개정되었으나, 이 개정은 개정 전의 제도·운용이 간이·신속성에 지나치게 중점을 둔 것에 대한 반성에서 적정하고 공정한 구제를 보장하는 제도로 개혁하는 것을 목적으로 한 것이다.

## 제2관  제도의 연혁

행정불복심사법은 2014년에 전면적으로 개정되어 2016년 4월에 시행되었다. 이하, 개정의 연혁을 간단히 돌아보기로 한다.

### (1) 소원(訴願)법

우선, 일본에서 행정불복심사 제도에 관한 최초의 일반법으로서는 1890년에 제정된 소원법(同法105)이 있다. 같은 법은 행정소송에 전치되는 소원 제도를 두는 목적으로 제정되었다. 다만, 같은 법에 대해서는 ( i ) 소원의 열기(列記) 사항이 좁은 점, ( ii ) 규정이 미비한 점 등이 처음부터 비판되고 있었다.

### (2) 행정불복심사법

제2차 세계대전 후 행정소송 제도가 개혁되는 과정에서 행정사건소송 특례법(1948法81)은 열기주의를 폐지하는 한편, 소원전치주의를 유지했다. 그 때문에 소원법에 근거하지 않은 불복신청 제도가 난립하고, 운용에도 혼란이 발생하게 되었다. 그래서 행정사건소송법의 제정 작업에 병행하여 소원법을 개정하는 작업이 추진되어 1962년에 행정불복심사법이 제정되었다(同法160). 같은 법은 ( i ) 제도의 목적으로서 (α) 권리·이익의 구제와 (β) 행정의 적정한 운영의 확보를 명시한 점, ( ii ) 일반 개괄주의를 채용한 점, ( iii ) 부작위의 불복신청을 신설한 점, ( iv ) 고지제도를 마련한 점, ( v ) 구두 의견진술, 집행정지의 신청을 인정한 점 등 심리절차를 개선한 점 등을 특징으로 하고 있다.

### (3) 법률의 전면 개정

그러나 행정불복심사법에 대해서도 ( i ) 처분청에 대한 불복신청(이의신청)은 신청인에게 충분한 절차적 권리를 부여하고 있지 않고, ( ii ) 상급 행정청에 대한 불복신청(심사청구)에서 상급 행정청이 공평하고 중립적인 입장에서 심리하여 운용하게 되어 있지 않은 등의 비판이 있었다. 나아가 같은 법의 제정 후에 행정절차법이 제정되고(1993년), 행정사건소송법도 개정되는(2004년) 등 행정불복심사법 개정의 필요성이 강하게 의식되게 되었다[小早川=高橋·条解行審9頁以下(高橋滋)를 참조].

( i ) 청문절차 등의 사전절차가 정비된 점에서 더 신중한 제도의 설계가 기대되는 사후절차를 규율하는 행정불복심사법의 미비가 두드러지게 되었다. ( ii ) 심리를 담당하는 직원·기관에 관해서도 청문절차의 주재자, 각종 심사회(정보공개·개인정보보호심사회) 등과 같이 중립·공정성이나 제삼자적 성격을 보장할 필요가 있다는 인식은 강해졌다. 나아가 (iii) 행정사건소송법이 개정되었기 때문에 같은 행정쟁송절차를 규율하는 행정불복심사법을 재검토할 필요성은 더 강하게 인식되게 되었다.

그래서 2008년에는 제169회 국회(정기회)에 행정불복심사법 개정법안 등의 관련 3법(내각제출법안 76·77·78)이 내각에서 제안되었다. 그러나 정권교체의 영향 등도 있고, 최종적으로는 2014년에 같은 법의 전면 개정법(同法68), 행정불복심사법의 시행에 따른 관계 법률의 정비 등에 관한 법률(同法69), 행정절차법의 일부개정법(同法70)이 성립했다(이하 특별한 설명이 없으면 개정 후의 행정불복심사법을 '행심법'이라 하고, 개정 전의 법률을 '구법'이라 한다).

# 제2절 총칙적 규정

## 제1관 목적 · 일반법

### (1) 제도의 목적

행심법은 구법과 비슷하게 목적 규정을 두고 있다. 구체적으로는 같은 법은 간이 · 신속하고 공정한 절차 아래 국민이 행정불복신청을 할 수 있는 제도를 정하여 ( i ) 국민의 권리 · 이익의 구제를 도모함과 동시에 ( ii ) 행정의 적정한 운영을 확보하는 것을 목적으로 하고 있다(행심법 1조1항). 또한, '공정한 (절차)'의 문언은 개정법에 독자적으로 규정된 것이고, 국민의 권리 · 이익의 보호 수준을 현저히 향상시킨 것이 이 문언에 반영되어 있다.

### (2) 일반법

행심법은 행정상의 불복신청에 관한 일반법이다(행심법 1조2항). 같은 법에 따르면 모든 행정청의 처분 및 신청에 대한 부작위가 원칙적으로 불복신청의 대상이 된다(행심법 2조 · 3조). 그러나 행심법에서도 '다른 법률에 특별한 규정'을 두는 것이 예정되어 있다(행심법 1조2항).

개별법 중에서는 ( i ) 일부에 관하여 특례적 규정을 두는 예(국가공무원법 90조), ( ii ) 별도로 정하는 규정을 제외하고 행심법의 적용을 인정하는 예(국세통칙법 80조1항 · 2항), ( iii ) 특별한 불복신청 제도를 정하고 행심법을 일부 준용하는 예(공직선거법 202조 · 206조 · 216조 등. 선거쟁송의 절차), ( iv ) 특별한 불복신청 제도를 정하고, 행심법의 적용을 배제하는 예(자연공원법 63조. 공해 등 조정위원회의 토지이용 조정절차) 등이 있다.

또한, 위의 제도 중에는 민중소송 제도(공직선거법 202조, 206조 등), 기관소송 제도(자치법 176조5항 등)가 포함되어 있다. 나아가, 당사자소송에 속하는 절차도 있다(공해분쟁처리법 42조의2 이하, 공해 등 조정위원회의 책임 재정, 원인 재정의 절차).

또한, 행심법은 처분에 관한 심사청구, 부작위에 관한 심사청구와 관련되는 같은 법의 규정이 적용되지 않는 처분의 유형을 열거하고 있다(행심법 7조). ( i ) 국회의 양원(兩院)이나 어느 하나의 원(院), 의회의 의결로 하는 처분, (ⅱ) 재판소 등의 재판에 의한 처분 등, (ⅲ) 검찰관 회의에서 결정해야 하는 것으로 되어 있는 처분 등과 같이 특별한 국가기관에 의한 처분(행심법 7조1항1호~4호)은 그 전형적인 예이다. 그 외에 (ⅳ) 각종 범칙 사건에 관한 법령에 근거한 처분(국세, 금융상품거래 등. 같은 항 7호), (ⅴ) 학교, 형무소 등에서의 처분(같은 항 8호·9호), (ⅵ) 출입국 또는 귀화 처분(같은 항 10호) 등 12항목에 걸쳐 적용 제외가 되는 처분의 유형이 열거되어 있다.

국가기관이나 지방자치단체 또는 그 기관에 대한 처분으로서 그 기관 또는 단체가 '고유의 자격'에서 처분의 상대방이 되는 것도 적용이 제외되어 있다(행심법 7조2항). 행정주체 간의 감독 관계에 근거한 처분인 점이 그 이유이다.

더욱이, 도로운송법(1951法183) 4조1항의 일반 여객자동차 운송사업허가를 시가 받아 버스사업을 하는 등의 경우에는 시는 민간사업자와 동일한 지위에 있으므로 '고유의 자격' 사례에는 해당하지 않는다. 또한, 지방자치법 251조의5에 근거하는 위법한 국가 관여(재결)의 취소청구 사건 상고심 판결(最判2020年3月26日民集74巻3号471頁)에 따르면 공유수면매립법(1921法57) 42조1항에 근거하여 지사가 한 국가의 방위국에 대한 매립승인도 '고유의 자격'의 예는 아니다. (ⅰ) 같은 법은 국가기관과 국가 이외의 자의 양자가 매립 주체가 될 수 있고, 또한 매립승인(국가기관의 경우) 또는 매립면허(국가 이외의 경우)를 받아 비로소 신청자는 매립을 적법하게 시행할 수 있는 지위를 얻을 수 있다고 정하고 있는 점, (ⅱ) 승인 또는 면허의 절차와 요건에 국가기관과 국가 이외의 자의 구별은 없는 점, (ⅲ) '면허'·'승인' 등에서 규율의 차이는 국가가 본래 공유수면의 배타적인 지배권을 가지는 점을 고려한 것이고, 국가기관과 국가 이외의 자 간에 매립을 적법하게 시행할 수 있는 지위를 얻기 위한 규율에 실질적인 차이는 없는 점이 그 이유이다[행심법상 현(県)지사는 공유수면 매립승인의 취소처분을 취소한 국토교통대신의 재결을 다툴 수는 없다].

## 제2관  불복신청의 종류

### (1) 심사청구

처분 또는 (신청에 대한 응답의) 부작위에 관해서는 심사청구의 형식으로 불복신청을 할
수 있다(행심법 2조·3조). 또한, 개별법에서 심사청구에 앞서 재조사를 청구하는 것을 인정
하는 예는 있지만, 그 경우에도 바로 심사청구를 하는 것은 방해받지 않는다(행심법 5조1항).

처분청에 대한 이의신청은 절차상의 권리보호가 불충한 점에서 폐지되었다. 또한, 구법
에는 심사청구 전에 이의신청을 할 수 있는 경우에 이의신청을 거쳐 심사청구를 할 것을 요
구하는 규정이 있었다(이의신청 전치. 구법 20조). 이에 비하여, 행심법은 재조사의 청구에
관하여 같은 원칙을 채용하고 있지 않다.

### (2) 재조사의 청구, 재심사청구

행심법은 요건사실 인정의 당부와 관련되는 불복이 대량으로 행해지는 처분으로서 개별법
에서 정하는 것에 관하여 재조사를 청구하는 것을 인정한다(행심법 5조1항). 재조사의 청구
에서는 심리원(審理員)에 의한 심리, 행정불복심사회 등에 대한 자문의 절차는 마련되어 있
지 않다[행심법. → 재조사·재심사의 청구, 재조사의 청구(제4절)].

또한, 행심법에서 특별한 유형의 처분에 관하여 개별법의 규정에 따라 심사청구 후에 재심
사청구를 인정하고 있다. 이와 관련하여, 재심사청구에 관해서는 심리원의 규정은 준용되지
만, 심사청구를 할 때 행정불복심사회 등에 자문하기 때문에 자문에 관한 규정은 준용되지
않는다[행심법 66조 → 재조사의 청구, 재심사청구(제4절)].

재심사청구에서는 소송 제기 전에 재심사청구를 할 것을 요구하는 재심사청구 전치주의
제도는 마련되어 있지 않다. 참조, 행정불복심사법의 시행에 따른 관계 법률의 정비 등에
관한 법률(2014法69).

## 제3관  심사청구의 요건 등

### (1) 심사청구 관할 행정청 등

① 심사청-최상급 행정청

행심법은 원칙적으로서 행정청 또는 부작위청(이하 '처분청 등'이라 한다)에 상급 행정청이 있는 경우에는 해당 상급 행정청에 심사청구를 해야 하고, 처분청 등에 복수의 상급 행정청이 있는 경우에는 처분청 등의 최상급 행정청에 심사청구를 해야 한다고 규정하고 있다(행심법 4조2호·3호·4호). 다만, 처분청 등에 상급 행정청이 없는 경우[공정거래위원회 등의 국가행정조직법(1948法89) 3조2항에 규정되는 위원회 등], 처분청 등이 주임 대신, 궁내청 장관, 국가행정조직법 3조2항 및 내각부설치법(1999法89) 49조1항·2항에서 규정하는 청의 장이면 이들이 심사청구 관할 행정청이 된다(행심법 4조1호).

지방자치단체에서는 인사위원회·공평위원회, 교육위원회 등에 의한 처분은 별론으로 하고, 심사청구 관할 행정청은 지방자치단체의 장이 된다(행심법 4조4호). 다만, 예외는 있어서 재결 취소 등 청구 사건 상고심 판결(最判2021年1月22日判自472号11頁)에서 최고재판소는 지방공영기업법(1952法292)상 지방자치단체의 장은 독립된 권한을 부여받은 지방공영기업 관리자의 상급 행정청이 아니라 지방공영기업의 관리자에게 심사청구를 해야 한다고 판단했다.

② 재조사의 청구, 재심사청구

재심사청구는 요건사실 인정의 당부와 관련되는 불복이 대량으로 행해지는 처분에 관하여 특히, 심사청구의 절차 전에 처분청에 간이·신속한 절차로 처분을 재검토할 것을 요구하는 것이다(행심법 5조1항). 따라서 재심사는 처분청에 청구해야 한다.

재심사청구는 특별한 유형의 처분에 관하여 법률의 규정에 근거하여 특히, 재심사청구를 인정하는 절차가 있고, 법령에 재심사청구 관할 행정청이 정해져 있다(행심법 6조2항).

### (2) 처분 또는 부작위의 존재

#### ① 처분

처분에 관한 심사청구의 대상은 처분이다. 처분에 관하여 행심법은 '행정청의 처분 그 밖의 공권력 행사에 해당하는 행위'라고 정의하고, 행정절차법(1993法139)(3조2항)과 동일한 정의를 사용하고 있다. 따라서 처분성의 유무에 관해서는 같은 행정쟁송 제도인 행정소송 중의 항고소송, 특히 취소소송 대상의 판단 시 사용되는 기준에 비추어 판정된다.

구법은 공권력의 행사에 해당하는 사실상의 행위로 사람의 수용, 물건의 유치, 그밖에 그 내용이 계속적 성질을 가지는 것을 불복신청의 대상이 됨을 명기하고 있었다(구법 2조1항). 세관장에 의한 휴대품의 유치(관세법 86조1항), 입국 경비관에 의한 수용(출입국관리법 39조), 입원 조치[정신보건 및 정신장애인의 복지에 관한 법률(1950法123) 29조 이하]가 그 예이다. 행심법은 위 문언은 확인적이라는 입장에서 이를 삭제했다.

#### ② 부작위

행심법은 ( i ) 법령에 근거하여 행정청에 처분에 관하여 신청한 자는 ( ii ) 신청으로부터 상당한 기간이 경과했음에도 불구하고 (iii) 행정청의 부작위가 있는 경우에 부작위에 관한 심사청구를 할 수 있다고 규정하고 있다. 행심법은 부작위를 '법령에 근거하는 신청에 대하여 어떤 처분도 하지 않는 것'으로 정의하고 객관적인 상태를 가리키는 것으로 사용되고 있다(행심법 3조).

### (3) 불복신청 적격

#### ① 처분-법률상의 이익

처분에 관한 심사청구의 불복신청 적격은 행정사건소송법 9조1항에서 규정하는 '(처분의 취소를 구하는 것에 관하여) 법률상의 이익을 가지는 자'와 동일하다고 생각되고 있다[→ 취소소송의 요건(원고적격), 판례·학설의 전개, 법 개정 전의 판례·학설, 주스 부당표시 소송 상고심 판결(제3부 제3장 제2절)].

#### ② 부작위-신청권의 행사

부작위에 관한 심사청구의 불복신청 적격은 ( i ) 처분에 대한 법령상의 신청권에 관하여

(ⅱ) 해당 신청권을 행사한 자이다.

### (4) 심사청구 기간, 심사청구서의 제출

#### ① 심사청구 기간

부작위에 대한 심사청구는 그 성질상 심사청구 기간을 두는 것은 곤란하다. 행심법은 처분에 관한 심사청구는 처분이 있음을 안 날의 다음 날부터 계산하여 3개월을 심사청구 기간으로서 정하고 있다(주관적 심사청구 기간, 행심법 18조1항 본문. 또한, 재심사의 청구를 한 경우에는 재조사의 청구에 대한 결정이 있음을 안 날의 다음 날부터 계산하여 1개월이다). 또한, 처분이 있은 날의 다음 날부터 1년이 경과한 때에도 심사청구를 할 수 없다(객관적 심사청구 기간, 행심법 18조2항 본문). 다만, 어느 경우에도 정당한 이유가 있는 경우에는 그렇지 않다(행심법 18조1항 단서, 18조2항 단서).

#### ② 심사청구서

행심법은 심사청구서의 기재 사항에 관한 규정을 두고 있다(행심법 19조. 구술에 의한 심사청구에 관하여 행심법 20조). 심사청구는 처분청 등을 거쳐서도 할 수 있다(행심법 21조). 또한, 심사청구가 행심법의 규정에 위반되는 경우, 심사청은 상당한 기간을 정하여 그 기간 내에 불비를 보정할 것을 명해야 한다(행심법 23조).

(ⅰ) 보정명령에도 불구하고 심사청구인이 보정하지 않는 때, (ⅱ) 심사청구가 부적법하여 보정할 수 없는 것이 명백한 때에는 심사청은 심리원 등에 의한 심리 절차를 거치지 않고 심사청구를 각하할 수 있다(행심법 24조1항·2항).


## 제4관  고지


### (1) 고지의무

심사청구 또는 재조사의 청구, 다른 법령에 근거한 불복신청을 할 수 있는 처분을 할 때에는 처분의 상대방에게 (ⅰ) 불복신청을 할 수 있는 점, (ⅱ) 불복신청을 해야 하는 행정청, (ⅲ) 불복신청을 할 수 있는 기간을 고지해야 한다[행심법 82조1항 본문. 구두로 처분할 때는 그렇지 않다(같은 항 단서)]. 또한, 이해관계인으로부터 불복신청을 할 수 있는 처분인지 등에 관하여 고지를 요구받는 때에는 고지를 해야 한다(행심법 82조2항, 82조3항).

### (2) 고지의무의 불이행

처분청이 고지를 불이행한 경우, 처분에 불복이 있는 자는 처분청에 심사청구서를 제출할 수 있다(행심법 83조1항). 이 경우 처분청 이외의 행정청에 심사청구(다른 법령에 근거한 불복신청을 포함한다. 이하 같다)를 할 수 있는 처분일 때에는 처분청은 심사청구서를 해당 행정청에 송부해야 하고, 송부되었을 때 처음부터 해당 행정청에 심사청구가 된 것으로 본다(행심법 83조3항·4항). 처분청에 심사청구할 수 있는 처분이었을 때에도 처음부터 행정청에 심사청구가 된 것으로 간주된다(행심법 83조5항).

### (3) 고지의 잘못

행심법은 처분청에 의한 고지에 잘못이 있는 경우에 관해서도 규정하고 있다. (ⅰ) 심사청구 관할 행정청에 관하여 잘못이 있는 경우에 잘못된 행정청에 심사청구가 된 때에는 해당 행정청은 처분청 또는 심사청이 되어야 하는 행정청에 심사청구서를 송부하고, 그 취지를 심사청구인에게 통지한다(행심법 22조1항, 22조2항). 또한, (ⅱ) 재조사의 청구를 할 수 없는 처분에 대하여 재조사의 청구를 할 수 있다는 취지로 고지되어 재조사의 청구가 된 때, (ⅲ) 재조사의 청구를 할 수 있는 처분에 대하여 심사청구를 할 수 있다는 취지로 고지되지 못한 경우에 재조사의 청구가 되어 재조사의 청구인으로부터 심사청구의 신청이 있는 때에 관해서도 구제의 규정이 마련되어 있다(행심법 22조3항·4항). 이 규정들에 따라 심사청구서 등이 심사청이 되어야 하는 행정청에 송부된 때에는 처음부터 심사청이 되어야 하는 행정청에 심사청구가 된 것으로 간주된다(행심법 22조5항).


# 제3절  심사청구의 절차

## 제1관  심리원(審理員)

### (1) 심리원

행심법의 특색 중 하나는 심리원 제도가 신설된 점이다(행심법 9조). 심사청구가 된 경우, 심사청은 심사청에 소속된 직원 중에서 심리원을 지명함과 동시에 그 취지를 심사청구인·처분청 등에 통지해야 한다(행심법 9조1항).

심사청이 되어야 하는 행정청은 심리원이 될 자의 명부를 작성하도록 하고, 이를 작성한 때에는 해당 행정청과 처분청 등의 사무소 등에 비치하는 등 공개할 의무가 있다(행심법 17조).

### (2) 심리원에 의한 심리, 심리원의 요건

심사청구의 심리는 원칙적으로 심리원이 하는 것으로 되어 있다. 이 경우 심리원은 심사청구의 대상인 처분 등이나 부작위에 관여한 사람 또는 관여하게 되는 사람 이외의 사람이어야 한다(행심법 9조2항1호).

다만, 예외는 있다. ( i ) 조례에 근거하는 처분에 관하여 조례에 특별한 규정이 있는 경우 또는 ( ii ) 행심법 24조에 근거하여 심리 절차를 거치지 않고 각하하는 경우(행심법 9조1항 단서) 외에 ( iii ) 내각부 설치법(1999法120) 3조2항에서 정하는 행정위원회, 내각부 설치법 37조·54조 또는 국가행정조직법 8조에서 정하는 심의회, 지방자치법(1947法67) 138조의4 제1항에서 규정하는 위원회·위원 또는 같은 조 3항에서 규정하는 기관이 심사청인 경우는 심리원을 지명하지 않고 심리하는 것이 인정된다(행심법 9조1항 단서 1호~3호).

## 제2관  심리원 등에 의한 심리(1)

### (1) 심사청구인의 권리

우선, 심사청구인은 심사청구를 할 때 ( i ) 대표자를 호선하는 것(행심법 11조1항), ( ii ) 대리인을 선임하는 것이 인정된다.

다음으로 심리 시 심사청구인에게는 이하의 절차적 권리가 보장된다.

① 처분청 등에 의한 변명서의 송부를 받는 것(행심법 29조5항).

행정절차법(1993法88)에 근거한 청문·변명의 기회 부여의 절차를 거친 경우에는 심사청구인에게 송부되는 변명서에 청문조서·보고서(행정절차법 24조1항·3항), 변명서(행정절차법 29조1항)가 송부된다(행심법 29조4항).

② 변명서의 기재 사항에 대한 반론서를 제출하는 것(행심법 30조)
③ 구두 의견진술을 신청하는 것(행심법 31조1항).

구두 의견진술의 기회를 부여하는 것이 곤란한 경우를 제외하고 그 기회가 부여된다. 구두 의견진술에는 모든 심리 관계인(심사청구인, 참가인 및 처분청 등. 이하 같다)이 출석한다. 의견진술에서 구두 의견진술의 신청인은 보좌인과 함께 출석하고 심리원의 허가를 받아 처분청 등에 질문을 할 수 있다(행심법 31조2항·3항·5항).

④ (α) 증거서류 등을 제출하는 것, (β) 심리원에게 물건의 제출 요구의 신청을 하는 것(물건의 소지인에게는 처분청 등이 포함된다), (χ) 심리원에게 참고인의 진술·감정 요구의 신청을 하는 것, (δ) 심리원에게 검증의 신청을 하는 것, 검증에 참석하는 것, (ε) 심리원에게 심리 관계인에 대한 질문의 신청을 하는 것(행심법 32조~36조).
⑤ 제출서류 등의 열람·교부를 요구하는 것. 이 경우 제삼자의 이익을 침해할 우려가 있는 때, 그밖에 정당한 이유가 있는 때가 아니면 심리원은 열람·교부를 거부할 수 없다(행심법 38조1항).

제출서류 등이란 (α) 변명서의 첨부서류, (β) 심사청구인, 관계인, 처분청 등으로부터 제출된 증거서류 등, (χ) 심사원의 직권 또는 심사청구인 등의 신청에 근거한 심리원의 제출 요구에 따라 제출된 서류 그 밖의 물건이다.

## (2) 참가인의 권리

심리원 등에 의한 심리에는 처분 등의 근거 법령에 비추어 이해관계를 가진다고 인정되는 자(이해관계인)도 참가인으로서 참가할 수 있다(행심법 13조1항). 참가인의 절차적 권리는 기본적으로 심사청구인과 같다.

구체적으로는 대리인의 선임(행심법 13조3항), 변명서에 대한 의견서의 제출(행심법 30조2항), 구두 의견진술의 신청 등(행심법 31조1항·5항 등), 증거서류 등의 제출(행심법 32조1항), 그 밖의 신청[물건의 제출 요구, 참고인의 진술·감정의 요구, 검증(참석), 심리 관계인에 대한 질문. 행심법 33조1항, 34조, 35조1항·2항, 36조], 제출 서류 등의 열람(행심법 38조1항)이다.

## 제3관 심리원 등에 의한 심리(2)

### (1) 심리원의 권한

심리원 등에게는 심리와 관련되는 각종의 권한이 인정된다. (ⅰ) 변명서의 제출과 그 심사청구인 등에 대한 송부, (ⅱ) 반론서 등의 제출과 그 처분청 등에 대한 송부, (ⅲ) 구두 의견진술의 실시, (ⅳ) 물건의 제출 요구, (ⅴ) 참고인의 진술 또는 감정의 요구, (ⅵ) 검증, (ⅶ) 심리 관계인에 대한 질문 등이다(행심법 29조~31조·33조~36조).

또한, 처분청 등에도 증거서류 등의 제출의 권리가 인정된다(행심법 32조2항).

**【심사청구 심리의 흐름도】**

심사청
심리원
처분청 등
심사청구인 등
접수
원처분
심사청구인 등
위법성 심사
불비가 있는 경우 (보정명령)
보정
심리원의 지명
(심사청구서 수령)
(심리원을 지명한 취지의 통지)
이해관계인 참가 대표자 호선명령 등
(보정할 수 없는 것이 명백한 경우 등)
① 심사청구서 송부 변명서 제출요구
변명서의 제출
② 반론서·의견서 제출기한 통지
의견·반론서 제출
③ 쟁점 정리 등
④ 심리절차 신청에 관한 의견 청취 구두 의견진술
의견서 등 수령
재결안 작성
⑤ 증거서류 등의 제출기한 통지
증거서류 등의 제출
심사회 등에 대한 자문
⑥ 물건의 제출 요구
⑦ 증거서류 등의 제출기한 통지
⑧ 참고인의 진술 및 감정의 요구, 검증
심사회 등에서의 절차
⑨ 제출서류 등의 열람 등의 실시
의견·반론서 제출
⑩ 심리절차의 병합·분리
답신 수령
⑪ 심리원에 의한 집행정지 의견서
⑫ 심리절차의 종결
재설서안 작성
⑬ 심리원 의견서의 작성
재결
재결서의 송달·송부
증거서류 등의 반환

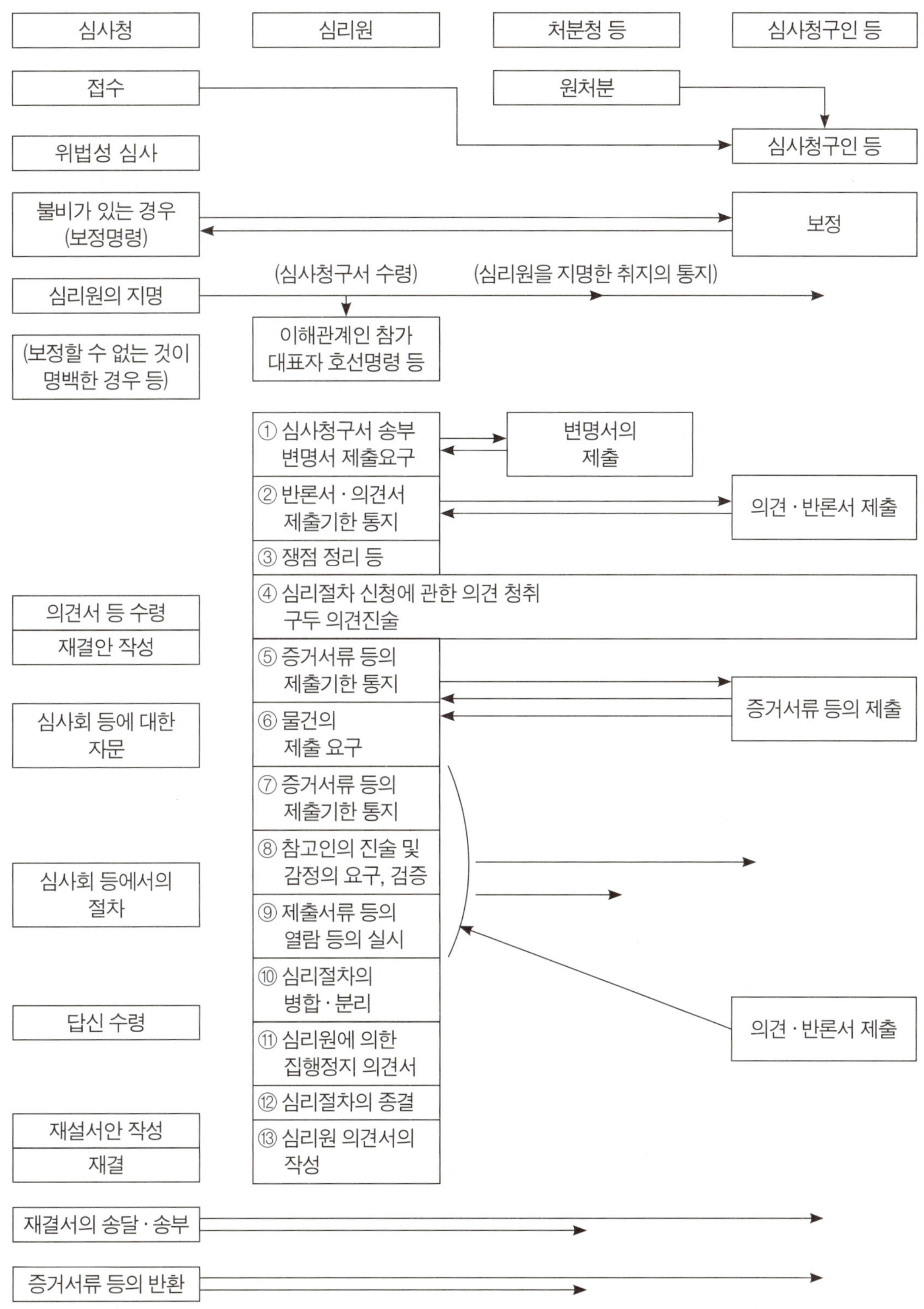

## (2) 심리의 공정·신속한 실시

행심법은 심리의 공정·신속한 실시를 확보하기 위한 규정을 두는 외에, 심리원 등에게 필요한 권한을 부여하고 있다. 우선, (ⅰ) 심리의 신속한 실시를 위하여 심사청구인, 참가인, 처분청 등과 심리원에게는 간이·신속하고 공정한 심리의 실현을 위해 상호 협력하고, 심리절차의 계획적인 진행을 도모할 의무가 부과된다(행심법 28조). 또한, (ⅱ) 심사청구서가 사무소에 도달한 후 재결을 할 때까지 통상 필요한 기간(표준 심리 기간)을 설정하는 것이 심사청의 노력 의무로 되어 있고, 설정한 때에는 사무소 등에 비치 등으로 이를 공개할 의무가 부과되어 있다(행심법 16조). 더욱이, (ⅲ) 심리원은 심리 사항이 많거나 복잡한 사정이 있고 심리를 계획적으로 수행할 필요가 있다고 인정하는 경우는 심리 관계자를 소집하여 심리절차의 신청에 관한 의견을 청취한다(행심법 37조1항).

끝으로, (ⅳ) 심리원은 필요한 심리를 끝냈다고 인정하는 때에는 심리절차를 종결하고, (ⅴ) 변명서, 반론서 등의 서류 그 밖의 물건이 제출되지 않아 일정한 기간을 지정하여 제출을 요구했음에도 불구하고 기간 내에 물건이 제출되지 않는 경우 심리원은 심리절차를 종결할 수 있다(행심법 41조1항·2항).

## (3) 종결 시의 조치

심리원은 심리절차를 종결한 때에는 심사청이 해야 하는 재결에 관한 심리원 의견서를 지체 없이 작성하고, 사건기록과 함께 심사청에 제출해야 한다(행심법 42조1항·2항). 또한, 심리원은 심리 관계인에게 심리를 종결한 취지, 심리 의견서, 사건기록을 심사청에 제출하는 예정 시기를 통지한다(예정 시기를 변경한 때도 같다. 행심법 41조3항).


## 제4관  제삼자 기관의 조사·심의

## (1) 제삼자 기관에 대한 자문

심사청은 심리원의 의견서가 제출된 때에는 원칙적으로서 국가의 경우에는 행정불복심사회에, 지방자치단체의 경우에는 지방자치단체 집행기관의 부속기관으로 설치된 기관(공동 설치, 사무위탁 등의 경우를 포함한다), 또는 사건마다 설치되는 기관에 자문해야 한다(행심법 43조1항·81조). 제삼자 기관에 자문하고 그 답신을 받은 후에 심사청이 재결을 하도록 되어 있는 것도 개정 후의 행정불복심사법이 행정불복신청 제도의 신중하고 공정한 운영을 중시한 것을 반영하고 있다고 생각되고 있다(행심법 44조).

다만, 행심법에 따르면 (ⅰ) 심사청구인이 행정불복심사회 등에 대한 자문을 희망하지 않는 취지의 신청을 한 때, (ⅱ) 행정불복심사회 등이 국민의 권리·이익 및 행정 운영에 대한 영향의 정도 등을 고려하여 자문이 필요 없다고 인정한 때, (ⅲ) 심사청구가 부적법하여 각하하는 때에는 자문을 필요로 하지 않는다(행심법 43조1항4호~6호).

특히, (ⅰ)에 관해서는 심리원의 심리에 추가하여 행정불복심사회 등에 대한 자문·답신을 거치는 것이 행정불복신청에 의한 구제의 간이·신속성에 미치는 영향을 고려한 결과라고 해석되고 있다.


(ⅰ) 심사청구의 대상이 되는 처분을 하려는 경우에 다른 법률 등에 따라 심의회 등의 심의를 거치는 등의 절차를 거치는 때, (ⅱ) 재결하려는 경우에 유사하게 다른 심의회 등의 심의를 거치는 등의 경우에는 자문을 생략할 수 있다(행심법 43조1항1호·2호, 43조1항7호·8호).


## (2) 행정불복심사회 등

### ① 행정불복심사회

국가의 경우, 제삼자 기관인 행정불복심사회는 총무성에 설치되고(행심법 67조1항), 위원은 양 의원(議院)의 동의를 받아 총무대신이 임명한다(행심법 69조1항). 또한, 위원에 관해서는 신분보장의 규정이 있다(행심법 69조7항). 또한, 안건이 전문·기술적인 사항을 포함하는 경우가 있는 점을 고려하여 행정불복심사회에 전문위원을 둘 수 있다고 되어 있다(행심법 71조).

### ② 지방의 경우

지방의 경우, (ⅰ) 집행기관의 부속기관으로서 해당 기관을 두는 것이 인정되는 외에, (ⅱ) 그것이 부적당하거나 곤란하다고 인정되는 때에는 조례로 정하는 바에 따라 사건마다 해당

기관을 둘 수 있다(행심법 81조1항·2항). 더욱이, 복수의 지방자치단체에 의한 공동 설치의 형태도 가능한 것으로 되어 있는(행심법 81조4항. 자치법 252조의7제1항) 것 외에도, 지방자치법(1947法67)에 규정이 있는 사무위탁(자치법 252조의14제1항), 사무의 대체 집행(자치법 252조의16의2), 일부 사무조합·광역연합의 설치(자치법 284조) 등을 활용하여 이 기관들을 둘 수도 있는 것으로 해석되고 있다.

이는 지방자치단체의 행정·재정 능력이나 행정불복신청의 실적 등은 단체에 따라 다양한 점을 배려한 결과이다.

### (3) 조사·심의의 절차

( i ) 행정불복심사회는 심사청구인, 참가인, 심사회에 자문한 심사청(심사 관계인)에 대하여, 주장을 기재한 서면 또는 자료의 제출을 요구하고 사실의 진술·감정을 요구하는 등의 조사를 할 수 있다(행심법 74조). ( ii ) 심사회는 심사 관계인의 신청이 있는 경우에는 구두로 의견을 진술할 기회를 부여해야 한다(다만, 필요가 없다고 인정하는 때에는 그렇지 않다. 행심법 75조1항 본문 및 단서). ( iii ) 심사 관계인은 주장 서면 또는 자료를 제출할 수 있다(행심법 76조). ( iv ) 심사 관계인은 심사회에 제출된 주장 서면 또는 자료의 열람, 사본의 교부를 요구할 수 있다(제삼자의 이익을 침해할 우려가 있다고 인정되는 등의 경우 이외는 열람, 사본의 교부를 거부할 수 없다. 행심법 78조1항, 78조2항 이하).

행정불복심사회는 자문에 대하여 답신한 때에는 답신서의 사본을 심사청구인·참가인에게 송부함과 아울러, 답신의 내용을 공표하는 것으로 되어 있다(행심법 79조).

또한, 위의 조사·심의의 절차와 관련되는 규정은 지방자치단체 기관의 절차에 준용된다(행심법 81조3항).


## 제5관  기타

### (1) 직권증거조사·직권탐지

심리원, 행정불복심사회 등과 관련되는 위의 절차 규정에서는 심사청구에서 직권에 의한 증거조사를 인정하고 있다.

또한, 변론주의를 기본으로 하는 소송절차에서는 쟁점 외 사항에 관하여 심리기관이 직권으로 심리하고 판단을 내리는 직권탐지는 인정되고 있지 않다. 이에 비하여, 직권주의를 원칙으로 하는 행정불복심사에서 직권탐지를 심사청이 할 수 있는지에 관하여 행심법상 명문 규정은 없다.

이 점에 관하여 최고재판소는 소원법이 있던 시기의 것이기는 하나, 시의회 의원선거 무효 재결 취소청구 사건 상고심 판결(最判1954年10月14日民集8巻10号1858頁)에서 심리기관이 직권탐지하는 것을 인정했다. 또한, 최고재판소는 고정자산가격 심사신청 기각결정 취소청구 사건 상고심 판결(最判2019年7月16日民集73巻3号211頁)에서 고정자산 과세대장에 등록된 건물가격에 대한 심사신청의 심사를 할 때에 고정자산평가심사위원회는 직권탐지를 할 수 있는 것을 전제로 한 판단을 제시했다. 같은 판결은 고정자산평가심사위원회의 심사신청 기각결정에 대한 취소소송(재결주의. 지방세법 434조2항)에서 원고는 같은 위원회가 심사 시 주장하지 않은 위법 사유를 추가할 수 있다고 판단한 것이지만, 최고재판소는 그 전제로서 지방세법 및 행정불복심사법(구법)의 관련 규정에 따르면 위원회는 심사 신청인이 주장하지 않는 사유를 심사 대상으로 할 수 있고, 위원회의 심사 대상은 등록가격의 적부를 판단하는 것에 필요한 사항 전반에 미친다고 판단했다(판결이 인용하는 구법의 규정은 행심법에서도 기본적으로 유지되어 있다. 행심법 34조·35조·36조).

다만, 행심법상 심사청구의 절차에서는 심사청구인과 처분청 등 간에 공격·방어가 모두 이루어지는 것을 전제로 되어 있는 점을 고려하면 심리원·행정불복심사회 등이 직권으로 탐지한 사안에 관해서는 심사청구인, 처분청 등에 통지하고, 반론의 기회를 부여하는 것이 바람직하다(실무도 그렇게 해석하고 있다).

## (2) 집행정지

행심법은 행정사건소송법과 마찬가지로 불복신청 자체는 처분의 효력 등에 영향을 미치지 않는다는 집행부정지의 원칙을 채용한 후에 예외로서 집행정지의 제도를 두고 있다(행심법 25조).

① 심사청이 상급 행정청·처분청의 경우(재량적 집행정지)

처분청의 상급행정청 또는 처분청인 심사청은 필요하다고 인정하는 때에는 심사청구인의 신청 또는 직권으로 처분의 효력, 처분의 집행 또는 절차 속행의 전부 또는 일부의 정지 그 밖의 조치를 할 수 있다(행심법 25조2항).

②  처분청의 상급행정청·처분청 이외의 경우(재량적 집행정지)

처분청의 상급행정청 또는 처분청이 아닌 심사청은 필요하다고 인정하는 때에는 심사청구인의 신청으로(직권으로는 할 수 없다) 처분청의 의견을 청취한 후에 처분의 효력, 처분의 집행 또는 절차 속행의 전부 또는 일부를 정지할 수 있다(그 밖의 조치를 할 수는 없다. 행심법 25조3항).

③  의무적 집행정지

위의 ①·②는 심사청이 필요하다고 인정하는 때에 집행정지를 할 수 있는 점을 규정한 것이다. 이에 비하여, 행심법은 일정한 요건을 충족할 때 집행정지를 할 것을 심사청에 의무화하고 있다. 이 의무적 집행정지의 적극 요건은 ( i ) 심사청구인의 신청이 있은 경우에, ( ii ) 처분, 처분의 집행 또는 절차 속행으로 발생하는 중대한 손해를 피하기 위해 긴급한 필요가 있다고 인정하는 때이다. 다만, ( iii ) 공공의 복지에 중대한 영향을 미칠 우려가 있는 때 또는 본안에 관하여 이유가 없다고 보이는 때에는 그렇지 않다(행심법 25조4항).

④  중대한 손해의 판단기준

중대한 손해가 발생하는지를 판단할 때는 취소소송의 경우와 마찬가지로 손해 회복의 곤란한 정도를 고려하고, 손해의 성질 및 정도와 처분의 내용 및 성질도 고려한다고 되어 있다(행심법 25조5항).

⑤  심리원의 의견서

심리원은 필요하다고 인정하는 때에는 심사청에 집행정지를 해야 하는 취지의 의견서를 제출할 수 있고(행심법 40조), 의견서의 제출이 있은 경우, 심사청은 신속하게 집행정지를 할지를 결정해야 한다(집행정지의 신청이 있은 경우도 같다. 행심법 25조7항).

⑥  집행정지의 취소

집행정지 후 집행정지가 공공의 복지에 중대한 영향을 미치는 것이 명백한 때, 그 밖에 사정이 변경된 때에는 심사청은 집행정지를 취소할 수 있다(행심법 26조).

# 제4절  재조사 · 재심사의 청구

## 제1관  재조사의 청구

### (1) 제도의 의의

행심법에서는 요건사실 인정의 당부에 대한 불복이 대량으로 행해지는 처분으로서 개별법에서 정하는 것에 관하여 재조사 청구를 하는 것을 인정한다(행심법 5조). 재조사 청구의 절차를 두는 입법례로서는 국세통칙법(75조1항1호나목 등, 81조 이하), 관세법(89조1항), 공해건강피해의 보상 등에 관한 법률(1973法111호. 106조1항) 등이 있다.

### (2) 심사청구와의 관계

법령에 재조사의 청구를 할 수 있는 취지의 규정이 있는 때에는 재조사의 청구를 할 수 있다. 다만, 심사청구를 선택한 경우는 그렇지 않다(행심법 5조1항 본문 · 단서). 이와 같이, 행심법은 재조사의 청구와 심사청구 간의 선택권을 국민에 인정하고 있다. 다만, 재조사의 청구를 한 경우에는 재조사의 청구에 대한 결정을 거친 후가 아니면 심사청구를 할 수 없다(행심법 5조2항 본문).

다만, 3개월이 경과해도 재조사의 청구에 대한 결정이 되지 않는 때 등에 관하여 예외가 인정된다(행심법 5조2항 단서).

### (3) 절차의 특색

처분청이 간이 · 신속한 절차로 처분을 재검토하는 절차인 재조사의 청구에서는 심리원에 의한 심리, 행정불복심사회 등에 대한 자문의 절차는 마련되어 있지 않다(행심법 61조).

## 제2관  재심사 청구

### (1) 제도의 의의

① 개념

행정불복신청은 기본적으로 단심제이다. 다만, 구법에서는 개별법의 규정에 근거하여 심사청구의 재결에 대하여 재심사청구를 하는 것이 인정되고 있었다. 행심법은 구법과 비교하여 범위를 한정했지만, 일정한 유형의 처분에 관하여 재심사청구의 제도를 존치하고 있다(행심법 6조).

② 사회보험, 노동보험과 관련되는 처분

재심사청구의 절차를 두는 법률로서는 우선, 사회보험, 노동보험에 관련되는 처분에 관한 것이다. 이 제도에서는 사회보험심사관, 고용보험심사관에 대한 심사청구를 거쳐 사회보험심사회, 노동보험심사회에 대하여 재심사청구를 할 수 있다. 재심사청구를 규정하는 예로서는 후생연금보험법(1954法115) 90조1항, 건강보험법(1922法70) 189조1항, 노동자 재해보상보험법(1947法50) 38조1항 등이 있다.

③ 재정(裁定)적 관여

　(a) 정의

그 밖에 재심사청구가 마련된 예로서는, 도·도·부·현, 시·정·촌 등의 처분에 대한 불복에 관하여, 국가·도·도·부·현 등이 재심사청구의 형식으로 심사하는 것이 인정되는 일련의 제도가 있다. 이 제도들은 지방자치단체의 처분에 대하여 국민의 불복신청에 대한 재정이라는 형식으로 국가의 행정기관 등이 관여하는 특례를 인정하는 것으로 재정적 관여라고 불린다.

　(b) 재정적 관여의 예

재심사청구의 형식을 취하는 재정적 관여를 정하는 입법례로서는 지방자치법(1947法67) 252조의17의4제4항의 예가 있다.

도·도·부·현, 시·정·촌, 특별구가 처리하는 사무에는 법정수탁사무와 자치사무의 구별이 있고, 법정수탁사무는 국가·도·도·부·현이 본래 해야 하는 역할에 관련되는 것이어

서, 국가·도·도·부·현이 적정한 처리를 특별히 확보할 필요가 있는 것으로서 법률·정령
으로 정하는 것을 말한다(자치법 2조9항1호·2호).

　　　법정수탁사무에 관해서는 ( i ) 시정의 지시, ( ii ) 대집행, ( iii ) 사무 처리를 할 때 따라야
　　하는 기준의 수립 등, 국가·도·도·부·현에 의한 강한 형태의 관여가 인정된다(자치법
　　245조의7~245조의9).

그리고 법정수탁사무로서 행해지는 처분에 관해서는 지방자치법 255조의2에 따라
도·도·부·현의 지사, 국가의 각 대신에게 심사청구를 할 수 있는 것이 넓게 인정되고 있
다(이것도 재정적 관여이다). 덧붙여서, 도·도·부·현의 권한에 속하는 사무에 관하여
도·도·부·현의 조례에 근거하여 시·정·촌이 처리하는 경우로서 해당 사무가 법정 수탁
사무일 때에는 도·도·부·현 지사에 대한 심사청구의 재결에 불복이 있는 자는 지방자치법
252조의17의4제4항에 근거하여 법령을 소관하는 대신에게 재심사청구를 하는 것이 인정되
고 있다. 재정적 관여에서는 이렇게 재심사청구의 형식으로 국가의 기관이 관여하는 경우가
많은 점에서 행심법은 재심사청구의 형식을 존치하고 있다.

　　　재심사청구의 예로서는 그 외에도 생활보호법(1950法144) 66조1항, 건강증진법(2002法
　　103) 67조1항 등이 있다.

또한, 자치사무를 포함하여 널리 재정적 관여를 인정하는 개별법도 있다. 예로서는 토지구
획정리법(1954法119) 127조의2제2항, 도시재개발법(1969法38) 128조3항 등이 있다.

### (2) 소송과의 관계

재심사청구와 소송의 관계는 선택적이다. 즉, 재심사청구를 두는 입법례에서는 ( i ) 심사
청구 전치가 폐지되거나, ( ii ) 심사청구 전치의 규정이 존치되어 있는 경우에는 재심사청구
를 할지 아니면 취소소송을 제기할지는 심사청구인의 선택에 맡겨져 있는 구조로 되어 있다
(건강보험법 192조, 노동재해보상보험법 40조 등).

### (3) 절차적 특색

재심사청구의 심리는 기본적으로 심사청구에 준한다. 다만, 행정불복심사회 등에 대한 자문은 심사청구에서 예정되어 있기 때문에 재심사청구에는 이에 관련하는 규정의 준용은 없다(행심법 66조).

## 제5절  재결 등

## 제1관  재결 등의 종류

### (1) 재결·결정

심사청구는 재결이 될 때까지는 언제라도 취하할 수 있다(행심법 27조1항). 심사청구 및 재심사청구의 경우는 재결, 재조사 청구의 경우는 결정으로 종료한다(행심법 44조 이하, 64조 이하, 58조 이하).

### (2) 기각·각하

재결·결정에는 소송에서의 판결과 마찬가지로 각하, 기각, 인용의 3종류가 있다(행심법 45조 이하, 58조·59조, 64조·65조). 또한, 특수한 기각재결로서 사정재결 등의 제도가 있다(행심법 45조3항·64조4항. 대량으로 행해지는 처분의 요건사실의 인정과 관련되는 것이고, 또한 간이·신속한 구제로서 행해지는 재조사의 청구에 관해서는 사정결정 제도는 없다).

### (3) 인용

① 처분에 관한 심사청구

(a) 사실행위 이외의 경우

심사청구를 인용하는 경우 처분에 관한 심사청구(사실행위를 제외한다)에서는 재결로 처분의 전부 또는 일부를 취소하거나 이를 변경한다. 다만, 심사청이 처분청의 상급청 또는 처분청의 어느 것도 아닌 경우에는 변경할 수 없다(행심법 46조1항 본문·단서).

재조사의 청구에 관해서는, 처분청이므로 인용결정에서는 취소·변경이 가능하다(행심법 59조1항). 한편, 재심사청구의 경우에는 원재결의 취소만이 인정된다(행심법 65조1항).


(b) 사실행위의 경우

사실행위에 관해서는 '취소'의 관념이 없으므로 취소·변경이 아니라 철폐·변경 또는 철폐·변경을 명하는 형태로 인용재결이 행해진다. 다만, 심사청이 처분청의 상급청 또는 처분청의 어느 것도 아닌 경우에는 변경할 수는 없다(행심법 47조 본문·단서).


재조사 청구의 인용결정, 재심사청구의 인용재결에 관해서는 행심법 59조2항·65조2항을 참조하기를 바란다.


(c) 불이익변경의 금지

사실행위인지를 불문하고 처분을 변경할 때는 심사청구인의 불이익으로 변경하는 것은 금지된다[행심법 48조. 나아가 재조사의 청구에 관한 행심법 59조3항을 참조. 또한, 재심사청구에서 변경재결은 상정되어 있지 않다(행심법 66조1항)].

(d) 의무이행재결 등

행심법은 신청을 각하하거나 기각한 처분에 관한 심사청구의 인용재결에 관하여 심사청이 의무이행재결을 하는 것을 인정한다. 즉, 인용의 재결을 할 때 일정한 처분을 해야 하는 것으로 인정되는 경우 (ⅰ) 처분청의 상급행정청인 심사청은 해당 처분을 해야 하는 취지를 처분청에 명하고, (ⅲ) 처분청은 해당 처분을 한다(행심법 46조2항).


의무이행재결을 할 때의 특례적인 절차를 규정하는 것으로서 행심법 46조3항·4항이 있다. 덧붙여서, 재조사 청구의 경우 처분청(심사청)은 해당 처분을 하게 된다(행심법 59조1항·2항). 재심사청구에서 심사청이 처분청 또는 처분청의 상급청인 경우는 상정되어 있지 않다.

② 부작위에 관한 심사청구

　(a) 위법 또는 부당의 선언

부작위에 관한 심사청구에 이유가 있는 경우에는 심사청은 부작위가 위법 또는 부당하다는 취지를 선언한다(행심법 49조3항).

　(b) 의무이행재결 등

위의 경우에 신청에 대하여 일정한 처분을 해야 하는 것으로 인정하는 때에는 ( i ) 부작위청의 상급청인 심사청은 해당 처분을 해야 하는 취지를 부작위청에 명하고, ( ii ) 부작위청인 심사청은 해당 처분을 한다(행심법 49조3항. 추가로 같은 조 4항·5항).


또한 재조사의 청구, 재심사청구의 대상에는 부작위는 포함되어 있지 않다(행심법 5조).


## 제2관　효력


재결·결정은 행정행위의 일종이고, 행정행위의 일반에 인정되는 효력을 가진다[취소소송의 배타적(우선적) 관할, 출소기간 제한에 따른다]. 또한, 재결·결정은 분쟁에 관하여 결정하는 행정행위로서의 성격을 가지는 점에서 이하의 특수한 효력을 가진다.

### (1) 불가변력

재결·결정을 한 행정청은 스스로 그 결정을 취소하거나 변경하는 것은 금지된다[→ 불가쟁력·자력집행력·불가변력, 불가변력, 실질적 확정력(제2편 제3부 제6장 제2절)].

### (2) 구속력

행심법 53조1항에서는 재결에 관하여 관계 행정청을 구속한다고 규정하고, 취소판결의 구속력에 대응하는 효력을 인정하고 있다(상세에 관하여 행심법 52조. 또한, 재심사청구의 재결에 관하여 행심법 52조가 준용된다. 행심법 66조1항).

# 제6절  기타

## (1) 행정사건소송법 개정에 대한 대응

행심법을 개정할 때는 (ⅰ) 항고소송에서의 의무이행소송, 예방적 금지소송에 대응하는 행정상의 구제 제도의 정비, (ⅱ) 처분 이외의 행정활동에 대한 행정상의 구제 제도의 확충에 관해서도 함께 검토되었다.

그중에서 (ⅰ)에 관해서는 예방적 금지소송에 대응하는 제도는 도입되지 않았지만, 신청 만족형 의무이행소송에 대응하는 제도로서 신청의 각하·기각 처분이나 부작위에 관한 불복신청에 관하여 의무이행재결 등의 제도가 창설되었다. 나아가, 처분 등의 요구 형태로 직접형 의무이행소송에 대응하는 행정상의 구제 제도도 마련되었다[→ 처분 등의 요구-일반적인 불복의 종류(제2편 제3부 제6장 제4절)].

또한, (ⅱ)에 관해서는 법령에 규정이 있는 행정지도에 한정하여 처분 등의 요구, 행정지도의 중지 등의 요구 제도가 행정절차법의 개정에 따라 반영되었다[→ 행정지도와 행정구제, 행정지도와 행정상의 구제(제2편 제4부 제2장 제5절). 추가로 행정절차법 35조2항].

## (2) 행심법의 5년 후 재검토

구법은 제정 당시에 선진적인 측면을 가지고 있었다[→ 개설, 제도의 연혁, 행정불복심사회(제2장 제1절)]. 그러나 적용에 관한 상세한 규율이 부족한 점에서 입법 취지에 반하여 운용되어 권리구제 제도로서의 부족함이 두드러지게 되었다. 그래서 구법의 반성에서 제정된 행심법에서도 법의 취지에 따른 운용을 철저히 하고, 그 운용을 확보한 후에 필요한 체제를 정비할 필요가 있다.

행심법 부칙 6조의 5년 후 재검토 조항에 근거하여 총무성이 설치한 '행정불복심사회법의 개정을 향한 검토회'(좌장은 필자)의 최종 보고(2022년 1월)에서도 운용 개선에 관하여 ① 심리 절차 담당 인력의 확보·육성, ② 불복신청에 관계되는 각 주체의 체제 정비, ③ 총무성이 발간한 운용 매뉴얼(현재는 가이드라인)에 따른 절차의 철저한 운용, ④ 국민에 대한 정보제공 및 심사청·처분청 간의 연계의 추진, ⑤ 행정불복심사회 등의 답신의 부대의견의 활용이 강조되었다.

# 제3장  특수한 불복신청-행정심판

## 제1절  개설

### (1) 정의

행정상의 불복신청을 신중한 절차로 심리하는 등의 목적에 근거하여 개별법의 규정에 따라 특별한 불복신청 또는 사전 행정절차를 정하고 있는 예가 있다. 이를 행정심판이라고 한다. 또한, 행정심판은 학문상의 용어이고, 통상의 행정기관으로부터 독립성을 보장받는 행정위원회(국가행정조직법 3조2항, 별표1 등) 또는 이에 준하는 기관[인사원(국가공무원법 3조 이하), 전파감리관리심의회(전파법 99조의2 이하) 등]이 재판과 유사한 절차인 준사법절차에 따라 결정하는 경우 그 결정 또는 그 결정과 관련되는 절차를 포함한 제도 전체를 가리킨다.

### (2) 제도의 연혁

이러한 행정심판에 관해서는 제2차 세계대전 후 점령군 총사령부(GHQ)의 점령 정책의 일환으로서 행정위원회 제도가 일본에 대규모로 도입되어, 일본의 행정법학이 이 조직들과 절차에 착안하여 행정심판의 개념으로 정리한 경위가 있다. 다만, 최근 행정심판의 전형으로 여겨져 온 독점금지법[사적 독점의 금지 및 공정거래의 확보에 관한 법률(1947法54)]상의 제도가 폐지되는(2013法100) 등 행정심판의 예는 감소 경향에 있다.

또한, 행정불복심사법의 개정(2014法68)에 따라 신중·공정을 도모하는 제도(심리원, 행정불복심사회 등)가 전반적으로 도입되었다. 따라서 통상의 행정불복신청과 행정심판 간에는 최종적인 심판 권한이 제삼자적 기관에 맡겨져 있는지 등에 관하여 차이는 있지만, 그 차이는 절대적인 것은 아니게 되었다.

# 제2절  행정심판의 개요

## 제1관  행정심판의 유형

행정심판은 목적·기능의 관점에서 3가지 유형으로 분류되고 있다[高橋滋ほか『座談会, 準司法手続, 特例的行政手続の現状と課題』, ジュリ1352号(2008年), 6頁(高橋滋)].

### (1) 당사자 간 분쟁 처리형

당사자 간 분쟁 처리 유형의 행정심판은 사인 간의 분쟁을 처리하기 위하여 사용되는 심판절차이다. 그 예로서는 노동조합법(1949法174)에 근거하여 노동위원회가 하는 부당노동행위의 구제명령 절차(노동조합법 27조 이하)나 공해분쟁처리법(1970法108)에 근거하여 공해 등 조정위원회가 하는 재정  절차(공해분쟁처리법 42조의 이하) 등이 있다. 이 절차들은 기본적으로는 행정위원회 등의 제삼자적 기관이 행정판단을 할 때의 사전절차로서 행해진다.

### (2) 위반행위 감시형

위반행위 감시형의 행정심판 제도는 행정기관에 의한 불이익처분을 하는 때에 행정심판절차가 이용되는 것이다. 이 절차도 기본적으로 사전절차로서 행해진다. 예로서는 파괴활동방지법(1952法240)에 근거하여 공안위원회가 하는 파괴적 단체의 규제 절차(파괴활동방지법 11조 이하)가 있다. 또한, 전파법(1950法131)에 근거하여 전파감리심의회가 하는 불이익처분(면허취소 등)의 절차(전파법 99조의2 이하, 99조의11제1항3호·99조의12)에 관하여 전파감리심의회는 국가행정조직법(1948法120) 3조에서 규정하는 위원회(3조 위원회)가 아니라 같은 법 8조에서 말하는 심의회이지만, (ⅰ) 심의회의 독립성, (ⅱ) 절차의 신중함, (ⅲ) 심의회 권고의 구속력, (ⅳ) 전파감리심의회가 이전에는 3조 위원회이었던 경위 등을 고려하여 행정심판으로 분류하는 것이 일반적이다.

### (3) 불복심사형

불복심사형의 행정심판은 행정상의 불복신청 중에서 준사법절차에 따라 행해지는 것을 말한다. 예로서는 국가공무원법(1947法120)에 근거하여 인사원(人事院)이 국가공무원에 대한 불이익처분에 관하여 하는 공평심사(국가공무원법 90조 이하), 광업 등과 관련되는 토지이용의 조정절차 등에 관한 법률(1950法292)에 근거하여 공해 등 조정위원회가 하는 광업권의 설정처분에 대한 불복의 재정절차(토지이용조정절차법 1조 이하. 광업법상의 광업권 설정의 허가 등에 대한 불복) 등이 있다. 또한, 전파법에 근거하여 전파감리심의회가 하는 심사청구의 심리(전파법 83조 이하)에 관해서도 불복심사형의 행정심판으로 분류하는 것이 일반적이다.

## 제2관  조직 · 절차의 특색

### (1) 직권 행사의 독립성

행정심판절차에서 심판기관은 통상의 행정기관 계통으로부터 독립하여 직권을 행사하는 것이 보장되고 있다. 법령 중에는 우선 직권 행사의 독립에 관하여 명문의 규정을 두는 예가 있다.

공해 등 조정위원회 설치법(1972法52) 5조는 공해 등 조정위원회의 위원장과 위원에 관하여 직권 행사의 독립을 규정하고 있다. 또한, 공해건강피해의 보상 등에 관한 법률(1973法111)에 근거하여 설치된 공해건강피해보상불복심사회는 국가행정조직법상의 3조 위원회는 아니나, 심사청구의 재결권을 부여받고 있고, 또한 위원이 독립하여 직권을 행사하는 것도 규정되어 있다(공해건강피해보상법 111조 이하, 115조).

그 외에 신분보장과 관련되는 규정을 두는 것을 통하여 직권 행사의 독립성을 실질적으로 보장하는 예도 있다.

신분보장을 규정한 예로서는 국가공무원법에 근거하여 설치된 인사원의 인사관(人事官)에 관한 규정이 있다(국가공무원법 8조 · 9조).

### (2) 준사법절차

준사법절차의 내용은 일의적으로 정해져 있는 것은 아니나, 다음과 같은 절차상의 특색이 보인다.

① 공개의 구술심리

준사법절차에서는 공개 구술심리의 기회가 법률상 보장되는 예는 많다. 예를 들면, 노동위원회가 하는 부당노동행위의 구제명령 절차에서 심문[노동조합법 27조(심문 기회의 보장), 노동위원회 규칙(1949労働規1) 41조의7제2항(심문의 공개)], 인사원이 하는 공평심사에서 구술심리(국공법 91조2항)에 관하여 이러한 입법례는 있다.

② 증거의 제한

일부의 행정심판에서는 사실인정은 절차에 나타난 증거로만 한다는 취지의 규정이 있다. 전파감리심의회의 의결은 전파감리심의회가 지명하고, 심리를 주재한 심리관(위원)이 작성한 조서 및 의견서에 근거하여 사안에 관한 재결안을 의결하는 것으로 되어 있다(전파법 93조의4).

③ 소추 기능과 심판 기능의 분리

위반행위 감시형의 심판 절차의 구조상 규문적인 절차로 되어 있는 경우에는 소추 기능과 심판 기능이 동일한 기관에 의하여 행해지게 되기 때문에 절차 내부에 소추 기능에 관여하는 사람과 심판 기능에 관여하는 사람을 분리하는 시도가 행해진다. 예를 들면, 파괴활동방지법에 근거하여 공안 심사위원회가 하는 파괴적 단체의 규제 절차에서는 ( i ) 공안조사청의 직원(수명직원)에 의한 변명 절차를 거쳐 공안조사청 장관이 공안 심사위원회에 처분의 청구를 하고(파괴활동방지법 11조 이하), (ii) 공안 심사위원회는 청구에 관하여 처분 청구서, 증거 및 조서와 단체 제출의 의견서에 관하여 심사하고, 필요한 조사를 하여 결정한다(같은 법 22조 이하). 또한, (iii) 공안 심사위원회가 조사 시 처분을 하는 경우 공안 심사회는 공안조사청의 직원과 단체의 임직원 쌍방에 대하여 출석하여 의견을 진술할 기회를 부여한다[공안 심사위원회 심사 규칙(1953法1) 6조].

전파법에 근거하여 전파감리심의회가 하는 불이익처분(면허취소 등)과 관련되는 의견

청취에 관해서도 총무대신에 의한 자문을 받아 실시되는 절차에서 총무성에 소속하는 직원으로서 총무대신이 지명하는 직원[지정 직원. 전파법 90조2항)과 심리관(위원) 간의 기능 분리가 되어 있다(예를 들면, 심의회에 대한 필요적 자문 사항에 관한 전파법 99조의11제1항3호, 99조의12제1항·6항을 참조. 전파법 87조, 90조~92조의5 등이 준용된다).

## 제3관  심판의 처리

행정심판은 행정기관의 정식 결정이고, 행정행위의 성질을 가진다. 또한, 특별한 절차를 거쳐 행해지는 것인 점에서 심판의 법적인 처리에 관하여 개별법에 특별한 규정을 두는 경우가 있고, 또한 해석상 특별한 처리를 해야 하게 되는 경우가 있다.

### (1) 심급의 생략

취소소송의 제1심 재판소는 소가(訴價)를 불문하고 지방재판소인 것이 원칙이다. 이에 비하여, 행정위원회 등에 의한 준사법절차가 행정과정에 마련된 경우, 3심제의 재판을 보장할 필요는 없다고도 생각되므로 고등재판소가 제1심 재판소가 되는 경우가 있다. 전파감리심의회의 심사청구에 대한 재결(각하재결을 제외한다. 전파법 97조), 공해 등 조정위원회의 재정[토지이용 조정절차 57조 → 재판관할, 개설, 직분관할(제3부 제5장 제3절)]이 그 예이다. 또한, 재판관할은 성문법으로 정해지기 때문에 학문상의 행정심판 절차가 채택되어 있다고 하여 해석으로 심급을 생략할 수 없다.

### (2) 재결주의

행정처분에 대하여 행정상의 불복신청이 행해져 이에 대한 기각의 재결이 있는 때에 원래 처분(원처분)을 대상으로 출소해야 하는지, 아니면 재결을 대상으로 해야 하는지 문제가 생긴다. 이 점에 관하여 행정사건소송법(1962法139)에서는 원처분주의를 원칙적으로 채용하고 있다[→ 원처분주의(제4부 제2장 제2절)]. 이에 비하여, 행정심판의 신중한 절차를 거쳐 결정되었을 때는 재결 취소소송만을 제기할 수 있다고 하는 규정(재결주의)이 개별법에 마련되어 있는 예도 있다. 전파감리심의회의 심사청구에 대한 재결(전파법 96조의2), 공해 등 조정위원회의 재정(토지이용 조정절차 50조)가 그 예이다. 재결주의도 법률에 규정이 있는 경우에만 인정된다.

### (3) 실질적 증거의 법칙 등

① 실질적 증거의 법칙

심판기관이 신중한 절차에서 수집한 증거에 근거하여 합리적인 추론을 내렸다고 인정될 때는 해당 기관이 한 사실인정을 시인해야 한다고 생각된다. 그래서 심판기관이 인정한 사실이 이를 입증할 실질적인 증거에 의해 뒷받침되고 있는 때에는 재판소는 이에 구속되도록 개별법에 정해진 경우가 있다. 전파감리심의회에 대한 자문절차를 거쳐 총무대신이 한 처분, 공해 등 조정위원회가 한 광업권의 설정처분 등에 대한 불복의 재정이 그 예이다(전파법 99조, 토지이용조정절차법 52조).

독점금지법의 개정(2013法100)으로 폐지된 종전의 공정거래위원회의 심판 절차에는 실질적 증거의 규정이 있었다[구 독점금지법 80조 → 행정심판의 과제(제3절)]. 이 규정에 관하여 심판 취소청구 사건 제1심 판결(東京高判1958年8月29日行集4巻8号1898頁)에서 도쿄고등재판소는 (ⅰ) 실질적 증거란 심판 인정 사실의 합리적 기초가 될 수 있는 증거를 가리키고, (ⅱ) 증거에 근거하여 이성적인 사람이 합리적으로 생각하여 사실인정에 도달할 수 있는 것이라면 그 증거는 실질적인 증거에 해당한다고 판단했다.

② 새로운 증거 제출의 제한

또한, 실질적 증거의 법칙이 인정되는 심판에 대한 취소소송에서 재판소가 심판에 나타난 증거 이외의 증거에 근거하여 재판하는 것은 적절하지 않다. 그래서 개정 전의 독점금지법에는 새로운 증거의 제출을 제한하는 규정이 있었다(구 독점금지법 81조). 그리고 많은 학설은 실질적 증거의 법칙이 채용되고 있는 경우에는 재판절차에서 새로운 증거의 제출은 제한된다고 해석하고 있다.


## 제3절  행정심판의 과제


### (1) 제도에 대한 비판

행정심판에 관해서는 절차의 신중·공정을 중시하는 관점에서 학설상의 평가가 높다. 한편, 실무적으로는 (ⅰ) 재판절차에 비하여 절차 보장은 충분하지 않은 점, (ⅱ) 심판기관의 독립은 충분하지 않고 규문적인 절차를 거치는 경우에 조사 부문과의 분리 등은 충분하지 않은 점, (ⅲ) 행정심판을 거침으로써 조기에 재판상의 구제를 받는 것이 방해되는 경우도 많은 점 등에 대한 비판이 있었다.

## (2) 독점금지법의 개정

특히, 독점금지법상의 심판 절차에 대하여 2005년의 독점금지법 개정(同法35)에 따라 사전절차에서 사후의 불복심사로 제도 변경이 이루어진 후에도 조사 부문과 심판 부문의 분리는 불충분하다는 등의 비판이 강했다. 그래서 2013년에는 (ⅰ) 심판제도를 폐지하면서 심결에 대한 항고소송의 제1심 재판권을 도쿄고등재판소로 하는 규정을 폐지하고, (ⅱ) 배제 조치명령 등에 대한 항고소송에 관해서는 도쿄지방재판소의 전속관할로 함과 동시에(독점금지법 85조1호), 도쿄지방재판소에서는 3명 또는 5명의 재판관의 합의체로 심리 및 재판을 하며(독점금지법 86조1항·2항), (ⅲ) 배제 조치명령 등의 의견청취절차에 관하여 예정되는 배제 조치명령 등의 내용 등의 통지, 증거의 열람·등사, 지정된 직원에 의한 의견 청취 등과 관련되는 규정 등의 정비를 하는(독점금지법 49조 이하) 등을 내용으로 하는 독점금지법의 개정이 성립했다(같은 법 100호).

## (3) 제도의 과제

행정소송을 통한 구제의 충실함이 도모되고 있는 중에 행정기관의 전문성, 공정·신중한 절차의 특성을 어떤 영역에서 발휘하고, 특별한 행정심판 제도를 존속할지 등에 관해서는 실무 및 학설에서 다양한 모색이 계속되고 있다.

# 제4장  고충처리 · 옴부즈맨 제도

## 제1절  고충처리

### 제1관  개설

행정불복신청 제도 이외에도 간이 · 신속한 구제를 지향하는 것으로서 고충처리가 있다. 이 제도에서는 법령상 신청에 대한 응답의무는 없고, 절차에 관해서도 상세한 규정이 없는 점에서 정규의 권리보호 제도와는 구별된다. 이하, 국가의 제도를 중심으로 하여 고충처리의 구체적인 예를 보기로 한다.

### 제2관  총무성의 알선 등

#### (1) 총무성 설치법

우선, 국가의 행정기관 등의 업무와 관련되는 고충처리에 관해서는 총무성 설치법(1999法91) 4조14호의 규정에 근거하여 총무성이 국가 행정기관의 사무, 도 · 도 · 부 · 현이 하는 법정수탁사무, 독립행정법인 · 특수법인 · 인가법인의 업무, 국가의 위임 · 보조와 관련되는 업무 등에 대한 고충의 신청에 관하여 관계 행정기관에 필요한 알선을 하고 있다(추가로 총무성 설치법 4조12호 · 13호를 참조).

#### (2) 행정상담위원, 행정고충구제추진회의

구체적으로는 ( i ) 행정상담위원법(1966法99)에 근거하여 총무대신의 위촉을 받은 행정상담위원이 전국에 배치되어 있고, 고충을 접수하고 있다(현재, 약 5,000명). 또한, 행정상담위원에는 행정상담위원법 4조에 근거하여 행정 운영상의 개선에 관한 의견을 총무대신에게 제출하는 권한이 부여되어 있다. 또한, ( ii ) 총무성, 총무성의 관구(管區) 행정평가국, 행정평가사무소 등에 직원이 배치됨과 아울러 종합행정상담소가 전국에 설치되어 행정상담에 응하고 있다. 추가로, ( iii ) 총무성, 총무성 관구 행정평가국, 일부 행정평가사무소에 제도 개정이 필요한 사항에 관하여 적확하고 효과적인 처리를 추진하기 위해 행정고충구제추진회의가 설치되어 있다(총무성에 설치된 행정고충구제추진회의는 총무대신 결재에 근거하는 것이다).

## 제3관  개별법 등의 제도

### (1) 구체적인 예

위의 제도 이외로도 개별법 등에서 다양한 형태의 고충처리, 권리구제의 제도가 마련되어 있다. 정부조달 고충처리의 제도[→ 정부 조달계약, 국제조약에 근거하는 규제(제2편 제4부 제3장 제2절)], 형사 수용시설 및 피수용자 등의 처우에 관한 법률[형사수용시설법(2005法50)]에 근거한 '사실의 신고'(형사수용시설법 163조 이하) 등은 그 예이다.

### (2) 권한 발동 요청형의 제도

나아가 최근에는 행정권한의 발동을 요구하는 것을 특정의 사인에게 인정하는 행정상의 구제 절차가 발달해 왔다. (ⅰ) 스토커행위 등의 규제 등에 관한 법률(2000法81)에 근거하는 경고를 요구하는 취지의 신청(스토커규제법 4조. 경시총감, 도·도·부·현 경찰본부장, 경찰서장에 대한 것), (ⅱ) 소비자안전법(2009法50)에 근거하는 사고 등 원인 조사 등의 신청(소비자안전법 28조. 소비자안전조사위원회에 대한 것)이 그 예이다. 행정절차법(1993法88) 상의 처분 등의 요구도 이에 유사한 것이라 말할 수 있을 것이다[→ 처분 등의 요구-새로운 불복의 유형(제2편 제3부 제6장 제4절)].

# 제2절  옴부즈맨

## 제1관  국가의 제도

### (1) 옴부즈맨

고충처리와 유사한 기능을 가지는 조직·제도로서 옴부즈맨 제도가 있다. 이 제도는 높은 식견과 권위를 갖춘 사람이 행정에 대한 국민의 고충을 접수하고, 중립적인 입장에서 그 원인을 구명하며, 시정조치를 권고함으로써 간이·신속하게 문제를 해결하는 제도이다. 이 제도는 역사적으로는 북유럽 국가에서 발달해 온 것이고, 현재 이를 채용하고 있는 나라도 많다. 일본에서도 제2차 임시 행정조사회의 최종 답신(1983년 3월)에서 옴부즈맨 제도의 도입을 검토해야 한다는 취지를 주장한 바 있다. 다만, 그 답신은 동시에 도입을 위한 조건 정비로서 기존의 행정감시·구제 제도의 활성화가 필요하다는 입장을 제시했다.

### (2) 국가의 고충처리와 옴부즈맨

이 답신을 받아 정부는 행정상담의 체제를 충실하게 함과 동시에 행정고충구제추진회의를 확충하는 시책을 실시해 왔다. 현재, 총무성은 행정상담위원, 행정고충구제추진회의, 총무성이 일체화되어 해외의 옴부즈맨에 상당하는 역할을 하고 있다는 입장을 취하고 있다.


## 제2관  지방자치단체의 제도

### (1) 가와사키(川崎)시 시민 옴부즈맨 제도

선진적인 지방자치단체에서는 옴부즈맨 제도를 참고로 하여 권위 있는 전문가에게 주민의 고충처리를 위촉하고 있는 예도 나타나고 있다. 가와사키시의 시민 옴부즈맨은 그 대표적인 예이다[가와사키시 시민 옴부즈맨 조례(1990条例22)].

### (2) 새로운 제도의 등장

또한, 다지미(多治見)시는 ( i ) 행정불복심사법에 근거하는 행정불복신청을 포함하여 시의 기관 등(의회의 의결 등을 제외한 의회의 행위 등을 포함한다)의 행위 등에 관한 시정의 신청에 관하여, ( ii ) 심리원에 의한 심리, 시정(是正) 청구 심사회에 대한 자문, 시정 청구 심사회의 답신을 거쳐 심사청(시장 또는 의회의 의장)이 결정하는 제도를 다지미시 시정(是正) 청구 절차 조례(2009条例42)에 근거하여 마련하고 있다. 이 제도는 행정불복심사법의 대상이 되는 처분이나 부작위 이외의 광범위한 시의 기관 등의 행위에 관해서도 심리원에 의한 심리, 제삼자적 기관의 심리를 통한 시정의 제도를 마련하여 옴부즈맨에 의한 구제 기능이 발휘되는 것을 기대한 제도라고 할 것이다. 또한, 통상의 고충처리보다 정식의 구제 절차인 점이 주목된다.

그 외에도 지방자치단체와 주민 간의 분쟁에 관하여 지역의 변호사회가 화해·알선(중재합의가 있는 때에는 중재)을 하여 해결하는 제도가 마련되어 있는 예도 있다(오카야마 변호사회가 설치한 행정중재센터. 유사한 것으로서 야마구치의 행정중재센터가 있다). 행정 밖에 있는 일정한 권위를 가지는 기관에 행정상 분쟁의 해결을 행정이 맡기는 예로서 주목할 만하지만, 지방자치단체에는 법령 집행의 최종적인 책임이 맡겨져 있다는 점에서는 중재합의의 효력, 외부의 조직에 해결을 맡기는 것의 정책적인 합리성에 관하여 검토의 여지가 있다[이상의 기술은 大橋真由美『行政による紛争処理の新動向』(日本評論社·2015)146頁에서 시사를 받았다].

# 사항 색인

## ㅊ

# 일본 행정법

ⓒ 다카하시 시게루(高橋 滋), 2025

초판 1쇄 발행 2025년 12월 24일

지은이      다카하시 시게루(高橋 滋)
옮긴이      김한율
펴낸이      이기봉
편집        좋은땅 편집팀
펴낸곳      도서출판 좋은땅
주소        서울특별시 마포구 양화로12길 26 지월드빌딩 (서교동 395-7)
전화        02)374-8616~7
팩스        02)374-8614
이메일      gworldbook@naver.com
홈페이지    www.g-world.co.kr

ISBN   979-11-388-5142-8 (93360)